International Major Industries'
Technology Development Report 2018

国际主要产业技术发展报告2018

中国科学院武汉文献情报中心
中国产业智库大数据中心 ◎研发

钟永恒 刘 佳 王 辉 等 ◎著

科学出版社
北 京

图书在版编目（CIP）数据

国际主要产业技术发展报告. 2018/钟永恒等著. —北京：科学出版社，2018.7
ISBN 978-7-03-057838-9

Ⅰ.①国… Ⅱ.①钟… Ⅲ.①产业发展-技术发展-研究报告-世界-2018 Ⅳ.①F269.1

中国版本图书馆 CIP 数据核字（2018）第 129207 号

责任编辑：张 莉 / 责任校对：邹慧卿
责任印制：李 彤 / 封面设计：有道文化
编辑部电话：010-64035853

科学出版社 出版
北京东黄城根北街 16 号
邮政编码：100717
http://www.sciencep.com

北京凌奇印刷有限责任公司 印刷
科学出版社发行 各地新华书店经销

*

2018 年 7 月第 一 版 开本：787×1092 1/16
2022 年 1 月第二次印刷 印张：25
字数：560 000
定价：98.00 元
（如有印装质量问题，我社负责调换）

《国际主要产业技术发展报告2018》研究组

组　　长：钟永恒

副 组 长：刘　佳　王　辉

成　　员（按姓氏笔画排序）：

　　　　　王　辉　王胜兰　邓阿妹　邢　霞

　　　　　刘　佳　孙　源　芦楚屹　李贞贞

　　　　　周　洪　赵　德　钟永恒　勇美菁

　　　　　彭乃珠　靳萌萌　魏　凤

研发单位：中国科学院武汉文献情报中心

　　　　　中国产业智库大数据中心

前 言

产业是国民经济中按照一定社会分工原则，为满足社会某类需要而划分的从事产品生产和作业的各个部门，是一些具有相同生产技术或产品特性的企业的集合。产业的分类方法有很多种，主要包括以下几种。

第一，标准产业分类法。联合国经济和社会事务统计局为了便于汇总分析各国的统计资料，曾制定了一个《全部经济活动国际标准行业分类》（*International Standard Industrial Classification of All Economic Activities*）建议各国采用。它把国民经济划分为 10 个门类，对每个门类再划分大类、中类、小类。

第二，三次产业分类法。该分类法由新西兰经济学家费歇尔首先创立，根据社会生产活动历史发展的顺序对产业结构的划分，产品直接取自自然界的部门称为第一产业，初级产品进行再加工的部门称为第二产业，为生产和消费提供各种服务的部门称为第三产业，即把产业门类划分为第一、第二和第三产业。

第三，生产结构产业分类法。是主要以研究再生产过程中的产业间关系和比例为目的的产业划分法。包括：①霍夫曼分类法，为研究工业化，将产业分为消费资料产业、资本资料产业、其他产业三类；②日本生产结构分类法，将产业分为基础材料产业、加工组装产业、生产消费品产业、建筑业、商业、服务业、其他产业；③产品生产阶段分类法，将产品生产阶段划分为上游产业、中游产业、下游产业。

第四，生产要素密集程度分类法。分为劳动力密集型产业部门、资金密集型产业部门、技术密集型产业部门等。

第五，产业地位和作用分类法。按照产业部门所处地位和作用分为主导产业部门、支柱产业部门、优势产业部门、薄弱产业部门。主导产业是指在一定时期内，具有影响经济发展全局，带领各产业和整个经济社会发展的作用，从而居主导地位的产业；支柱产业是指在一定时期内，对于一个国家和地区经济发展具有重要支撑重要的产业，在产值、利税等方面都占有很大比重，从而构成产业主体；优势产业是指一个国家或地区具有资源、技术、人才及现有生产条件优势的产业部门；薄弱产业是指在一个国家和地区处于薄弱环节的关键性产业。产业地位和作用是不断发展变化的，主导产业经过发展可能变为非主导产业，非支柱产业也可能变为支柱产业，优势产业与薄弱产业也有可能相互换位。

第六，我国《国民经济行业分类》（GB/T4754-2002）国家标准，共划分出 20 个产业门类，95 个产业大类，395 个产业中类，912 个产业小类。

第七，国家发展和改革委员会编制的《战略性新兴产业重点产品和服务指导目录（2016版）》，共涉及战略性新兴产业 5 大领域 8 个产业、40 个重点方向下的 174 个子方向，近 4000 项细分产品和服务。

本书主要依据产业地位和作用分类法，选取主要产业技术作为研究对象开展研究。主要产业是指对经济社会全局和长远发展具有重大影响作用的产业。主要产业的发展对于国民经济和社会发展具有重要的意义，是一个国家经济发展的物质基础，没有强大的主要产业，就谈不上国家的经济繁荣和富强。主要产业的数量和质量决定一个国家的经济发展水平和盛衰，主要产业发展是国家财政收入的主要来源，是地区经济发展的可靠基础，是提高人民物质文化水平的重要条件。主要产业是一个国家建立自主创新体系与技术体系的重要基础和载体，产业技术创新水平在很大程度上取决于主要产业的发展程度。主要产业不仅影响国家经济实力强弱，也影响人民生活和国家安全等，国家安全和国防巩固在很大程度上取决于主要产业的发展程度。主要产业会随着产业经济环境和产业技术的变化而不断演变。一个国家的主要产业既可能是战略性传统产业，也可能是战略性新兴产业；既可能是主导产业，也可能是支柱产业；既可能是优势产业，也可能是弱势产业。不过，战略性新兴产业成为主要产业的趋势越来越明显。战略性新兴产业代表着未来科技与产业的发展方向，以重大技术突破和重大发展需求为基础，对经济社会全局和长远发展具有重大引领作用，具有知识技术密集、物质资源消耗少、成长潜力大、综合效益好等特点，日益成为各国科技与经济竞争的重点和焦点，也日益成为发展主要产业的着力点。

产业技术对于产业发展具有重要作用，而产业关键技术对主要产业发展甚至起到决定性作用。产业技术是技术发展到产业层面的存在状态，技术发明是技术的最初形态，产业技术是技术的完善化形态；产业技术是体现于实际生产过程、制作过程或服务过程的技术，是对象化和体系化的技术。随着高科技产业竞争的日益加剧，先进国家都高度重视产业技术研发，出台众多支持政策，投入大量经费和资源，布局产业共性技术和产业关键技术创新，打造国家战略性主要产业，以实现产业升级和经济社会发展。如何掌握具有自主知识产权的产业关键技术，高水平的产业技术分析可以发挥耳目、尖兵、参谋、导向作用。产业技术分析是基于产业技术发展的动态过程，对影响技术发展的内外部环境进行分析，判断产业技术发展的有利条件与不利条件，评估技术的产业化前景，为准确进行研发投资决策和市场战略规划提供参考。

中国科学院武汉文献情报中心是国家高水平科技智库的重要组成部分，拥有一支经验丰富的高水平科技与产业情报服务队伍，一直致力于服务科技决策的战略情报研究、服务科技创新的学科情报分析、服务区域和产业发展的产业技术分析，受到用户的广泛认可和好评。中国产业智库大数据中心（citt100.whlib.ac.cn）是基于大数据的产业技术情报与产业智库服务专业机构，长期服务国家部委、地方政府、产业园区和企业，打造了"大数据+系统工具+专家智慧"的一站式解决方案的高端智库云服务模式，提供大数据一站式工程化生产线软件系统、系列化标准化规模化的产业大数据产品、专家智慧型产业智库云平台服务。中国产业智库大数据中心自主建设了系统全面的产业经济大数据体系、分析指标体系和分析模型；研发了数据舆情监控系统、自然语言处理系统、数据管理与分析系统等软件工具；建成了自主知识产权的国内外政策环境、产业经济、企业、市场供需和科学技术五类大数据，提供系列标准化规范化权威的数据库与数据 API、数据包服务；长期开展国内外主要产业及战略性新兴产业发展态势监测、产业政策分析、产业发展战略研究、产业园区规划、产业技术分析、产业技术路线图等工作，形成了系列的智库报告；开展大数据智库咨询服务，提供智慧政务、科学决策、科技布局、产业规划、招商引资引智、成果转移转化、知识产权评估、人才评估与推荐等服务，支撑国家区域和产业创新发展。

本书依据《战略性新兴产业重点产品和服务指导目录（2016 版）》，共选取了集成电路、物联网、飞机制造、高铁、医药制造、汽车制造、太阳能和电池八大产业领域开展产业技术研究，分别对各产业的产业链结构、产业整体发展概况、产业关键技术、全球专利态势、在华专利态势、各国技术标准制定情况展开多维度详细分析与研究，并以可视化展示重要数据，呈现主要产业技术领域的发展现状与发展前景。

本书共分 9 章。第 1 章导论，主要阐述研究目的与意义，研究内容（界定产业技术相关概念、本书的框架结构），研究方法（包括主要分析指标、数据来源与采集）；第 2 章集成电路产业技术发展报告；第 3 章物联网产业技术发展报告；第 4 章飞机制造产业技术发展报告；第 5 章高铁产业技术发展报告；第 6 章医药制造产业技术发展报告；第 7 章汽车制造产业技术发展报告；第 8 章太阳能产业技术发展报告；第 9 章电池产业技术发展报告。

本书写作分工如下：钟永恒、刘佳、王辉负责本书的架构设计、研究内容和研究方法设计，并组织全书撰写，全书由钟永恒负责导论部分、统稿和定稿；数据采集与处理分析部分由王辉、孙源负责；产业链结构、产业整体发展概况、产业关键技术演进部分由刘佳、王辉、李贞贞、靳萌萌、彭乃珠、芦楚屹、孙源、勇美菁、邢霞负责；专利分析部分由刘佳、王辉、李贞贞、靳萌萌、彭乃珠、芦楚屹、王胜兰、勇美菁负责；标准分析部分由魏凤、周洪、邓阿妹、赵德负责。

本书的完成得到了中国科学院科技战略咨询研究院第三方评估研究支撑中心李晓轩主任，中国科学院科技促进发展局知识产权管理处刘新处长，中国科学院武汉分院院长袁志明、院长助理李伟，湖北省科学技术厅杜耘副厅长，湖北省科学技术厅基础处王东梅处长，中国科学院武汉文献情报中心张智雄主任、陈丹书记，科学出版社科学人文分社侯俊琳社长、张莉编辑，以及众多专家的指导和支持。在此，一并表示衷心的感谢。

由于著者水平有限，对产业技术分析理论与方法的研究尚不够系统与全面，书中有疏漏与不当之处在所难免，望读者不吝赐教，以便进一步修改和完善。

中国科学院武汉文献情报中心
中国产业智库大数据中心　钟永恒
2018 年 5 月于武汉小洪山

目 录

前言 ⋯⋯⋯⋯⋯⋯⋯⋯⋯⋯⋯⋯⋯⋯⋯⋯⋯⋯⋯⋯⋯⋯⋯⋯⋯⋯⋯⋯⋯⋯⋯⋯⋯⋯⋯⋯ i

第1章 导论 ⋯⋯⋯⋯⋯⋯⋯⋯⋯⋯⋯⋯⋯⋯⋯⋯⋯⋯⋯⋯⋯⋯⋯⋯⋯⋯⋯⋯⋯⋯ 1

1.1 研究目的与意义 ⋯⋯⋯⋯⋯⋯⋯⋯⋯⋯⋯⋯⋯⋯⋯⋯⋯⋯⋯⋯⋯⋯⋯⋯⋯ 1
1.2 研究内容 ⋯⋯⋯⋯⋯⋯⋯⋯⋯⋯⋯⋯⋯⋯⋯⋯⋯⋯⋯⋯⋯⋯⋯⋯⋯⋯⋯⋯ 1
    1.2.1 国家主要产业技术发展相关概念 ⋯⋯⋯⋯⋯⋯⋯⋯⋯⋯⋯⋯⋯⋯⋯ 1
    1.2.2 本书的框架结构 ⋯⋯⋯⋯⋯⋯⋯⋯⋯⋯⋯⋯⋯⋯⋯⋯⋯⋯⋯⋯⋯⋯ 6
1.3 研究方法 ⋯⋯⋯⋯⋯⋯⋯⋯⋯⋯⋯⋯⋯⋯⋯⋯⋯⋯⋯⋯⋯⋯⋯⋯⋯⋯⋯⋯ 6
    1.3.1 主要分析指标 ⋯⋯⋯⋯⋯⋯⋯⋯⋯⋯⋯⋯⋯⋯⋯⋯⋯⋯⋯⋯⋯⋯⋯ 6
    1.3.2 数据来源与采集 ⋯⋯⋯⋯⋯⋯⋯⋯⋯⋯⋯⋯⋯⋯⋯⋯⋯⋯⋯⋯⋯⋯ 8
参考文献 ⋯⋯⋯⋯⋯⋯⋯⋯⋯⋯⋯⋯⋯⋯⋯⋯⋯⋯⋯⋯⋯⋯⋯⋯⋯⋯⋯⋯⋯⋯⋯ 9

第2章 集成电路产业技术发展报告 ⋯⋯⋯⋯⋯⋯⋯⋯⋯⋯⋯⋯⋯⋯⋯⋯⋯⋯ 11

2.1 集成电路产业概述 ⋯⋯⋯⋯⋯⋯⋯⋯⋯⋯⋯⋯⋯⋯⋯⋯⋯⋯⋯⋯⋯⋯⋯⋯ 11
    2.1.1 集成电路及其产业链 ⋯⋯⋯⋯⋯⋯⋯⋯⋯⋯⋯⋯⋯⋯⋯⋯⋯⋯⋯⋯ 11
    2.1.2 集成电路产业发展概况 ⋯⋯⋯⋯⋯⋯⋯⋯⋯⋯⋯⋯⋯⋯⋯⋯⋯⋯⋯ 12
    2.1.3 集成电路产业关键技术演进 ⋯⋯⋯⋯⋯⋯⋯⋯⋯⋯⋯⋯⋯⋯⋯⋯⋯ 13
2.2 集成电路产业全球专利态势分析 ⋯⋯⋯⋯⋯⋯⋯⋯⋯⋯⋯⋯⋯⋯⋯⋯⋯ 16
    2.2.1 集成电路产业全球专利年度趋势 ⋯⋯⋯⋯⋯⋯⋯⋯⋯⋯⋯⋯⋯⋯⋯ 16
    2.2.2 集成电路产业专利申请主要国家/地区/组织分析 ⋯⋯⋯⋯⋯⋯⋯⋯ 16
    2.2.3 集成电路产业创新主体分析 ⋯⋯⋯⋯⋯⋯⋯⋯⋯⋯⋯⋯⋯⋯⋯⋯⋯ 18
    2.2.4 集成电路产业专利技术发明人分析 ⋯⋯⋯⋯⋯⋯⋯⋯⋯⋯⋯⋯⋯⋯ 22
2.3 集成电路产业在华专利态势分析 ⋯⋯⋯⋯⋯⋯⋯⋯⋯⋯⋯⋯⋯⋯⋯⋯⋯ 23
    2.3.1 集成电路产业在华专利申请态势 ⋯⋯⋯⋯⋯⋯⋯⋯⋯⋯⋯⋯⋯⋯⋯ 23
    2.3.2 集成电路产业在华专利重要区域布局分析 ⋯⋯⋯⋯⋯⋯⋯⋯⋯⋯⋯ 25
    2.3.3 集成电路产业在华专利主要申请人分析 ⋯⋯⋯⋯⋯⋯⋯⋯⋯⋯⋯⋯ 27
    2.3.4 集成电路产业在华专利活跃发明人分析 ⋯⋯⋯⋯⋯⋯⋯⋯⋯⋯⋯⋯ 31

2.4 集成电路产业重点领域全球技术标准分析 ·················· 36
    2.4.1 美国集成电路产业重点领域技术标准 ················· 37
    2.4.2 国际标准化组织集成电路产业重点领域技术标准 ········· 37
    2.4.3 欧盟标准化组织集成电路产业重点领域技术标准 ········· 39
    2.4.4 英国集成电路产业重点领域技术标准 ················· 40
    2.4.5 法国集成电路产业重点领域技术标准 ················· 42
    2.4.6 德国集成电路产业重点领域技术标准 ················· 43
    2.4.7 中国集成电路产业重点领域技术标准 ················· 44
    2.4.8 集成电路产业主要技术标准的对比 ··················· 50
参考文献 ·· 51

第3章 物联网产业技术发展报告 ·································· 52

3.1 物联网产业概述 ·· 52
    3.1.1 物联网及其产业链 ································· 52
    3.1.2 物联网产业发展概况 ······························· 54
    3.1.3 物联网产业关键技术演进 ··························· 54

3.2 物联网产业全球专利态势分析 ·································· 56
    3.2.1 物联网产业全球专利年度趋势 ······················· 56
    3.2.2 物联网产业专利申请主要国家/地区/组织分析 ·········· 56
    3.2.3 物联网产业创新主体分析 ··························· 59
    3.2.4 物联网产业专利技术发明人分析 ····················· 63

3.3 物联网产业在华专利态势分析 ·································· 65
    3.3.1 物联网产业在华专利申请态势 ······················· 65
    3.3.2 物联网产业在华专利重要区域布局分析 ··············· 67
    3.3.3 物联网产业在华专利主要申请人分析 ················· 70
    3.3.4 物联网产业在华专利活跃发明人分析 ················· 75

3.4 物联网产业重点领域全球技术标准分析 ·························· 77
    3.4.1 国际标准化组织物联网产业重点领域技术标准 ········· 78
    3.4.2 欧盟标准化组织物联网产业重点领域技术标准 ········· 83
    3.4.3 美国物联网产业重点领域技术标准 ··················· 85
    3.4.4 日本物联网产业重点领域技术标准 ··················· 88
    3.4.5 英国物联网产业重点领域技术标准 ··················· 89
    3.4.6 法国物联网产业重点领域技术标准 ··················· 94
    3.4.7 德国物联网产业重点领域技术标准 ··················· 95
    3.4.8 中国物联网产业重点领域技术标准 ··················· 99
    3.4.9 物联网产业主要技术标准的对比 ····················· 101
参考文献 ·· 102

第4章 飞机制造产业技术发展报告 ·································· 103

4.1 飞机制造产业概述 ·· 103

	4.1.1	飞机制造及其产业链	103
	4.1.2	飞机制造产业发展概况	104
	4.1.3	飞机制造产业关键技术演进	105
4.2	飞机制造产业全球专利态势分析		106
	4.2.1	飞机制造产业全球专利年度趋势	106
	4.2.2	飞机制造产业专利申请主要国家/地区/组织分析	106
	4.2.3	飞机制造产业创新主体分析	108
	4.2.4	飞机制造产业专利技术发明人分析	112
4.3	飞机制造产业在华专利态势分析		114
	4.3.1	飞机制造产业在华专利申请态势	115
	4.3.2	飞机制造产业在华专利重要区域布局分析	116
	4.3.3	飞机制造产业在华专利主要申请人分析	118
	4.3.4	飞机制造产业在华专利活跃发明人分析	122
4.4	民用飞机制造及民航服务产业重点领域全球技术标准分析		127
	4.4.1	国际标准化组织民用飞机制造及民航服务产业重点领域技术标准	127
	4.4.2	美国民用飞机制造及民航服务产业重点领域技术标准	129
	4.4.3	日本民用飞机制造及民航服务产业重点领域技术标准	130
	4.4.4	欧盟民用飞机制造及民航服务产业重点领域技术标准	131
	4.4.5	英国民用飞机制造及民航服务产业重点领域技术标准	133
	4.4.6	法国民用飞机制造及民航服务产业重点领域技术标准	135
	4.4.7	德国民用飞机制造及民航服务产业重点领域技术标准	143
	4.4.8	中国民用飞机制造及民航服务产业重点领域技术标准	146
	4.4.9	民用飞机制造及民航服务产业主要技术标准的对比	155
参考文献			156

第 5 章 高铁产业技术发展报告 157

5.1	高铁产业概述		157
	5.1.1	高铁及其产业链	157
	5.1.2	高铁产业发展概况	158
	5.1.3	高铁产业关键技术演进	159
5.2	高铁产业全球专利态势分析		159
	5.2.1	高铁产业全球专利年度趋势	160
	5.2.2	高铁产业专利申请主要国家/地区/组织分析	160
	5.2.3	高铁产业创新主体分析	162
	5.2.4	高铁产业专利技术发明人分析	165
5.3	高铁产业在华专利态势分析		167
	5.3.1	高铁产业在华专利申请态势	167
	5.3.2	高铁产业在华专利重要区域布局分析	169
	5.3.3	高铁产业在华专利主要申请人分析	172
	5.3.4	高铁产业在华专利活跃发明人分析	180
5.4	高铁产业重点领域全球技术标准分析		188

5.4.1 美国高铁产业重点领域技术标准 …… 188
5.4.2 国际标准化组织高铁产业重点领域技术标准 …… 189
5.4.3 日本高铁产业重点领域技术标准 …… 191
5.4.4 欧盟标准化组织高铁产业重点领域技术标准 …… 192
5.4.5 英国高铁产业重点领域技术标准 …… 194
5.4.6 法国高铁产业重点领域技术标准 …… 199
5.4.7 德国高铁产业重点领域技术标准 …… 201
5.4.8 中国高铁产业重点领域技术标准 …… 206
5.4.9 高铁产业主要技术标准的对比 …… 207
参考文献 …… 208

第6章 医药制造产业技术发展报告 …… 209

6.1 医药制造产业概述 …… 209
 6.1.1 医药制造及其产业链 …… 209
 6.1.2 医药制造产业发展概况 …… 210
 6.1.3 医药制造产业关键技术演进 …… 212
6.2 医药制造产业全球专利态势分析 …… 214
 6.2.1 医药制造产业全球专利年度趋势 …… 214
 6.2.2 医药制造产业专利申请主要国家/地区/组织分析 …… 214
 6.2.3 医药制造产业创新主体分析 …… 217
 6.2.4 医药制造产业专利技术发明人分析 …… 220
6.3 医药制造产业在华专利态势分析 …… 223
 6.3.1 医药制造产业在华专利申请态势 …… 223
 6.3.2 医药制造产业在华专利重要区域布局分析 …… 225
 6.3.3 医药制造产业在华专利主要申请人分析 …… 227
 6.3.4 医药制造产业在华专利活跃发明人分析 …… 232
6.4 药品制造产业重点领域全球技术标准分析 …… 237
 6.4.1 美国药品制造产业重点领域技术标准 …… 237
 6.4.2 英国药品制造产业重点领域技术标准 …… 238
 6.4.3 德国药品制造产业重点领域技术标准 …… 238
 6.4.4 中国药品制造产业重点领域技术标准 …… 238
 6.4.5 药品制造产业主要技术标准的对比 …… 239
参考文献 …… 239

第7章 汽车制造产业技术发展报告 …… 240

7.1 汽车制造产业概述 …… 240
 7.1.1 汽车制造及其产业链 …… 240
 7.1.2 汽车制造产业发展概况 …… 241
 7.1.3 汽车制造产业关键技术演进 …… 242
7.2 汽车制造产业全球专利态势分析 …… 244

		7.2.1	汽车制造产业全球专利年度趋势	244
		7.2.2	汽车制造产业专利申请主要国家/地区/组织分析	245
		7.2.3	汽车制造产业创新主体分析	247
		7.2.4	汽车制造产业专利技术发明人分析	251
	7.3	汽车制造产业在华专利申请态势分析		253
		7.3.1	汽车制造产业在华专利申请态势	253
		7.3.2	汽车制造产业在华专利重要区域布局分析	255
		7.3.3	汽车制造产业在华专利主要申请人分析	260
		7.3.4	汽车制造产业在华专利活跃发明人分析	262
	7.4	汽车制造产业重点领域全球技术标准分析		267
		7.4.1	美国汽车制造产业重点领域技术标准	267
		7.4.2	国际标准化组织汽车制造产业重点领域技术标准	268
		7.4.3	日本汽车制造产业重点领域技术标准	269
		7.4.4	欧盟标准化组织汽车制造产业重点领域技术标准	272
		7.4.5	英国汽车制造产业重点领域技术标准	272
		7.4.6	法国汽车制造产业重点领域技术标准	273
		7.4.7	德国汽车制造产业重点领域技术标准	274
		7.4.8	中国汽车制造产业重点领域技术标准	275
		7.4.9	汽车制造业主要技术标准的对比	286
参考文献				287

第 8 章 • 太阳能产业技术发展报告 … **288**

	8.1	太阳能产业概述		288
		8.1.1	太阳能及其产业链	288
		8.1.2	太阳能产业发展概况	289
		8.1.3	太阳能产业关键技术演进	291
	8.2	太阳能产业全球专利态势分析		291
		8.2.1	太阳能产业全球专利年度趋势	291
		8.2.2	太阳能产业专利申请主要国家/地区/组织分析	291
		8.2.3	太阳能产业创新主体分析	294
		8.2.4	太阳能产业专利技术发明人分析	297
	8.3	太阳能产业在华专利态势分析		299
		8.3.1	太阳能产业在华专利申请态势	300
		8.3.2	太阳能产业在华专利重要区域布局分析	302
		8.3.3	太阳能产业在华专利主要申请人分析	306
		8.3.4	太阳能产业在华专利活跃发明人分析	311
	8.4	太阳能产业全球重点领域技术标准分析		315
		8.4.1	美国太阳能产业重点领域技术标准	315
		8.4.2	国际标准化组织太阳能产业重点领域技术标准	317
		8.4.3	日本太阳能产业重点领域技术标准	318
		8.4.4	欧盟标准化组织太阳能产业重点领域技术标准	320

8.4.5　英国太阳能产业重点领域技术标准 321
　　　8.4.6　法国太阳能产业重点领域技术标准 322
　　　8.4.7　德国太阳能产业重点领域技术标准 323
　　　8.4.8　中国太阳能产业重点领域技术标准 324
　　　8.4.9　太阳能产业主要技术标准的对比 328
　参考文献 329

第9章　电池产业技术发展报告 330

　9.1　电池产业概述 330
　　　9.1.1　电池及其产业链 330
　　　9.1.2　电池产业发展概况 331
　　　9.1.3　电池产业关键技术演进 332
　9.2　电池产业全球专利态势分析 334
　　　9.2.1　电池产业全球专利年度趋势 334
　　　9.2.2　电池产业专利申请主要国家/地区/组织分析 335
　　　9.2.3　电池产业创新主体分析 337
　　　9.2.4　电池产业专利技术发明人分析 341
　9.3　电池产业在华专利态势分析 342
　　　9.3.1　电池产业在华专利申请态势 343
　　　9.3.2　电池产业在华专利重要区域布局分析 345
　　　9.3.3　电池产业在华专利主要申请人分析 349
　　　9.3.4　电池产业在华专利活跃发明人分析 356
　9.4　电池产业重点领域全球技术标准分析 359
　　　9.4.1　国际标准化组织电池产业重点领域技术标准 359
　　　9.4.2　美国电池产业重点领域技术标准 360
　　　9.4.3　日本电池产业重点领域技术标准 361
　　　9.4.4　欧盟电池产业重点领域技术标准 362
　　　9.4.5　英国电池产业重点领域技术标准 362
　　　9.4.6　法国电池产业重点领域技术标准 363
　　　9.4.7　德国电池产业重点领域技术标准 364
　　　9.4.8　中国电池产业重点领域技术标准 366
　　　9.4.9　电池产业主要技术标准的对比 368
　参考文献 369

图目录

图 2-1　集成电路产业链结构图 ···12
图 2-2　2011～2016 年集成电路产业市场规模和增长率 ···12
图 2-3　2016 年我国集成电路产业结构分布 ··13
图 2-4　集成电路设计流程 ··14
图 2-5　集成电路制造流程 ··14
图 2-6　2005～2017 年集成电路产业全球专利申请量年度变化趋势图 ······················16
图 2-7　2005～2017 年集成电路产业全球专利申请前十的国家/地区/组织 ·················17
图 2-8　2005～2017 年集成电路产业全球专利主要来源国家/地区/组织分布图 ··········17
图 2-9　2005～2017 年集成电路产业全球专利主要技术市场分布图 ·························17
图 2-10　2005～2017 年集成电路产业主要国家/地区/组织专利申请量年度变化趋势图 ······18
图 2-11　2005～2017 年集成电路产业全球创新主体合作网络图 ······························19
图 2-12　2005～2017 年集成电路产业专利技术发明人合作率和合作度年度变化趋势图 ···22
图 2-13　2005～2017 年集成电路产业在华专利申请量年度变化趋势图 ·····················24
图 2-14　2005～2017 年集成电路产业在华专利申请量区域排名 ······························25
图 2-15　2005～2017 年集成电路产业在华专利申请量前二十的研发机构 ·················27
图 2-16　三星电子公司集成电路产业在华专利申请量按细分领域分布图 ··················28
图 2-17　三星电子公司集成电路产业在华专利相对技术优势 ···································28
图 2-18　国际商业机器公司集成电路产业在华专利申请量按细分领域分布图 ···········29
图 2-19　国际商业机器公司集成电路产业在华专利相对技术优势 ····························29
图 2-20　台积电公司集成电路产业在华专利申请量按细分领域分布图 ·····················30
图 2-21　台积电公司集成电路产业在华专利相对技术优势 ······································30
图 2-22　2005～2017 年集成电路产业在华专利重要发明人合作网络图 ·····················31
图 3-1　物联网产业链结构图 ··53
图 3-2　2005～2017 年物联网产业全球专利申请量年度变化趋势图 ·························56
图 3-3　2005～2017 年物联网产业全球专利申请前十的国家/地区/组织 ····················57

图 3-4	2005～2017 年物联网产业全球专利主要来源国家/地区/组织分布图	57
图 3-5	2005～2017 年物联网产业全球专利主要技术市场分布图	58
图 3-6	2005～2017 年物联网产业主要国家/地区/组织专利申请量年度变化趋势图	58
图 3-7	2005～2017 年物联网产业全球创新主体合作网络图	60
图 3-8	2005～2017 年物联网产业专利技术发明人合作率和合作度年度变化趋势图	63
图 3-9	2005～2017 年物联网产业在华专利申请量年度变化趋势图	66
图 3-10	2005～2017 年物联网产业在华专利申请量区域排名	68
图 3-11	2005～2017 年物联网产业在华专利申请量前二十的研发机构	71
图 3-12	国家电网公司物联网产业在华专利申请量按细分领域分布图	71
图 3-13	国家电网公司物联网产业在华专利相对技术优势	72
图 3-14	华为公司物联网产业在华专利申请量按细分领域分布图	73
图 3-15	华为公司物联网产业在华专利相对技术优势	73
图 3-16	中兴公司物联网产业在华专利申请量按细分领域分布图	74
图 3-17	中兴公司物联网产业在华专利相对技术优势	74
图 3-18	2005～2017 年物联网产业在华专利重要发明人合作网络图	75
图 4-1	飞机制造产业链结构图	104
图 4-2	1994～2016 年全球通用飞机出货量	104
图 4-3	1994～2016 年全球通用飞机市场规模	105
图 4-4	2005～2017 年飞机制造产业全球专利申请量年度变化趋势图	106
图 4-5	2005～2017 年飞机制造产业全球专利申请前十的国家/地区/组织	107
图 4-6	2005～2017 年飞机制造产业全球专利主要来源国家/地区/组织分布图	107
图 4-7	2005～2017 年飞机制造产业全球专利主要技术市场分布图	107
图 4-8	2005～2017 年飞机制造产业主要国家/地区/组织专利申请量年度变化趋势图	108
图 4-9	2005～2017 年飞机制造产业全球创新主体合作网络图	109
图 4-10	2005～2017 年飞机制造产业专利技术发明人合作率和合作度年度变化趋势图	113
图 4-11	2005～2017 年飞机制造产业在华专利申请量年度变化趋势图	115
图 4-12	2005～2017 年飞机制造产业在华专利申请量区域排名	116
图 4-13	2005～2017 年飞机制造产业在华专利申请量前二十的研发机构	119
图 4-14	西安飞机设计研究所飞机制造产业在华专利申请量按细分领域分布图	119
图 4-15	西安飞机设计研究所飞机制造产业在华专利相对技术优势	120
图 4-16	波音公司飞机制造产业在华专利申请量按细分领域分布图	121
图 4-17	波音公司飞机制造产业在华专利相对技术优势	121
图 4-18	大疆创新公司飞机制造产业在华专利申请量按细分领域分布图	122
图 4-19	大疆创新公司飞机制造产业在华专利相对技术优势	123
图 4-20	2005～2017 年飞机制造产结构图业在华专利重要发明人合作网络图	123
图 5-1	高铁产业链结构图	158

图 5-2	2005～2017年高铁产业全球专利申请量年度变化趋势图	160
图 5-3	2005～2017年高铁产业全球专利申请前十的国家/地区/组织	160
图 5-4	2005～2017年高铁产业全球专利主要来源国家/地区/组织分布图	161
图 5-5	2005～2017年高铁产业全球专利主要技术市场分布图	161
图 5-6	2005～2017年高铁产业主要国家/地区/组织专利申请量年度变化趋势图	161
图 5-7	2005～2017年高铁产业全球创新主体合作网络图	163
图 5-8	2005～2017年高铁产业专利技术发明人合作率和合作度年度变化趋势图	165
图 5-9	2005～2017年高铁产业在华专利申请量年度变化趋势图	167
图 5-10	2005～2017年高铁产业在华专利申请量区域排名	169
图 5-11	2005～2017年高铁产业在华专利申请量前二十的研发机构	172
图 5-12	中车四方股份公司高铁产业在华专利申请量按细分领域分布图	173
图 5-13	中车四方股份公司高铁产业在华专利相对技术优势	174
图 5-14	西南交通大学高铁产业在华专利申请量按细分领域分布图	175
图 5-15	西南交通大学高铁产业在华专利相对技术优势	175
图 5-16	中南大学高铁产业在华专利申请量按细分领域分布图	176
图 5-17	中南大学高铁产业在华专利相对技术优势	177
图 5-18	铁四院高铁产业在华专利申请量按细分领域分布图	177
图 5-19	铁四院高铁产业在华专利相对技术优势	178
图 5-20	中铁二院高铁产业在华专利申请量按细分领域分布图	179
图 5-21	中铁二院高铁产业在华专利相对技术优势	179
图 5-22	2005～2017年高铁产业在华专利重要发明人合作网络图	180
图 6-1	医药制造产业链结构图	210
图 6-2	2011～2020年全球制药领域销售额	210
图 6-3	2006～2016年我国医药制造产业主营业务收入及其利润率	212
图 6-4	2005～2017年医药制造产业全球专利申请量年度变化趋势图	214
图 6-5	2005～2017年医药制造产业全球专利申请前十的国家/地区/组织	215
图 6-6	2005～2017年医药制造产业全球专利主要来源国家/地区/组织分布图	215
图 6-7	2005～2017年医药制造产业全球专利主要技术市场分布图	216
图 6-8	2005～2017年医药制造产业主要国家/地区/组织专利申请量年度变化趋势图	216
图 6-9	2005～2017年医药制造产业全球创新主体合作网络图	218
图 6-10	2005～2017年医药制造产业专利技术发明人合作率和合作度年度变化趋势图	221
图 6-11	2005～2017年医药制造产业在华专利申请量年度变化趋势图	223
图 6-12	2005～2017年医药制造产业在华专利申请量区域排名	225
图 6-13	2005～2017年医药制造产业在华专利申请量前二十的研发机构	227
图 6-14	浙江大学医药制造产业在华专利申请量按细分领域分布图	228
图 6-15	浙江大学医药制造产业在华专利相对技术优势	229
图 6-16	中国医科大学医药制造产业在华专利申请量按细分领域分布图	229

图 6-17	中国医科大学医药制造产业在华专利相对技术优势	230
图 6-18	北京亿信堂医药研究所医药制造产业在华专利申请量按细分领域分布图	231
图 6-19	北京亿信堂医药研究所医药制造产业在华专利相对技术优势	231
图 6-20	2005~2017年医药制造产业在华专利重要发明人合作网络图	232
图 6-21	安同伟、陈庆忠等二人组合在华申请专利的申请人构成	234
图 7-1	2012~2016年我国汽车制造产业主营业务收入及累计增长	242
图 7-2	2009~2016年我国汽车产量及销量	242
图 7-3	汽车产业技术未来发展趋势	243
图 7-4	汽车轻量化技术构成	244
图 7-5	智能网联汽车技术体系架构	244
图 7-6	2005~2017年汽车制造产业全球专利申请量年度变化趋势图	245
图 7-7	2005~2017年汽车制造产业全球专利申请前十的国家/地区/组织	245
图 7-8	2005~2017年汽车制造产业全球专利主要来源国家/地区/组织分布图	246
图 7-9	2005~2017年汽车制造产业全球专利主要技术市场分布图	246
图 7-10	2005~2017年汽车制造产业全球主要申请国家/地区/组织专利申请量年度变化趋势图	247
图 7-11	2005~2017年汽车制造产业全球创新主体合作网络图	248
图 7-12	2005~2017年汽车制造产业专利技术发明人合作率和合作度年度变化趋势图	252
图 7-13	2005~2017年汽车制造产业在华专利申请量年度变化趋势图	254
图 7-14	2005~2017年汽车制造产业在华专利申请量区域排名	256
图 7-15	2005~2017年汽车制造产业在华专利申请量前二十的研发机构	260
图 7-16	丰田公司汽车制造产业在华专利申请量按细分领域分布图	261
图 7-17	丰田公司汽车制造产业在华专利相对技术优势	261
图 7-18	吉利公司汽车制造产业在华专利申请量按细分领域分布图	262
图 7-19	吉利公司汽车制造产业在华专利相对技术优势	263
图 7-20	北汽福田公司汽车制造产业在华专利申请量按细分领域分布图	263
图 7-21	北汽福田公司汽车制造产业在华专利相对技术优势	264
图 7-22	2005~2017年汽车制造产业在华专利重要发明人合作网络图	264
图 8-1	太阳能光伏产业链结构图	289
图 8-2	太阳能光热产业链结构图	289
图 8-3	2005~2017年太阳能产业全球专利申请量年度变化趋势图	292
图 8-4	2005~2017年太阳能产业全球专利申请前十的国家/地区/组织	292
图 8-5	2005~2017年太阳能产业全球专利主要来源国家/地区/组织分布图	292
图 8-6	2005~2017年太阳能产业全球专利主要技术市场分布图	293
图 8-7	2005~2017年太阳能产业主要国家/地区/组织专利申请量年度变化趋势图	293
图 8-8	2005~2017年太阳能产业全球创新主体合作网络图	295

图 8-9	2005~2017年太阳能产业专利技术发明人合作率和合作度年度变化趋势图	298
图 8-10	2005~2017年太阳能产业在华专利申请量年度变化趋势图	300
图 8-11	2005~2017年太阳能产业在华专利申请量区域排名	302
图 8-12	2005~2017年太阳能产业在华专利申请量前二十的研发机构	306
图 8-13	国家电网公司太阳能产业在华专利申请量按细分领域分布图	307
图 8-14	国家电网公司太阳能产业在华专利相对技术优势	307
图 8-15	天合光能公司太阳能产业在华专利申请量按细分领域分布图	308
图 8-16	天合光能公司太阳能产业在华专利相对技术优势	309
图 8-17	晶科能源有限公司太阳能产业在华专利申请量按细分领域分布图	309
图 8-18	晶科能源有限公司太阳能产业在华专利相对技术优势	310
图 8-19	浙江大学太阳能产业在华专利申请量按细分领域分布图	310
图 8-20	浙江大学太阳能产业在华专利相对技术优势	311
图 8-21	苏州阿特斯阳光电力公司太阳能产业在华专利申请量按细分领域分布图	312
图 8-22	苏州阿特斯阳光电力公司太阳能产业在华专利相对技术优势	312
图 8-23	2005~2017年太阳能产业在华专利重要发明人合作网络图	313
图 9-1	主要电池产业链结构图	331
图 9-2	中国一次电池产量	332
图 9-3	中国锂离子电池产业规模	332
图 9-4	中国太阳能电池产业规模	333
图 9-5	2005~2017年电池产业全球专利申请量年度变化趋势图	335
图 9-6	2005~2017年电池产业全球专利申请前十的国家/地区/组织	335
图 9-7	2005~2017年电池产业全球专利主要来源国家/地区/组织分布图	336
图 9-8	2005~2017年电池产业全球专利主要技术市场分布图	336
图 9-9	2005~2017年电池产业主要国家/地区/组织专利申请量年度变化趋势图	337
图 9-10	2005~2017年电池产业全球创新主体合作网络图	338
图 9-11	2005~2017年电池产业专利技术发明人合作率和合作度年度变化趋势图	341
图 9-12	2005~2017年电池产业在华专利申请量年度变化趋势图	343
图 9-13	2005~2017年电池产业在华专利申请量区域排名	345
图 9-14	2005~2017年电池产业在华专利申请量前二十的研发机构	350
图 9-15	丰田公司电池产业在华专利申请量按细分领域分布图	350
图 9-16	丰田公司电池产业在华专利相对技术优势	351
图 9-17	三星SDI公司电池产业在华专利申请量按细分领域分布图	352
图 9-18	三星SDI公司电池产业在华专利相对技术优势	352
图 9-19	比亚迪公司电池产业在华专利申请量按细分领域分布图	353
图 9-20	比亚迪公司电池产业在华专利相对技术优势	353
图 9-21	天合光能公司电池产业在华专利申请量按细分领域分布图	354

图 9-22	天合光能公司电池产业在华专利相对技术优势	354
图 9-23	国家电网公司电池产业在华专利申请量按细分领域分布图	355
图 9-24	国家电网公司电池产业在华专利相对技术优势	355
图 9-25	2005~2017 年电池产业在华专利重要发明人合作网络图	356

表目录

表 1-1　产业技术分析指标解释及主要指标计算公式表……………………………………7
表 1-2　德温特专利检索式及专利申请量……………………………………………………8
表 1-3　国家知识产权局专利检索式及专利申请量…………………………………………9
表 2-1　2005～2017 年集成电路产业全球专利申请量前十专利权人分布………………19
表 2-2　集成电路产业十大创新主体全球专利布局（2005～2010 年）…………………21
表 2-3　集成电路产业十大创新主体全球专利布局（2011～2017 年）…………………21
表 2-4　2005～2017 年集成电路产业主要公司的合作率与合作度比较…………………22
表 2-5　2005～2017 年集成电路产业细分领域在华专利申请量及主要申请人…………24
表 2-6　集成电路产业细分领域在华专利布局………………………………………………26
表 2-7　集成电路产业在华专利重要发明人胡辉勇团队发明授权专利一览表……………31
表 2-8　集成电路产业在华专利重要发明人刘明团队发明授权专利一览表………………34
表 2-9　美国集成电路产业关键技术标准列表………………………………………………37
表 2-10　国际标准化组织集成电路产业关键技术标准列表………………………………37
表 2-11　欧盟标准化组织集成电路产业关键技术标准列表………………………………39
表 2-12　英国集成电路产业关键技术标准列表……………………………………………40
表 2-13　法国集成电路产业关键技术标准列表……………………………………………42
表 2-14　德国集成电路产业关键技术标准列表……………………………………………43
表 2-15　中国集成电路产业关键技术标准列表……………………………………………44
表 2-16　主要国家/地区/组织集成电路产业主要技术标准的对比表……………………50
表 3-1　2005～2017 年物联网产业全球专利申请量前十专利权人分布…………………59
表 3-2　物联网产业十大创新主体全球专利布局（2005～2010 年）……………………61
表 3-3　物联网产业十大创新主体全球专利布局（2011～2017 年）……………………62
表 3-4　2005～2017 年物联网产业主要公司的合作率与合作度比较……………………64
表 3-5　2005～2017 年物联网各分支领域在华专利申请量及主要申请人………………67
表 3-6　2005～2017 年物联网产业细分领域在华专利布局………………………………69
表 3-7　物联网产业在华专利重要发明人王汝传专利申请一览表…………………………76

表 3-8	物联网产业 LG 电子公司在华专利重要发明人研发团队专利申请一览表	77
表 3-9	国际标准化组织物联网产业关键技术标准列表	78
表 3-10	欧盟标准化组织物联网产业关键技术标准列表	84
表 3-11	美国物联网产业关键技术标准列表	86
表 3-12	日本物联网产业关键技术标准列表	88
表 3-13	英国物联网产业关键技术标准列表	89
表 3-14	法国物联网产业关键技术标准列表	94
表 3-15	德国物联网产业关键技术标准列表	95
表 3-16	中国物联网产业关键技术标准列表	99
表 3-17	主要国家/地区/组织物联网主要技术标准的对比表	101
表 4-1	2005～2017 年飞机制造产业全球专利申请量前十专利权人分布	109
表 4-2	飞机制造产业十大创新主体全球专利布局（2005～2010 年）	110
表 4-3	飞机制造产业十大创新主体全球专利布局（2011～2017 年）	111
表 4-4	2005～2017 年飞机制造产业主要公司的合作率与合作度比较	113
表 4-5	2005～2017 年飞机制造产业细分领域在华专利申请量及主要申请人	115
表 4-6	2005～2017 年飞机制造产业细分领域在华专利布局	117
表 4-7	飞机制造产业在华专利重要发明人吉先武专利申请一览表	124
表 4-8	飞机制造产业在华专利重要发明人宋娟妮专利申请一览表	126
表 4-9	国际标准化组织民用飞机制造及民航服务产业关键技术标准列表	128
表 4-10	美国民用飞机制造及民航服务产业关键技术标准列表	130
表 4-11	日本民用飞机制造及民航服务产业关键技术标准列表	130
表 4-12	欧盟民用飞机制造及民航服务产业关键技术标准列表	131
表 4-13	英国民用飞机制造及民航服务产业关键技术标准列表	133
表 4-14	法国民用飞机制造及民航服务产业关键技术标准列表	136
表 4-15	德国民用飞机制造及民航服务产业关键技术标准列表	143
表 4-16	中国民用飞机制造及民航服务产业关键技术标准列表	146
表 4-17	主要国家/地区/组织民用飞机制造和民航服务产业主要技术标准的对比	155
表 5-1	高铁关键技术	159
表 5-2	2005～2017 年高铁产业全球专利申请量前十专利权人分布	162
表 5-3	高铁产业十大创新主体全球专利布局（2005～2010 年）	164
表 5-4	高铁产业十大创新主体全球专利布局（2011～2017 年）	164
表 5-5	2005～2017 年高铁产业主要公司的合作率与合作度比较	165
表 5-6	2005～2017 年高铁产业细分领域在华专利申请量及主要申请人	168
表 5-7	2005～2017 年高铁产业细分领域在华专利布局	170
表 5-8	高铁产业在华专利重要发明人苏建团队专利一览表	181
表 5-9	高铁产业在华专利重要发明人王军团队专利一览表	185
表 5-10	美国高铁产业关键技术标准列表	188

表 5-11	国际标准化组织高铁产业关键技术标准列表	189
表 5-12	日本高铁产业关键技术标准列表	191
表 5-13	欧盟标准化组织高铁产业关键技术标准列表	192
表 5-14	英国高铁产业关键技术标准列表	194
表 5-15	法国高铁产业关键技术标准列表	199
表 5-16	德国高铁产业关键技术标准列表	201
表 5-17	中国高铁产业关键技术标准列表	206
表 5-18	主要国家/地区/组织高铁产业主要技术标准的对比表	207
表 6-1	2011~2016 年影响医药行业重要影响因素的变化情况	211
表 6-2	医药技术：含义、目的和材料性能	212
表 6-3	医药技术未来发展趋势展望	213
表 6-4	2005~2017 年医药制造产业全球专利申请量前十专利权人分布	217
表 6-5	医药制造产业十大创新主体全球专利布局（2005~2010 年）	219
表 6-6	医药制造产业十大创新主体全球专利布局（2011~2017 年）	220
表 6-7	2005~2017 年医药制造产业主要公司的合作率与合作度比较	221
表 6-8	2005~2017 年医药制造产业细分领域在华专利申请量及主要申请人	224
表 6-9	2005~2017 年医药制造产业细分领域在华专利布局	226
表 6-10	医药制造产业在华专利重要发明人王芳团队发明专利一览表	232
表 6-11	医药制造产业在华专利重要发明人安同伟、陈庆忠团队发明专利一览表	234
表 6-12	美国药品制造产业关键技术标准列表	237
表 6-13	英国药品制造产业关键技术标准列表	238
表 6-14	德国药品制造产业关键技术标准列表	238
表 6-15	中国药品制造产业关键技术标准列表	238
表 6-16	主要国家/地区/组织药品制造产业主要技术标准的对比	239
表 7-1	汽车制造产业链	241
表 7-2	2005~2017 年汽车制造产业全球专利申请量前十专利权人分布	247
表 7-3	汽车制造产业十大创新主体全球专利布局（2005~2010 年）	250
表 7-4	汽车制造产业十大创新主体全球专利布局（2011~2017 年）	250
表 7-5	2005~2017 年汽车制造产业主要公司的合作率与合作度比较	252
表 7-6	2005~2017 年汽车制造产业细分领域在华专利申请量及主要申请人	254
表 7-7	2005~2017 年汽车制造产业细分领域在华专利布局	257
表 7-8	汽车制造产业在华专利重要发明人赵福全团队发明授权专利一览表	265
表 7-9	汽车制造产业在华专利重要发明人黄勇与王超合作发明授权专利一览表	266
表 7-10	美国汽车制造产业关键技术标准列表	267
表 7-11	国际标准化组织汽车制造产业关键技术标准列表	268
表 7-12	日本汽车制造产业关键技术标准列表	269
表 7-13	欧盟标准化组织汽车制造产业关键技术标准列表	272

表 7-14	英国汽车制造产业关键技术标准列表	272
表 7-15	法国汽车制造产业关键技术标准列表	273
表 7-16	德国汽车制造产业关键技术标准列表	274
表 7-17	中国汽车制造产业关键技术标准列表	275
表 7-18	主要国家/地区/组织汽车制造产业主要技术标准的对比表	286
表 8-1	2016 年中国新增光伏发电装机容量及总装机容量	290
表 8-2	太阳能专利申请量前十专利权人分布	294
表 8-3	太阳能产业十大创新主体全球专利布局（2005~2010 年）	296
表 8-4	太阳能产业十大创新主体全球专利布局（2011~2017 年）	297
表 8-5	2005~2017 年太阳能产业主要公司的合作率与合作度比较	298
表 8-6	2005~2017 年太阳能产业细分领域在华专利申请量及主要申请人	301
表 8-7	2005~2017 年太阳能产业细分领域在华专利布局	304
表 8-8	太阳能产业在华专利重要发明人郭万东部分专利申请一览表	314
表 8-9	太阳能产业在华专利重要发明人姜言森部分专利申请一览表	314
表 8-10	美国太阳能产业关键技术标准列表	315
表 8-11	国际标准化组织太阳能产业关键技术标准列表	317
表 8-12	日本太阳能产业关键技术标准列表	318
表 8-13	欧盟太阳能产业关键技术标准列表	320
表 8-14	英国太阳能产业关键技术标准列表	321
表 8-15	法国太阳能产业关键技术标准列表	322
表 8-16	德国太阳能产业关键技术标准列表	323
表 8-17	中国太阳能产业关键技术标准列表	325
表 8-18	主要国家/地区/组织太阳能产业主要技术标准的对比表	328
表 9-1	2005~2017 年电池产业全球专利申请量前十专利权人分布	337
表 9-2	电池产业十大创新主体全球专利布局（2005~2010 年）	339
表 9-3	电池产业十大创新主体全球专利布局（2011~2017 年）	340
表 9-4	2005~2017 年电池产业主要公司的合作率与合作度比较	341
表 9-5	2005~2017 年电池产业细分领域在华专利申请量及主要申请人	343
表 9-6	2005~2017 年电池产业细分领域在华专利布局	346
表 9-7	电池产业在华专利重要发明人陈清元专利申请一览表	357
表 9-8	电池产业在华专利重要发明人方结彬专利申请一览表	358
表 9-9	国际标准化组织电池产业关键技术标准列表	360
表 9-10	美国电池产业关键技术标准列表	361
表 9-11	日本电池产业关键技术标准列表	361
表 9-12	欧盟标准化组织电池产业关键技术标准列表	362
表 9-13	英国电池产业关键技术标准列表	362

- 表9-14 法国电池产业关键技术标准列表 …………………………………… 363
- 表9-15 德国电池产业关键技术标准列表 …………………………………… 364
- 表9-16 中国电池产业关键技术标准列表 …………………………………… 366
- 表9-17 主要国家/地区/组织电池产业主要技术标准的对比表 …………… 368

第 1 章 导 论

1.1 研究目的与意义

战略性新兴产业代表着未来科技与产业的发展方向，以重大技术突破和重大发展需求为基础，对经济社会全局和长远发展具有重大引领作用，具有知识技术密集、物质资源消耗少、成长潜力大、综合效益好等特点[1]。发展战略性新兴产业是中国实现"中国制造2025"、完成产业质态提升、提高国际竞争力的必然选择，更是中国经济发展阶段的内在要求。《战略性新兴产业重点产品和服务指导目录（2016版）》（以下简称《产品和服务指导目录》）划分了新一代信息技术产业、高端装备制造产业、新材料产业、生物产业、新能源汽车产业、新能源产业、节能环保产业、数字创意产业8类战略性新兴产业。如何布局和发展战略性新兴产业，一直是政府和业界关心和关注的问题。

本书从全球视角，以专利信息和标准信息挖掘分析为重要手段，跟踪与研究战略性新兴产业技术发展态势，有利于认清产业技术竞争环境，掌握我国产业技术发展的现状，发现存在的差距与不足，优化资源配置，提升产业发展水平，增强产业竞争力，推动区域经济发展，增强区域乃至国家综合实力。

1.2 研究内容

1.2.1 国家主要产业技术发展相关概念

1.2.1.1 产业技术

1）产业

产业是一些具有相同生产技术或产品特性的企业的集合[2]。

国际标准产业分类体系（International Standard Industrial Classification of All Economic

Activities，ISIC）是目前国际上最有影响力和权威的产业分类体系，共划分了 21 个一级产业类（部），88 个二级产业类（类），238 个三级产业类（大组），419 个四级产业类（组）。

我国执行《国民经济行业分类》（GB/T4754-2002）国家标准，共划分出 20 个产业门类，95 个产业大类，395 个产业中类，912 个产业小类。《产品和服务指导目录》由中华人民共和国国家发展和改革委员会编制，共涉及战略性新兴产业 5 大领域 8 个产业（相关服务业单独列出）、40 个重点方向下的 174 个子方向，近 4000 项细分产品和服务[3]。本书参照该目录共选择 8 个产业或重点方向，分别是集成电路、物联网、飞机制造、高铁、医药制造、汽车制造、太阳能和电池产业及其细分产业领域。

2）产业技术

远德玉教授从过程论的角度，指出产业技术是技术发展到产业层面的存在状态。技术发明是技术的最初形态，产业技术是技术的完善化形态[4]。陈昌曙认为，产业技术是体现于实际生产过程、制作过程或服务过程的技术，是对象化和体系化的技术[5]。何荣天博士从马克思的有关论述中提炼出产业技术就是一定的"生产方式的技术基础"[6]。综合多位学者的观点，可以得出产业技术具有以下特点[7]。

（1）产业技术是体系化的技术。产业技术结构的多样性和复杂性使得产业技术成为一个复杂的系统，是多种生产技术的集合。其中，专利与标准是产业技术的重要指标。

（2）产业技术是社会化的技术。任何形态的技术都有自然属性和社会属性，技术的自然属性基本相同，但是社会属性存在较大的差异。一项生产技术要发展成为产业技术，必须适应社会目的、社会需求及社会的发展规律。

（3）产业技术是现实技术。产业技术具有直接生产能力，有直接的经济价值。而技术构想、技术发明等形态的技术是没有这种属性的。产业竞争力由产业技术水平和产业技术创新能力决定，而不是或者不直接由具有潜在生产能力功能的其他形态的技术决定。

（4）产业技术是竞争性技术。技术通过竞争而演进，产业技术的发展始终处于社会的选择和优胜劣汰的竞争中。

（5）产业技术是环境责任型技术。就一项技术而言，技术本身与环境的影响很难辨清，而形成系统化的产业技术对环境有着决定影响，即产业技术承担了环境责任。

（6）产业技术是资源依赖型技术。产业技术的规模化生产离不开产业技术系统内部的各种资源，不仅包括自然资源，还包括制度、知识、文化等社会资源。

1.2.1.2 专利

1）专利的定义

专利（patent），从字面上看是指专有的权利和利益。在现代，专利一般是由政府机关或者代表若干国家的区域性组织根据申请而颁发的一种文件，这种文件记载了发明创造的内容，并且在一定时期内产生这样一种法律状态，即在一般情况下获得专利的发明创造只有经专利权人许可他人才能予以实施。在我国，专利分为发明、实用新型和外观设计三种类型。《中华人民共和国专利法》第 2 条规定：发明，是指对产品、方法或者其改进所提出的新的技术方案。实用新型，是指对产品的形状、构造或者其结合所提出的适于实用的新的技术方案。外观设计,是指对产品的形状、图案或者其结合以及色彩与形状、图案的结合所作出的富有美感并适于工业应用的新设计。

2)专利权的定义

专利权是依法批准的发明人或其权利受让人对其发明成果在一定年限内享有的独占权或专用权。专利权是一种专有权,一旦超过法律规定的保护期限,就不再受法律保护。专利权的主体是专利权人,不仅包括发明人,还包括权利受让人。[8]

《中华人民共和国专利法》第 11 条、第 12 条规定了专利权保护的主要内容:"发明和实用新型专利权被授予后,除本法另有规定的以外,任何单位或者个人未经专利权人许可,都不得实施其专利,即不得为生产经营目的制造、使用、许诺销售、销售、进口其专利产品,或者使用其专利方法以及使用、许诺销售、销售、进口依照该专利方法直接获得的产品。""任何单位或者个人实施他人专利的,应当与专利权人订立实施许可合同,向专利权人支付专利使用费。被许可人无权允许合同规定以外的任何单位或者个人实施该专利。"

3)优先权的定义

《中华人民共和国专利法》第 29 条规定:"申请人自发明或者实用新型在外国第一次提出专利申请之日起十二个月内,或者自外观设计在外国第一次提出专利申请之日起六个月内,又在中国就相同主题提出专利申请的,依照该外国同中国签订的协议或者共同参加的国际条约,或者依照相互承认优先权的原则,可以享有优先权。"这种优先权称为外国优先权。"申请人自发明或者实用新型在中国第一次提出专利申请之日起十二个月内,又向国务院专利行政部门就相同主题提出专利申请的,可以享有优先权。"这种优先权称为本国优先权。

4)专利族的定义

《保护工业产权巴黎公约》规定:公约成员国之间相互承认原申请国专利申请为期一年的优先权,成员国居民向其他成员国申请专利时,出具原申请国优先权证明,就可享受原申请国在先申请日期。在后申请的成员国出版专利文献时,在专利文献著录项目中刊出国际优先权项,以表明两者之间的关系。由此开始出现一组组标有相同优先权的专利文献——专利族。

5)专利的分类

《专利审查指南 2010》指出,对每一件发明专利申请或者实用新型专利申请的技术主题进行分类,应当给出完整的、能代表发明或实用新型的发明信息的分类号,并尽可能对附加信息进行分类;将最能充分代表发明信息的分类号排在第一位。专利局采用国际专利分类表(IPC)对发明专利申请和实用新型专利申请进行分类。

6)专利管理机构

世界知识产权组织(World Intellectual Property Organization,WIPO)是联合国组织系统中的 15 个专门机构之一,总部设在瑞士日内瓦,主要职责是通过国家间的合作促进对全世界知识产权的保护,管理建立在多边条约基础上的关于专利、商标和版权方面的 23 个联盟的行政工作,并办理知识产权法律与行政事宜。

《中华人民共和国专利法》第 3 条规定:"国务院专利行政部门负责管理全国的专利工作;统一受理和审查专利申请,依法授予专利权。"国家知识产权局作为国务院专利行政管理部门，委托国家知识产权局专利局（以下简称专利局）受理、审批专利申请，专利局以国家知识产权局的名义做出各项决定。国家知识产权局设立专利复审委员会，负责复审及无效宣告请求的审查并做出决定。

美国专利及商标局（United States Patent and Trademark Office，UPTO）是美国商务部下的一个机构，主要负责为发明家和他们的相关发明提供专利保护、商品商标注册和知识产权证明。

日本特许厅（Japan Patent Office，JPO）隶属于日本经济产业省，负责日本的知识产权事务，其下设总务部、审查部、审判部和其他一些部门，具体职责包括专利、商标等的授权、知识产权政策的起草制定、知识产权信息的发布与传播等。

欧洲专利局（European Patent Office，EPO）是根据《欧洲专利公约》于1977年10月7日正式成立的一个政府间组织，主要职能是负责欧洲地区的专利审批工作。

1.2.1.3 标准与标准化

1）标准的定义

标准的定义有很多种。国际标准化组织（International Organization for Standardization，ISO）对标准的定义是：标准是由一个公认的机构制定和批准的文件。它对活动或活动的结果规定了规则、导则或特殊值，供共同和反复使用，以实现在预定领域内最佳秩序的效果。中国国家标准 GB/T 20000.1-2014《标准化工作指南第 1 部分：标准化和相关活动的通用词汇》条目 5.3 中对标准的定义是：为了在一定范围内获得最佳秩序，经协商一致制定并由公认机构批准，共同使用的和重复使用的一种规范性文件。本书比较认同国家标准 GB/T 3935.1-1983 对标准的定义："标准是对重复性事物和概念所做的统一规定，它以科学、技术和实践经验的综合为基础，经过有关方面协商一致，由主管机构批准，以特定的形式发布，作为共同遵守的准则和依据。"

2）标准化的定义

标准化是指为在一定的范围内获得最佳秩序，对实际的或潜在的问题制定共同的和重复使用的规则的活动，即制定、发布及实施标准的过程。通过标准化及相关技术政策的实施，可以整合和引导社会资源，激活科技要素，推动自主创新与开放创新，加速技术积累、科技进步、成果推广、创新扩散、产业升级及经济、社会、环境的全面、协调和可持续发展。

3）技术标准的定义

技术标准是指经公认机构批准的、非强制执行的、供通用或重复使用的产品或相关工艺和生产方法的规则、指南或特性的文件。有关专门术语、符号、包装、标志或标签要求也是标准的组成部分，是指一种或一系列具有一定强制性要求或指导性功能，内容含有细节性技术要求和有关技术方案的文件，其目的是让相关的产品或服务达到一定的安全要求或市场进入的要求。技术标准的实质就是对一个或几个生产技术设立的必须符合要求的条件及能达到此标准的实施技术。它包含有两层含义：①对技术要达到的水平画了一道线，只要未达到此线的就是不合格的生产技术；②技术标准中的技术是完备的，如果达不到包含有一定量技术解决方案的这一类标准。

4）技术标准的分类

技术标准的分类方法很多，按其标准化对象特征和作用，可分为基础标准、产品标准、方法标准、安全卫生与环境保护标准等；按其标准化对象在生产流程中的作用，可分为零部件标准、原材料与毛坯标准、工装标准、设备维修保养标准及检查标准等；按标准的强制程度，可分为强制性标准与推荐性标准；按使用范围，可分为国际标准、区域标准、国家标准、地方标准、专业标准、企业标准；按内容，可分为基础标准（一般包括名词术语、符号、代号、机械制图、公差与配合等）、产品标准、辅助产品标准（工具、模具、量具、夹具等）、原材料标准、方法标准（包括工艺要求、过程、要素、工艺说明等）；按成熟程度，可分为法定标准、推荐标准、试行标准、标准草案；按标准在企业中的适用范围，可分为公司标准、工用标准和科室标准等。

5）标准制定

国际标准由国际标准化组织理事会审查，国际标准化组织理事会接纳国际标准并由中央秘书处颁布。在中国，国家标准由国务院标准化行政主管部门制定；行业标准由国务院有关行政主管部门制定；企业生产的产品没有国家标准和行业标准的，应当制定企业标准，作为组织生产的依据，并报有关部门备案。法律对标准的制定另有规定的，依照法律的规定执行。制定标准应当有利于合理利用国家资源，推广科学技术成果，提高经济效益，保障安全和人民身体健康，保护消费者的利益，保护环境，有利于产品的通用互换及标准的协调配套等。

6）标准化组织

（1）国际标准化组织。一个独立的、非政府国际标准化专门机构，其宗旨为在全世界促进标准化及有关活动的发展，以便于国际物资交流和服务，并扩大知识、科学、技术和经济领域的合作。成员包括 161 个国家的标准化机构。该组织设有 780 个技术委员会，其中央秘书处设在瑞士日内瓦，负责组织协调国际标准化组织的日常工作，并核实、发布国际标准。国际标准化组织已发布 22 188 个国际标准和相关文件，覆盖几乎每个产业，包括从技术、食品安全到农业和医疗。

（2）区域标准化组织。随着世界区域经济体的形成，区域标准化日趋发展。区域标准化是指世界某一地理区域内有关国家、团体共同参与开展的标准化活动。目前，有些区域已成立标准化组织，如欧洲标准化委员会（Comité Européen de Normalisation，CEN）、欧洲电工标准化委员会（European Committee for Electrotechnical Standardization，CENELEC）、国际电工委员会（International Electrotechnical Commission，IEC）、欧洲电信标准学会（European Telecommunications Standards Institute，ETSI）、太平洋地区标准大会（Pacific Area Standards Congress，PASC）、泛美技术标准委员会（Pan American Standards Commission，COPANT）、非洲地区标准化组织（African Organisation for Standardisation，ARSO）等。

（3）行业标准化组织。行业标准化组织是制定和公布适应于某个业务领域标准的专业标准团体，以及在业务领域开展标准化工作的行业机构、学术团体或国防机构。如美国电气和电子工程师协会（Institute of Electrical and Electronics Engineers，IEEE）、美国国防部（United States Department of Defense，DOD）、中国国防科学技术工业委员会等。

（4）国家标准化组织。指在国家范围内建立的标准化机构及政府确认（或承认）的标准化团体，或者接受政府标准化管理机构指导并具有权威性的民间标准化团体，如美国国家标准协会、英国标准协会、德国标准化协会、法国标准化协会、日本工业标准调查会、中国标准化协会等。

1.2.2 本书的框架结构

本书基于国内外专利数据和标准数据，对国际主要产业领域的发展现状和发展趋势进行分析。根据《产品和服务指导目录》，选取了集成电路、物联网、飞机制造、高铁、医药制造、汽车制造、太阳能和电池8大产业领域，分别对各产业的产业链结构、产业整体发展概况、产业关键技术、全球专利态势、在华专利态势、各国技术标准制定情况展开分析，并可视化展示重要数据，呈现主要产业技术领域的发展现状与发展前景。

本书共分为9章。第一章导论，主要阐述研究目的与意义，研究内容（界定产业技术相关概念、本书的框架结构），研究方法（包括主要分析指标、数据来源与采集）；第二章集成电路产业技术发展报告；第三章物联网产业技术发展报告；第四章飞机制造产业技术发展报告；第五章高铁产业技术发展报告；第六章医药制造产业技术发展报告；第七章汽车制造产业技术发展报告；第八章太阳能产业技术发展报告；第九章电池产业技术发展报告。从专利和标准的视角分别对集成电路、物联网、飞机制造、高铁、医药制造、汽车制造、太阳能和电池8大产业领域展开了多维度详细分析与研究。

1.3 研究方法

1.3.1 主要分析指标

本书主要采用专利与标准分析来研究主要产业技术发展状况。

关于专利分析，国内外的专利计量分析已经比较成熟，既有应用于宏观层面的产业技术水平评价，也有应用于不同企业技术水平或创新能力比较，或特定领域的技术水平或创新程度评估等。例如，大连理工大学高继平和丁堃从宏观、中观、微观层面总结了专利计量指标[8]；马廷灿、李桂菊、姜山等将专利质量评价分为6类：基于被引的专利质量评价指标、基于引用的专利质量评价指标、基于技术保护范围的专利质量评价指标、基于区域保护范围的专利质量评价指标、基于有效维持的专利质量评价指标、其他专利质量评价指标[9]；陈云鹏提出了采用强度、广度、效度、黏度、转化速度等标准水平评价指标[10]；魏凤等利用标准制定时间、类别、等效程度、行业分布等指标对稀土产业标准信息进行计量研究[11]；魏凤、钟永恒等提出了基于产业发展分析的标准信息及数量随时间变化发展的计算方法，并以中国、美国、欧盟的太阳能产业为例，进行案例分析[12]。

本书专利分析包括时间、技术、区域、申请人和发明人5个维度：时间维度主要分析各领域专利申请的时间变化规律；技术维度主要分析各个子领域的布局特征，包括子领域重点发展的技术领域、子领域的主要申请人等；区域维度主要分析各个国家/地区/组织、各省

（自治区、直辖市）的专利申请分布特点，并以可视化图表反映专利布局的区域差异化特征，为产业发展的区域布局提供参考；申请人维度主要分析各领域全球专利申请前十申请人和在华专利申请前十申请人；发明人维度主要利用社会网络法分析各领域具有重要影响力的发明人。本书专利分析主要采用了历年专利申请量、历年专利授权量、合作率（DC）、合作度（CI）、技术集中度、相对技术优势（RTA）、相对技术整合能力（RTIC）、节点频次、节点度数、中间中心度等指标[13]~[16]，指标含义及计算公式具体见表1-1。

表1-1 产业技术分析指标解释及主要指标计算公式表

序号	指标名称	指标解释	计算公式
1	历年专利申请量	产业年申请专利数量，反映该产业的发明活动情况	—
2	历年专利授权量	产业年授权专利数量，反映该产业的发明活动情况	—
3	合作率（DC）	表征科学合作程度指标，反映合作的专利项数占全部专利项数的比率	$DC = 1 - \dfrac{f_j}{N}$，其中，f_j：合作者人数为 j 的专利数，N：专利总项数
4	合作度（CI）	表征科学合作程度指标，反映专利的项均发明者数	$CI = \sum_{j=1}^{k} j\,f_j / N$，其中，$f_j$：合作者人数为 j 的专利数，k：合作者人数的最大值，N：专利总项数
5	技术集中度	专利集合中数量分布特征，反映技术子领域或各区域的专利分布情况	—
6	相对技术优势（RTA）	申请人某一技术领域的技术优势	$RTA = 100 \times \tanh\left(\ln\left(\dfrac{T_{ij}/\sum_i T_{ij}}{\sum_j T_{ij}/\sum_{ij} T_{ij}}\right)\right)$，其中，$T_{ij}$：$j$ 企业在 i 技术领域的专利数；$T_{ij}/\sum_i T_{ij}$：j 企业在 i 技术领域的专利数占所有技术领域专利总数的比率；$\sum_j T_{ij}/\sum_{ij} T_{ij}$：$i$ 技术领域所有公司专利总数占所有公司所有技术领域专利总数的比例
7	相对技术整合能力（RTIC）	申请人某一技术领域对外部资源的整合能力	$RTIC = 100 \times \tanh\left(\ln\left(\dfrac{R_{ij}/\sum_i R_{ij}}{\sum_j R_{ij}/\sum_{ij} R_{ij}}\right)\right)$，其中，$R_{ij}$：企业 j 的第 i 分类号（IPC）与其他 IPC 共现的频次；$\sum_i R_{ij}$：第 i 分类号与其他所有 IPC 共现的频次；$\sum_{ij} R_{ij}$：所有企业的 IPC 与其他所有 IPC 共现的频次
8	节点频次	测度发明人影响力，指发明人在发明专利中出现的次数	—
9	节点度数	反映该发明人在合作网络中的直接影响力，指与某一发明人有合作关系的其他发明人数量	—
10	中间中心度	测量节点对资源的控制能力。如果某节点的中间中心度较高，说明该节点起到沟通各个节点的桥梁作用	—

资料来源：中国产业智库大数据中心

本书标准分析包括了标准类别和技术领域两个维度：标准类别维度主要分析国际标准化组织、欧盟、美国、日本、英国、法国、德国、中国等主要国家/地区/组织各类别标准制定情况，技术领域维度主要分析主要国家/地区/组织各子领域标准制定情况。

1.3.2 数据来源与采集

1.3.2.1 专利数据来源与采集

专利数据主要来自于德温特创新索引数据库（Derwent Innovation Index，DII）和国家知识产权局专利信息服务平台，专利申请时间均限于 2005~2017 年。由于专利申请日期和公开日期通常有 18 个月的时滞，所以 2016 年和 2017 年的数据仅供参考。其中，国家知识产权局的专利数据包括向国家知识产权局提出申请的发明专利、实用新型专利和外观设计专利，不包括国内机构或个人向国外知识产权局提出申请的各类专利，但是包括国外机构或个人向国家知识产权局提出申请的各类专利。

全球专利态势分析采用德温特创新索引数据库的专利数据，以"德温特手工代码+关键词"或"德温特手工代码"为检索策略。德温特手工代码是德温特创新索引数据库的一大特色，它由德温特的标引人员分配给专利，用于表示具体发明的技术创新点及其应用的专有代码。结合德温特手工代码检索可以显著提高检索速度和准确性。德温特创新索引数据库八大产业领域的检索式及 2005~2017 年全球专利申请总量如表 1-2 所示。

表 1-2　德温特专利检索式及专利申请量

序号	领域	检索式	专利数量/项
1	集成电路	MAN=（U13* or U14-H03C2A* or U14-H03H* or U21* or U24-G03E* or U24-G04A* or X14-F02* or L04-F03*or S01-G01A1* or S01-G01C1* or T01-J15A2* or T03-H02A3* or U23-J01E*）or（Man=A12-E07C* and（TS="integrated circuit*"））	256 074
2	物联网	TS=（"internet of things" OR "IoT" OR "electronic label*" OR "electronic tag*" or "two-dimension code" or "bar code" or GPS or "Global position*" or IPv6 or "Radio Frequency Identification" or RFID）or（TS=（"wireless communication" or "wireless signal" or "wireless transmission" or WIFI）and IP=H04*）or（TS=（sensor* or transducer*）and IP=（H01* OR H03* OR H04* OR H05* OR H99*））	511 004
3	飞机制造	MAN=（Q25-A* or Q25-B* or Q25-C* or S02-J01A1* or S02-J01C1*）or（MAN=（Q25-N* or T01-J07D* or W06* or X12-H01B4* or P35-C01C7A*）and TS=（aircraft* or aeroplane* or plane*））	108 090
4	高铁	TS =（(high-speed railway*）or（high-speed rail*）or（high-speed train*）or（rapid transit railway*）or（bullet train*）or（multiple unit*）or（express railway）or HSR or CRH）	12 240
5	医药制造	MAN=（B01* or B02* or B03* or B04* or B05* or B06* or B07* or B08* or B09* or B10* or B11* or B12* or B13* or B14* or B15*）	1 191 166
6	汽车制造	MAN=（Q1* or X21 *）	600 181
7	太阳能	TS=（"solar*" or photovolt* or photothermal*）	353 096
8	电池	TS=（cell or cells or battery or batteries）and MAN=（X16* or A12-E06* A12-E14* or J06-B06A* or L03-E* or N07-L03A* or S01-G06*）	428 386

注：每个专利家族由一件基本专利和若干件同等专利构成，德温特创新索引库中每条专利记录代表一项专利家族，单位用"项"。

在华专利态势分析采用国家知识产权局专利信息服务平台数据。国家知识产权局专利信息服务平台的专利以"IPC"或"IPC+关键词"为检索策略。国际专利分类法是全球通用的专利分类方法，被广泛运用于各个国家和地区的专利文献分类和检索中，我国自 1985 年开始实施专利制度以来便采用这种分类方法。国际专利分类号由专利审查员人工确定，具有较高的规范性、科学性和确定性，可以用来标示专利技术的功能属性和应用领域[17]。国家知识产权局专利信息服务平台各领域检索式及 2005~2017 年在华专利申请总量如表 1-3 所示。专利时间检索时间为：2017 年 11 月。

表 1-3 国家知识产权局专利检索式及专利申请量

序号	领域	检索式	专利数量/件
1	集成电路	主分类号=H01L27 OR（（主分类号=G11 OR 分类号=G11）AND（名称=电路））OR 名称=（集成电路 OR 模压组件 OR 微型组件 OR 双极电路 OR（MOS AND 电路）OR 接口电路 OR 线性电路 OR 电源电路 OR 专用电路 OR 存储器 OR 存储电路 OR 电路芯片）	238 693
2	物联网	摘要=（物联网）OR 摘要=（电子标签）OR 摘要=（射频识别 OR RFID）OR 摘要=（二维码）OR（（摘要=（无线通信）OR 摘要=（WIFI）OR 摘要=（3G））AND 分类号=（H04））OR 摘要=（全球定位）OR 摘要=（GPS）OR（摘要=（传感器）AND 分类号=（H01 OR H03 OR H04 OR H05 OR H99））OR 摘要=（IPv6）	180 597
3	飞机制造	主分类号=（B64C OR B64D OR 12-07）	26 022
4	高铁	（名称=（高铁 or 高速铁路 or 高速铁道 or 高速轨道 or 高速火车 or 高速列车 or 高速动车 or 多动力单元列车）or 摘要=（高铁 or 高速铁路 or 高速铁道 or 高速轨道 or 高速火车 or 高速列车 or 高速动车 or 多动力单元列车）or 主权项=（高铁 or 高速铁路 or 高速铁道 or 高速轨道 or 高速火车 or 高速列车 or 高速动车 or 多动力单元列车））not 分类号=（A or C）	8 131
5	医药制造	主分类号=A61K	299 209
6	汽车制造	分类号=B60 or 12-08	323 946
7	太阳能	摘要=（太阳能 OR 光伏）OR 主分类号=（F24J2 OR H01L31）	220 034
8	电池	主分类号=（H01M OR H01L31/042 OR H01L31/045 OR H01L31/048 OR H01L31/05）OR 名称=电池 OR（名称=（充电 OR（电源能 AND（转换 OR 物理 OR 化学））OR（电能 AND 转换））AND 分类号=（H01 OR H02 OR C OR D OR G21）OR 分类号=（H01 OR H02 OR C OR D OR G21）））	217 793

注：国家知识产权局专利信息服务平台中每条专利记录代表专利家族的成员，单位用"件"。

1.3.2.2 标准数据来源与采集

标准数据来自中国标准服务网（CSSN）和中国知网国内外标准题录数据库（SOSD）。中国标准服务网是中国国家标准馆建设的最权威、标准信息最全的国家级标准平台库，收集了 1900~2009 年国际标准化组织和近 30 个国家的国家标准、行业标准，涵盖了当前所有正在发展中和发展较成熟的产业领域。中国知网国内外标准题录数据库收录了世界范围内的重要标准，如国际标准、国际电工标准、欧洲标准、德国标准、英国标准、法国标准、日本工业标准、美国标准、美国部分学/协会标准等标准的题录摘要数据，共计标准约 38 万条。标准数据检索时间为 2017 年 1 月。

参 考 文 献

[1] 国务院办公厅. 国务院关于加快培育和发展战略性新兴产业的决定[EB/OL][2018-03-01]. http://www.gov.cn/zwgk/2010-10/18/content_1724848.htm.
[2] 芮明杰. 产业经济学[M]. 上海：上海财经大学出版社，2005.
[3] 中华人民共和国国家发展和改革委员会. 中华人民共和国国家发展和改革委员会公告[EB/OL][2018-03-01]. http://www.ndrc.gov.cn/gzdt/201702/t20170204_837246.html.
[4] 远德玉，丁云龙，马强. 产业技术论[M]. 沈阳：东北大学出版社，2005.
[5] 陈昌曦. 产业研究论纲[J]. 自然辩证法研究，1994，10（11）：48-54.
[6] 何荣天. 产业技术进步论[M]. 北京：经济科学出版社，2000.

[7] 王萍. 论专利权滥用的反垄断法规制[D]. 济南:山东大学,2009.
[8] 高继平,丁堃. 专利计量指标研究述评[J]. 图书情报工作,2011,55(20):40-43.
[9] 马廷灿,李桂菊,姜山,等. 专利质量评价指标及其在专利计量中的应用[J]. 图书情报工作,2012,56(24):89-95.
[10] 陈云鹏. 标准计量分析方法研究及农业应用[D]. 北京:中国农业科学院,2016.
[11] 魏凤,江洪,潘懿. 稀土标准信息的计量方法研究[J]. 稀土,2011,32(01):96-101.
[12] 魏凤,钟永恒,周洪,等. 基于产业信息分析的标准流发展态势数值研究[J]. 情报科学,2015(5):119-123.
[13] 温芳芳. 专利合作模式的计量研究[D]. 武汉:武汉大学,2012.
[14] 张华宝,胡俊荣. 广东省发明专利合作情况的计量学研究——基于发明人[J]. 现代情报,2010,30(8):129-130.
[15] Teece D J,Pisano G,Shuen A. Dynamic Capabilities and Strategic Management[J]. Strategic Management Journal,1997,18(7):509-533.
[16] 刘军. 社会网络分析导论[M]. 北京:社会科学文献出版社,2014.
[17] 乔杨. 专利计量方法在技术预见中的应用——以国内冶金领域为例[J]. 情报杂志,2013(4):34-37.

第2章 集成电路产业技术发展报告

本章首先介绍集成电路产业及关键技术的发展概况。其次，对集成电路全球专利申请态势进行分析，包括全球专利申请年度趋势，中国、美国、日本、韩国、德国等国家的专利分布与趋势，三星电子株式会社（以下简称三星电子公司）、松下电器产业株式会社（以下简称松下电器公司）、国际商业机器公司（IBM）、东芝株式会社（以下简称东芝公司）、索尼株式会社（以下简称索尼公司）、佳能株式会社（以下简称佳能公司）、海力士半导体公司（以下简称海力士公司）、美光科技公司、台湾积体电路制造股份有限公司（以下简称台积电公司）、富士通株式会社（以下简称富士通公司）10家机构的专利申请、专利合作与专利布局，以及主要机构的核心发明人合作网络结构。再次，对集成电路在华专利申请态势进行分析，包括在华专利申请年度趋势，集成电路设计、集成电路制造、测试和封装等分支领域专利分布，各省（自治区、直辖市）专利申请数量及研发重点领域，三星电子公司、国际商业机器公司、台积电公司等机构专利申请量及技术竞争力对比，及胡辉勇、刘明等活跃发明人的专利申请情况。最后，对比分析美国、欧盟、英国、德国、法国等主要发达国家/地区/组织和我国在集成电路关键技术标准领域的技术标准。

2.1 集成电路产业概述

2.1.1 集成电路及其产业链

集成电路（Integrated Circuit，IC）是由各种半导体元件（电晶体、二级体、电阻、电容等）在同一基底上整合而形成的一块逻辑电路，用来达到控制、计算或者记忆等功能[1]。集成电路的行业分类方法很多，按照上游、中游、下游的关系，可以分为上游设计、中游晶圆制造及下游封装、测试厂商，设计又可分为知识产权和工具软件设计，产业链结构图如图2-1所示。

集成电路是信息产业的基础和核心，是国民经济和社会发展的战略性、基础性和先导性产业，做大做强集成电路产业已成为国家产业转型的战略先导，对推动经济社会发展、促进社会进步、提高人民生活水平、保障国家安全、提高产业竞争力具有重大意义。

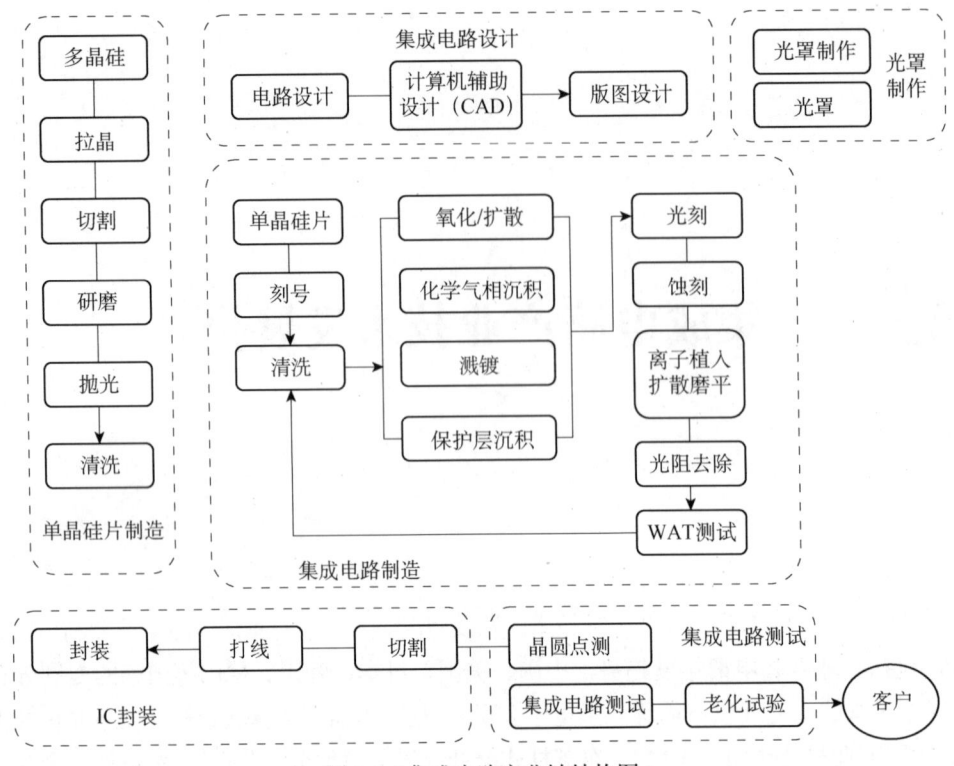

图 2-1 集成电路产业链结构图

资料来源：中国产业智库大数据中心

2.1.2 集成电路产业发展概况

近年来，我国政府高度重视集成电路产业的发展，出台了一系列政策，其中《国家集成电路产业发展推进纲要》和《中国制造 2025》的出台，为我国集成电路产业实现跨越式发展注入了强大动力。我国在集成电路领域实现了飞速发展，技术水平与国际差距不断缩小，集成电路市场已成为全球增长引擎，市场规模从 2011 年的 1933 亿元提升至 2016 年的 4335.5 亿元，同比增长 20.1%（图 2-2）。

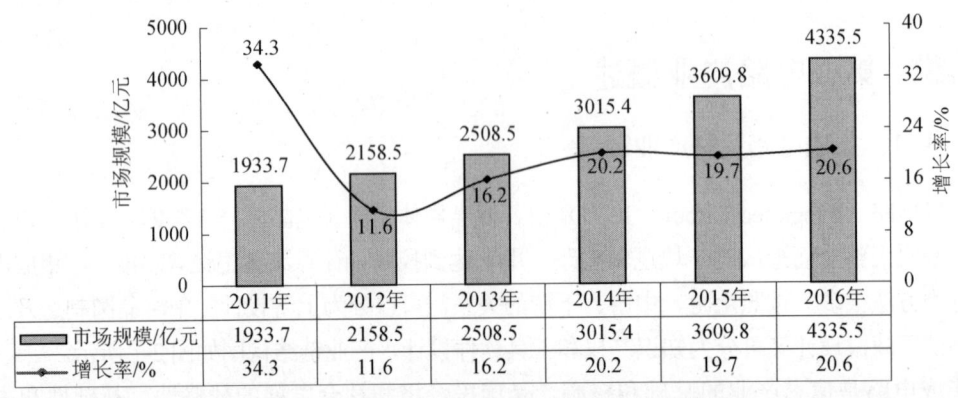

	2011年	2012年	2013年	2014年	2015年	2016年
市场规模/亿元	1933.7	2158.5	2508.5	3015.4	3609.8	4335.5
增长率/%	34.3	11.6	16.2	20.2	19.7	20.6

图 2-2 2011～2016 年集成电路产业市场规模和增长率

资料来源：中国半导体行业协会

集成电路封装测试行业技术门槛相对较低、投资较小、见效快，在我国集成电路产业中占据较高比重。随着国内集成电路设计企业实力的增强，集成电路设计市场占整个集成电路市场的比重稳步提升，2015年超过封装测试市场占整个集成电路市场的比重。[2]在移动智能终端、交互式网络电视（IPTV）和视频监控、云计算、大数据等多层次需求及智能硬件创新的带动下，2016年，集成电路设计实现销售收入1644.3亿元，占比38%；集成电路制造实现销售收入1126.9亿元，占比26%；集成电路封装测试实现销售收入1564.3亿元，占比36%（图2-3）。

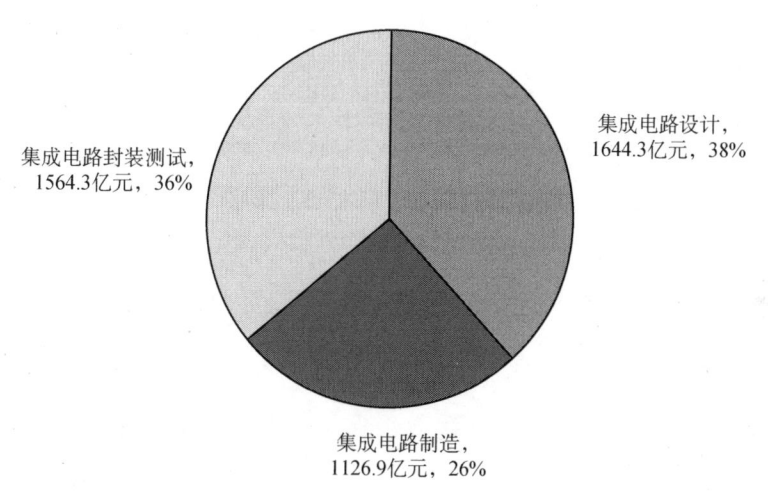

图2-3　2016年我国集成电路产业结构分布

2.1.3 集成电路产业关键技术演进

按照上游、中游、下游的关系，集成电路技术主要分为三大类：设计技术、制造技术和封装测试技术。集成电路发展到今天的极大规模集成电路阶段，电路设计的集成度和复杂性、制造工艺控制精度、低功耗等性能指标要求越来越高，集成电路设计、制造、封装与测试技术也呈现出一些新的特点[3]。

2.1.3.1 集成电路设计技术

集成电路设计技术一般分为两大类：数字集成电路设计技术和模拟集成电路设计技术，一般设计流程如图2-4所示。

当前，主流的、应用广泛的集成电路设计技术主要包括：现场可编程门阵列（Field Programmable Gate Array，FPGA）、系统级芯片（System on Chip，SoC）及用户可重构系统芯片（User Reconfigurable SoC，U-SoC）等设计技术。现场可编程门阵列是现代集成电路设计与验证的主要技术，是在可编程器件基础上发展而来的，属于一种半定制电路。系统级芯片设计技术是指通过一系列先进的半导体设计、制造技术，将计算机或其他电子电路系统集成到单一芯片的集成电路设计技术，芯片具有集成规模超大、耗电低、成本低、功能丰富等特点，因而在各个领域应用广泛。用户可重构系统芯片设计技术是在传统中设计一个或多个可重构单元，使最终用户可以对芯片的部分电路结构进行现场可编程或重构，以达到某种特定的应用目的[4]。

(a) 数字集成电路设计流程

(b) 模拟集成电路设计流程

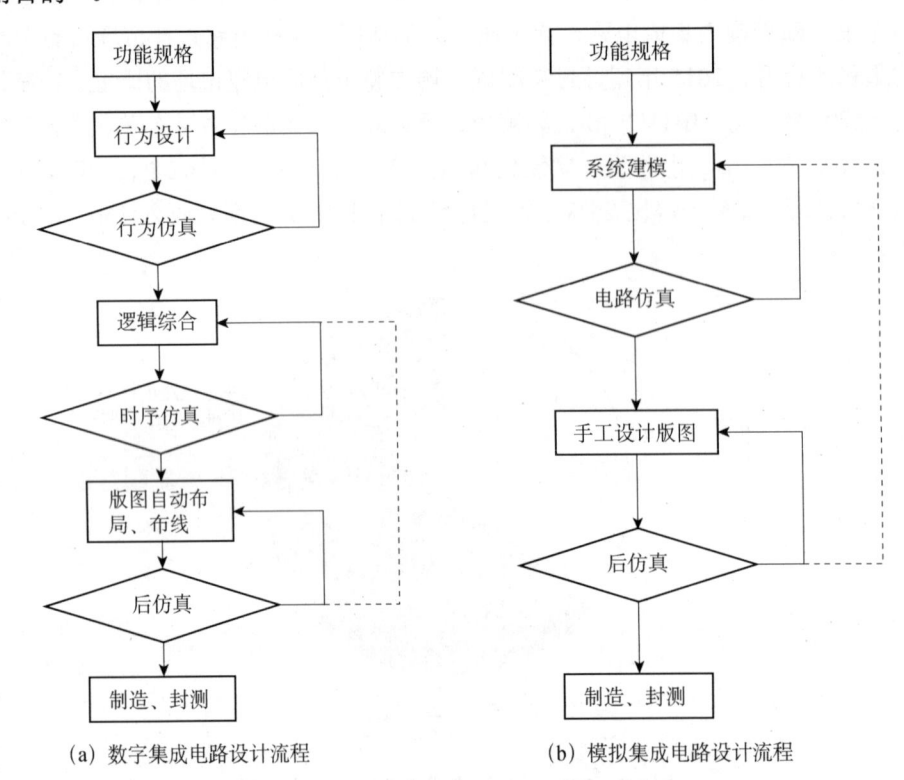

图 2-4　集成电路设计流程

资料来源：王鹏飞：《中国集成电路产业发展研究》，2014

2.1.3.2　集成电路制造技术

集成电路制造技术非常复杂，包含材料生长、晶圆制造、电路设计、无尘室技术、制造设备、测量工具、晶圆处理、晶粒测试等众多环节，详细制造过程主要在无尘室中进行[5]（图 2-5）。

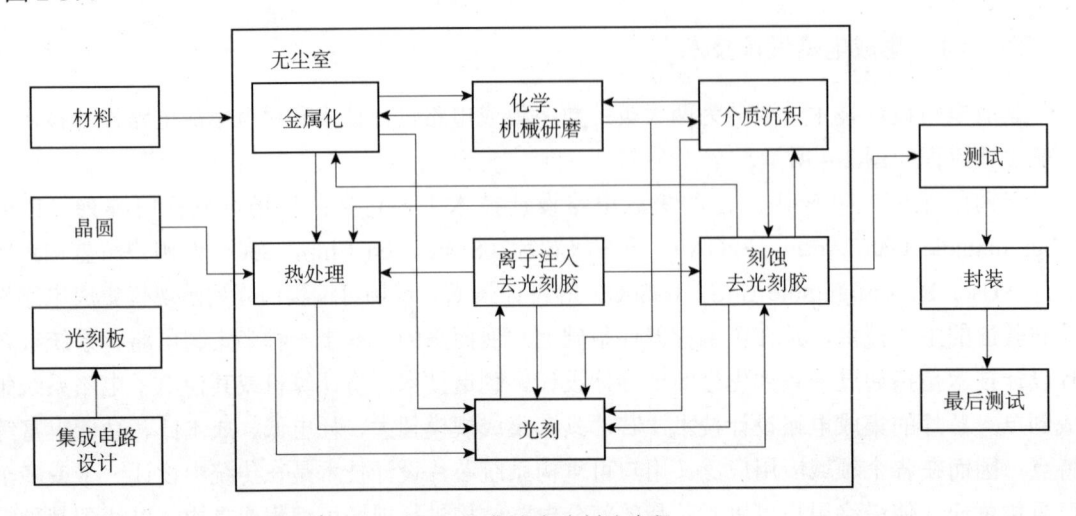

图 2-5　集成电路制造流程

除制造工艺流程外，晶圆制备、工艺线宽、鳍式场效应晶体管（Fin Field-Effect Transistor，FinFET）与绝缘衬底硅（Silicon-On-Insulator，SOI）等基础结构技术也异常重要。

晶圆是制造集成电路所用的硅晶体切片，在硅晶体切片上可加工制作成各种电路元件结构，而成为有特定电性功能之产品。

工艺线宽指集成电路生产工艺可达到的最小沟道或最小导线宽度，是集成电路工艺先进水平的主要指标。线宽越小，集成度就高，在同一面积上就能集成更多的电路单元。

鳍式场效应晶体管是一种新型的晶体管技术，鳍式场效应晶体管架构晶体管闸门类似鱼鳍的叉状三维立体结构，可以由电路的两侧控制电路的接通与断开，可大幅改善电路控制并减少漏电流，并缩短晶体管闸长。

绝缘衬底硅最早由国际商业机器公司发明，后来美国德州仪器公司、摩托罗拉公司、日本电气株式会社（以下简称日本电气公司）等公司也相继投入开发，采用绝缘衬底硅材料制成的芯片具有集成密度高、速度快、工艺简单、寄生电容小、短沟道效应小等优点，非常适合低压低功耗电路，将有可能成为低电压、低功耗的深亚微米主流技术[6]。

2.1.3.3 集成电路封装测试技术

集成电路封装测试技术是指将集成电路晶片用陶瓷、塑料等绝缘介质材料进行打包封装的技术。集成电路通过封装可达到方便安装的效果，使芯片免受外界环境干扰，并增强热性能。常见的封装测试技术包括：双列直插式封装（Dual In-line Package，DIP）、扁平式封装（Plastic or Quad Flat Package，QFP/PFP）、插针网格阵列封装技术（Ceramic Pin Grid Arrau Package，PGA）及球栅阵列封装（Ball Grid Array Package，BGA）等。近年来，随着摩尔定律逼近器件物理极限，沿着扩展摩尔定律和超越摩尔定律的方向，集成电路封装领域出现几项非常重要的封装技术，即倒装焊（Flip Chip，FC）、硅通孔（Through Silicon Via，TSV）和系统级封装（System in Package，SiP）等技术。

倒装焊封装技术也称倒装片，是一种裸芯片封装技术，指在裸芯片 I/O 引出端沉积锡铅球，然后将芯片翻转加热，将融化的锡铅球与陶瓷基板紧密结合而完成芯片的封装。倒装焊封装技术在封装密度和处理速度方面具有明显优势，并可方便采用表面安装技术，当前在处理器、图像处理器及高集成系统级芯片等领域应用广泛。

硅通孔封装技术也叫硅穿孔，是通过穿透硅晶圆或芯片晶体，实现晶体三维立体互连的封装技术，技术可实现低成本有效提升系统集成度和性能的目的。硅通孔封装技术在三维集成电路领域具有显著优势。

系统级封装技术将系统或子系统的功能封装整合在基板内，芯片以二维（2D）、三维（3D）的方式接合到整合型基板。为多芯片模灵活采用二维和三维混合封装的结构，不仅可以组装多个芯片，还可以作为一个专门的处理器、动态随机存取存储器（Dynamic Random Access Memory，DRAM）、快闪存储器与被动元件结合电阻器和电容器、连接器、天线等，全部安装在同一基板上，一个完整的功能单位可以建在一个多芯片封装，只需添加少量的外部元件即可工作。通过系统级封装技术可有效降低系统成本和功耗，显著减小封装体积。

2.2 集成电路产业全球专利态势分析

2.2.1 集成电路产业全球专利年度趋势

自 2007 年以来，全球集成电路专利申请量总体上呈下降趋势，2016 年专利申请量为 15 892 项，比 10 年前下降了 41.09%（图 2-6）。这反映出全球集成电路产业技术走向成熟，企业间的竞争从技术创新竞争走向企业并购，如博通公司计划收购手机芯片制造商高通股份有限公司（以下简称高通公司），海力士公司计划收购东芝公司的芯片业务，惠普公司收购敏捷存储公司。

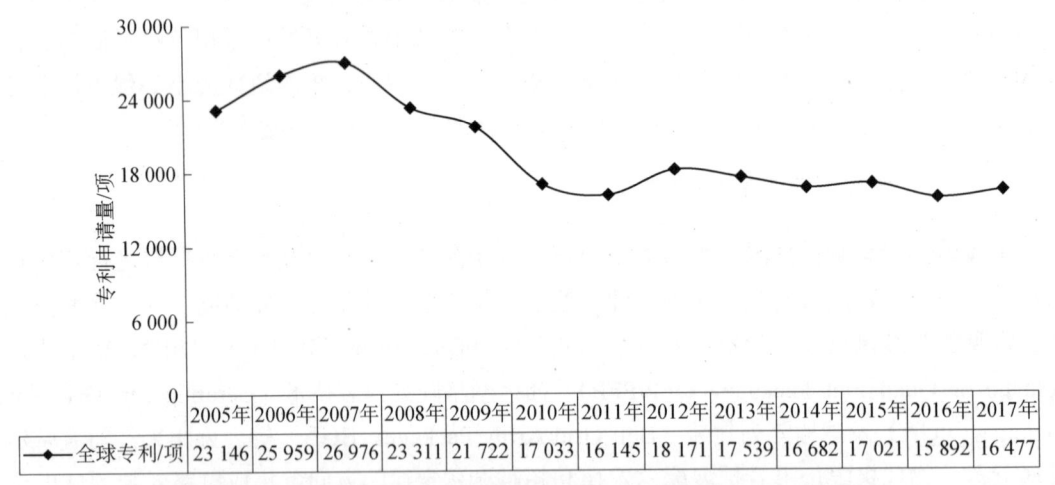

	2005年	2006年	2007年	2008年	2009年	2010年	2011年	2012年	2013年	2014年	2015年	2016年	2017年
全球专利/项	23 146	25 959	26 976	23 311	21 722	17 033	16 145	18 171	17 539	16 682	17 021	15 892	16 477

图 2-6　2005~2017 年集成电路产业全球专利申请量年度变化趋势图

资料来源：中国产业智库大数据中心

2.2.2 集成电路产业专利申请主要国家/地区/组织分析

2.2.2.1 集成电路专利主要国家/地区/组织分布

全球有 47 个国家/地区/组织在集成电路制造领域申请了专利，北美洲的美国和亚洲的中国、日本、韩国专利申请数量居多。专利申请量前十位的国家/地区/组织依次为：美国、中国、日本、世界知识产权组织、韩国、欧洲专利局、德国、中国台湾、俄罗斯、法国（图 2-7）。其中，美国是全球集成电路产业的发源地，并且一直处于全球领先地位，2005~2017 年美国集成电路专利申请总量为 90 714 项，占全球专利申请总量的 35.42%。

从技术的流向来看，日本、美国和中国是集成电路领域主要的技术输出国（图 2-8）。对集成电路专利技术市场布局进行统计分析发现，美国、中国和日本是集成电路的主要市场（图 2-9）。

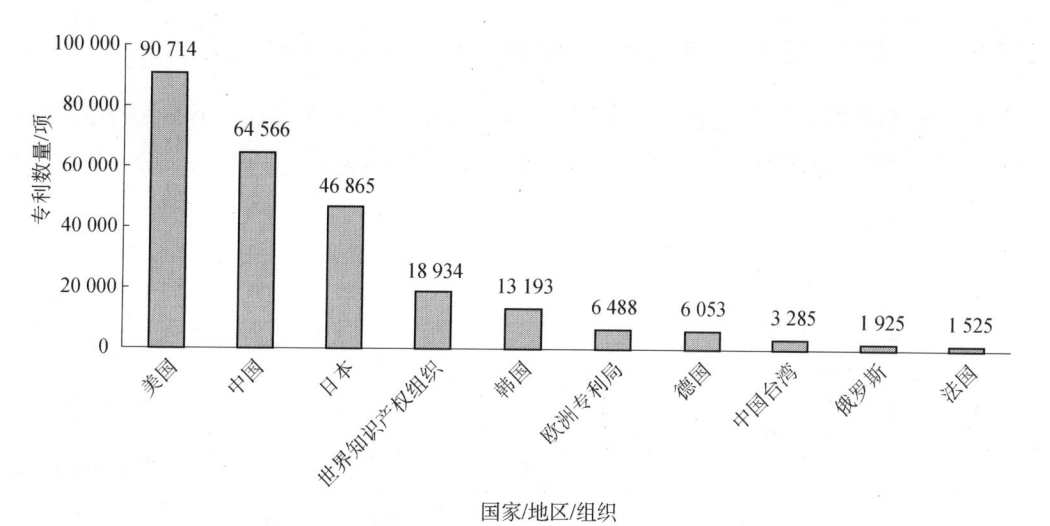

图 2-7　2005～2017 年集成电路产业全球专利申请前十的国家/地区/组织

资料来源：中国产业智库大数据中心

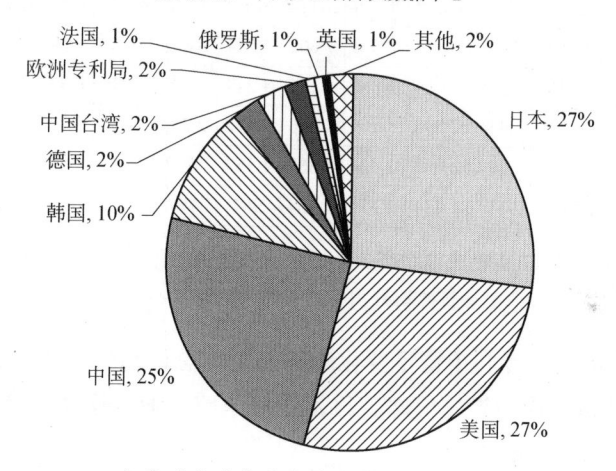

图 2-8　2005～2017 年集成电路产业全球专利主要来源国家/地区/组织分布图

资料来源：中国产业智库大数据中心

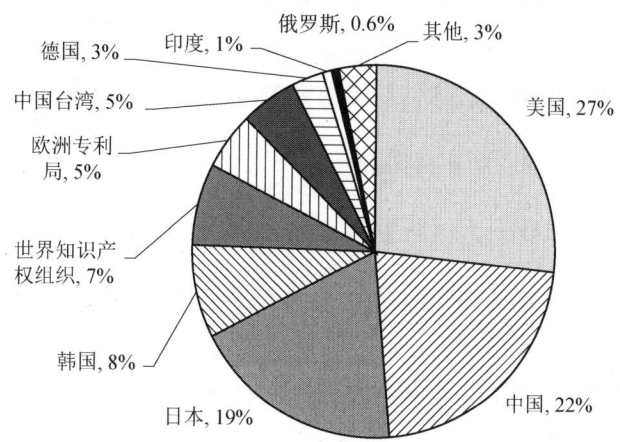

图 2-9　2005～2017 年集成电路产业全球专利主要技术市场分布图

资料来源：中国产业智库大数据中心

2.2.2.2 集成电路产业主要国家/地区/组织专利申请年度变化趋势

对集成电路领域专利申请量排名前五的国家/地区/组织2005~2017年的专利申请量统计发现，各国家/地区/组织的专利申请量存在较大差异（图2-10）。

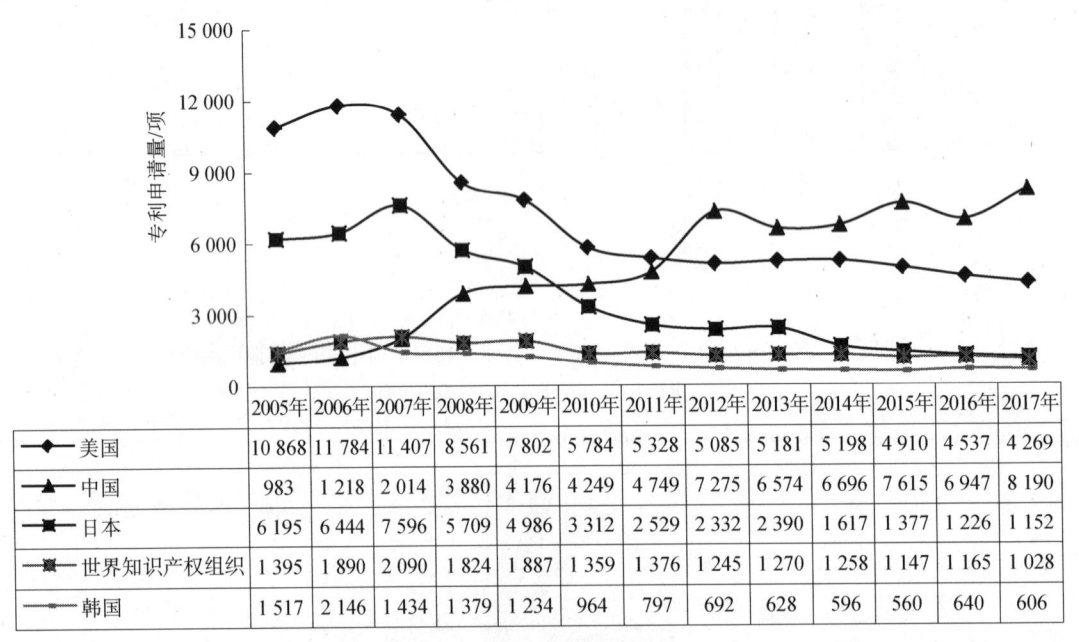

	2005年	2006年	2007年	2008年	2009年	2010年	2011年	2012年	2013年	2014年	2015年	2016年	2017年
美国	10 868	11 784	11 407	8 561	7 802	5 784	5 328	5 085	5 181	5 198	4 910	4 537	4 269
中国	983	1 218	2 014	3 880	4 176	4 249	4 749	7 275	6 574	6 696	7 615	6 947	8 190
日本	6 195	6 444	7 596	5 709	4 986	3 312	2 529	2 332	2 390	1 617	1 377	1 226	1 152
世界知识产权组织	1 395	1 890	2 090	1 824	1 887	1 359	1 376	1 245	1 270	1 258	1 147	1 165	1 028
韩国	1 517	2 146	1 434	1 379	1 234	964	797	692	628	596	560	640	606

图2-10 2005~2017年集成电路产业主要国家/地区/组织专利申请量年度变化趋势图
资料来源：中国产业智库大数据中心

美国和日本的集成电路专利申请量变化趋势与全球总体趋势一致，均从2007年后开始下降，且美国各年专利申请量均领先日本。日本集成电路产业发展紧跟美国，两国集成电路产业发展趋势对全球均有重要影响。

中国集成电路专利申请趋势与全球总体趋势相反，中国集成电路领域专利申请呈现稳步上升趋势，2012年专利申请量达到7275项，单年申请量超过美国和日本，位居全球第一。主要原因是近年中国政府重视半导体产业发展，加大了对集成电路产业的投入；同时，集成电路研究机构在集成电路领域的技术创新取得突破，技术水平得以提高。

2.2.3 集成电路产业创新主体分析

2.2.3.1 集成电路产业十大创新主体

集成电路专利申请量前十的申请人中，日本有5家，韩国和美国各有2家，中国台湾有1家。排名第一的企业为三星电子公司，专利申请量达8287项（表2-1）。前十申请人均为企业，没有大学或研究机构入列，说明集成电路产业已经成熟。

表 2-1 2005～2017 年集成电路产业全球专利申请量前十专利权人分布

排名	专利申请量/项	专利权人	专利申请走势（2005～2017年）	近5年专利占比/%
1	8287	三星电子公司		23.92
2	6425	松下电器公司		9.03
3	5632	国际商业机器公司		23.99
4	5274	东芝公司		23.95
5	4704	索尼公司		26.21
6	3412	佳能公司		33.15
7	3046	海力士公司		21.08
8	2977	美光科技公司		16.26
9	2807	台积电公司		53.83
10	2795	富士通公司		12.81

资料来源：中国产业智库大数据中心

2.2.3.2 集成电路产业创新主体之间的合作

集成电路研究领域的各个机构在加快发展自身研发实力、扩大技术保护范围的同时，也在寻求合适的合作伙伴，力求在较短的时间内发挥和利用双方的优势，补充各自的短板，联合起来进行技术研发。对集成电路领域专利申请量百强机构进行分析，得到合作网络关系图（图 2-11）。

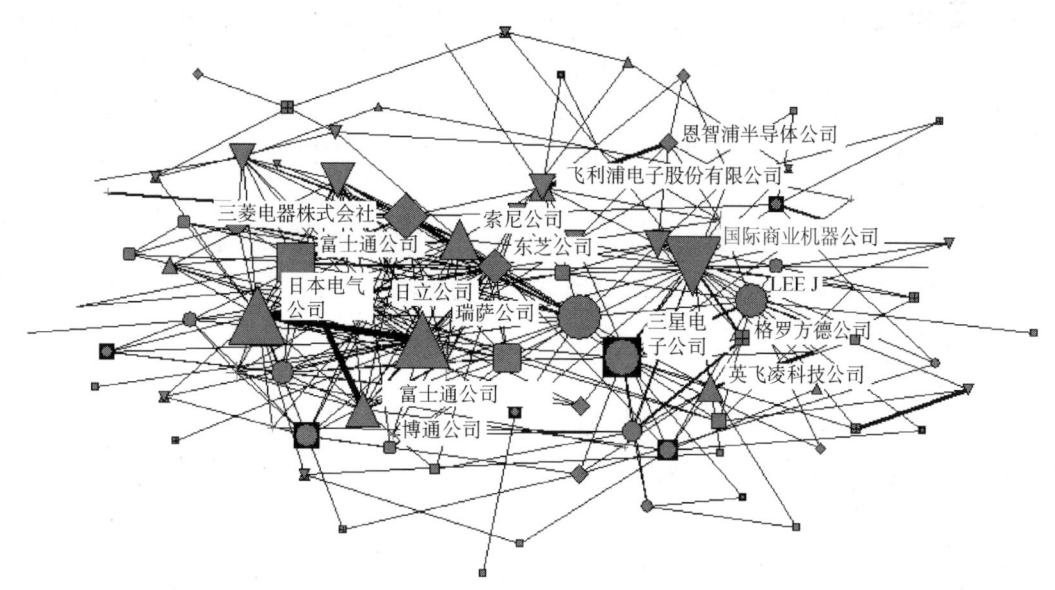

图 2-11 2005～2017 年集成电路产业全球创新主体合作网络图
注：度数中心度>0
资料来源：中国产业智库大数据中心

1）三星电子公司

三星电子公司是集成电路领域专利申请量最多的机构，在研发过程中与其他机构的合作量不及瑞萨公司，共与其他 19 家机构合作申请专利 336 项，LEE J 是其主要的合作对象，共合作申请专利 219 件；同时与国际商业机器公司、韩国电子通信研究院、英飞凌科技公司分别合作申请专利 33 项、25 项、20 项。三星电子公司与其他机构联合申请专利的主题如下。

与 LEE J 合作申请专利的技术领域主要是具有可调阈值金属-氧化物-半导体（MOS）晶体管的存储器、半导体存储器、存储器制造。其中有 4 项专利被引频次高于 50 次，分别是用于在多天线通信系统中发送/接收数据的装置和方法（EP1780925-A2）、显示装置及其驱动方法（EP1605342-A2）、可随机输入输出数据的闪存系统（US2005141273-A1）、显示基板制造方法（US2008128689-A1）。

与国际商业机器公司合作申请专利的技术领域主要是绝缘栅场效应晶体管、集成电路系统、用作集成电路部件的装置等。其中有 3 项专利被引频次高于 10 次，分别是集成电路测试方法（US2008217612-A1）、SRAM 稳定性改进工程（US7388267-B1）、场效应晶体管制造方法（US2007096220-A1）。

与韩国电子通信研究院合作申请专利的技术领域主要是集成电路误差检测与校正、数据转换；与英飞凌科技公司合作申请专利的技术领域主要是绝缘栅场效应晶体管、集成电路系统、用作集成电路部件的装置。

2）瑞萨公司

瑞萨公司是对外合作最频繁的机构，共与其他 26 家机构合作申请专利 706 项，合作机构包括日本电气公司、日立公司、三菱电器株式会社、博通公司、松下电器公司、东芝公司、富士通公司等。瑞萨公司与其他机构联合申请专利的主题如下。

与日本电气公司合作申请专利共 593 项，主要技术领域是集成电路布图设计、用作集成电路部件的装置、集成电路测试、大规模集成电路、圆片级数字电路等。其中有 4 项专利被引频次大于 60 次，分别是集成电路布图设计方法（US2005138598-A1）、半导体器件及制造方法（JP2006019433-A）、集成电路布图设计方法与程序（JP2009065056-A）、晶体管阵列及其逻辑设计（US2006261417-A1）。

与日立公司合作申请专利共 12 项，合作技术领域包括手机数据传输系统、高频集成电路、蜂窝无线通信系统等；与三菱电器株式会社合作申请专利共 8 项，合作技术领域包括电容存储器、半导体加工等。

3）其他研发机构

在集成电路领域，其他机构之间也开展较多科研合作，如皇家飞利浦电子股份有限公司和恩智浦半导体公司合作申请专利 284 项，国际商业机器公司与格罗方德公司合作申请专利 138 项，英飞凌科技公司与奇梦达公司合作申请专利 133 项。

2.2.3.3 集成电路产业创新主体的专利布局

表 2-2 和表 2-3 是集成电路领域三星电子公司、松下电器公司、国际商业机器公司、东芝公司、索尼公司、佳能公司、海力士公司、美光科技公司、台积电公司、富士通公司 10 家

机构的专利布局情况，以反映研究创新主体的市场战略。

表 2-2 集成电路产业十大创新主体全球专利布局（2005~2010 年） （单位：项）

国家/地区/组织	三星电子公司	松下电器公司	国际商业机器公司	东芝公司	索尼公司	佳能公司	海力士公司	美光科技公司	台积电公司	富士通公司
韩国	4949	324	234	213	505	98	2006	204	21	310
日本	1208	4921	402	3132	2715	1656	240	191	50	1935
美国	3764	1968	3603	1691	1120	655	867	2224	984	1307
中国	1177	1118	568	303	662	180	192	194	481	327
世界知识产权组织	215	773	304	75	176	88	6	289	10	299
中国台湾	456	214	303	130	437	69	251	255	506	183
欧洲专利局	427	384	208	131	328	127	10	175	16	322
德国	304	50	37	32	44	14	56	29	7	79
新加坡	27	8	39	7	23	1	0	148	46	0
英国	45	15	7	33	12	0	0	25	0	4

表 2-3 集成电路产业十大创新主体全球专利布局（2011~2017 年） （单位：项）

国家/地区/组织	三星电子公司	松下电器公司	国际商业机器公司	东芝公司	索尼公司	佳能公司	海力士公司	美光科技公司	台积电公司	富士通公司
韩国	2287	31	19	94	248	116	815	57	239	22
日本	267	1056	65	1466	1088	1345	16	80	66	578
美国	2337	544	1977	1290	1217	1078	714	717	1777	368
中国	540	268	170	281	679	341	220	63	592	44
世界知识产权组织	118	483	137	66	550	99	5	91	0	78
中国台湾	123	32	31	147	243	36	80	56	384	10
欧洲专利局	215	83	10	55	155	161	0	45	4	56
德国	80	13	91	1	4	22	3	8	60	1
新加坡	0	6	4	4	6	7	0	7	2	1
英国	5	0	102	0	4	19	2	1	0	0

资料来源：中国产业智库大数据中心

对 2011~2017 年与 2005~2010 年各公司专利布局对比分析发现，除台积电公司外，其他公司在各国的专利申请量均有所下降，这主要是因为集成电路产业走向成熟，技术创新的难度增大。同时，三星电子公司、索尼公司、国际商业机器公司专利市场布局的侧重点有所改变。2011~2017 年，三星电子公司在美国的专利申请量超过三星电子公司在本国的专利申请量，同时在中国的专利申请量超过了在日本的专利申请量，说明三星电子公司非常重视美国和中国的集成电路市场；索尼公司在美国的专利申请量超过其在本国的专利申请量，说明索尼公司的技术实力进一步增强，在美国集成电路市场的竞争力提高；国际商业机器公司在日本的专利申请量由第 3 位下降到第 6 位，这主要是因为日本近年来集成电路技术发展成熟，市场进入壁垒提高。

2.2.4 集成电路产业专利技术发明人分析

2.2.4.1 集成电路产业专利技术发明人合作率与合作度年度变化趋势

2005~2016年，集成电路领域专利的合作率和合作度均保持在较稳定的水平。从合作率指标来看，历年合作率均在58%以上，且整体上呈上升趋势，说明集成电路领域的科学合作越来越频繁，发明人越来越重视合作；从合作度指标来看，2012年以后，合作度均大于3，说明集成电路领域的科学合作规模较大（图2-12）。

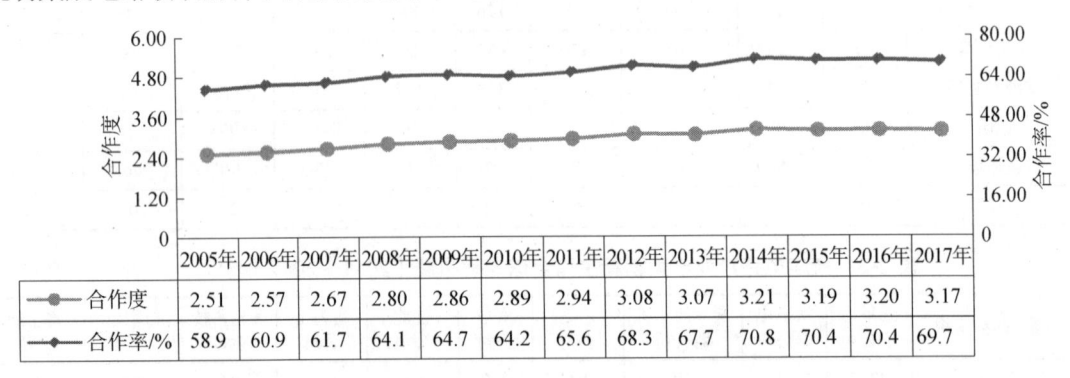

年份	2005年	2006年	2007年	2008年	2009年	2010年	2011年	2012年	2013年	2014年	2015年	2016年	2017年
合作度	2.51	2.57	2.67	2.80	2.86	2.89	2.94	3.08	3.07	3.21	3.19	3.20	3.17
合作率/%	58.9	60.9	61.7	64.1	64.7	64.2	65.6	68.3	67.7	70.8	70.4	70.4	69.7

图2-12 2005~2017年集成电路产业专利技术发明人合作率和合作度年度变化趋势图

2.2.4.2 集成电路产业专利技术发明人合作率和合作度比较

表2-4对申请量前十的研究机构的合作率与合作强度进行计算，分析各个公司发明人的合作特征。从合作率指标来看，国际商业机器公司和台积电公司的合作率最高，分别为91.99%、91.16%，说明这两家公司90%以上的专利申请是由两人或两人以上的发明人完成的；从合作度指标来看，三星电子公司的合作度为5.03，全球排名第一，说明三星电子公司平均每件专利约由5位发明者共同完成。

表2-4 2005~2017年集成电路产业主要公司的合作率与合作度比较

序号	机构名称	合作率/%	合作度
1	三星电子公司	84.51	5.03
2	松下电器公司	62.33	2.57
3	国际商业机器公司	91.99	4.21
4	东芝公司	57.81	2.48
5	索尼公司	56.25	2.63
6	佳能公司	42.32	2.10
7	海力士公司	57.12	2.40
8	美光科技公司	51.43	2.00
9	台积电公司	91.16	5.65
10	富士通公司	55.64	2.45

资料来源：中国产业智库大数据中心

2.2.4.3 集成电路产业专利技术核心发明人

通过计算三星电子公司、松下电器公司、国际商业机器公司、东芝公司、索尼公司、佳能公司、海力士公司、美光科技公司、台积电公司、富士通公司等机构内部发明人合作网络凝聚力指数和点度中间中心度，可以得出以下结论。

三星电子公司整体网络的凝聚力指数为 0.792，凝聚力较强；KIM J 在网络中的点度中间中心度最高，为 81.746，说明其在公司内资源控制能力强，具有较大的影响力；KIM J 也是与其他人合作频次最高的发明人，为 1612 次。从网络结构来看，公司内部形成了一个以 KIM J、LEE J、KIM S、KIM H、LEE S 等为核心的发明人网络，他们与其他发明人合作申请专利数量均大于 800 件。

松下电器公司整体网络的凝聚力指数为 0.342，凝聚力较弱；ISHII T 在网络中的点度中间中心度最高，为 833.845，说明其在公司内资源控制能力强，具有较大的影响力；KASUGA S、MURATA T、YAMAGUCHI T 与其他发明人的合作频次最高，合作申请专利数分别为 137 件、132 件、132 件。从网络结构来看，公司内部形成以 KASUGA S、MURATA T、YAMAGUCHI T、YAMADA T、KATO T 等为核心的发明人合作网络。

国际商业机器公司整体网络的凝聚力指数为 0.377，凝聚力较弱；JOSHI R V 在网络中的点度中间中心度最高，为 695.051，说明其在公司内资源控制能力强，具有较大的影响力；GAMBINO J P 与其他发明人的合作频次最高，达 273 次。从网络结构来看，公司内部形成了以 GAMBINO J P 团队和 FOREMAN E A 团队为核心的两个较大的合作网络，同时存在多个由 2~4 人组成的小合作网络。

东芝公司整体网络的凝聚力指数为 0.330，凝聚力较弱；SUZUKI K 在网络中的点度中间中心度最高，为 868.152，说明其在公司内资源控制能力强，具有较大影响力；FUNAKI H、SUZUKI K、SAITO Y 等与其他发明人的合作频次最高，分别为 159 次、113 次、106 次。从网络结构来看，公司内部形成了以 FUNAKI H 团队、SAITO Y 团队、KIKUCHI Y 团队为核心的多个独立的合作网络，其他发明人处于较松散的地位。

索尼公司、佳能公司、海力士公司、美光科技公司、台积电公司、富士通公司的整体网络的凝聚力指数分别为 0.347、0.37、0.489、0.166、0.707、0.133。其中，台积电公司的凝聚力指数最强，公司内部发明人合作关系紧密，其他公司的凝聚力均较弱，发明人合作申请专利较少。

2.3 集成电路产业在华专利态势分析

2.3.1 集成电路产业在华专利申请态势

集成电路产业在华专利采用"分类号+关键词"的检索策略，专利分类号为 H01L27，关键词为"集成电路""模压组件""微型组件""双极电路""接口电路""线性电路""电源电路""专用电路""存储器""存储电路""电路芯片"等，专利申请时间限制为 2005~2017 年，共检索到集成电路专利 238 693 件。

2.3.1.1 集成电路产业在华专利年度趋势

2005～2010年，中国集成电路专利申请量增长较缓慢，年均增长率仅为4.27%。进入"十二五"时期，工业和信息化部制定了《集成电路产业"十二五"发展规划》，集成电路专利申请量快速上升，专利申请量从2011年的14 380件增长到2015年的22 945件，年均增长率达到8.62%（图2-13）。

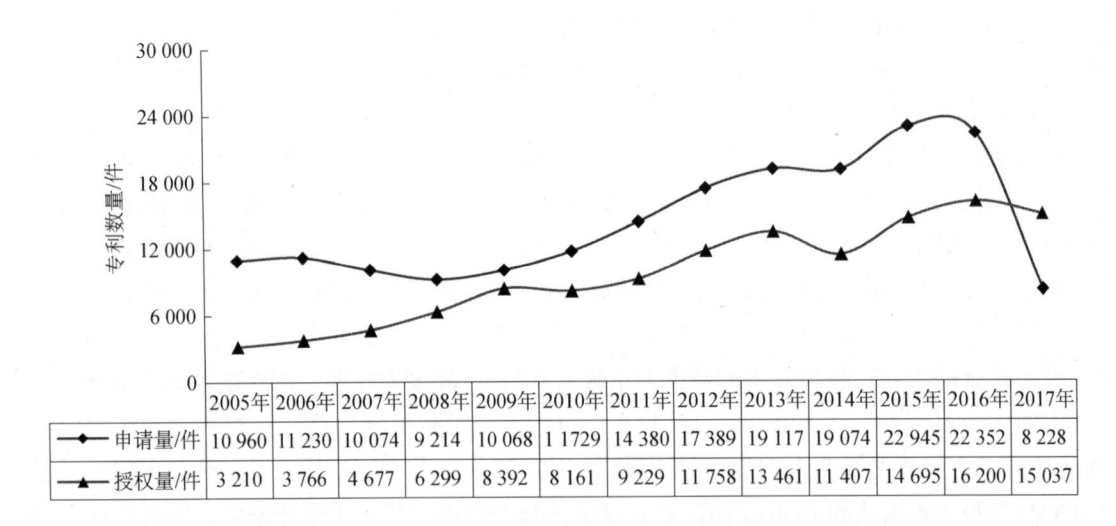

年份	2005年	2006年	2007年	2008年	2009年	2010年	2011年	2012年	2013年	2014年	2015年	2016年	2017年
申请量/件	10 960	11 230	10 074	9 214	10 068	11 729	14 380	17 389	19 117	19 074	22 945	22 352	8 228
授权量/件	3 210	3 766	4 677	6 299	8 392	8 161	9 229	11 758	13 461	11 407	14 695	16 200	15 037

图2-13 2005～2017年集成电路产业在华专利申请量年度变化趋势图
资料来源：中国产业智库大数据中心

2.3.1.2 集成电路产业细分领域在华专利分布

集成电路技术涉及集成电路设计、集成电路制造、集成电路测试和集成电路封装4个技术细分领域。2005～2017年，从专利数量分布来看，集成电路设计是整个行业最为关注的领域，专利申请量高达134 779件，占比最高，约69.33%，远远高于其他领域。其次是集成电路制造，专利申请量为35 090件，占比约18.05%。集成电路测试和集成电路封装专利申请量为17 910件和6616件，分别占比9.21%和3.4%（表2-5）。

表2-5 2005～2017年集成电路产业细分领域在华专利申请量及主要申请人

领域	专利总量/件	主要申请人
集成电路设计	134 779	三星电子公司、国际商业机器公司、英特尔公司、松下电器公司、东芝公司
集成电路制造	35 090	台积电公司、三星电子公司、旺宏电子股份有限公司、京东方科技集团股份有限公司、国际商业机器公司
集成电路测试	17 910	国家电网公司、国际商业机器公司、鸿海精密工业股份有限公司、三星电子公司、鸿富锦精密工业（深圳）有限公司
集成电路封装	6 616	英特尔公司、台积电公司、京东方科技集团股份有限公司、国际商业机器公司、三星电子公司

资料来源：中国产业智库大数据中心

2.3.2 集成电路产业在华专利重要区域布局分析

2.3.2.1 集成电路产业在华专利区域布局

集成电路产业在华专利申请量按区域排名情况如图 2-14 所示。集成电路产业在华专利主要分布在长三角地区、珠三角地区、京津冀地区、西部地区 4 个区域。

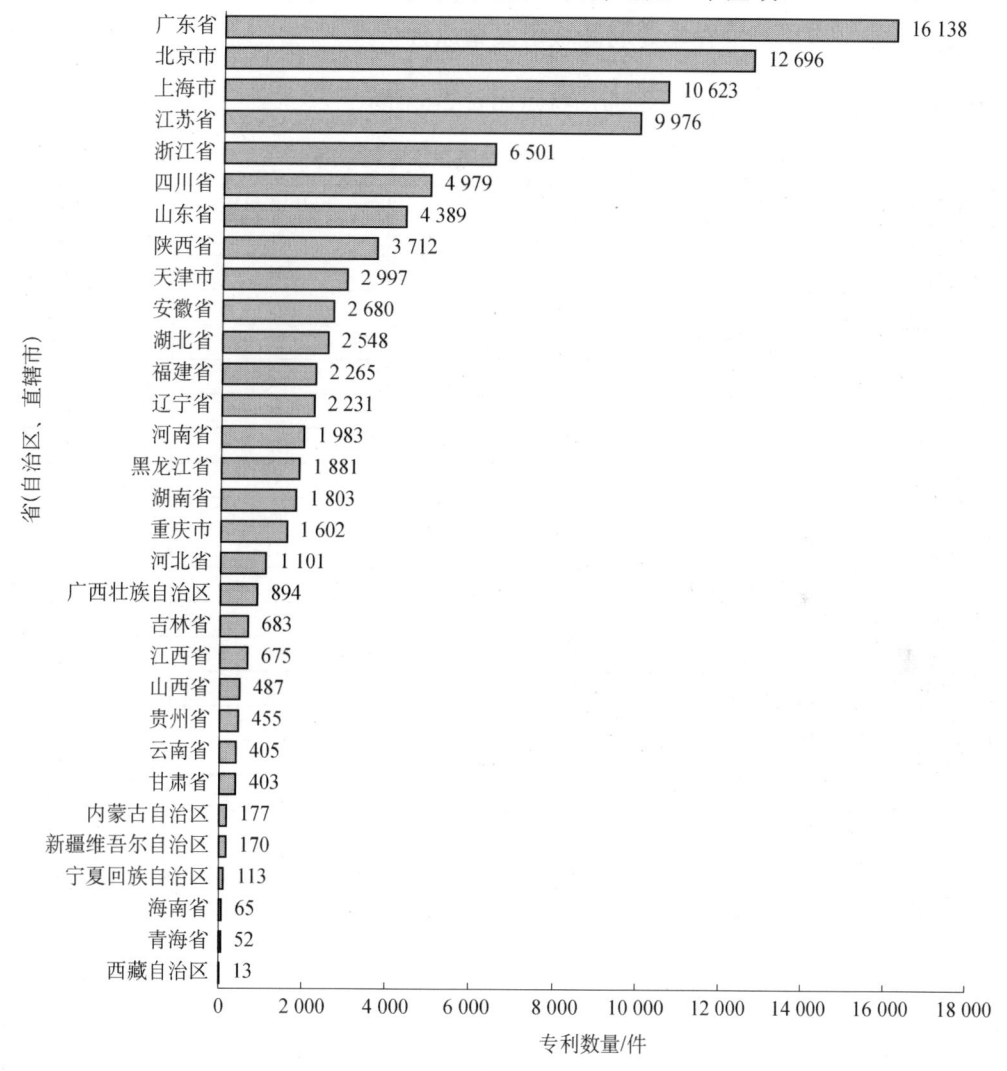

省(自治区、直辖市)	专利数量/件
广东省	16 138
北京市	12 696
上海市	10 623
江苏省	9 976
浙江省	6 501
四川省	4 979
山东省	4 389
陕西省	3 712
天津市	2 997
安徽省	2 680
湖北省	2 548
福建省	2 265
辽宁省	2 231
河南省	1 983
黑龙江省	1 881
湖南省	1 803
重庆市	1 602
河北省	1 101
广西壮族自治区	894
吉林省	683
江西省	675
山西省	487
贵州省	455
云南省	405
甘肃省	403
内蒙古自治区	177
新疆维吾尔自治区	170
宁夏回族自治区	113
海南省	65
青海省	52
西藏自治区	13

图 2-14 2005~2017 年集成电路产业在华专利申请量区域排名
资料来源：中国产业智库大数据中心

长三角地区以上海市、江苏省、浙江省、安徽省为代表，各省的专利申请量分别为：上海市 10 623 件、江苏省 9976 件、浙江省 6501 件、安徽省 2680 件，分别占全国专利申请总量的 11.2%、10.5%、6.8%、2.8%，上海市的专利申请量位列全国专利申请总量的第三位。

珠三角地区以广东省专利申请为主。广东省 2005~2017 年的专利申请总量为 16 138

件，占全国专利申请总量的17%，广东省的专利申请量位列全国专利申请总量的第一位。

京津冀地区以北京市和天津市为主。专利申请量分别为：北京市12 696件、天津市2997件，分别占全国专利申请总量的13.4%和3.1%，分别位列全国专利申请总量的第二位和第九位。

西部地区主要以四川省和陕西省为主。四川省集成电路专利申请量为4979件，占全国集成电路专利申请总量的5.2%；陕西省集成电路专利申请量为3712件，占全国集成电路专利申请总量的3.9%。

2.3.2.2 集成电路产业在华专利区域研发重点分析

集成电路产业细分领域全国专利布局特点如表2-6所示。

表2-6 集成电路产业细分领域在华专利布局 （单位：件）

省（自治区、直辖市）	集成电路设计	集成电路制造	集成电路封装	集成电路测试
广东省	13 738	2 307	686	1 683
北京市	10 211	2 734	453	1 699
上海市	7 793	3 745	472	1 237
江苏省	7 660	2 184	720	1 323
浙江省	5 466	1 056	223	879
四川省	4 333	698	149	560
山东省	3 819	539	112	653
陕西省	3 105	535	137	583
天津市	2 534	578	96	424
安徽省	2 220	496	111	325
湖北省	2 081	471	92	423
福建省	1 899	375	79	275
辽宁省	1 759	392	84	427
河南省	1 731	232	39	296
黑龙江省	1 612	217	18	390
湖南省	1 559	252	48	241
重庆市	1 368	245	39	176
河北省	883	186	26	211
广西壮族自治区	768	94	17	140
吉林省	554	96	19	156
江西省	571	131	41	79
山西省	418	49	13	111
贵州省	369	100	27	43
云南省	342	75	14	67
甘肃省	304	118	30	62
内蒙古自治区	152	23	6	24
新疆维吾尔自治区	133	25	3	34
宁夏回族自治区	101	7	0	15
海南省	57	10	1	9
青海省	47	4	0	7
西藏自治区	13	2	0	6

资料来源：中国产业智库大数据中心

广东省集成电路设计专利申请量位于全国第一，共 13 738 件；上海市集成电路制造专利申请量位于全国第一，共 3745 件；江苏省集成电路封装专利申请量位于全国第一，共 720 件；北京市集成电路测试专利申请量位于全国第一，共 1699 件。

2.3.3 集成电路产业在华专利主要申请人分析

集成电路产业在华专利申请量前二十的研发机构如图 2-15 所示。

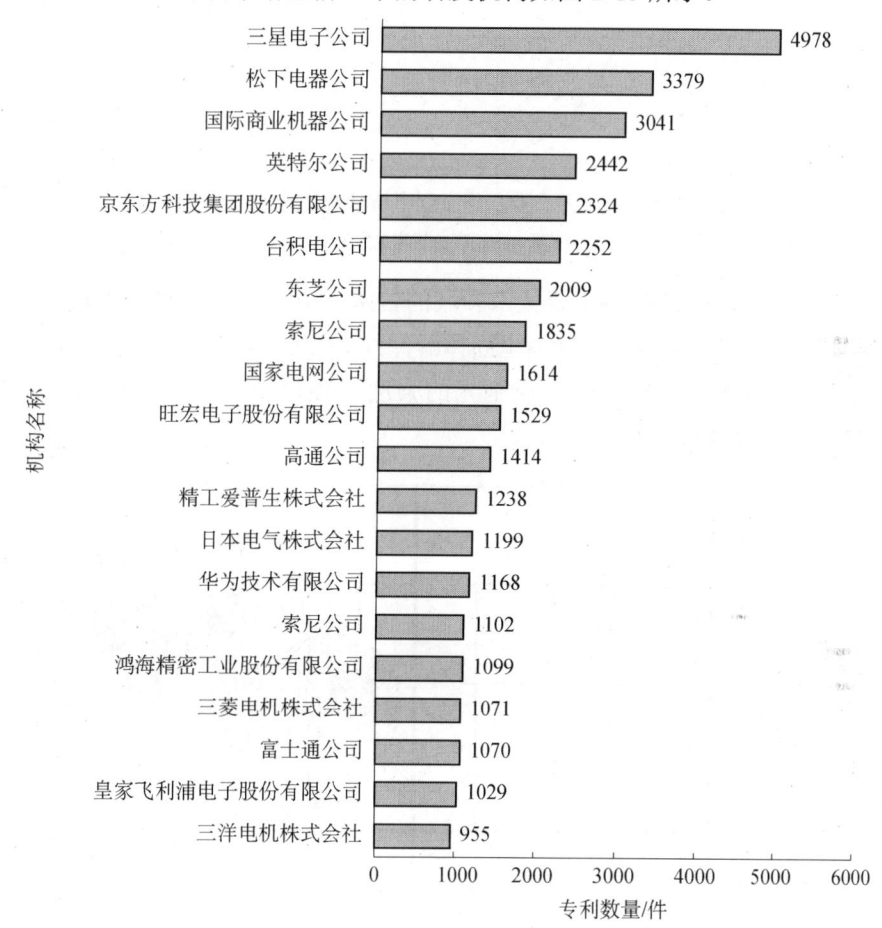

机构名称	专利数量/件
三星电子公司	4978
松下电器公司	3379
国际商业机器公司	3041
英特尔公司	2442
京东方科技集团股份有限公司	2324
台积电公司	2252
东芝公司	2009
索尼公司	1835
国家电网公司	1614
旺宏电子股份有限公司	1529
高通公司	1414
精工爱普生株式会社	1238
日本电气株式会社	1199
华为技术有限公司	1168
索尼公司	1102
鸿海精密工业股份有限公司	1099
三菱电机株式会社	1071
富士通公司	1070
皇家飞利浦电子股份有限公司	1029
三洋电机株式会社	955

图 2-15 2005～2017 年集成电路产业在华专利申请量前二十的研发机构

资料来源：中国产业智库大数据中心

本部分选择三星电子公司、国际商业机器公司和台积电公司进行深入的分析。

2.3.3.1 三星电子公司

三星电子公司是韩国最大的电子工业企业，同时也是三星集团旗下最大的子公司。三星电子公司在华集成电路专利申请量排名第一，专注于集成电路设计的技术研发，在集成电路设计领域保持着绝对的技术优势，在华专利数量达到 3636 件（图 2-16）。

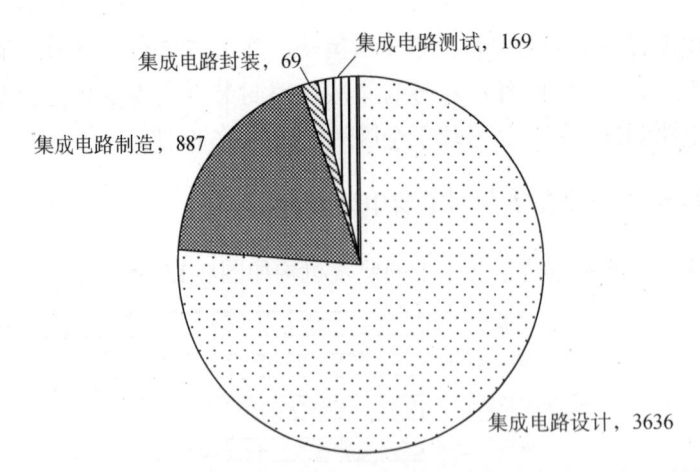

图 2-16 三星电子公司集成电路产业在华专利申请量按细分领域分布图（单位：件）

资料来源：中国产业智库大数据中心

图 2-17 反映了三星电子公司主要技术领域的技术竞争力。技术竞争力较强的领域有：H01L（半导体器件、其他类目未包括的电固体器件），G11C（静态存储器），H03m（一般编码、译码或代码转换），G02F（用于控制光的强度、颜色、相位、偏振或方向的器件或装置），H04Q（选择相关的电通信技术）。

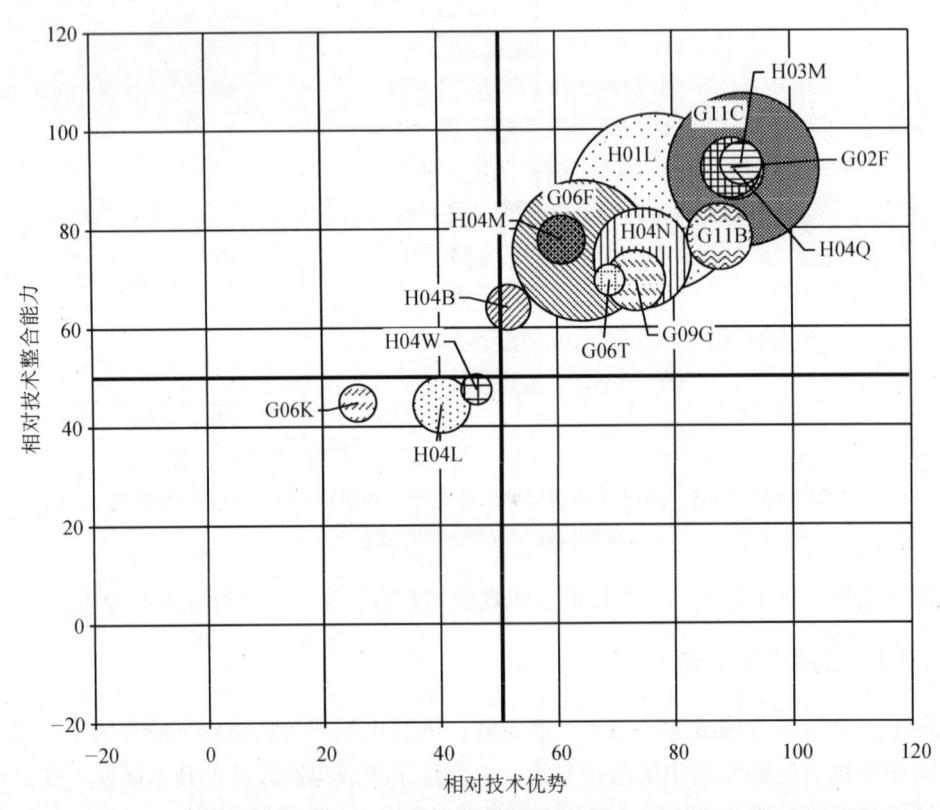

图 2-17 三星电子公司集成电路产业在华专利相对技术优势

资料来源：中国产业智库大数据中心

2.3.3.2 国际商业机器公司

国际商业机器公司总部设在纽约州阿蒙克市。1911年由托马斯·沃森创立于美国，是全球最大的信息技术和业务解决方案公司，在全球拥有员工30多万人，业务遍及160多个国家/组织。其在集成电路领域的专利申请总量位居第三，多年来一直持续进行专利申请，在华集成电路测试领域专利申请量位居第二，共171件（图2-18）。

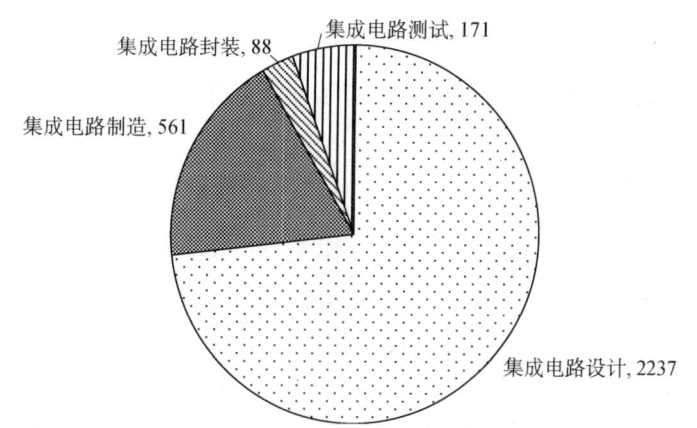

图2-18 国际商业机器公司集成电路产业在华专利申请量按细分领域分布图（单位：件）
资料来源：中国产业智库大数据中心

国际商业机器公司技术竞争力较强的领域有：G06F（电数字数据处理），H01L（半导体器件、其他类目未包括的电固体器件），G11C（静态存储器），H04L（数字信息的传输，例如电报通信）（图2-19）。

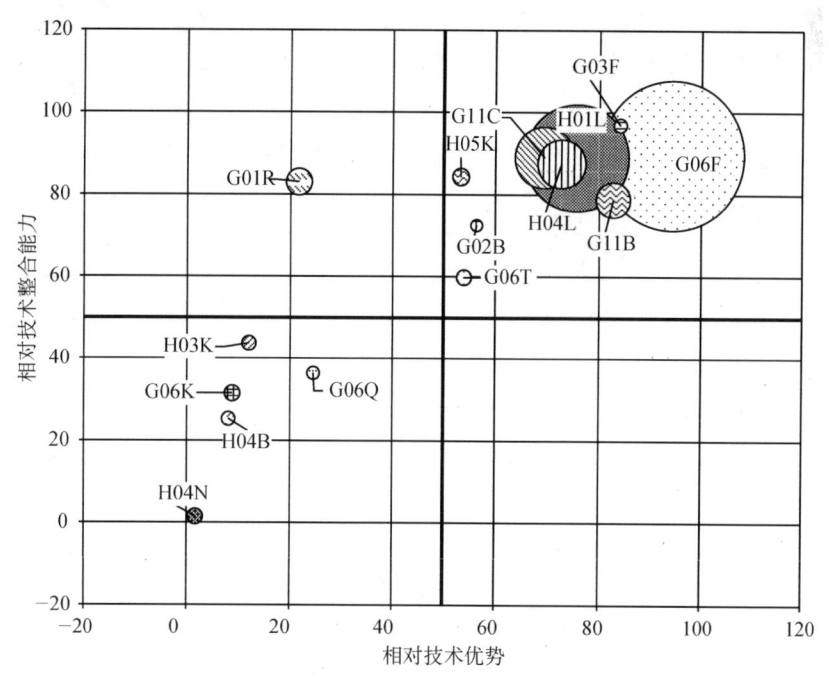

图2-19 国际商业机器公司集成电路产业在华专利相对技术优势
资料来源：中国产业智库大数据中心

2.3.3.3 台积电公司

台积电公司是台湾一家半导体制造公司,成立于1987年,是全球最大的专业集成电路制造服务(晶圆代工)企业,总部与主要工厂位于新竹科学园区。台积电在集成电路制造领域的专利申请量排名第一,共1085件(图2-20),遥遥领先于其他申请机构。

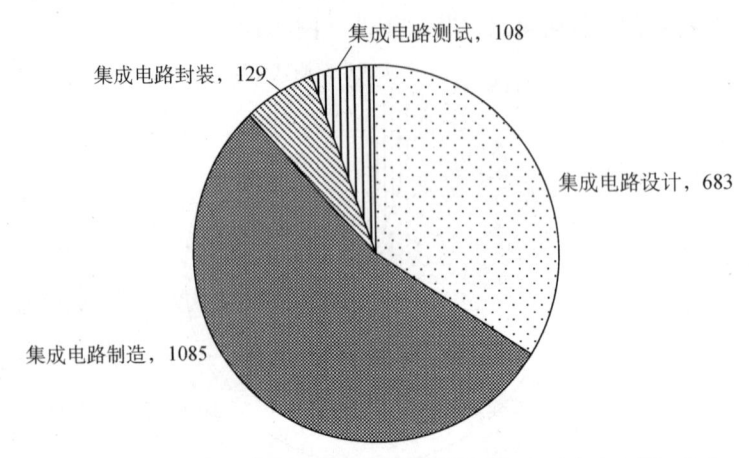

图 2-20 台积电公司集成电路产业在华专利申请量按细分领域分布图(单位:件)
资料来源:中国产业智库大数据中心

台积电公司技术竞争力较强的领域有:H01L(半导体器件、其他类目中不包括的电固体器件),G11C(静态存储器)(图2-21)。

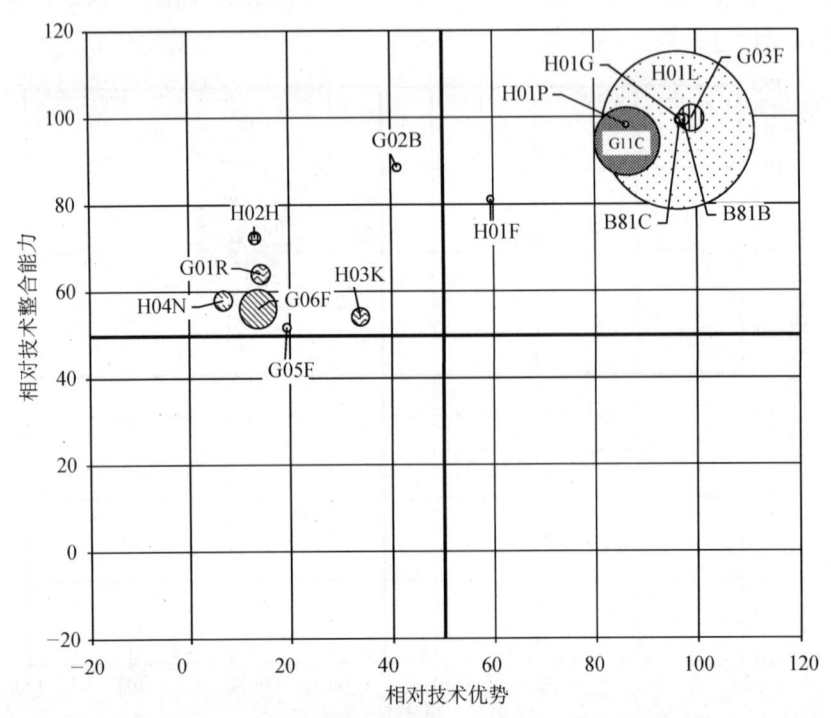

图 2-21 台积电公司集成电路产业在华专利相对技术优势
资料来源:中国产业智库大数据中心

2.3.4 集成电路产业在华专利活跃发明人分析

集成电路领域主要研发人员合作申请专利较频繁,图 2-22 是专利申请量前百位的发明人合作网络图(独立发明人未在图中展示)。从图中可以看出集成电路领域有多个专利申请活跃的团队,如西安电子科技大学的胡辉勇、宋建军、宣荣喜、张鹤鸣、郝跃、王斌等;中国科学院微电子研究所的刘明、霍宗亮、龙世兵、吕杭炳、刘琦等;天津大学的姚素英、聂凯明、徐江涛、高静、史再峰等;中国科学院上海微系统与信息技术研究所的刘波、宋志棠、封松林、陈邦明等。

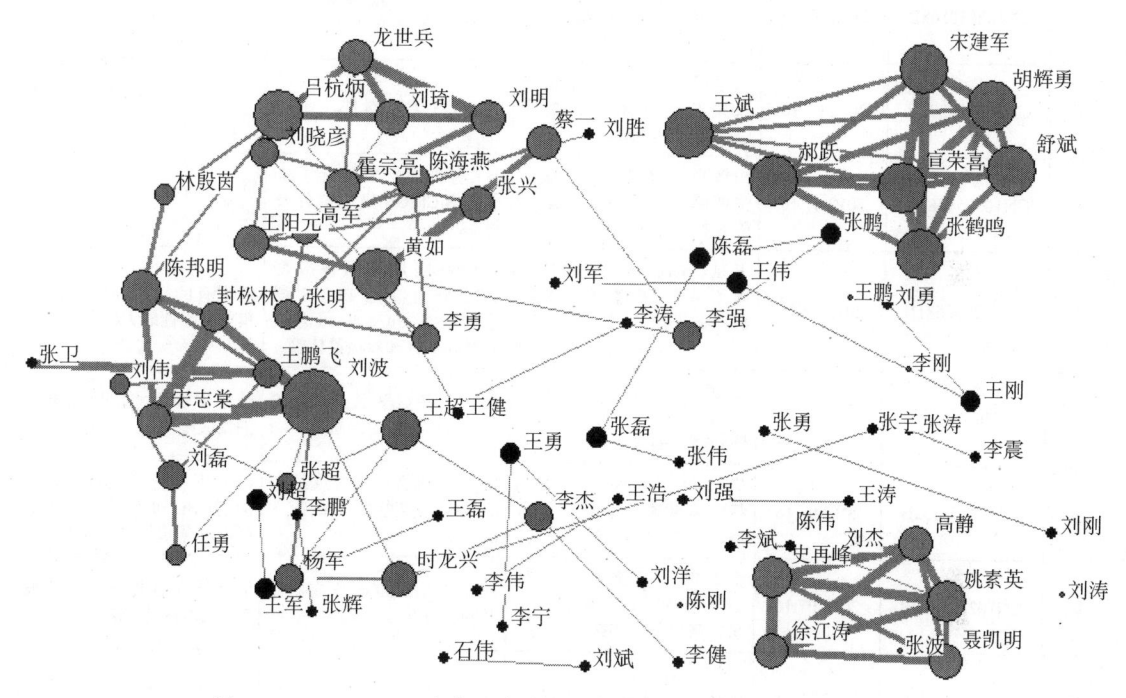

图 2-22 2005~2017 年集成电路产业在华专利重要发明人合作网络图

注:度数中心度>0

资料来源:中国产业智库大数据中心

2.3.4.1 胡辉勇

西安电子科技大学微电子学院的胡辉勇、张鹤鸣、宋建军、宣荣喜、郝跃和电子工程学院的王斌等在集成电路领域合作申请发明专利 30 件,申请时间集中于 2012 年 7 月 16 日,且均已获得授权。其中,以胡辉勇为第一发明人的专利申请共 12 件,以张鹤鸣为第一发明人的专利申请共 11 件(表 2-7)。

表 2-7 集成电路产业在华专利重要发明人胡辉勇团队发明授权专利一览表

序号	公开号	申请日	发明(设计)人	技术手段	技术功效
1	CN102842584B	2012.07.16	王斌、胡辉勇、张鹤鸣、王海栋、宋建军、舒斌、宣荣喜、郝跃	应变 Si 垂直沟道 SOI BiCMOS 集成器件及制备方法	提高电子和空穴迁移率

续表

序号	公开号	申请日	发明（设计）人	技术手段	技术功效
2	CN102751289B	2012.07.16	胡辉勇、宋建军、王海栋、王斌、张鹤鸣、宣荣喜、舒斌、郝跃	基于晶面选择的三应变SOI Si基BiCMOS集成器件及制备方法	降低成本
3	CN102820295B	2012.07.16	张鹤鸣、王斌、宣荣喜、胡辉勇、宋建军、舒斌、王海栋、郝跃	一个衬底片上制备应变Si平面沟道PMOS器件、应变Si平面沟道NMOS器件和Si BJT	构成双应变平面BiCMOS集成器件
4	CN102810568B	2012.07.16	张鹤鸣、王海栋、胡辉勇、宋建军、宣荣喜、王斌、周春宇、郝跃	应变Si垂直沟道PMOS集成器件及制备方法	适应低温环境
5	CN102820297B	2012.07.16	宋建军、胡辉勇、舒斌、张鹤鸣、宣荣喜、李好晨、王斌、郝跃	应变SiGe垂直回型沟道BiCMOS集成器件及制备方法	不改变现有设备，节约成本
6	CN102751283B	2012.07.16	胡辉勇、宋建军、王斌、张鹤鸣、宣荣喜、舒斌、戴显英、郝跃	混合晶面应变Si应变SiGe平面BiCMOS集成器件及制备方法	Si材料载流子材料迁移率提高
7	CN102800681B	2012.07.16	王斌、胡辉勇、张鹤鸣、周春宇、宋建军、王海栋、宣荣喜、郝跃	一个衬底片上制备应变SiGe平面沟道PMOS器件、应变SiGe平面沟道NMOS器件和双极晶体管	使现有的模拟和数模混合集成电路性能大幅提高
8	CN102751293B	2012.07.16	王斌、宣荣喜、张鹤鸣、胡辉勇、宋建军、舒斌、李好晨、郝跃	SOI三应变平面BiCMOS集成器件及制备方法	减小器件尺寸，提高电路的集成度
9	CN102723332B	2012.07.16	胡辉勇、宣荣喜、张鹤鸣、宋建军、王斌、王海栋、李好晨、郝跃	应变Si垂直回型沟道纳米CMOS集成器件及制备方法	低温下制造出性能增强的应变Si回型垂直沟道CMOS集成器件及电路
10	CN102723330B	2012.07.16	张鹤鸣、王海栋、胡辉勇、宋建军、宣荣喜、王斌、戴显英、郝跃	应变Si BiCMOS集成器件及制备方法	制备出了性能增强的应变SiBiCMOS集成器件及电路
11	CN102738174B	2012.07.16	王斌、宣荣喜、胡辉勇、张鹤鸣、吕懿、周春宇、宋建军、郝跃	三应变全平面SOI BiCMOS集成器件及制备方法	性能增强的三应变、全平面SOI BiCMOS集成电路
12	CN102751291B	2012.07.16	张鹤鸣、李好晨、宋建军、胡辉勇、宣荣喜、王斌、王海栋、郝跃	混合晶面双应变硅基CMOS集成器件及制备方法	混合晶面双应变Si基CMOS集成器件及电路性能增强
13	CN102738150B	2012.07.16	张鹤鸣、周春宇、宋建军、胡辉勇、宣荣喜、舒斌、王斌、郝跃	应变SiGe BiCMOS集成器件及制备方法	构成平面BiCMOS集成器件
14	CN102723341B	2012.07.16	胡辉勇、宣荣喜、张鹤鸣、吕懿、王斌、舒斌、宋建军、郝跃	混合晶面应变Si垂直沟道BiCMOS集成器件及制备方法	制备出了性能优异的混合晶面应变Si垂直沟道BiCMOS集成器件及电路
15	CN102738159B	2012.07.16	胡辉勇、张鹤鸣、宋建军、宣荣喜、舒斌、周春宇、王斌、郝跃	双多晶应变SiGe平面BiCMOS集成器件及制备方法	抑制了热载流子对器件性能的影响，提高了器件的可靠性
16	CN102916040B	2012.07.16	张鹤鸣、周春宇、宋建军、胡辉勇、宣荣喜、王斌、王海栋、郝跃	三多晶SOI SiGe HBT平面集成器件及制备方法	节约资金和设备投入
17	CN102738179B	2012.07.16	胡辉勇、宋建军、王斌、张鹤鸣、宣荣喜、王海栋、吕懿、郝跃	SOI应变SiGe CMOS集成器件及制备方法	实现器件性能的最优化

续表

序号	公开号	申请日	发明（设计）人	技术手段	技术功效
18	CN102738160B	2012.07.16	胡辉勇、宋建军、张鹤鸣、王斌、吕懿、宣荣喜、舒斌、郝跃	基于回型沟道工艺的混合晶面 SOI BiCMOS 集成器件及制备方法	制备出了性能增强的混合晶面 SOI BiCMOS 集成电路
19	CN102738178B	2012.07.16	胡辉勇、宋建军、王斌、张鹤鸣、宣荣喜、王海栋、周春宇、郝跃	基于自对准工艺的双多晶 SOI SiGe HBT 集成器件及制备方法	节约资金和设备投入
20	CN102738172B	2012.07.16	张鹤鸣、王斌、宣荣喜、宋建军、胡辉勇、舒斌、戴显英、郝跃	双多晶平面 SOI BiCMOS 集成器件及制备方法	制备出了性能增强的双多晶平面 SOI BiCMOS 集成电路
21	CN102723361B	2012.07.16	张鹤鸣、王斌、宣荣喜、胡辉勇、宋建军、王海栋、周春宇、郝跃	基于自对准工艺的三多晶 SOI SiGe HBT 集成器件及制备方法	节约资金和设备投入，提高模拟和数模混合集成电路性能
22	CN102723340B	2012.07.16	胡辉勇、宋建军、宣荣喜、张鹤鸣、王海栋、舒斌、王斌、郝跃	SOI BJT 双应变平面 BiCMOS 集成器件及制备方法	提高了 BiCMOS 集成器件及电路的性能
23	CN102842600B	2012.07.16	宋建军、胡辉勇、吕懿、张鹤鸣、宣荣喜、王斌、舒斌、郝跃	SOI SiGe HBT 平面集成器件及制备方法	节约资金和设备投入，提高模拟和数模混合集成电路性能
24	CN102751331B	2012.07.16	胡辉勇、宣荣喜、张鹤鸣、宋建军、吕懿、王海栋、王斌、郝跃	应变 SiGe 回型沟道 NMOS 集成器件及制备方法	节约资金和设备投入
25	CN102751279B	2012.07.16	张鹤鸣、宋建军、王海栋、王斌、胡辉勇、宣荣喜、舒斌、郝跃	基于晶面选择的双应变 BiCMOS 集成器件及制备方法	制备出了性能增强的双应变 BiCMOS 集成器件及电路
26	CN102820305B	2012.07.16	张鹤鸣、李妤晨、胡辉勇、宋建军、宣荣喜、王斌、王海栋、郝跃	混合晶面应变 Si 垂直沟道 CMOS 集成器件及制备方法	制备出了性能优异的应变 Si 混合晶面 CMOS 集成器件及电路
27	CN102916011B	2012.07.16	胡辉勇、宋建军、宣荣喜、张鹤鸣、王斌、王海栋、郝跃	双应变 CMOS 集成器件及制备方法	有效地提高了 CMOS 集成器件及电路的性能
28	CN102820307B	2012.07.16	张鹤鸣、王斌、宣荣喜、胡辉勇、宋建军、吕懿、舒斌、郝跃	基于 SOI 衬底的双多晶平面应变 BiCMOS 集成器件及制备方法	制备出了性能增强的 BiCMOS 集成电路
29	CN102738177B	2012.07.16	胡辉勇、宣荣喜、张鹤鸣、宋建军、王斌、舒斌、戴显英、郝跃	基于 SOI 衬底的应变 Si BiCMOS 集成器件及制备方法	节约资金和设备投入，应变 Si BiCMOS 集成电路性能增强
30	CN102832218B	2012.07.16	宋建军、胡辉勇、王斌、张鹤鸣、宣荣喜、舒斌、周春宇、郝跃	应变 SiGe 垂直 CMOS 集成器件及制备方法	适应低温环境

资料来源：中国产业智库大数据中心

胡辉勇，团队研发带头人，研究方向为高速半导体集成电路设计与制造；张鹤鸣，团队成员，西安电子科技大学微电子学院副院长，研究领域为高速半导体器件与集成电路、纳米器件模型与仿真、新型 Si 基应变器件与集成电路、专用集成电路设计；宋建军，团队成员，研究方向为半导体器件与电路仿真技术、低维半导体材料及器件物理；宣荣喜，团队成员，研究方向为电路设计与系统集成；郝跃，团队成员，中国科学院院士，西安电子科技大学副校长，研究方向为宽禁带半导体材料与器件、微纳半导体新器件及其可靠性、SoC 设计与设计方法学；王斌，团队成员，研究方向为新型半导体材料与器件、高速半导体集成器件与电路、半导体光电集成技术。该团队在集成电路领域的专利申请重点为高速/高性能半导体器件和集成电路,并将提高 Si 基应变材料的迁移率作为重要研究目标之一。

2.3.4.2 刘明

中国科学院微电子研究所的刘明、霍宗亮、龙世兵、吕杭炳、刘琦等是合作申请专利较多的人。其中,刘明与霍宗亮共合作申请专利 60 件,已有 33 件获得授权(表 2-8),主要集中于高密度存储器的研究。

表 2-8 集成电路产业在华专利重要发明人刘明团队发明授权专利一览表

序号	公开号	申请日	发明(设计)人	技术手段	技术功效
1	CN104157654B	2014.08.15	霍宗亮、刘明、靳磊	TCAT 三维器件的字线深槽替换为深孔刻蚀	提高集成密度,简化堆叠结构的刻蚀工艺,保留了金属栅控制性能
2	CN104049671B	2014.07.03	李婷、霍宗亮、刘明、王瑜、曹华敏、刘璟	三维存储器的零温度系数参考电压产生电路,零温度系数参考电压产生电路包括依次连接的启动电路、电流产生电路和电压产生电路	结构简单,实现方式简易、功耗低、不受电源电压影响、零温度系数
3	CN103955252B	2014.04.14	李婷、霍宗亮、刘明	引入栅压的温度系数来弥补两个 NMOS 晶体管的温度系数不为零的情况	实现方式简单、覆盖所有工艺角,参考电流温度系数精度高
4	CN103886895B	2014.03.26	曹华敏、霍宗亮、刘明	SRAM 时序控制电路的输出信号之间的相互影响和制约,产生有效的控制时序	保证在高速读写过程中 SRAM 时序控制信号的正确性,从而实现高稳定性
5	CN103296029B	2013.06.06	王永、刘明、霍宗亮、刘璟、张满红、张康玮	在衬底上先刻蚀一个凹槽,再在凹槽上制作器件	器件存储特性好,可靠性高,适合大规模生产与应用,存储稳定性高
6	CN104124248B	2013.04.24	霍宗亮、刘明	共源区和漏区是非对称结构,共源区采用外延工艺,通过注入工艺及硅化工艺来完成共源区的浅结	抑制短沟效应和穿通现象的发生,缩减闪存单元
7	CN103311433B	2012.03.07	刘明、赵盛杰、谢常青、刘琦、吕航炳、张满红、霍宗亮、胡媛	形成两种二元金属氧化物交替层叠的阻变功能层,通过退火工艺,在两种金属氧化物的界面处发生扩散,形成复合的介电中间物	优化阻变功能层的电学特性,提高转变参数的均匀性
8	CN103295633B	2012.02.28	王琴、杨潇楠、王永、张满红、霍宗亮、刘明	采用独立的纳米晶存储数据	具有更大的存储窗口及更好的编程可靠性,提高了存储器阵列的数据的稳定性
9	CN103247629B	2012.02.07	刘明、许中广、朱晨昕、霍宗亮、谢常青	基于电子束蒸发薄层金属,然后在氧气氛围下退火	高速低压,优良的保持特性和疲劳特性,工艺灵活,设备简单,成本低廉
10	CN103247669B	2012.02.07	刘明、王晨杰、霍宗亮、张满红、刘璟、王永、谢常青	在多晶硅纳米线场效应晶体管的基础上引入了双栅结构和电荷俘获存储单元,同时,采用纳米线场效应晶体管的沟道为纳米线的薄膜沟道	高沟道的载流子的密度和迁移率,减小场效应管的亚阈值摆幅,提高选择开关比,降低了器件的功耗
11	CN103165612B	2011.12.09	刘明、王晨杰、霍宗亮、张满红、刘璟、谢常青、王永	电荷存储层采用电导率较小的隔离介质区将两个电荷存储区隔离开,电荷存储区分别为金属氮化物纳米晶材料和介电常数较高的非纳米晶半导体材料	实现电荷在俘获层中的镜像存储,实现同一单元多个数据的存储,提高存储单元的存储密度

续表

序号	公开号	申请日	发明（设计）人	技术手段	技术功效
12	CN103165172B	2011.12.09	刘明、许中广、霍宗亮、朱晨昕、谢常青	结合铁电存储器的高可靠性和阻变存储器的高密度，设计出混合存储器件	单块芯片上实现了两种不同的存储方式，提高了性能，降低了成本
13	CN103137860B	2011.11.30	霍宗亮、刘明	采用后栅工艺代替栅前栅工艺，在栅电极淀积之前完成栅电极区域外的绝缘层隔离	简化工艺，防止材料沾污，提高器件性能
14	CN103137625B	2011.11.23	霍宗亮、刘明	通过将多层沟道堆栈中的介质层的宽度小于半导体层的宽度或者完全去除介质层，增大半导体层与栅堆栈的接触面积	增大沟道的有效宽度，增大沟道中的开态电流，提高三维层叠存储器性能
15	CN102890955B	2011.07.21	刘明、张君宇、张满红、霍宗亮、谢常青、潘立阳、陈映平、刘阿鑫	采用主流的电流比较型灵敏放大器，灵敏放大器的预充端采用双相位时钟，分时段对灵敏放大器进行预充	读出速度快，可靠性高
16	CN102810560B	2011.06.01	刘明、姜丹丹、霍宗亮、张满红、王琴、刘璟、谢常青	隧穿介质层采用低 K 介质材料	擦除操作电压降低，擦除操作速度提高
17	CN102800632B	2011.05.25	刘明、王晨杰、霍宗亮、张满红、王琴、刘璟、谢常青	在多叠层栅介质层的制造过程中利用低温化学气相沉积工艺	减小存储器制造流程中的热预算，抑制高介电常数材料薄膜介质层的结晶化
18	CN102800359B	2011.05.25	刘明、许中广、霍宗亮、龙世兵、谢常青、张满红、李冬梅	采用阻变存储器件，正常通电时使用不挥发动态存储器中的动态存储单元进行读写操作，断电后利用不挥发动态存储器中的阻变存储单元存储数据	功耗低，速度快，非挥发性存储
19	CN102800358B	2011.05.25	刘明、许中广、霍宗亮、张满红、谢常青、龙世兵、李冬梅	利用浮栅器件作为传统动态存储器的选通器件，正常通电时，使用不挥发动态存储器中的动态存储单元进行读写操作，断电后利用浮栅存储器件存储数据	功耗低，速度快，非挥发性存储
20	CN102800675B	2011.05.25	刘明、王晨杰、霍宗亮、张满红、王琴、刘璟、谢常青	通过分裂栅结构的存储层，将单一的存储层分为两个存储区，存储区之间用硅基的氧化物在物理上进行间隔	避免出现二位串扰及源端注入现象，提高器件的可靠性
21	CN102779550B	2011.05.12	刘明、许中广、霍宗亮、谢常青、龙世兵、张满红、李冬梅、王琴、刘璟、朱晨昕	将电荷俘获式存储器和阻变存储器集成在一个存储单元中	降低制造成本
22	CN102708919B	2011.03.28	龙世兵、刘明、刘琦、吕杭炳、牛洁斌、王艳花、李颖弢、张森、王艳、连宇泰、张康玮、王明、张满红、霍宗亮、谢常青、刘璟、余兆安、李冬梅	存储介质层通过刻蚀固态电解液材料层形成	编程电压具有集中性，提高了器件工作的稳定性
23	CN102693984B	2011.03.21	刘明、许中广、霍宗亮、谢常青、龙世兵、李冬梅、朱晨昕	采用两种材料交替排列作为存储层	实现多值存储和高密度存储，降低成本
24	CN102651233B	2011.02.25	刘明、许中广、霍宗亮、谢常青、龙世兵、张满红、李冬梅、王琴、刘璟	结合浮栅存储方式和 RRAM 存储方式	单块芯片上实现了两种不同存储方式的融合，满足不同方式的存储需要，提高了性能，降低了成本

续表

序号	公开号	申请日	发明（设计）人	技术手段	技术功效
25	CN102610749B	2011.01.25	霍宗亮、刘明、张满红、王艳花、龙世兵	引入非对称隧穿势垒层用于整流	有利于实现阻变型随机存储器进行三维高密度集成
26	CN102610748B	2011.01.25	霍宗亮、刘明、刘璟、王艳花、龙世兵	存储单元采用非对称隧穿势垒结构，通过在非对称势垒两端施加不同极性的电压，其隧穿电流可以通过非对称的势垒高度和隧穿厚度的调整而获得很大的正反向电流差异	有效实现整流特性，制备工艺简单，成本降低
27	CN102610277B	2011.01.20	霍宗亮、姜丹丹、刘明、张满红、王琴、刘璟、李冬梅	扩大热电子注入编程时电子注入区域的范围，增加注入电子的数量	提高非挥发性存储器的可靠性，延长电荷在存储层中的保持时间以及增加存储其编程/擦除的次数
28	CN102543877B	2010.12.29	霍宗亮、刘明	整个存储阵列转变为多个子存储阵列	降低刻蚀工艺的工艺复杂性和难度，扩展整个存储阵列的阻变单元的集成层数
29	CN102544049B	2010.12.22	霍宗亮、刘明	采用垂直型环栅晶体管的1T1R 存储结构	有效缩减版图尺寸，实现超高密度的阵列集成
30	CN102479823B	2010.11.30	霍宗亮、刘明、刘璟、张满红	垂直型 NROM 存储结构被分隔开的 4 段俘获层薄膜中实现 4-bit 数据的存储	有效利用了竖直方向的空间，提高集成密度
31	CN102468303B	2010.11.10	霍宗亮、刘明	采用曝光光刻的方法刻蚀沟道层和埋层	提高数据保持时间，有效抑制 PN 结的泄漏电流
32	CN102376715B	2010.08.11	霍宗亮、刘明	在沟道区的源漏结区附近采用不同的栅介质材料或者栅介质厚度，增大栅介质的电学厚度	抑制栅介质退化，提高存储单元的可靠性（耐久性），缩小器件的比例
33	CN102339833B	2010.07.21	霍宗亮、刘明	衬底区域是由高迁移率衬底材料、低禁带宽度材料或 III-V 族材料构成的双层结构，双层结构是应力硅和锗硅双层结构，或者是应力硅和锗双层结构	提高分裂栅结构的编程效率，降低编程电压，提高器件的数据保持特性

资料来源：中国产业智库大数据中心

刘明，团队领头人，中国科学院微电子研究所纳米加工与新器件集成技术实验室主任，中国科学院院士，研究方向为存储器模型机理、材料结构、核心共性技术和集成电路的微纳加工等；霍宗亮，团队成员，中国科学院微电子研究所纳米加工与新器件集成技术研究员，曾在三星电子公司三星半导体研发中心工作。

2.4 集成电路产业重点领域全球技术标准分析

本节主要针对集成电路领域的核心基础零部件、芯片制造用关键基础材料、关键产品与装备（CPU、GPU、存储器、FPGA 与国产芯片）、封装装备关键核心技术（EDA 设计工具、专用 IP）、存储芯片等重要技术领域开展全球技术标准的对比分析，从技术标准的角度掌握国际标准化组织、国际电工委员会、美国、欧盟、英国、德国、法国等主要发达国家/地区/组织和我国在这些关键技术标准领域的技术优势、特点、缺失及各国技术标准的差异。

2.4.1 美国集成电路产业重点领域技术标准

集成电路美国标准主要由美国国家标准协会、美国电气和电子工程师协会制定。目前，集成电路标准为7项（表2-9），主要为产品标准和测试方法标准。产品标准包括电容器（薄膜介质电容器、半导体闸流管受控串联电容器）等；测试方法标准包括嵌入式基于芯片的集成电路的可试性方法、单晶半导体电阻率、霍尔系数及霍尔迁移率的试验、金属氧化物半导体（MOS）场效应晶体管阈电压偏移的试验。

表 2-9　美国集成电路产业关键技术标准列表

序号	标准号	标准名称
1	ANSI/EIA401-1973	功率半导体设备用纸介质和纸/薄膜介质电容器
2	ANSI/IEEE1500-2005	嵌入式基于芯片的集成电路C/TT的标准可试性方法
3	ANSI/IEEE1534-2009	半导体闸流管受控串联电容器详细说明用推荐实施规程
4	ASTMF76-2008	测量单晶半导体的电阻率、霍尔系数及霍尔迁移率的试验方法
5	ASTMF996-2010	利用亚阈值安伏特性分离由于氧化空穴和界面态产生的电离辐射感应金属氧化物半导体场效应晶体管阈电压偏移的标准试验方法
6	ASTMF996-2011	利用次临界伏安特性测定由于氧化空穴和界面性能产生的电离辐射感生金属氧化物半导体场应晶体管临界电压偏移分量的标准试验方法
7	IEEE1500-2005	嵌入式基于芯片的集成电路的可试性方法

资料来源：中国产业智库大数据中心

2.4.2 国际标准化组织集成电路产业重点领域技术标准

集成电路国际标准由国际电工委员会制定，为40项（表2-10），主要为产品标准和测试方法标准。产品标准主要为封存技术，涉及封装外形图绘制、封装外壳、封装设备，此外还包括存储器（只读存储器集成电路、存储器引出端排列）、晶体管（场效应晶体管、晶闸管、微波二极管、双极晶体管、双极晶体管）等；测试方法标准包括嵌入式基于芯片的集成电路用标准可试性方法、金属氧化物半导体晶体管上的热载流子试验。

表 2-10　国际标准化组织集成电路产业关键技术标准列表

序号	标准号	标准名称
1	IEC60191-4AMD1-2001	半导体器件的机械标准化. 第4部分：半导体器件封装外形图类型的划分和编码系统. 修改件1
2	IEC60191-4AMD2-2002	半导体器件的机械标准化. 第4部分：半导体器件封装外壳形式的分类和编码系统. 修改件2
3	IEC60191-4Edition2.2-2002	半导体器件的机械标准化. 第4部分：半导体器件封装外壳形式的分类和编码系统
4	IEC60191-4-1999	半导体器件的机械标准化. 第4部分：半导体器件封装外形图类型的划分和编号系统
5	IEC60191-4-2013	半导体器件的机械标准化. 第4部分：半导体器件封装外形图类型的划分和编码系统
6	IEC60191-6-10-2003	半导体器件的机械标准化. 第6-10部分：表面安装半导体器件封装外形图绘制的一般规则.P-VSON的尺寸
7	IEC60191-6-1-2001	半导体器件的机械标准化. 第6-1部分：表面安装半导体器件封装外形图绘制的一般规则. 鸥翼引出线端的设计指南
8	IEC60191-6-12-2011	半导体器件的机械标准化. 第6-12部分：表面安装半导体器件封装外形图绘制的一般规则. 微型节距栅极矩阵列（FLGA）的设计指南

续表

序号	标准号	标准名称
9	IEC60191-6-17-2011	半导体器件的机械标准化. 第6-17部分：表面安装半导体器件封装外形图绘制的一般规则. 堆叠式封装的设计指南. 精细倾斜球状网阵排列和精细栅格阵列（P-PFBGA和P-PFLAGA）
10	IEC60191-6-18Corrigendum1-2010	半导体器件的机械标准化. 第6-8部分：表面安装半导体器件封装外形绘制的一般规则. 球栅栅极阵列封装体（BGA）的设计指南
11	IEC60191-6-18Corrigendum2-2010	半导体器件的机械标准化. 第6-8部分：表面安装半导体器件封装外形绘制的一般规则. 球栅阵列（BGA）的设计指南
12	IEC60191-6-18-2010	半导体器件的机械标准化. 第6-18部分：表面安装半导体器件封装外形图绘制的一般规则. 球栅阵列（BGA）的设计指南
13	IEC60191-6-2Corrigendum1-2002	半导体器件的机械标准化. 第6-2部分：表面安装半导体器件封装外形图绘制的一般规则. 1.5mm、1.27mm及1.00mm小螺距状和柱状端封装的设计指南
14	IEC60191-6-2009	半导体器件的机械标准化. 第6部分：表面安装半导体器件封装外形图绘制的一般规则
15	IEC60191-6-20-2010	半导体器件的机械标准化. 第6-20部分：表面安装半导体器件封装外形图绘制准备的一般规则. 小外形J-铅封装（SOJ）的包装尺寸规格用测量方法
16	IEC60191-6-21-2010	半导体器件的机械标准化. 第6-21部分：表面安装半导体器件封装的外形图绘制的一般规则. 小型外壳封装（SOP）的封装尺寸规格用测量方法
17	IEC60191-6-2-2001	半导体器件的机械标准化. 第6-2部分：表面安装半导体器件封装外形图绘制的一般规则. 1.5mm、1.27mm及1.00mm小螺距状和柱状端封装的设计指南
18	IEC60191-6-22-2012	半导体器件的机械标准化. 第6-22部分：表面安装半导体器件封装外形图绘制的通用规则. 硅细间距球阵列和硅细间距栅格阵列半导体封装的设计指南（S-FBGA和S-FLGA）
19	IEC60191-6-3-2000	半导体器件的机械标准化. 第6-3部分：绘制表面安装半导体器件封装外形图的一般规则四面扁平封装尺寸的测量方法
20	IEC60191-6-4-2003	半导体器件的机械标准化. 第6-4部分：绘制表面安装半导体器件封装外形图的一般规则. 焊球网格陈列封装尺寸的测量方法图绘制的一般规则. 球状网格阵列（BGA）封装尺寸的测量方法
21	IEC60191-6-5-2001	半导体器件的机械标准化. 第6-5部分：表面安装半导体器件封装外形图绘制的一般规则小螺距球状网格阵列（FBGA）的设计指南
22	IEC60191-6-6-2001	半导体器件的机械标准化. 第6-6部分：表面安装半导体器件封装外形图绘制的一般规则小爆距纹间表面网格阵列（FLAG）的设计指南
23	IEC60191-6-8-2001	半导体器件的机械标准化. 第6-8部分：表面安装半导体器件封装外形图绘制的一般规则玻璃密封陶瓷四面扁平封装（G-QFP）的设计指南
24	IEC60747-4-2007	半导体装置. 分立装置. 第4部分：微波二极管和晶体管
25	IEC60747-6-3-1993	半导体器件. 分立器件. 第6部分：晶闸管第3节：电流在100A以上的环境和外壳额定的反向阻断三极闸流晶体管空白详细规范
26	IEC60747-7-2010	半导体器件. 分立器件. 第7部分：双极晶体管
27	IEC60747-8-2010	半导体器件. 分立器件. 第8部分：场效应晶体管
28	IEC60747-8-2-1993	半导体器件. 分立器件. 第8部分：场效应晶体管第2节：外壳额定功率放大场效应晶体管空白详细规范
29	IEC60747-8-3-1995	半导体器件. 分立器件. 第8部分：场效应晶体管第3节：外壳额定开关场效应晶体管空白详细规范
30	IEC60747-8-4-2004	半导体分立器件. 第8-4部分：电力开关装置用金属氧化物半导体场效应晶体管（MOSFETs）
31	IEC60747-9-2007	半导体装置. 分立器件. 第9部分：绝缘栅双极晶体管（IGBTs）
32	IEC60748-2-11-1999	半导体器件集成电路. 第2-11部分：数字集成电路单电集成电路可擦、可编程、只读存储器集成电路空白详细规范

续表

序号	标准号	标准名称
33	IEC60748-2-7-1992	半导体器件集成电路. 第2部分：数字集成电路第7节：熔丝式可编程双极只读存储器集成电路空白详细规范
34	IEC60748-2-9-1994	半导体器件集成电路. 第2部分：数字集成电路第9节：MOS紫外线擦除可编程只读存储器空白详细规范
35	IEC60749-15-2010	半导体器件. 机械和环境测试方法. 第15部分：引脚插入式封装设备的耐钎焊温度
36	IEC60749-38-2008	半导体器件. 机械和气候试验方法. 第38部分：带存储器的半导体器件用软错误试验法
37	IEC61964-1999	集成电路存储器引出端排列
38	IEC62416-2010	半导体器件. MOS晶体管上的热载流子试验
39	IEC62528-2007	嵌入式基于芯片的集成电路用标准可试性方法
40	IEC/PAS60747-17-2011	半导体装置. 分立器件. 第17部分：基本和加强隔离用磁性和电容性耦合器

资料来源：中国产业智库大数据中心

2.4.3 欧盟标准化组织集成电路产业重点领域技术标准

集成电路欧洲标准为21项（表2-11），主要为产品标准和测试方法标准。产品标准主要为封存技术，涉及封装外形图绘制、封装外壳，此外还包括存储器（存储器引出端排列）等；测试方法标准包括塑料封装器件的易燃性、抗湿气和焊接热试验、引脚插入式封装设备的耐钎焊温度、金属氧化物半导体场效应晶体管的移动离子试验、热载流子试验和基本温度稳定性试验、带存储器的半导体器件用软错误试验法。

表2-11 欧盟标准化组织集成电路产业关键技术标准列表

序号	标准号	标准名称
1	EN60191-4-2002	半导体器件机械标准化. 第4部分：半导体器件封装外壳形状编码系统和分类
2	EN60191-4-2014	半导体器件机械标准化. 第4部分：半导体器件封装外壳形状编码系统和分类（IEC60191-4-2013）. 德文版本 EN60191-4-2014
3	EN60191-6-10-2003	半导体器件的机械标准化. 第6-10部分：表面安装半导体器件封装外形图绘制的一般原则. P-VSON 的尺寸
4	EN60191-6-1-2001	半导体器件的机械标准化. 第6-1部分：表面安装半导体器件封装外形图绘制的一般规则. 鸥翅式引线终端的设计指南
5	EN60191-6-17-2011	半导体器件的机械标准化. 第6-17部分：表面安装半导体器件封装外形图绘制的一般规则. 堆栈封装的设计指南. 细间距球栅阵列和细间距基板栅格阵列（P-PFBGA 和 P-PFLGA）
6	EN60191-6-18-2010	半导体器件的机械标准化. 第6-18部分：表面安装半导体器件封装外形图绘制的一般规则. 球状栅极阵列封装体（BGA）的设计指南（IEC60191-6-18-2010+Cor. -2010）. 德文版本 EN60191-6-18-2010
7	EN60191-6-20-2010	半导体器件的机械标准化. 第6-20部分：表面安装半导体器件封装外形图绘制的一般规则. 小外形 J-引线封装（SOJ）的封装尺寸规格测量方法
8	EN60191-6-21-2010	半导体器件的机械标准化. 第6-21部分：表面安装半导体器件封装外形图绘制的一般规则. 小外形封装（SOJ）的封装尺寸规格测量方法
9	EN60191-6-2-2002	半导体器件的机械标准化. 第6-2部分：表面安装半导体器件封装外形图纸制备的一般规则. 1.5mm、1.27mm 和 1.00mm 节球和柱式终端封装的设计指南（IEC60191-6-2：2001）. 德文版本 EN60191-6-2-2002
10	EN60191-6-22-2013	半导体器件的机械标准化. 第6-22部分：表面安装半导体器件封装轮廓图的一般制备规则. 硅细间距球栅格阵列和硅细间距栅格阵列半导体封装的设计指南（S-FBGA 和 S-FLGA）（IEC60191-6-22-2012）. 德文版本 EN60191-6-22-2013

续表

序号	标准号	标准名称
11	EN60191-6-4-2003	半导体器件的机械标准化. 第6-4部分: 表面安装半导体器件封装外形图绘制的一般规则. 焊球网格阵列（BGA）封装尺寸的测量方法
12	EN60191-6-8-2001	半导体器件的机械标准化. 第6-8部分: 表面安装的半导体器件包外形图纸制备的一般规则. 玻璃密封陶瓷方形扁平封装（G-GFP）的设计指南（G-QFP）（IEC60191-6-8-2001）. 德文版本 EN60191-6-8-2001
13	EN60749-15-2011	半导体器件. 机械和气候试验方法. 第15部分: 引脚插入式封装设备的耐钎焊温度（IEC60749-15-2010）. 德文版本 EN60749-15-2010+AC-2011
14	EN60749-20-2009	半导体器件. 机械和气候试验方法. 第20部分: 塑料封装的表面安装器件抗湿气和焊接热的综合影响（IEC60749-20-2008）. 德文版本 EN60749-20-2009
15	EN60749-31-2003	半导体器件. 机械和气候试验方法. 第31部分: 塑料封装器件的易燃性（内部引起的）
16	EN60749-32-2010	半导体器件. 机械和气候试验方法. 第32部分: 塑料封装器件的易燃性（内部引起的）（IEC60749-32-2002+Cor.-2003+A1-2010）. 德文版本 EN60749-32-2003+Cor.-2003+A1-2010
17	EN60749-38-2008	半导体器件. 机械和气候试验方法. 第38部分: 带存储器的半导体器件用软错误试验法
18	EN61964-1999	集成电路. 存储器引出端排列
19	EN62373-2006	金属氧化半导体场效应晶体管（MOSFET）的基本温度稳定性试验
20	EN62416-2010	半导体器件. MOS晶体管的热载流子试验（IEC62416-2010）. 德文版本 EN62416-2010
21	EN62417-2010	半导体器件. 金属氧化物半导体场效应晶体管（MOSFETs）的移动离子试验（IEC62417-2010）. 德文版本 EN62417-2010

资料来源：中国产业智库大数据中心

2.4.4 英国集成电路产业重点领域技术标准

集成电路英国标准主要由英国标准协会制定，目前，集成电路英国标准已经达到39项（表2-12），主要包括产品、测试方法标准。产品包括存储器（金属氧化物半导体紫外线可擦可编程只读存储器、集成电路熔断丝可编程序双极只读存储器、集成电路静态读/写存储器）、封装技术（表面安装半导体装置封装外形图制备、球栅阵列封装、半导体器件封装外壳）、晶体管（双极晶体管、场效应晶体管、绝缘栅双极晶体管、微波二极管）等；测试方法标准包括带存储器的半导体器件用软错误试验法、嵌入式基于芯片的集成电路的标准可试性方法、金属氧化物半导体晶体管的热载流子试验、金属氧化半导体场效应晶体管的基本温度稳定性试验、金属氧化物场效应晶体管用迁移离子试验等。

表2-12 英国集成电路产业关键技术标准列表

序号	标准号	标准名称
1	BSEN60191-4-2000	半导体器件的机械标准化. 半导体器件封装外壳形式的分类和编码系统
2	BSEN60191-4-2014	半导体器件的机械标准化. 半导体器件包封外形的编码系统和分类形式
3	BSEN60191-6-10-2003	半导体器件的机械标准化. 表面安装半导体器件封装外形图绘制的一般规则. P-VSON的尺寸
4	BSEN60191-6-1-2002	半导体器件的机械标准化. 表面安装的半导体器件封装外形图绘制的一般规则. 海鸥翼式铅端子的设计指南
5	BSEN60191-6-12-2011	半导体装置的机械标准化. 表面安装半导体装置封装外形图制备的通用规范. 细微间距栅级阵列（FLGA）的设计指南
6	BSEN60191-6-16-2007	半导体器件的机械标准化. 球栅阵列封装（BGA），栅格阵列（LGA），栅阵列（FBGA）和距基板栅格阵列（FLGA）用老化插座和半导体测试的术语表

续表

序号	标准号	标准名称
7	BSEN60191-6-17-2011	半导体器件的机械标准化. 表面安装半导体器件封装外形图绘制的一般规则. 堆栈封装的设计指南. 细间距球栅阵列和细间矩栅阵列（P-PFBGA 和 PPFLGA）
8	BSEN60191-6-2009	半导体器件的机械标准化. 表面安装半导体器件封装外形图绘制的一般规则
9	BSEN60191-6-20-2010	半导体器件的机械标准化. 表面安装半导体器件封装外形图绘制的一般规则. 小外形 J-引线封装（SOJ）的封装尺寸规格测量方法
10	BSEN60191-6-21-2010	半导体器件的机械标准化. 表面安装半导体器件封装外形图绘制的一般规则. 小外形封装（SOP）尺寸的测量方法
11	BSEN60191-6-2-2002	半导体装置的机械标准化. 表面安装的半导体装置封装外形图绘制的一般规则. 1.5mm、1.27mm 和 1.00mm 树脂球和引线端子封装的设计指南
12	BSEN60191-6-4-2003	半导体器件的机械标准化. 绘制表面安装半导体器件封装外形图的一般规则. 焊球网格阵列封装尺寸的测量方法
13	BSEN60191-6-5-2001	半导体器件机械标准化. 表面安装半导体器件封装外形图绘制的一般规则. 小螺距球栅阵列的设计指南
14	BSEN60191-6-6-2001	半导体器件的机械标准化. 表面安装半导体器件封装外形图绘制的一般规则. 小爆距纹间表面网格阵列（FLAG）的设计指南. 术语推荐修改
15	BSEN60191-6-8-2001	半导体器件的机械标准化. 表面安装半导体器件封装外形图绘制一般规则. 玻璃密封陶瓷方型扁平封装设计指南
16	BSEN60749-38-2008	半导体器件. 机械和气候试验方法. 带存储器的半导体器件用软错误试验法
17	BSEN62373-2006	金属氧化半导体场效应晶体管（MOSFET）的基本温度稳定性试验
18	BSEN62416-2010	半导体器件. 金属氧化物半导体（MOS）晶体管的热载流子试验
19	BSEN62417-2010	半导体器件. 金属氧化物场效应晶体管（MOSFETs）用迁移离子试验
20	BSIEC60747-4-2008	半导体装置. 分立装置. 微波二极管和晶体管
21	BSIEC60747-4-2-2000	半导体器件. 分立器件. 微波二极管和晶体管. 集成电路微波放大器. 空白详细规范
22	BSIEC60747-7-2010	半导体器件. 分立器件. 双极晶体管
23	BSIEC60747-8-2010	半导体装置. 分立器件. 场效应晶体管
24	BSIEC60747-8-4-2004	半导体分立器件. 电力开关设备的金属氧化物半导体场效应晶体管
25	BSIEC60747-9-2007	半导体装置. 分立器件. 绝缘栅双极晶体管（IGBTs）
26	BSIEC60748-2-11-1999	半导体器件. 集成电路. 数字集成线路. 单电集成电路可擦、可编程、只读存储器集成电路空白详细规范
27	BSIEC62528-2007	嵌入式基于芯片的集成电路的标准可试性方法
28	BSQC750102-1990	电子元器件质量评估的协调体系. 半导体分立器件. 空白详细规范. 低频和高频放大用环境温度额定双极晶体管
29	BSQC750103-1990	电子元器件质量评估的协调体系. 半导体分立器件. 空白详细规范. 低频放大用外壳温度额定双极晶体管
30	BSQC750104-1991	电子元器件质量评估协调体系. 半导体分立器件. 空白详细规范. 开关电路用双极晶体管
31	BSQC750106-1993	电子元器件质量评估协调体系规范. 半导体分立器件. 空白详细规范. 用于外壳额定功率放大器应用的场效应晶体管
32	BSQC750107-1991	电子元器件质量评估协调体系. 半导体分立器件. 空白详细规范. 高频放大用外壳温度额定双极晶体管
33	BSQC750112-1988	电子元器件质量评估协调体系. 空白详细规范. 半导体器件. 分立器件. 场效应晶体管. 功率达 5W 和 1GHz 的单栅场效应晶体管空白详细规范
34	BSQC750113-1994	电子元器件质量评估协调体系规范. 空白详细规范. 电流大于 100A 的环境温度额定和外壳温度限定反向闭锁三级半导体闸流晶体管
35	BSQC750114-1996	电子元器件质量评定协调体系. 半导体器件. 分立器件. 场效应晶体管. 转换电路用场效应晶体管空白详细规范

续表

序号	标准号	标准名称
36	BSQC790105-1992	电子元器件质量评定协调体系规范. 半导体器件. 集成电路. 空白详细规范. 集成电路熔断丝可编程序双极只读存储器
37	BSQC790106-1995	电子元件质量评估协调体系规范. 半导体器件. 集成电路. 数字集成电路. 空白详细规范. MOS 紫外线可擦可编程只读存储器
38	BSQC790107-1995	电子元件质量评估协调体系规范. 半导体器件. 集成电路. 数字集成电路. 空白详细规范. 集成电路动态读/写存储器
39	BSQC790111-1993	电子元器件质量评估协调体系规范. 半导体器件. 集成电路. 空白详细规范. 集成电路静态读/写存储器

资料来源：中国产业智库大数据中心

2.4.5 法国集成电路产业重点领域技术标准

集成电路法国标准主要由法国标准化协会制定，目前，集成电路法国标准已经达到22项（表2-13），主要包括产品、测试方法标准。产品包括存储器（集成电路可抹只读存储器和可编程序存储器、静态可读可写随机存取存储器、动态可读可写随机存取存储器、存储器件插脚配置）、封装技术（表面安装半导体装置封装外形图绘制）、晶体管（场效应晶体管、光电晶体管、光电复合晶体管）、串联电容器、薄膜附着电阻集成电路等；测试方法标准包括塑料封装器件的易燃性试验、金属氧化半导体场效应晶体管的基本温度稳定性试验、半导体器件-金属氧化物半导体晶体管热载流子的试验、引脚插入式封装设备的耐钎焊温度试验。

表2-13 法国集成电路产业关键技术标准列表

序号	标准号	标准名称
1	NFC54-143-4-2011	电力系统用串联电容器. 第4部分：半导体闸流管受控串行电容器
2	NFC80-202-2010	半导体器件-MOS晶体管热载流子的试验
3	NFC83-282-1987	电子元件统一质量评审体系. 半导体过电压限制用可变电阻器
4	NFC86-252-1987	电子元件统一质量评审体系. 集成电路可抹只读存储器和可编程序存储器. 空白详细规范
5	NFC86-253-1987	电子元件统一质量评审体系. 集成电路动态可读可写随机存取存储器. 分规范
6	NFC86-254-1987	电子元件统一质量评审体系. 集成电路静态可读可写随机存取存储器. 空白详细规范
7	NFC86-503-1986	半导体器件. 电子元器件统一质量评审体系. 光电晶体管、光电复合晶体管和光电半导体电路. 空白详细规范 CESS20003
8	NFC86-504-1988	半导体器件. 电子器件质量评估协调体系. 带光电晶体管输出的特定环境温度光电耦合器. 空白详细规范
9	NFC96-008-1985	半导体器件. 分立器件和集成电路. 第8部分：场效应晶体管
10	NFC96-012-2000	集成电路. 存储器件插脚配置
11	NFC96-013-6-10-2004	半导体器件的机械标准化. 第6部分：表面安装半导体器件封装外形图绘制的一般规则. P-VSON的尺寸
12	NFC96-013-6-18-2010	半导体器件的机械标准化. 第6-18部分：表面安装半导体器件封装外形图绘制的一般规则. 球栅阵列（BGA）的设计指南
13	NFC96-013-6-2005	半导体器件的机械标准化. 第6部分：表面安装半导体器件封装轮廓图绘制的一般规则
14	NFC96-013-6-2011	半导体器件的机械标准. 第6部分：表面贴装半导体器件封装的外形图准备的一般规则
15	NFC96-013-6-20-2011	半导体装置的机械标准化. 第6-20部分：表面安装的半导体器件封装外形图绘制的一般规则. 小外形J-引线封装（SOJ）的封装尺寸规格测量方法

续表

序号	标准号	标准名称
16	NFC96-013-6-21-2011	半导体器件的机械标准化. 第6-21部分：表面安装半导体器件封装的外形图绘制的一般规则. 小型外壳封装（SOP）的封装尺寸规格用测量方法
17	NFC96-013-6-4-2003	半导体装置的机械标准化. 第6-4部分：表面安装半导体装置封装外形图绘制的一般规则. 球状网格阵列（BGA）封装尺寸的测量方法
18	NFC96-022-15-2011	半导体器件. 机械和环境测试方法. 第15部分：引脚插入式封装设备的耐钎焊温度
19	NFC96-022-31-2003	半导体装置. 机械和气候试验方法. 第31部分：塑料密封装置的易燃性（内部引起）
20	NFC96-022-32-2003	半导体器件. 机械和气候试验方法. 第32部分：塑料封装器件的易燃性（外部引起）
21	NFC96-051-2006	金属氧化半导体场效应晶体管（MOSFET）的基本温度稳定性试验
22	NFC96-411-1984	混合微电路. 薄膜附着电阻集成电路. 一般要求

资料来源：中国产业智库大数据中心

2.4.6 德国集成电路产业重点领域技术标准

集成电路德国标准主要由德国标准化协会制定，目前，集成电路德国标准已经达到25项（表2-14），主要包括产品、测试方法标准。产品包括存储器（存储器引出端排列）、磁性电容耦合器、封装技术（表面安装半导体装置封装外形图绘制、封装外壳）；测试方法标准包括带存储器的半导体器件用软错误试验法、用电感耦合等离子体质谱测定法测定元素和离子、金属氧化半导体场效应晶体管的基本温度稳定性试验、移动离子试验和热载流子试验、塑料封装器件的易燃性试验、引脚插入式封装设备的耐钎焊温度试验。

表2-14 德国集成电路产业关键技术标准列表

序号	标准号	标准名称
1	DIN50451-3-2003	半导体工艺用材料测试. 液体中痕量元素测定. 第3部分：用电感耦合等离子体质谱法测定硝酸中铝（Al）、钴（Co）、铜（Cu）、钠（Na）、镍（Ni）和锌（Zn）的含量
2	DIN50451-4-2007	半导体工艺用材料测试. 液体中痕量元素测定. 用电感耦合等离子体质谱测定法测定纯净水中34个微量元素
3	DINEN60191-4-2003	半导体器件机械标准化. 第4部分：半导体器件封装外壳形状编码系统和分类
4	DINEN60191-4-2014	半导体器件机械标准化. 第4部分：半导体器件封装外壳形状编码系统和分类（IEC60191-4-2013）. 德文版本 EN60191-4-2014
5	DINEN60191-6-10-2004	半导体器件的机械标准化. 第6-10部分：表面安装半导体器件封装外形图绘制的一般原则. P-VSON 的尺寸
6	DINEN60191-6-1-2002	半导体器件的机械标准化. 第6-1部分：表面安装半导体器件封装外形图绘制的一般规则. 鸥翅式引线终端的设计指南
7	DINEN60191-6-17-2011	半导体器件的机械标准化. 第6-17部分：表面安装半导体器件封装外形图绘制的一般规则. 堆栈封装的设计指南. 细间距球栅阵列和细间距基板栅格阵列（P-PFBGA 和 P-PFLGA）
8	DINEN60191-6-18-2010	半导体器件的机械标准化. 第6-18部分：表面安装半导体器件封装外形图绘制的一般规则. 球状栅极阵列封装体（BGA）的设计指南（IEC60191-6-18-2010+Cor.-2010）. 德文版本 EN60191-6-18-2010
9	DINEN60191-6-20-2011	半导体器件的机械标准化. 第6-20部分：表面安装半导体器件封装外形图绘制的一般规则. 小外形J-引线封装（SOJ）的封装尺寸规格测量方法
10	DINEN60191-6-21-2011	半导体器件的机械标准化. 第6-21部分：表面安装半导体器件封装外形图绘制的一般规则. 小外形封装（SOJ）的封装尺寸规格测量方法

续表

序号	标准号	标准名称
11	DINEN60191-6-2-2002	半导体器件的机械标准化. 第6-2部分：表面安装半导体器件封装外形图纸制备的一般规则. 1.5mm、1.27mm和1.00mm节球和柱式终端封装的设计指南（IEC60191-6-2：2001）. 德文版本 EN60191-6-2-2002
12	DINEN60191-6-4-2004	半导体器件的机械标准化. 第6-4部分：表面安装半导体器件封装外形图绘制的一般规则. 焊球网格阵列（BGA）封装尺寸的测量方法
13	DINEN60191-6-8-2002	半导体器件的机械标准化. 第6-8部分：表面安装的半导体器件包外形图纸制备的一般规则. 玻璃密封陶瓷方形扁平封装（G-GFP）的设计指南（G-QFP）（IEC60191-6-8：2001）. 德文版本 EN60191-6-8-2001
14	DINEN60749-15-2011	半导体器件. 机械和气候试验方法. 第15部分：引脚插入式封装设备的耐钎焊温度（IEC60749-15-2010）. 德文版本 EN60749-15-2010+AC-2011
15	DINEN60749-20-2010	半导体器件. 机械和气候试验方法. 第20部分：塑料封装的表面安装器件抗湿气和焊接热的综合影响（IEC60749-20-2008）. 德文版本 EN60749-20-2009
16	DINEN60749-31-2003	半导体器件. 机械和气候试验方法. 第31部分：塑料封装器件的易燃性（内部引起的）
17	DINEN60749-32-2011	半导体器件. 机械和气候试验方法. 第32部分：塑料封装器件的易燃性（内部引起的）（IEC60749-32-2002+Cor.-2003+A1-2010）. 德文版本 EN60749-32-2003+Cor.-2003+A1-2010
18	DINEN60749-38-2008	半导体器件. 机械和气候试验方法. 第38部分：带存储器的半导体器件用软错误试验法
19	DINEN61964-2000	集成电路. 存储器引出端排列
20	DINEN62258-2-2011	半导体芯片级产品. 第2部分：交换数据格式（IEC62258-2-2011）. 英文版 EN62258-2-2011
21	DINEN62373-2007	金属氧化半导体场效应晶体管（MOSFET）的基本温度稳定性试验
22	DINEN62416-2010	半导体器件. MOS晶体管的热载流子试验（IEC62416-2010）. 德文版本 EN62416-2010
23	DINEN62417-2010	半导体器件. 金属氧化物半导体场效应晶体管（MOSFETs）的移动离子试验（IEC62417-2010）. 德文版本 EN62417-2010
24	DINVVDEV0884-10Berichtigung1-2007	半导体器件. 安全绝缘用磁性电容耦合器. 对 DINVVDEV0884-10 的技术勘误
25	DINVVDEV0884-10-2006	半导体器件. 可靠绝缘的磁性电容耦合器

资料来源：中国产业智库大数据中心

2.4.7 中国集成电路产业重点领域技术标准

集成电路中国标准主要为中国国家标准、机械行业标准、能源行业标准，目前，集成电路中国标准已经达到189项（表2-15），主要包括产品、测试方法标准。产品包括存储器（双极熔丝式可编程只读存储器、静态读/写存储器、紫外光擦除电可编程金属氧化物半导体只读存储器）、晶体管（小功率晶体管、双极型晶体管、反向阻断闸流晶体管、场效应晶体管、达林顿晶体管、微波场效应晶体管、脉冲功率晶体管等）、封装技术（塑料双列封装冲制型引线、封装材料、硅电压调整二极管）等；测试方法标准半导体中深能级的瞬态电容测试、半导体红外发光二极管测试方法电容的测试、半导体集成电路封装结到外壳热阻测试方法等。

表2-15 中国集成电路产业关键技术标准列表

序号	标准号	标准名称
1	GB50809-2012	硅集成电路芯片工厂设计规范
2	GB/T14112-1993	半导体集成电路塑料双列封装冲制型引线框架规范

续表

序号	标准号	标准名称
3	GB/T14119-1993	半导体集成电路双极熔丝式可编程只读存储器空白详细规范
4	GB/T14862-1993	半导体集成电路封装结到外壳热阻测试方法
5	GB/T15877-2013	半导体集成电路蚀刻型双列封装引线框架规范
6	GB/T17574.11-2006	半导体器件. 集成电路. 第 2-11 部分：数字集成电路单电源集成电路电可擦可编程只读存储器空白详细规范
7	GB/T17574.9-2006	半导体器件. 集成电路. 第 2-9 部分：数字集成电路. 紫外光擦除电可编程 MOS 只读存储器空白详细规范
8	GB/T21039.1-2007	半导体器件. 分立器件. 第4-1部分：微波二极管和晶体管微波场效应晶体管空白详细规范
9	GB/T22186-2008	信息安全技术. 具有中央处理器的集成电路（IC）卡芯片安全技术要求（评估保证级 4 增强级）
10	GB/T29332-2012	半导体器件. 分立器件. 第 9 部分：绝缘栅双极晶体管（IGBT）
11	GB/T4586-1994	半导体器件. 分立器件. 第 8 部分：场效应晶体管
12	GB/T4587-1994	半导体分立器件和集成电路. 第 7 部分：双极型晶体管
13	GB/T6217-1998	半导体器件. 分立器件. 第 7 部分：双极型晶体管第一篇高低频放大环境额定的双极型晶体管空白详细规范
14	GB/T6219-1998	半导体器件. 分立器件. 第 8 部分：场效应晶体管第一篇 1GHz、5W 以下的单栅场效应晶体管空白详细规范
15	GB/T6352-1998	半导体器件. 分立器件. 第 6 部分：闸流晶体管第一篇 100A 以下环境或管壳额定反向阻断三极闸流晶体管空白详细规范
16	GB/T6590-1998	半导体器件. 分立器件. 第 6 部分：闸流晶体管第二篇 100A 以下环境或管壳额定的双向三极闸流晶体管空白详细规范
17	GB/T6616-2009	半导体硅片电阻率及硅薄膜薄层电阻测试方法. 非接触涡流法
18	GB/T6648-1986	半导体集成电路静态读/写存储器空白详细规范（可供认证用）
19	GB/T7576-1998	半导体器件. 分立器件. 第 7 部分：双极型晶体管第四篇高频放大管壳额定双极型晶体管空白详细规范
20	GB/T8750-2014	半导体封装用键合金丝
21	JB/T6307.4-1992	电力半导体模块测试方法. 双极型晶体管臂和臂对
22	JB/T7483-2005	半导体电阻应变式力传感器
23	JC/T2133-2012	半导体抛光液用硅溶胶中杂质元素含量的测定. 电感耦合等离子体原子发射光谱法
24	JJG（电子）04010-1987	BJ2961 型晶体管集成电路动态参数测试仪试行检定规程
25	JJG（电子）310003-2006	半导体分立器件电容参数测试仪检定规程
26	QJ10007/10-2008	宇航用半导体分立器件.3DG122、3DG130 型硅高频小功率晶体管详细规范
27	QJ10007/11-2008	宇航用半导体分立器件.3DG182 型硅高频小功率高反压晶体管详细规范
28	QJ10007/1-2008	宇航用半导体分立器件.3DK9 型硅开关晶体管详细规范
29	QJ10007/3-2008	宇航用半导体分立器件.3DK104 型硅功率开关晶体管详细规范
30	QJ10007/4-2008	宇航用半导体分立器件.3DK457（DK3767）型功率硅开关晶体管详细规范
31	QJ10007/5-2008	宇航用半导体分立器件.3CG110、3CG130 型硅高频小功率晶体管详细规范
32	QJ10007/6-2008	宇航用半导体分立器件.3DD56 型硅功率晶体管详细规范
33	QJ10007/7-2008	宇航用半导体分立器件.3DD57 型硅功率晶体管详细规范
34	QJ10007/8-2008	宇航用半导体分立器件.3DD159 型硅功率晶体管详细规范
35	QJ10007/9-2008	宇航用半导体分立器件.3DG100、3DG101、3DG111、3DG112 型硅高频小功率晶体管详细规范

续表

序号	标准号	标准名称
36	SJ20011-1992	半导体分立器件.GP、GT和GCT级CS1型硅N沟道耗尽型场效应晶体管详细规范
37	SJ20012-1992	半导体分立器件.GP、GT和GCT级CS4型硅N沟道耗尽型场效应晶体管详细规范
38	SJ20013-1992	半导体分立器件.GP、GT和GCT级CS10型硅N沟道耗尽型场效应晶体管详细规范
39	SJ20014-1992	半导体分立器件.GP、GT和GCT级3CG110型PNP硅小功率晶体管详细规范
40	SJ20015-1992	半导体分立器件.GP、GT和GCT级3DG130型NPN硅高频小功率晶体管详细规范
41	SJ20016-1992	半导体分立器件.GP、GT和GCT级3DG182型NPN硅小功率高反压晶体管详细规范
42	SJ20054-1992	半导体分立器件.3DK101型NPN硅小功率开关晶体管详细规范
43	SJ20055-1992	半导体分立器件.3DK102型NPN硅小功率开关晶体管详细规范
44	SJ20056-1992	半导体分立器件.3DK103型NPN硅小功率开关晶体管详细规范
45	SJ20057-1992	半导体分立器件.3DK104型NPN硅小功率开关晶体管详细规范
46	SJ20058-1992	半导体分立器件.3DK105型NPN硅小功率开关晶体管详细规范
47	SJ20059-1992	半导体分立器件.3DG111型NPN硅高频小功率晶体管详细规范
48	SJ20060-1992	半导体分立器件.3DG120型NPN硅高频小功率晶体管详细规范
49	SJ20061-1992	半导体分立器件.CS146型硅N沟道耗尽型场效应晶体管详细规范
50	SJ20062-1992	半导体分立器件.3DG210型NPN硅超高频低噪声差分对晶体管详细规范
51	SJ20063-1992	半导体分立器件.3DG213型NPN硅超高频低噪声双差分对晶体管详细规范
52	SJ20168-1992	半导体分立器件.3DK12型功率开关晶体管详细规范
53	SJ20169-1992	半导体分立器件.3DK36型功率开关晶体管详细规范
54	SJ20170-1992	半导体分立器件.3DK37型功率开关晶体管详细规范
55	SJ20171-1992	半导体分立器件.3DK51型功率开关晶体管详细规范
56	SJ20172-1992	半导体分立器件.3DK38型功率开关晶体管详细规范
57	SJ20173-1992	半导体分立器件.3DK2218（2218A、2219、2219A）型NPN硅小功率开关晶体管详细规范
58	SJ20174-1992	半导体分立器件.3DK2221（2221A、2222、2222A）型NPN硅小功率开关晶体管详细规范
59	SJ20175-1992	半导体分立器件.3DG918型NPN硅超高频小功率晶体管详细规范
60	SJ20176-1992	半导体分立器件.3DG3439型和3DG3440型NPN硅小功率高反压晶体管详细规范
61	SJ20177-1992	半导体分立器.3CK3634~3CK3736型PNP硅小功率开关晶体管详细规范
62	SJ20178-1992	半导体分立器件.3CK38型功率开关晶体管详细规范
63	SJ20179-1992	半导体分立器件.3CT103型反向阻断闸流晶体管详细规范
64	SJ20180-1992	半导体分立器件.3CT105型反向阻断闸流晶体管详细规范
65	SJ20181-1992	半导体分立器件.3CT107型反向阻断闸流晶体管详细规范
66	SJ20182-1992	半导体分立器件.3CT682、683、685~692和3CT5206型反向阻断闸流晶体管详细规范
67	SJ20183-1992	半导体分立器件.3DD6型功率晶体管详细规范
68	SJ20184-1992	半导体分立器件.CS3821、3822、3823型场效应晶体管详细规范
69	SJ20306-1993	半导体分立器件.FH181A型NPN硅功率达林顿晶体管详细规范
70	SJ20307-1993	半导体分立器件.FH646型NPN硅功率达林顿晶体管详细规范
71	SJ20308-1993	半导体分立器件.FH1030型NPN硅功率达林顿晶体管详细规范
72	SJ20309-1993	半导体分立器.3DK10型功率开关晶体管详细规范
73	SJ20310-1993	半导体分立器件.3DD101型功率晶体管详细规范
74	SJ20875-2003	扁平封装集成电路插座通用规范

续表

序号	标准号	标准名称
75	SJ2214.5-1982	半导体光敏二极管结电容的测试方法
76	SJ2215.12-1982	半导体光耦合器入出间隔离电容的测试方法
77	SJ2215.13-1982	半导体光耦合器入出间绝缘电阻的测试方法
78	SJ2215.6-1982	半导体光耦合器（二极管）结电容的测试方法
79	SJ2658.4-1986	半导体红外发光二极管测试方法. 电容的测试方法
80	SJ2658.5-1986	半导体红外发光二极管测试方法. 正向串联电阻的测试方法
81	SJ50033.40-1994	GT11型半导体硅NPN光敏晶体管详细规范
82	SJ50033.51-1994	半导体分立器件.CS0558型砷化镓微波双栅场效应晶体管详细规范
83	SJ50033.52-1994	半导体分立器件.CS0529型砷化镓微波功率场效应晶体管详细规范
84	SJ50033.53-1994	半导体分立器件.CS0530、CS0531型砷化镓微功率场效应晶体管详细规范
85	SJ50033.54-1994	半导体分立器件.CS0532型砷化镓微波功率场效应晶体管详细规范
86	SJ50033/10-1994	半导体分立器件.3DK207型功率开关晶体管详细规范
87	SJ50033/103-1996	半导体分立器件.3DA89型高频功率晶体管详细规范
88	SJ50033/104-1996	半导体分立器件.3DK002型功率开关晶体管详细规范
89	SJ50033/105-1996	半导体分立器件.3DK404型功率开关晶体管详细规范
90	SJ50033/106-1996	半导体分立器件.CS203型砷化镓微波低噪声场效应晶体管详细规范
91	SJ50033/111-1996	半导体光电子器件.GTI6型硅NPN光电晶体管详细规范
92	SJ50033/11-1994	半导体分立器件.3DK208型功率开关晶体管详细规范
93	SJ50033/119-1997	半导体分立器件.CS204型砷化镓微波功率场效应晶体管详细规范
94	SJ50033/1-1994	半导体分立器件.3DA150型高频功率晶体管详细规范
95	SJ50033/120-1997	半导体分立器件.CS205型砷化镓微波功率场效应晶体管详细规范
96	SJ50033/121-1997	半导体分立器件.CS3458~CS3460型硅N沟道结型场效应晶体管详细规范
97	SJ50033/12-1994	半导体分立器件.3DK209型功率开关晶体管详细规范
98	SJ50033/122-1997	半导体分立器件.CS3684~CS3687型硅N沟道结型场效应晶体管详细规范
99	SJ50033/129-1997	半导体分立器件.3DD155型低频大功率晶体管详细规范
100	SJ50033/130-1997	半导体分立器件.3DD159型低频大功率晶体管详细规范
101	SJ50033/131-1997	半导体分立器件.3DD157型低频大功率晶体管详细规范
102	SJ50033/13-1994	半导体分立器件.3DK210型功率开关晶体管详细规范
103	SJ50033/132-1997	半导体分立器件.3DD260型低频大功率晶体管详细规范
104	SJ50033/134-1997	半导体分立器件.3DD167型低频大功率晶体管详细规范
105	SJ50033/140-1999	半导体光电子器件.3DA502型硅微波脉冲功率晶体管详细规范
106	SJ50033/14-1994	半导体分立器件.3DK305型功率开关晶体管详细规范
107	SJ50033/144-1999	半导体分立器件.2CW50~78型玻璃钝化封装硅电压调整二极管详细规范
108	SJ50033/145-2000	半导体分立器件.3DA503型硅微波脉冲功率晶体管详细规范
109	SJ50033/146-2000	半导体分立器件.3DA601型C波段硅双极型功率晶体管详细规范
110	SJ50033/148-2000	半导体分立器件.3DK35B~F功率开关晶体管详细规范
111	SJ50033/149-2000	半导体分立器件.2CW100~121型玻璃钝化封装硅电压调整二极管详细规范
112	SJ50033/15-1994	半导体分立器件.3DK306型功率开关晶体管详细规范
113	SJ50033/154-2002	半导体分立器件.3DG251型硅超高频低噪声晶体管详细规范

续表

序号	标准号	标准名称
114	SJ50033/155-2002	半导体分立器件.3DG252型硅微波线性晶体管详细规范
115	SJ50033/156-2002	半导体分立器件.3DA505型硅微波脉冲功率晶体管详细规范
116	SJ50033/157-2002	半导体分立器件.3DA506型硅微波脉冲功率晶体管详细规范
117	SJ50033/158-2002	半导体分立器件.3DG44型硅超高频低噪声晶体管详细规范
118	SJ50033/159-2002	半导体分立器件.3DG142型硅超高频低噪声晶体管详细规范
119	SJ50033/160-2002	半导体分立器件.3DG122型硅超高频小功率晶体管详细规范
120	SJ50033/16-1994	半导体分立器件.3DK307型功率开关晶体管详细规范
121	SJ50033/166-2004	半导体分立器件.3DA507型硅微波脉冲功率晶体管详细规范
122	SJ50033/167-2004	半导体分立器件.3DA508型硅微波脉冲功率晶体管详细规范
123	SJ50033/168-2004	半导体分立器件.3DA509型硅微波脉冲功率晶体管详细规范
124	SJ50033/169-2004	半导体分立器件.3DA510型硅微波脉冲功率晶体管详细规范
125	SJ50033/170-2007	半导体分立器件.3DA516型硅微波脉冲功率晶体管详细规范
126	SJ50033/171-2007	半导体分立器件.3DA518型硅微波脉冲功率晶体管详细规范
127	SJ50033/17-1994	半导体分立器件.3DK308型功率开关晶体管详细规范
128	SJ50033/172-2007	半导体分立器件.3DA519型硅微波脉冲功率晶体管详细规范
129	SJ50033/173-2007	半导体分立器件.3DA520型硅微波脉冲功率晶体管详细规范
130	SJ50033/174-2007	半导体分立器件.3DA521型硅微波脉冲功率晶体管详细规范
131	SJ50033/175-2007	半导体分立器件.3DA522型硅微波脉冲功率晶体管详细规范
132	SJ50033/176-2007	半导体分立器件.3DA523型硅微波脉冲功率晶体管详细规范
133	SJ50033/2-1994	半导体分立器件.3CK2904、3CK2904A、3CK2905和3CK2905A型PNP硅小功率开关晶体管详细规范
134	SJ50033/23-1994	半导体分立器件.3DK309型功率开关晶体管详细规范
135	SJ50033/24-1994	半导体分立器件.3DK310型功率开关晶体管详细规范
136	SJ50033/30-1994	半导体分立器件.3DD155型功率晶体管详细规范
137	SJ50033/31-1994	半导体分立器件.FH101型NPN硅功率达林顿晶体管详细规范
138	SJ50033/32-1994	半导体分立器件.3DK312型功率开关晶体管详细规范
139	SJ50033/33-1994	半导体分立器件.F1121型NPN硅功率达林顿晶体管详细规范
140	SJ50033/34-1994	半导体分立器件.F1129型NPN硅功率达林顿晶体管详细规范
141	SJ50033/36-1994	半导体分立器件.3CD050型功率晶体管详细规范
142	SJ50033/37-1994	半导体分立器件.3DD164型功率晶体管详细规范
143	SJ50033/38-1994	半导体分立器件.CS4856~CS4861型硅N沟道耗尽型场效应晶体管详细规范
144	SJ50033/42-1994	半导体分立器件.CSO467型砷化镓微波场效应晶体管详细规范
145	SJ50033/59-1995	半导体分立器件.3DK39型功率开关晶体管详细规范
146	SJ50033/60-1995	半导体分立器件.3DK40型功率开关晶体管详细规范
147	SJ50033/61-1995	半导体分立器件.3DK6547型高压功率开关晶体管详细规范
148	SJ50033/62-1995	半导体分立器件.3DK406型高压功率开关晶体管详细规范
149	SJ50033/63-1995	半导体分立器件.3CD020型低频大功率晶体管详细规范
150	SJ50033/64-1995	半导体分立器件.3CD010型低频大功率晶体管详细规范
151	SJ50033/65-1995	半导体分立器件.3DD175型低频大功率晶体管详细规范
152	SJ50033/66-1995	半导体分立器件.3DD880型低频大功率晶体管详细规范

续表

序号	标准号	标准名称
153	SJ50033/67-1995	半导体分立器件.3DD103 型高压低频大功率晶体管详细规范
154	SJ50033/68-1995	半导体分立器件.BT51 型 NPN 硅小功率差分对晶体管详细规范
155	SJ50033/74-1995	半导体分立器件.3DA325 型硅微波功率晶体管详细规范
156	SJ50033/75-1995	半导体分立器件.3DG135 型硅超高频小功率晶体管详细规范
157	SJ50033/76-1995	半导体分立器件.3DG218 型硅微波低噪声晶体管详细规范
158	SJ50033/77-1995	半导体分立器件.3DA331 硅微波功率晶体管详细规范
159	SJ50033/78-1995	半导体分立器件.CS0464 型砷化镓微波场效应晶体管详细规范
160	SJ50033/79-1995	半导体分立器件.CS0536 型砷化镓微波功率场效应晶体管详细规范
161	SJ50033/80-1995	半导体分立器件.CS0513 型砷化镓微波功率场效应晶体管详细规范
162	SJ50033/81-1995	半导体分立器件.CS0524 型砷化镓微波功率场效应晶体管详细规范
163	SJ50033/8-1994	半导体分立器件.3DK205 型功率开关晶体管详细规范
164	SJ50033/82-1995	半导体分立器件.3DK100 型 NPN 硅小功率开关晶体管详细规范
165	SJ50033/83-1995	半导体分立器件.CS139 型硅 P 沟道 MOS 增强型场效应晶体管详细规范
166	SJ50033/84-1995	半导体分立器件.CS140 型硅 N 沟道 MOS 耗尽型场效应晶体管详细规范
167	SJ50033/85-1995	半导体分立器件.CS141 型硅 N 沟道 MOS 耗尽型场效应晶体管详细规范
168	SJ50033/86-1995	半导体分立器件.CS5114～CS5116 型硅 P 沟道耗尽型场效应晶体管详细规范
169	SJ50033/87-1995	半导体分立器件.CS4091～CS4093 型硅 N 沟道耗尽型场效应晶体管详细规范
170	SJ50033/88-1995	半导体分立器件.CS6760 和 CS6762 型硅 N 沟道增强型场效应晶体管详细规范
171	SJ50033/89-1995	半导体分立器件.CS6768 和 CS6770 型硅 N 沟道增强型场效应晶体管详细规范
172	SJ50033/90-1995	半导体分立器件.3DK106 型 NPN 硅小功率开关晶体管详细规范
173	SJ50033/91-1995	半导体分立器件.3CD030 型低频大功率晶体管详细规范
174	SJ50033/9-1994	半导体分立器件.3DK206 型功率开关晶体管详细规范
175	SJ50033/92-1995	半导体分立器件.3CD100 型低频大功率晶体管详细规范
176	SJ50033/93-1995	半导体分立器件.3DG142 型 NPN 硅高频低噪声小功率晶体管详细规范
177	SJ50033/94-1995	半导体分立器件.3DG143 型 NPN 硅高频低噪声小功率晶体管详细规范
178	SJ50033/95-1995	半导体分立器件.3DG144 型 NPN 硅高频低噪声小功率晶体管详细规范
179	SJ50033/96-1995	半导体分立器件.3DG216 型 NPN 硅小功率差分对晶体管详细规范
180	SJ50597/38-1995	半导体集成电路.JM2148H 型 NMOS1024×4 位静态随机存取存储器详细规范
181	SJ50597/53-2000	半导体集成电路.JB3081、JB3082 型晶体管阵列详细规范
182	SJ/T10424-1993	半导体器件用钝化封装玻璃粉
183	SJ/T10435-1993	半导体电阻应变计总规范（可供认证用）
184	SJ/T10436-1993	半导体电阻应变计空白详细规范评定水平 E（可供认证用）
185	SJ/T10482-1994	半导体中深能级的瞬态电容.测试方法
186	SJ/T11398-2009	功率半导体发光二极管芯片技术规范
187	SJ/T11399-2009	半导体发光二极管芯片测试方法
188	SJ/T11402-2009	光纤通信用半导体激光器芯片技术规范
189	SJ/Z9021.4-1987	半导体器件的机械标准化.第 4 部分：半导体器件封装外形图类型的划分以及编号体系

资料来源：中国产业智库大数据中心

2.4.8 集成电路产业主要技术标准的对比

主要国家/地区/组织集成电路产品标准、方法标准和特点如表2-16所示。

表2-16 主要国家/地区/组织集成电路产业主要技术标准的对比表

国家或机构	产品标准	方法标准	特点
国际标准化组织（40项）	主要为封装外形图绘制、封装外壳、封装设备，此外还包括存储器（只读存储器集成电路、存储器引出端排列）、晶体管（场效应晶体管、晶闸管、微波二极管、双极晶体管、双极晶体管）等	嵌入式基于芯片的集成电路用标准可试性方法、MOS晶体管上的热载流子试验	产品标准主要为封存技术，兼具测试方法标准
美国（7项）	电容器（薄膜介质电容器、半导体闸流管受控串联电容器）	嵌入式基于芯片的集成电路的可试性方法、单晶半导体电阻率、霍尔系数及霍尔迁移率的试验、金属氧化物半导体场效应晶体管阈电压偏移的试验	以产品标准和测试方法标准为主
欧盟（21项）	主要为封存技术，涉及封装外形图绘制、封装外壳，此外还包括存储器（存储器引出端排列）等	塑料封装器件的易燃性、抗湿气和焊接热试验、引脚插入式封装设备的耐钎焊温度、金属氧化物半导体场效应晶体管（MOSFETs）的移动离子试验、热载流子试验和基本温度稳定性试验、带存储器的半导体器件用软错误试验法	产品标准主要为封存技术，兼具测试方法标准
英国（39项）	存储器（MOS紫外线可擦可编程只读存储器、集成电路熔断丝可编程序双极只读存储器、集成电路静态读/写存储器）、封装技术（表面安装半导体装置封装外形图制备、球栅阵列封装、半导体器件封装外壳）、晶体管[双极晶体管、场效应晶体管、绝缘栅双极晶体管（IGBTs）、微波二极管]等	带存储器的半导体器件用软错误试验法、嵌入式基于芯片的集成电路的标准可试性方法、金属氧化物半导体（MOS）晶体管的热载流子试验、金属氧化半导体场效应晶体管（MOSFET）的基本温度稳定性试验、金属氧化物效应晶体管（MOSFETs）用迁移离子试验等	兼具产品标准和方法技术标准
法国（22项）	存储器（集成电路可抹只读存储器和可编程序存储器、静态可读可写随机存取存储器、动态可读可写随机存取存储器、存储器件插脚配置）、封装技术（表面安装半导体装置封装外形图绘制）、晶体管（场效应晶体管、光电晶体管、光电复合晶体管）、串联电容器、薄膜附着电阻集成电路等	塑料封装器件的易燃性试验、金属氧化半导体场效应晶体管（MOSFET）的基本温度稳定性试验、半导体器件-MOS晶体管热载流子的试验、引脚插入式封装设备的耐钎焊温度试验	兼具产品标准和方法技术标准
德国（25项）	存储器（存储器引出端排列）、磁性电容耦合器、封装技术（表面安装半导体装置封装外形图绘制、封装外壳）	带存储器的半导体器件用软错误试验法、用电感耦合等离子体质谱测定法测定元素和离子、金属氧化半导体场效应晶体管（MOSFET）的基本温度稳定性试验、移动离子试验和热载流子试验、塑料封装器件的易燃性试验、引脚插入式封装设备的耐钎焊温度试验	兼具产品标准和方法技术标准
中国（189项）	存储器（双极熔丝式可编程只读存储器、静态读/写存储器、紫外光擦除电可编程MOS只读存储器）、晶体管（小功率晶体管、双极型晶体管、反向阻断闸流晶体管、场效应晶体管、达林顿晶体管、微波场效应晶体管、脉冲功率晶体管）、封装技术（塑料双列封装冲制型引线、封装材料、硅电压调整二极管）等	测试方法标准半导体中深能级的瞬态电容测试、半导体红外发光二极管测试方法电容的测试、半导体集成电路封装结到外壳热阻测试方法等	兼具产品标准和方法技术标准

资料来源：中国产业智库大数据中心

参 考 文 献

[1] 孟祥星. 中国集成电路产业发展研究——基于商业生态系统理论[D]. 上海：上海社会科学院，2014.
[2] 中国半导体行业协会. 中国半导体产业总结展望[EB/OL][2017-11-01]. http：//www.csia.net.cn/Article/ShowInfo.asp?InfoID= 71172.
[3] 黄鑫. 我国集成电路产业规模高速增长[EB/OL][2017-11-20]. https：//news.sina.cn/gn/2017-05-03/detail-ifyetxec7379611.d.html?= 1&vt=4.
[4] 中国半导体行业协会. 2017年中国IC设计销售额占全球30%[EB/OL][2017-11-20]. http：// www.csia.net.cn/Article/ShowInfo. asp?InfoID=70436.
[5] 萧宏. 半导体制造技术导论[M]. 杨银堂，段宝兴，译. 北京：电子工业出版社，2012.
[6] 王鹏飞. 中国集成电路产业发展研究[D]. 武汉：武汉大学，2014.

第3章 物联网产业技术发展报告

本章首先介绍物联网产业及关键技术发展概况。其次，对全球物联网申请态势进行分析，包括全球专利申请年度趋势，中国、美国、日本、韩国、德国等国家的专利分布与趋势，三星电子公司、高通公司、LG电子株式会社（以下简称LG电子公司）、松下电器公司、佳能公司、索尼公司、京瓷株式会社（以下简称京瓷公司）、精工爱普生公司、爱立信公司、夏普株式会社（以下简称夏普公司）10家机构的专利申请、专利合作与专利布局，以及主要机构的核心发明人合作网络结构。再次，对物联网在华专利申请态势进行分析，包括在华专利申请年度趋势，传感器、无线通信、全球定位、电子标签、二维码、IPv6技术等分支领域专利布局，各省（自治区、直辖市）专利申请数量及研发重点领域，国家电网公司、华为技术有限公司（以下简称华为公司）、中兴通讯股份有限公司（以下简称中兴公司）等机构专利申请量及技术竞争力对比，及王汝传、梁锡喆等活跃发明人的专利申请情况。最后，对比分析美国、日本、欧盟、英国、德国、法国等主要发达国家/地区/组织和我国在物联网关键技术领域的技术标准。

3.1 物联网产业概述

3.1.1 物联网及其产业链

物联网（Internet of Things，IoT）最早于1999年由美国麻省理工学院（MIT）自动识别中心（Auto-ID Center）的Kevin Ashton教授在研究射频识别（Radio Frequency Identification，RFID）时提出[1]，定义为把物品通过射频识别等信息传感设备与互联网连接起来，实现智能化识别和管理。

2005年11月17日，在突尼斯举行的信息社会世界峰会（World Summit on the Information Society，WSIS）上，国际电信联盟（ITU）发布了《ITU互联网报告2005：物联网》，正式提出了物联网的概念，即通过二维码识读设备、射频识别装置、红外感应器、全球定位系统和激光扫描器等信息感知设备，按照约定的协议，把任何物品与互联网相连接，进行信息交换和通信，以实现智能化识别、定位、跟踪、监控和管理的一种网络[1]。

物联网产业链上游由感知层的感应终端提供商、网络层的通信设备提供商、应用层计算机软件设备商组成。感知终端商提供实现物品信息感应、识别的产品，如射频识别、相关芯片、无线传感器、智能仪器仪表等；通信设备提供商的产品主要有通信模块、通信芯片、网关接入设备等；计算机软件设备商提供物联网应用的基础设备和基础软件。

物联网产业链中游主要由感应终端集成、网络设备集成、网络服务、系统平台建设、应用集成等各类子系统集成商及物联网平台总集成商组成。应用集成商主要负责根据客户需求，将为了实现某一项特定用途的物联网功能相关的软件和硬件组合，集成为一套完整的、满足客户需求的解决方案。网络服务商的业务集中在对物联网所涉及的海量信息进行存储和处理，实现信息的实时交换和传递。随着物联网的大规模推广和普及，平台提供商的作用会更加凸显出来。

物联网产业链下游主要由网络运营、测试认证、管理咨询等行业组成。网络运营商提供数据的传输承载网络服务，以互联网和通信网为主，包括固定网络和移动通信网。我国主要网络运营商为中国移动、中国电信和中国联通。另外，广电网络也在积极参与和开展物联网网络运营的业务。应用及服务提供商根据用户的需求，开发和提供与需求相适应的应用服务，借助于射频识别、传感器、智能卡等方式接入网络中，通过网络向不同用户提供物联网应用服务；终端设备商为用户提供终端设备[2]。物联网产业链结构图如图 3-1 所示。

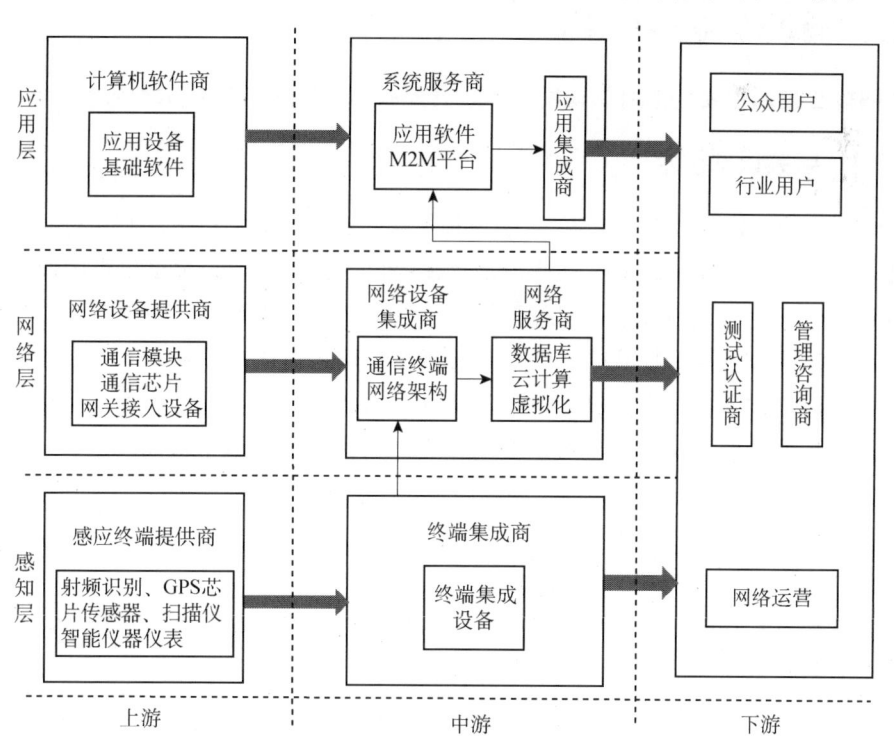

图 3-1 物联网产业链结构图

资料来源：刘建军：《物联网产业技术创新路径研究——基于产业链的视角》，2012

3.1.2 物联网产业发展概况

2008年1月,国际商业机器公司提出把传感器安装到各个物体中并普遍连接形成"物联网",并提出"智慧地球"的构想,指出物联网是"智慧地球"中不可或缺的一部分。

2009年8月,温家宝总理提出"感知中国"[3],强调要积极创造条件,在无锡建立中国的传感中心,至此物联网已被贴上了"中国式"标签。

2009年9月15日,欧洲物联网研究项目工作组制订了《物联网战略研究路线图》,规划出2010～2020年物联网的研究领域和研究路线。在物联网引领下迎来新一轮工业革命,传统制造业的发展方式将出现颠覆性、革命性的转变。

2010年3月,"加快物联网的研发应用"第一次被写入中国政府工作报告。同时,传感网被列入《国家中长期科学和技术发展规划纲要(2006—2020年)》和"新一代宽带技术无线通信网"。

从2011年《物联网"十二五"发展规划》正式出台[4],到"中国制造2025""互联网+",都离不开物联网的支撑。在国家政策带动下,我国物联网取得了十足的进步。随着市场的需求不断被激发,物联网产业呈现出蓬勃生机。2009～2015年,中国物联网产业规模由1700亿元跃升至7500亿元,年复合增长率超过25%[5],初步形成分别环渤海、长三角、珠三角、中西部地区四大区域集聚的产业格局。各产业集聚相互独立、各有特色,产业领域和公共服务基本保持协调发展,集聚区域研发机构、公共服务等配套体系完备。

3.1.3 物联网产业关键技术演进

物联网核心技术主要包括射频识别技术、传感技术、网络通信技术和云计算等[6]。

3.1.3.1 射频识别技术

射频识别技术又称为"电子标签",是一种无接触的自动识别技术,利用射频信号及其空间耦合传输特性,实现对静态或移动待识别物体的自动识别,用于对采集点的信息进行"标准化"标识。鉴于射频识别技术可实现无接触的自动识别,全天候、识别穿透能力强、无接触磨损、可同时实现对多个物品的自动识别等诸多特点,将这一技术应用到物联网领域,使其与互联网、通信技术相结合,可实现全球范围内物品的跟踪与信息的共享,在物联网"识别"信息和近程通信的层面起着至关重要的作用。另外,产品电子代码(EPC)采用射频识别技术作为载体,大大推动了物联网发展和应用。

3.1.3.2 传感技术

射频识别技术是物联网的基础,而要获取有价值的信息,还需要传感技术。传感器作为一种检测装置及摄取信息的关键器件,其所在的环境通常比较恶劣,因此物联网对传感器技术提出了较高的要求。一是其感受信息的能力,二是传感器自身的智能化和网络化,传感器技术在这两方面应当实现发展与突破。将传感器应用于物联网中可以构成无线自治网络,这种传感器网络技术综合了传感器技术、纳米嵌入技术、分布式信息处理技术、无线通信技等，使各类能够嵌入任何物体的集成化微型传感器协作进行待测数据的实时监测、采集，并将这些信息以无线的方式发送给观测者，从而实现"泛在"传感。在传感器网络中，传感节点具有端节点和路由的功能，首先是实现数据的采集和处理，其次是实现数据的融合和路由，综合本身采集的数据和收到的其他节点发送的数据，转发到其他网关节点。传感节点的好坏会直接影响到整个传感器网络的正常运转和功能健全。

3.1.3.3 网络通信技术

网络通信技术包括近程通信技术和远程运输技术，其中近程通信技术涉及射频识别、蓝牙等，远程运输技术涉及互联网的组网技术、网关等技术。作为为物联网提供信息传递和服务支撑的基础通道，通过增强现有网络通信技术的专业性与互联功能，以适应物联网低移动性、低数据率的业务需求，实现信息安全且可靠的传送，是当前物联网研究的一个重点。

传感器网络通信技术主要包括广域网络通信和近距离通信两个方面。在广域网络通信方面，主要包括 IP 互联网、4G 移动通信、卫星通信等技术，而以 IPv6 为核心的物联网技术，更为物联网提供了高效的传送通道；在近距离通信方面，当前主流是基于 IEEE802.15.4 标准的近距离通信技术。

机器对机器（Machine to Machine，M2M）技术也是物联网实现的关键，指所有实现人、机器、系统之间建立通信连接的技术和手段，同时也代表人对机器（Man to Machine）、机器对人（Machine to Man）、移动网络对机器（Mobile to Machine）之间的连接与通信。与 M2M 可以实现技术结合的远距离连接技术有全球移动通信系统（Global System for Mobile Communication，GSM）、通用分组无线服务技术（General Packet Radio Service，GPRS）、通用移动通信系统（Universal Mobile Telecommunications System，UMTS）等，Wi-Fi、蓝牙、紫蜂协议（ZigBee）、射频识别和无载波通信技术（Ultra Wideband，UWB）等近距离连接技术也可以与之相结合。此外，还有可扩展标记语言（Extensible Markup Language，XML）和公共对象请求代理体系结构（Common Object Request Broker Architecture，CORBA），以及基于全球定位系统（Global Positioning System，GPS）、无线终端和网络的位置服务技术等。

3.1.3.4 云计算

云计算（Cloud Computing）是网格计算、分布式计算、并行计算、效用计算、网格存储、虚拟化、负载均衡等传统计算机技术和网络技术发展融合的产物。云计算为物联网提供了一种新的高效率计算模式，可通过网络按需提供动态伸缩的廉价计算，其具有相对可靠并且安全的数据中心，同时兼有互联网服务的便利、廉价和大型机的特点，并借助软件即服务（Software-as-a-Service，SaaS）、平台即服务（Platform-as-a-Service，PaaS）、基础设施即服务（Infrastructure as a Service，IaaS）、管理服务提供商（Manage Service Provider，MSP）等先进的商业模式把强大的计算能力分布到终端，轻松实现不同设备间的数据与应用共享，用户无须担心信息泄露、黑客入侵等棘手问题。云计算是信息化发展进程中的一个里程碑，它强调信息资源的聚集、优化和动态分配，节约信息化成本，并大大提高了数据中心的效率。

3.2 物联网产业全球专利态势分析

物联网全球专利检索策略采用关键词+分类号的检索方式,关键词包括"internet of things""IoT""electronic label""electronic tag""two-dimension code""bar code""GPS""Global position""IPv6""wireless communication""wireless signal""wireless transmission""WIFI""sensor""transducer",IPC 分类号主要包括 H01(基本电气元件)、H03(基本电子电路)、H04(电通信技术)、H05(其他类目不包括的电技术)、H99(其他未列入的主题)。共检索到专利数据 834 183 项,其中 2005~2017 年物联网专利申请量为 511 004 项。

3.2.1 物联网产业全球专利年度趋势

图 3-2 中的数据表明,全球物联网产业专利申请量总体呈现缓慢增长的趋势,专利增长率普遍低于 10%。2007 年,随着物联网相关技术和应用的兴起,全球专利申请量明显提高,专利增长率达到 19.28%,之后几年专利申请的增长速度显著放缓。2013 年,专利增长率为历年最高,达到 20.22%,这与中国对物联网产业极大的关注密切相关,之后专利申请量呈逐年缓慢增长的上升态势。

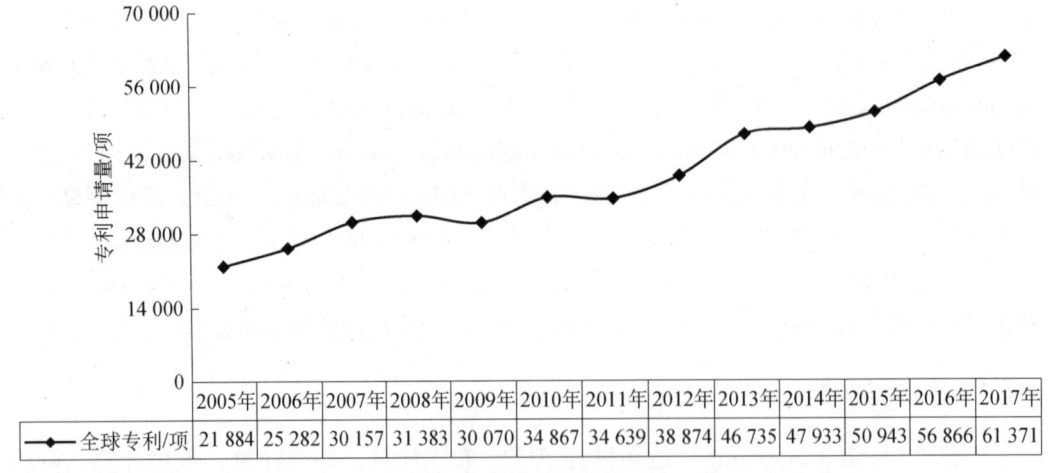

年份	2005年	2006年	2007年	2008年	2009年	2010年	2011年	2012年	2013年	2014年	2015年	2016年	2017年
全球专利/项	21 884	25 282	30 157	31 383	30 070	34 867	34 639	38 874	46 735	47 933	50 943	56 866	61 371

图 3-2 2005~2017 年物联网产业全球专利申请量年度变化趋势图

资料来源:中国产业智库大数据中心

3.2.2 物联网产业专利申请主要国家/地区/组织分析

3.2.2.1 物联网产业专利主要国家/地区/组织专利分布

全球共有 40 多个国家/地区/组织在物联网领域进行了专利的申请,从全球专利申请国家/地区/组织分布图可以看出,亚洲的中国、日本,北美洲的美国,在物联网领域申请数量较多。从专利数量上来看,中国排名第一位,专利申请数量为 152 076 项,占该领域全球专利申请总量的 29.76%，标志着中国物联网技术和产业正呈现如火如荼的发展态势；美国的专利申请数量为 137 517 项，仅次于中国，占该领域全球专利申请总量的 26.91%，美国作为物联网的发源地及最早应用的国家，专利优势非常大；同时，排名前四位的国家/地区/组织专利申请总量占全球专利申请总量的比例高达 82.72%（图 3-3），展现了它们在物联网领域强大的技术实力。

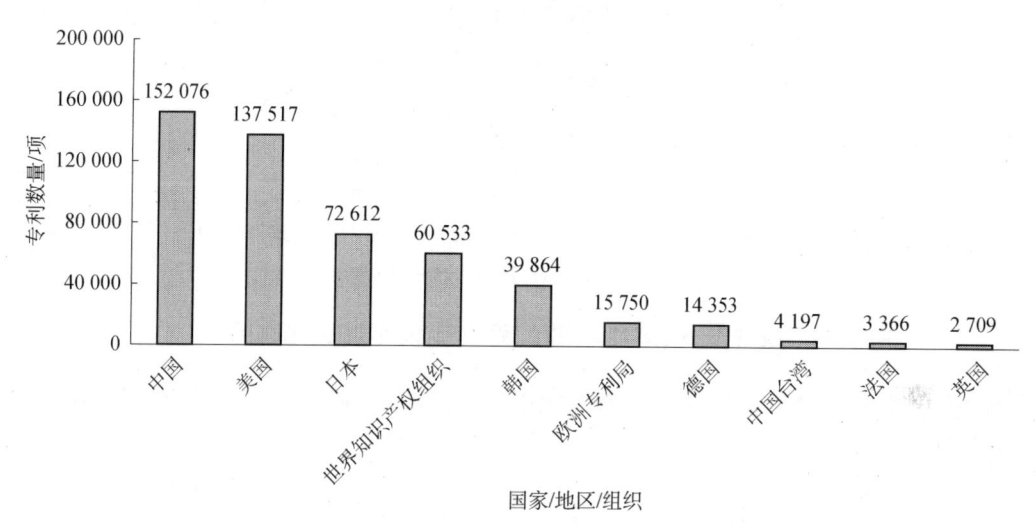

图 3-3　2005～2017 年物联网产业全球专利申请前十的国家/地区/组织
资料来源：中国产业智库大数据中心

从技术流向来看，中国、美国、日本和韩国是物联网领域主要技术输出国（图 3-4），这四个国家的专利申请量占比全球专利申请总量高达 86.49%。对物联网专利技术市场布局进行统计分析，中国、美国、日本、欧洲和韩国是物联网的主要技术市场（图 3-5）。

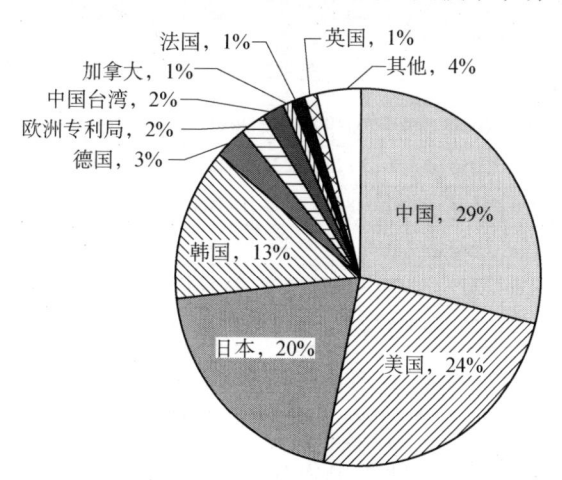

图 3-4　2005～2017 年物联网产业全球专利主要来源国家/地区/组织分布图
资料来源：中国产业智库大数据中心

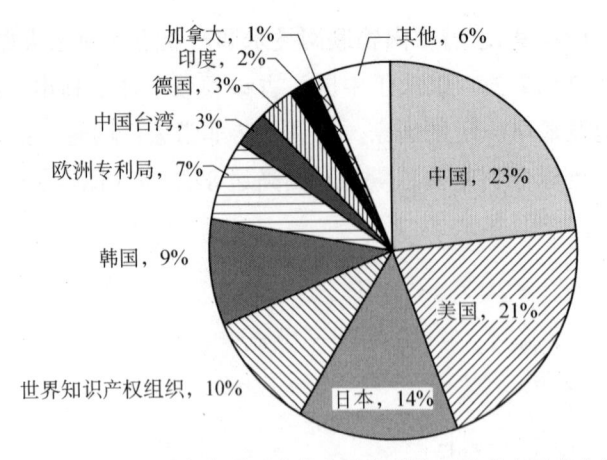

图 3-5　2005~2017 年物联网产业全球专利主要技术市场分布图

资料来源：中国产业智库大数据中心

3.2.2.2 物联网产业主要国家/地区/组织专利申请年度变化趋势

图 3-6 反映了 2005~2017 年物联网专利申请数量前五的国家/地区/组织的专利申请数量年度变化情况。

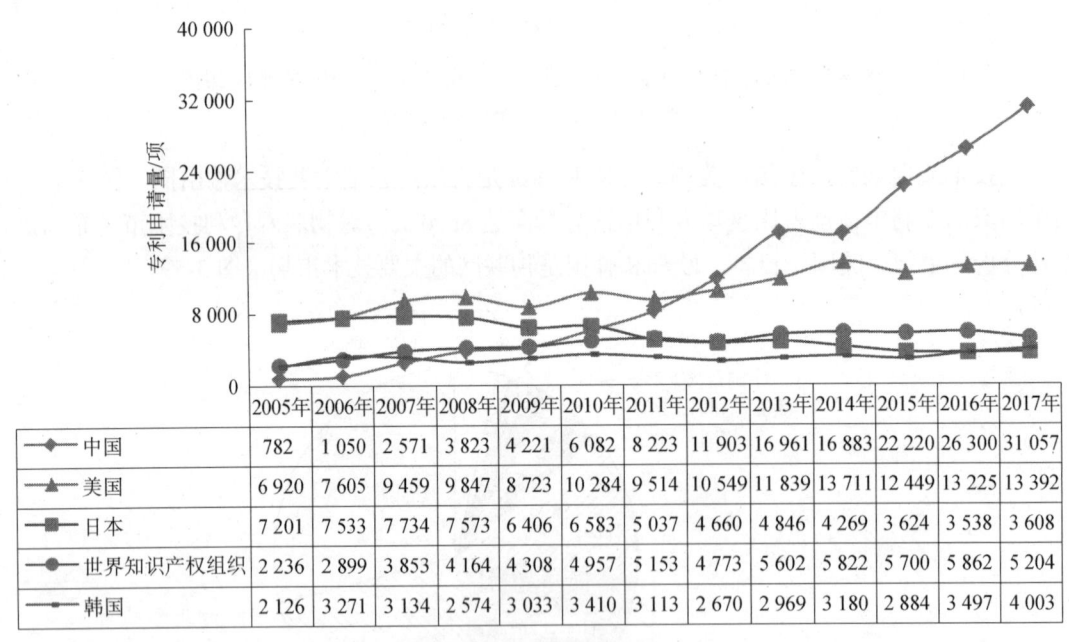

	2005年	2006年	2007年	2008年	2009年	2010年	2011年	2012年	2013年	2014年	2015年	2016年	2017年
中国	782	1 050	2 571	3 823	4 221	6 082	8 223	11 903	16 961	16 883	22 220	26 300	31 057
美国	6 920	7 605	9 459	9 847	8 723	10 284	9 514	10 549	11 839	13 711	12 449	13 225	13 392
日本	7 201	7 533	7 734	7 573	6 406	6 583	5 037	4 660	4 846	4 269	3 624	3 538	3 608
世界知识产权组织	2 236	2 899	3 853	4 164	4 308	4 957	5 153	4 773	5 602	5 822	5 700	5 862	5 204
韩国	2 126	3 271	3 134	2 574	3 033	3 410	3 113	2 670	2 969	3 180	2 884	3 497	4 003

图 3-6　2005~2017 年物联网产业主要国家/地区/组织专利申请量年度变化趋势图

资料来源：中国产业智库大数据中心

一是中国专利申请量呈现快速上升的态势。2010 年以前物联网在中国尚处于技术萌芽期，专利申请量一直落后于其他各国；2010 年左右受国家政策的影响，中国掀起了对物联网的研发热潮，于 2012 年反超美国排名第一，并且之后每年的专利申请量一直处于高速增长的状态，反映出中国对物联网全球专利申请量有较大的影响。

二是美国专利申请量逐年缓慢增长。2006~2011 年，美国在物联网领域的专利申请量稳居第一，这是因为美国是物联网产生的国家，在技术和应用上早于其他国家，拥有较大的专利优势；随着技术的成熟，美国专利申请增长速度较为缓慢，每年增长的专利数量不超过1000件，于2012年开始落后于中国排名第二。

三是日本专利申请量逐年下降。2005~2010年，日本专利申请量全球排名第二，仅次于美国；2011年后，日本物联网技术发展成熟，专利申请量逐年明显下降，并落后于中国、美国和世界知识产权组织。

3.2.3 物联网产业创新主体分析

3.2.3.1 物联网产业十大创新主体

表3-1反映了2005~2017年物联网产业全球专利申请量前十的专利权人专利数量年度分布情况。可以看出，在前十的申请人中，韩国有2家（分别占据了第一和第三的位置），美国有1家（排名第二），日本有6家，瑞典有1家。专利申请排名第一的企业是三星电子公司，2005~2017年在该领域的专利申请量达到15 216项，略高于排名第二的高通公司。中国的专利申请人未能进入排名前十的行列。

表3-1 2005~2017年物联网产业全球专利申请量前十专利权人分布

排名	专利申请量/件	专利权人	专利申请走势（2005~2017年）	近5年专利占比/%
1	15 216	三星电子公司		40.33
2	12 299	高通公司		51.74
3	10 243	LG电子公司		49.39
4	7 690	松下电器公司		24.01
5	7 614	佳能公司		41.50
6	6 022	索尼公司		38.91
7	4 568	京瓷公司		29.55
8	3 960	精工爱普生公司		34.77
9	3 870	爱立信公司		60.18
10	3 740	夏普公司		35.59

资料来源：中国产业智库大数据中心

从研究机构的专利申请活跃度来看，爱立信公司和高通公司近5年专利申请量占比分别为60.18%和51.74%，均超过50%，成为前十申请人中活跃度最高的两家企业。其中，爱立信公司的核心技术领域为无线电链路和便携式移动无线电话，高通公司的技术研发重点为软件内容和无线电链路。

3.2.3.2 物联网产业创新主体之间的合作

对物联网领域申请量前百位的机构进行合作分析，得到如图3-7所示的合作网络图。物联网领域各机构之间合作申请专利频次排名前三位的机构为松下电器公司、松下电工株式会社（以下简称松下电工公司）、阿尔卡特朗讯公司，合作频次分别为519次、412次、299次。

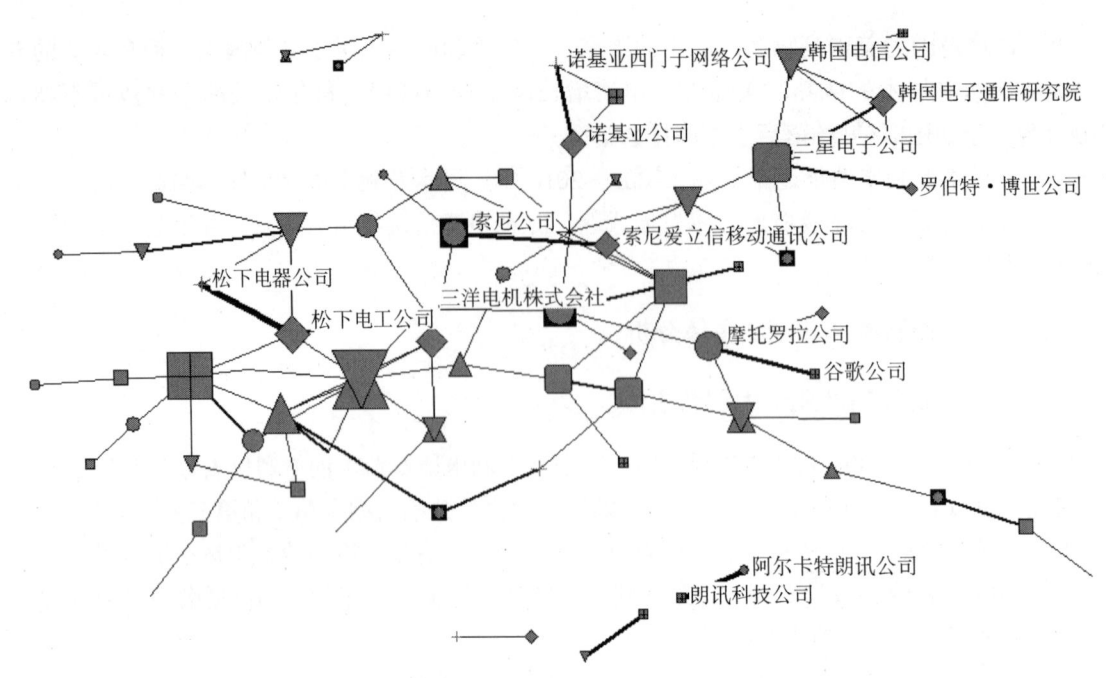

图3-7 2005~2017年物联网产业全球创新主体合作网络图
注：度数中心度≥3，连线粗细表示合作频次，圆圈大小表示合作申请专利的机构数量
资料来源：中国产业智库大数据中心

1）三星电子公司

三星电子公司在物联网领域专利申请量全球排名第一，与其他机构的合作频次排名第五，共与16家机构有合作，合作总次数为269次。数据表明，三星电子公司与其他机构合作较少，在这些合作机构中，合作频次最多的三家机构为罗伯特·博世公司（以下简称博世公司）、韩国电子通信研究院、韩国电信公司，合作频次分别为94次、85次、31次。

2）松下电器公司

松下电器公司在物联网领域专利申请量全球排名第四，与其他机构的合作频次排名第一，共与21家机构有过合作，合作总次数为519次。在这些合作的机构中，与松下电工公司和三洋电机株式会社合作最为频繁，合作频次分别为406次、66次。

3）其他研发机构

物联网领域其他研发机构之间也有较为频繁的合作。阿尔卡特朗讯公司与朗讯科技公司合作申请专利291次，诺基亚公司与诺基亚西门子网络公司合作申请专利234次，东部高科股份有限公司与东部电子公司合作申请专利234次。

3.2.3.3 物联网产业创新主体的专利布局

根据各创新主体的全球专利申请量，进一步分析三星电子公司、高通公司、LG电子公司、松下电器公司、佳能公司、索尼公司、京瓷公司、精工爱普生公司、爱立信公司、夏普公司10家研究机构的专利布局情况，以研究创新主体的市场战略。表3-2和表3-3分别反映了上述10家公司2005~2010年与2011~2017年全球专利布局变化情况，各机构的专利布局存在以下变化。

第一，三星电子公司、LG 电子公司两家韩国企业的主要目标市场仍然是韩国、美国、中国和欧洲国家，但近 5 年在韩国的专利申请量增长率明显下降，在美国、中国及欧洲的 PCT 专利申请量大幅增加，说明这两家公司对国际市场的重视，已将战略目标投向国际。

第二，高通公司作为美国的企业，其主要目标市场是美国和欧洲，近 5 年的专利申请量依然呈现大幅度增加，增长率近 50%；同时，对于中国、日本、韩国等亚洲市场的专利申请量仍然保持稳定增长；该公司近 5 年对于印度这一新兴市场给予了高度重视，专利申请量增长明显，排名上已超过日本和韩国。

第三，松下电器公司、佳能公司、索尼公司、京瓷公司、精工爱普生公司、夏普公司 6 家日本企业的主要目标市场是日本、美国和中国，但近 5 年专利申请量增长极为缓慢，尤其在日本的专利申请量呈现下滑态势，这与日本的物联网技术已经发展成熟密不可分；与此同时，日本企业开始多个新兴市场的专利布局，如印度、俄罗斯、巴西。

第四，爱立信公司的主要目标市场是美国、欧洲和中国，在这三个市场的专利申请量仍然保持快速增长，在日本的专利申请量下滑明显，同时放弃德国和加拿大市场，转向印度、巴西、俄罗斯、澳大利亚等多个新兴市场。

表 3-2 物联网产业十大创新主体全球专利布局（2005~2010 年）　　　（单位：项）

国家/地区/组织	三星电子公司	高通公司	LG电子公司	松下电器公司	佳能公司	索尼公司	京瓷公司	精工爱普生公司	爱立信公司	夏普公司
韩国	6527	2726	3267	281	210	507	222	134	120	101
美国	3881	3818	1305	1534	1301	1447	607	619	855	533
中国	1256	2785	913	900	429	957	274	288	438	336
欧洲专利局	1020	2865	696	637	280	581	133	155	720	187
日本	975	2754	366	4396	3368	2526	2379	1921	338	1629
世界知识产权组织	587	3423	819	1194	210	322	453	39	837	368
德国	219	172	90	65	35	70	24	36	89	5
印度	208	2574	183	85	20	95	13	2	273	68
中国台湾	162	2497	140	131	97	338	8	46	112	60
俄罗斯	108	1020	109	60	28	43	1	0	49	21
澳大利亚	71	617	78	14	9	9	6	1	37	14
加拿大	53	1044	73	29	1	17	8	1	61	13
英国	44	6	27	6	2	17	4	8	6	15
墨西哥	28	649	84	19	0	17	0	1	55	19
巴西	26	1019	89	71	0	54	7	2	50	26
印度尼西亚	22	320	0	9	2	0	0	1	24	11
马来西亚	17	163	15	12	1	9	0	0	11	1
越南	16	391	6	42	2	1	0	0	1	13
法国	12	0	10	0	32	0	1	0	20	0
荷兰	12	0	0	0	0	0	1	0	0	0
新加坡	10	1043	2	23	3	40	0	1	22	1

续表

国家/地区/组织	三星电子公司	高通公司	LG电子公司	松下电器公司	佳能公司	索尼公司	京瓷公司	精工爱普生公司	爱立信公司	夏普公司
南非	7	60	17	10	0	0	0	1	14	10
芬兰	6	0	0	0	0	0	0	0	0	0
中国香港	2	430	4	39	0	13	0	2	34	15
菲律宾	2	369	0	7	0	1	0	0	16	0
以色列	1	465	10	0	0	0	0	0	17	0
新西兰	1	79	1	2	0	1	0	0	19	1
泰国	0	1	0	0	0	1	0	0	3	1
挪威	0	124	0	0	0	0	1	1	0	0

表3-3 物联网产业十大创新主体全球专利布局（2011~2017年） （单位：项）

国家/地区/组织	三星电子公司	高通公司	LG电子公司	松下电器公司	佳能公司	索尼公司	京瓷公司	精工爱普生公司	爱立信公司	夏普公司
韩国	6708	3175	4723	73	273	383	55	44	135	29
美国	6471	7938	3854	1216	2430	2313	708	943	2216	635
中国	2125	3860	1704	635	785	1480	201	587	790	403
欧洲专利局	1854	3498	1707	361	332	789	182	136	1776	235
日本	821	3193	625	2824	3627	1834	1941	1826	199	1542
世界知识产权组织	1865	6862	3036	1103	219	1353	502	42	2648	868
德国	176	37	60	62	58	14	1	1	2	3
印度	613	3351	239	67	44	188	2	8	712	61
中国台湾	146	1298	127	98	59	346	5	59	57	77
俄罗斯	110	114	56	17	59	123	0	2	112	7
澳大利亚	232	218	53	12	10	60	0	0	103	17
加拿大	72	303	63	12	0	65	0	1	84	16
英国	74	30	24	6	108	27	0	0	3	8
墨西哥	23	73	32	9	1	49	0	1	97	10
巴西	66	766	7	11	22	137	0	3	148	19
印度尼西亚	15	77	8	17	2	24	0	0	62	13
马来西亚	4	5	5	2	0	1	1	0	10	0
越南	48	82	30	24	5	46	0	0	39	7
法国	4	0	26	0	10	0	0	0	2	0
新加坡	8	79	5	14	8	29	0	0	37	7
南非	10	52	0	3	0	34	1	0	41	3
中国香港	4	118	0	9	2	5	0	0	49	5
菲律宾	1	99	0	4	1	9	0	0	49	0
以色列	0	46	0	0	0	0	0	0	28	1
新西兰	1	0	0	0	0	0	0	0	20	1
阿根廷	0	23	0	0	0	0	0	1	48	0

资料来源：中国产业智库大数据中心

3.2.4 物联网产业专利技术发明人分析

对物联网领域内的发明人进行分析,能找出物联网领域核心发明人及发明人所在团队成员,为人才的引进提供参考,还能通过跟踪这些团队及核心发明人的专利申请把握行业内的技术动向。

3.2.4.1 物联网产业专利技术发明人合作率与合作度年度变化趋势

根据 2005~2017 年发明人合作率与合作度的年度变化趋势可以看出,物联网领域的合作率和合作度均保持在较为稳定的水平。从合作率指标来看,专利合作率呈现逐年递增的趋势,自 2007 年开始合作率均保持在 60%以上,于 2014 年达到峰值合作率(68.61%),近 3 年有小幅回落,2017 年的合作率比 2005 年的合作率提高了 10.95%。从合作度指标来看,专利合作度在 3 左右,且逐年增强,2017 年的合作度比 2005 年的合作度提高了 10.86%(图 3-8)。这些指标表明,物联网领域发明人合作已成为技术研发的主要形式,且一半以上的专利是由两人或两人以上合作完成的,合作程度较高,而该领域合作规模较小且较为稳定。

	2005年	2006年	2007年	2008年	2009年	2010年	2011年	2012年	2013年	2014年	2015年	2016年	2017年
合作度	2.67	2.65	2.84	2.96	3.16	3.25	3.17	3.13	3.14	3.19	3.08	3.03	2.96
合作率/%	57.5	58.7	61.4	63.1	65.2	67.3	67.6	67.5	67.3	68.6	66.1	64.5	63.8

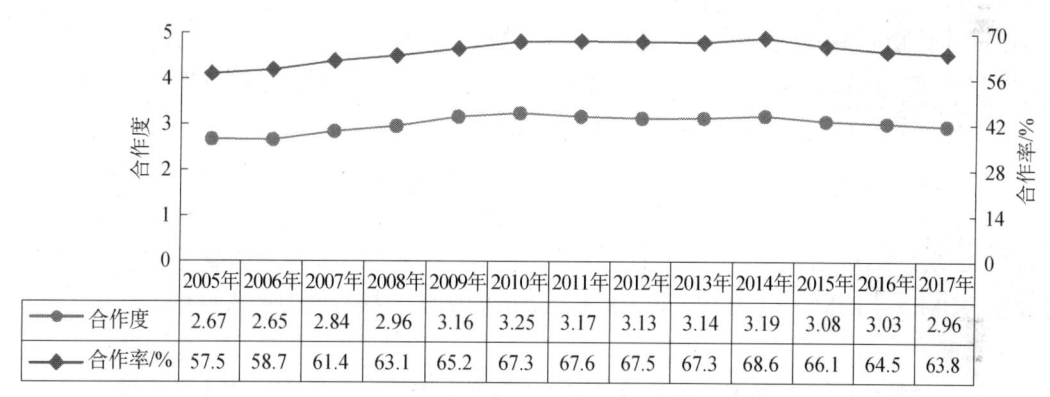

图 3-8 2005~2017 年物联网产业专利技术发明人合作率和合作度年度变化趋势图
资料来源:中国产业智库大数据中心

3.2.4.2 物联网产业专利技术发明人合作率和合作度比较

计算申请量前十研究机构的专利合作率与合作度两项表示科学合作度的重要指标,得到如表 3-4 所示的主要公司的合作率与合作度比较表。上榜的两家韩国企业中,三星电子公司的专利合作率为 82.18%,合作度为 5.23;LG 电子公司的专利合作率为 74.55%,合作度为 4.13;这两家韩国企业的合作率均大于 70%,且合作度均超过 4,表明公司平均每项专利申请由 4 位以上发明人共同完成,其中三星电子公司的合作度高于其他公司。唯一一家美国企业高通公司合作率高达 91.37%,合作度 4.59,合作率显著高于其他公司,表明高通公司申请的专利超过 90%都由多人合作完成,合作程度非常高,且申请的专利平均每项由 4 人以上合作完成。6 家日本企业的合作率与合作度均不敌韩国和美国的企业。由此可见,韩国物联网公司研发人员的合作规模较大,而美国公司研发人员之间的合作更为频繁。

表 3-4　2005~2017 年物联网产业主要公司的合作率与合作度比较

序号	机构名称	合作率/%	合作度
1	三星电子公司	82.18	5.23
2	高通公司	91.37	4.59
3	LG 电子公司	74.55	4.13
4	松下电器公司	72.28	3.06
5	佳能公司	34.21	1.86
6	索尼公司	62.29	2.95
7	京瓷公司	35.16	1.71
8	精工爱普生公司	43.54	1.87
9	爱立信公司	85.50	3.42
10	夏普公司	56.07	2.94

资料来源：中国产业智库大数据中心

3.2.4.3　物联网产业专利技术核心发明人

通过计算物联网领域三星电子公司、高通公司、LG 电子公司、松下电器公司、佳能公司、索尼公司、京瓷公司、精工爱普生公司、爱立信公司、夏普公司等机构内部发明人合作网络凝聚力指数和点度中间中心度，可以得出以下结论。

三星电子公司整体网络的凝聚力指数为 0.838，凝聚力很强；KIM Y 在网络中的点度中间中心度最高为 149.104，说明其在公司内具有较大的影响力；LEE J 与其他人合作的频次最多为 2312 次，KIM S 次之为 1924 次。从网络结构来看，公司内部形成了一个由 LEE J、KIM S、KIM Y、KIM J、LEE S、PARK J 等组成的团队为核心的发明人网络，发明人之间合作非常紧密。

高通公司整体网络的凝聚力指数为 0.623，凝聚力较强；LI J 在网络中的点度中间中心度最高为 196.145，说明其在公司内具有较大的影响力；GAAL P 与其他人合作的频次最多为 2849 次，CHEN W 次之为 2653 次。从网络结构来看，公司内部形成了一个由 GAAL P、CHEN W、LUO T、XU H 等组成的团队为核心的发明人网络，发明人之间合作较为紧密。

LG 电子公司整体网络的凝聚力指数为 0.717，凝聚力较强；KIM S 在网络中的点度中间中心度最高为 209.349，说明其在公司内具有较大的影响力；LEE S 与其他人合作的频次最多为 2369 次，PARK S 次之为 2303 次。从网络结构来看，公司内部形成了多个子网络，其中，由 LEE S、PARK S、LEE Y 等组成的团队最为突出，形成核心发明人网络，同时存在 KIM K、KIM H 等组成的团队以及其他小团队，并且发明人之间和团队之间的合作均非常紧密。

松下电器公司整体网络的凝聚力指数为 0.373，凝聚力较弱；HOSHINO M 在网络中的点度中间中心度最高为 534.856，说明其在公司内具有较大的影响力；IMAMURA D 与其他人合作的频次最多为 462 次，NISHIO A 次之为 379 次。从网络结构来看，公司内部形成了一个由 IMAMURA D、NISHIO A、NAKAO S 等组成的团队为核心的发明人网络。

佳能公司整体网络的凝聚力指数为 0.288，凝聚力很弱；WATANABE T 在网络中的点度中间中心度最高为 712.875，说明其在公司内具有较大的影响力；TAKENAKA K 与其他人合作的频次最多为 154 次，OKADA S 和 YAGI T 次之合作频次均为 153 次。从网络结构来看，公司内部形成了一个由 TAKENAKA K、OKADA S、YAGI T、NAGANO K 等组成的团队为核心的发明人网络，并存在其他子网络。

索尼公司整体网络的凝聚力指数为 0.355，凝聚力很弱；SATO M 在网络中的点度中间中心度最高为 801.898，说明其在公司内具有较大的影响力；SAKO Y 与其他人合作的频次最多为 170 次，SAKODA K 次之为 163 次。从网络结构来看，公司内部形成了一个由 SAKO Y、SAKODA K、ITOH K、YAMAURA T 等组成的团队为核心的发明人网络。

京瓷公司整体网络的凝聚力指数为 0.125，凝聚力很弱；YOKOTA Y 在网络中的点度中间中心度最高为 992.700，说明其在公司内具有较大的影响力；TANABE S 与其他人合作的频次最多为 132 次，MORITA H 次之为 125 次。从网络结构来看，公司内部存在多个子网络，由 TANABE S、MORITA H、MASUIKE I、SAITO S 等组成的团队合作力度最强，形成一个核心子网络，同时还存在分别以 YAMAZAKI C 和 IIOKA A 为首的其他多个小团队，而该公司小团队之间的合作较少。

精工爱普生公司整体网络的凝聚力指数为 0.153，凝聚力较弱；YAMAZAKI T 在网络中的点度中间中心度最高为 933.751，说明其在公司内具有较大的影响力；MATSUZAKI J 与其他人合作的频次最多为 65 次，MATSUZAKI A 次之为 64 次。从网络结构来看，公司内部存在多个子网络，其中，由 MATSUZAKI J、MATSUZAKI A、HONDA K 等组成的团队合作力度最强，该公司发明人较为分散，小团队之间合作较少。

爱立信公司整体网络的凝聚力指数为 0.672，凝聚力较强；JOHANSSON N 在网络中的点度中间中心度最高为 227.553，说明其在公司内具有较大的影响力；BALDEMAIR R 与其他人合作的频次最多为 320 次，LINDOFF B 次之为 313 次。从网络结构来看，公司内部形成了一个由 BALDEMAIR R、LINDOFF B、CHENG J 等组成的团队为核心的发明人网络。

夏普公司整体网络的凝聚力指数为 0.358，凝聚力较弱；SUZUKI S 在网络中的点度中间中心度最高为 342.955，说明其在公司内具有较大的影响力；YOKOMAKURA K 与其他人合作的频次最多为 973 次，SUZUKI S 次之为 827 次。从网络结构来看，公司内部形成了一个由 YOKOMAKURA K、SUZUKI S、YOKOMAKURA KAZUNARI、TAKAHASHI H 等组成的团队为核心的发明人网络。

3.3 物联网产业在华专利态势分析

3.3.1 物联网产业在华专利申请态势

物联网产业在华专利采用"分类号+关键词"的检索策略，关键词包括"物联网""传感器""电子标签""射频识别""二维码""无线通信""全球定位"等，IPC 分类号主要包括 H01（基本电气元件）、H03（基本电子电路）、H04（电通信技术）、H05（其他类目不包括的电技术）、H99（其他未列入的主题），专利申请时间限定为 2005～2017 年，共检索到物联网专利 180 597 件。

3.3.1.1 物联网产业在华专利申请年度趋势

从申请的年度分布来看，自 2005 年开始，物联网应用领域的申请量和授权量开始同步稳定增长。无线传感器、无线通信、电子标签等物联网技术和应用逐步兴起，相关专利申请开始逐年上升，但发展速度较慢。2009 年，中国将物联网正式列为国家五大新兴战略性产业之一，写入《政府工作报告》，至此，物联网在中国受到了全社会极大的关注，这一切都为物联网的应用做好了准备。因此，从 2010 年以来，专利申请量和授权量都以 2000～3000 件的增量急剧增长，2014 年保持小幅增长后，于 2015 年达到高峰，当年专利申请量超过 9000 件，授权量超过 5000 件（图 3-9），表明物联网进入快速发展时期。

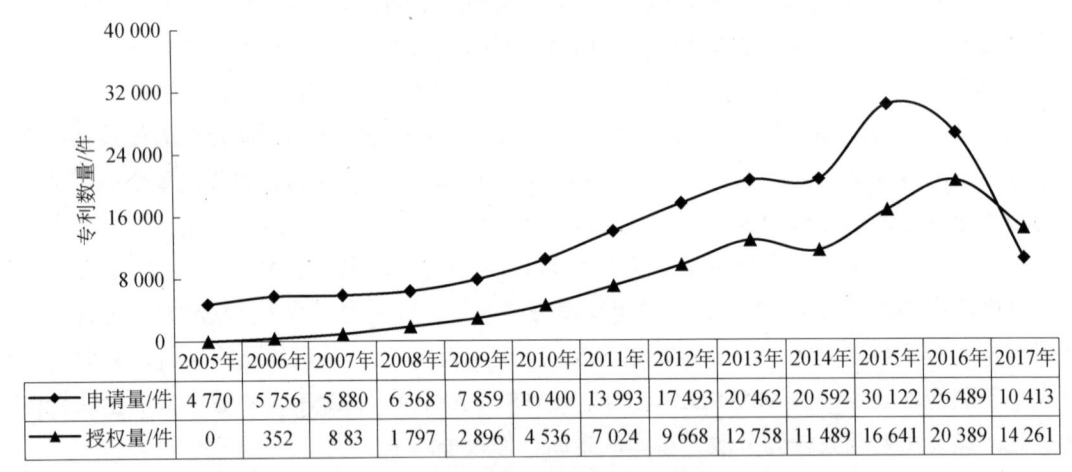

年份	2005年	2006年	2007年	2008年	2009年	2010年	2011年	2012年	2013年	2014年	2015年	2016年	2017年
申请量/件	4 770	5 756	5 880	6 368	7 859	10 400	13 993	17 493	20 462	20 592	30 122	26 489	10 413
授权量/件	0	352	8 83	1 797	2 896	4 536	7 024	9 668	12 758	11 489	16 641	20 389	14 261

图 3-9　2005～2017 年物联网产业在华专利申请量年度变化趋势图

资料来源：中国产业智库大数据中心

3.3.1.2 物联网产业细分领域在华专利分布

物联网产业包括传感器、无线通信、全球定位、电子标签、二维码、IPv6 技术共六大技术分支领域。2005～2017 年，各领域专利申请总量及主要申请人如表 3-5 所示。

表 3-5　2005～2017 年物联网各分支领域在华专利申请量及主要申请人

领域	专利总量/件	主要申请人
传感器	56 117	国家电网公司、三星电子公司、广东欧珀移动通信有限公司、佳能公司、索尼公司
无线通信	39 218	高通公司、华为公司、LG 电子公司、中兴公司、三星电子公司
全球定位	33 800	国家电网公司、北京航空航天大学、东南大学、中兴公司、厦门瑞忆科技有限公司
电子标签	29 572	国家电网公司、中兴公司、深圳市远望谷信息技术股份有限公司、北京物资学院、华南理工大学
二维码	10 101	国家电网公司、腾讯科技（深圳）有限公司、立德高科（昆山）数码科技有限责任公司、立德高科（北京）数码科技有限责任公司、广西中烟工业有限责任公司
IPv6 技术	173	华为公司、中兴公司、安徽波瑞电气有限公司、中国电信股份有限公司、南京邮电大学

资料来源：中国产业智库大数据中心

1) 传感器

从专利申请技术分布来看，传感器是物联网产业最为关注的技术点，申请量高达 56 117

件，占物联网申请总量的33%，远远超越其他5项技术分支领域。从主要申请人排名来看，排名前五的申请人有2位是中国企业，分别是国家电网公司和广东欧珀移动通信有限公司。

2）无线通信

无线通信相关专利申请量共39 218件，占物联网申请总量的23%。从主要申请人排名来看，无线通信技术领域排名前五的申请人中有2位是中国企业，分别是华为公司和中兴公司，均是国内通信领域的龙头企业。

3）全球定位

全球定位主要是指全球定位系统，是为地球表面绝大部分地区实现全球导航的整套技术，提供准确的定位、测速和高精度的时间标准。全球定位技术相关的专利申请量共33 800件，占物联网申请总量的20%，略少于无线通信技术。从主要申请人排名来看，全球定位技术领域排名前五的申请人全为中国企业或高校。

4）电子标签

电子标签又称为射频识别，是物联网中非常重要的技术，是实现物联网的基础和核心。根据专利申请技术分布，电子标签技术相关的专利申请量共29 572件，占物联网申请总量的17%。从主要申请人排名来看，排名前五的申请人均为中国企业。

5）二维码

二维码技术相关的专利申请量共10 101件，占物联网申请总量的6%。从主要申请人排名来看，二维码技术领域排名前五的申请人均为中国企业。排名第一的申请人是国家电网公司。

6）IPv6技术

IPv6技术相关的专利申请量共173件，仅占物联网申请总量的0.1%。从主要申请人排名来看，IPv6技术领域排名前五的申请人均为中国企业。其中，华为公司和中兴公司分别位列第一位和第二位。

3.3.2 物联网产业在华专利重要区域布局分析

3.3.2.1 物联网产业在华专利区域布局

2005~2017年物联网专利申请总量排名前十的地区依次是广东省、北京市、江苏省、上海市、浙江省、四川省、山东省、陕西省、天津市和安徽省。其中，广东省的专利数量遥遥领先于其他地区，北京市、江苏省、上海市次之，这4个地区的专利数量占到了全国专利数量的50%以上（图3-10）。由数据可知，我国已初步形成珠三角、长三角、环渤海及中西部四大区域产业集聚发展的总体产业空间格局，并逐渐向周边地区辐射。

其中，长三角地区是物联网专利申请的密集地，产业规模位列四大区域首位，该地区是中国物联网概念的发源地，并且聚集了华为公司、中兴公司、腾讯控股有限公司等中国诸多知名科技公司，凭借在电子信息领域深厚的产业基础、良好的软硬件产品和技术，成为我国物联网产业集群的典型代表，促进龙头企业的培育和聚集。

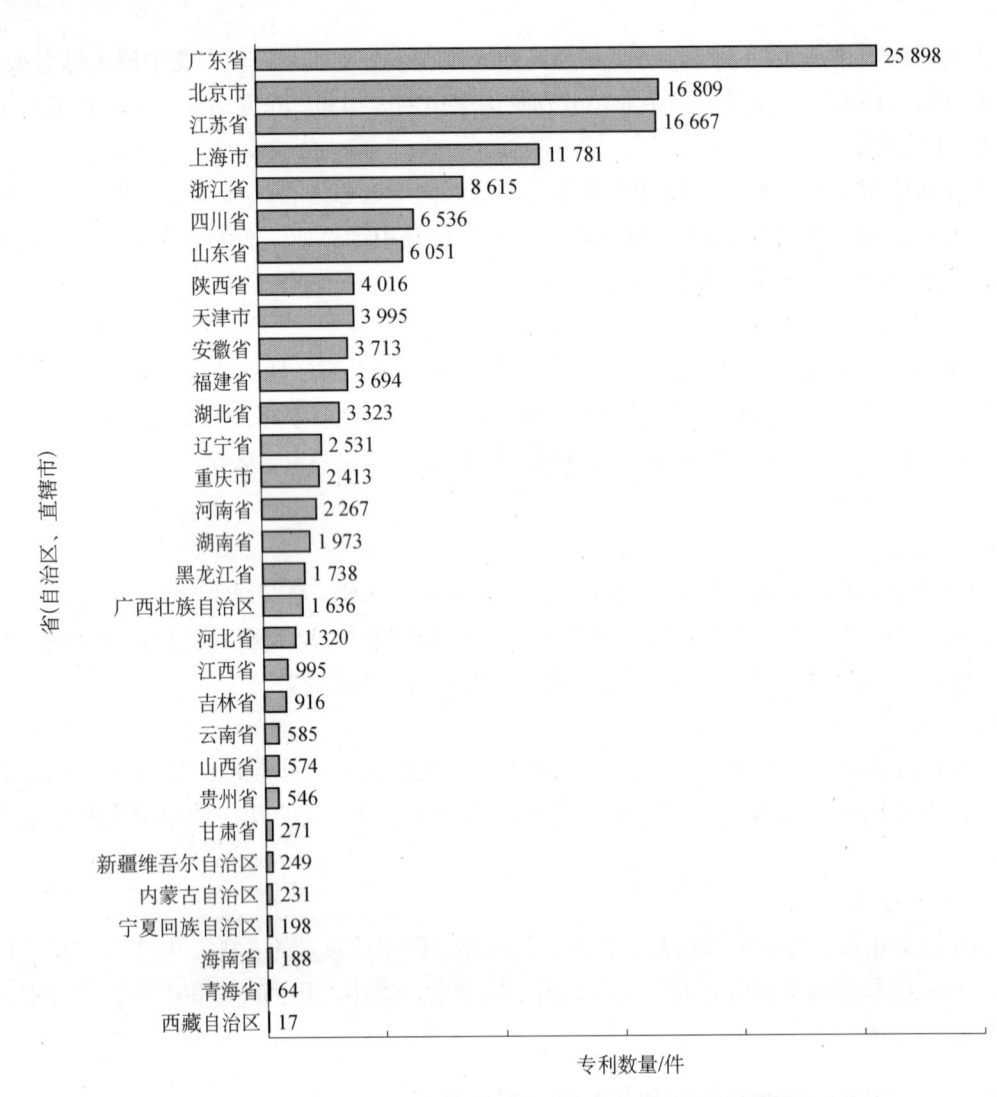

省（自治区、直辖市）	专利数量/件
广东省	25 898
北京市	16 809
江苏省	16 667
上海市	11 781
浙江省	8 615
四川省	6 536
山东省	6 051
陕西省	4 016
天津市	3 995
安徽省	3 713
福建省	3 694
湖北省	3 323
辽宁省	2 531
重庆市	2 413
河南省	2 267
湖南省	1 973
黑龙江省	1 738
广西壮族自治区	1 636
河北省	1 320
江西省	995
吉林省	916
云南省	585
山西省	574
贵州省	546
甘肃省	271
新疆维吾尔自治区	249
内蒙古自治区	231
宁夏回族自治区	198
海南省	188
青海省	64
西藏自治区	17

图 3-10　2005～2017 年物联网产业在华专利申请量区域排名

资料来源：中国产业智库大数据中心

珠三角地区是中国电子整机的重要生产基地，电子信息产业链各环节发展成熟，该地区围绕物联网设备制造、软件及系统集成、网络运营服务及应用示范几个重点领域，进行核心关键技术突破与创新能力建设，主要着眼于物联网创新应用、基础设施建设、城市管理信息化水平提升，以及乡镇信息技术应用等。

环渤海地区是中国物联网产业重要的研发、设计、设备制造和系统集成基地，该地区关键支撑技术研发实力强劲、感知节点产业化应用与普及程度较高、网络传输方式多样化、综合化平台建设迅速、物联网应用广泛，并已基本形成较为完善的物联网产业发展体系架构。

中西部地区近几年物联网产业发展迅速，各重点省（自治区、直辖市）纷纷结合自身优势，布局物联网产业，排名靠前的包括四川省、陕西省、湖北省、重庆市，这些地区依托其在科研教育和人力资源方面的优势，以及射频识别、芯片设计、传感传动、自动控制、网络通信与处理、软件及信息服务等领域较好的产业基础，构建物联网的完整产业链条和产业体系，重点培育物联网龙头企业，大力推广物联网应用示范工程。

3.3.2.2 物联网产业在华专利区域研发重点分析

本部分结合物联网产业六大技术分支领域，选择传感器、无线通信、全球定位和射频识别作为重点研究技术分支领域，着重分析各省市在物联网四大重点分支领域的专利申请情况（表3-6）。

表3-6　2005～2017年物联网产业细分领域在华专利布局　　　　（单位：件）

省（自治区、直辖市）	传感器	射频识别	二维码	全球定位	无线通信	IPv6技术
广东省	7282	4786	2129	5458	7118	55
北京市	4624	3309	1470	3571	4552	34
江苏省	6539	3638	1133	3974	2274	19
上海市	3881	3167	747	2228	2329	14
浙江省	3297	1910	696	2064	1057	4
四川省	1970	1587	474	1623	1277	4
山东省	2076	1237	519	1623	877	4
陕西省	1409	654	200	1251	763	9
天津市	1458	906	237	1114	473	2
安徽省	1415	686	249	1108	439	9
福建省	954	791	414	1157	569	0
湖北省	1128	659	214	1027	454	2
辽宁省	893	388	134	849	423	0
重庆市	947	408	162	533	458	1
河南省	847	339	181	729	287	1
湖南省	669	367	120	596	341	3
黑龙江省	587	257	106	572	298	2
广西壮族自治区	478	300	196	601	176	0
河北省	422	248	98	415	192	0
江西省	400	137	58	329	115	0
吉林省	408	93	40	288	139	2
云南省	160	137	56	188	81	0
山西省	252	77	36	141	94	0
贵州省	200	121	32	152	60	0
甘肃省	92	66	18	79	31	0
新疆维吾尔自治区	77	58	24	70	40	0
内蒙古自治区	75	56	23	72	20	0
宁夏回族自治区	52	76	13	59	17	0
海南省	28	45	61	35	26	1
青海省	31	7	9	9	11	0
西藏自治区	8	0	0	6	4	0

资料来源：中国产业智库大数据中心

1）传感器

传感器技术领域排名前六位的地区是广东省、江苏省、北京市、上海市、浙江省和山东省，专利申请量均大于 2000 件，6 个地区的专利申请量占传感器领域专利申请总量的 64.9%。其中，排名第一位的是广东省，专利申请量为 7282 件，占传感器领域专利申请总量的 17.1%。

2）无线通信

无线通信技术领域排名前六位的地区是广东省、北京市、上海市、江苏省、四川省和浙江省，专利申请量均大于 1000 件，6 个地区专利申请量占无线通信领域专利申请总量的 74.4%。其中，排名第一位的是广东省，专利申请量为 7118 件，占无线通信领域专利申请总量的 28.4%。

3）全球定位

全球定位技术领域排名前五位的地区是广东省、江苏省、北京市、上海市和浙江省，专利申请量均大于 2000 件，5 个地区的专利申请量占全球定位领域专利申请总量的 54.2%。其中，排名第一位的是广东省，专利申请量为 5458 件，占全球定位专利申请总量的 17.1%。

4）射频识别

射频识别技术领域排名前六位的地区是广东省、江苏省、北京市、上海市、浙江省和四川省，专利申请量均大于 1500 件，6 个地区的专利申请量占射频识别领域专利申请总量的 69.4%。其中，排名第一位的是广东省，专利申请量为 4786 件，占射频识别领域专利申请总量的 18.1%。

3.3.3 物联网产业在华专利主要申请人分析

图 3-11 是在华物联网专利申请前二十的申请人，其中，中国申请人有 5 位。排名靠前的是国家电网公司、华为公司和中兴公司；国外申请人排名靠前的是高通公司、LG 电子公司和三星电子公司。根据物联网主要申请人专利申请情况可以看出，目前中国物联网技术研究主要集中在高校及科研机构，国外申请人主要是物联网技术全球领先的企业，如高通公司、LG 电子公司、三星电子公司等。本部分结合相对技术优势和相对技术整合能力两项指标，选择国家电网公司、华为公司、中兴公司等企业作为重点研究对象。

3.3.3.1 国家电网公司

国家电网公司在物联网领域的专利申请量位列中国申请人首位，国家电网公司的研究侧重于全球定位和传感器两个分支领域，申请量占比分别为 27.4% 和 25.8%，两个分支领域申请量的总和占比达到 53.2%。从图 3-12 可以看出，国家电网公司在射频识别、无线通信和二维码等领域也有涉及，IPv6 技术领域极少涉及。

从技术竞争能力来看（图 3-13），国家电网公司在 G01R 领域（测量电变量、测量磁变量）技术竞争力较强，具有较高的相对技术整合能力和相对技术优势。进一步调研发现，国家电网公司从 2011 年开始布局此领域的专利，并且逐年增加，专利覆盖了参数测量与检测系统、检测器定位装置及方法，以及数据传输方法。在 H04W（无线通信网络）领域相对技术优势较弱，该领域并非公司的重点研究领域。

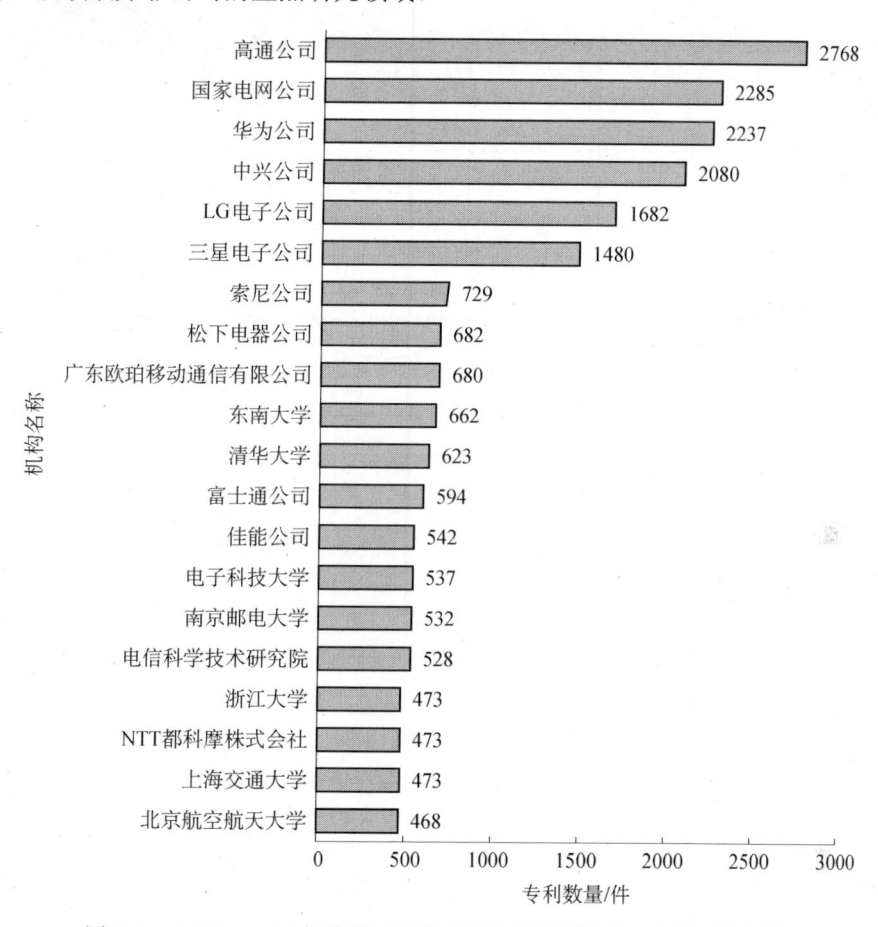

机构名称	专利数量/件
高通公司	2768
国家电网公司	2285
华为公司	2237
中兴公司	2080
LG电子公司	1682
三星电子公司	1480
索尼公司	729
松下电器公司	682
广东欧珀移动通信有限公司	680
东南大学	662
清华大学	623
富士通公司	594
佳能公司	542
电子科技大学	537
南京邮电大学	532
电信科学技术研究院	528
浙江大学	473
NTT都科摩株式会社	473
上海交通大学	473
北京航空航天大学	468

图 3-11　2005～2017 年物联网产业在华专利申请量前二十的研发机构

资料来源：中国产业智库大数据中心

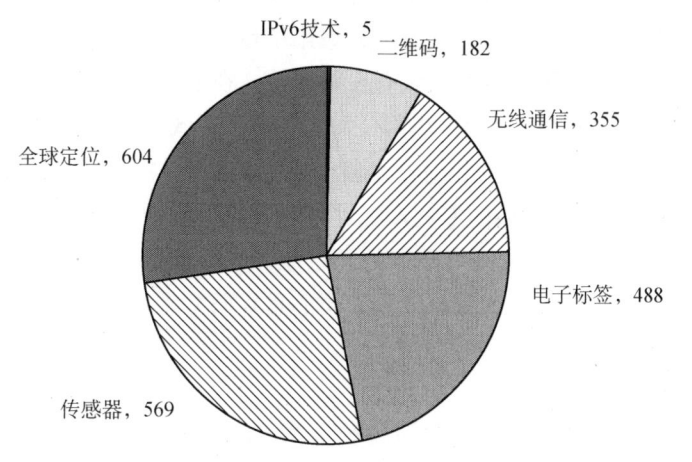

饼图数据：
- IPv6技术，5
- 二维码，182
- 无线通信，355
- 电子标签，488
- 传感器，569
- 全球定位，604

图 3-12　国家电网公司物联网产业在华专利申请量按细分领域分布图（单位：件）

资料来源：中国产业智库大数据中心

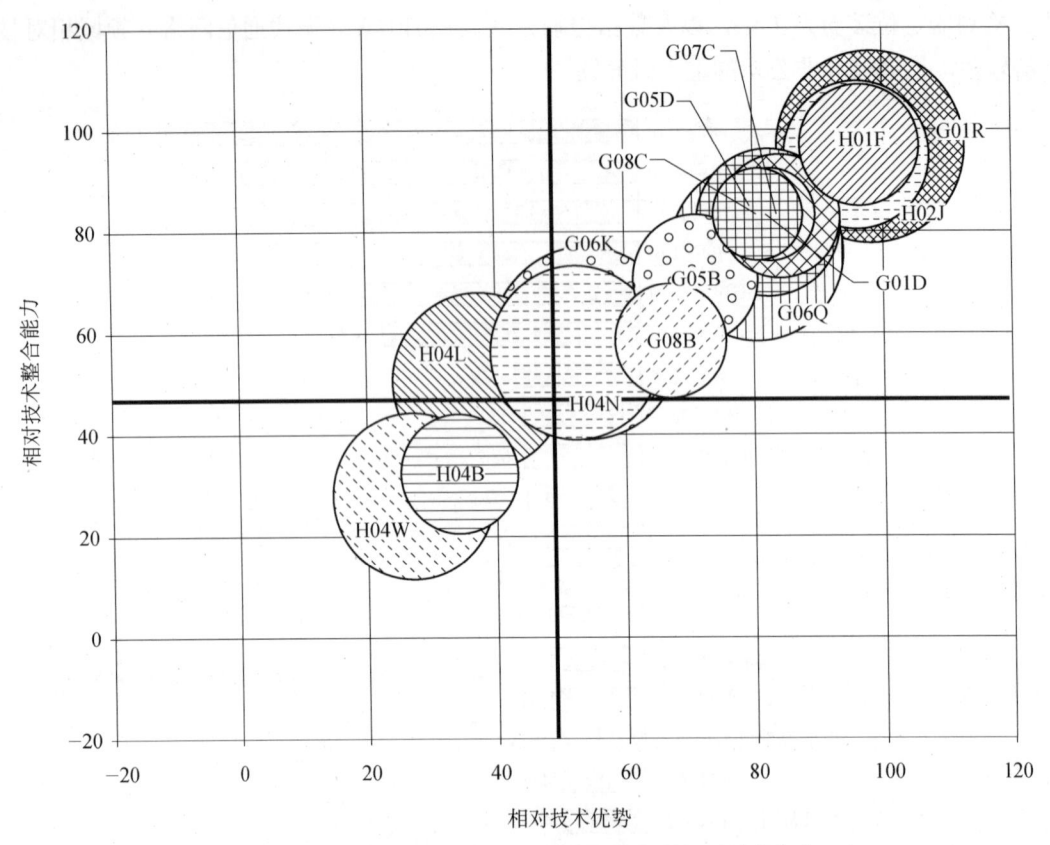

图 3-13　国家电网公司物联网产业在华专利相对技术优势
资料来源：中国产业智库大数据中心

3.3.3.2　华为公司

华为公司在物联网领域的专利申请量排在第三位。其研究侧重于无线通信领域，该分支领域申请量的占比高达 88.4%，进一步细分无线通信领域发现，第三代移动通信技术的专利申请量占据了绝大部分，申请量占无线通信领域申请量的 92%。从图 3-14 可以看出，华为公司在传感器、全球定位、电子标签等领域有少量涉及，在 IPv6 技术和二维码领域涉猎极少。

从技术竞争能力来看（图 3-15），华为公司在 H04L 领域（数字信息的传输，例如电报通信）技术竞争力较强，具有较高的相对技术整合能力和相对技术优势。进一步调研发现，华为公司从 2005 年开始布局此领域的专利，经过小幅下降后趋于平稳，专利覆盖了无线通信系统、数据传输装置与方法，以及网络数据处理系统。在 G08C（控制信号或类似信号的传输系统）领域相对技术优势较弱，该领域并非公司的重点研究领域。

3.3.3.3　中兴公司

中兴公司在物联网领域的专利申请量位列全球第四位，位列中国申请人的第三位。其研究侧重于无线通信领域，该分支领域申请量为 1191 件，占物联网申请总量的 67.1%。从图 3-16 可以看出，中兴公司在电子标签、传感器、全球定位等领域有涉及，各领域专利申请量均超过了100件，而在IPv6技术和二维码领域极少涉及。

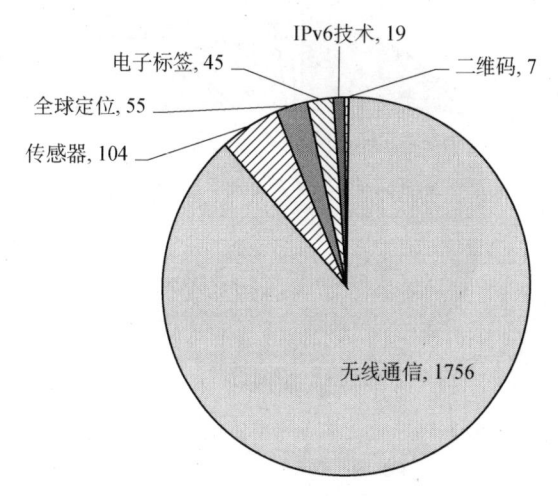

图 3-14　华为公司物联网产业在华专利申请量按细分领域分布图（单位：件）

资料来源：中国产业智库大数据中心

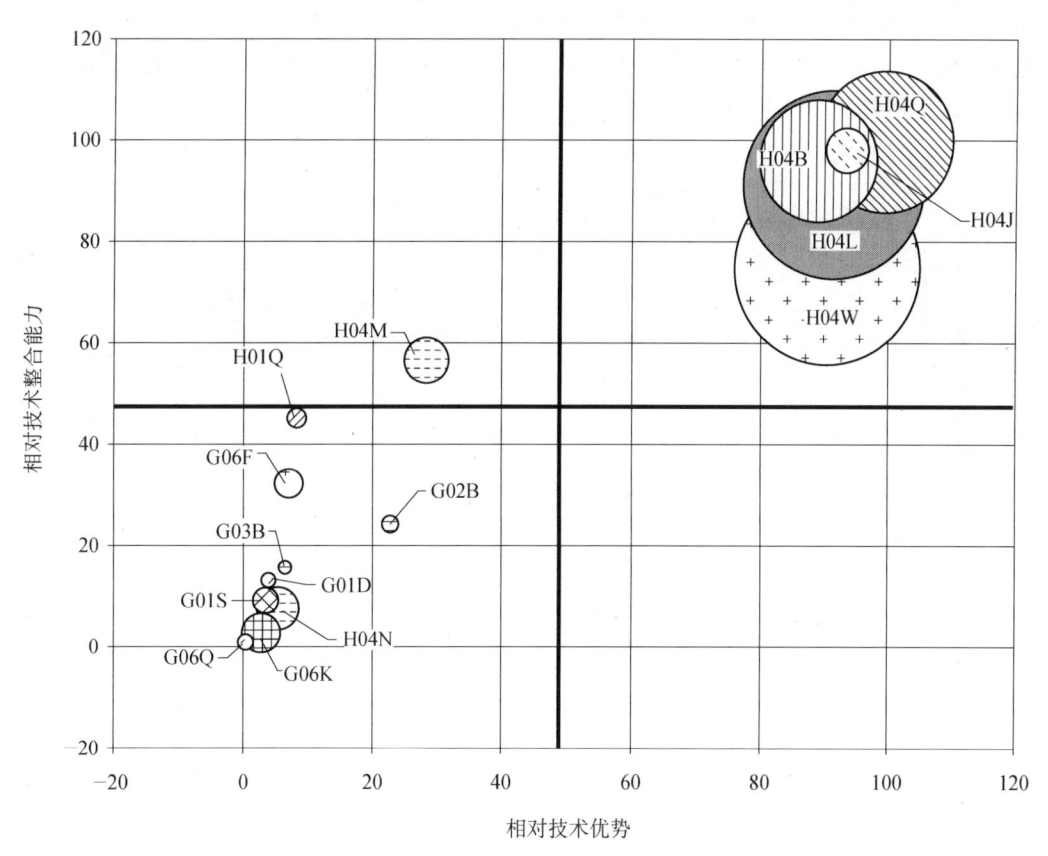

图 3-15　华为公司物联网产业在华专利相对技术优势

资料来源：中国产业智库大数据中心

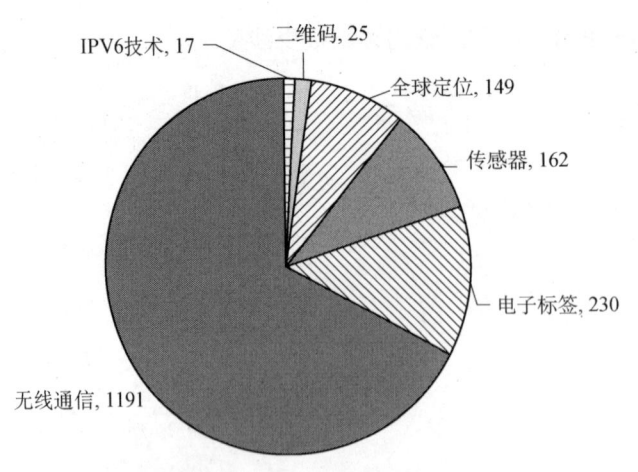

图 3-16 中兴公司物联网产业在华专利申请量按细分领域分布图（单位：件）

资料来源：中国产业智库大数据中心

从技术竞争能力来看（图3-17），中兴公司在 H04Q 领域（开关、继电器、选择器）技术竞争力较强，具有较高的相对技术整合能力和相对技术优势。进一步调研发现，中兴公司从2005年开始布局此领域的专利，并且逐年增加，后经过小幅降落趋于平稳，专利覆盖了无线通信系统与设备、GPS 全球定位系统。在 H04N（图像通信，例如电视）领域相对技术优势较弱，该领域并非公司的重点研究领域。

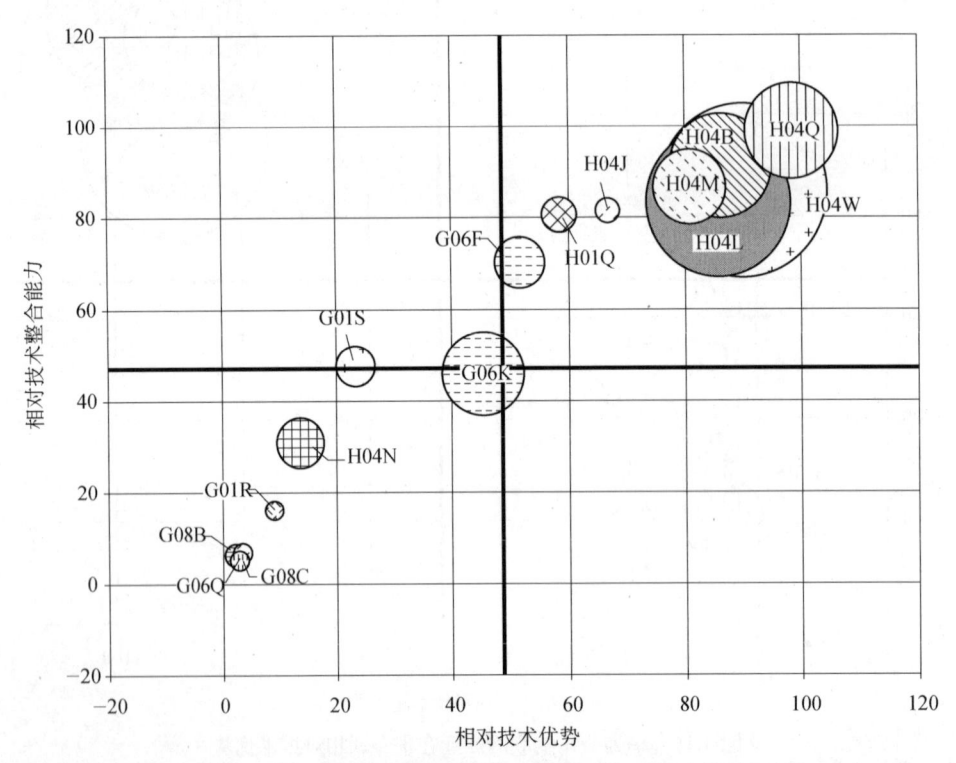

图 3-17 中兴公司物联网产业在华专利相对技术优势

资料来源：中国产业智库大数据中心

3.3.4 物联网产业在华专利活跃发明人分析

利用发明人合作网络关系（图3-18），可以发现物联网领域存在多个重要的研发团队，如南京邮电大学的王汝传、黄海平、沙超、孙力娟等，LG电子公司的安俊基、徐东延、徐翰瞥、梁锡喆和金沂潜等。

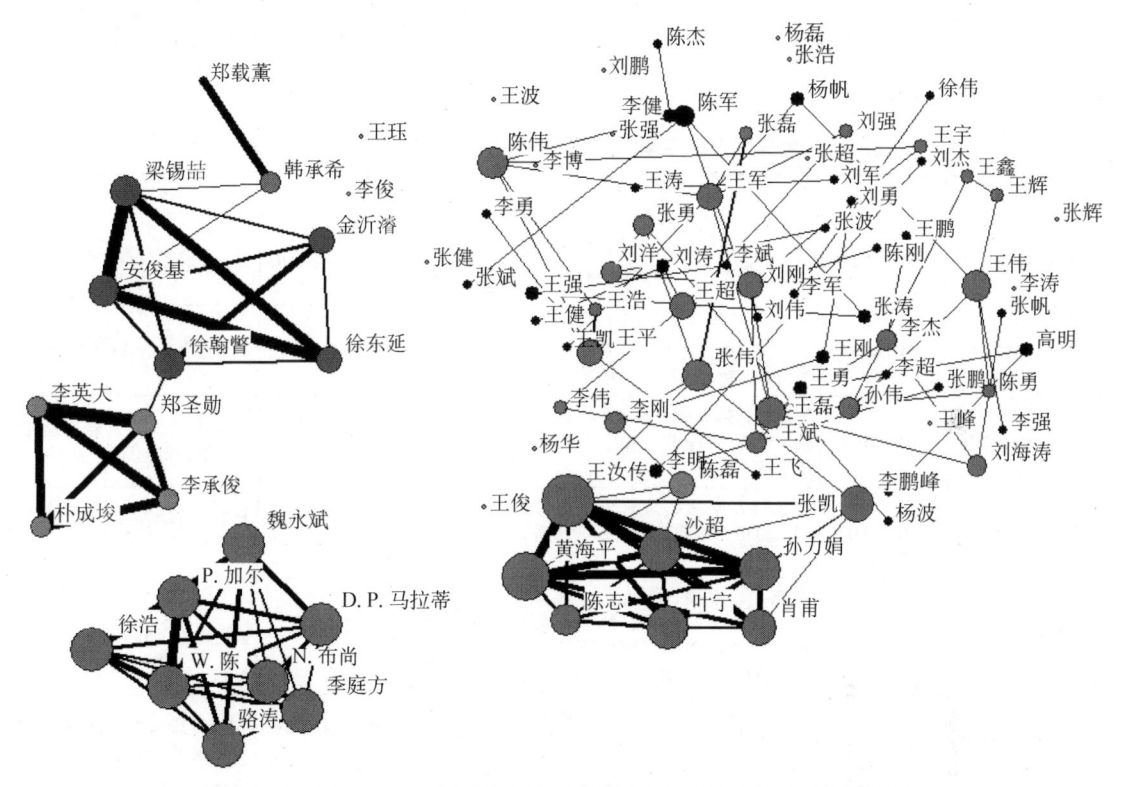

图3-18 2005～2017年物联网产业在华专利重要发明人合作网络图

注：度数中心度≥0

资料来源：中国产业智库大数据中心

3.3.4.1 王汝传

南京邮电大学计算机科学与技术系教授、博士生导师、国内知名物联网专家，主要研究方向是计算机软件及其在通信中的应用、计算机网络技术、无线传感器网络、网格、对等计算、信息安全、移动代理技术和虚拟现实技术等。在南京邮电大学物联网领域申请的273项专利申请中，王汝传作为发明人参与了106项，在南京邮电大学该领域的发明人中排名第一。从发明人合作网络图可以看出存在一个以王汝传为首的5人研发团队，包括：王汝传，团队领导，进行总体把控；黄海平，研究方向为基于智能移动Agent的WSNs技术、物联网隐私保护、无线传感器网络中间件软件技术、密钥管理和认证以及物联网在智能家居、医疗健康护理等方面的应用技术；沙超，研究方向为WSN的数据融合技术、智能定位算法、QoS路由机制及覆盖调度技术；孙力娟，研究方向为基于通信网络的计算机软件技术、通信网络的数据安全、物联网隐私保护、无线传感器网络密钥管理和认证机制；肖甫，研究方向为面向物联网的基础感知网络、通信网络 QoS 理论与技术、新型网络安全与防护技术、多媒体通信协议、网络大数据处理技术。

表 3-7 给出了以王汝传为首的研发团队的合作成果。从表中可以看出，王汝传团队在物联网领域的技术研发和专利申请，重点布局在无线传感器网络和数字信息的传输，首先以该技术点作为重点研究方向，进行研发和专利申请，通过逐渐积累实现技术上的理论突破；随后将该技术进一步和其他热点技术融合，形成新的研究突破；同时，将研究成熟的技术点与实际应用进行紧密结合，根据市场需求应用于实际场景中。

表 3-7　物联网产业在华专利重要发明人王汝传专利申请一览表

公开号	申请日	发明（设计）人	技术手段	技术功效
CN101917275B	2010.04.23	黄海平、王汝传、刘莉、严琪、沙超、黄俊杰、邱凌峰、黄小桑	软件加密和硬件加密相结合，机械加锁和电子加锁相结合的方法	提升传感器节点安全性
CN101835237B	2010.05.14	王汝传、宋立森、叶宁、马守明、黄小桑、孙力娟、黄海平、肖甫、沙超、凡高娟、郭剑	基于树和控时的数据融合方法	减少网络通信量和节点能耗
CN101854653B	2010.05.21	王汝传、操天明、黄海平、孙力娟、沙超、肖甫、叶宁、凡高娟、黄小桑	无线多媒体传感器网络中的目标跟踪方法	无线多媒体传感器网络中的目标跟踪问题
CN102158554B	2011.04.02	王汝传、李靖、黄海平、孙力娟、肖甫、沙超、蒋凌云、凡高娟、顾翔	由移动代理来完成应用程序的功能	提高物联网中间件的应用能力
CN102325344B	2011.06.13	黄海平、窦轶、王汝传、孙力娟、张海涛、徐亮、沙超、戴庭、徐佳、郭剑、谭志刚、刘莉、蒋凌云、马寅	采用标签感知网跟踪与定位集装箱的方法	实时动态了解集装箱信息
CN102404719B	2011.12.26	徐佳、王汝传、孙力娟、黄海平、肖甫、沙超、蒋凌云、沐虹霞	适用于异构无线传感器网络的 IPv6 地址自动配置方法	实现传感网与外部 IPv6 网络的点到点通信
CN102595503B	2012.02.20	王汝传、林巧民、孙力娟、肖甫、黄海平、李鹏	无线多媒体传感器网络的拥塞控制	提升多媒体传感器网络的高效性
CN102869090B	2012.09.10	刘林峰、刘倩倩、张宁申、王汝传、孙力娟、肖甫	水下无线传感器网络定位	提高水下无线传感器网络节点定位精度
CN102946393B	2012.11.20	林巧民、王汝传、叶宁、孙力娟、肖甫、黄海平、李鹏、顾翔	无线多媒体传感器网络的安全通信	提升无线多媒体传感器网络中通信过程的鲁棒性
CN103297563B	2013.06.14	吴敏、杨华、王汝传、黄海平、沙超、张琳、李鹏、王海艳	在 IPv6 网络防止重复地址检测攻击	提升 IPv6 网络安全性
CN103442455B	2013.07.09	黄俊杰、王汝传、孙力娟、黄海平	面向地震灾害的无线传感器网络应急通信系统	面向地震灾害的处理，突发环境的监测提供了一个实时的监测平台
CN103714465B	2013.12.24	王汝传、马守明、叶宁、徐鹤、肖甫、黄海平、林巧民	智能零售市场构建方法	提高技术扩展性

资料来源：中国产业智库大数据中心

3.3.4.2　梁锡喆

以安俊基、徐东延、徐翰訾、梁锡喆和金沂潜为核心发明人的研发团队来自 LG 电子公司，以上述发明人作为入口进行检索，发现该 5 位发明人主要以团队的形式参与创新，并作为技术领军人物带领团队进行相关技术的研发工作。在 LG 电子公司物联网领域申请的 834 项发明授权专利中，安俊基作为发明人参与了 102 项，徐翰謦作为发明人参与了 87 项，梁锡喆作为发明人参与了 86 项，徐东延作为发明人参与了 84 项，金沂濬作为发明人参与了 61 项。

表 3-8 给出了该研发团队的合作成果。可以看出，LG 电子公司的 5 人研发团队专注于无线通信网络系统领域的研究与创新，重点研究控制信号的发送、传输、接收方法及相关设备装置，围绕这一技术领域进行研发形成理论和工具，并相对集中地开展相关专利申请工作。

表 3-8　物联网产业 LG 电子公司在华专利重要发明人研发团队专利申请一览表

公开号	申请日	发明（设计）人	技术手段	技术功效
CN102301801B	2010.01.28	徐东延、金沂濬、安俊基、金民奎、李正薰、李大远、梁锡喆	无线通信系统中控制上行发送功率的方法和设备	高效控制发送多个信号时的发送功率
CN102461030B	2010.05.17	梁锡喆、徐东延、金民奎、安俊基、李正薰	无线通信系统中使用载波聚合的通信方法和设备	无线通信系统中支持载波聚合并有效控制多个分量载波
CN102598810B	2010.09.08	安俊基、金民奎、李大远、梁锡喆、金奉会、徐东延	支持多天线的无线通信系统中发送控制信号	提高发送控制信号的数据速率和链路性能
CN103026649B	2011.07.26	梁锡喆、金民奎、安俊基、徐东延	无线通信系统传输上行链路控制信息的方法和装置	多小区下传输和管理上行链路控制信息和资源
CN103081385B	2011.09.14	梁锡喆、金民奎、安俊基、徐东延	无线通信系统中发送上行链路的方法和装置	执行邻接或非邻接上行链路资源分配
CN103262455B	2011.12.12	安俊基、梁锡喆、金民奎、徐东延	无线通信系统中基于时分双工发射 ACK/NACK 的方法	用于支持多个服务小区的多载波系统
CN103404063B	2012.02.10	徐东延、安俊基、梁锡喆、金民奎	无线通信系统中发送终端的肯定应答/否定应答（ACK/NACK）的方法及终端	用于支持载波聚合的无线通信系统
CN103563273B	2012.04.05	徐东延、金民奎、梁锡喆、安俊基	无线通信系统中的调度方法和设备	解决无线通信中配置子帧和基站通信问题
CN103688480B	2012.07.13	徐东延、安俊基、梁锡喆、其晗斌	无线通信系统中设置控制信道在时域中的起始位置	提高数据传输速率
CN104054291B	2013.01.15	梁锡喆、安俊基、徐东延	无线通信系统中基于载波聚合（CA）的终端发送控制信息方法	解决基于载波聚合（CA）的无线通信系统中由永和设备发送控制信号问题
CN104012023B	2013.10.31	梁锡喆、徐翰謦、安俊基	无线通信系统中通过用户设备（UE）发送混合自动重传请求（HARQ）响应	用于发送和接收控制信号

资料来源：中国产业智库大数据中心

3.4　物联网产业重点领域全球技术标准分析

本节主要针对物联网领域的二维码、条形码、射频识别技术、全球定位系统、传感器技术等重要技术领域开展全球技术标准的对比分析，从技术标准的角度掌握国际标准化组织，以及美国、日本、欧盟、英国、德国、法国等主要发达国家和我国在这些关键技术标准领域的技术优势、特点、缺失及各国技术标准的差异。

全球共有物联网技术标准 1979 项,限于篇幅,本节主要研究 2000 年及其以后发布的标准。

3.4.1 国际标准化组织物联网产业重点领域技术标准

物联网国际标准主要由国际标准化组织制定,目前,物联网国际标准已经达到 177 项(表 3-9),主要包括产品标准、测试方法标准、安全标准等。产品标准包括无线射频识别系统、智能运输系统、条形码等;测试方法标准主要为射频识别装置性能试验方法、射频识别装置合格试验方法、自动标识和数据收集技术、条形码规范等;安全标准 1 项,即普遍存在的传感网用安全框架。

表 3-9 国际标准化组织物联网产业关键技术标准列表

序号	标准号	标准名称
1	ISO 18382-2013	空间数据和信息传输系统.航天器上接口服务.基于无线射频识别(RFID)的库存管理系统
2	ISO/TR 17370-2013	供应链管理用数据载体应用指南
3	ISO 17364-2013	无线射频识别(RFID)的供应链应用.可回收的运输物品(RTIs)和可回收包装类产品(RPIs)
4	ISO 17365-2013	无线射频识别(RFID).传送装置
5	ISO 17366-2013	使用射频识别的供应链.产品包装
6	ISO 17367-2013	使用射频识别(RFID)的供应链.产品标签
7	ISO 17363-2013	RFID 供应链应用.货运集装箱
8	ISO/IEC 15961-1-2013	信息技术.项目管理用射频识别(RFID).数据协议.第 1 部分:应用接口
9	ISO/IEC 15962-2013	信息技术.项目管理用射频识别(RFID).数据协议:数据编码规则和逻辑存储功能
10	ISO 21007-2-2013	储气瓶.用射频识别技术识别和标记.第 2 部分:射频识别的编号方案
11	ISO/IEC 18000-63-2013	信息技术.项目管理的射频识别.第 63 部分:860 MHz 到 960 MHz C 型空中接口通信用参数
12	ISO/IEC 18000-6-2013	信息技术.项目管理用无线射频识别.第 6 部分:空中接口参数从 860 MHz 至 960 MHz 的通信
13	ISO 24631-7-2012	动物射频识别.第 7 部分:ISO 11785 标准识别系统的同步
14	ISO/IEC 24791-5-2012	信息技术.项目管理用射频识别(RFID).软件系统基础设施.第 5 部分:设备接口
15	ISO/IEC 29173-1-2012	信息技术.移动物品识别和管理.第 1 部分:ISO/IEC 18000-63 C 型标准用移动射频识别(RFID)应答机设备协议
16	ISO 17261-2012	智能运输系统.自动车辆和设备识别.联运货物运输结构和术语
17	ISO 17262-2012	智能运输系统.自动车辆和设备识别.编号和数据结构
18	ISO/IEC 18046-3-2012	信息技术.射频识别装置性能试验方法.第 3 部分:标签性能的试验方法
19	ISO/IEC 18047-6-2012	信息技术.射频识别装置合格试验方法.第 6 部分:860 MHz 至 960 MHz 频段空中接口通信的试验方法
20	ISO/TS 24533-2012	智能运输系统.促进货运和联运传递移动的电子信息交换.道路运输信息交换方法体系
21	ISO/IEC TR 29162-2012	信息技术.自动识别和数据采集(AIDC)媒体用数据结构指南
22	ISO/IEC 18000-62-2012	信息技术.项目管理的射频识别.第 62 部分:在 860 MHz 至 960 MHz 频率下 B 型空中接口通信参数
23	ISO/IEC 18000-64-2012	信息技术.品项管理的射频识别.第 64 部分:860 MHz 到 960 MHz D 型空中接口通信用参数

续表

序号	标准号	标准名称
24	ISO/IEC 18000-61-2012	信息技术. 项目管理的射频识别. 第61部分: 860 MHz到960 MHz A型空中接口通信用参数
25	ISO/IEC 29160-2012	信息技术. 品项管理射用识别技术. 无线射频识别（RFID）符号
26	ISO/IEC 18047-2-2012	信息技术. 射频识别装置合格试验方法. 第2部分: 135 kHz以下空中接口通信的试验方法
27	ISO 18186-2011	货物集装箱. 射频识别设备（RFID）货船标记系统
28	ISO/IEC TR 20017-2011	信息技术. 项目管理的射频识别. 植入式起搏器和植入式心律转复除颤器的ISO/IEC 18000询问发射器的电磁干扰影响
29	ISO/IEC/IEEE 21451-7-2011	信息技术. 敏感元件和执行机构的智能传感器接口. 第7部分: 对射频识别（RFID）系统通信协议的传感器和传感器电子数据表（TEDS）格式
30	ISO/IEC TR 29172-2011	信息技术. 移动项目识别和管理. 移动AIDC业务的基准结构
31	ISO/IEC 24791-2-2011	信息技术. 项目管理用射频识别（RFID）. 软件系统基础设施. 第2部分: 数据管理
32	ISO/IEC 29176-2011	信息技术. 移动项目识别和管理. 移动RFID服务的消费者隐私保护协议
33	ISO/IEC 18046-1-2011	信息技术. 射频识别装置性能试验方法. 第1部分: 系统性能的试验方法
34	ISO 24631-6-2011	动物射频识别. 第6部分: 动物识别信息的表述（视觉显示/数据传输）
35	ISO/IEC 24753-2011	信息技术. 项目管理的射频识别（RFID）. 应用协议: 传感器和电池的编码和处理规则
36	ISO/IEC TR 18047-3-2011	信息技术. 射频识别装置合格试验方法. 第3部分: 13.56 MHz空中接口通信的试验方法
37	ISO 14223-1-2011	动画射频的识别. 先进的转换器. 第1部分: 空气界面
38	ISO 28560-1-2011	信息和文档. RFID在图书馆的应用. 第1部分: 数据元素与实施一般指南
39	ISO 28560-2-2011	信息和文档. RFID在图书馆的应用. 第2部分: 基于标准ISO/IEC 15962中的原则的RFID数据元素的编程
40	ISO 28560-3-2011	信息和文档. RFID在图书馆的应用. 第3部分: 固定长度编码
41	ISO/IEC 18046-2-2011	信息技术. 射频识别装置性能试验方法. 第2部分: 询问机性能试验方法
42	ISO/IEC 29143-2011	信息技术. 自动识别与数据采集技术. 移动RFID问答器的空气接口规范
43	ISO/IEC TR 18047-6-2011	信息技术. 射频识别装置合格试验方法. 第6部分: 860 MHz～960 MHz空中接口通信的试验方法
44	ISO/IEC 18000-6-2010	信息技术. 项目管理用射频识别. 第6部分: 空气接口参数从860 MHz至960 MHz的通信
45	ISO/IEC 18000-3-2010	信息技术. 项目管理的射频识别. 第3部分: 13.56 MHz的空中接口通信用参数
46	ISO/IEC 24791-1-2010	信息技术. 项目管理的无线电频率鉴别（RFID）. 软件系统的基础设施. 第1部分: 结构
47	ISO 14223-2-2010	动物的射频识别. 高级应答机. 第2部分: 指令结构和代码
48	ISO/PAS 18186-2010	货物集装箱. 射频识别设备（RFID）货船标记系统
49	ISO/IEC TR 18047-7-2010	信息技术. 射频识别装置合格试验方法. 第7部分: 433 MHz有效空中接口通信的试验方法
50	ISO 11784 AMD 2-2010	动物无线射频识别. 代码结构. 修改件2: 高级转调器指示
51	ISO/IEC 29133-2010	信息技术. 数据采集和自动识别技术. 可重写混合介质数据载体的质量检验规范
52	ISO/IEC TR 18047-2 Technical Corrigendum 1-2010	信息技术. 射频识别装置一致性试验方法. 第2部分: 135 kHz以下空中接口通信的试验方法. 技术勘误1
53	ISO 17367-2009	使用射频识别的供应链. 产品标签
54	ISO 17364-2009	无线射频识别（RFID）的供应链应用. 可退换的运输物品（RTIs）

续表

序号	标准号	标准名称
55	ISO 17365-2009	无线射频识别（RFID）.传送装置
56	ISO 17366-2009	使用射频识别的供应链.产品包装
57	ISO/IEC 18000-2-2009	信息技术.项目管理的无线电频率识别.第 2 部分：135 kHz 以下的空中接口通信用参数
58	ISO 24631-3-2009	动物的射频识别.第 3 部分：符合 ISO 11784 标准和 ISO 11785 标准的无线射频识别转发器的性能评估
59	ISO 24631-2-2009	动物的射频识别.第 2 部分：符合 ISO 11784 标准和 ISO 11785 标准的无线射频识别收发机的性能评估
60	ISO 24631-4-2009	动物的射频识别.第 4 部分：符合 ISO 11784 标准和 ISO 11785 标准的射频识别收发机的性能评估
61	ISO 24631-1-2009	动物的射频识别.第 1 部分：符合 ISO 11784 标准和 ISO 11785 标准的射频识别转发器的评估（包括制造商代码的发放和使用）
62	ISO/IEC 15963-2009	信息技术.项目管理的射频识别.RF 标签的唯一识别
63	ISO/IEC 18000-7-2009	信息技术.项目管理的射频识别.第 7 部分：433 MHz 有源空中接口通信用参数
64	ISO/IEC TR 24729-3-2009	信息技术.条目管理的射频识别.执行指南.第 3 部分：物流应用中超高频射频识别系统的实施和运行
65	ISO/TS 10891 Technical Corrigendum 1-2009	货运集装箱.射频识别（RFID）.车牌标签.技术勘误表 1
66	ISO/IEC TR 24729-4-2009	信息技术.项目管理的射频识别.执行指南.第 4 部分：标签数据安全
67	ISO/TS 10891-2009	货物集装箱.无线电频率识别（RFID）.许可牌标签
68	ISO/IEC TR 18047-6-2008	信息技术.射频识别装置合格试验方法.第 6 部分：860 MHz～960 MHz 空中接口通信的试验方法
69	ISO/IEC 18000-3-2008	信息技术.项目管理的射频识别.第 3 部分：13.56 MHz 的空中接口通信用参数
70	ISO/IEC 18000-1-2008	信息技术.项目管理用无线电频率识别.第 1 部分：标准化参数的参考体系机构和定义
71	ISO/IEC TR 18047-3 Technical Corrigendum 2-2008	信息技术.射频识别装置合格试验方法.第 3 部分：13.56 MHz 空中接口通信的试验方法.技术勘误 2
72	ISO/IEC 19762-3-2008	信息技术.自动识别和数据采集（AIDC）技术.校准词汇.第 3 部分：无线电频率识别（RFID）
73	ISO/IEC TR 24729-2-2008	信息技术.项目管理的射频识别（RFID）.执行指南.第 2 部分：再循环和 RFID 标签
74	ISO/IEC TR 24729-1-2008	信息技术.项目管理的射频识别（RFID）.执行指南.第 1 部分：RFID 激活的标签和包装支持 ISO/IEC 18000-6C
75	ISO/IEC 18000-7-2008	信息技术.项目管理的射频识别.第 7 部分：433 MHz 有源空中接口通信用参数
76	ISO/IEC 18046-3-2007	信息技术.射频识别装置性能试验方法.第 3 部分：标签性能的试验方法
77	ISO 17363-2007	RFID 供应链应用.货运集装箱
78	ISO/IEC 15459-5-2007	信息技术.唯一标识符.第 5 部分：可重复使用运输单元（RTIs）的唯一标识符
79	ISO/IEC 15459-6-2007	信息技术.唯一标识符.第 6 部分：产品分组的唯一标识符
80	ISO/IEC TR 18047-3 Technical Corrigendum 1-2007	信息技术.射频识别装置合格试验方法.第 3 部分：13.56 MHz 远程接口通信的试验方法.技术勘误 1
81	ISO/IEC 18046-2006	信息技术.自动识别和数据捕获技术.射频识别装置性能试验方法
82	ISO/IEC TR 18047-6-2006	信息技术.射频识别装置合格试验方法.第 6 部分：860 MHz 至 960 MHz 之间空中接口通信的试验方法
83	ISO/IEC 18000-6 AMD 1-2006	信息技术.项目管理用无线电频率识别.第 6 部分：频率为 860 MHz～960 MHz 的空气接口通信参数.修改件 1：C 型的扩展和 A 及 B 型的更新

续表

序号	标准号	标准名称
84	ISO/IEC TR 18047-2-2006	信息技术．射频识别装置合格试验方法．第2部分：135 kHz以下空中接口通信的试验方法
85	ISO 14814-2006	道路运输和交通远程信息处理．自动车辆和设备识别．参考体系结构和术语
86	ISO/IEC TR 18047-7-2005	信息技术．射频识别装置合格试验方法．第7部分：433 MHz有效空中接口通信的试验方法
87	ISO/TS 17261 Technical Corrigendum 1-2005	智能运输系统．自动车辆和设备识别．联运货物运输体系和术语．技术勘误1
88	ISO 21007-1-2005	储气瓶．用射频识别技术识别和标记．第1部分：参考体系结构和术语
89	ISO 21007-2-2005	储气瓶．用射频识别技术识别和标记．第2部分：射频识别的编号方案
90	ISO/TS 17261-2005	智能运输系统．自动车辆和设备识别．联运货物运输体系和术语
91	ISO/IEC 19762-3-2005	信息技术．自动识别和数据捕获（AIDC）技术．校准词汇．第3部分：射频识别（RFID）
92	ISO 11784 AMD 1-2004	动物的射频信号识别．代码结构．修改件1
93	ISO/IEC TR 18047-4-2004	信息技术．射频识别装置合格试验方法．第4部分：2.45 MHz空中接口通信的试验方法
94	ISO/IEC TR 18001-2004	信息技术．项目管理用射频识别．应用要求轮廓
95	ISO/IEC 15962-2004	信息技术．项目管理用射频识别（RFID）．数据协议：数据编码规则和逻辑存储功能
96	ISO/IEC 15961-2004	信息技术．项目管理用射频识别（RFID）．数据协议：应用接口
97	ISO/IEC 18000-1-2004	信息技术．项目管理的射频识别．第1部分：参考结构和标准化参数的定义
98	ISO/IEC 18000-3-2004	信息技术．项目管理的射频识别．第3部分：13.56 MHz的空中接口通信用参数
99	ISO/IEC 15963-2004	信息技术．项目管理的射频识别．RF标签的唯一识别
100	ISO/IEC 18000-2-2004	信息技术．项目管理的射频识别．第2部分：135 kHz以下的空中接口通信用参数
101	ISO/IEC TR 18047-3-2004	信息技术．射频识别装置合格试验方法．第3部分：13.56 MHz空中接口通信的试验方法
102	ISO/IEC 29182-1-2013	信息技术．传感器网络：传感器网络参考架构（SNRA）．第1部分：概览和要求
103	ISO/IEC 29182-2-2013	信息技术．传感器网络：传感器网络参考架构（SNRA）．第2部分：词汇和术语
104	ISO/TS 19130-2010	地理信息．用于地理定位的成像传感器模型
105	ISO 22896-2006	道路车辆．使用者安全系统开发和传感器总线
106	ISO/TR 10305-2-2003	道路车辆．电磁场强度测量设备的校正．第2部分：9 kHz~40 GHz的电磁场传感器和探针（不包括天线）的校正用IEEE标准
107	ISO 22839-2013	智能运输系统．前进的道路车辆碰撞缓冲系统．操作，性能和检定要求
108	ISO 15830-3-2013	道路车辆．WorldSID 50th percentile侧面碰撞（试验）男性假人的设计和性能规范．第3部分：电子子系统
109	ISO/IEC 29180-2012	信息技术．系统间通讯和信息交换．普遍存在的传感网用安全框架
110	ISO 22840-2010	智能运输系统．援助倒车操纵的设备．支持援助系统扩展范围（ERBA）
111	ISO 17386-2010	交通信息和控制系统．低速操作的操控辅助装置（MALSO）．性能要求和试验程序
112	ISO 22179-2009	智能运输系统．全速范围自动适配巡航控制（FSRA）系统．性能要求和试验程序
113	ISO 22178-2009	智能运输系统．低速跟踪（LSF）系统．性能要求和试验程序
114	ISO 17361-2007	智能运输系统．道路偏离警告系统．性能要求和试验程序
115	ISO 15830-3-2005	道路车辆．WorldSID 50th percentile侧面碰撞（试验）男性假人的设计和性能规范．第3部分：电子子系统
116	ISO 17386-2004	交通信息和控制系统．低速操作用机动辅助装置．性能要求和试验过程

续表

序号	标准号	标准名称
117	ISO 16446-2002	船舶和航海技术. 海洋环境保护. 连接不同的臂式连接器的适配器
118	ISO/IEC 15415-2011	信息技术. 自动识别和数据捕获技术. 条形码打印质量试验规范. 二维符号
119	ISO/IEC 24724-2011	信息技术. 自动识别和数据捕获技术. GS1 数据条形码符号规范
120	ISO/IEC 16022 Technical Corrigendum 2-2011	信息技术. 自动识别和数据采集技术. 数据矩阵条形码符号规范. 技术勘误表 2
121	ISO 22742-2010	包装. 产品包装用线形条码和二维符号
122	ISO/IEC 24723-2010	信息技术. 自动识别与数据采集技术. GS1 混合条形码符号规范
123	ISO 12029-2010	文件管理. 机器可读纸模. 用户友好性优化设计和电子文件馆里系统（EDMS）
124	ISO/IEC 15421-2010	信息技术. 自动识别和数据捕获技术. 条形码主要测试规范
125	ISO/IEC 15420-2009	信息技术. 自动识别和数据捕获技术. 条形码符号表示法规范 EAN/UPC
126	ISO/IEC 15423-2009	信息技术. 自动识别和数据捕获技术. 条形码扫描仪和解码器性能试验
127	ISO/IEC 15459-8-2009	信息技术. 唯一标识符. 第 8 部分：运输单位的分类
128	ISO/IEC 15419-2009	信息技术. 自动识别和数据采集技术. 条形码数字成像和印刷性能测试
129	ISO 15394-2009	包装. 航运、运输和接收标签用条形码机二维符号
130	ISO/IEC 18004 Technical Corrigendum 1-2009	信息技术. 自动识别和数据采集技术. QR 代码 2005 条形码符号规范. 技术勘误 1
131	ISO 28219-2009	包装. 线性条形码和二维符号的标注和直接产品标记
132	ISO/IEC 16022 Technical Corrigendum 1-2008	信息技术. 自动识别和数据捕捉技术. 数据矩阵式条码符号技术规范. 技术勘误表 1
133	ISO/IEC 15415 Technical Corrigendum 1-2008	信息技术. 自动识别和数据捕获技术. 条形码打印质量试验规范. 二维符号. 技术勘误 1
134	ISO/IEC 15426-2 Technical Corrigendum 1-2008	信息技术. 自动识别和数据捕获技术. 条形码校验一致性规范. 第 2 部分：二维符号. 技术勘误 1
135	ISO/IEC 24778-2008	信息技术. 自动识别和数据采集技术. Aztec 码条码符号技术规范
136	ISO/IEC 15417-2007	信息技术. 自动识别和数据捕捉技术. 代码 128 条形码符号规范
137	ISO/IEC 16390-2007	信息技术. 自动识别和数据捕捉技术. 交插二五条形码符号规范
138	ISO/IEC 16388-2007	信息技术. 自动识别和数据捕捉技术. 代码 39 条形码符号规范
139	ISO 21849-2006	飞行器和太空. 工业数据. 产品识别和可追溯性
140	ISO/IEC 24724-2006	信息技术. 自动识别和数据捕获技术. 缩减码型（RSS）的条形码符号规范
141	ISO/IEC 18004-2006	信息技术. 自动识别和数据捕获技术. QR 代码 2005 条形码符号表示法规范
142	ISO/IEC 16022-2006	信息技术. 自动标识和数据收集技术. 数据矩阵条形码符号规范
143	ISO/IEC TR 19782-2006	信息技术. 自动识别和数据捕获技术. 条形码符号阅读的低基片不透明性和光泽度效果
144	ISO/IEC 24728-2006	信息技术. 自动标识和数据收集技术. MicroPDF417 条形码符号规范
145	ISO/IEC 15438-2006	信息技术. 自动识别和数据采集技术. PDF417 条码符号学规范
146	ISO/IEC 15426-1-2006	信息技术. 自动识别和数据捕获技术. 条形码校验一致性规范. 第 1 部分：线性符号
147	ISO/IEC 24723-2006	信息技术. 自动识别和数据收集技术. EAN. UCC 复合条形码符号规范
148	ISO/IEC 15459-1-2006	信息技术. 唯一标识符. 第 1 部分：运输设备的唯一标识符
149	ISO/IEC 18050-2006	信息技术. 办公设备. 机读数字邮政标记的打印质量特征
150	ISO/IEC 15426-2-2005	信息技术. 自动识别和数据捕获技术. 条形码校验一致性规范. 第 2 部分：二维符号
151	ISO 22742-2005	包装. 产品包装用线形条码和二维符号
152	ISO/IEC 15423-2004	信息技术. 自动识别和数据捕获技术. 条形码扫描仪和解码器性能检测

续表

序号	标准号	标准名称
153	ISO/IEC 15415-2004	信息技术. 自动识别和数据捕获技术. 条形码打印质量试验规范. 二维符号
154	ISO/IEC 16022 Technical Corrigendum 1-2004	信息技术. 国际符号表示规范. 数据矩阵. 技术勘误1
155	ISO/TS 21849-2003	飞行器. 集成数据加工材料管理. 条形码
156	ISO/IEC 15438-2001	信息技术. 自动标识和数据采集技术. 条码符号学规范. PDF417
157	ISO 12656-2001	缩微摄影技术. 窗孔卡片的条码的应用
158	ISO/IEC 15419-2001	信息技术. 自动识别和数据采集技术. 条形码数字成像和印刷性能检测
159	ISO/IEC 15423-1-2001	信息技术. 自动识别和数据采集技术. 条形码扫描器和解码器性能检测. 第1部分: 线性符号
160	ISO/IEC 15420-2000	信息技术. 自动识别和数据捕获技术. 条形码符号表示法规范. EAN/UPC
161	ISO/IEC 15421-2000	信息技术. 自动识别和数据捕获技术. 条形码主要测试规范
162	ISO/IEC 15416-2000	信息技术. 自动识别和数据捕获技术. 条形码打印质量测试规范. 线性符号
163	ISO/IEC 15426-1-2000	信息技术. 自动识别和数据捕获技术. 条形码校验一致性规范. 第1部分: 线性符号
164	ISO/IEC 15417-2000	信息技术. 自动识别和数据捕获技术. 条形码符号表示法规范. 128代码
165	ISO/IEC 18004-2000	信息技术. 自动识别和数据捕获技术. 条形码符号表示法. QR代码
166	ISO/IEC 16022-2000	信息技术. 国际符号表示规范. 数据矩阵
167	ISO/IEC 16023-2000	信息技术. 国际符号表示规范. 混合代码
168	ISO 15394-2000	包装 航运、运输和可接受标签的两维符号和条码
169	IEC/TR 62540-2009	固定铅酸电池及单块的射频识别技术（RFID）. 试验性要求
170	IEC 62369-1-2008	人体暴露在频率范围为0 GHz～300 GHz的各种设备中短程装置（SRDs）产生的电磁场中的评估. 第1部分: 电子产品监测、无线电频率鉴定和类似系统用装置产生的电磁场
171	IEC 61326-2-3-2012	测量、控制和实验室用电气设备. 电磁兼容性要求. 第2-3部分: 详细要求. 有综合或遥感信号作用的传感器的试验结构, 操作条件和性能标准
172	IEC 61326-2-3-2006	测量、控制和实验室用电气设备. 电磁兼容性要求. 第2-3部分: 详细要求. 有综合或遥感信号作用的传感器的试验结构, 操作条件和性能标准
173	IEC 61108-1-2003	海上导航和无线电通信设备和系统. 全球导航卫星系统（GNSS）. 第1部分: 全球定位系统（GPS）. 接收机设备. 性能标准、测试方法和要求的测试结果
174	IEC 62090-2002	使用条形码和二维符号的电子元器件用产品包装标签
175	ISO/IEC 16390-1999	信息技术. 自动识别和数据捕获技术. 条形码符号表示法规范. 5与2交替
176	ISO/IEC 16388-1999	信息技术. 自动识别和数据捕获技术. 条形码符号表示法规范. 39码
177	ISO 13230-1999	眼科光学. 条形码规范

资料来源: 中国产业智库大数据中心

3.4.2 欧盟标准化组织物联网产业重点领域技术标准

目前，物联网欧洲标准达到41项（表3-10），主要为产品标准和方法标准。产品标准主要为自动车辆和设备识别、高级地面移动导航和控制系统、钢产品的运输和处理标签等；方法标准主要为使用射频识别技术进行识别和标记、自动标识和数据采集技术等。

表 3-10 欧盟标准化组织物联网产业关键技术标准列表

序号	标准号	标准名称
1	EN ISO 21007-2-2013	储气瓶.使用射频识别技术进行识别和标记.第2部分：射频识别用编号方案（ISO 21007-2-2013).德文版本 EN ISO 21007-2-2013
2	EN ISO 17261-2012	智能运输系统.自动车辆和设备识别.联运货物运输体系架构和术语（ISO 17261-2012).德文版本 EN ISO 17261-2012
3	EN 50364-2010	由于使用电子产品监视（EAS），射频识别（RFID）和类似用途的运行频率范为 0 Hz～300 GHz 的设备所产生的电磁场对人体辐射的限制.德文版本 EN 50364-2010
4	EN 302208-2-2010	电磁兼容性和无线电频谱物质（ERM）.功率小于 2 W 在 865 MHz～868 MHz 频带上运行的无线电频谱识别设备.第2部分：包括 R&TTE 指令第 3.2 条款基本要求协调一致的 EN 标准[英文版本 EN 302208-2 V1.3.1（2010-02）核准本作为德国标准]
5	EN 302208-1-2010	电磁兼容性和射频频谱物质（ERM）.功率小于 2 W、865 MHz～868 MHz 频带上运行的射频频谱识别设备.第1部分：技术要求和测量方法.[英文版本 EN 302208-1 V1.3.1（2010-02）核准本作为德国标准]
6	EN 62369-1-2009	人体暴露在频率范围为 0 GHz～300 GHz 的各种设备中短程装置（SRDs）产生的电磁场中的评估.第1部分：商品电子防盗，无线电频率识别和类似系统产生的电磁场（IEC 62369-1：2008).德文版本 EN 62369-1：2009
7	EN 302208-1-2008	电磁兼容性和射频频谱物质（ERM）.功率小于 2 W、865 MHz～868 MHz 频带上运行的射频频谱识别设备.第1部分：技术要求和测量方法.[EN 302208-1 V1.2.1（2008-04）英文版作为德国标准的认可]
8	EN 302208-2-2008	电磁兼容性和无线电频谱物质（ERM）.功率小于 2 W 在 865 MHz～868 MHz 频带上运行的无线电频谱识别设备.第2部分：包括 R&TTE 指令 3.2 条款基本要求的协调 EN 标准[EN 302208-2 V1.2.1（2008-04）英文版作为德国标准的认可]
9	EN ISO 14814-2006	道路运输和交通远程信息处理.自动车辆和设备识别.参考体系结构和术语（ISO 14814：2006)
10	EN ISO 21007-2-2005	储气瓶.用射频识别技术进行识别和标记.第2部分：射频识别用编号方法（ISO 21007-2-2005).德文版本 EN ISO 21007-2-2005
11	EN ISO 21007-1-2005	气瓶.用射频识别技术进行识别和标记.第1部分：参考结构和术语
12	EN 302208-2-2004	电磁兼容性和无线电频谱情况（ERM）.功率等级 2 W 及以下的在频带为 865 MHz 至 868 MHz 上运行的射频识别设备.第2部分：R&TTE 指令的 3.2 条款下协调的 EN
13	EN 50357-2001	由于使用电子产品监视（EAS）、射频识别（RFID）和类似用途设备所产生的电磁场对人体辐射的评价.德文版本 EN 50357：2001
14	EN 50364-2001	由于使用电子产品监视（EAS）、射频识别（RFID）和类似用途的运行频率范为 0 Hz～10 GHz 的设备所产生的电磁场对人体辐射的限制.德文版本 EN 50364：2001
15	EN 61326-2-3-2013	测量、控制和实验室用电气设备.电磁兼容性（EMC）要求.第 2-3 部分：详细要求.集成或遥感信号调制传感器的试验配置、操作条件和性能标准（IEC 61326-2-3-2012).德文版本 EN 61326-2-3-2013
16	EN 303213-3-2010	高级地面移动导航和控制系统（A-SMGCS）.第3部分：包括其接口的传感器部署合作用欧洲单一空中互操作性规则 EC 552/2004 下应用的共同体规范[英文版本 EN 303213-3 V1.1.1（2010-10）作为德国标准]
17	EN 303213-4-2-2010	高级地面移动导航和控制系统（A-SMGCS）.第4部分：包括其接口的非合作传感器部署合作用欧洲单一空中互操作性规则 EC 552/2004 下应用的共同体规范.第2子部分：部署地面移动雷达传感器的具体要求[英文版本 EN 303213-4-2 V1.1.1（2010-10）作为德国标准]
18	EN 303213-4-1-2010	先进场面活动引导和控制系统（A-SMGCS）.第4部分：包括其接口的部署非合作传感器用欧洲天空一体化互用性规则 EC 552/2004 下应用的团体规范
19	EN 15625-2010	铁路设施.制动.自动可变负荷传感器.德文版本 EN 15625-2008+A1-2010
20	EN 15625-2008	铁路设施.制动.自动变量载荷传感器.德文版本 EN 15625-2008
21	EN 50123-7-3-2003	铁路设施.固定设备.直流开关装置.第 7-3 部分：直流牵引系统专用测量、控制和保护设备.独立式电压传感器和其他电压测量设备

续表

序号	标准号	标准名称
22	EN 50123-7-2-2003	铁路设施.固定设备.直流开关装置.第7-2部分：直流牵引系统专用测量、控制和保护设备.独立式电流传感器和其他电流测量设备
23	EN ISO/IEC 15438-2010	信息技术.自动识别和数据收集技术.条码符号规范 PDF417.英文版本 EN ISO/IEC 15438-2010
24	EN ISO/IEC 15419-2010	信息技术.自动识别和数据采集技术.条码数字成像与印刷性能试验（ISO/IEC 15419-2009）.英文版本 EN ISO/IEC 15419-2009
25	EN ISO/IEC 15423-2010	信息技术.自动识别和数据采集技术.条形码扫描仪和解码器性能测试（ISO/IEC 15423-2009）.英文版本 EN ISO/IEC 15423-2010
26	EN ISO/IEC 15426-2-2006	信息技术.自动识别和数据捕获技术.条形码校验一致性规范.第2部分：二维符号（ISO 15426-2-2005）
27	EN ISO/IEC 15415-2005	信息技术.自动识别和数据捕获技术.条形码印刷质量试验规范.二维符号（ISO/IEC 15415-2004）.英文版本 EN ISO/IEC 15415-2005
28	EN ISO/IEC 15423-2005	信息技术.自动识别和数据捕获技术.条形码扫描仪和解码器性能检测
29	EN 12323-2005	AIDC 技术.符号规范.16K 码
30	EN 1649-2004	AIDC 技术.影响条形码符号的读取的操作方法
31	EN 606-2004	条形码.钢产品的运输和处理标签
32	EN ISO/IEC 15438-2003	信息技术.自动标识和数据采集技术.条码符号表示规范.PDF417
33	EN 62090-2003	电子元器件产品条形码和二维符号包装标签
34	EN ISO/IEC 15419-2002	信息技术.自动识别和数据捕获技术.条形码数字成像和打印性能测试
35	EN ISO/IEC 15421-2001	信息技术.自动识别和数据捕获技术.条形码主要测试规范（ISO/IEC 15421：2000）.德文版本 EN ISO/IEC 15421：2001
36	EN ISO/IEC 15416-2001	信息技术.自动识别和数据捕获技术.条形码打印质量试验规范：线性符号（ISO/IEC 15416：2000）.德文版本 EN ISO/IEC 15416：2001
37	EN 1556-1998	条形码.专业术语
38	EN 1572-1996	条形码.传输单元专用标识符
39	EN 1571-1996	条形码.数据标识符
40	EN 1573-1996	条形码.多行业传输标签
41	EN 841-1995	条形码.符号规范.格式说明

资料来源：中国产业智库大数据中心

3.4.3 美国物联网产业重点领域技术标准

物联网美国标准主要由美国国家标准协会、美国电气和电子工程师协会、美国材料与试验协会、美国保险商实验所制定。目前，物联网标准共79项（表3-11），主要为产品标准、测试方法标准、安全标准。产品标准包括各种类型的传感器（感应器和传动装置用智能传感器接口、接地故障传感设备和继电设备）、条形码、射频识别技术；测试方法标准包括用载荷-位移传感器测定塑料的高速刺穿特性的试验方法、测定已装货集装箱中被动式无线射频识别应答器性能的标准试验方法、无人潜水器（UUV）传感器数据格式用标准指南等。

表 3-11 美国物联网产业关键技术标准列表

序号	标准号	标准名称
1	UL 2178-2000	标记和编码设备的检查略图
2	ASTM D7434-2008	测定托盘或成套负荷上被动式无线射频识别（RFID）应答器性能的标准试验方法
3	ASTM D7580/7580M-2009	测定同质托盘或成套负荷上的无源射频识别转发器可读性旋转缠绕包装机法的标准试验法
4	ASTM D7435-2008	测定已装货集装箱中被动式无线射频识别（RFID）应答器性能的标准试验方法
5	ASTM E 2415-2005	压电公路交通传感器的安装的标准实施规程
6	ASTM F 2595-2006	无人潜水器（UUV）传感器数据格式的标准指导
7	ASTM F 2595-2007	无人潜水器（UUV）传感器数据格式用标准指南
8	ASTM D7192-2005	用载荷传感器和位移传感器测定塑料薄膜高速击穿特性的标准试验方法
9	ASTM F2595-2007	无人潜水器（UUV）传感器数据格式用标准指南
10	ASTM D 3763-2006	用载荷和位移传感器测试塑料的高速穿孔特性的标准试验方法
11	ASTM F 2537-2006	用于测量微移动用直线位移传感器系统的刻度标准实施规范
12	ASTM D3763-2006	用载荷和位移传感器测试塑料的高速穿孔特性的标准试验方法
13	ASTM D3763-2010	用荷载和位移传感器测试高速穿孔性能的标准试验方法
14	ASTM D7192-2010	使用负荷和位移传感器测定塑料薄膜的高速刺穿特性的标准试验方法
15	ASTM F2594-2007	无人潜水器（UUV）通信用标准指南
16	ASTM E 1466-1992	临床试验室中取样管上条码的使用
17	ASTM F 1851-1998	条码验证标准操作规程
18	ASTM F1851-1998（2003）	条码验证标准操作规程
19	ASTM F1851-1998（2009）	条码验证标准实施规程
20	IEEE 1902.1-2009	长波长无线网络协议
21	IEEE 802.15.4f-2012	局域网和城域网用 IEEE 标准. 第 15.4 部分：低等级无线个人局域网（LR-WPANs）. 修改件 2：使用中的无线射频识别（RFID）系统物理层（PHY）
22	IEEE 1451.7-2010	感应器和传动装置用智能传感器接口. 无线射频识别（RFID）系统通信协议传感器和传感器电子数据表单
23	IEEE 1451.5-2007	传感器和激励器用智能传感器接口标准. 无线通信协议和传感器电子数据表（TEDS）格式
24	IEEE 1451.3-2003	感应器和传动装置用智能传感器接口. 分布式多点系统用数字通信和传感器电子数据表格式
25	ANSI INCITS 256-2007	信息技术. 射频识别（RFID）
26	ANSI MH10.8.4-2002	可回收使用容器用射频识别（RFID）标签
27	ANSI INCITS256-2001	射频识别（RFID）
28	ANSI/IEEE 1451.7-2010	感应器和传动装置用智能传感器接口. 无线射频识别（RFID）系统通信协议传感器和传感器电子数据表单格式
29	ANSI INCITS256-2007	信息技术. 射频识别（RFID）
30	ANSI/HIBC 4.0-2009	保健产业条码委员会无线射频识别供应商标准
31	ANSI/IEEE 21451.7-2011	信息技术. 传感器和制动器用智能转换器接口. 第 7 部分：传感器射频识别（RFID）系统通信协议和电子数据表（TEDS）格式
32	ANSI/IEEE 1451.5-2007	传感器和传动装置用智能传感器接口的标准. 无线通信协议和传感器电子数据表（TEDS）格式
33	ANSI/IEEE 1451.0-2007	传感器和传动装置用智能传感器接口的标准. 通用功能、通信协议和传感器电子数据表（TEDS）格式
34	ANSI/IEEE C57.12.35-2007	配电变压器的标准条形编码
35	ANSI MH10.8.7-2005	材料运输. 用线型条码和二维符号进行标签和产品直接标记
36	ANSI MH10.8.1-2005	材料运输. 成组货件和运输包装. 条形码符号

续表

序号	标准号	标准名称
37	ANSI MH10.8.6-2003	产品包装的条形码和二维（2D）符号
38	ANSI/ASTM E1466-2002	临床实验室中样品试管上条形码的使用规范（14.01）
39	ANSI/HIBC 2.2-2006	保健工业条形码（HIBC）供货商标签标准
40	ANSI/CEA 621-A-2004	电子工业协会. 消费者电子类产品和包装条码标准
41	ANSI/HIBC 1.2-2006	公共卫生业条形码（HIBC）提供者用标准
42	ANSI/INCITS/ISO/IEC 18050-2008	信息技术. 办公设备. 机读数字邮政标记的打印质量特征
43	ANSI/HIBC 2.3-2009	公共卫生条形码（HIBC）供货商标签标准
44	ANSI/HIBC 1.3-2010	公共卫生业条形码（HIBC）提供者用标准
45	ANSI/HIBC 5.0-2011	保健产业条形码（HIBC）语法标准
46	ANSI/INCITS/ISO/IEC 18050-2006	信息技术. 办公设备. 机读数字邮政标记的打印质量特征
47	ANSI/UL 1053-1999	接地故障传感设备和继电设备
48	ANSI/ASTM D3763-1986	用载荷-位移传感器测定塑料的高速刺穿特性的试验方法（08.03）
49	ANSI INCITS 182-1990	信息系统. 条形码打印质量. 指南（代替 ANSI X3.182-1990）
50	ANSI/HIBC 2-1997	卫生工业用条形码（HIBC）供货商标签标准
51	ANSI/ASTM E1466-1992	临床实验室中样品管上条形码的使用规范（14.01）
52	ANSI/HIBC 1-1996	卫生行业条码提供者适用标准
53	ANSI/NCCLS LIS7-A-1999	临床实验室的试样管上条码的使用指南
54	ANSI/AIM BC6-1995	统一符号规范. 49 编码
55	ANSI/AIM BC3-1995	统一符号规范. 条形码
56	ANSI/AIM BC2-1995	统一符号规范. 5 个中重叠 2 个
57	ANSI/AIM BC1-1995	统一符号规范. 39 编码
58	ANSI/AIM BC5-1995	统一符号规范. 93 编码
59	ANSI/AIM BC4-1995	统一符号规范. 128 编码
60	ANSI/AIM BC7-1995	统一符号规范. 16K 编码
61	ANSI/EIA-621-1995	电子工业协会. 消费电子类产品和包装条形码标准
62	ANSI/EIA-624-1995	电子工业协会. 非零售产品包装条形码标志标准
63	ANSI/CEA 621-1995	电子工业协会. 消费者电子类产品和包装条码标准
64	ANSI/CEA 624-1995	电子工业协会. 非零售用产品包装条码标签标准
65	ANSI/AIM BC-11-1997	AIM 国际技术规范. 国际符号规范. 数据矩阵
66	ANSI/AIM BC-10-1997	AIM 国际技术规范. 国际符号规范. 最大编码
67	ANSI/IEEE C57.12.35-1996	配电变压器的标准条形编码
68	ANSI/EIA 556-A-1992	电子设备. 运输集装箱外部条码标签标准
69	ANSI/AIM BC-13-1998	国际符号规范. Aztec 编码
70	ANSI/AIM BC-12-1998	统一符号规范. 通道编码
71	ANSI/CEA 556-B-1999	电子仪器. 外部货运容器条形码标签标准
72	ANSI INCITS182-1990	条码印刷质量指南
73	ANSI/EIA 624-1995	电子工业协会. 非零售用的产品包装条形码标签标准
74	ANSI X3.182-1990	信息系统. 条形码印刷质量的导则

续表

序号	标准号	标准名称
75	ANSI/EIA-556-B-1999	电子学. 运输集装箱外部条形码标签标准
76	ANSI/EIA 621-1995	电子工业协会. 消费者电子集团产品和包装条形码标准
77	ANSI/AIM-BC3-1995	统一符号规范. 条形码
78	ANSI MH10.8M-1993	材料装卸用成件货物和运输包装件的条形码符号
79	ANSI/EIA 556-B-1999	电子学. 外运集装箱外部条码标签标准

资料来源：中国产业智库大数据中心

3.4.4 日本物联网产业重点领域技术标准

物联网日本标准主要由日本工业标准调查会制定，目前，物联网日本标准达到27项（表3-12），包括产品标准和测试方法标准。产品标准主要为自动识别和数据捕捉（AIDC）技术、交通信息和控制系统、航运、运输和收货标签用条形码和两维符号等；测试方法标准包括路线条形码数字成像和印制性能试验、条形码校验一致性规范、具有定位传感器的液压缸试验方法。

表3-12 日本物联网产业关键技术标准列表

序号	标准号	标准名称
1	JIS X0500-3-2009	信息技术. 自动识别和数据捕捉（AIDC）技术. 校准词汇. 第3部分：射频识别（RFID）
2	JIS C1806-2-3-2012	测量，控制和实验室用电气设备. 电磁兼容性（EMC）要求. 第2-3部分：详细要求. 有综合或遥感信号作用的传感器的试验结构，操作条件和性能标准
3	JIS D0803-2007	交通信息和控制系统. 低速操作用航行辅助装置. 性能要求和试验过程
4	JIS X0515-2013	包装. 航运、运输和收货标签用条形码和两维符号
5	JIS X0503-2012	条形码符号. 代码39. 基本规范
6	JIS X0505-2012	条码符号. 交错的2与5. 基本规范
7	JIS X0509-2012	信息技术. 自动识别和数据采集技术. GS1 DataBar条码符号规范
8	JIS X0508-2010	信息技术. 自动标识和数据采集技术. PDF417条码符号学规范
9	JIS X0524-2007	信息技术. 自动识别和数据捕获技术. 条形码主要试验规范
10	JIS X0523-2007	信息技术. 自动识别和数据捕获技术. 条形码数字成像和印制性能试验
11	JIS X0516-2006	包装. 产品包装用线形条码和二维符号
12	JIS C0807-2005	使用条形码和二维符号的电子元器件用产品包装标签
13	JIS X0522-1-2005	条形码扫描器和解码器性能试验. 第1部分：线性符号
14	JIS X0521-1-2005	条形码校验一致性规范. 第1部分：线性符号
15	JIS X0505-2004	条码符号. 交错的2与5. 基本规范
16	JIS X0507-2004	条形码符号表示. EAN/UPC. 基本规范
17	JIS X0504-2003	条码符号. 128码. 基本规范
18	JIS X0515-2003	航运、运输和收货标签用条形码和两维符号
19	JIS X0520-2001	条码印刷质量试验规范. 线性符号
20	JIS X0506-2000	条形码符号. 条形码. 基本规范
21	JIS X0503-2000	条形码符号. 代码39. 基本规范
22	JIS B8662-1989	具有定位传感器的液压缸试验方法

续表

序号	标准号	标准名称
23	JIS X0504-1996	条码符号.128 码.基本规范
24	JIS X0502-1994	发货装置代码用条形码符号
25	JIS X0503-1994	条码符号.NW7 和 39 码.基本规范
26	JIS X0502-1987	流通商品代码用条形码符号
27	JIS X0501-1985	普通商品代码用条形码符号

资料来源：中国产业智库大数据中心

3.4.5 英国物联网产业重点领域技术标准

物联网英国标准主要由英国标准协会制定，目前，物联网英国标准已经达到 187 项（表 3-13），主要为欧盟和国际标准化组织制定的标准转化为英国国家标准，包括产品、测试方法等两类标准。产品标准主要为自动车辆和设备识别、前进车辆碰撞缓冲系统、辅助倒车操纵的设备等。此外，还包括无线射频识别的供应链应用、全球定位系统、运输和装卸条码标签、标签语言等。测试标准包括道路偏离警告系统、低速跟踪（LSF）系统试验、全速范围可适应巡航控制（FSRA）系统、自动识别和数据捕获技术等。

表 3-13 英国物联网产业关键技术标准列表

序号	标准号	标准名称
1	BS PAS 94-2013	无线电频率识别（RFID）应用中隐私影响评估（PIA）框架的实施.指南
2	BS ISO/IEC 15961-1-2013	信息技术.项目管理的射频识别（RFID）：数据协议.应用接口
3	BS ISO 17367-2013	使用无线射频识别（RFID）的供应链.产品标签
4	BS ISO 17364-2013	无线射频识别（RFID）的供应链应用.可回收的运输物品（RTIs）和可回收包装类产品（RPIs）
5	BS ISO 17363-2013	无线射频识别（RFID）供应链应用.货运集装箱
6	BS ISO 17365-2013	无线射频识别（RFID）的供应链应用.传送装置
7	BS ISO/IEC 15962-2013	信息技术.项目管理用无线射频识别（RFID）.数据协议：数据编码规则和逻辑记忆功能
8	BS ISO/IEC 18000-6-2013	信息技术.项目管理用无线射频识别.860 MHz 到 960 MHz 通用空中接口通信用参数
9	BS EN ISO 21007-2-2013	气瓶.用射频识别技术识别和标记.射频识别的编号方案
10	BS ISO/IEC 18000-64-2013	信息技术.项目管理的射频识别.860 MHz 至 960 MHz D 型空中接口通信用参数
11	BS ISO/IEC 18000-63-2013	信息技术.物品管理的射频识别.860 MHz 至 960 MHz C 型空中接口通信参数
12	BS ISO/IEC 18000-62-2013	信息技术.物品管理的射频识别.860 MHz 至 960 MHz B 型空中接口通信参数
13	BS ISO 24631-7-2013	动物的无线射频识别.ISO 11785 标准识别系统的同步
14	BS ISO/IEC 18047-6-2013	信息技术.射频识别装置合格试验方法.860 MHz 至 960 MHz 频段空中接口通信的试验方法
15	BS EN ISO 17262-2012	智能运输系统.自动车辆和设备识别.编号和数据结构
16	BS EN ISO 17261-2012	智能运输系统.自动车辆和设备识别.联运货物运输结构和术语
17	BS ISO/IEC 29160-2012	信息技术.品项管理射用频识别技术.无线射频识别（RFID）符号
18	BS EN 4817-2012	航空航天系列.飞机用无源超高频无线射频识别（UHF RFID）标签
19	BS EN 4818-2012	航空航天系列.飞机用无源高频无线射频识别（HF RFID）标签
20	BS EN ISO/IEC 19762-3-2012	信息技术.自动识别和数据采集（AIDC）技术.校准词表.射频识别（RFID）

续表

序号	标准号	标准名称
21	BS ISO/IEC 29167-1-2012	信息技术. 自动识别和数据采集技术. 射频识别（RFID）架构的安全服务和文件管理用空中接口
22	BS ISO/IEC 18047-2-2012	信息技术. 射频识别设备符合性试验方法. 低于 135 kHz 的空气接口通信的试验方法
23	BS ISO 18186-2011	集装箱. RFID 货运标签系统
24	BS ISO/IEC 29176-2011	信息技术. 手机产品识别和管理. 手机 RFID 服务的消费者隐私保护协议
25	BS ISO/IEC 18046-1-2011	信息技术. 无线电频率识别装置性能试验方法. 系统性能试验方法
26	BS ISO/IEC 24791-2-2011	信息技术. 项目管理用无线电频率识别（RFID）. 软件系统基本结构. 数据管理
27	BS ISO 24631-6-2011	动物的射频识别. 动物识别信息（直观显示/数据传送）的表示法
28	BS ISO/IEC 18046-3-2007	信息技术. 射频识别设备性能测试方法. 标签性能测试方法
29	BS ISO/IEC 18046-2-2011	信息技术. 射频识别设备性能测试方法. 询问应答机性能试验方法
30	BS ISO 28560-1-2011	信息和文献. 图书馆无线射频识别（RFID）. 实施的数据元素和总原则
31	BS ISO 28560-2-2011	信息和文献. 图书馆无线射频识别（RFID）. 基于 ISO/IEC 15962 规则的无线射频识别（RFID）数据元素的编码
32	BS ISO 14223-1-2011	动物射频识别. 高级转调器. 空中接口
33	BS ISO 28560-3-2011	信息和文献. 图书馆的射频识别（RFID）. 固定长度编码
34	BS ISO/IEC 29143-2011	信息技术. 自动识别与数据采集技术. 移动 RFID 问答器的空气接口规范
35	BS ISO/IEC 24791-1-2010	信息技术. 条目管理用射频识别（RFID）. 软件系统建设. 架构
36	BS ISO/IEC 18000-6-2010	信息技术. 项目管理用射频识别. 860 MHz 至 960 MHz 空中接口通信参数
37	BS ISO/IEC 18000-3-2010	信息技术. 项目管理的射频识别. 13.56 MHz 的空中接口通用参数
38	BS ISO 14223-2-2010	动物射频识别. 高级转调器. 密码和指令结构
39	BS EN 50364-2010	人体暴露于 0 Hz～300 GHz 频率范围工作的电子物质监视（EAS）、射频识别（RFID）和类似用途设备所产生的电磁场中的极限值
40	BS ISO 17364-2009	无线射频识别（RFID）的供应链应用. 可退换的运输物品（RTIs）
41	BS ISO 17365-2009	无线射频识别（RFID）的供应链设施. 传送装置
42	BS ISO 24631-2-2009	动物射频识别. RFID 收发器与 ISO 11784 和 ISO 11785 一致性评价
43	BS ISO 24631-4-2009	动物射频识别. RFID 收发器与 ISO 11784 和 ISO 11785 一致性性能评价
44	BS ISO 24631-3-2009	动物射频识别. 符合 ISO 11784 和 ISO 11785 的无线射频识别（RFID）转发器性能评价
45	BS ISO 24631-1-2009	动物射频识别. 符合 ISO 11784 和 ISO 11785 的无线射频识别（RFID）转发器一致性评价
46	BS EN 62369-1-2009	人体暴露在频率范围为 0 GHz～300 GHz 的各种设备中短程装置（SRDs）产生的电磁场的评估. 电子产品监测、无线电频率鉴定和类似系统用装置产生的电磁场
47	BS ISO/IEC 15459-6-2007	信息技术. 唯一标识符. 产品分组的唯一标识符
48	BS ISO/IEC 15459-5-2007	信息技术. 唯一标识符. 可重复使用运输单元（RTIs）的唯一标识符
49	BS ISO 17363-2007	RFID 供应链应用. 货运集装箱
50	BS ISO 17687-2007	运输信息和控制系统（TICS）. 综合运输队管理和商业货运业务. 危险材料/危险品运输电子识别和监控用数据字典和信息集
51	BS ISO/IEC 18046-2006	信息技术. 自动识别和数据获取技术. 射频识别装置的性能试验方法
52	BS PD CLC/TR 50489-2006	智能追踪芯片. 在 WEEE 管理用电气和电子设备中包括 RFID 的可行性研究
53	BS EN ISO 21007-2-2005	储气瓶. 用射频识别技术识别和作标记. 射频识别的编码制
54	BS EN ISO 21007-1-2005	储气瓶. 用射频识别技术识别和作标记. 参考结构和术语
55	BS DD CEN ISO/TS 17261-2005	智能运输系统. 自动车辆和设备识别. 联运货物运输体系和术语

续表

序号	标准号	标准名称
56	BS ISO/IEC 19762-3-2005	信息技术.自动识别和数据捕获（AIDC）技术.校准词汇.射频识别（RFID）
57	BS ISO/IEC TR 18047-4-2005	信息技术.射频识别装置合格试验方法.2.45 GHz 空中接口通信的试验方法
58	BS ISO/IEC TR 18047-3-2004	信息技术.射频识别装置合格试验方法.13.56 MHz 空中接口通信的试验方法
59	BS ISO/IEC 18000-3-2004	信息技术.项目管理的射频识别.13.56 MHz 的空中接口通信用参数
60	BS ISO/IEC 18000-1-2004	信息技术.项目管理的射频识别.参考体系结构和标准化参数的定义
61	BS ISO/IEC 18000-2-2004	信息技术.细则管理用射频识别.135 kHz 以下空中接口通信用参数
62	BS ISO/IEC 15962-2004	信息技术.项目管理的射频识别（RFID）.数据协议.数据编码规则和逻辑存储功能
63	BS ISO/IEC 15961-2004	信息技术.项目管理的射频识别（RFID）.数据协议.应用接口
64	BS ISO/IEC 15963-2004	信息技术.项目管理的射频识别.RF 标志的唯一识别
65	BS DD CEN ISO/TS 17262-2003	自动车辆和设备识别.联运货物运输.编号和数据结构
66	BS EN 50357-2001	人暴露与电子产品监视（EAS）、射频识别（RFID）和类似用途的装置所产生的电磁场辐射的评定
67	BS EN 50364-2002	人体暴露于 0Hz~10GHz 频率范围工作的电子物质监视（EAS）、射频识别（RFID）和类似用途的设备所产生的电磁场中的极限值
68	BS EN 61326-2-3-2013	测量、控制和实验室用电气设备.电磁兼容性（EMC）要求.详细要求.有综合或遥感信号作用的传感器的试验结构，操作条件和性能标准
69	BS EN 61326-2-3-2006	测量、控制和实验室用电气设备.电磁兼容性（EMC）要求.专用要求.有综合或遥感信号调制传感器的试验结构，操作条件和性能标准
70	BS EN 15625-2008	铁路设施.制动.自动变量载荷传感器
71	BS EN 15625-2008+A1-2010	铁路应用设施.制动.自动可变负荷传感器
72	BS ISO 22896-2006	道路车辆.安全系统部署和客车装备传感器
73	BS ISO 22839-2013	智能运输系统.前进车辆碰撞缓冲系统.操作，性能和检定要求
74	BS DD ISO/TS 19130-2011	地理信息.地理定位的图像传感器模型
75	BS ISO 17386-2010	交通信息和控制系统.低速操作用机动辅助装置（MALSO）.性能要求和试验规程
76	BS ISO 22840-2010	智能运输系统.辅助倒车操纵的设备.支持辅助系统扩展范围（ERBA）
77	BS ISO 22179-2009	智能运输系统.全速范围可适应巡航控制（FSRA）系统.性能要求和试验程序
78	BS ISO 22178-2009	智能运输系统.低速跟踪（LSF）系统.性能要求和试验程序
79	BS ISO 17361-2007	智能运输系统.道路偏离警告系统.性能要求和试验程序
80	BS ISO 15830-3-2006	道路车辆.World SID 50th percentile 侧面碰撞（试验）男性假人的设计和性能规范.电子子系统
81	BS ISO 17386-2004	交通信息和控制系统.低速操作用机动辅助装置.性能要求和试验规程
82	BS EN 61108-1-2003	全球导航卫星系统（GNSS）.全球定位系统（GPS）.接收机设备.性能标准、测试方法和要求的测试结果
83	BS CWA 16374-76-2011	燃料和生物燃料.用于柴油发动机的纯植物油燃料概念.试验方法和要求.条形码阅读器设备类别界面从 3.10（CWA 15748）版本向 3.20 版本程序员参考界面迁移
84	BS CWA 16374-17-2011	金融业务扩充（XFS）接口规范扩展 3.20 版.条码阅读器装置类接口.程序员的参考
85	BS CWA 15748-46-2011	金融业务（XFS）接口规范扩展.3.10 版.XFS MIB 设备具体定义.条码阅读器设备类 MIB 3.10
86	BS ISO 22742-2010	包装.产品包装用线形条码和二维符号
87	BS ISO/IEC 15421-2010	信息技术.自动识别与数据采集技术.条形码主要试验规范
88	BS ISO/IEC 24724-2011	信息技术.自动识别和数据捕获技术.GS1 数据条形码符号规范
89	BS DD CEN/TS 15844-2-2010	邮政服务.信件邮寄项目的 ID-标签.BNB-78 编码规范

续表

序号	标准号	标准名称
90	BS DD CEN/TS 15844-5-2011	邮政服务. 信件邮寄项目的 ID-标签. 小写字母的 4-形态编码规范
91	BS DD CEN/TS 15844-4-2011	邮政服务. 信件邮寄项目的 ID-标签. 国家为单位的编码规范
92	BS DD CEN/TS 15844-4-2010	邮政服务. 信件邮寄项目的 ID-标签. 国家为单位的编码规范
93	BS DD CEN/TS 15844-5-2010	邮政服务. 信件邮寄项目的 ID-标签. 小写字母的 4-形态编码规范
94	BS ISO/IEC 24723-2010	信息技术. 自动标识和数据收集技术. GS1 复合条形码符号规范
95	BS EN ISO/IEC 15423-2010	信息技术. 自动识别和数据捕获技术. 条形码扫描仪和解码器性能试验
96	BS EN ISO/IEC 15419-2010	信息技术. 自动识别和数据采集技术. 条形码数字成像和印制性能试验
97	BS EN ISO 15423-2010	信息技术. 自动识别和数据采集技术. 条形码扫描器和解码器性能试验
98	BS ISO/IEC 15420-2009	信息技术. 自动识别与数据采集技术. EAN/UPC 条码符号学规范
99	BS ISO 28219-2009	包装. 标记和带二维符号与线形条码的直接产品
100	BS ISO 15394-2009	包装. 航运、运输和验收标签的二维符号和条形码
101	BS ISO 22742-2005	包装. 产品包装用线形条码和二维符号
102	BS CWA 15748-17-2008	金融业务（XFS）接口规范的扩展. 3.10 版. 条形码读码器装置类接口. 程序员的参考
103	BS ISO/IEC 16390-2007	信息技术. 自动识别和数据捕捉技术. 交插二五条形码符号规范
104	BS ISO/IEC 16388-2007	信息技术. 自动识别和数据捕捉技术. 代码 39 条形码符号规范
105	BS ISO/IEC 15417-2007	信息技术. 自动识别和数据捕捉技术. 代码 128 条形码符号规范
106	BS ISO/IEC 18004-2006	信息技术. 自动识别和数据采集技术. QR 编码 2005 条形码符号规范
107	BS ISO 21849-2007	飞行器和太空. 工业数据. 产品识别和可追溯性
108	BS DD CEN/TS 15525-2007	邮政服务. 标准接口. 机械控制和条码打印机间的接口
109	BS DD CEN/TS 15525-2006	邮政服务. 标准接口. 机械控制和条码打印机间的接口
110	BS ISO/IEC 24724-2006	信息技术. 自动识别和数据捕获技术. 缩减码型（RSS）的条形码符号使用规范
111	BS ISO/IEC 16022-2006	信息技术. 自动识别和数据俘获技术. 数据矩阵条形码象形规范
112	BS EN ISO/IEC 15438-2010	信息技术. 自动识别和数据捕获技术. PDF417 条形码符号使用规范
113	BS ISO/IEC 15438-2006	信息技术. 自动识别和数据捕获技术. PDF417 条形码符号表示规范
114	BS ISO/IEC 24728-2006	信息技术. 自动识别和数据捕获技术. MicroPDF417 条形码符号表示法规范
115	BS ISO/IEC 15426-1-2006	信息技术. 自动识别和数据采集技术. 条码验证机一致性规范. 线性符号
116	BS ISO/IEC 24723-2006	信息技术. 自动标识和数据收集技术. EAN. UCC 复合条形码符号规范
117	BS ISO/IEC 15459-1-2006	信息技术. 唯一标识符. 运输设备的唯一标识符
118	BS EN ISO/IEC 15423-2005	信息技术. 自动识别和数据捕获技术. 条形码扫描仪和解码器性能检测
119	BS EN 12323-2005	AIDC 技术. 符号规范. 16K 码
120	BS EN ISO/IEC 15426-2-2005	信息技术. 自动识别和数据捕获技术. 条形码校验器一致性规范. 二维符号
121	BS ISO/IEC 15426-2-2005	信息技术. 自动识别和数据捕获技术. 条形码校验机一致性规范. 二维符号
122	BS EN ISO/IEC 15426-2-2006	信息技术. 自动识别和数据捕获技术. 条形码校验器一致性规范. 二维符号
123	BS EN 606-2004	条形码. 钢制品的运输和搬运标签
124	BS DD CEN/TS 14826-2004	邮政服务. 邮件的自动识别. 机读数字邮政标记用二维条形码符号的印刷质量规范
125	BS EN 1649-2004	AIDC 技术. 影响条形码符号读取的操作方面
126	BS ISO/IEC 15423-2004	信息技术. 自动识别和数据采集技术. 条形码扫描器和解码器性能检测
127	BS ISO/IEC 15415-2004	信息技术. 自动识别和数据捕获技术. 条形码打印质量试验规范. 二维符号
128	BS EN ISO/IEC 15415-2004	信息技术. 自动识别和数据捕获技术. 条形码打印质量测试规范. 二维符号

续表

序号	标准号	标准名称
129	BS EN ISO 15415-2005	信息技术. 自动识别和数据捕获技术. 条形码打印质量试验规范. 二维符号
130	BS EN ISO 15438-2003	信息技术. 自动标识和数据获取技术. 条形码符号表示法规范. PDF417
131	BS ISO/IEC 15420-2000	信息技术. 自动识别和数据获取技术. 条形码符号表示规范. EAN/UPC
132	BS EN 62090-2003	使用条形码和二维符号的电子元器件的产品包装标签
133	BS EN ISO/IEC 15416-2002	信息技术. 自动识别和数据获取技术. 条形码印刷质量试验规范. 线性符号
134	BS EN ISO/IEC 15419-2002	信息技术. 自动识别和数据采集技术. 条形码数字成像和印制性能试验
135	BS EN ISO/IEC 15421-2002	信息技术. 自动识别和数据获取技术. 条形码总试验规范
136	BS ISO/IEC 15457-1-2001	识别卡. 薄的柔性卡. 物理特性
137	BS ISO 12656-2001	缩微摄影技术. 开窗卡上条形码的使用
138	BS ISO/IEC 15426-1-2000	信息技术. 自动识别和数据采集技术. 条码验证机一致性规范. 线性符号
139	BS ISO/IEC 15417-2000	信息技术. 自动识别和数据捕获技术. 条形码符号规范. 128 码
140	BS ISO/IEC 18004-2000	信息技术. 自动识别和数据采集技术. 条码符号. QR 码
141	BS ISO 15394-2000	包装. 航运、运输和验收标签的两维符号和条形码
142	BS ISO 15459-1-2000	信息技术. 传输装置的特殊识别. 总则
143	BS ISO/IEC 15459-2-2000	信息技术. 运输装置的特别识别. 登记程序
144	BS ISO/IEC 15459-2-1999	信息技术. 运输装置的特别识别. 登记程序
145	BS EN 50123-7-3-1999	铁路设施. 固定设备. 直流开关装置. 直流牵引系统专用测量、控制和保护设备. 绝缘电压传感器和其他电压测量设备
146	BS EN 61108-1-1996	卫星全球导航系统. 全球定位系统. 第 1 部分：接收机设备. 功能标准、试验方法和需要的试验结果
147	BS ISO/IEC 16390-1999	信息技术. 自动识别和数据捕获技术. 条码符号规范. 5 与 2 交替
148	BS ISO/IEC 16388-1999	信息技术. 自动识别和数据捕获技术. 条码符号规范. 39 码
149	BS EN ISO 13230-1999	眼科光学. 条形码规范
150	BS ISO 12222-1998	电影摄影. 16mm、35mm 和 65mm 电影胶片上制造厂名的印制和潜在影像的识别. 规范和尺寸
151	BS EN 1556-1998	条形码. 术语
152	BS EN 12403-1998	条码. 结构数据文件
153	DD ENV 1545-1-1998	身份证系统. 表面传输用. 一般数据元件
154	DD ENV 1545-2-1998	身份证系统. 表面传输用. 与数据元件相关的传输费用
155	DD ENV 13065-1998	条形码. 条形码主导的试验规范
156	BS EN 12323-1998	条码. 符号规范."16K 码"
157	DD ENV 13066-1998	条形码. 条形码生产软件的试验规范
158	BS DD ENV 13066-1998	条形码. 条形码生产软件的试验规范
159	BS DD ENV 12925-1998	条形码. 符号规范. 'PDF417'
160	DD ENV 12925-1998	条形码. 符号表示法规范. 'PDF417'
161	BS EN 1635-1998	条码. 试验规范. 条码符号
162	BS DD ENV 12646-1997	条形码. 条形码扫描仪和解码器的试验规范
163	DD ENV 12647-1997	条形码. 条形码验证机的试验规范
164	DD ENV 12648-1997	条形码. 条形码打印机的试验规范
165	DD ENV 12646-1997	条形码. 条形码的扫描仪和译码器的试验规范

续表

序号	标准号	标准名称
166	BS DD ENV 12648-1997	条形码. 条形码打印机的试验规范
167	BS DD ENV 12647-1997	条形码. 条形码检验仪的试验规范
168	BS EN 1571-1997	条码. 数据标识符
169	BS EN 1572-1997	条码. 运输单位的独特识别符号
170	BS EN 1387-1997	机读卡. 保健申请卡的一般特征要求
171	BS EN 1573-1997	条形码. 多种工业运输标签
172	BS ISO 12222-1997	电影摄影. 在16mm、35mm 和65mm 电影胶片上制造厂名潜象印制的识别. 规范和尺寸
173	BS DD ENV 1649-1996	条形码. 影响阅读条形码字符集的操作问题
174	DD ENV 1649-1996	条形码编制. 操作因素对条形码阅读的影响
175	BS EN 799-1996	条形码. 符号规范. 'Code128'
176	BS EN 801-1996	条码. 码规范. 交插二五码
177	BS EN 798-1996	条形码. 符号规范. 'Codabar'
178	BS EN 841-1996	条形码. 符号规范. 格式描述
179	BS EN 797-1996	条形码. 符号使用规范. 'EAN/UPC'
180	BS EN 796-1996	条码. 象征识别符
181	BS EN 800-1996	条码. 码规范. 39码
182	BS ISO 1007-1996	摄影技术. 135号胶卷和暗盒. 规范
183	BS ISO 1007-1995	摄影技术. 135号胶卷和暗盒. 规范
184	BS 5550 SubSec.5.1.2-1993	电影技术. 第5部分：多种胶片规格通用. 第1节：生片. 第2小节：生片电影胶片和磁性声带片盒标记的最低限度说明规范
185	BS DD ENV 606-1993	钢产品的运输和搬运条形码标签
186	DD ENV 606-1993	钢制品的运输和装卸条码标签
187	PP 666-1991	标签语言

资料来源：中国产业智库大数据中心

3.4.6 法国物联网产业重点领域技术标准

物联网法国标准主要由法国标准化协会制定，目前，物联网法国标准已经达到70项（表3-14），主要为产品标准和测试方法标准。产品标准主要为高级地面活动引导和控制系统、道路运输和交通远程信息处理、动物射频识别、射频识别设备货船标记系统、射频识别技术识别和作标记、多行业运输用标签等；测试方法标准主要为自动识别和数据捕获技术、影响条形码符号读取的操作方法等。

表3-14 法国物联网产业关键技术标准列表

序号	标准号	标准名称
1	DINEN301140-5-2001	智能网（IN）. 智能网应用协议. 能力组2. 第5部分：分配功能面[英文版本核准本 EN301140-5V1.1.3（1999-11）作为德国标准]
2	DINEN606-2004	条形码. 钢产品的运输和处理标签
3	DINISO/TS17261-2005	智能传输系统. 自动车辆和设备识别. 联运货物运输体系和术语
4	DINISO/TS17261Berichtigung1-2006	智能运输系统. 自动车辆和设备识别. 联运货物运输体系和术语（ISO/TS17261：2005）

续表

序号	标准号	标准名称
5	DINEN302665-2011	智能运输系统（ITS）.通信架构[英文版本 EN302665V1.1.1（2010-09）作为德国标准]
6	DINEN16072-2011	智能运输系统.电子安全.全欧洲电子通讯操作要求.德文版 EN16072-2011
7	DINCEN/TS16157-2-2011	智能运输系统.交通管理和信息 DATEXII 代数据交换规范.第 2 部分：位置定位.英文版 CEN/TS16157-2-2011
8	DINCEN/TS16157-1-2011	智能运输系统.交通管理和信息 DATEXII 代数据交换规范.第 1 部分：环境及框架.英文版 CEN/TS16157-1-2011
9	DINCEN/TS16157-3-2011	智能运输系统.交通管理和信息 DATEXII 代数据交换规范.第 3 部分：现状出版物.英文版 CEN/TS16157-3-2011
10	DINEN16062-2012	智能运输系统.电子安全.电子通讯高级应用程序要求（HLAP）.德文版 EN16062-2011
11	DINEN16062Berichtigung1-2012	智能运输系统.电子安全性.电子呼叫高电平应用要求（HLAP）.德文版本 EN16062-2011，DINEN16062-2012-01 的勘误表
12	DINCEN/TR16405-2013	智能运输系统.电子安全.重型货车自动紧急呼叫系统（eCall）用额外可选数据集.德文版本 CEN/TR16405-2013
13	DINEN302663-2013	智能运输系统（ITS）.智能运输系统访问层规范[英文版本 EN302663V1.2.1（2013-07）的核准本作为德国标准]
14	DINEN302636-2-2014	智能运输系统（ITS）.车载通信.地理网络.第 2 部分：场景[英文版本 EN302636-2V1.2.1（2013-11）的核准本作为德国标准]
15	DINEN302571-2014	智能运输系统（ITS）.工作频带为 5855 MHz 至 5925 MHz 的无线电通信设备.涵盖 R&TTE 指令 3.2 条款规定的基本要求的欧洲协调标准（EN）[英文版本 EN302571V1.2.1（2013-09）的核准本作为德国标准]

资料来源：中国产业智库大数据中心

3.4.7 德国物联网产业重点领域技术标准

物联网德国标准主要由德国标准化协会制定，目前，物联网德国标准已经达到 93 项（表 3-15），主要为产品标准和方法标准。产品标准主要为智能运输系统，包括车辆和设备的识别、道路运输和交通远程信息处理等，此外还包括无源无线射频识别芯片用严格工业包装、高级地面移动导航和控制系统、条码检测仪、钢产品的加条码运输和搬运标签；方法标准主要为条形码扫描仪和解码器性能检测、条形码校验一致性规范、条码符号表示规范、条码印制和设计软件的测试规范等。

此外，物联网德国标准还有一项安全标准，为智能运输系统-电子安全性。

表 3-15 德国物联网产业关键技术标准列表

序号	标准号	标准名称
1	DIN EN ISO 21007-2-2013	储气瓶.使用射频识别技术进行识别和标记.第 2 部分：射频识别用编号方案（ISO 21007-2-2013）.德文版本 EN ISO 21007-2-2013
2	DIN EN ISO 17261-2012	智能运输系统.自动车辆和设备识别.联运货物运输体系架构和术语（ISO 17261-2012）.德文版本 EN ISO 17261-2012
3	DIN EN 50364-2010	由于使用电子产品监视（EAS），射频识别（RFID）和类似用途的运行频率范为 0 Hz～300 GHz 的设备所产生的电磁场对人体辐射的限制.德文版本 EN 50364-2010
4	DIN 6113-4-2010	包装业.无源无线射频识别（RFID）芯片用严格工业包装，定位和系统阐述的射频识别.第 4 部分：额定容量大于 250 l 的纤维板桶

续表

序号	标准号	标准名称
5	DIN 6113-1-2010	包装业. 无源无线射频识别（RFID）芯片用严格工业包装, 定位和系统阐述的射频识别. 第1部分: 总则
6	DIN 6113-2-2010	包装业. 无源无线射频识别（RFID）芯片用严格工业包装, 定位和系统阐述的射频识别. 第2部分: 总容量超过200 l的不可拆端盖（密封式）铁桶和可拆端盖（开式）有塞子/塞子关闭系统的铁桶
7	DIN 6113-5-2010	包装业. 无源无线射频识别（RFID）芯片用严格工业包装, 定位和系统阐述的射频识别. 第2部分: 额定容量超过200 l的不可拆端盖（密封式）塑料桶和可拆端盖（开式）有塞子/塞子关闭系统的塑料桶
8	DIN 6113-7-2010	包装业. 无源无线射频识别（RFID）芯片用严格工业包装, 定位和系统阐述的射频识别. 第7部分: 复合中型储运箱（IBC）
9	DIN 6113-6-2010	包装业. 无源无线射频识别（RFID）芯片用严格工业包装, 定位和系统阐述的射频识别. 第6部分: 额定容量超过200 l的可拆端盖（开式）无塞子/塞子关闭系统的塑料桶
10	DIN 6113-3-2010	包装业. 无源无线射频识别（RFID）芯片用严格工业包装, 定位和系统阐述的射频识别. 第3部分: 总容量超过200 l的可拆端盖（开式）无塞子/塞子关闭系统的铁桶
11	DIN EN 302208-2-2010	电磁兼容性和无线电频谱物质（ERM）. 功率小于2 W在865 MHz~868 MHz频带上运行的无线电频谱识别设备. 第2部分: 包括R&TTE指令第3.2条款基本要求协调一致的EN标准[英文版本EN 302208-2 V1.3.1（2010-02）核准本作为德国标准]
12	DIN EN 302208-1-2010	电磁兼容性和射频频谱物质（ERM）. 功率小于2 W、865 MHz~868 MHz频带上运行的射频频谱识别设备. 第1部分: 技术要求和测量方法. [英文版本EN 302208-1 V1.3.1（2010-02）核准本作为德国标准]
13	DIN EN 62369-1-2010	人体暴露在频率范围为0 GHz~300 GHz的各种设备中短程装置（SRDs）产生的电磁场中的评估. 第1部分: 商品电子防盗, 无线电频率识别和类似系统产生的电磁场（IEC 62369-1: 2008）. 德文版本EN 62369-1: 2009
14	DIN EN 302208-1-2008	电磁兼容性和射频频谱物质（ERM）. 功率小于2 W、865 MHz~868 MHz频带上运行的射频频谱识别设备. 第1部分: 技术要求和测量方法. [EN 302208-1 V1.2.1（2008-04）英文版作为德国标准的认可]
15	DIN EN 302208-2-2008	电磁兼容性和无线电频谱物质（ERM）. 功率小于2 W在865 MHz~868 MHz频带上运行的无线电频谱识别设备. 第2部分: 包括R&TTE指令3.2条款基本要求的协调EN标准[EN 302208-2 V1.2.1（2008-04）英文版作为德国标准的认可]
16	DIN EN 302208-1-2006	电磁兼容性和无线电频谱情况（ERM）. 功率等级≤2 W的在频带865 MHz~868 MHz上工作的射频识别设备. 第1部分: 技术要求和测量方法
17	DIN ISO/TS 17261 Berichtigung 1-2006	智能运输系统. 自动车辆和设备识别. 联运货物运输体系和术语（ISO/TS 17261: 2005）
18	DIN EN ISO 14814-2006	道路运输和交通远程信息处理. 自动车辆和设备识别. 参考体系结构和术语（ISO 14814: 2006）
19	DIN V 66403-2006	信息技术. 自动识别和数据捕获技术. 系统识别符
20	DIN EN ISO 21007-2-2005	储气瓶. 用射频识别技术进行识别和标记. 第2部分: 射频识别用编号方法（ISO 21007-2-2005）. 德文版本EN ISO 21007-2-2005
21	DIN EN ISO 21007-1-2005	气瓶. 用射频识别技术进行识别和标记. 第1部分: 参考结构和术语
22	DIN ISO/TS 17261-2005	智能传输系统. 自动车辆和设备识别. 联运货物运输体系和术语
23	DIN EN 302208-2-2005	电磁兼容性和无线电频谱情况（ERM）. 功率等级2 W及以下的在频带为865 MHz至868 MHz上运行的射频识别设备. 第2部分: R&TTE指令的3.2条款下协调的EN
24	DIN ISO/TS 17262-2005	自动车辆和设备识别. 货物联运. 编号结构和数据结构
25	DIN EN 50357-2002	由于使用电子产品监视（EAS）、射频识别（RFID）和类似用途设备所产生的电磁场对人体辐射的评价. 德文版本EN 50357: 2001
26	DIN EN 50364-2002	由于使用电子产品监视（EAS）、射频识别（RFID）和类似用途的运行频率范围为0 Hz~10 GHz的设备所产生的电磁场对人体辐射的限制. 德文版本EN 50364: 2001

续表

序号	标准号	标准名称
27	DIN EN 61326-2-3-2013	测量、控制和实验室用电气设备.电磁兼容性（EMC）要求.第2-3部分：详细要求.集成或遥感信号调制传感器的试验配置、操作条件和性能标准（IEC 61326-2-3-2012）.德文版本 EN 61326-2-3-2013
28	DIN 85005-10-2012	船舶和海洋技术.技术文献图形符号.第10部分：传感器和操作指示器.英文和德文文本
29	DIN 85005-10-2011	船舶和船舶技术.技术文献图形符号.第10部分：传感器和操作指示器
30	DIN EN 303213-3-2011	高级地面移动导航和控制系统（A-SMGCS）.第3部分：包括其接口的传感器部署合作用欧洲单一空中互操作性规则 EC 552/2004下应用的共同体规范[英文版本 EN 303213-3 V1.1.1（2010-10）作为德国标准]
31	DIN EN 303213-4-2-2011	高级地面移动导航和控制系统（A-SMGCS）.第4部分：包括其接口的非合作传感器部署合作用欧洲单一空中互操作性规则 EC 552/2004下应用的共同体规范.第2子部分：部署地面移动雷达传感器的具体要求[英文版本 EN 303213-4-2 V1.1.1（2010-10）作为德国标准]
32	DIN EN 303213-4-1-2011	先进场面活动引导和控制系统（A-SMGCS）.第4部分：包括其接口的部署非合作传感器用欧洲天空一体化互用性规则 EC 552/2004下应用的团体规范
33	DIN EN 61326-2-3-2007	测量、控制和实验室用电气设备.电磁兼容性（EMC）要求.第2-3部分：专用要求.集成或遥感信号调制传感器的试验配置、操作条件和性能标准
34	DIN 85005-10-2001	船舶和船舶技术.技术文献图形符号.第10部分：传感器和操作指示器
35	DIN EN 15625-2011	铁路设施.制动.自动可变负荷传感器.德文版本 EN 15625-2008+A1-2010
36	DIN EN 15625-2010	铁路设施.制动.自动变量载荷传感器.德文版本 EN 15625-2008
37	DIN EN 50123-7-3-2003	铁路设施.固定设备.直流开关装置.第7-3部分：直流牵引系统专用测量、控制和保护设备.独立式电压传感器和其他电压测量设备
38	DIN EN 50123-7-2-2003	铁路设施.固定设备.直流开关装置.第7-2部分：直流牵引系统专用测量、控制和保护设备.独立式电流传感器和其他电流测量设备
39	DIN ISO 22090-2-2013	船舶和海洋技术.传递航向装置（THDs）.第2部分：地磁原则（ISO 22090-2-2004+Cor.1-2005）
40	DIN ISO 22090-1-2013	船舶和海洋技术.传递航向装置（THDs）.第1部分：陀螺罗盘（ISO 22090-1-2002+Cor.1-2005）
41	DIN ISO 22090-3-2013	船舶和海洋技术.传递航向装置（THDs）.第3部分：全球卫星导航系统（GNSS）原则（ISO 22090-3-2004+Cor.1-2005）
42	DIN EN 16062 Berichtigung 1-2012	智能运输系统.电子安全性.电子呼叫高电平应用要求（HLAP）.德文版本 EN 16062-2011，DIN EN 16062-2012-01 的勘误表
43	DIN CLC/TS 50459-3-2008	铁路设施.通信、信号和处理系统.欧洲铁道交通管理系统.传动机接口.第3部分：ERTMS/ETCS 信息的人类环境改造学安排
44	DIN CLC/TS 50459-1-2008	铁路设施.通信、信号和程序系统.欧洲铁路交通管理系统.传动机接口.第1部分：ERTMS/ETCS/GSM-R 信息的展示用人类环境改造学原则
45	DIN EN ISO/IEC 15426-2 Berichtigung 1-2011	信息技术.自动识别与数据采集技术.条码检测仪一致性规格.第2部分：二维符号按照（ISO/IEC 15426-2-2005）.英文版本 EN ISO/IEC 15426-2-2006，DIN EN ISO/IEC 15 的技术勘误
46	DIN EN ISO/IEC 15415 Berichtigung 1-2011	信息技术.自动识别和数据获取技术.条码印刷质量试验规范.二维条码符号（ISO/IEC 15415-2004）.英文版本 EN ISO/IEC 15415-2005，DIN EN ISO/IEC 15415-2005-11 的技术勘误
47	DIN CEN/TS 15844-2-2011	邮政服务.信件邮寄项目的 ID 标签.第2部分：BNB-78 编码规范.英文版本 CEN/TS 15844-2-2010
48	DIN CEN/TS 15844-4-2011	邮政服务.信件邮寄项目的 ID 标签.第4部分：平板书写纸的状态编码规范.英文版本 CEN/TS 15844-4-2010
49	DIN CEN/TS 15844-5-2011	邮政服务.信件邮寄项目的 ID 标签.第5部分：小型信件的4-状态编码规范.英文版本 CEN/TS 15844-5-2010

续表

序号	标准号	标准名称
50	DIN EN ISO/IEC 15438-2010	信息技术. 自动识别和数据收集技术. 条码符号规范 PDF417. 英文版本 EN ISO/IEC 15438-2010
51	DIN EN ISO/IEC 15419-2010	信息技术. 自动识别和数据采集技术. 条码数字成像与印刷性能试验（ISO/IEC 15419-2009）. 英文版本 EN ISO/IEC 15419-2009
52	DIN EN ISO/IEC 15423-2010	信息技术. 自动识别和数据采集技术. 条码扫描仪和解码器性能测试（ISO/IEC 15423-2009）. 英文版本 EN ISO/IEC 15423-2010
53	DIN CEN/TS 15525-2007	邮电服务. 标准接口. 机械控制和条码印刷机间接口
54	DIN EN ISO/IEC 15426-2-2006	信息技术. 自动识别和数据捕获技术. 条形码校验一致性规范. 第 2 部分：二维符号（ISO 15426-2-2005）
55	DIN EN ISO/IEC 15415-2005	信息技术. 自动识别和数据捕获技术. 条形码印刷质量试验规范. 二维符号（ISO/IEC 15415-2004）. 英文版本 EN ISO/IEC 15415-2005
56	DIN EN ISO/IEC 15423-2005	信息技术. 自动识别和数据捕获技术. 条形码扫描仪和解码器性能检测
57	DIN EN 12323-2005	AIDC 技术. 符号规范. 16K 码
58	DIN EN 1649-2004	AIDC 技术. 影响条形码符号的读取的操作方法
59	DIN EN 606-2004	条形码. 钢产品的运输和处理标签
60	DIN CEN/TS 14826-2004	邮政服务. 邮件的自动识别. 机读数字邮政标记的二维条形码符号打印质量规范
61	DIN EN ISO/IEC 15438-2003	信息技术. 自动标识和数据采集技术. 条码符号表示规范. PDF417
62	DIN EN 62090-2003	电子元器件产品条形码和二维符号包装标签
63	DIN EN ISO/IEC 15416-2002	信息技术. 自动识别和数据捕获技术. 条形码打印质量试验规范：线性符号（ISO/IEC 15416：2000）. 德文版本 EN ISO/IEC 15416：2001
64	DIN EN ISO/IEC 15421-2002	信息技术. 自动识别和数据捕获技术. 条形码主要测试规范（ISO/IEC 15421：2000）. 德文版本 EN ISO/IEC 15421：2001
65	DIN EN ISO/IEC 15419-2002	信息技术. 自动识别和数据捕获技术. 条形码数字成像和打印性能测试
66	DIN EN 61108-1-1997	全球卫星导航系统（GNSS）. 第 1 部分：全球定位系统（GPS）. 接收设备. 无线电功能要求. 检测方法和规定的检测结果
67	DIN EN ISO 13230-1999	眼科光学. 条形码规范
68	DIN V ENV 13066-1999	条码. 条码印制和设计软件的测试规范
69	DIN V ENV 13065-1999	条形码. 主条码用测试规范
70	DIN V ENV 12646-1998	条形码. 条形码扫描器和解码器的试验规范
71	DIN V ENV 12647-1998	条形码. 条形码验证机的试验要求
72	DIN V ENV 12648-1998	条码. 条码打印器的检验要求
73	DIN 27000-1998	条形码. 条形码识别卡的规范
74	DIN EN 12403-1998	条码. 结构数据文件
75	DIN EN 12323-1998	条码. 符号规范. "16k 码"
76	DIN EN 1556-1998	条码. 专业术语
77	DIN EN 1635-1998	条形码. 测试规范. 条形码符号
78	DIN EN 1572-1997	条形码. 传输单元专用标识符
79	DIN EN 1571-1997	条形码. 数据标识符
80	DIN EN 1573-1997	条形码. 多行业传输标签
81	DIN EN 796-1996	条形码. 符号标识
82	DIN EN 800-1996	条形码. 符号规范. "Code 39"
83	DIN EN 801-1996	条形码. 符号规范. "隔行 2 of 5"

续表

序号	标准号	标准名称
84	DIN EN 799-1996	条形码. 符号规范. "Code 128"
85	DIN EN 798-1996	条形码. 符号规范. "Codabar"
86	DIN EN 797-1996	条形码. 符号规范. "EAN/UPC"
87	DIN EN 841-1996	条形码. 符号规范. 格式说明
88	DIN V ENV 1649-1995	条形编码. 影响条形码读出的操作因素
89	DIN V ENV 606-1994	钢产品的加条码运输和搬运标签
90	DIN 66236-2-1987	机械符号识别用的SC字体. 符号载体上的排列和表示
91	DIN 66236-5-1987	机械符号识别用的SC字体. 对符号载体和印刷符号的要求
92	DIN 66236-8-1982	机械符号识别用的SC字体. 表示欧洲文献号的五位附录阅读符号
93	DIN 66236-7-1982	机械符号识别用的SC字体. 表示欧洲文献号的两位附录阅读符号

资料来源：中国产业智库大数据中心

3.4.8 中国物联网产业重点领域技术标准

物联网中国标准主要为中国国家标准，还包括邮电行业标准、测绘行业标准、城建行业标准、公安行业标准、交通行业标准、商业行业标准、通信行业标准、邮政行业标准等，目前，物联网中国国家标准已经达到70项（表3-16），主要为产品、测试方法标准两类。产品标准主要包括电子标签通用技术要求、装载单元和运输包装的条码符号、二维条码、差分全球定位系统（DGPS）技术要求、船用全球定位系统接收机通用技术条件等；方法标准包括全球定位系统实时动态测量（RTK）技术规范、因瓦条码水准标尺检定规程、化纤物品物流单元编码与条码表示、汽车运输货物条码编码规则、石油物探全球定位系统测量规范、公安机关公文二维条码信息表示规范等。

表3-16 中国物联网产业关键技术标准列表

序号	标准号	标准名称
1	GB 12904-1998	商品条码
2	GB 12904-2003	商品条码
3	GB 12904-2008	商品条码. 零售商品编码与条码表示
4	GB/T 12904-1991	通用商品条码
5	GB/T 12905-1991	条码系统通用术语. 条码符号术语
6	GB/T 12905-2000	条码术语
7	GB/T 12906-1991	中国标准书号（ISBN部分）条码
8	GB/T 12906-2001	中国标准书号条码
9	GB/T 12907-1991	库德巴条码
10	GB/T 12907-2008	库德巴条码
11	GB/T 12908-1991	三九条码
12	GB/T 12908-2002	信息技术. 自动识别和数据采集技术. 条码符号规范. 三九条码
13	GB/T 14257-1993	通用商品条码符号位置
14	GB/T 14257-2002	商品条码符号位置

续表

序号	标准号	标准名称
15	GB/T 14257-2009	商品条码．条码符号放置指南
16	GB/T 14258-1993	条码符号印刷质量的检验
17	GB/T 14258-2003	信息技术．自动识别与数据采集技术．条码符号印制质量的检验
18	GB/T 15425-1994	贸易单元128条码
19	GB/T 15425-2002	EAN·UCC系统．128条码
20	GB/T 15425-2014	商品条码．128条码
21	GB/T 15527-1995	船用全球定位系统（GPS）接收机通用技术条件
22	GB/T 16827-1997	中国标准刊号（ISSN部分）条码
23	GB/T 16828-2007	商品条码．参与方位置编码与条码表示
24	GB/T 16829-1997	交插二五条码
25	GB/T 16829-2003	信息技术．自动识别与数据采集技术．条码码制规范．交插二五条码
26	GB/T 16830-1997	储运单元条码
27	GB/T 16830-2008	商品条码．储运包装商品编码与条码表示
28	GB/T 16986-1997	条码应用标识
29	GB/T 16986-2003	EAN·UCC．系统应用标识符
30	GB/T 16986-2009	商品条码．应用标识符
31	GB/T 17172-1997	四一七．条码
32	GB/T 17424-1998	差分全球定位系统（DGPS）技术要求
33	GB/T 18127-2009	商品条码．物流单元编码与条码表示
34	GB/T 18214.1-2000	全球导航卫星系统（GNSS）．第1部分：全球定位系统（GPS）．接收设备性能标准、测试方法和要求的测试结果
35	GB/T 18283-2000	店内条码
36	GB/T 18283-2008	商品条码．店内条码
37	GB/T 18314-2001	全球定位系统（GPS）测量规范
38	GB/T 18314-2009	全球定位系统（GPS）测量规范
39	GB/T 18347-2001	128条码
40	GB/T 18348-2001	商品条码符号印制质量的检验
41	GB/T 18348-2008	商品条码．条码符号印制质量的检验
42	GB/T 18410-2001	车辆识别代号条码标签
43	GB/T 18805-2002	商品条码印刷适性试验
44	GB/T 19391-2003	全球定位系统（GPS）术语及定义
45	GB/T 19946-2005	包装．用于发货、运输和收货标签的一维条码和二维条码
46	GB/T 20232-2006	缩微摄影技术．条码在开窗卡上的使用规则
47	GB/T 23704-2009	信息技术．自动识别与数据采集技术．二维条码符号印制质量的检验
48	GB/T 23832-2009	商品条码．服务关系编码与条码表示
49	GB/T 23833-2009	商品条码．资产编码与条码表示
50	GB/T 26227-2010	信息技术．自动识别与数据采集技术．条码原版胶片测试规范
51	GB/T 26228.1-2010	信息技术．自动识别与数据采集技术．条码检测仪一致性规范．第1部分：一维条码
52	GB/T 26934-2011	集装箱电子标签技术规范
53	GB/T 27766-2011	二维条码．网格矩阵码

续表

序号	标准号	标准名称
54	GB/T 27767-2011	二维条码.紧密矩阵码
55	GB/T 29267-2012	热敏和热转印条码打印机通用规范
56	GB/T 29618.309-2013	现场设备工具（FDT）接口规范.第309部分：通信行规集成.可寻址远程传感器高速通道
57	GB/T 30269.1-2015	信息技术.传感器网络.第1部分：参考体系结构和通用技术要求
58	GB/T 30269.2-2013	信息技术.传感器网络.第2部分：术语
59	GB/T 30269.301-2014	信息技术.传感器网络.第301部分：通信与信息交换：低速无线传感器网络网络层和应用支持子层规范
60	GB/T 30269.302-2015	信息技术.传感器网络.第302部分：通信与信息交换：高可靠性无线传感器网络媒体访问控制和物理层规范
61	GB/T 30269.401-2015	信息技术.传感器网络.第401部分：协同信息处理：支撑协同信息处理的服务及接口
62	GB/T 30269.501-2014	信息技术.传感器网络.第501部分：标识：传感节点标识符编制规则
63	GB/T 30269.701-2014	信息技术.传感器网络.第701部分：传感器接口：信号接口
64	GB/T 31003-2014	化纤物品物流单元编码与条码表示
65	GB/T 31005-2014	托盘编码及条码表示
66	GB/T 31006-2014	自动分拣过程包装物品条码规范
67	GB/T 31022-2014	名片二维码通用技术规范
68	GB/T 7665-2005	传感器通用术语
69	GB/T 7666-2005	传感器命名法及代码
70	GB/T 33459-2016	商贸托盘射频识别标签应用规范

资料来源：中国产业智库大数据中心

3.4.9 物联网产业主要技术标准的对比

主要国家/地区/组织物联网主要技术标准的对比如表3-17所示。

表3-17 主要国家/地区/组织物联网主要技术标准的对比表

国家/地区/组织	产品标准	方法标准	特点
国际标准化组织（177项）	无线射频识别系统、智能运输系统、条形码	射频识别装置性能试验方法、射频识别装置合格试验方法、自动标识和数据收集技术、条形码规范	兼具产品标准和方法技术标准
欧盟（41项）	自动车辆和设备识别、高级地面移动导航和控制系统、钢产品的运输和处理标签等	使用射频识别技术进行识别和标记、自动标识和数据采集技术	兼具产品标准和方法技术标准
美国（79项）	各种类型的传感器（感应器和传动装置用智能传感器接口、接地故障传感设备和继电设备）、条形码、射频识别技术	用载荷-位移传感器测定塑料的高速刺穿特性的试验方法、测定已装货集装箱中被动式无线射频识别（RFID）应答器性能的标准试验方法、无人潜水器（UUV）传感器数据格式用标准指南	主要为产品标准和方法标准，其中产品标准主要为传感器标准
日本（27项）	自动识别和数据捕捉（AIDC）技术、交通信息和控制系统、航运、运输和收货标签用条形码和两维符号等	路线条形码数字成像和印制性能试验、条形码校验一致性规范、具有定位传感器的液压缸试验方法	兼具产品标准和方法技术标准，其中产品标准主要为条码标准
英国（187项）	主要为自动车辆和设备识别、前进车辆碰撞缓冲系统、辅助倒车操纵的设备等。此外，还包括无线射频识别（RFID）的供应链应用、全球定位系统（GPS）、运输和装卸条码标签、标签语言	道路偏离警告系统、低速跟踪（LSF）系统试验、全速范围可适应巡航控制（FSRA）系统、自动识别和数据捕获技术等	兼具产品标准和方法技术标准，标准内容覆盖物联网的各个技术领域

续表

国家/地区/组织	产品标准	方法标准	特点
法国 （70项）	高级地面活动引导和控制系统、道路运输和交通远程信息处理、动物射频识别、射频识别设备（RFID）货船标记系统、射频识别技术识别和作记、多行业运输用标签等	自动识别和数据捕获技术、影响条形码符号读取的操作方法等	兼具产品标准和方法技术标准，其中产品标准主要为智能交通领域相关标准
德国 （93项）	智能运输系统，包括车辆和设备的识别、道路运输和交通远程信息处理等，此外还包括无源无线射频识别（RFID）芯片用严格工业包装、高级地面移动导航和控制系统、条码检测仪、钢产品的加条码运输和搬运标签	条形码扫描仪和解码器性能检测、条形码校验一致性规范、条码符号表示规范、条码印制和设计软件的测试规范	兼具产品标准和方法技术标准，标准内容覆盖物联网的各个技术领域
中国 （70项）	电子标签通用技术要求、装载单元和运输包装的条码符号、二维条码、差分全球定位系统（DGPS）技术要求、船用全球定位系统（GPS）接收机通用技术条件等	全球定位系统实时动态测量（RTK）技术规范、因瓦条码水准标尺检定规程、化纤物品物流单元编码与条码表示、汽车运输货物条码编码规则、石油物探全球定位系统（GPS）测量规范、公安机关公文二维条码信息表示规范等	兼具产品标准和方法技术标准，其中产品标准主要为条码和全球定位系统相关标准

资料来源：中国产业智库大数据中心

参 考 文 献

[1] 朱洪波，杨龙祥，朱琦. 物联网技术进展与应用[J]. 南京邮电大学学报（自然科学版），2011，31（1）：1-9.
[2] 刘建军. 物联网产业技术创新路径研究——基于产业链的视角[D]. 合肥：合肥工业大学，2012.
[3] 李航，陈后金. 物联网的关键技术及其应用前景[J]. 中国科技论坛，2011（1）：81-85.
[4] 张倩. 物联网专利竞争态势分析[J]. 电信网技术，2017（7）：51-56.
[5] Minor 昔年. 全球物联网规模可达 1.29 万亿美元 国内发展成果显著[EB/OL][2018-03-02]. http://iot.ofweek.com/ 2017-02/ART-132209-8440-30105075.html.
[6] 李航，陈后金. 物联网的关键技术及其应用前景[J]. 中国科技论坛，2011（1）：81-85.

第4章 飞机制造产业技术发展报告

本章首先介绍飞机制造产业及关键技术的发展概况。其次,对飞机制造全球专利申请态势进行分析,包括全球专利申请年度趋势,中国、美国、日本、法国、德国等国家的专利分布与趋势,空中客车公司、波音公司、霍尼韦尔公司、联合技术公司、通用电气公司、泰雷兹集团、现代汽车公司、汉胜公司、斯奈克玛公司、丰田自动车株式会社(以下简称丰田公司)10家机构的专利申请、专利合作与专利布局,以及主要机构的核心发明人合作网络结构。再次,对飞机制造在华专利申请态势进行分析,包括在华专利申请年度趋势,机身、机翼、螺旋桨、飞行控制、起落架、飞行装置、安全装置等分支领域专利布局,各(自治区、直辖市)专利申请数量及研发重点领域,中国航空工业集团公司西安飞机设计研究所(以下简称西安飞机设计研究所)、波音公司、深圳市大疆创新科技有限公司(以下简称大疆创新公司)等机构专利申请量及技术竞争力对比,及吉先武、宋娟妮等活跃发明人的专利申请情况。最后,对比分析美国、日本、欧盟、英国、德国等主要发达国家/地区/组织和我国在飞机制造关键技术领域的技术标准。

4.1 飞机制造产业概述

4.1.1 飞机制造及其产业链

随着经济的发展,通用航空越来越多地应用于国民经济建设和人民生活中。在飞机播种、人工降水、气象探测、空中广告等多个方面,通用航空都发挥着巨大的作用。航空飞机不断地朝着高安全、长寿命、高可靠、经济性和环保性方向发展,促进了飞机结构设计的不断优化、新材料开发及新的制造工艺大量应用。

飞机制造业的业务范围涉及飞机整机生产、国际转包生产、维修等。其产品包括民用飞机(用于商业飞行的各种客机和货机、通用航空中使用的各种轻型及超轻型飞机、直升机)、军用飞机、飞机发动机及零部件。

飞机制造产业链(图4-1)的上游是飞机的研发设计,下游是航空运输、通用航空和维修服务行业,而与飞机制造关联性最强的产业包括航空动力装置、飞行控制系统、螺旋桨、机身、机翼等行业。本书所研究的飞机制造业主要指与飞机制造紧密相关的中游环节,飞机制造产业专利研究的重点为飞机生产制造的相关领域。

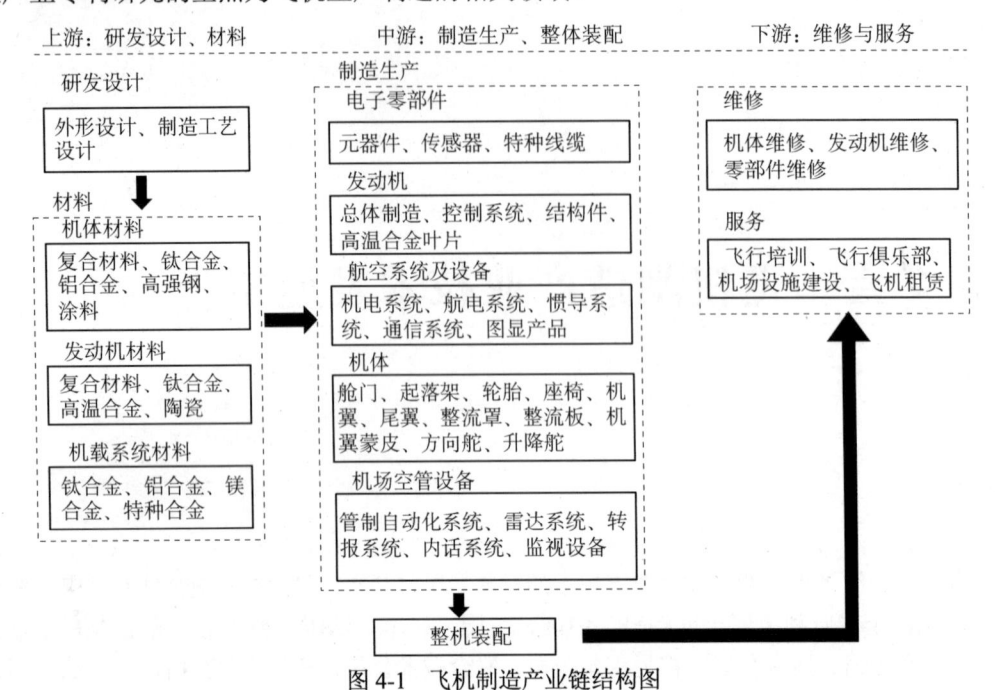

图 4-1 飞机制造产业链结构图

资料来源：陈绍旺：《世界航空制造业的竞争与聚焦》，2009

4.1.2 飞机制造产业发展概况

迄今，世界航空产业的发展已经走过了100多年的历程，波音公司、空中客车公司占据了全球主要飞机市场[1]，其军民用飞机产品占有国际市场86%的份额。寡头企业垄断的是市场和技术，全球能主持研制先进飞机的制造公司越来越少，呈现出美欧双雄鼎立的局面，俄罗斯有技术实力与之抗衡，但是却没有足够的经济能力，后起发展中国家如巴西、加拿大等国家不断加大竞争步伐[2, 3]。

通用航空制造商协会数据显示，2016年全球通用飞机营业额达到207.19亿美元，较2015年同期的241.20亿美元下降14.1%。2016年全球通用飞机出货量增长至2262架，比2015年下降3%（图4-2，图4-3）。

图 4-2 1994～2016 年全球通用飞机出货量

资料来源：通用航空制造商协会：《2015年全球通用航空统计手册&2016年行业前景分析》

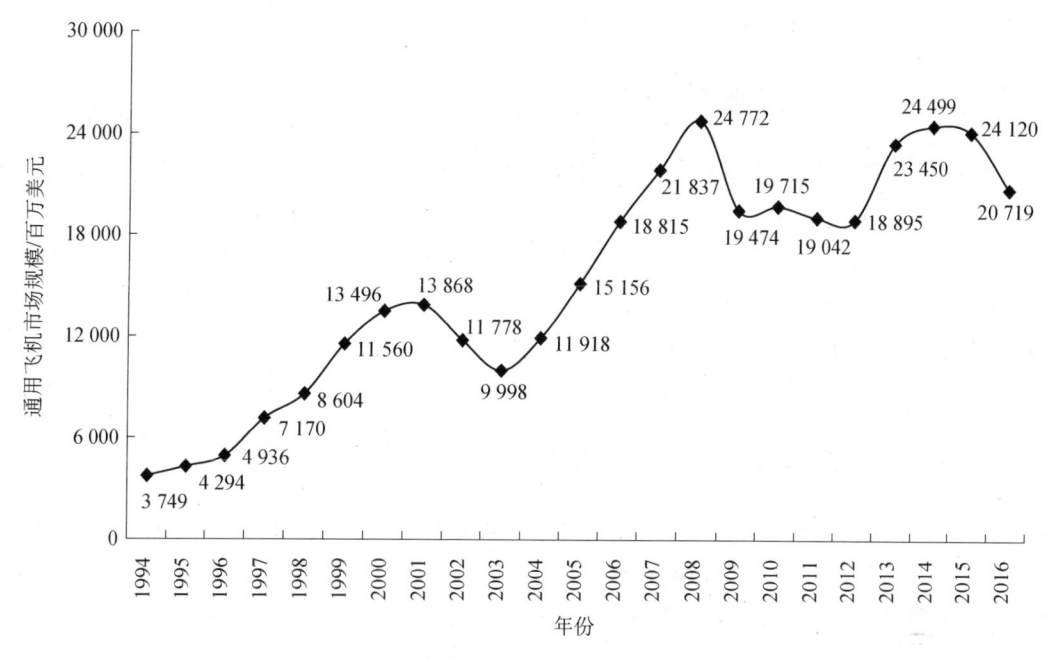

图 4-3 1994～2016 年全球通用飞机市场规模

4.1.3 飞机制造产业关键技术演进

通常，飞机制造仅指飞机机体零构件制造、部件装配和整机总装等。飞机的其他部分，如航空发动机、仪表、机载设备、液压系统和附件等由专门工厂制造，它们作为成品在飞机上的安装和整个系统的联结、电缆和导管的敷设，以及各系统的功能调试都是总装的工作，是飞机制造的一个组成部分。本书中的飞机制造产业是指广义的飞机制造。

近年来，飞机制造技术朝着整体结构轻量化、隐身、高可靠性、长寿命、短周期、低成本及绿色先进制造技术方向发展；发动机制造技术朝着整体、更加精密、快速低成本和抗高温结构制造技术为主的方向发展[4]。

世界航空先进制造技术主要体现在以下几方面：大型化、整体化、轻量化的金属构件制造技术；数字化制造技术；高效数控加工技术；自动化、柔性化的飞机结构装配技术；高效低成本先进复合材料制造技术；高能束流加工、特种焊接等新工艺技术等。

我国航空制造业处于发展阶段，在国产民机研制过程中紧跟世界飞机制造发展方向，分析和学习国际先进制造技术，面对新材料、新工艺带来的挑战在关键技术上有所突破。国产航空先进制造技术主要体现在铝锂合金制造技术、复合材料制造技术、自动化装配工艺技术、数字化装配生产线技术、增材制造技术等。航空先进制造技术是集成了多学科的、综合程度较高的新兴技术，理论完善和技术进步都需要一个相当长的时间。我国在自主研发的同时，需要不断分析、学习并借鉴国外的先进技术，这样才可以加快提高我国航空制造技术和生产管理的水平。

4.2 飞机制造产业全球专利态势分析

飞机制造全球专利检索式采用"德温特手工代码+关键词"的方式检索,德温特手工代码包括 Q25-A(飞机结构、配件)、Q25-B(飞机配件)、Q25-C(飞机推进与转向)、S02-J01A1(飞机发动机测试)、S02-J01C1(飞机燃气涡轮发动机试验)、Q25-N(减震/减噪装置)、T01-J07(工业过程控制)、W06(航空、航海和雷达系统)、X12-H01B4(飞机和船只的多源系统)、P35-C01C7A(飞机和航天器灭火系统),关键词包括"aircraft""aeroplane""plane",共检索到专利数据 132 089 项,其中 2005~2017 年的专利申请量为 108 090 项。

4.2.1 飞机制造产业全球专利年度趋势

全球飞机制造专利申请量总体呈增长趋势,2006年、2007年增长较快,年增长率分别为56%、36%,2008~2011年专利增长率约为10%,且在2011年呈现小幅下降。2012年之后增长率明显提高,2014~2016年年增长率均在20%以上(图4-4),这与近年来飞机制造业迅猛发展息息相关。

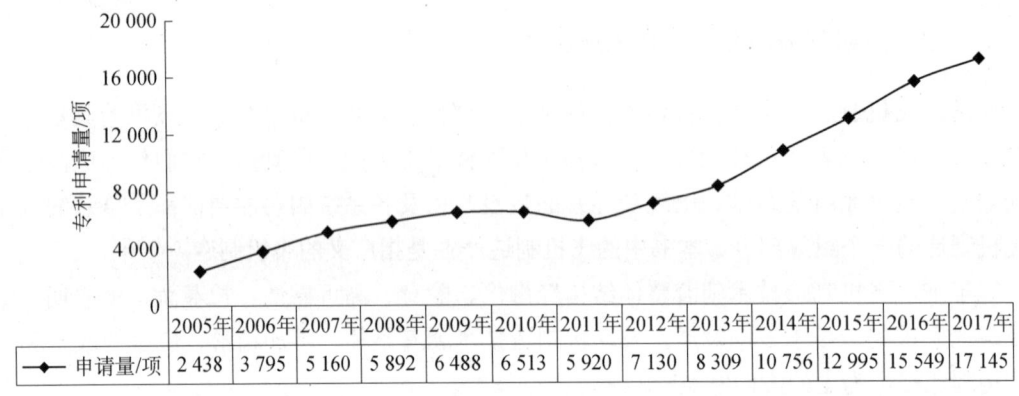

	2005年	2006年	2007年	2008年	2009年	2010年	2011年	2012年	2013年	2014年	2015年	2016年	2017年
申请量/项	2 438	3 795	5 160	5 892	6 488	6 513	5 920	7 130	8 309	10 756	12 995	15 549	17 145

图 4-4　2005~2017 年飞机制造产业全球专利申请量年度变化趋势图
资料来源:中国产业智库大数据中心

4.2.2 飞机制造产业专利申请主要国家/地区/组织分析

4.2.2.1 飞机制造产业主要国家/地区/组织专利分布

全球有数十个国家在飞机制造领域进行了专利申请(图4-5),亚洲的中国、日本,欧洲的德国,北美洲的美国专利申请数量居多。专利申请前十的国家/地区/组织依次为:美国、中国、日本、法国、德国、韩国、俄罗斯、加拿大、欧洲专利局、英国。其中,美国、中国、日本在飞机领域技术基础较为雄厚,申请专利总量达 76 964 项,占该领域专利总量的65%。单从专利数量上看,中国具有很强的研究实力,专利申请总量位居第二,但是专利申请多为本国申请,PCT申请较少,研发与应用能力尚有差距。

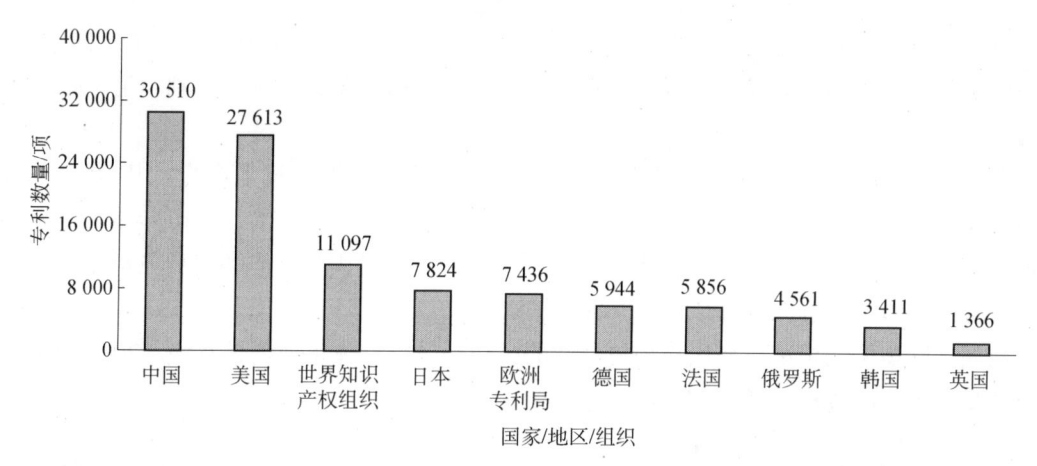

图 4-5 2005~2017 年飞机制造产业全球专利申请前十的国家/地区/组织
资料来源：中国产业智库大数据中心

从技术的流向来看，美国、中国、日本、法国和德国是飞机领域主要的技术输出国（图 4-6）。对飞机专利技术市场布局进行统计分析，中国、日本、美国、德国和欧洲是飞机的主要市场（图 4-7）。

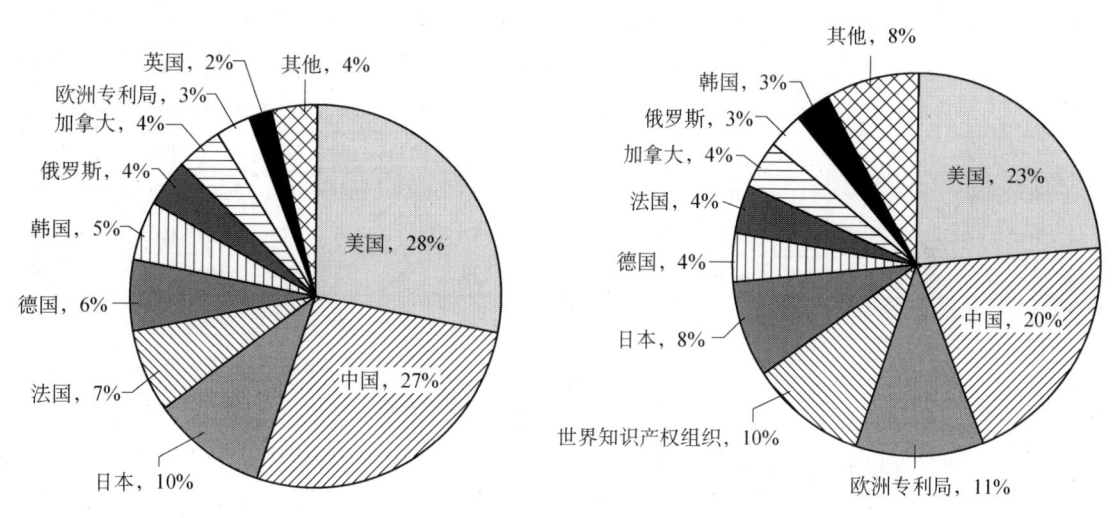

图 4-6 2005~2017 年飞机制造产业全球专利主要来源国家/地区/组织分布图
资料来源：中国产业智库大数据中心

图 4-7 2005~2017 年飞机制造产业全球专利主要技术市场分布图
资料来源：中国产业智库大数据中心

4.2.2.2 飞机制造产业主要国家/地区/组织专利申请年度变化趋势

对飞机专利申请数量前五的国家/地区/组织的近年专利申请量统计发现（图 4-8），各国的专利申请数量趋势特点有所不同。

第一，美国专利申请数量趋势与全球的比较一致，整体呈现增长态势，起点较高，2005~2013 年，专利申请量全球排名稳居第一位，2013 年成为一个拐点，虽然仍呈增长态势，但增长速度和专利申请总量低于中国的专利申请增长速度和申请总量。

第二，中国专利申请量呈快速发展态势，2006年飞机制造专利申请仅53项，到2017年专利申请量已经达到8467项，尤其是2013年开始专利增速全球第一，专利申请总量位列全球第一。

第三，日本专利申请量呈现缓慢波动态势，与世界知识产权组织专利申请量一致。2008~2009年，专利申请量达到峰值，年专利申请总量在800项以上；2010年以后，专利申请量呈现缓慢下降又缓慢上升的趋势，波动不大，这主要是因为世界各主要飞机生产国纷纷投入巨资发展大型飞机，飞机产业竞争越来越激烈。

第四，欧盟专利申请量变化趋势与全球的比较一致，整体呈现增长态势，2016年期年专利申请量在1000项以上，仅次于中国、美国。

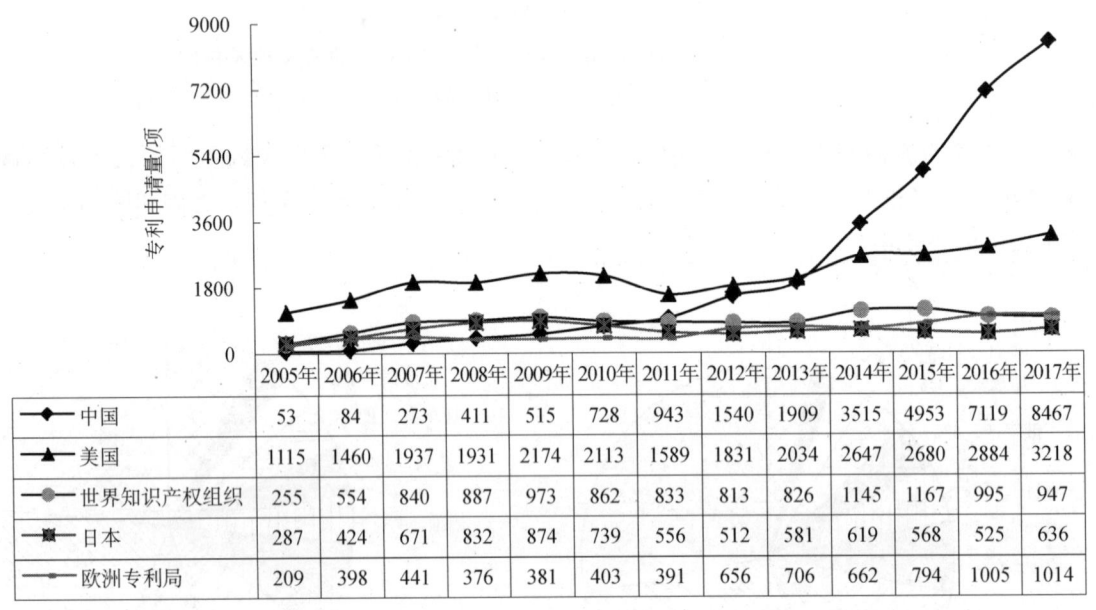

	2005年	2006年	2007年	2008年	2009年	2010年	2011年	2012年	2013年	2014年	2015年	2016年	2017年
中国	53	84	273	411	515	728	943	1540	1909	3515	4953	7119	8467
美国	1115	1460	1937	1931	2174	2113	1589	1831	2034	2647	2680	2884	3218
世界知识产权组织	255	554	840	887	973	862	833	813	826	1145	1167	995	947
日本	287	424	671	832	874	739	556	512	581	619	568	525	636
欧洲专利局	209	398	441	376	381	403	391	656	706	662	794	1005	1014

图4-8 2005~2017年飞机制造产业主要国家/地区/组织专利申请量年度变化趋势图

资料来源：中国产业智库大数据中心

4.2.3 飞机制造产业创新主体分析

4.2.3.1 飞机制造产业十大创新主体

飞机制造专利申请量前十申请人如表4-1所示。在前十申请人中，美国有5家，且位列前五，占据绝对领先位置。法国作为传统飞机制造强国，有两家公司位列十大创新主体，德国、日本、韩国各有一家公司进入前十行列。中国飞机专利申请总量位列第二，但专利申请人均未能进入前十行列。从一定程度说明，中国飞机研发单位多而分散，申请量无一能与国外的大公司相抗衡，缺乏国际化、领先、代表性的企业。

从研究机构的专利申请活跃度来看，现代汽车公司、联合技术公司和汉胜公司近5年专利申请量占比均超过65%。尤其是联合技术公司于2017年9月收购了美国罗克韦尔柯林斯公司，并将其与公司的航空航天系统整合创造新公司，名为柯林斯航空航天系统。

第4章 飞机制造产业技术发展报告

表4-1 2005~2017年飞机制造产业全球专利申请量前十专利权人分布

排名	专利申请量/项	专利权人	专利申请走势（2005~2017年）	近5年专利占比/%
1	7202	空中客车公司		41.42
2	5000	波音公司		53.08
3	2146	霍尼韦尔公司		34.44
4	1798	联合技术公司		66.46
5	1309	通用电气公司		50.04
6	1248	泰雷兹集团		38.70
7	1137	现代汽车公司		73.35
8	1037	汉胜公司		65.48
9	1030	斯奈克玛公司		59.22
10	935	丰田公司		28.88

资料来源：中国产业智库大数据中心

4.2.3.2 飞机制造产业创新主体之间的合作

飞机制造研究领域的各个机构在加快发展自身研发实力、扩大技术保护范围的同时，也在寻求合适的合作伙伴，力求在较短的时间内发挥利用双方的优势，补充各自的短板，联合起来进行技术研发。该领域内多个研究机构间进行了专利申请合作，产生了大量的技术成果。对飞机领域申请量前百位的机构进行合作分析，得到合作关系图（图4-9）。总体来讲，飞机制造领域创新主体间的合作频率较低，以自主研发为主。

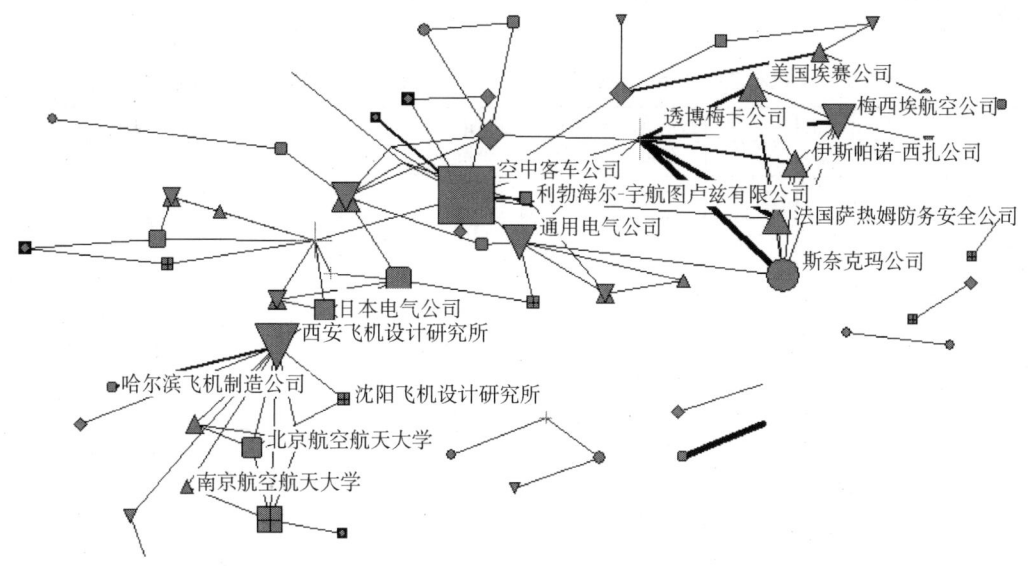

图4-9 2005~2017年飞机制造产业全球创新主体合作网络图
注：度数中心度>0
资料来源：中国产业智库大数据中心

1）透博梅卡公司

透博梅卡公司（Turbomeca）与其他机构的专利合作频次在飞机制造领域排名第一，共与8个机构合作申请专利350项，主要合作机构有法国国营飞机发动机研究制造公司（斯奈克玛公司）、法国萨热姆防务安全公司、美国埃赛公司、梅西埃航空公司、伊斯帕诺-西扎公司，合作频次分别为110次、74次、52次、48次、19次。其中，透博梅卡公司是斯奈克玛公司的子公司，隶属于赛峰集团；法国萨热姆防务安全公司也为赛峰集团下属公司，合作本质上是公司内部的合作与联合。

2）空中客车公司

空中客车公司是行业内专利申请量最多的机构，在技术研发过程中共与其他13个机构合作申请专利38项。其中，与法国一家电信设备制造商——阿尔卡特公司合作次数最多，达22次。与飞机制造企业如机舱内饰制造商、利勃海尔-宇航图卢兹有限公司、通用电气公司等有合作，但是合作次数较少，为1~2项。

3）其他研究机构

西安飞机设计研究所与10家公司和机构有合作，主要是国内航空航天研究机构和企业，如北京航空航天大学、哈尔滨飞机制造公司、南京航空航天大学、沈阳飞机设计研究所等，其中与哈尔滨飞机制造公司合作最多，达16次。

4.2.3.3 飞机制造产业创新主体的专利布局

进一步分析空中客车公司、波音公司、霍尼韦尔公司、联合技术公司、通用电气公司、泰雷兹集团、现代汽车公司、汉胜公司、斯奈克玛公司、丰田公司10家研究机构的专利布局情况，以研究创新主体的市场战略。

表4-2和表4-3分别反映了上述10家公司2005~2010年与2011~2017年的全球专利布局变化情况。

表4-2 飞机制造产业十大创新主体全球专利布局（2005~2010年） （单位：项）

国家/地区/组织	空中客车公司	波音公司	霍尼韦尔公司	联合技术公司	通用电气公司	泰雷兹集团	现代汽车公司	汉胜公司	斯奈克玛公司	丰田公司
美国	2320	1871	1135	489	499	432	164	201	184	176
欧洲专利局	1482	536	673	335	290	264	0	93	170	38
德国	1385	91	99	47	92	68	33	22	68	84
世界知识产权组织	1310	534	202	175	98	250	0	13	57	128
法国	1187	0	0	3	29	511	0	11	238	0
中国	1003	162	28	62	181	37	67	13	90	117
加拿大	927	155	59	135	180	71	0	13	144	12
俄罗斯	845	14	2	9	11	26	0	1	141	4
日本	834	230	101	152	287	37	63	28	128	544
巴西	785	4	28	16	46	30	0	5	51	3
西班牙	76	0	0	0	0	0	0	0	1	0

续表

国家/地区/组织	空中客车公司	波音公司	霍尼韦尔公司	联合技术公司	通用电气公司	泰雷兹集团	现代汽车公司	汉胜公司	斯奈克玛公司	丰田公司
印度	52	8	6	24	46	27	5	2	35	3
韩国	40	33	16	32	13	8	187	1	3	46
英国	22	164	14	1	72	17	0	19	7	1
意大利	21	0	0	0	1	6	0	0	1	0
澳大利亚	17	61	8	15	6	13	0	0	0	3
以色列	16	4	21	7	9	20	0	0	17	0
新加坡	5	20	2	33	18	9	0	0	2	0
南非	3	1	1	0	1	6	0	0	6	0
中国香港	1	20	0	0	2	3	0	0	1	0
墨西哥	1	0	1	6	3	1	0	0	3	0
中国台湾	0	1	13	20	6	0	1	1	1	0
挪威	0	0	1	5	0	5	0	0	1	0

表4-3 飞机制造产业十大创新主体全球专利布局（2011~2017年） （单位：项）

国家/地区/组织	空中客车公司	波音公司	霍尼韦尔公司	联合技术公司	通用电气公司	泰雷兹集团	现代汽车公司	汉胜公司	斯奈克玛公司	丰田公司
美国	3129	3031	980	1196	698	489	913	805	413	142
欧洲专利局	2241	1481	748	770	388	296	25	533	210	28
德国	969	18	0	2	74	6	431	9	0	49
世界知识产权组织	764	340	14	566	160	131	3	13	337	68
法国	1640	22	0	0	109	613	0	63	776	0
中国	1218	938	338	23	411	93	641	160	206	89
加拿大	387	641	56	115	389	109	3	79	206	10
俄罗斯	153	168	15	3	9	38	0	6	141	1
日本	142	843	56	16	407	26	226	26	80	343
巴西	52	353	0	21	270	37	2	55	163	7
西班牙	83	0	0	0	1	0	0	0	0	0
印度	97	27	39	5	260	27	5	3	16	6
韩国	146	198	14	1	18	8	835	7	1	18
英国	196	106	7	2	142	20	0	39	116	0
意大利	2	0	0	0	0	9	0	1	0	0
澳大利亚	15	248	7	0	15	8	1	1	0	0
以色列	20	8	10	0	1	12	0	0	6	0
新加坡	9	57	0	13	9	11	0	4	0	1
南非	1	0	0	0	2	3	0	1	0	1
中国香港	0	4	0	1	1	1	0	0	0	0
墨西哥	8	8	0	0	2	0	1	0	0	0

续表

国家/地区/组织	空中客车公司	波音公司	霍尼韦尔公司	联合技术公司	通用电气公司	泰雷兹集团	现代汽车公司	汉胜公司	斯奈克玛公司	丰田公司
中国台湾	0	8	7	1	6	2	0	1	0	0
瑞士	0	0	0	0	12	0	0	0	0	0

资料来源：中国产业智库大数据中心

第一，空中客车公司、波音公司、现代汽车公司3家公司的市场战略发生了较大改变。空中客车公司的主要目标市场仍然是美国、欧洲，但逐步减弱了在日本、巴西市场的专利布局，将其主要精力用于提升在法国、中国的专利申请，专利申请增长明显。波音公司减少了在英国、德国的专利布局，将其目标转向新型市场，如中国、巴西等国，在俄罗斯的专利申请有明显增长。霍尼韦尔公司削弱了在德国、巴西的专利申请，加强了在中国、印度、俄罗斯的专利布局。现代汽车公司2011~2017年在美国的专利申请总量超过并且明显高于在本土的专利申请总量，而且专利布局的国家不断增多，加强了在欧洲、加拿大、巴西的专利申请，公司国家化战略布局的趋势愈加明显。

第二，10家公司2011~2017年在中国的专利总量、专利申请排名情况均高于2005~2010年，说明飞机制造领域大型企业普遍重视中国市场，不断加强了在中国的专利布局。

第三，各个公司对巴西市场的专利调整各有不同。波音公司、联合技术公司、通用电气公司、汉胜公司、斯奈克玛公司加强了在巴西的专利布局，空中客车公司、霍尼韦尔公司在巴西的专利申请总量明显减少。

第四，各个公司充分重视在本国的专利布局，除现代汽车公司2011~2017年的专利布局在美国专利申请总量超过本国外，其他国家的专利主要目标市场仍是本国。尤其是联合技术公司2011~2017年的专利布局更加重视本国市场，本国专利申请总量是2005~2010年的两倍多。

4.2.4 飞机制造产业专利技术发明人分析

对飞机制造领域的发明人进行分析，能找出所在领域中的主要专利发明人团队及这些团队中的核心发明人，为人才的引进提供参考，还能通过跟踪这些团队及核心发明人的专利申请把握行业内的科研动态。

4.2.4.1 飞机制造产业专利技术发明人合作率与合作度年度变化趋势

2005~2017年，飞机制造领域专利的合作率和合作度均保持在较稳定的水平。从合作率指标来看，历年合作率均在60%以上，其间，2012~2014年的合作率最高，达到70%以上，说明飞机制造领域一半以上的专利是由两个或两个以上的个人合作完成的，科研合作比较频繁，合作程度较高；从合作度指标来看，合作度均在3左右，说明飞机制造领域科研合作比较稳定（图4-10）。

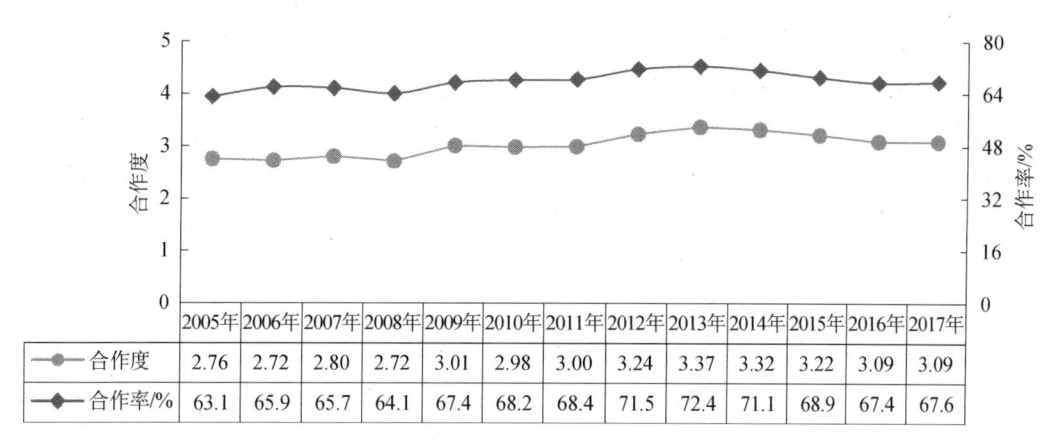

年份	2005年	2006年	2007年	2008年	2009年	2010年	2011年	2012年	2013年	2014年	2015年	2016年	2017年
合作度	2.76	2.72	2.80	2.72	3.01	2.98	3.00	3.24	3.37	3.32	3.22	3.09	3.09
合作率/%	63.1	65.9	65.7	64.1	67.4	68.2	68.4	71.5	72.4	71.1	68.9	67.4	67.6

图 4-10　2005～2017 年飞机制造产业专利技术发明人合作率和合作度年度变化趋势图

资料来源：中国产业智库大数据中心

4.2.4.2　飞机制造产业专利技术发明人合作率和合作度比较

表 4-4 计算申请量前十的公司的合作率与合作度，分析各个公司在发明人合作方面的特征。

斯奈克玛公司的专利合作率为 85.24%，合作度为 3.67，泰雷兹集团的专利合作率为 83.25%，合作度 3.03，两家公司的合作率均大于 80%，合作度均在 3 左右，即平均每项专利约由 3 位发明者共同完成，合作率和合作度均高于其他公司。美国公司数量较多，但合作率和合作度有一定差异，如通用电气公司的合作率为 86.55%，合作度为 4.22，而汉胜公司的合作率为 72.71%，合作度为 2.76，明显低于通用电气公司。空中客车公司的专利申请总量全球排名第一，但其合作率低于 80%，合作度为 3 左右，低于十大创新主体合作的平均水平。现代汽车公司虽然在专利申请总量处在靠后的位置，但是合作率和合作度位于前列，在专利申请、技术开放中注重于国际合作，与其国家化战略相一致。

表 4-4　2005～2017 年飞机制造产业主要公司的合作率与合作度比较

序号	机构名称	合作率/%	合作度
1	通用电气公司	86.55	4.22
2	现代汽车公司	86.10	5.11
3	斯奈克玛公司	85.24	3.67
4	泰雷兹集团	83.25	3.03
5	霍尼韦尔公司	82.39	3.29
6	波音公司	78.48	3.48
7	联合技术公司	77.14	2.92
8	空中客车公司	75.17	3.02
9	汉胜公司	72.71	2.76
10	丰田公司	53.90	2.41

资料来源：中国产业智库大数据中心

4.2.4.3　飞机制造产业专利技术核心发明人

分别计算专利申请量前十的申请人内部发明人合作网络凝聚力指数和点度中间中心度，

可以看出，在飞机制造领域，各公司内部的发明人合作网络的凝聚力均较弱。

空中客车公司整体网络的凝聚力指数为 0.079，凝聚力非常弱；SCHLIWA R 在网络中的中间中心度最高，为 351.733，说明其在网络中控制资源的能力最强，具有较大的影响力；各发明人与其他人的合作频次均少于 70 次，GUINALDO FERNANDEZ E 与其他人合作的频次最高，为 60 次。从网络结构来看，公司内部形成了以 GUINALDO FERNANDEZ E 团队、MUELLER M 团队、SCHNEIDER U 团队为核心的发明人合作网络，同时存在多个零星的小合作网络。

波音公司整体网络的凝聚力指数为 0.158，凝聚力很弱；GEORGESON G E 在网络中的中间中心度最高，均为 804.439，说明其在网络中控制资源的能力最强，具有较大的影响力；GEORGESON G E 与其他人合作的频次最高，为 148 次。从网络结构来看，公司内部形成了以 GEORGESON G E 团队、MITCHELL B J 团队为核心的多个发明人合作网络。

霍尼韦尔公司整体网络的凝聚力指数为 0.308，凝聚力较弱；NUTARO J 的中间中心度最高，为 933.605，说明其在网络中控制资源的能力最强；合作频次高于 100 次的发明人有 FEYEREISEN T L、HE G、ISHIHARA Y。从网络结构来看，公司内部形成了以 FEYEREISEN T L、HE G 等发明人为核心的合作网络。

联合技术公司整体网络的凝聚力指数为 0.172，凝聚力很弱；网络中间中心度高于 1000 的发明人为 CHAUDHRY Z A、JAIN A K、WINTER M，其中间中心度分别为 1316.672、1260.000、1247.667，说明其在网络中控制资源的能力最强，具有较大的影响力；SUCIU G L 与其他发明人的合作频次最多，为 172 次，其他发明人的合作频次均低于 100 次。从网络结构来看，公司内部形成了以 SUCIU G L 团队、HUNTER D H 团队为核心的发明人合作网络，同时存在两个小的分散的发明人合作网络。

通用电气公司整体网络的凝聚力指数为 0.154，凝聚力很弱；网络中的中间中心度高于 600 的发明人为 MILLER B W、NESTICO B F、ADIBHATLA S，其中间中心度分别为 746.026、625.358、609.858，说明其在网络中控制资源的能力最强，具有较大的影响力；各发明人与其他人的合作频次均少于 60 次，LEE C、MILLER B W 与其他人合作的频次最高，均为 57 次。从网络结构来看，公司内部形成了以 LEE C 团队、MILLER B W 团队、DOMKE M C 团队、ANDARAWIS E A 团队、HOVIS G L 团队为核心的多个发明人合作网络。

现代汽车公司整体网络的凝聚力指数分别为 0.574，凝聚力一般；泰雷兹集团、汉胜公司、斯奈克玛公司、丰田公司整体网络的凝聚力指数分别为 0.197、0.282、0.201、0.110，凝聚力均很弱。

4.3 飞机制造产业在华专利态势分析

飞机制造在华专利申请涉及领域广泛，本书在研究过程中采用国际专利分类号 B64C（飞机；直升机）和 B64D（用于与飞机配合或装到飞机上的设备；飞行衣；降落伞；动力装置或推进传动装置的配置或安装）以及 12-07（飞机及空间运载工具）为检索入口，专利申请时间限定为 2005~2017 年，共检索到 26 022 件专利。

4.3.1 飞机制造产业在华专利申请态势

4.3.1.1 飞机制造产业在华专利年度趋势

2007年12月，国家发展和改革委员会发布《高技术产业发展"十一五"规划》，指出要扩大民用飞机产业规模，坚持自主研制与国际合作相结合的原则，积极发展民用飞机产业；实现国产不同座级支线飞机和通用飞机的批量生产，积极扩大出口；启动大型飞机研制，在大型飞机设计、制造、试验、适航认证等关键技术研发上取得新进展。该规划的出台，推动了在华飞机制造专利申请的快速发展，到2010年，在华飞机制造专利申请量为727件，比2006年的专利申请量增长了52.09%。2010年以中国商飞的大规模国际化招标为新起点，中国民机制造业进入以我为主的新时代[5]。从2010年开始，飞机制造领域专利授权量处于快速增长阶段，2010年专利授权量为321件，2016年专利授权量已经达到4771件，与2010年相比，增长了1377%（图4-11）。

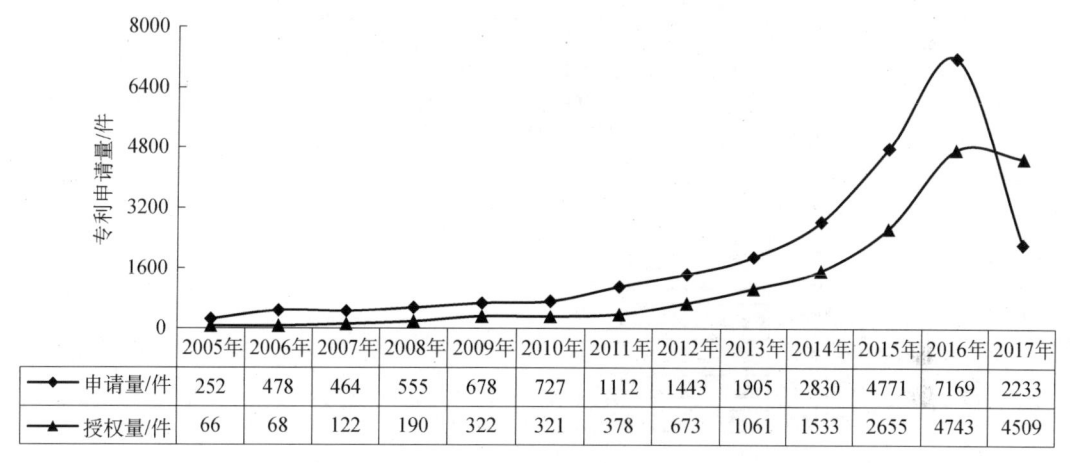

年份	2005年	2006年	2007年	2008年	2009年	2010年	2011年	2012年	2013年	2014年	2015年	2016年	2017年
申请量/件	252	478	464	555	678	727	1112	1443	1905	2830	4771	7169	2233
授权量/件	66	68	122	190	322	321	378	673	1061	1533	2655	4743	4509

图4-11 2005~2017年飞机制造产业在华专利申请量年度变化趋势图
资料来源：中国产业智库大数据中心

4.3.1.2 飞机制造产业细分领域在华专利分布

飞机制造领域分为机身、飞行装置、起落架、飞行控制、机翼、螺旋桨、安全装置7个子领域，各领域专利数量和主要申请人如表4-5所示。

表4-5 2005~2017年飞机制造产业细分领域在华专利申请量及主要申请人

领域	专利总量/件	主要申请人
机身	2590	西安飞机设计研究所、波音公司、江西洪都航空工业集团有限责任公司、空中客车德国有限公司、空中客车运营简化股份公司
飞行装置	2448	埃尔塞乐公司、西安飞机设计研究所、江西洪都航空工业集团有限责任公司、空中客车运营简化股份公司、波音公司
起落架	1498	梅西耶-布加蒂-道提公司、西安航空制动科技有限公司、西安飞机设计研究所、哈尔滨飞机工业集团有限责任公司、江西洪都航空工业集团有限责任公司
飞行控制	1132	波音公司、西安飞机设计研究所、江西洪都航空工业集团有限责任公司、北京航空航天大学、空中客车营运有限公司

续表

领域	专利总量/件	主要申请人
机翼	1120	西安飞机设计研究所、波音公司、北京航空航天大学、西北工业大学、哈尔滨工业大学
螺旋桨	523	大疆创新公司、斯奈克玛、惠阳航空螺旋桨有限责任公司、西北工业大学、王伟
安全装置	348	波音公司、西安飞机设计研究所、埃尔塞乐公司、中国民航大学、武汉航空仪表有限责任公司

资料来源：中国产业智库大数据中心

4.3.2 飞机制造产业在华专利重要区域布局分析

4.3.2.1 飞机制造产业在华专利区域布局

2005~2017 年，飞机制造业在华专利主要集中在 5 个地区，分别是华东地区、京津冀地区、西北地区、珠三角地区、东北地区，这 5 个地区也正是专利申请比较密集的区域，其专利申请总量占全国专利总量的 82%，这与国家飞机制造的战略布局相关（图 4-12）。

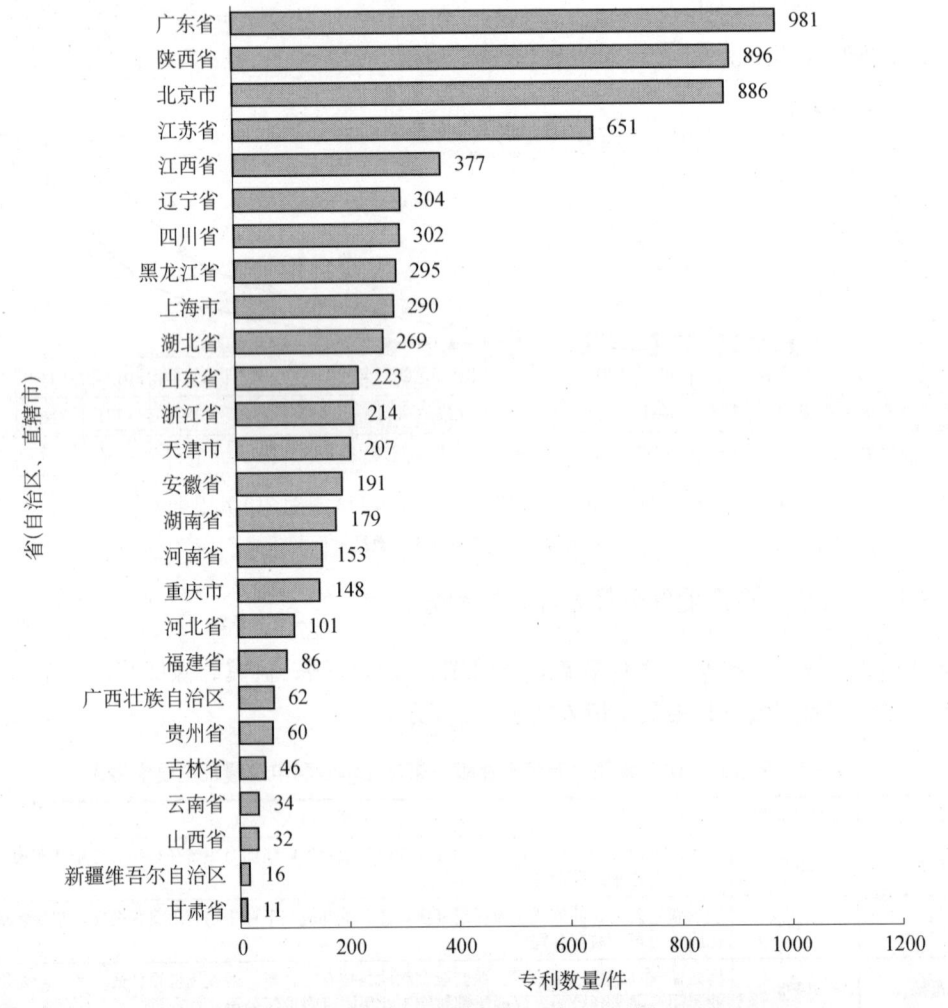

省(自治区、直辖市)	专利数量/件
广东省	981
陕西省	896
北京市	886
江苏省	651
江西省	377
辽宁省	304
四川省	302
黑龙江省	295
上海市	290
湖北省	269
山东省	223
浙江省	214
天津市	207
安徽省	191
湖南省	179
河南省	153
重庆市	148
河北省	101
福建省	86
广西壮族自治区	62
贵州省	60
吉林省	46
云南省	34
山西省	32
新疆维吾尔自治区	16
甘肃省	11

图 4-12　2005~2017 年飞机制造产业在华专利申请量区域排名

资料来源：中国产业智库大数据中心

华东地区，尤其是江苏省、上海市、山东省、浙江省、安徽省、福建省的专利申请总量为1655件，所占比例为23.60%，远高于其他地区。江苏省的专利申请总量名列前茅，且占整个华东地区专利申请量的40%。

京津冀地区，专利申请总量为1194件，所占比例为17.02%，是我国飞机制造的重要区域。

西北地区，陕西省是我国传统的飞机制造基地，实力雄厚，专利申请量为896件，排在全国第二位。

珠三角地区，珠海市、深圳市是飞机制造的集中区域，广东省专利申请总量达到981件，排在全国第一位。

东北地区，沈阳飞机工业基地是"中国歼击机的摇篮"，是中国创建最早、规模最大的现代化歼击机设计制造基地，黑龙江省哈尔滨市是国家通用航空产业基地。辽宁省、黑龙江省的专利申请量分别为304件、295件，在全国排名第6位和第8位。

此外，江西南昌、四川成都是航空制造的重点城市，江西洪都航空工业集团有限责任公司（原名为南昌飞机制造公司），是中华人民共和国第一架飞机的诞生地；成飞集团是中国飞机制造的重要组成部分，是中国航空工业集团公司直属特大型企业，是我国研制、生产歼击机的重要基地。江西省飞机制造领域专利申请量达到377件，居全国第5位，四川省飞机制造领域专利申请量达到302件，居全国第7位。

4.3.2.2 飞机制造产业在华专利区域研发重点分析

各省（自治区、直辖市）在飞机制造子领域的专利布局如表4-6所示。

表4-6　2005～2017年飞机制造产业细分领域在华专利布局　　　　　（单位：件）

省（自治区、直辖市）	飞行控制	飞行装置	机翼	机身	螺旋桨	起落架	安全装置
广东省	80	193	96	320	111	178	3
陕西省	145	183	153	220	26	139	30
北京市	136	169	134	223	47	157	20
江苏省	58	176	81	165	41	106	24
江西省	49	120	31	115	5	57	0
辽宁省	41	97	24	105	15	17	5
四川省	36	59	32	90	9	63	13
黑龙江省	40	70	66	65	7	45	2
上海市	29	90	31	75	14	36	15
湖北省	18	100	14	60	8	49	20
山东省	28	40	28	51	18	44	14
浙江省	19	48	26	65	11	44	1
天津市	15	45	26	60	11	36	14
安徽省	10	60	17	43	9	50	2
湖南省	15	31	31	58	10	31	3
河南省	16	57	14	31	7	27	1
重庆市	17	14	11	72	10	23	1
河北省	16	19	16	20	18	11	1

续表

省（自治区、直辖市）	飞行控制	飞行装置	机翼	机身	螺旋桨	起落架	安全装置
福建省	3	23	10	28	3	19	0
广西壮族自治区	7	21	14	8	5	7	0
贵州省	11	22	8	10	3	6	0
吉林省	3	14	11	7	2	9	0
云南省	6	10	3	6	0	9	0
山西省	0	14	5	5	3	5	0
新疆维吾尔自治区	0	6	2	4	2	2	0
甘肃省	3	6	0	1	0	1	0

资料来源：中国产业智库大数据中心

在安全装置领域，陕西省、江苏省、北京市、湖北省是专利申请量多的地区，专利申请量大于 20 件，专利申请总量占安全装置领域的比重为 27.01%。

在飞行控制领域，陕西省、北京市专利申请量位居前列，专利申请量大于 100 件，专利申请总量占飞行控制领域的比重为 24.82%。

飞行装置是专利申请量集中的领域，广东省、陕西省、北京市、江苏省、江西省、湖北省是专利申请量最多的 6 个地区，专利申请量均大于 100 件，专利申请总量占飞行装置领域的比重为 38.44%。

在机翼领域，山西省、北京市、广东省、江苏省申请量较高，均超过 80 件，专利申请总量占机翼领域的比重为 41.43%。

机身领域专利申请总量较多，其中广东省、山西省、北京市的专利申请量均超过 200 件，专利申请总量占机身领域的比重为 29.43%；江苏省、江西省、辽宁省的专利申请为 100~200 件，专利申请总量占机身领域的比重为 14.86%。

在螺旋桨领域，广东省占据绝对领先位置，专利申请总量超过 100 件，紧随其后的江苏省、北京市两地的专利申请量则仅为 40 件左右。

在起落架领域，专利申请集中在广东省、山西省、北京市、江苏省 4 个地区，专利申请量均大于 100 件。

4.3.3 飞机制造产业在华专利主要申请人分析

全球飞机制造领域在华专利申请量前二十的申请人如图 4-13 所示，其中，中国申请人有 14 家，含有 8 家企业、6 家高等院校。

4.3.3.1 西安飞机设计研究所

西安飞机设计研究所即航空工业第一飞机设计研究院，由西安飞机设计研究所和上海飞机设计研究所整合重组成立的，是目前中国唯一的集歼击轰炸机、轰炸机、运输机、民用飞机和特种飞机设计的研究机构[6]。从专利申请数据来看，西安飞机设计研究所专利申请量居国内第一，高于国际飞机制造巨头波音公司、空中客车公司。

第4章 飞机制造产业技术发展报告

机构名称	专利数量/件
西安飞机设计研究所	578
波音公司	491
大疆创新公司	362
北京航空航天大学	361
江西洪都航空工业集团有限责任公司	314
佛山市神风航空科技有限公司	287
哈尔滨飞机工业集团有限责任公司	256
南京航空航天大学	256
西北工业大学	252
空中客车营运有限公司	236
空中客车德国有限公司	222
空中客车运营简化股份公司	210
易瓦特科技股份公司	157
中国航空工业集团公司沈阳飞机设计研究所	157
中国商用飞机有限责任公司	154
湖北易瓦特科技股份有限公司	126
埃尔塞乐公司	124
中国直升机设计研究所	120
国家电网公司	119
中国商用飞机有限责任公司上海飞机设计研究院	113

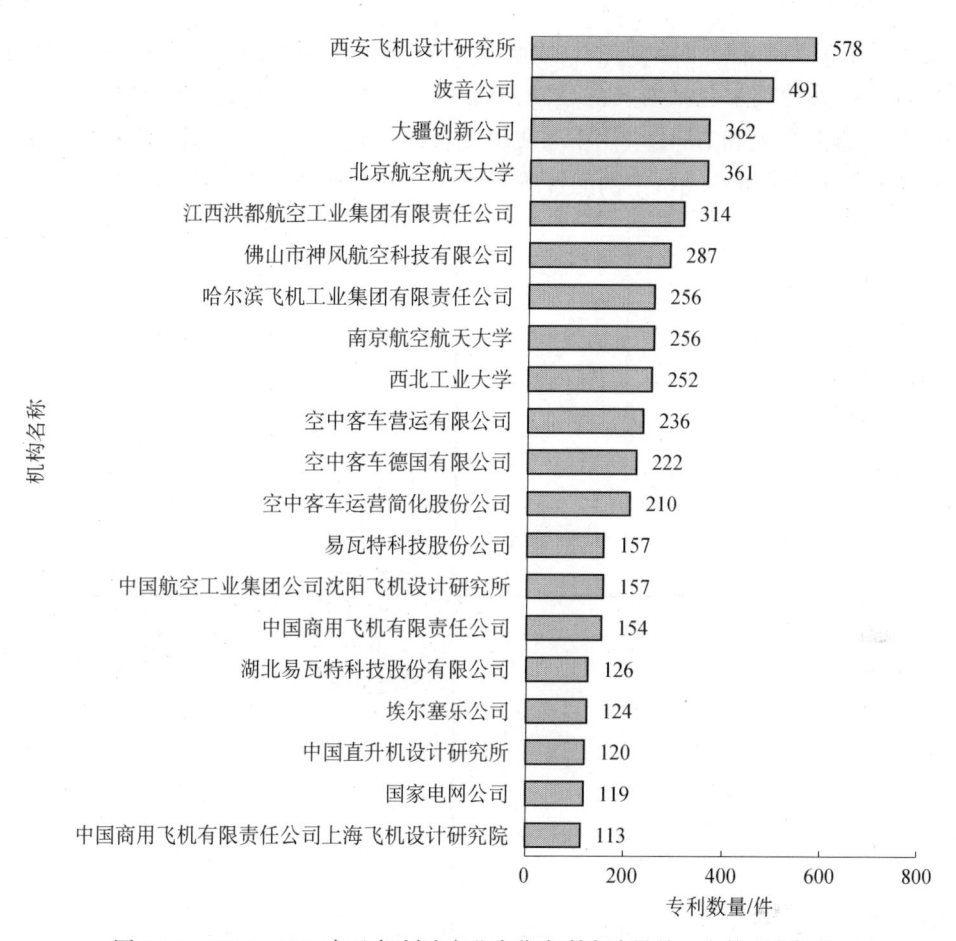

图4-13 2005～2017年飞机制造产业在华专利申请量前二十的研发机构
资料来源：中国产业智库大数据中心

从专利申请数量来看（图4-14），西安飞机设计研究所在飞机制造的各个子领域均有专利，但侧重于机身、飞行装置和机翼领域的研究，申请量占比71.39%。

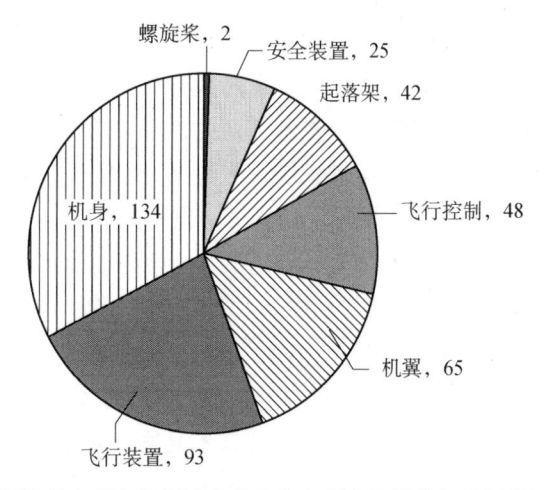

饼图数据：
- 螺旋桨，2
- 安全装置，25
- 起落架，42
- 飞行控制，48
- 机翼，65
- 飞行装置，93
- 机身，134

图4-14 西安飞机设计研究所飞机制造产业在华专利申请量按细分领域分布图（单位：件）
资料来源：中国产业智库大数据中心

从技术竞争能力来看，西安飞机设计研究所在 E05F（使翼扇移到开启或关闭位置的器件；翼扇调节；其他类未包括而与翼扇功能有关的零件）领域具有较强的技术竞争力。在 B64C（飞机；直升机）和 B64D（用于与飞机配合或装到飞机上的设备；飞行衣；降落伞；动力装置或推进传动装置在飞机中的配置或安装）上申请专利数量最多（图 4-15）。

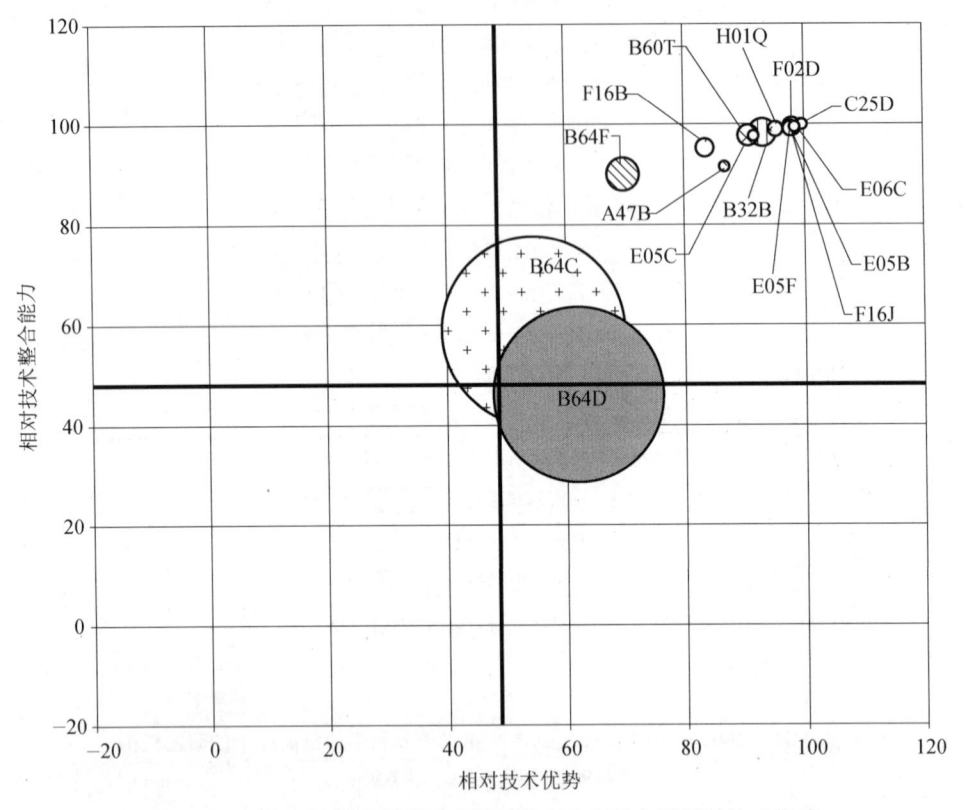

图 4-15　西安飞机设计研究所飞机制造产业在华专利相对技术优势
资料来源：中国产业智库大数据中心

4.3.3.2　波音公司

波音公司是全球最大的航空航天业公司，也是世界领先的民用飞机和防务、空间与安全系统制造商，以及售后支持服务提供商。波音公司的产品及定制的服务包括：民用和军用飞机、卫星、武器、电子和防御系统、发射系统、先进信息和通信系统，以及基于性能的物流和培训等。波音公司一直是航空航天业的领袖公司，也素来有着创新的传统[7]。

从专利申请数量来看，波音公司在飞机制造的各个子领域均有专利，但侧重于机身、飞行装置和机翼领域的研究，申请量占比 71.01%，尤其在机身领域，申请专利总量为 125 件，占整个申请专利的 36.23%（图 4-16）。

从技术竞争能力来看，波音公司在 F15B（一般流体工作系统；流体压力执行机构，如伺服马达；未列入其他类的流体压力系统的部件）领域技术竞争力最强。在 B64C（飞机；直升机）和 B64D（用于与飞机配合或装到飞机上的设备；飞行衣；降落伞；动力装置或推进传动装置在飞机中的配置或安装）领域专利申请量最多。其次为 B64F（与飞机相关联的地面设施或航空母舰甲板设施；其他类目不包含的飞机设计、制造、装配、清洗、维修或修理）（图4-17）。

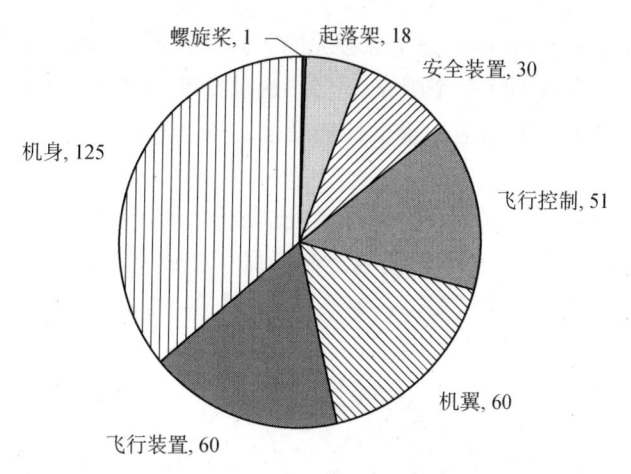

图4-16 波音公司飞机制造产业在华专利申请量按细分领域分布图（单位：件）

资料来源：中国产业智库大数据中心

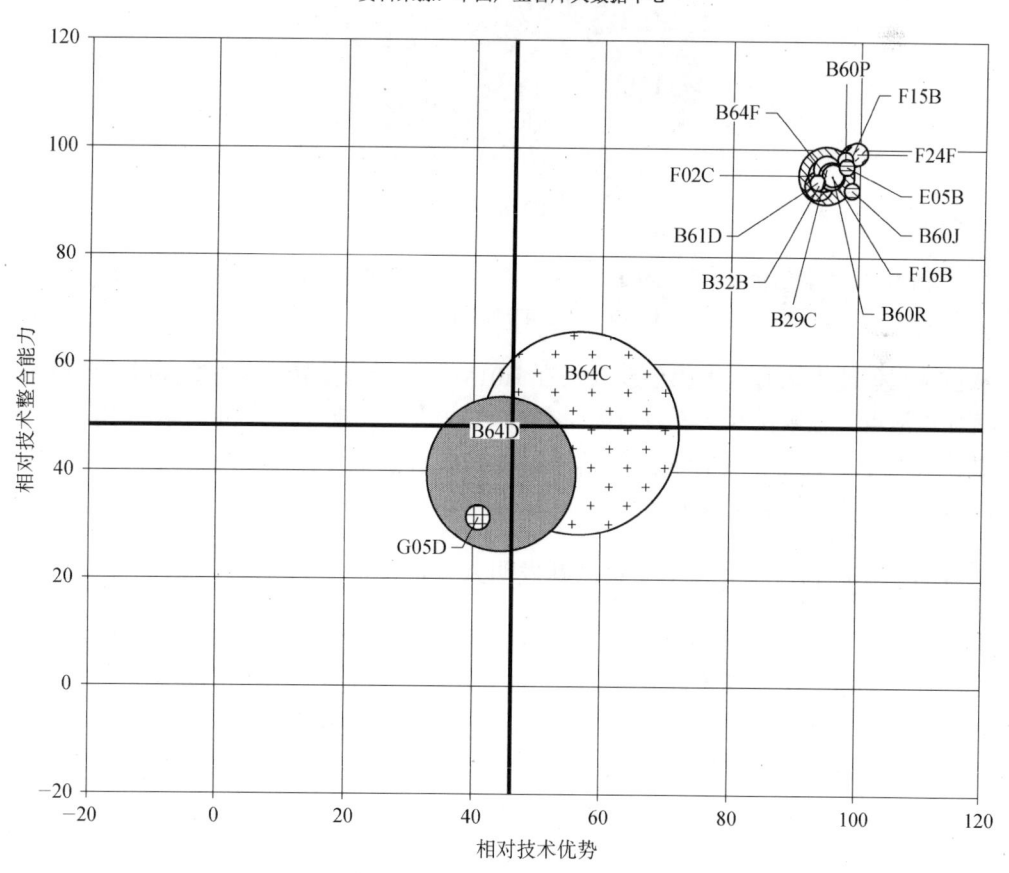

图4-17 波音公司飞机制造产业在华专利相对技术优势

资料来源：中国产业智库大数据中心

4.3.3.3 大疆创新公司

大疆创新公司成立于2006年,是全球领先的无人飞行器控制系统及无人机解决方案的研发和生产商,客户遍布全球100多个国家/地区。通过持续的创新,大疆创新公司致力于为无人机工业、行业用户及专业航拍应用提供性能最强、体验最佳的革命性智能飞控产品和解决方案[8]。

从专利申请数量来看,大疆创新公司在飞机制造领域的专利申请集中在机身、螺旋桨、飞行装置、起落架、飞行控制5个子领域,在机翼、螺旋桨子领域未申请专利。其中,机身、螺旋桨领域的专利申请总量较多,占整个申请专利的57.89%(图4-18)。

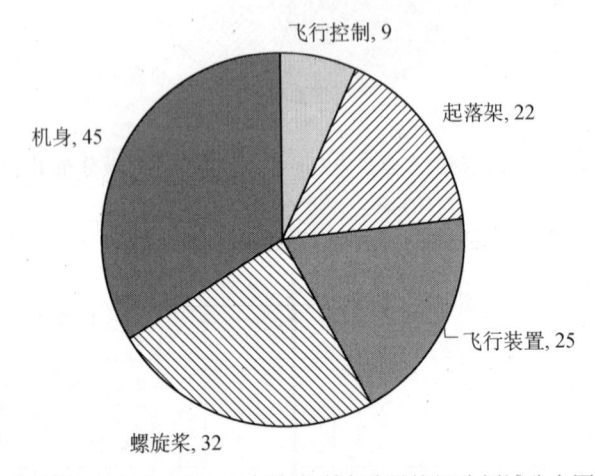

图4-18 大疆创新公司飞机制造产业在华专利申请量按细分领域分布图(单位:件)
资料来源:中国产业智库大数据中心

从技术竞争能力来看,大疆创新公司在H01M(用于直接转变化学能为电能的方法或装置,例如电池组)领域技术竞争力最强。在B64C(飞机;直升机)和B64D(用于与飞机配合或装到飞机上的设备;飞行衣;降落伞;动力装置或推进传动装置在飞机中的配置或安装)领域专利申请量最多(图4-19)。

4.3.4 飞机制造产业在华专利活跃发明人分析

通过发明人合作网络关系(图4-20)可以发现,飞机制造领域存在多个重要的研发团队,如江西洪都航空工业集团有限责任公司的邓承俤、吉先武、梁浩、徐环宇、吴根林、付杰斌、胡定红、尹晓霞、黎小宝等,中航工业陕西飞机工业(集团)有限公司的宋娟妮、朱永岗、袁志敏、何志国等。

4.3.4.1 吉先武

吉先武,江西洪都航空工业集团有限责任公司研究人员,发明专利15件,发明授权专利3件,实用新型专利10件(表4-7)。吉先武参与申请的专利数量位列第一,在江西洪都航空工业集团有限责任公司专利申请中参与度非常高,但从发明(设计)人排名上来看,其多数是以参与人的身份,而非团队领导人。

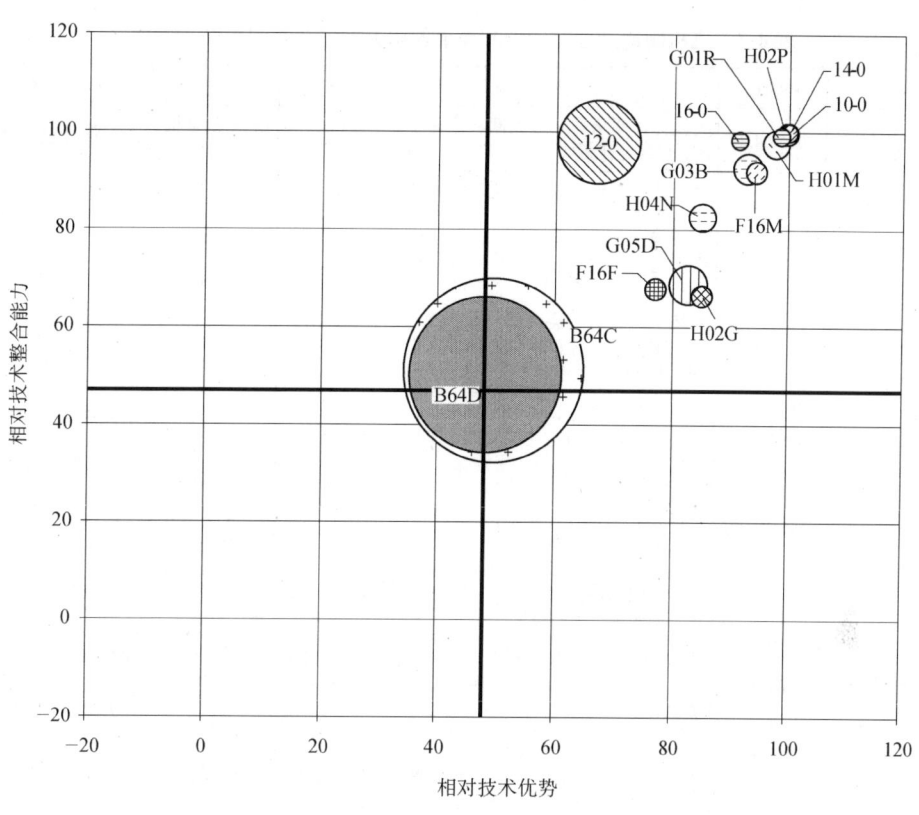

图 4-19 大疆创新公司飞机制造产业在华专利相对技术优势

资料来源：中国产业智库大数据中心

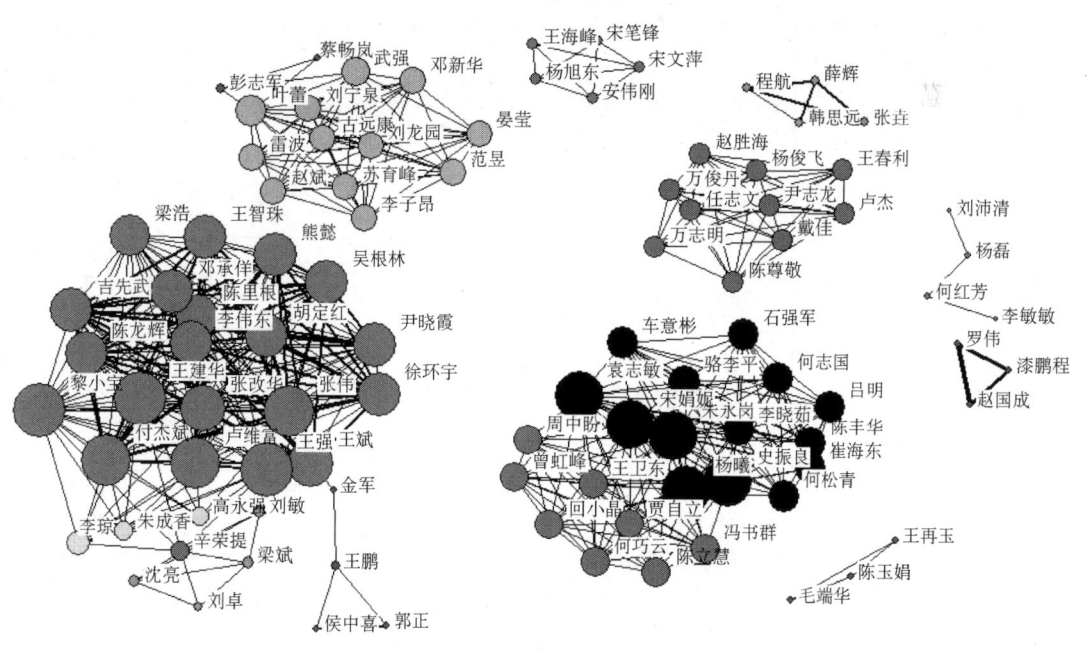

图 4-20 2005~2017 年飞机制造产业在华专利重要发明人合作网络图

注：度数中心度>0

资料来源：中国产业智库大数据中心

表 4-7　飞机制造产业在华专利重要发明人吉先武专利申请一览表

申请号	申请日	发明（设计）人	技术手段	技术功效
CN201510197113.X	2015.04.24	吴根林、邓承伴、吉先武、徐环宇、胡定红、熊懿、张伟、王斌	新型机身机翼连接结构	实现了机翼的拆卸
CN201510197483.3	2015.04.24	吴根林、邓承伴、黎小宝、吉先武、徐环宇、王斌、熊懿、张伟	新型钢构架口盖连接结构	实现机身骨架和外表口盖稳定相连
CN201510197115.9	2015.04.24	吴根林、徐环宇、吉先武、邓承伴、王斌、王智珠、陈龙辉、左晓娟	新型油箱安装维护结构	实现了油箱可拆卸的通路功能
CN201420226381.0	2014.05.06	徐环宇、梁浩、吴根林、吉先武、付杰斌、胡定红、李伟东、陈里根、张伟、王斌、熊懿、王建华、尹晓霞、陈龙辉	防雨密封口盖组件	解决蒙皮上开设口盖的防雨和密封问题
CN201420189897.2	2014.04.18	陈里根、王建华、王强、吴根林、徐环宇、吉先武、付杰斌、胡定红、熊懿、李伟东、尹晓霞、王斌、张伟、陈龙辉、王智珠、邓承伴	新型登机梯	方便了飞机安装和维护，也不影响飞机的结构重量
CN200910186127.6	2009.09.29	肖流军、吴根林、曾小苗、吉先武、梁浩、胡定红、周金根、李伟东	可承力快卸组合口盖	方便了飞机安装和维护，也不影响飞机的结构重量
CN200910186125.7	2009.09.29	梁浩、吴根林、曾小苗、吉先武、胡定红、肖流军、李伟东、姜志峰	局部可拆卸框缘	可以用于大的需拆卸维护的纵向设备的安装
CN201610843726.0	2016.09.23	陈龙辉、付杰斌、王强、卢维富、张伟、吉先武、徐环宇、胡定红、李伟东、王斌、王智珠、熊懿	防水快卸组合口盖	采用组合口盖的结构形式实现对设备不同维护类型的适用性
CN201610843678.5	2016.09.23	陈龙辉、付杰斌、张伟、吉先武、王强、卢维富、徐环宇、胡定红、李伟东、王斌、李灿山	飞机口盖开启机构	采用弹簧和顶杆为开启机构的主体，并通过调节套筒来调节顶杆的开启力矩
CN201610843756.1	2016.09.23	姜晓春、王强、付杰斌、袁平湘、陈龙辉、吉先武、徐环宇、胡定红、李伟东、张伟、李灿山、王斌	高强度、高刚度轻质整体机体结构	为航空航天飞行器提供一种全新类型的高强度、高刚度轻质整体机体结构
CN201610843733.0	2016.09.23	付杰斌、陈龙辉、王强、卢维富、张伟、吉先武、徐环宇、胡定红、李伟东、王斌、李灿山	可抛口盖	本发明采用绳带和插销为口盖的安装方式
CN200920189340.8	2009.09.29	曾小苗、吴根林、吉先武、梁浩、肖流军、胡定红、熊懿、任银岳	油箱口盖密封装置	涉及飞机油箱密封结构的改进，特别是涉及一种油箱口盖密封装置
CN200920189342.7	2009.09.29	梁浩、吴根林、曾小苗、吉先武、胡定红、肖流军、李伟东、姜志峰	局部可拆卸框缘	涉及对框缘进行的局部可拆卸的改进，特别是涉及局部可拆卸框缘
CN200920189341.2	2009.09.29	肖流军、吴根林、曾小苗、吉先武、梁浩、胡定红、周金根、李伟东	可承力快卸组合口盖	采用承正应力口盖与快卸口盖的组合口盖形式，使飞机结构强度需要和可维护性需要得到了保证
CN201220314112.0	2012.07.02	梁浩、胡定红、吴根林、吉先武、尹晓霞、陈里根、卢建寅、王建华	改进的防雨快卸口盖	保证机身的气动外形光滑，提高了隐身能力
CN201621073815.3	2016.09.23	陈龙辉、付杰斌、王强、卢维富、张伟、吉先武、徐环宇、胡定红、李伟东、王斌、王智珠、熊懿	防水快卸组合口盖	采用组合口盖的结构形式，实现对设备不同维护类型的适用性
CN201621073983.2	2016.09.23	付杰斌、陈龙辉、王强、卢维富、张伟、吉先武、徐环宇、胡定红、李伟东、王斌、李灿山	可抛口盖	采用绳带和插销为口盖的安装方式

续表

申请号	申请日	发明（设计）人	技术手段	技术功效
CN201621073984.7	2016.09.23	陈龙辉、付杰斌、张伟、吉先武、王强、卢维富、徐环宇、胡定红、李伟东、王斌、李灿山	飞机口盖开启机构	以飞机口盖自身的约束状态为控制条件，无须额外的复杂控制系统便可实现工作
CN201410609359.9	2014.11.04	邓承伴、吉先武、徐环宇、吴根林、付杰斌、胡定红、尹晓霞、李伟东、陈里根、张伟、王斌、熊懿、陈龙辉、王智珠	防侧翻飞机机身钢构架结构	适用于通用飞机、农林飞机等低速飞机，具有结构简单、安全性能高、制造成本低的优点
CN201410693282.8	2014.11.27	尹晓霞、闫利青、邓承伴、吉先武、梁浩、吴根林、徐环宇、付杰斌、陈里根、胡定红、李伟东、熊懿、王斌、张伟、陈龙辉、王智珠	新型防翻倒结构	本发明用于通用飞机、农林飞机等低速飞机，具有结构简单、可靠性能高、成本低的优点
CN201410694154.5	2014.11.27	邓承伴、吉先武、梁浩、徐环宇、黎小宝、张改华、卢维富、吴根林、付杰斌、陈里根、胡定红、李伟东、熊懿、王斌、张伟、尹晓霞、陈龙辉、王智珠、左晓娟、彭睿	新型固定发动机结构	能够进一步提高飞机的飞行性能，适用于农林飞机等低速飞机，具有制造成本低、可行性高等优点
CN201410692953.9	2014.11.27	邓承伴、吉先武、梁浩、徐环宇、吴根林、付杰斌、陈里根、胡定红、李伟东、熊懿、王斌、张伟、尹晓霞、陈龙辉、王智珠、杜金蓉	新型发动机安装结构	通用飞机、农林飞机等低速飞机，具有结构简单、制造成本低和维护性能好等优点
CN201410692742.5	2014.11.27	邓承伴、吉先武、梁浩、吴根林、徐环宇、付杰斌、陈里根、胡定红、李伟东、熊懿、王斌、张伟、尹晓霞、陈龙辉、王智珠	新型可折叠壁板结构	能有效降低飞机的维护成本，进而进一步提高了飞机低空飞行的出勤率及可靠性
CN201410693060.6	2014.11.27	邓承伴、吉先武、梁浩、徐环宇、黎小宝、张改华、卢维富、吴根林、付杰斌、陈里根、胡定红、李伟东、熊懿、王斌、张伟、尹晓霞、陈龙辉、王智珠、左晓娟、彭睿	飞机低空防电缆钩挂结构	有效防止电缆干扰飞机尾翼，进而提高了飞机低空飞行的安全性及可靠性
CN201420663851.X	2014.11.06	尹晓霞、吉先武、黎小宝、吴根林、胡定红、陈里根、熊懿、闫利青	引气口盖	引气口盖可以用于飞机机身结构设计
CN201420648911.0	2014.11.04	邓承伴、吉先武、徐环宇、吴根林、付杰斌、胡定红、尹晓霞、李伟东、陈里根、张伟、王斌、熊懿、陈龙辉、王智珠	防侧翻飞机机身钢构架结构	适用于通用飞机、农林飞机等低速飞机，具有结构简单、安全性能高、制造成本低的优点
CN201420722640.9	2014.11.27	尹晓霞、闫利青、邓承伴、吉先武、梁浩、吴根林、徐环宇、付杰斌、陈里根、胡定红、李伟东、熊懿、王斌、张伟、陈龙辉、王智珠	新型防翻倒结构	适用于通用飞机、农林飞机等低速飞机，具有结构简单、可靠性能高、成本低的优点
CN201420722246.5	2014.11.27	邓承伴、吉先武、梁浩、吴根林、徐环宇、付杰斌、陈里根、胡定红、李伟东、熊懿、王斌、张伟、尹晓霞、陈龙辉、王智珠	新型可折叠壁板结构	适用于低空飞机，提高了飞机低空飞行的出勤率及可靠性
CN201420721430.8	2014.11.27	邓承伴、吉先武、梁浩、徐环宇、黎小宝、张改华、卢维富、吴根林、付杰斌、陈里根、胡定红、李伟东、熊懿、王斌、张伟、尹晓霞、陈龙辉、王智珠、左晓娟、彭睿	新型固定发动机结构	进一步提高飞机的飞行性能，适用于农林飞机等低速飞机
CN201420721555.0	2014.11.27	邓承伴、吉先武、梁浩、徐环宇、吴根林、付杰斌、陈里根、胡定红、李伟东、熊懿、王斌、张伟、尹晓霞、陈龙辉、王智珠、杜金蓉	新型发动机安装结构	适用于通用飞机、农林飞机等低速飞机
CN201420722014.X	2014.11.27	邓承伴、吉先武、梁浩、徐环宇、黎小宝、张改华、卢维富、吴根林、付杰斌、陈里根、胡定红、李伟东、熊懿、王斌、张伟、尹晓霞、陈龙辉、王智珠、左晓娟、彭睿	飞机低空防电缆钩挂结构	适用于低空飞机，有效防止电缆干扰飞机尾翼，进而提高了飞机低空飞行的安全性及可靠性

续表

申请号	申请日	发明（设计）人	技术手段	技术功效
CN201420648803.3	2014.11.04	邓承倅、吉先武、徐环宇、吴根林、付杰斌、胡定红、尹晓霞、李伟东、张伟、王斌、熊懿、陈里根、陈龙辉、王智珠	用于飞机骨架结构连接的可拆卸壁板安装结构	适用于通用飞机、农林飞机等低速飞机
CN201621308633.X	2016.12.01	付杰斌、陈龙辉、王强、卢维富、张伟、吉先武、徐环宇、胡定红、李伟东、王斌、熊懿	多功能注油口	适用于短航程特种飞机的小容量整体油箱
CN201621300389.2	2016.11.30	徐环宇、王智珠、王强、吉先武、付杰斌、胡定红、李伟东、张伟、王斌、李灿山、彭睿	飞机进气道整体油箱	空间利用率高、刚性好、密封可靠性高、使用寿命长

资料来源：中国产业智库大数据中心

邓承倅、吉先武、梁浩、徐环宇、吴根林、付杰斌、胡定红、尹晓霞、黎小宝等组成了江西洪都航空工业集团有限责任公司一个研发团队——中航工业洪都650所结构设计研究部，致力于飞机的研发工作，是申请专利领域比较活跃的一个团队，专利申请总量最高。该团队专利申请主要集中在B64C1（飞机；直升机）领域。2014年，由吉先武参与的团队处于申请专利的高产时间区域，共申请专利16件，其次为2015年和2016年。从时间来看，团队近年来一直处于专利申请的高产期，从一定程度反映出该团队持续创新的工作态势。

4.3.4.2 宋娟妮

宋娟妮是陕西飞机工业（集团）有限公司的研发人员，主要从事运输飞机的研发工作，目前共有发明专利5项，实用新型8项。其参与的专利申请主要集中在2015年，共申请授权6件。从申请专利的领域来看，主要集中在飞机操纵系统（表4-8）。

表4-8 飞机制造产业在华专利重要发明人宋娟妮专利申请一览表

申请号	申请日	公告号	发明（设计）人	技术手段	技术功效
CN201220086730.4	2012.03.09	CN202481306U	崔海东、袁志敏、史振良、朱永岗、何松青、马丽、何志国、骆李平、宋娟妮、李晓茹	飞机脚操纵刹车机构	彻底解决了飞机在地面停机时刹车压力过低的现象，达到了飞机地面停放更安全可靠的效果，减少意外事故的发生
CN201220086898.5	2012.03.09	CN202593853U	骆李平、袁志敏、史振良、何松青、朱永岗、宋娟妮、吕明、李晓茹、何志国、石强军、崔海东、宁搏、车意彬、陈丰华、张中	新型舵面操纵装置	设计了极限限位机构，不仅能给驾驶员提供力的感觉，而且能提高驾驶员操纵的安全性
CN201220086865.0	2012.03.09	CN202686756U	骆李平、袁志敏、史振良、何松青、朱永岗、宋娟妮、张昊、吕明、何志国、石强军、李晓茹、崔海东、宁搏、车意彬、陈丰华、张中	操纵面偏角限制装置	克服了操纵面偏角限制结构件设计载荷大、重量较重、使用空间要求高的缺点
CN201120000169.9	2011.01.04	CN202080438U	崔海东、袁志敏、史振良、余金元、朱永岗、何志国、骆李平、何晓茹、马丽、石强军、宋娟妮、李晓茹、吕明、车意彬、陈丰华、张中、宁博	飞机脚操纵机构手操纵机构保护罩	该保护罩减少了引发飞行事故的概率，并达到了美观的效果
CN201510213650.9	2015.04.29	CN106184714A	何志国、李晓茹、何松青、骆李平、吕明、宋娟妮、石强军、车意彬、陈丰华、朱永岗、史振良、袁志敏	飞机操纵面加载和偏角限制装置	能保障操纵面安全可控，大大地提高了飞机的安全性

续表

申请号	申请日	公告号	发明（设计）人	技术手段	技术功效
CN201510213576.0	2015.04.29	CN106184717A	王卫东、冯书君、杨曦、曹丽、袁志敏、陈立慧、宋娟妮、曾虹峰、何巧云、回小晶、周中盼、蒙杨、贾自立、谷计划、陈海龙	飞机双人控制机制自动驾驶仪系统及其控制方法	自动驾驶仪在左右两侧驾驶员方便操纵的地方各有一套专用操纵部件，以便左右驾驶员都能方便管控自动驾驶仪
CN201510213388.8	2015.04.29	CN106184718A	何松青、宁博、何志国、车意彬、骆李平、李晓茹、石强军、吕明、朱永岗、杨曦、袁志敏、史振良、宋娟妮、陈丰华、徐鸿洋、齐海东、杨涛、方进、吴艳萍、苏文丽	飞机综合操纵装置	该装置两个组合机构每个都可以独立工作，相互之间无影响，可以实现组合工作功能
CN201510212471.3	2015.04.29	CN106184774A	车意彬、何志国、宋娟妮、石强军、吕明、骆李平、李晓茹、陈丰华、徐鸿洋、朱永岗、何松青、崔海东、杨曦、袁志敏、史振良	多梯度人感装置及其设计方法	减小了人感装置提供的感觉力设计误差，获得优良的操纵力感觉
CN201520271674.5	2015.04.29	CN204822058U	石强军、朱永岗、何松青、何志国、宋娟妮、陈丰华、吕明、骆李平、李晓茹、车意彬、徐鸿洋、杨曦、袁志敏、史振良、柯松	飞机操纵系统中的平衡装置	关于飞机机械操纵系统自身不平衡力通过加装这种配重装置得到解决的实用新型装置
CN201520270871.5	2015.04.29	CN205113686U	何志国、李晓茹、何松青、骆李平、吕明、宋娟妮、石强军、车意彬、陈丰华、朱永岗、袁志敏、史振良	飞机操纵传动钢索扇形轮用防脱装置	在飞行中，扇形轮防脱装置能在全行程范围内有效防止钢索脱槽，大大地提高了飞机的安全性
CN201010550542.8	2010.11.19	CN102001444A	宋娟妮、朱永岗、何松青、石强军、袁志敏、骆李平、何志国、吕明、李晓茹、史振良、崔海东、宁博、车意彬、陈丰华、张中	飞机操纵系统中立位调整装置及其中立位设置方法	简化系统调整过程，减少反复工作，缩短系统调整周期
CN200920350492.1	2009.12.29	CN201566835U	石强军、宋娟妮、朱永岗、杨曦	飞机驾驶盘式操纵装置	占用空间少，驾驶盘换向空行程小，机构的刚度大大提高
CN201020606628.3	2010.11.15	CN201856894U	何松青、欧阳绍修、杨曦、袁志敏、史振良、朱永岗、何志国、骆李平、崔海东、李晓茹、吕明、宋娟妮、石强军、车意彬	飞机左右可分离的软硬混合式操纵线系	克服了单一硬式操纵线系抗故障工作能力低、重量重等问题

资料来源：中国产业智库大数据中心

4.4 民用飞机制造及民航服务产业重点领域全球技术标准分析

本节主要针对涡扇支线飞机、涡桨支线飞机、单通道干线飞机、双通道大型干线飞机、飞机先进总体布局技术、高精度气动力设计及验证技术、复合材料结构应用技术、先进飞机控制技术、高效发动机研制技术、节能减排降噪技术、航空设备及系统集成技术、运营支持技术等技术领域开展全球技术标准的对比分析，从技术标准的角度掌握主要发达国家在这些领域的技术优势、重点发展技术与各国技术标准的差异。

4.4.1 国际标准化组织民用飞机制造及民航服务产业重点领域技术标准

国际标准化组织在民用飞机制造及民航服务相关技术领域共制定相关标准63项（表4-9），

其中，大部分为产品标准，少部分为测试标准和方法标准。产品标准主要包括飞机零部件（轴承、接头、滚子、轮胎、加油用软管、导线等），飞机相关设备（蓄电池组、地面设备、测量设备、氢燃料设备、照明设备、导航设备），白炽灯等；测试和方法标准主要包括飞行中飞机内声压级的测量和飞机暴露于宇宙辐射的放射量测定。

表 4-9 国际标准化组织民用飞机制造及民航服务产业关键技术标准列表

序号	标准号	标准名称
1	IEC 60434 AMD 2-1984	飞机用白炽灯. 修改 2
2	ISO 451-1976	飞机. 压力加注润滑接头
3	ISO 1002-1983	滚动轴承飞机机架轴承特性、外形尺寸、公差、额定静载荷
4	ISO 10792-3-1995	航空航天飞机结构用不锈钢自润滑球面滑动轴承第 3 部分：技术规范
5	ISO 10792-2-1995	航空航天飞机结构用不锈钢自润滑球面滑动轴承第 2 部分：英制系列
6	ISO 10792-1-1995	航空航天飞机结构用不锈钢自润滑球面滑动轴承第 1 部分：米制系列
7	ISO 13413-1997	航空航天飞机结构用轭型、双列密封的滚针滚道式滚子英制系列
8	ISO 13411-1997	航空航天飞机结构用滚针、滚柱和滚道式滚子轴承技术规范
9	ISO 13417-1997	航空航天飞机结构用柱型单列密封的滚针滚道式滚子米制系列
10	ISO 13416-1997	航空航天飞机结构用轭型单列密封的滚针滚道式滚子米制系列
11	ISO 13415-1997	航空航天飞机结构用柱型单列密封的滚针滚道式滚子英制系列
12	ISO 13414-1997	航空航天飞机结构用带挡边的单列滚针轴承英制系列
13	ISO 13412-1997	航空航天飞机结构用轭型单列密封的滚针滚道式滚子英制系列
14	ISO 14193-1998	航空航天飞机结构用中等负荷扩展内圈单列自位密封球面滚子轴承英制系列
15	ISO 14192-1998	航空航天飞机结构用单列自位中等负荷防尘球面滚子轴承米制系列
16	ISO 14191-1998	航空航天飞机结构用直径系列 3 和 4 的单列自位球面滚子轴承米制系列
17	ISO 14197-1998	航空航天飞机结构用中等负荷自位单列密封球面滚子轴承英制系列
18	ISO 14194-1998	航空航天飞机结构用重负荷扩展内圈自位双列密封球面滚子轴承英制系列
19	ISO 14195-1998	航空航天飞机结构用轻负荷扭力管设计的自位双列密封球面滚子轴承英制系列
20	ISO 14196-1998	航空航天飞机结构用重负荷普通内圈自位双列密封球面滚子轴承英制系列
21	ISO 14204-1998	航空航天飞机结构用直径系列 0 的双列刚性球轴承米制系列
22	ISO 14212-1998	航空航天飞机结构用扭力管设计的超轻负荷密封单列刚性球轴承英制系列
23	ISO 14210-1998	航空航天飞机结构用扭力管设计的轻负荷密封单列刚性球轴承英制系列
24	ISO 14211-1998	航空航天飞机结构用轻负荷扭力管设计的单列刚性密封精密球轴承英制系列
25	ISO 14213-1998	航空航天飞机结构用扭力管设计的超轻负荷密封精密单列刚性球轴承英制系列
26	ISO 14202-1998	航空航天飞机结构用直径系列 0 和 2 的单列刚性球轴承米制系列
27	ISO 14209-1998	航空航天飞机结构用中等负荷密封精密单列刚性球轴承英制系列
28	ISO 14208-1998	航空航天飞机结构用中等负荷密封单列刚性球轴承英制系列
29	ISO 14203-1998	航空航天飞机结构用直径系列 8 和 9 单列刚性球轴承米制系列
30	ISO 14206-1998	航空航天飞机结构用轻负荷单列刚性密封球轴承英制系列
31	ISO 14217-1998	航空航天飞机结构用重负荷密封精密双列自调心球轴承英制系列
32	ISO 14219-1998	航空航天飞机结构用重负荷密封精密单列自调心球轴承英制系列
33	ISO 14201-1998	航空航天飞机结构用直径系列 2 的自位双列球轴承米制系列
34	ISO 14218-1998	航空航天飞机结构用重负荷密封单列自调心球轴承英制系列

续表

序号	标准号	标准名称
35	ISO 14214-1998	航空航天飞机结构用重负荷密封双列刚性球轴承英制系列
36	ISO 14190-1998	航空航天飞机结构用滚动轴承：滚珠和球面滚子轴承技术规范
37	ISO 14215-1998	航空航天飞机结构用重负荷密封精密双列刚性球轴承英制系列
38	ISO 14220-1998	航空航天飞机结构用轻负荷密封单列自调心球轴承英制系列
39	ISO 14221-1998	航空航天飞机结构用轻负荷密封精密单列自调心球轴承英制系列
40	ISO 14216-1998	航空航天飞机结构用重负荷密封双列自调心球轴承英制系列
41	ISO 5129-2001	声学飞行中飞机内声压级的测量
42	IEC/TS 62143-2002	飞机场的照明和照明标志的电气安装设备．航空地面照明系统．安全寿命周期研究方法的研发导则
43	ISO 2635-2003	航空器．一般用途的飞机电缆和航空航天应用的导线．尺寸和特性
44	IEC/TS 61827-2004	飞机场照明和信标导航用电气装置．飞机场和直升机场用嵌入式和高架灯的特征
45	IEC 60952-2-2004	飞机用蓄电池组．第2部分：设计和制造要求
46	IEC 60952-1-2004	飞机用蓄电池组．第1部分：一般试验要求和性能水平
47	IEC 60952-3-2004	飞机用蓄电池组．第3部分：产品规范及设计与性能的声明
48	ISO/PAS 15594-2004	飞机场氢燃料设备操作
49	ISO 16004-2005	飞机地面设备．乘客登机桥或运输工具．与飞机舱门接口的要求
50	ISO 20906-2009	声学．机场附近飞机噪声的无人监测
51	ISO 1825-2010	飞机地面加油和二次加油用橡胶软管和软管组件．规范
52	ISO 12384-2010	航空航天．飞机电源特性测量用数字设备要求
53	IEC/TR 62131-2-2011	环境条件．电工设备的振动和冲击．第2部分：固定翼喷气式飞机的设备运输
54	ISO 27470-2011	飞机地面设备．上层甲板给养车辆．功能要求
55	ISO 20785-2-2011	民用飞机暴露于宇宙辐射的放射量测定．第2部分：仪器响应特征
56	ISO 20785-1-2012	民用飞机暴露于宇宙辐射的放射量测定．第1部分：测量的概念基础
57	ISO 5129 AMD 1-2013	声学．飞机飞行过程中内部声压级测量．修改件1
58	ISO 3324-2-2013	飞机轮胎和轮辋．第2部分：轮胎试验方法
59	IEC 60952-2-2013	飞机用蓄电池组．第2部分：设计和制造要求
60	IEC 60952-3-2013	飞机用蓄电池组．第3部分：产品规格及设计与性能（DDP）的声明
61	IEC 60952-1-2013	飞机用蓄电池组．第1部分：一般试验要求和性能水平
62	ISO 3324-1-2013	飞机轮胎和轮辋．第1部分：规格
63	IEC 62396-4-2013	航空电子设备过程管理．环境辐射影响．第4部分：高压飞机电子管理潜在单一事件效应的设计

资料来源：中国产业智库大数据中心

4.4.2 美国民用飞机制造及民航服务产业重点领域技术标准

美国民用飞机制造及民航服务领域技术标准主要由美国国家标准协会、美国材料与试验协会、美国消防协会和美国机械工程师协会制定。美国在涡扇支线飞机、涡桨支线飞机、单通道干线飞机、双通道大型干线飞机、飞机先进总体布局技术、高精度气动力设计及验证技术、复合材料结构应用技术、先进飞机控制技术、高效发动机研制技术、节能减排降噪技术、航空设备及系统集成技术、运营支持技术等技术领域共制定标准18项（表4-10），主要包括相关产品标准、测试方法标准、设计标准和评估标准。产品标准主要包括飞机燃料、飞机库、飞机锻件用合金钢大方坯等；测试方法标准主要包括飞机发动机燃料辛烷值的测定、飞机发动机性能测试、飞机润滑油氧化稳定性和腐蚀性测试、飞机引擎测试设备的建造和防护、飞机维修、机场地下排水系统等；设计标准主要包括飞机的设计和飞机电气布线系统的设计；评估标准主要包括飞机燃料添加剂评估、飞机意外响应评估、飞机救援和灭火设备评估等。

表 4-10 美国民用飞机制造及民航服务产业关键技术标准列表

序号	标准号	标准名称
1	ASTM F758-1995（2007）e1	高速路、飞机场及类似区域排水用光壁聚氯乙烯（PVC）塑料地下排水系统
2	ANSI/ASTM D6424a-2004	测定自然吸气火花点火式飞机发动机燃料辛烷值的操作规程
3	ASTM D6424-2004a（2010）	测定自然吸气火花点火式飞机发动机燃料辛烷值的标准实施规范
4	ASTM D6812-2004a（2010）	火花点火的飞机发动机涡轮增压/加力地面辛烷值程序标准操作规程
5	ASTM A646/A646M-2006（2011）	飞机及航空器锻件用优质合金钢大方坯及坯段的标准规范
6	ASTM F2639-2007	飞机电气布线系统的设计、改造和认证用标准实施规程
7	ASTM F2799-2009	飞机电线系统维护的标准的方法
8	ANSI/ASTM D4054-2009	添加剂与航空涡轮机燃料和飞机燃油系统材料相容性的评估用实施规程
9	ASTM D4636-2009	液压油、飞机涡轮发动机润滑油和其他高精炼油的腐蚀性和氧化稳定性的试验方法
10	ANSI/NFPA 410-2010	飞机维修用标准
11	ASTM F2317/F2317M-2010	重力-移动-控制式飞机的设计的标准规范
12	ANSI/NFPA 423-2010	建造和防护飞机引擎测试设备的标准
13	ANSI/NFPA 422-2010	飞机事故/意外响应评估用指南
14	ANSI/NFPA 409-2011	飞机库标准
15	ANSI/NFPA 407-2011	飞机燃料供应标准
16	ANSI/ASTM D7826-2013	用于航空火花点火式发动机和相关飞机装置的新燃料和新燃料添加剂的评价标准指南
17	ANSI/NFPA 412-2013	飞机救援和泡沫灭火设备评估标准
18	ASME PTC 55-2013	燃气轮机飞机发动机.性能试验规范

资料来源：中国产业智库大数据中心

4.4.3 日本民用飞机制造及民航服务产业重点领域技术标准

日本民用飞机制造及民航服务领域技术标准主要由日本工业标准调查会制定。日本在相关技术领域的标准数量较少，仅有 7 项（表 4-11）。其中，产品标准主要有飞机液压系统元件、机身和连接器等，测试标准主要有飞机液压系统的测试和飞机润滑油的测试等。

表 4-11 日本民用飞机制造及民航服务产业关键技术标准列表

序号	标准号	标准名称
1	JIS W2913-1982	飞机液压系统元件的通用规范
2	JIS W2909-1982	飞机液压系统及应急气动系统的试验
3	JIS W0620-1987	飞行器结构完整性大纲.飞机要求
4	JIS K2503-1996	飞机用润滑油的试验方法

续表

序号	标准号	标准名称
5	JIS F9900-1-2008	（飞机的）尾桁规范. 第1部分：机身
6	JIS F9900-2-2008	（飞机的）尾桁规范. 第2部分：连接器
7	JIS K2503 AMD 1-2010	飞机用润滑油的试验方法（修改件1）

资料来源：中国产业智库大数据中心

4.4.4 欧盟民用飞机制造及民航服务产业重点领域技术标准

欧盟在民用飞机制造及民航服务相关技术领域制定相关标准48项（表4-12）。其中，大部分标准为飞机相关产品标准，少量为测试测量标准。产品标准主要包括飞机操纵钢索组件、飞机用滚动轴承、飞机光纤和电缆、飞机蓄电池组、飞机地面支持设备、救护飞机、飞机加油用软管、飞机场照明设备、飞机控制杆用垫圈等；测试标准主要包括飞机用电缆的测试、飞机内部空气质量测定、飞机噪音测量等。

表4-12 欧盟民用飞机制造及民航服务产业关键技术标准列表

序号	标准号	标准名称
1	EN 2641-1988	航空航天. 飞机操纵钢索组件. 组合和尺寸
2	EN 2348-1988	航空航天系列. 飞机操纵钢索组件. 技术规范
3	EN 3046-1993	航空航天系列. 飞机机架滚动轴承. 镀镉钢制硬性单排滚珠轴承. 直径系列0和2. 缩小的间隙种类. 尺寸和荷载
4	EN 3047-1993	航空航天系列. 飞机机架滚动轴承. 耐腐蚀钢制硬性单排滚珠轴承. 直径系列0和2. 缩小的间隙种类. 尺寸和荷载
5	EN 3045-1993	航空航天系列. 飞机机架滚动轴承. 钢制硬性单排滚珠轴承. 直径系列0和2. 缩小的间隙种类. 尺寸和荷载
6	EN 3283-1994	航空航天系列. 飞机用滚动轴承. 不锈钢单列滚珠轴承. 直径系列8和直径系列9. 尺寸和负载. 德文版本 EN 3283：1994
7	EN 61265-1999	电声学. 飞行器噪音测量仪器. 运输类飞机噪声审定时测量三分之一倍频程声压水平使用的系统性能要求
8	EN 3475-511-2002	航空航天系列. 飞机电缆. 试验方法. 第511部分：电缆间磨损
9	EN 3745-508-2002	航空航天系列. 飞机光纤和电缆. 试验方法. 第508部分：扭转
10	EN 3745-507-2002	航空航天系列. 飞机光纤和电缆. 试验方法. 第507部分：切开
11	EN 3745-509-2002	航空航天系列. 飞机光纤和电缆. 试验方法. 第509部分：纽结试验
12	EN 3745-504-2002	航空航天系列. 飞机光纤和电缆. 试验方法. 第504部分：微弯曲试验
13	EN 3745-305-2002	航空航天系列. 飞机光纤和电缆. 试验方法. 第305部分：周围光耦合的消除
14	EN 3745-205-2002	航空航天系列. 飞机光纤和电缆. 试验方法. 第205部分：电缆纵向尺寸稳定性
15	EN 60952-2-2004	飞机用蓄电池组. 第2部分：设计和制造要求
16	EN 60952-3-2004	飞机用蓄电池组. 第3部分：产品规范及设计与性能的声明（DDP）
17	EN 3475-203-2006	航空航天系列. 飞机电缆. 试验方法. 第203部分：尺寸
18	EN 3745-404-2005	航空航天系列. 飞机用光纤光缆. 测试方法. 第404部分：热冲击. 德文及英文版本 EN 3745-404：2005
19	EN 3745-401-2005	航空航天系列. 飞机用光纤光缆. 试验方法. 第401部分：加速老化. 德文及英文版本 EN 3745-401：2005
20	EN 2546-2006	航空航天系列. 飞机控制杆用钝化耐蚀钢制带径向齿的锁紧垫圈. 尺寸
21	EN 2328-2006	航空航天系列. 飞机控制杆用镀镉耐腐蚀钢径向锯齿托盘垫圈. 尺寸
22	EN 3745-703-2005	航空航天系列. 飞机用光纤与光缆. 试验方法. 第703部分：商标耐磨损性

续表

序号	标准号	标准名称
23	EN 3727-2006	航空航天系列. 有法兰定位盖的飞机机架用滚动轴承. 技术规范
24	EN 3059-2007	航空航天系列. 飞机机架滚动轴承. 法兰连接的镀镉飞机机架用刚性单列滚珠轴承. 尺寸和负荷
25	EN 50490-2008	飞机场的照明和灯塔用电气装置. 航空地面照明控制和监测系统用技术要求. 选择性交换用装置和个别灯的监测
26	EN 1915-1-2009	飞机地面支持设备的一般要求. 第1部分：基本安全要求（含修改件 A1-2009）. 英文版本 DIN EN 1915-1-2009-06
27	EN 1915-2-2009	飞机地面支持设备的一般要求. 第2部分：稳定性和强度的要求，计算和试验方法（含修改件 A1：2009）. 英文版本 DIN EN 1915-2：2009-06
28	EN 12312-5-2009	航空器地勤支援设备. 专门要求. 第5部分：飞机燃料设备（包括修改件 A1-2009）. 英文版本 DIN EN 12312-5-2009-08
29	EN 12312-14-2009	飞机地面支持设备的特殊要求. 第14部分：伤残的/丧失劳动能力的乘客登机车辆（含修改件 A1：2009）. 英文版本 DIN EN 12312-14：2009-08
30	EN 12312-19-2009	航空器地勤支援设备. 专门要求. 第19部分：飞机千斤顶，轮轴千斤顶和液压尾撑（包括修改件 A1-2009）. 英文版本 DIN EN 12312-19-2009-08
31	EN 3475-802-2009	航空航天系列. 飞机用电缆. 测试方法. 第802部分：电容不平衡量. 德文和英文版本 EN 3475-802：2009
32	EN 3475-810-2009	航空航天系列. 飞机用电缆的测试方法. 第810部分：结构环路损耗. 德文和英文版本 EN 3475-810：2009
33	EN 3475-811-2009	航空航天系列. 飞机用电缆的测试方法. 第811部分：不平衡衰减. 德文和英文版本 EN 3475-811：2009
34	EN 3475-809-2009	航空航天系列. 飞机用电缆的测试方法. 第809部分：抗非平衡性. 德文和英文版本 EN 3475-809：2009
35	EN 3745-506-2009	航天系列. 飞机用光学纤维及电缆. 试验方法. 第506部分：抗冲击性能. 德语和英语版 EN 3745-506：2009
36	EN 4618-2009	航空航天系列. 飞机内部空气质量标准，条件及测定方法. 德文及英文版本 EN 4618-2009
37	EN 13718-2-2008	医疗交通工具及其设备. 救护飞机. 第2部分：救护飞机的操作和技术要求. 德文版本 EN 13718-2-2008
38	EN 3475-515-2009	航空航天系列. 飞机用电缆. 试验方法. 第515部分：抗破碎性. 德文和英文版本 EN 3475-515-2009
39	EN 3475-812-2009	航空航天系列. 飞机用电缆的测试方法. 第812部分：回波损耗（VSWR）. 德文和英文版本 EN 3475-812-2009
40	EN ISO 1825-2011	飞机地面加油和二次加油用橡胶软管和软管组件. 规格（ISO 1825-2010）. 德文版本 EN ISO 1825-2011
41	EN 3280-2011	航空和航天系列. 刚性或自校直飞机骨架滚动轴承. 技术规范. 德文版本和英文版本 EN 33280-2011
42	EN 3745-301-2012	航空航天系列. 飞机光纤和电缆. 试验方法. 第301部分：衰减. 德文和英文版本 EN 3745-301-2012
43	EN 13718-2-2012	医疗交通工具及其设备. 救护飞机. 第2部分：救护飞机的操作和技术要求. 德文版本 prEN 13718-2-2012
44	EN 3745-405-2012	航空航天系列. 飞机光纤和电缆. 试验方法. 第405部分：低/高温弯曲试验. 德文和英文版本 EN 3745-405-2012
45	EN 3745-510-2012	航空航天系列. 飞机光纤和电缆. 试验方法. 第510部分：弯曲试验. 德文和英文版本 EN 3745-510-2012
46	EN 60952-2-2013	飞机用蓄电池组. 第2部分：设计和制造要求（IEC 60952-2-2013）. 德文版本 EN 60952-2-2013
47	EN 60952-3-2013	飞机用蓄电池组. 第3部分：产品规格及设计与性能（DDP）的声明（IEC 60952-3-2013）. 德文版本 EN 60952-3-2013
48	EN 12312-14-2014	飞机地面支持设备的特殊要求. 第14部分：伤残的/丧失劳动能力的乘客登机车辆. 德文和英文版本 EN 12312-14-2014

资料来源：中国产业智库大数据中心

4.4.5 英国民用飞机制造及民航服务产业重点领域技术标准

英国民用飞机制造及民航服务领域技术标准主要由英国标准协会制定，另外，英国标准协会还积极将欧盟和国际标准组织制定的国际标准转化为英国国家标准。英国在相关技术领域制定标准约83项（表4-13），其中主要包括相关产品标准、测试测量标准和方法标准。产品标准主要有飞机材料，飞机零部件（仪表、接头、机体轴承、轮胎和轮圈、螺母等），设备（飞机电气设备、地面支持设备、机场照明装置等），飞机加油和泄油用软管，飞机用导管，飞机用电缆，飞机用压焊编织带等；测量测试标准主要有民用飞机暴露于宇宙辐射的放射量测定、飞机内部空气质量测定和噪声测量、飞机金属材料的测试和机舱窗玻璃用透明材料的测试等；方法标准主要有民用飞机电磁危害防护设计。

表 4-13 英国民用飞机制造及民航服务产业关键技术标准列表

序号	标准号	标准名称
1	BS 2SP 1-1927	飞机材料规范. 钩环
2	BS 4K 6-1928	飞机材料规范. 铸铁活塞环槽（砂型铸和冷铸）
3	BS 3V 4-1929	飞机航空材料规范. 槐木
4	BS 6W 8-1938	飞机用系杆（型锻件）(4B.A. 号至 1/2 英寸 B.S.F)
5	BS 2SP 7-1943	飞机材料规范. 叉形接头（高强度型）(尺寸号 4B.A. 至英寸 B.S.F)
6	BS 6V 3-1943	飞机材料规范. 高强度胶合板
7	BS 2G 111-1955	飞机爬升速率指示仪规范
8	BS 3S 61-1964	飞机材料规范. 含 12%铬耐蚀钢（35/45 吨力/平方英寸；限定等圆断面 6 英寸）
9	BS 2S 97-1964	飞机材料规范. 2%镍铬钼的钢（65/75 吨力/平方英寸；限定等圆断面 6 英寸）
10	BS 2S 117-1964	飞机材料规范. 1%铬钢（55-65 吨力/平方英寸；限定等圆断面 1 英寸）
11	BS 4S 28-1964	飞机材料规范. 4%镍铬钼钢. (空冷淬硬)（100 吨力/平方英寸；限定等圆断面 2 英寸）
12	BS 3S 62-1964	飞机材料规范. 含 12%铬耐蚀钢（45/55 吨力/平方英寸限定等圆断面 6 英寸）
13	BS 2S 92-1964	飞机材料规范. 碳锰钢（适用于焊接）(40/55 吨力/平方英寸；限定等圆断面 4 英寸）
14	BS 2S 124-1964	飞机材料规范. 含 12%铬耐蚀钢（高速切削）(45/55 吨力/平方英寸；限定等圆断面 6 英寸）
15	BS 2S 98-1964	飞机材料规范. 每百含 2 镍铬钼的钢（高碳）(75/85 吨力/平方英寸；限定等圆断面 6 英寸）
16	BS 5S 21-1964	飞机材料规范. 20 号碳钢（适用于焊接）(25/35 吨力/平方英寸；最大直径或最小断面尺寸 6 英寸）
17	BS 7S 1-1964	飞机材料规范. 机械加工用碳素钢光亮冷拔棒材（35/45 吨力/平方英寸. 最大直径或最小断面尺寸 4 英寸）
18	BS 2S 113-1964	飞机材料规范. 机械制造用 40 号碳素钢光亮冷拔棒（45-55 吨力/平方英寸；限定等圆断面 1 英寸）(主要用于制造螺母)
19	BS 2S 116-1964	飞机材料规范. 机械制造用 40 号碳素钢光亮冷拔棒（55-65 吨力/平方英寸；限定等圆断面 1/4 英寸）(主要用于制造螺栓)
20	BS 2S 112-1964	飞机材料规范. 易切削碳素钢、光亮冷拔棒（40-50 吨力/平方英寸；最大直径或最小断面尺寸 1/2 英寸）(主要用于制造螺母)
21	BS 2S 111-1964	飞机材料规范. 镍铬钨阀门钢
22	BS 4S 14-1964	飞机材料规范. 表面硬化碳钢
23	BS 5S 15-1964	飞机材料规范. 含 3%镍的表面硬化钢

续表

序号	标准号	标准名称
24	BS 2S 114-1964	飞机材料规范. 锰钼钢（55-65 吨力/平方英寸；限定等圆断面 2 英寸）
25	BS 2S 93-1964	飞机材料规范. 40 号正火碳钢（35/45 吨力/平方英寸；限定等圆断面 6 英寸）
26	BS 4A 4-1966	飞机金属材料试样和试验方法. 米制单位
27	BS 2C 4-1973	飞机发动机制冷剂压力灌注接头尺寸规范
28	BS 5721-1979	飞机噪声测量用频率加权（D 加权）规范
29	BS 3G 100-4.2-1980	飞机设备的一般要求规范. 第 4 部分：电气设备. 第 2 节：射频和音频电磁干扰
30	BS 3G 100-4.1.1-1982	飞机设备一般要求规范. 第 4 部分：电气设备. 第 1 节：结构和总则. 第 1 小节：电绝缘试验
31	BS 3SP 89-1983	飞机机体轴承特性、界面尺寸、容差及静载荷等级规范
32	BS 4G 173-2-1985	飞机地面供电连接器. 第 2 部分：尺寸规范
33	BS 2G 215-1-1985	飞机镍-铬和镍-铝热电偶延伸电缆. 第 1 部分：导线规范
34	BS C 20-1986	飞机用气态氧补充灌注连接件规范（英制尺寸）
35	BS 2G 232-1987	普通飞机机体或设备互连用（135℃）绕扎绝缘电缆规范
36	BS 2C 13-1988	飞机重力灌注燃油口及相关供燃油嘴的尺寸规范（米制系列）
37	BS 3C 7-1989	飞机轮胎气门嘴规范：互换性尺寸
38	BS EN 2155-5-1989	飞机舱窗玻璃用透明材料试验方法规范. 可见光透射测定
39	BS EN 2155-21-1989	飞机舱窗玻璃用透明材料试验方法规范. 抗裂纹扩展测定（K 系数）
40	BS 2G 215-2-1989	飞机镍-铬和镍-铝热电偶延伸电缆. 第 2 部分：终端规范
41	BS EN 2155-9-1989	飞机舱窗玻璃用透明材料试验方法规范. 凝雾测定
42	BS EN 2155-8-1989	飞机舱窗玻璃用透明材料试验方法规范. 光学畸变测定
43	BS 3G 100-2.3.12-1991	飞机设备一般要求规范. 第 2 部分：各种设备. 第 3 节：环境条件. 流体污染
44	BS 5G 178-1-1993	飞机电缆和电线用压合连接器. 第 1 部分：元件和工具设计要求（包括试验）规范
45	BS EN 2155-2-1993	飞机窗玻璃用透明材料试验方法规范. 吸水性的测定
46	BS EN 2155-13-1993	飞机玻璃用透明材料的试验方法. 负荷条件下弯曲时温度的测定
47	BS EN 2155-14-1993	飞机窗玻璃用透明材料的试验方法. 1/10 维卡特软化温度的测定
48	BS EN 2155-3-1993	飞机窗玻璃透明材料试验方法. 折射率的测定
49	BS 3G 198-4-1996	飞机电缆和设备电线套管. 第 4 部分：黏结和绝缘用碳氟化合物热收缩套管规范
50	BS 4G 198-1-1997	飞机电器电缆和设备导线用套管. 第 1 部分：连接和识别用橡胶套管规范
51	BS ISO 2020-2-1997	航空航天. 飞机控制装置的预成型挠性钢丝绳. 第 2 部分：技术规范
52	BS ISO 2020-1-1997	航空航天. 飞机控制装置的预成型挠性钢丝绳. 第 1 部分：尺寸和负载
53	BS 3G 198-2-1997	飞机电缆和设备电线用套管. 套管识别标签规范
54	BS EN 2155-7-1997	飞机舱窗玻璃用透明材料试验方法规范
55	BS G 257-1-1998	民用飞机电磁危害防护设计. 理论及危害性指南
56	BS G 257-2-1998	民用飞机电磁危害防护设计. 防护指南
57	BS 3M 45-2-1998	飞机轮胎和轮辋. 轮胎试验方法
58	BS ISO 13592-1998	小型飞机. 汽油发动机用回火火焰控制器
59	BS 2X 26-2001	织物覆盖的飞机的上涂涂料和精整方案
60	BS DD IEC TS 62143-2003	飞机场的照明和标志灯的电气装置. 航空地面照明系统. 安全生命活期法的开发指南
61	BS EN 12312-17-2004+A1-2009	飞机地面支持设备. 特殊要求. 空气调节装置
62	BS EN 12312-5-2005+A1-2009	航空器地勤支援设备. 专门要求. 飞机燃料设备

续表

序号	标准号	标准名称
63	BS ISO 1540-2006	航空航天.飞机电气系统特性
64	BS EN 3060-2007	航空航天系列.飞机机架转动轴承.钢制带法兰定位盖的镀镉刚性单列滚珠轴承.尺寸和负荷
65	BS EN 3059-2007	航空航天系列.飞机机架转动轴承.钢制带法兰定位盖的镀镉刚性单列滚珠轴承.尺寸和负荷
66	BS EN 3061-2007	航空航天系列.飞机机架转动轴承.耐腐蚀钢制带法兰定位盖的刚性单列滚珠轴承.尺寸和负荷
67	BS EN 4034-2007	航空航天系列.飞机机架转动轴承.耐腐蚀钢制带法兰外圈内径递减的自准双列自调滚珠轴承.尺寸和负荷
68	BS EN 4033-2007	航空航天系列.飞机机架转动轴承.耐腐蚀钢制刚性单列滚珠轴承.内径间隙递减的8和9直径系列.尺寸和负荷
69	BS EN 13036-6-2008	道路和飞机场表面特性.试验方法.在平坦和巨大表面（megatexture）波长范围内测量横向和纵向轮廓
70	BS EN 4199-004-2009	航空航天系列.飞机用压焊编织带.第004部分：65℃至150℃镀锡和65℃至260℃镀镍铜圆形编织带.产品标准
71	BS EN 4618-2009	航空航天系列.飞机内部空气质量规格,标准和测定方法
72	BS ISO 2563-2009	飞机导管和管系.形截面凸缘管接头的外形尺寸
73	BS A 400-2010	抗腐蚀钢制飞机上安全螺栓用平头有沟槽（统一标准六角形和统一标准螺纹）螺母规范
74	BS ISO 20906-2009+A1-2013	声学.机场附近飞机噪声的无人监测
75	BS EN ISO 1825-2011	飞机地面加油和泄油用橡胶软管和软管组件.规格
76	BS EN 3280-2011	航空航天系列.飞机机身用刚性或自校轴承.技术规范
77	BS ISO 20785-2-2011	民用飞机暴露于宇宙辐射的放射量测定.仪器响应特征
78	BS EN 4818-2012	航空航天系列.飞机用无源高频无线射频识别（HF RFID）标签
79	BS EN 4817-2012	航空航天系列.飞机用无源超高频无线射频识别（UHF RFID）标签
80	BS ISO 3324-1-2013	飞机轮胎和轮圈.规格
81	BS ISO 3324-2-2013	飞机轮胎和轮圈.轮胎和试验方法
82	BS IEC 62396-4-2013	航空电子设备过程管理.环境辐射影响.高压飞机电子管理潜在单一事件效应的设计
83	BS EN 4199-004-2014	航空航天系列.飞机用压焊编织带.第004部分：65℃至150℃镀锡和65℃至260℃镀镍铜圆形编织带.产品标准

资料来源：中国产业智库大数据中心

4.4.6 法国民用飞机制造及民航服务产业重点领域技术标准

法国民用飞机制造及民航服务领域技术标准主要由法国标准化协会制定，其在相关技术领域制定标准245项（表4-14），其中主要包括相关产品标准、测试测量标准和方法标准。产品标准主要有飞机用零部件（仪表、紧固件、螺栓和螺母、轴承等），飞机发动机零部件，飞机相关设备（电气设备、飞机千斤顶、飞机装卸设备、飞机辅助设备、飞机上储液设备、飞机地面设备、地勤支持设备等），飞机流体装置，飞机液压装置，飞机开关装置，牵引杆，飞机操纵用钢索，飞机电源，飞机控制杆用垫圈，飞机场照明装置等；测试测量标准主要有飞机窗用透明材料测试、飞机结构用合成纤维布测试、飞机用电缆的测试、飞机光纤和光缆的测试、飞机场表面测试、飞机布线测试等；设计标准主要有飞机电气和光纤互连系统的设计及安装。

表 4-14　法国民用飞机制造及民航服务产业关键技术标准列表

序号	标准号	标准名称
1	NF L70-231-1946	飞机仪表. 控制按钮
2	NF L48-120-1948	飞机的流体装置. 使用的互换性. 加油口
3	NF L48-130-1948	飞机的流体装置. 使用的互换性. 燃油液面指示器、燃油泵等用法兰
4	NF L48-210-1948	飞机的流体装置. 安装互换性. 加强油箱用法兰
5	NF L47-120-1949	飞机流体装置. 油箱尺寸公差
6	NF L43-110-1966	飞机液压装置. 软管插入接头
7	NF L22-425-1954	飞机用紧固件. 薄六角槽形螺母
8	NF L22-420-1954	飞机用紧固件. 厚六角槽形螺母
9	NF L86-360-1954	飞机活塞发动机用铠装点火电缆端头
10	NF L86-510-1954	飞机活塞发动机的起动机. 发动机部位的安装和驱动
11	NF L44-531-1955	飞机地面供给. 盥洗室清洗接头
12	NF L44-530-1955	飞机地面供给. 盥洗室蓄水池的加水接头
13	NF L22-040-1956	飞机用紧固件. 制造公差
14	NF L54-115-1966	飞机电气设备. 小型插座.（RECH.）
15	NF L54-520-1959	飞机的电气设备. 14 mm 插头的机场插座（rech.）
16	NF L53-135-1960	飞机电气设备. 连接元件. 铝压接带孔端子
17	NF L51-520-1962	飞机的电气设备. 交替网络的控制和保护壳
18	NF L51-510-1962	飞机电气设备. 交流电电流冲击探测器
19	NF L22-722-1963	飞机紧固件. 开尾销孔螺纹空心销轴（ISO 螺纹）（rech.）
20	NF L22-723-1963	飞机紧固件. 不带开尾销孔的螺纹实心销轴（ISO 螺纹）（rech.）
21	NF L58-155-1964	飞机电气开关装置. 密封按钮开关
22	NF L23-116-1964	飞机紧固件. 宽型平垫圈
23	NF L23-117-1964	飞机紧固件. 平垫圈，小直径
24	NF L58-525-1966	飞机开关装置. 三极按钮断路开关
25	NF L92-110-1965	着陆飞机用牵引杆
26	NF L58-525-1965	飞机开关设备. 三极按钮式断路器
27	NF L51-157-1965	飞机的电气设备. 带有馈线保护的微分逆电撂电器
28	NF L40-100-1965	飞机上的储液设备. 软管连接器的基本尺寸规格
29	NF L51-159-1965	飞机电气设备. 多路电源的冲击性过压保护装置
30	NF L51-160-1965	飞机的电气设备. 直流发电机馈线保护外壳
31	NF L55-361-1966	飞机电气设备. 防撞信标发射机
32	NF L55-385-1966	飞机电气设备. 圆形航行灯
33	NF L55-381-1966	飞机电气设备. 椭圆形航行灯
34	NF L22-271-1966	飞机用紧固件. AICMA 十字槽半圆头螺钉
35	NF L40-102-1966	飞机的流体装置. 连接件、轴向密封外螺纹接头. SIM 螺纹
36	NF L22-558-1966	飞机用紧固件. 双耳沉头自锁防松螺母. 最高温度：260~425℃
37	NF L22-272-1966	飞机用紧固件. AICMA 十字槽全螺纹盘头螺钉
38	NF L22-256-1966	飞机用紧固件. AICMA 十字槽全螺纹 100°沉头螺钉
39	NF L22-559-1966	飞机用紧固件. 两孔单耳沉头自锁防松螺母. 最高温度：260~425℃

续表

序号	标准号	标准名称
40	NF L22-560-1966	飞机用紧固件. 90 度角沉头自锁防松螺母. 最高温度：260～425℃
41	NF L58-322-1966	飞机电气开关装置. 3A 双极密封逆流双极继电器座的安装
42	NF L58-324-1966	飞机电气开关装置. 10A 小型密封逆流双极继电器座的安装
43	NF L58-327-1966	飞机电气开关装置. 10A 小型密封逆流 4 极继电器
44	NF L58-328-1966	飞机电气开关装置. 10A 小型密封逆流 4 极继电器的安装
45	NF L58-323-1966	飞机电气开关装置. 10A 小型密封逆流双极继电器
46	NF L22-542-1966	飞机用紧固件. 最高温度达 120℃用细牙螺纹自锁六角头螺母
47	NF L58-326-1966	飞机电气开关装置. 3A 密封逆流四极继电器座的安装
48	NF L22-522-1966	飞机用紧固件. 细牙自锁十二角厚凸缘螺母. 温度级：500℃、700℃、800℃
49	NF L22-518-1966	飞机用紧固件. 自锁十二角厚凸缘螺母. 温度级：500℃、700℃、800℃
50	NF L70-501-1967	飞机上信息信号传输用同步连接接头
51	NF L58-331-1967	飞机电气开关装置. 1.5A 小型双极逆流继电器
52	NF L07-120-1970	飞机技术图纸. 图示方向
53	NF L51-413-1971	飞机变流器. Ⅱ型
54	NF L51-412-1972	飞机用Ⅰ型电气变流器
55	NF L31-213-1973	飞机机体用单排轴承. 刚性轴承钢制滚珠轴承. 尺寸和负荷
56	NF L31-227-1973	飞机机体用单排轴承. 耐腐蚀钢制自位滚柱轴承. 尺寸和负荷
57	NF L31-224-1973	飞机机体用双排轴承. 轴承钢制自位滚珠轴承. 尺寸和负荷
58	NF L31-215-1973	飞机机体用单排轴承. 刚性耐腐蚀钢制滚珠轴承. 尺寸和负荷
59	NF L31-225-1973	飞机机体用单排轴承. 轴承钢制自位滚珠轴承. 尺寸和负荷
60	NF L31-223-1973	飞机机体用双排轴承. 耐腐蚀钢制自位滚珠轴承. 尺寸和负荷
61	NF L44-512-1973	飞机地面电源. 低压接头. ISO 米制螺纹牙形和 BNAE 公差
62	NF L31-207-1973	飞机用单排轴承. 刚性扭力管用滚珠轴承. 尺寸和负荷
63	NF L21-208-1973	沉头铆钉与飞机表面涂层的不平度公差
64	NF L31-209-1973	飞机用单排轴承. 刚性扭力管用耐腐蚀钢制滚珠轴承. 尺寸和负荷
65	NF L36-100-1974	飞机操纵用挠性钢索. 技术规范
66	NF L36-115-1974	飞机操纵用挠性钢索. 结构. 尺寸和负载
67	NF L51-414-1974	飞机电变流器. Ⅲ型
68	NF L94-111-1975	飞机. 注油管嘴接地插头和插座
69	NF L35-112-1976	飞行控制和飞机结构用铝合金杆. 尺寸
70	NF L23-310-1977	飞机用紧固件. 开口销
71	NF L44-532-1977	飞机地面供给. 饮用水加压供给接头
72	NF L81-313-1978	飞机千斤顶支板和系留环用插座. ISO 米制螺纹牙形和 BNAE 公差
73	NF L92-313-1978	飞机用采用 ISO 米制螺纹牙形和 BNAE 公差的活动千斤顶支板
74	NF L81-312-1978	飞机上提升装置用插座. ISO 米制螺纹牙形和 BNAE 公差
75	NF L81-323-1978	千斤顶垫和系留环用飞机承座. 米制 ISO 螺纹牙形和公差
76	NF L81-322-1978	起重装置用飞机承座. 米制 ISO 螺纹牙形和公差
77	NF L92-318-1978	带 ISO 米制螺纹牙形和公差的可拆卸的飞机千斤顶垫
78	NF L35-111-1978	飞行控制和飞机结构用铝合金杆. 技术规范

续表

序号	标准号	标准名称
79	NF L92-212-1980	飞机装卸设备用连接螺栓
80	NF L92-211-1980	飞机装卸设备用紧固带孔螺栓. 采用 ISO 米制螺纹牙形和 BNAE 公差
81	NF L92-221-1980	采用米制 ISO 螺纹牙形和公差的飞机装卸设备用紧固带孔螺栓. 加强型
82	NF L70-010-1980	飞机. 机械和机电式指示器. 一般要求
83	NF L44-570-1980	飞机地面供给. 加压加油接头
84	NF L92-213-1980	飞机装卸设备用连接螺栓. 加强型
85	NF L92-314-1980	飞机应急可拆卸的牵引和系留环
86	NF L92-010-1980	飞机牵引和起重装置. 一般说明
87	NF L93-100-1985	大容量飞机底舱用底部固定的经验证的集装箱
88	NF L93-080-1985	地面设备与飞机单元装载设备的相容性要求
89	NF L31-206-1985	航空航天系列. 直径为系列 8 和系列 9、耐腐蚀钢制、飞机机体用刚性单列滚珠轴承. 尺寸和负载
90	NF L70-120-1985	飞机设备. 机载仪表箱. 尺寸
91	NF L72-122-1986	飞机设备. 电传动式转速表指示器
92	NF L70-115-1986	飞机设备. 模数 100 的方缘机载仪表. 通用尺寸
93	NF L72-110-1986	飞机设备. 圆刻盘机载仪表. 机械传动式转速表
94	NF L70-110-1986	飞机设备. 圆刻度盘机载仪表. 通用尺寸
95	NF L72-310-1986	飞机设备. 圆刻度盘机载压力表
96	NF L52-150-1986	飞机设备. 铝合金导体电缆. 特性
97	NF L70-550-1987	飞机设备. 带可变磁阻和转速表链的速度传感器
98	NF L40-050-1987	飞机. 聚四氯乙烯（ptfe）高温盘旋形软管组件
99	NF L92-321-1987	飞机辅助设备. 起吊环. SIM 米制螺纹牙形和公差
100	NF L92-326-1987	飞机设备. 起吊环. ISO 米制螺纹牙形和公差
101	NF L17-600-21-1989	航空航天工业. 飞机窗用透明材料的试验方法. 第 21 部分：抗裂纹扩展测定（K 系数）（欧洲标准 EN 2155-21）
102	NF L40-211-1989	飞机. 液压元件. 经验证表明元件适用于液压油的标记
103	NF L93-110-1989	航空货运设备. 飞机机械推进组件的储存和运输用的金属和非金属集装箱. 技术规范
104	NF L44-518-1990	飞机. 机舱地面压力试验用接头. 尺寸（英制系列）
105	NF L50-001-1992	航空航天系列. 飞机电源特性
106	NF L75-001-1992	飞机设备. 备用磁罗盘
107	NF L17-600-14-1993	航空航天系列. 飞机窗用透明材料的试验方法. 第 14 部分：1/10 维卡软化温度的测定
108	NF L17-600-13-1993	航空航天系列. 飞机窗用透明材料的试验方法. 第 13 部分：负荷下挠曲温度的测定
109	NF L17-600-3-1993	航空航天系列. 飞机玻璃窗用透明材料的试验方法. 第 3 部分：折射系数的测定
110	NF L17-600-2-1993	航空航天系列. 飞机窗玻璃用透明材料的试验方法. 第 2 部分：吸水性的测定
111	NF L31-251-1994	航空航天系列. 飞机骨架滚动轴承. 刚性单排钢质滚珠轴承. 直径系列为 0 和 2. 对比间隙等级. 尺寸和负荷
112	NF L31-253-1994	航空航天系列. 飞机骨架滚动轴承. 刚性单排耐腐蚀钢滚珠轴承. 直径系列为 0 和 2. 对比间隙等级. 尺寸和负荷
113	NF L31-252-1994	航空航天系列. 飞机骨架滚动轴承. 刚性单排镀镉钢滚珠轴承. 直径系列为 0 和 2. 对比间隙等级. 尺寸和负荷
114	NF L31-261-1994	航空航天系列. 飞机骨架滚动轴承. 刚性单排钢质镉板球轴承. 直径系列 8 和 9. 尺寸和负荷

续表

序号	标准号	标准名称
115	NF L31-271-1994	航空航天系列. 飞机骨架滚动轴承. 刚性双排钢质, 镉板球轴承. 直径系列 3 和 4. 尺寸和负荷
116	NF L31-268-1994	航空航天系列. 飞机骨架滚动轴承. 刚性双排钢质镉板球轴承. 直径系列 2. 尺寸和负荷
117	NF L31-264-1994	航空航天系列. 飞机骨架滚动轴承. 刚性单排钢质镉板球轴承. 直径系列 0 和 2. 标准公隙. 尺寸和负荷
118	NF L17-990-1995	航空工业. 飞机木结构用黏合剂. 技术规范和试验方法
119	NF L41-136-1995	飞机燃料系统的污染物. 过滤器和过滤元件. 燃料系统中的特定污物滞留容量的额定值
120	NF L17-950-1995	航空工业. 飞机结构用合成纤维布. 试板的制备
121	NF L17-955-1995	航空工业. 飞机结构用合成纤维布. 测定布交发货条件下的透气性和透湿性
122	NF L17-952-1995	航空工业. 飞机结构用合成纤维布. 经纱上浆织物黏结的剥离强度
123	NF L17-951-1995	航空工业. 飞机结构用合成纤维布. 气候老化后机械特性的测定
124	NF L17-953-1995	航空工业. 飞机结构用合成纤维布. 发货时测定老化前后粘着保护的拉伸纤维的抗剪切强度
125	NF L17-956-1995	航空工业. 飞机结构用合成纤维布. 测定布和无涂层布在交货条件下拉伸试验时的断裂负荷和拉伸率
126	NF L17-600-19-1996	航空航天系列. 飞机玻璃窗用透明材料的试验方法. 第 19 部分：抗裂纹的测定（欧洲标准 EN 2155-19）
127	NF L17-600-7-1997	航空航天系列. 飞机上窗玻璃用透明材料的检验方法. 第 7 部分：光偏差的测定（EN 2155-7）
128	NF L17-600-12-1997	航空航天系列. 飞机窗玻璃用透明材料的试验方法. 第 12 部分：线性热膨胀的测定（EN 2155-12）
129	NF L22-589-2000	飞机用螺栓和螺母. ISO M 或 ISO MJ 螺纹耐蚀钢制镀银 MoS2 润滑 90°角沉孔防松自锁螺母. 等级：1100MPa（室温）/235℃
130	NF L22-587-2000	飞机用螺栓和螺母. 镀银耐腐蚀钢制带 ISO M 或 ISO MJ 扩孔螺纹的双耳自锁固定螺母. 等级：1100MPa（室温）/235℃
131	NF L22-570-2000	飞机用螺栓和螺母. ISO M 或 ISO MJ 螺纹. 镀镉 MoS2 润滑 60°角沉头自锁防松钢螺母. 等级：1100MPa（室温）/235℃
132	NF L22-590-2000	飞机用螺栓和螺母. 镀银耐腐蚀钢制带 ISO M 或 ISO MJ 扩孔螺纹的 60°自锁固定螺母. 等级：1100MPa（室温）/425℃
133	NF L22-519-2000	飞机用螺栓和螺母. ISO M 或 ISO MJ 螺纹钢制镀镉 MoS2 润滑双六角头自锁螺母. 等级：1550MPa（室温）/235℃
134	NF L22-568-2000	飞机用螺栓和螺母. ISO M 或 ISO MJ 螺纹钢制镀镉 MoS2 润滑单耳沉孔防松自锁螺母. 等级：1100MPa（室温）/235℃
135	NF L22-575-2000	飞机用螺栓和螺母. ISO M 或 ISO MJ 螺纹耐蚀钢制镀镉 MoS2 润滑沉孔双耳浮动防松自锁螺母. 等级：1100MPa（室温）/235℃
136	NF L22-591-2000	飞机用螺栓和螺母. ISO M 或 ISO MJ 螺纹耐蚀钢制镀银 MoS2 润滑 90°角沉孔减小系列双耳防松自锁螺母. 等级：1100MPa（室温）/425℃
137	NF L22-594-2000	飞机用螺栓和螺母. ISO M 或 ISO MJ 螺纹耐蚀钢制镀银 MoS2 润滑锐角沉孔减小系列防松自锁螺母. 等级：1100MPa（室温）/425℃
138	NF L22-569-2000	飞机用螺栓和螺母. MoS2 润滑的镀镉钢制带 ISO M 或 ISO MJ 扩孔螺纹的 90°沉头自锁固定螺母. 等级：1100MPa（室温）/235℃
139	NF L22-588-2000	飞机用螺栓和螺母. ISO M 或 ISO MJ 螺纹耐蚀钢制镀银单耳沉孔自锁防松螺母. 等级：1100 MPa（室温）/425 度（室温下）
140	NF L22-577-2000	飞机用螺栓和螺母. ISO M 或 ISO MJ 螺纹钢制镀镉 MoS2 润滑双耳浮动沉孔减小系列防松自锁螺母. 等级：1100MPa（室温）/235℃
141	NF L22-576-2000	飞机用螺栓和螺母. ISO M 或 ISO MJ 螺纹钢制镀镉 MoS2 润滑单耳浮动沉孔防松自锁螺母. 等级：1 100 MPa（室温）/235℃

续表

序号	标准号	标准名称
142	NF L22-573-2000	飞机用螺栓和螺母. ISO M 或 ISO MJ 螺纹钢制镀镉 MoS2 润滑减小系列 90°沉孔防松自锁螺母. 等级：1100MPa（室温）/235℃
143	NF L22-592-2000	飞机用螺栓和螺母. ISO M 或 ISO MJ 螺纹耐蚀钢制镀银沉孔减小系列单耳防松自锁螺母. 等级：1100MPa（室温）/425℃
144	NF L22-593-2000	飞机用螺栓和螺母. ISO M 或 ISO MJ 螺纹耐蚀钢制镀银 MoS2 润滑 90°角沉孔减小系列防松自锁螺母. 等级：1100MPa（室温）/425℃
145	NF L22-571-2000	飞机用螺栓和螺母. ISO M 或 ISO MJ 螺纹钢制镀镉 MoS2 润滑沉孔减小系列双耳防松自锁螺母. 等级：1100MPa（室温）/235℃
146	NF L22-595-2000	飞机用螺栓和螺母. ISO M 或 ISO MJ 螺纹耐蚀钢制镀银 MoS2 润滑双耳浮动沉孔防松自锁螺母. 等级：1100 MPa（室温）/425℃
147	NF L22-574-2000	飞机用螺栓和螺母. ISO M 或 ISO MJ 螺纹钢制镀镉 MoS2 润滑锐角沉孔减小系列防松自锁螺母. 锐角埋头自锁地脚螺母. 对比系列. ISO M 或 ISO MJ 镀镉钢螺纹. MoS2 润滑. 等级：1100MPa（室温）/235℃
148	NF L22-461-2000	飞机用螺栓和螺母. ISO M 或 ISO MJ 细牙螺纹. 公差等级 4H5H 带锁紧孔，减少高度标称对边普通六角螺母
149	NF L22-439-2000	飞机用螺栓和螺母. ISO M 或 ISO MJ 螺纹、4H 级公差、带锁紧孔、减少高度、标称十字槽平六角头普通螺母
150	NF L22-462-2000	飞机用螺栓和螺母. ISO M 或 ISO MJ 螺纹. 公差等级 4H5H 带锁紧孔，减少高度标称对边左旋普通六角螺母
151	NF L22-440-2000	飞机用螺栓和螺母. ISO M 或 ISO MJ 螺纹. 公差等级 4H 带锁紧孔、减少高度标称对边左旋普通六角螺母
152	NF L22-438-2000	飞机用螺栓和螺母. ISO M 或 ISO MJ 螺纹、左旋、直径 4H5H 或 5H 级公差、带锁紧孔、减少高度、标称十字槽平六角头普通螺母
153	NF L22-441-2000	飞机用螺栓和螺母. ISO M 或 ISO MJ 螺纹. 直径公差等级 4H5H 或 5H. 减少高度. 减少对边普通六角螺母
154	NF L22-442-2000	飞机用螺栓和螺母. ISO M 或 ISO MJ 螺纹. 直径公差等级 4H5H 或 5H. 减少高度. 左旋普通六角螺母
155	NF L22-451-2000	飞机用螺栓和螺母. ISO M 或 ISO MJ 螺纹. 直径公差等级 4H5H 或 5H. 标准高度. 带槽／带缺口. 普通六角螺母
156	NF L22-455-2000	飞机用螺栓和螺母. ISO M 或 ISO MJ 螺纹. 公差等级 4H. 带槽／带缺口. 减少高度六角螺母
157	NF L22-433-2000	飞机用螺栓和螺母. ISO M 或 ISO MJ 螺纹 4H 级公差，标准高度、标称十字槽平六角头普通螺母
158	NF L22-432-2000	飞机用螺栓和螺母. 左旋 ISO M 或 ISO MJ 螺纹，直径 4H5H 或 5H 的Ⅱ级公差，标准高度、标称十字槽平六角头普通螺母
159	NF L22-431-2000	飞机用螺栓和螺母. ISO M 或 ISO MJ 螺纹，直径 4H5H 或 5H 的Ⅱ级公差，标称高度、标称十字槽平六角头普通螺母
160	NF L22-444-2000	飞机用螺栓和螺母. ISO M 或 ISO MJ 螺纹. 直径公差等级 4H5H 或 5H. 减少高度. 减少对边. 带锁紧孔. 左旋普通六角螺母
161	NF L22-443-2000	飞机用螺栓和螺母. ISO M 或 ISO MJ 螺纹. 直径公差等级 4H5H 或 5H. 减少高度. 减少高度. 带锁紧孔. 左旋普通六角螺母
162	NF L22-453-2000	飞机用螺栓和螺母. ISO M 或 ISO MJ 螺纹. 直径公差等级 4H5H 或 5H. 带槽／带缺口. 减少高度. 带锁紧孔. 左旋普通六角螺母
163	NF L22-567-2001	飞机用螺栓和螺母. ISO M 或 ISO MJ 螺纹钢制 MoS2 润滑的、镀镉、双耳沉头孔自锁防松螺母. 等级：1100MPa（室温）/235℃
164	NF L22-525-2001	飞机螺栓和螺母. ISO M 细牙螺纹钢制 MoS2 润滑的、镀镉、双六角头自锁螺母. 等级：1100MPa（室温）/235℃
165	NF L22-512-2001	飞机螺栓和螺母. ISO M 或 ISO MJ 螺纹钢制 MoS2 润滑的、镀镉、带锁紧垫圈的沉头孔自锁六角螺母. 等级：1100MPa（室温）/235℃

续表

序号	标准号	标准名称
166	NF L22-541-2001	飞机用螺栓和螺母. ISO M 或 ISO MJ 螺纹钢制 MoS2 润滑的、镀镉、自锁六角头螺母. 等级：1100MPa（室温）/235℃或耐热钢制镀银螺母. 等级：1100MPA（室温）/425℃
167	NF L52-250-702-2002	航空航天系列. 飞机用电缆. 试验方法. 第702部分：屏蔽层的回推能力
168	NF L52-250-703-2002	航空航天系列. 飞机用电缆. 试验方法. 第703部分：制造商标志的持久性
169	NF L52-250-502-2002	航空航天系列. 飞机用电缆. 试验方法. 第502部分：切口延伸
170	NF L52-250-503-2002	航空航天系列. 飞机用电缆. 试验方法. 第503部分：摩擦损伤试验
171	NF L52-250-701-2002	航空航天系列. 飞机用电缆. 试验方法. 第710部分：导体绝缘层的可剥离性和黏附性
172	NF L52-250-410-2002	航空航天系列. 飞机用电缆. 试验方法. 第410部分：耐热度
173	NF L52-250-504-2002	航空航天系列. 飞机用电缆. 试验方法. 第504部分：扭转
174	NF L52-250-303-2002	航空航天系列. 飞机用电缆. 试验方法. 第303部分：绝缘电阻
175	NF L52-250-201-2002	航空航天系列. 飞机用电缆. 试验方法. 第201部分：目视检查
176	NF L52-250-403-2002	航空航天系列. 飞机用电缆. 试验方法. 第403部分：剥离和粘连
177	NF L52-250-401-2002	航空航天系列. 飞机用电缆. 试验方法. 第401部分：加速老化
178	NF L52-250-202-2002	航空航天系列. 飞机用电缆. 试验方法. 第202部分：质量
179	NF L52-250-409-2002	航空航天系列. 飞机用电缆. 试验方法. 第409部分：真空老化试验
180	NF L52-250-406-2002	航空航天系列. 飞机用电缆. 试验方法. 第406部分：低温弯曲试验
181	NF L52-250-405-2002	航空航天系列. 飞机用电缆. 试验方法. 第405部分：室温下的弯曲试验
182	NF L52-250-301-2002	航空航天系列. 飞机电缆. 试验方法. 第301部分：单位长度欧姆律电阻
183	NF L52-250-305-2002	航空航天系列. 飞机用电缆. 试验方法. 第305部分：过载电阻
184	NF L52-250-404-2002	航空航天系列. 飞机电缆. 试验方法. 第404部分：热冲击
185	NF L52-250-304-2002	航空航天系列. 飞机电缆. 试验方法. 第304部分：表面电阻
186	NF L52-250-402-2002	航空航天系列. 飞机用电缆. 试验方法. 第402部分：收缩和剥离
187	NF L52-250-413-2003	航空航天系列. 飞机电缆. 试验方法. 第413部分：回卷绕试验
188	NF L52-400-302-2003	航空航天系列. 飞机光纤和光缆. 试验方法. 第302部分：数值孔径
189	NF L52-400-305-2003	航空航天系列. 飞机光纤和光缆. 试验方法. 第305部分：抗环境光耦合
190	NF L52-400-504-2003	航空航天系列. 飞机光纤和光缆. 试验方法. 第504部分：微弯曲试验
191	NF L52-400-301-2003	航空航天系列. 飞机光纤和光缆. 试验方法. 第301部分：衰减性
192	NF L52-400-510-2003	航空航天系列. 飞机光纤和光缆. 试验方法. 第510部分：弯曲试验
193	NF L52-400-509-2003	航空航天系列. 飞机光纤和光缆. 试验方法. 第509部分：扭结试验
194	NF L52-400-511-2003	航空航天系列. 飞机光纤和光缆. 试验方法. 第511部分：光缆间的磨蚀
195	NF L52-400-507-2003	航空航天系列. 飞机光纤和光缆. 试验方法. 第507部分：切割强度
196	NF L52-400-201-2003	航空航天系列. 飞机光纤和光缆. 试验方法. 第201部分：目视检查
197	NF L52-250-805-2003	航空航天系列. 飞机电缆. 试验方法. 第805部分：阻抗特性
198	NF L52-250-412-2003	航空航天系列. 飞机电缆. 试验方法. 第412部分：耐湿性
199	NF L52-250-512-2003	航空航天系列. 飞机电缆. 试验方法. 第512部分：耐弯曲
200	NF L52-250-509-2003	航空航天系列. 飞机电缆. 试验方法. 第509部分：可焊性
201	NF L52-400-701-2003	航空航天系列. 飞机光纤和光缆. 试验方法. 第701部分：剥离性
202	NF L52-400-205-2003	航空航天系列. 飞机光纤和光缆. 试验方法. 第205部分：光缆纵向尺寸稳定性
203	NF L52-250-801-2003	航空航天系列. 飞机电缆. 试验方法. 第801部分：单位长度电容
204	NF L52-250-806-2003	航空航天系列. 飞机电缆. 试验方法. 第806部分：衰减

续表

序号	标准号	标准名称
205	NF L52-250-808-2003	航空航天系列. 飞机电缆. 试验方法. 第808部分：串音
206	NF L52-250-807-2003	航空航天系列. 飞机电缆. 试验方法. 第807部分：传输阻抗
207	NF L52-250-511-2003	航空航天系列. 飞机电缆. 试验方法. 第511部分：电缆间磨损
208	NF L52-400-508-2003	航空航天系列. 飞机光纤和光缆. 试验方法. 第508部分：扭力
209	NF L52-250-803-2003	航空航天系列. 飞机电缆. 试验方法. 第803部分：电容偏差
210	NF L52-250-804-2003	航空航天系列. 飞机电缆. 试验方法. 第804部分：传输速度
211	NF L52-250-510-2003	航空航天系列. 飞机电缆. 试验方法. 第510部分：挤压绝缘护套和包装材料的抗拉强度和延伸度
212	NF P18-602-2003	沥青混合物以及道路、飞机场和其他交通区域表面处理用集料
213	NF P98-831-4-2004	道路和飞机场表面特征. 试验方法. 第4部分：表面防滑的测量方法. 摆动试验
214	NF L91-104-2-2006	飞机地面设备. 基本要求. 第2部分：安全要求
215	NF L91-104-1-2006	飞机地面设备. 基本要求. 第1部分：一般设计要求
216	NF M62-270-1-2006	民用飞机暴露于宇宙辐射的放射量测定. 第1部分：测量的概念基础
217	NF L52-250-302-2006	航空航天系列. 飞机用电缆. 试验方法. 第302部分：耐电压试验
218	NF L35-182-2006	航空航天系列. 飞机控制杆用耐腐蚀钝化钢制带径向细齿的止动垫圈. 尺寸
219	NF L35-183-2006	航空航天系列. 飞机控制杆用镀镉耐腐蚀钢制带径向细齿的止动垫圈. 尺寸
220	NF L35-181-2006	航空航天系列. 飞机控制杆用镀镉防腐钢制舌止动垫圈. 尺寸
221	NF L35-180-2006	航空航天系列. 飞机控制杆用镀镉合金钢制带径向细齿的锁紧垫圈. 尺寸
222	NF L31-291-2006	航空航天系列. 飞机骨架滚动轴承. 带扩展内径和法兰准直排轴套的硬质单排耐腐蚀钢制球轴承. 尺寸和负荷
223	NF L52-250-501-2006	航空航天系列. 飞机用电缆. 试验方法. 第501部分：动态外部穿透试验
224	NF L35-185-2006	航空航天系列. 飞机控制杆用耐腐蚀钢有耳垫圈. 尺寸
225	NF L31-280-2007	航空航天系列. 飞机机架用滚动轴承. 带镀镉法兰定位机架的钢中刚性单列滚珠轴承. 尺寸和负荷
226	NF L31-281-2007	航空航天系列. 飞机机架用滚动轴承. 带镀镉法兰定位机架的镀镉钢中刚性单列滚珠轴承. 尺寸和负荷
227	NF P98-831-8-2008	道路和飞机场表面特性. 试验方法. 第8部分：横向不均匀指数的测定
228	NF C11-405-2009	飞机场照明和信标用电气装置. 航空机场照明控制和监控系统用技术要求. 个别灯的选择性开关和监控装置
229	NF L52-250-811-2009	航空航天系列. 飞机用电缆的测试方法. 第811部分：不平衡衰减
230	NF L52-250-418-2009	航空航天系列. 飞机用电缆测试方法. 第418部分：导电体热稳定性
231	NF L52-250-809-2009	航空航天系列. 飞机用电缆测试方法. 第809部分：耐不平衡性
232	NF L91-002-19-2010	航空器地勤支持设备. 具体要求. 第19部分：飞机千斤顶，轴千斤顶和液压车辆后部支柱
233	NF E54-001-2-2010	飞机地面辅助设备. 一般要求. 第2部分：稳定性和强度的要求，计算和试验方法
234	NF L52-250-100-2011	航空航天系列. 飞机用电缆. 试验方法. 第100部分：总则
235	NF L52-250-605-2011	航空航天系列. 飞机电缆. 试验方法. 第605部分：潮湿短路试验
236	NF L52-250-604-2011	航空航天系列. 飞机电缆. 试验方法. 第604部分：耐干电弧性
237	NF L50-050-2011	航空航天系列. 飞机布线测试
238	NF L50-100-2011	航空航天系列. 飞机电气和光纤互连系统的设计和安装
239	NF T47-268-2011	飞机地面加油和放油用橡胶软管及软管配件. 规范
240	NF P98-831-4-2012	道路和飞机场表面特征. 试验方法. 第4部分：表面防滑的测量方法. 摆动试验

续表

序号	标准号	标准名称
241	NF L52-400-301-2012	航空航天系列.飞机光纤和光缆.试验方法.第301部分：衰减性
242	NF L52-400-510-2013	航空航天系列.飞机光纤和光缆.试验方法.第510部分：弯曲试验
243	NF M62-270-1-2013	民用飞机暴露于宇宙辐射的放射量测定.第1部分：测量的概念基础
244	NF T40-241-1-2013	飞机轮胎和轮辋.第1部分：规格
245	NF T40-241-2-2013	飞机轮胎和轮辋.第2部分：轮胎试验方法

资料来源：中国产业智库大数据中心

4.4.7 德国民用飞机制造及民航服务产业重点领域技术标准

德国民用飞机制造及民航服务领域技术标准主要由德国标准化协会制定，另外，德国标准化协会还积极将欧盟和国际标准组织制定的国际标准转化为德国的国家标准。德国在相关技术领域共有标准72项（表4-15），其中主要包括相关产品标准、测试测量标准和评估评定标准。产品标准主要有飞机用轴承，飞机窗玻璃材料，飞机操纵钢索组件，飞机发动机空气启动连接装置，飞机噪音测量仪，飞机用蓄电池组，飞机控制杆用垫圈，机场照明装置，飞机地面支持设备，地勤支援设备（千斤顶、飞机燃料设备），飞机地面加油用橡胶软管及组件等；测试测量标准主要有飞机光纤光缆和电缆的测试、飞行中飞机内声压级的测量、飞机发射噪声的测量、飞机用电缆的测试、飞机内部空气质量测定等；评估评定标准主要有飞机场路面表面特征评定、飞机噪声评定等。

表4-15 德国民用飞机制造及民航服务产业关键技术标准列表

序号	标准号	标准名称
1	DIN ISO 43-1981	航空航天.飞机.千斤顶支板
2	DIN 9020-3-1983	航空和航天.比空气重的飞机的质量分解.组质量说明
3	DIN ISO 1002-1985	滚动轴承.飞机用轴承.特性、外形尺寸.公差.额定静载荷
4	DIN 29502-1-1986	航空航天.织物增强的丙烯酸类树脂的飞机窗玻璃的边缘加强材料.设计指令
5	DIN 9015-1-1986	航空航天.飞机结构的ISO配合（滚柱轴承的安装除外）
6	DIN 29576-2-1987	航空航天.飞机电气系统.对飞机里敷设的电缆的检验
7	DIN 29576-5-1989	航空航天.飞机电气系统.电气仪表的检验及其与电气系统的兼容性
8	DIN EN 2641-1989	航空航天.飞机操纵钢索组件.组合和尺寸
9	DIN EN 2348-1989	航空航天系列.飞机操纵钢索组件.技术规范
10	DIN 29576-3-1991	航空航天.飞机电气系统.接地
11	DIN 29576-1-1992	航空航天.飞机电气系统特性.不适用于新结构
12	DIN 29576-4-1993	航空和航天.飞机电气系统.短路特性检验
13	DIN EN 3045-1994	航空航天系列.飞机机架滚动轴承.钢制硬性单排滚珠轴承.直径系列0和2.缩小的间隙种类.尺寸和荷载
14	DIN EN 3047-1994	航空航天系列.飞机机架滚动轴承.耐腐蚀钢制硬性单排滚珠轴承.直径系列0和2.缩小的间隙种类.尺寸和荷载
15	DIN EN 3046-1994	航空航天系列.飞机机架滚动轴承.镀镉钢制硬性单排滚珠轴承.直径系列0和2.缩小的间隙种类.尺寸和荷载
16	DIN EN 3283-1994	航空航天系列.飞机用滚动轴承.不锈钢单列滚珠轴承.直径系列8和直径系列9.尺寸和负载.德文版本EN 3283：1994

续表

序号	标准号	标准名称
17	DIN ISO 2026-1995	航空用飞机发动机空气启动连接装置（ISO 2026：1974）
18	DIN ISO 11-1997	飞机.压力座舱地面压力试验连接装置
19	DIN EN 61265-1999	电声学.飞行器噪声测量仪器.运输类飞机噪声审定时测量三分之一倍频程声压水平使用的系统性能要求
20	DIN EN 3475-511-2002	航空航天系列.飞机电缆.试验方法.第511部分：电缆间磨损
21	DIN EN 3745-301-2003	航空航天系列.飞机光纤和电缆.试验方法.第301部分：衰减
22	DIN EN 3745-201-2003	航空航天系列.飞机光纤和电缆.试验方法.第201部分：外观检查
23	DIN EN 3745-507-2003	航空航天系列.飞机光纤和电缆.试验方法.第507部分：切开
24	DIN EN 3745-509-2003	航空航天系列.飞机光纤和电缆.试验方法.第509部分：纽结试验
25	DIN EN 3745-504-2003	航空航天系列.飞机光纤和电缆.试验方法.第504部分：微弯曲试验
26	DIN EN 3745-508-2003	航空航天系列.飞机光纤和电缆.试验方法.第508部分：扭转
27	DIN EN 3745-510-2003	航空航天系列.飞机光纤和电缆.试验方法.第510部分：弯曲试验
28	DIN EN 3745-305-2003	航空航天系列.飞机光纤和电缆.试验方法.第305部分：周围光耦合的消除
29	DIN EN 3745-205-2003	航空航天系列.飞机光纤和电缆.试验方法.第205部分：电缆纵向尺寸稳定性
30	DIN ISO 5129-2003	声学.飞行中飞机内声压级的测量
31	DIN EN 60952-1-2005	飞机用蓄电池组.第1部分：一般试验要求和性能水平
32	DIN EN 60952-3-2005	飞机用蓄电池组.第3部分：产品规范及设计与性能的声明（DDP）
33	DIN EN 60952-2-2005	飞机用蓄电池组.第2部分：设计和制造要求
34	DIN EN 3475-203-2006	航空航天系列.飞机电缆.试验方法.第203部分：尺寸
35	DIN 45684-1-2006	声学.飞机场飞机发射噪声的测定.第1部分：计算方法
36	DIN EN 3745-404-2006	航空航天系列.飞机用光纤光缆.测试方法.第404部分：热冲击.德文及英文版本 EN 3745-404：2005
37	DIN EN 3745-401-2006	航空航天系列.飞机用光纤光缆.试验方法.第401部分：加速老化.德文及英文版本 EN 3745-401：2005
38	DIN EN 2546-2006	航空航天系列.飞机控制杆用钝化耐蚀钢制带径向齿的锁紧垫圈.尺寸
39	DIN EN 2327-2007	航空航天系列.飞机控制杆用镀镉合金钢径向锯齿锁住垫圈.尺寸
40	DIN EN 2328-2007	航空航天系列.飞机控制杆用镀镉耐腐蚀钢径向锯齿托盘垫圈.尺寸
41	DIN EN 3745-703-2007	航空航天系列.飞机用光纤与光缆.试验方法.第703部分：商标耐磨损性
42	DIN EN 3727-2007	航空航天系列.有法兰定位盖的飞机机架用滚动轴承.技术规范
43	DIN 45684-2-2007	声学.飞机场飞机发射噪声的测定.第2部分：声学和飞机操作参数的测定
44	DIN EN 3059-2008	航空航天系列.飞机机架滚动轴承.法兰连接的镀镉飞机机架用刚性单列滚珠轴承.尺寸和负荷
45	DIN EN 50490-2009	飞机场的照明和灯塔用电气装置.航空地面照明控制和监测系统用技术要求.选择性交换用装置和个别灯的监测
46	DIN EN 1915-1-2009	飞机地面支持设备的一般要求.第1部分：基本安全要求（含修改件A1-2009）.英文版本 DIN EN 1915-1-2009-06
47	DIN EN 1915-2-2009	飞机地面支持设备的一般要求.第2部分：稳定性和强度的要求，计算和试验方法（含修改件A1：2009）.英文版本 DIN EN 1915-2：2009-06
48	DIN EN 12312-5-2009	航空器地勤支援设备.专门要求.第5部分：飞机燃料设备（包括修改件A1-2009）.英文版本 DIN EN 12312-5-2009-08
49	DIN EN 12312-19-2009	航空器地勤支援设备.专门要求.第19部分：飞机千斤顶，轮轴千斤顶和液压尾撑（包括修改件A1-2009）.英文版本 DIN EN 12312-19-2009-08

续表

序号	标准号	标准名称
50	DIN EN 12312-14-2009	飞机地面支持设备的特殊要求. 第14部分：伤残的/丧失劳动能力的乘客登机车辆（含修改件A1：2009）. 英文版本 DIN EN 12312-14：2009-08
51	DIN EN 3475-802-2009	航空航天系列. 飞机用电缆. 测试方法. 第802部分：电容不平衡量. 德文和英文版本 EN 3475-802：2009
52	DIN EN 3475-809-2009	航空航天系列. 飞机用电缆的测试方法. 第809部分：抗非平衡性. 德文和英文版本 EN 3475-809：2009
53	DIN EN 3475-811-2009	航空航天系列. 飞机用电缆的测试方法. 第811部分：不平衡衰减. 德文和英文版本 EN 3475-811：2009
54	DIN EN 3475-810-2009	航空航天系列. 飞机用电缆的测试方法. 第810部分：结构环路损耗. 德文和英文版本 EN 3475-810：2009
55	DIN EN 3745-506-2009	航天系列. 飞机用光学纤维及电缆. 试验方法. 第506部分：抗冲击性能. 德语和英语版 EN 3745-506：2009
56	DIN EN 4618-2010	航空航天系列. 飞机内部空气质量标准，条件及测定方法. 德文及英文版本 EN 4618-2009
57	DIN EN 13718-2-2010	医疗交通工具及其设备. 救护飞机. 第2部分：救护飞机的操作和技术要求. 德文版本 EN 13718-2-2008
58	DIN SPEC 1205-2010	道路和飞机场路面表面特征. 试验方法. 第2部分：使用动态测量系统对道路路面的抗滑性进行评定. 德文版本 CEN/TS 13036-2-2010
59	DIN EN 3475-515-2010	航空航天系列. 飞机用电缆. 试验方法. 第515部分：抗破碎性. 德文和英文版本 EN 3475-515-2009
60	DIN EN 3475-812-2010	航空航天系列. 飞机用电缆的测试方法. 第812部分：回波损耗（VSWR）. 德文和英文版本 EN 3475-812-2009
61	DIN 45643-2011	飞机噪声的测量和评定. 德文和英文文本
62	DIN CEN/TS 15901-11-2011	道路和飞机场地面特性. 第11部分：使用带经线量块测量仪的装置测定路面抗滑性的规程（LFCSR）：SRM. 德文版本 CEN/TS 15901-11-2011
63	DIN CEN/TS 15901-13-2011	道路和飞机场地面特性. 第13部分：横向力系数（SFCO）测试仪测定道路路面防滑性的规程：里程表. 德文版本 CEN/TS 15901-13-2011
64	DIN EN ISO 1825-2011	飞机地面加油和二次加油用橡胶软管和软管组件. 规格（ISO 1825-2010）. 德文版本 EN ISO 1825-2011
65	DIN EN 3280-2011	航空和航天系列. 刚性或自校直飞机骨架滚动轴承. 技术规范. 德文版本和英文版本 EN 33280-2011
66	DIN EN 3745-301-2012	航空航天系列. 飞机光纤和电缆. 试验方法. 第301部分：衰减. 德文和英文版本 EN 3745-301-2012
67	DIN EN 13718-2-2012	医疗交通工具及其设备. 救护飞机. 第2部分：救护飞机的操作和技术要求. 德文版本 prEN 13718-2-2012
68	DIN EN 3745-405-2012	航空航天系列. 飞机光纤和电缆. 试验方法. 第405部分：低/高温弯曲试验. 德文和英文版本 EN 3745-405-2012
69	DIN 45684-1-2013	声学. 飞机场飞机发射噪声的测定. 第1部分：计算方法. 德文和英文文本
70	DIN EN 60952-3-2014	飞机用蓄电池组. 第3部分：产品规格及设计与性能（DDP）的声明（IEC 60952-3-2013）. 德文版本 EN 60952-3-2013
71	DIN EN 12312-14-2014	飞机地面支持设备的特殊要求. 第14部分：伤残的/丧失劳动能力的乘客登机车辆. 德文和英文版本 EN 12312-14-2014
72	DIN ISO 5129-2014	声学. 飞行中飞机内声压级的测量（ISO 5129-2001+Amd.1-2013）

资料来源：中国产业智库大数据中心

4.4.8 中国民用飞机制造及民航服务产业重点领域技术标准

中国民用飞机制造及民航服务相关技术领域共制定标准313项（表4-16），其中，绝大部分标准为航空工业行业标准，少量标准为国家标准、电子行业标准、中国国家计量标准和民用航空标准。中国民用飞机制造及民航服务相关技术领域的标准主要包括相关产品标准、测试测量标准、设计标准和方法标准。

表 4-16 中国民用飞机制造及民航服务产业关键技术标准列表

序号	标准号	标准名称
1	HB 6-43-1983	飞机搭铁线技术条件
2	HB 6-72-1976	飞机电器基本技术要求（试行）
3	HB 6-78-1977	飞机直流驱动电机技术条件（试行）
4	HB 6-81-1978	飞机熔断器专业技术条件（试行）
5	HB 6-82-1978	飞机信号灯盒技术条件（试行）
6	HB 6-88-1979	飞机微动开关技术条件（试行）
7	HB 5186-1981	飞机座舱盖软固定用丙烯酸酯胶粘技术条件
8	HB/Z 63-1981	飞机座舱盖软固定用丙烯酸酯胶粘剂配制及使用工艺
9	HB/Z 65-1981	飞机副油箱干燥空气封存工艺
10	HB 6-77-1983	飞机插头座技术条件
11	HB 5823-1983	飞机液压电磁阀通用技术条件
12	HB 5838-1983	飞机活动式着陆滑行灯基本技术要求
13	HB 6-96-1983	飞机电线接头技术条件
14	HB/Z 86-1984	飞机飞行振动环境测量数据处理一般技术要求
15	HB 5874-1985	飞机插头座插针插孔一般技术要求
16	HB 5881-1985	飞机座舱仪表内部红光照明通用技术要求
17	HB 5884-1985	ZD系列飞机直流驱动电机技术条件
18	HB 5885-1985	飞机座舱白光照明基本技术要求
19	HB 5889-1985	飞机燃油电磁开关通用技术条件
20	HB 5891-1985	飞机液压安全阀通用技术条件
21	HB 5946-1986	飞机发动机用空气涡轮起动机通用技术条件
22	HB 5940-1986	飞机系统电磁兼容性要求
23	HB 5942-1986	飞机压力加油接头尺寸标准
24	HB 5962-1986	飞机静止变流器通用技术条件
25	HB 6081-1986	飞机气动系统设计、安装要求
26	HB 6090-1986	飞机Ⅰ、Ⅱ型液压系统.直线式作动筒通用技术条件
27	HB 6091-1986	飞机座舱仪表外照明灯具通用技术要求
28	HB 6092-1986	飞机座舱单个导光体灯具通用技术要求
29	HB 6094-1986	飞机Ⅰ、Ⅱ型液压系统.气压式蓄压器通用技术条件
30	HB 6122-1987	飞机压力加油接嘴通用技术条件
31	HB 6129-1987	飞机雷电防护要求及试验方法
32	HB 6130-1987	飞机压力加油接嘴外形尺寸标准

续表

序号	标准号	标准名称
33	HB 6151-1988	飞机液压系统非隔离式油箱通用技术条件
34	HB 6152-1988	飞机仪表和仪表板安装要求
35	HB 5623-1987	飞机400赫交流发电系统通用技术条件
36	HB 6162-1988	飞机电源恒速传动装置通用技术条件
37	HB 6176-1988	飞机油气式缓冲器起落架
38	HB 6183-1988	飞机电气设备的选择和安装
39	GB 9660-1988	机场周围飞机噪声环境标准
40	HB 6248-1989	飞机无刷交流发电机试验方法
41	HB 644-1989	飞机装配夹具零组件技术条件
42	HB/Z 144-1989	飞机蒙皮用脂肪族聚氨酯涂层系统涂覆工艺
43	HB/Z 146-1989	飞机燃油系统通用设计规范
44	HB 5432-1989	飞机用TC4钛合金锻件
45	HB 6366-1989	有人驾驶飞机自动驾驶仪通用技术条件
46	HB 4400-1989	飞机装配工具技术条件
47	HB 6490-1991	飞机航行灯和防撞灯通用规范
48	HB 6430-1990	飞机照明设备安装通用规范
49	HB 6438-1990	飞机线束加工通用要求
50	HB 6440-1990	飞机外部照明设备通用规范
51	HB 6447-1990	飞机发电及其控制装置试验通用要求
52	HB 6448-1990	飞机供电系统性能参数的数字式测试
53	HB 6460-1990	飞机座舱程序练习器通用规范
54	HB 6470-1990	飞机钣金件尺寸公差及技术条件
55	HB 6485-1991	飞机交流电源控制盒通用规范
56	HB 5470-1991	民用飞机舱内非金属材料燃烧性能要求
57	HB 5482-1991	飞机结构及增压舱用聚硫密封剂通用规范
58	HB 5483-1991	飞机整体油箱及燃油舱用聚硫密封剂通用规范
59	HB 6491-1991	飞机内部照明设备通用要求
60	HB 6492-1991	飞机400赫三相交流模拟负载箱通用技术条件
61	HB 6495-1991	飞机座舱盖应急抛放系统通用规范
62	HB 6496-1991	飞机液压刹车阀通用技术条件
63	HB 6498-1991	飞机直流电源系统设计要求
64	HB 6499-1991	飞机电气系统模型试验通用要求
65	HB 6500-1991	飞机磁罗盘安装通用规范
66	HB 6503-1991	飞机输配电网路设计通用要求
67	HB 6505-1991	飞机供电系统设计通用要求
68	HB 6524-1991	飞机电线、电缆电磁兼容性分类及布线要求
69	HB 6483-1990	飞机燃油系统管路安装要求
70	HB 6667-1992	飞机液压系统地面检查接头端基本尺寸
71	HB 6668-1992	飞机压力舱地面压力试验接头端基本尺寸

续表

序号	标准号	标准名称
72	HB 6669-1992	飞机流体系统管接头的连接型面
73	HB 6554-1991	飞机火焰和烟雾探测系统通用规范
74	HB 6556-1991	民用飞机电子显示系统通用要求
75	HB 6557-1991	飞机油箱防火防爆装置通用规范
76	HB 6575-1992	飞机蓄电池继电器控制装置通用规范
77	HB 6576-1992	飞机蓄电池插头通用规范
78	GB/T 13536-1992	飞机地面供电连接器
79	HB 3461-1992	飞机地面保障设备制造通用技术要求
80	HB 6637.1-1992	航空电气图编制方法 飞机
81	HB 6646-1992	飞机柔性和刚性推拉式操纵装置通用规范
82	HB 6647-1992	飞机气动系统作动筒通用技术条件
83	HB 6664-1992	飞机管路系统用块形管夹设计要求和鉴定试验方法
84	HB 6676-1992	飞机电线铜质压接端子和接头通用规范
85	HB 6682-1992	飞机电源变压器通用规范
86	HB 6683-1992	飞机变压整流器通用规范
87	HB 6684-1992	飞机变速恒频发电系统通用规范
88	HB 6697-1993	民用飞机多功能电子显示器最低性能要求
89	JB/T 6650-1993	飞机刹车用烧结金属摩擦片和对偶片
90	HB 7122.4-1994	民用飞机机载设备气候环境试验箱（室）检定方法.防水试验箱（室）
91	HB 6752-1993	飞机动力装置隔振器设计和安装技术要求
92	HB 6754-1993	飞机液压系统通用规范
93	HB 6756-1993	飞机燃油箱重力加油快卸口盖
94	HB 6759-1993	飞机失火和过热探测系统通用规范
95	HB 6760-1993	飞机固定式灭火系统安装要求
96	HB 6761-1993	飞机机轮刹车系统设计要求
97	HB 6764-1993	飞机镉镍蓄电池组和单体蓄电池.通用规范
98	HB 6871-1993	飞机吊索通用规范
99	HB 6883-1993	可拖曳的飞机地面保障设备机动性通用规范
100	HB 6991-1994	飞机地面系留装置通用规范
101	HB/Z 245-1993	飞机复合材料构件固化模设计与制造
102	HB/Z 248-1993	飞机装配型架设计
103	HB/Z 249-1993	飞机装配工艺装备制造与安装要求
104	HB 6768-1993	碳纤维复合材料飞机蒙皮用抗静电聚氨酯磁漆
105	HB 7037-1994	飞机保护堵盖通用规范
106	HB 7079-1994	飞机动力装置冷却要求
107	HB 7080-1994	飞机引气系统通用要求
108	HB 7082-1994	飞机机体系留设计要求
109	HB 7083-1994	飞机系统设备定义图表要求
110	HB 7084-1994	民用飞机结构抗鸟撞设计与试验要求

续表

序号	标准号	标准名称
111	HB 7087-1994	民用飞机电气安装技术要求
112	HB 7088-1994	民用运输类飞机应急撤离设施设计要求
113	HB 7093-1994	飞机座舱电（场）致发光信息板
114	HB/Z 266-1994	常规武器威胁下提高飞机生存力的设计和评估指南
115	HB 7117-1994	民用飞机液压系统通用规范
116	HB 7119-1994	飞机电气系统电压尖峰的数字式测试
117	SJ 20479.1-1995	飞机着陆灯系列详细规范
118	HB 7169-1995	飞机燃油系统地面模拟试验要求
119	HB 7171-1995	飞机热力防冰系统通用规范
120	HB 7173-1995	飞机发电机反流断路器通用规范
121	HB 7175-1995	飞机变流机通用规范
122	HB 7181-1995	飞机操纵拉杆通用规范
123	HB 7225-1995	飞机整体壁板、框、肋、梁公差和表面质量要求
124	HB 7228-1995	飞机结冰信号器通用规范
125	HB 7230-1995	飞机前轮转弯系统通用规范
126	HB 7252-1995	民用飞机整体燃油箱通用规范
127	HB 7253-1995	飞机防火灭火系统通用规范
128	SJ 20539-1995	光纤化的飞机内部时分制指令／响应式多路传输数据总线
129	HB 7294-1996	飞机用白炽灯泡通用规范
130	HB 7295-1996	飞机强度和刚度地面试验系统校准方法和要求
131	HB 7296-1996	飞机外挂副油箱
132	HB 7299-1996	飞机电动定量液压泵通用规范
133	HB 7300-1996	飞机用液压马达驱动空气压缩机组通用规范
134	HB 7390-1996	民用飞机电子设备接口要求
135	HB 7391-1996	旅客飞机供氧系统设计要求
136	HB 7392-1996	民用飞机应急撤离照明要求
137	HB 7395-1996	飞机悬挂物管理系统通用规范
138	HB 7457-1996	飞机地面系留链条组件通用规范
139	HB 7465-1996	飞机空运集装板网通用规范
140	HB 7471-1996	民用飞机液压系统设计和安装要求
141	HB 7474-1996	飞机频闪防撞灯系统通用规范
142	HB 7504.4-1997	飞行模拟器设计和性能的数据要求飞机重量和惯性矩
143	HB/Z 223.6-1996	飞机装配工艺.高锁螺栓安装
144	HB/Z 282-1996	飞机透明件边缘加强材料粘接工艺
145	HB/Z 287-1996	飞机操纵系统强度、刚度设计指南
146	HB/Z 293-1996	民用飞机电力应用和瞬态保护指南
147	JJG（民航）027-1996	飞机发动机试车台测振仪检定规程（试行）
148	HB 7483-1997	飞机活动式着陆滑行灯通用规范
149	HB 7495-1997	民用飞机机体结构通用设计要求

续表

序号	标准号	标准名称
150	HB/Z 300-1997	飞机液压功率转换装置设计指南
151	HB/Z 302-1997	民用飞机供电系统设计指南
152	HB 7585-1998	飞机油箱通气增压系统通用规范
153	HB 7598-1998	飞机操纵滑轮通用规范
154	HB/Z 312-1998	飞机燃气涡轮辅助动力装置安装设计指南
155	HB/Z 313-1998	飞机发动机引气系统设计和安装要求
156	HB 7621-1998	民用运输类飞机燃油系统设计规范
157	HB 7622-1998	飞机用可拆卸的内部非自封液箱
158	MH/T 6019-1999	飞机地面电源机组
159	HB 3164-2000	飞机地面保障设备零组件技术条件
160	HB 7666-2000	飞机起落架系统性能试验验证要求
161	HB 7671-2000	飞机结构防腐蚀设计要求
162	HB 900-2000	飞机制造用试验设备零组件技术条件
163	MH 6021-2000	飞机维护用航空化学产品与飞机材料的相容性试验
164	HB 7685-2001	飞机燃油系统污染控制要求
165	HB 7704-2001	民用飞机综合模块化航空电子系统封装与接口
166	HB 6502-2002	飞机结构刚度试验通用要求
167	HB 7708-2002	飞机滑油系统安装和试验要求
168	HB 7709-2002	飞机复合材料结构机械连接设计要求
169	HB 7710-2002	飞机座舱盖加温加载疲劳试验要求
170	HB 7711-2002	航空轮胎与相邻飞机结构的间隙设计要求
171	HB 7712-2002	飞机燃气涡轮发动机空气起动机控制活门通用规范
172	HB 7713-2002	飞机结构静强度试验通用要求
173	HB 7714-2002	飞机结构疲劳试验通用要求
174	HB/Z 223.15-2002	飞机装配工艺. 实心铆钉铆接后的检查及验收
175	HB/Z 223.16-2002	飞机装配工艺. 电缆敷设
176	HB/Z 223.17-2002	飞机装配工艺. 螺纹连接防松
177	HB/Z 223.18-2002	飞机装配工艺. 压窝与锪窝
178	HB/Z 223.19-2002	飞机装配工艺. 起落架的装配与试验
179	HB/Z 223.20-2002	飞机装配工艺. 导管安装
180	HB/Z 223.11-2003	飞机装配工艺. 第11部分：螺纹空心铆钉铆接
181	HB/Z 223.21-2003	飞机装配工艺. 第21部分：复合材料的铆接
182	HB/Z 223.2-2003	飞机装配工艺. 第2部分：螺栓安装
183	HB/Z 223.3-2003	飞机装配工艺. 第3部分：普通铆接
184	HB/Z 223.7-2003	飞机装配工艺. 第7部分：环槽铆钉铆接
185	GB 10543-2003	飞机地面加油和排油用橡胶软管及软管组合件
186	MH/T 6031-2003	飞机充氧车
187	HB 7745-2004	飞机电气系统特性
188	HB/Z 223.4-2004	飞机装配工艺. 半冠状铆钉、平锥头铆钉干涉配合铆接

续表

序号	标准号	标准名称
189	HB/Z 223.8-2004	飞机装配工艺.抽芯铆钉铆接
190	HB 6438-2005	飞机线束加工通用要求
191	HB 7784-2005	飞机地面自动测试设备测试程序集通用技术要求
192	HB 7788-2005	飞机增压座舱温度控制系统通用规范
193	HB 7791-2005	飞机千斤顶类型、基本参数和技术要求
194	HB/Z 223.22-2005	飞机装配工艺高抗剪铆钉铆接
195	GB/T 20248-2006	声学.飞行中飞机舱内声压级的测量
196	MH/T 6039-2006	电镀工艺和飞机用化学品的机械氢脆评估试验方法
197	HB 6637.1-2006	航空电气图编制方法.第1部分：飞机
198	HB 7799-2006	飞机液压系统工作液采样点设计要求
199	HB 7800-2006	飞机发动机进气道及机体系统结冰探测器通用规范
200	HB 7803-2006	飞机数字化预装配通用要求
201	HB 7809-2006	飞机螺旋桨通用技术要求
202	HB 5644-2008	飞机燃油系统供输油泵通用规范
203	GB/T 21635-2008	飞机.千斤顶空间尺寸
204	MH/T 9001-2008	亚音速喷气飞机噪声合格审定.飞行试验等效程序
205	MH/T 9003-2008	电声学.航空噪声测量仪器在运输类飞机噪声合格审定中测量1/3宽带倍频声压级装置的性能要求
206	GB 50284-2008	飞机库设计防火规范
207	GB/T 18163-2008	自控飞机类游艺机通用技术条件
208	GB/T 23421-2009	飞机装载设备基本要求
209	GB/T 24713.1-2009	飞机.牵引杆连接件接口要求.第1部分：干线飞机
210	GB/T 24713.2-2009	飞机.牵引杆连接件接口要求.第2部分：支线飞机
211	HB/Z 106-2011	飞机结构密封工艺
212	HB/Z 20001-2011	飞机钛合金整体结构件数控铣削工艺
213	HB/Z 20006-2011	飞机铝合金零件滚筒冲击强化工艺
214	GB/T 26763-2011	波音和空客系列飞机飞行品质监控项目规范
215	GB/T 30204-2013	飞机液氧加注接头配合尺寸
216	AC-21.25-2000	运输类飞机持续结构完整性大纲
217	AC-25.733-1-1997	国产轮胎在进口运输类飞机上装机批准技术要求
218	GB 10543-2014	飞机地面加油和排油用橡胶软管及软管组合件规范
219	GB/T 30205-2013	飞机固态遥控功率控制器通用要求
220	GB/T 30214-2013	飞机操纵钢索用带球轴承非金属滑轮尺寸和载荷
221	GB/T 30215-2013	飞机电磁继电器和接触器通用要求
222	HB 3468-1984	5吨飞机液压千斤顶
223	HB 4012-1987	10吨飞机液压千斤顶
224	HB 5469-2014	民用飞机机舱内部非金属材料燃烧试验方法
225	HB 5518-1980	飞机直流微型驱动电机额定功率、电压及转速
226	HB 5520-1980	飞机座舱红光照明基本技术要求（试行）
227	HB 5521-1980	飞机座舱红光照明检查测试方法（试行）

续表

序号	标准号	标准名称
228	HB 5523-1980	飞机电磁继电器、接触器技术条件（试行）
229	HB 5644-1981	飞机燃油系统供输油泵通用技术条件（试行）
230	HB 5656-1981	飞机异步电动机额定功率、电压及转速
231	HB 5660-1981	飞机气压电磁开关通用技术条件
232	HB 7038-1994	飞机千斤顶支承接头的设计与安装要求
233	HB 7044-2014	民用飞机软管和管组件防火试验要求
234	HB 7117-2014	民用飞机液压系统通用要求
235	HB 7183.1-1995	飞机空调车通用规范 空气压缩制冷式
236	HB 7183.2-1995	飞机空调车通用规范 蒸气压缩制冷式
237	HB 7242-1995	飞机发动机安装车通用规范 HB
238	HB 7468-1996	飞机地面保障设备配套要求
239	HB 7471-2013	民用飞机液压系统设计和安装要求
240	HB 7693-2001	飞机牵引杆通用设计要求
241	HB 8388-2014	民用飞机飞行指引仪通用规范
242	HB 8392-2013	民用飞机多模式接收机（MMR）技术要求
243	HB 8394-2013	民用运输类飞机连续供氧系统通用要求
244	HB 8395-2013	民用飞机结构密封设计通用要求
245	HB 8400-2014	民用飞机燃油系统安装和试验要求
246	HB 8403-2014	民用飞机燃油系统通用要求
247	HB 8404-2013	民用飞机燃油泵热安全设计要求
248	HB 8405-2013	民用飞机燃油系统防静电设计要求
249	HB 8406-2013	飞机装配工装设计要求
250	HB 8408-2014	民用飞机燃油系统污染控制要求
251	HB 8412-2014	民用飞机系统电搭接通用要求
252	HB 8418-2014	民用飞机氧气系统飞行试验要求
253	HB 8431-2014	民用飞机大气数据计算机通用规范
254	HB 8432-2014	民用飞机地面电源供电特性要求
255	HB 8435-2014	民用飞机飞行控制计算机系统通用规范
256	HB 8436-2014	民用飞机飞行控制系统设计和安装要求
257	HB 8437-2014	民用飞机飞行控制系统通用要求
258	HB 8438-2014	民用飞机复合材料结构设计通用要求
259	HB 8439-2014	民用飞机自动驾驶仪通用规范
260	HB 8440-2014	民用飞机供电特性数字式测试设备要求
261	HB 8441-2014	民用飞机供电系统通用要求
262	HB 8442-2014	民用飞机供氧系统通用要求
263	HB 8444-2014	民用飞机环境控制系统飞行试验要求
264	HB 8448-2014	民用飞机平视显示器通用规范
265	HB 8449-2014	民用飞机起落架结构设计通用要求
266	HB 8450-2014	民用飞机气动系统通用要求
267	HB 8451-2014	民用飞机燃油系统电搭接要求
268	HB 8459-2014	民用飞机液压管路系统设计和安装要求
269	HB 8460-2014	民用飞机液压系统污染度验收水平和控制水平要求
270	HB 8462-2014	民用飞机噪声控制与测量要求

续表

序号	标准号	标准名称
271	HB 8467-2014	民用飞机电气设备安装技术要求
272	HB 8469-2014	民用飞机飞行告警计算机通用规范
273	HB 8470-2014	民用飞机飞行控制系统地面试验要求
274	HB 8471-2014	民用飞机飞行控制系统飞行试验要求
275	HB 8472-2014	民用飞机飞行试验通用要求
276	HB 8473-2014	民用飞机肺式氧气调节器
277	HB 8479-2014	民用飞机有源矩阵液晶显示模块规范
278	HB 8480-2014	民用飞机静止变流器规范
279	HB 8481-2014	民用飞机飞行数据记录器规范
280	HB 8482-2014	民用飞机连续流量氧气调节器规范
281	HB 8484-2014	民用飞机氧气系统设计要求
282	HB 8485-2014	民用飞机环境控制系统故障隔离要求
283	HB 8486-2014	民用飞机环境控制系统试验通用要求
284	HB 8503-2014	民用飞机燃油系统附件压降试验方法
285	HB/Z 106-1995	飞机结构密封工艺
286	HB/Z 185-1990	民用飞机雷电防护及搭接设计指南
287	HB/Z 223.10-1997	飞机装配工艺.操纵面吻合性检查
288	HB/Z 223.12-1997	飞机装配工艺.制孔
289	HB/Z 223.13-1998	飞机装配工艺.部件精加工
290	HB/Z 223.14-1998	飞机装配工艺.部件外形检查
291	HB/Z 223.9-1997	飞机装配工艺.操纵面重量平衡
292	HB/Z 23-1980	飞机气动外缘公差
293	HB/Z 27-1993	飞机飞行振动环境测量一般技术要求
294	HB/Z 277-1995	飞机舱内材料适火性设计准则
295	HB/Z 28-1980	飞机飞行振动环境测量中振动加速度计校准技术要求
296	HB/Z 284-1996	飞机高温空气导管系统设计指南
297	HB/Z 292-1996	飞机金属导管制造
298	HB/Z 298-1997	民用飞机航空电子设备设计指南
299	HB/Z 319-1998	飞机和直升机供电系统典型配置指南
300	HB/Z 321-1998	飞机增升装置设计指南
301	HB/Z 324-1998	运输类飞机重量与平衡设计
302	HB/Z 325-1998	飞机软油箱设计和安装指南
303	HB/Z 336-1999	飞机引气系统载荷分析方法
304	HB/Z 401-2013	民用飞机综合模块化航空电子系统封装与接口的环境设计指南
305	HB/Z 402-2013	民用飞机综合模块化航空电子系统设计指南
306	HB/Z 404-2013	民用飞机电气安装设计指南
307	HB/Z 4-120-1979	飞机气门芯技术条件（试行）
308	HB/Z 413-2013	民用飞机结构耐久性设计准则
309	HB/Z 415-2014	民用飞机机载电子设备通用指南
310	HB/Z 5006-1974	飞机镁合金零件涂漆工艺说明书

续表

序号	标准号	标准名称
311	HB/Z 5007-1979	飞机一般钢铁零、部件涂漆工艺
312	SJ/T 9148-2013	电声学飞机噪声测量仪器运输机噪声评定用1/3倍频程声压级测量系统的性能要求
313	SJ/Z 9148-1987	飞机噪声评定用电声测试设备

资料来源：中国产业智库大数据中心

产品标准主要有飞机电器类（飞机熔断器、飞机静止变流器、飞机座舱程序练习器、飞机地面供电连接器、飞机电源变压器、飞机变压整流器、飞机电子显示器、飞机发电机断路器、飞机结冰信号器、飞机固态遥控功率控制器、飞机平视显示器、飞机肺式氧气调节器、飞行数据记录器、飞机氧气调节器、液压系统蓄压器等），装置设备类（飞机电源恒速传动装置、飞机油箱防火防爆装置、飞机操纵装置、飞机地面系留装置、飞机照明设备、飞机地面保障设备、飞机制造用试验设备、飞机装载设备、电声测试设备、飞机电气设备、大气数据计算机、飞行告警计算机、飞机电机、飞机变流机、空气压缩机组、地面电源机组、飞机充氧车、飞机空调车等），系统类（飞机电子显示系统、飞机火焰和烟雾探测系统、飞机发电系统、飞机液压系统、飞机失火和过热探测系统、飞机引气系统、飞机热力防冰系统、飞机前轮转弯系统、飞机防火灭火系统、飞机油箱通气增压系统、飞机增压座舱温度控制系统、飞机连续供氧系统、飞行控制计算机系统、飞机气动系统、飞机座舱盖应急抛放系统等），灯具类（飞机照明灯、着陆滑行灯、航行灯、防撞灯、白炽灯泡等），飞机相关零部件类（飞机信号灯盒、阀、接头、接嘴、开关、插座、仪表、五金件、装配工具、蓄电池、油箱、作动筒、吊索、气门芯、搭铁线、保护堵盖、操纵拉杆、牵引杆、操纵滑轮、电源控制盒、螺旋桨等），其他类（飞机用密封剂、飞机用碳纤维复合材料、千斤顶、液压泵、输油泵、飞机加油和泄油用软管及组件等）。

设计标准主要有飞机气动系统设计、飞机燃油系统设计、直流电源系统设计、飞机输配电网路设计、飞机供电系统设计、飞机机轮刹车系统设计、飞机装配型架和工装设计、飞机机体系留设计、飞机供氧系统设计、飞机液压系统设计、飞行模拟器设计、飞机机体结构设计、飞机发动机引气系统设计、飞机结构防腐蚀设计、飞机库设计、飞机结构密封设计、飞机结构耐久性设计、飞机燃油系统防静电设计、飞机飞行控制系统设计、飞机复合材料结构设计、飞机起落架结构设计、飞机液压管路系统设计、飞机舱内材料适火性设计、飞机高温空气导管系统设计、飞机航空电子设备设计、飞机增升装置设计、飞机重量与平衡设计、飞机软油箱设计、常规武器威胁下提高飞机生存力的设计等。

测试标准主要有飞机雷电防护测试、飞机交流发电机测试、飞机供电系统性能测试、飞机电气系统模型测试、飞机结构抗鸟撞测试、飞机起落架系统性能测试、航空化学产品与飞机材料的相容性测试、飞机结构刚度测试、飞机结构静强度测试、飞机结构疲劳测试、飞机滑油系统测试、飞行中飞机舱内声压级测试、飞机噪声测试、飞机机舱内部非金属材料燃烧测试、飞机软管和管组件防火测试、飞机燃油系统测试、飞机氧气系统测试、飞机飞行控制系统地面和飞行测试、飞机环境控制系统测试等。

方法标准主要有燃油系统污染控制、飞机电气设备安装、飞机装配工艺、飞机金属导管制造、飞机线束加工、飞机磁罗盘安装、飞机电线电缆的布线、航空电气图编制等。

4.4.9 民用飞机制造及民航服务产业主要技术标准的对比

主要国家/地区/组织在民用飞机制造和民航服务领域的标准对比如表 4-17 所示。

表 4-17 主要国家/地区/组织民用飞机制造和民航服务产业标准对比分析

国家/地区/组织	产品标准	方法标准	特点
国际标准化组织（63 项）	飞机零部件（轴承），飞机相关设备（蓄电池组、地面设备、测量设备、氢燃料设备、照明设备、导航设备）、白炽灯等	飞行中飞机内声压级的测量和飞机暴露于宇宙辐射的放射量测定、飞机用蓄电池组设计和制造、设备操作	兼具产品标准和方法技术标准，产品标准中以飞机用轴承为主
美国（18 项）	飞机燃料、飞机库、飞机锻件用合金钢大方坯等	飞机发动机燃料测定、飞机发动机性能测试、飞机润滑油测试、飞机引擎测试设备的建造和防护、飞机维修、机场地下排水系统、飞机设计、飞机电气布线系统设计；飞机燃料添加剂评估、飞机意外响应评估、飞机救援和灭火设备评估等	以飞机相关方法技术为主
日本（7 项）	飞机液压系统元件、机身和连接器等	飞机液压系统的测试和飞机润滑油的测试等	—
欧盟（48 项）	飞机操纵钢索组件、飞机用滚动轴承、飞机光纤和电缆、飞机蓄电池组、飞机地面支持设备、飞机加油软管、飞机场照明设备、飞机控制杆用垫圈等	电缆的测试、飞机内部空气质量测定、飞机噪声测量、飞机用蓄电池组设计和制造等	兼具产品标准和方法技术标准，产品标准中以飞机用轴承为主，方法标准中以飞机光纤和电缆测试为主
英国（83 项）	飞机材料、飞机零部件、多种设备、飞机加油和泄油用软管、飞机用导管、飞机用电缆、飞机用压焊编织带等	飞机暴露于宇宙辐射的放射量测定、飞机内部空气质量测定和噪声测量、飞机金属材料的测试、机舱窗玻璃用透明材料的测试、飞机电磁危害防护设计等	兼具产品标准和方法技术标准，产品标准中以飞机材料和飞机用轴承为主，方法标准中以机舱窗玻璃用透明材料测试为主
法国（245 项）	飞机用零部件、飞机发动机零部件、飞机相关设备、飞机流体装置、飞机液压装置、飞机开关装置、牵引杆、飞机操纵用钢索、飞机电源、飞机控制杆用垫圈、飞机场照明装置等	飞机窗用透明材料测试、飞机结构用合成纤维布测试、飞机电缆、光纤和光缆的测试、飞机场表面测试、飞机布线测试、飞机电气和光纤互连系统的设计和安装等	标准数量较多，兼具产品标准和方法技术标准
德国（72 项）	飞机用轴承、飞机窗玻璃材料、飞机操纵钢索组件、飞机发动机空气起动连接装置、飞机噪声测量仪、飞机用蓄电池组、飞机控制杆用垫圈、机场照明装置、飞机地面支持设备、地勤支援设备、飞机地面加油用橡胶软管及组件等	飞机光纤光缆和电缆的测试、飞行中飞机内声压级的测量、飞机发射噪声的测量、飞机内部空气质量测定、飞机场路面表面特征评定、飞机噪声评定、飞机用蓄电池组设计和制造等	兼具产品标准和方法技术标准，产品标准中以飞机用轴承为主，方法标准中以飞机光纤和电缆测试为主
中国（313 项）	飞机电器类、装置设备类、飞机相关系统类、飞机相关灯具类、飞机相关零部件类等	飞机多种系统的设计和安装、飞机多个系统性能的测试、飞机雷电防护测试、飞机交流发电机测试、飞机结构抗鸟撞测试、飞机起落架系统性能测试、航空化学产品与飞机材料的相容性测试、飞机结构刚度测试、飞机结构静强度测试、飞机结构疲劳测试、飞机滑油系统测试、飞机噪声测试、飞机机舱内部非金属材料燃烧测试、飞机软管和管组件防火测试、飞机燃油系统测试、飞机氧气系统测试、飞机飞行控制系统地面和飞行测试、飞机环境控制系统测试、燃油系统污染控制、飞机电气设备及部件安装、飞机装配工艺、飞机电线电缆的布线等	兼具产品标准和方法技术标准

资料来源：中国产业智库大数据中心

参 考 文 献

[1] 杨光. 飞机制造技术现状与应用前景[M]. 广州：广东经济出版社，2015.
[2] 李艳华，陈萍. 世界航空制造产业国际转移的新趋势及我国承接转移的关键对策[J]. 经济问题探索，2008（12）：37-42.
[3] 户海印. 中国民用航空制造业目标定位及发展路径研究[D]. 北京：北京交通大学，2015.
[4] 杨光. 飞机制造技术现状与应用前景[M]. 广州：广东经济出版社，2015.
[5] 高超. 飞机制造产业将分享千亿蛋糕[J]. 中国高新技术企业，2011（32）：28-29.
[6] 百度百科. 第一飞机设计研究院[EB/OL][2017/12/15]. https://baike.baidu.com/item/%E7%AC%AC%E4%B8%80%E9%A3%9E%E6%9C%BA%E8%AE%BE%E8%AE%A1%E7%A0%94%E7%A9%B6%E9%99%A2.
[7] 波音. 关于波音[EB/OL][2017/12/15]. http://www.boeing.cn/china/#/brief.
[8] DJI 大疆创新. 关于我们[EB/OL][2017/12/15]. https://www.dji.com/cn/company.

第5章　高铁产业技术发展报告

本章首先介绍高铁产业及关键技术的发展概况。其次，对高铁全球专利申请态势进行分析，包括全球专利申请年度趋势，中国、韩国、美国、日本、世界知识产权组织等国家/地区/组织的专利分布与趋势，中车青岛四方机车车辆股份有限公司（以下简称中车四方股份公司）、中铁二局股份有限公司（以下简称中铁二局股份公司）、中铁第一勘察设计院集团有限公司（以下简称铁一院）、LG化学公司、三星公司、西南交通大学、北京交通大学、西门子股份公司（以下简称西门子公司）、中南大学、现代重工业株式会社（以下简称现代重工集团）10家机构的专利申请、专利合作与专利布局，以及主要机构的核心发明人合作网络结构。再次，对高铁在华专利申请态势进行分析，包括在华专利申请年度趋势，总成、车体、转向架、牵引系统、制动装置、监测系统、监测系统、配套技术等分支领域专利布局，各省（自治区、直辖市）专利申请数量及研发重点领域，中车四方股份公司、西南交通大学、中南大学、中铁第四勘察设计院集团有限公司（以下简称铁四院）、中铁二院工程集团有限责任公司（以下简称中铁二院）等机构专利申请量及技术竞争力对比，以及苏建、王军等活跃发明人的专利申请情况。最后，对比分析美国、日本、欧盟、英国、法国、德国等主要发达国家/地区/组织和我国在高铁关键技术领域的技术标准。

5.1　高铁产业概述

5.1.1　高铁及其产业链

高速铁路常被简称为"高铁"，是一个由基础设置、移动装备、牵引供电、通信信号、运营维护和运输组织等多个技术种群构成的铁路系统[1]。高速铁路是一个庞大而复杂的现代化系统，由工务工程、牵引供电、高速列车、通信与信号、运营调度、客运服务等多个子系统组成。

高速铁路的建设是一个巨大的产业链，从建设过程而言，铁路产业链涵盖基建、铺轨、车辆和配套设施开发、运营和维护等，以此划分上游、中游、下游三大部分：上游铁路基本建设包括路基、桥梁、隧道；中游铁路设备配套相关行业包括车辆及轨道生产、信息化和电气化设备；下游运营维护行业。产业链涉及机械、电气、电子、信息技术、材料等多个领域，具有投资规模大、建设周期长、技术要求高等特点。高铁行业市场规模巨大，增长速度很快，并且产业链长，带动相关行业众多，如机械、电子、材料及化工等，具有较强的技术和产业集聚效应（图5-1）。

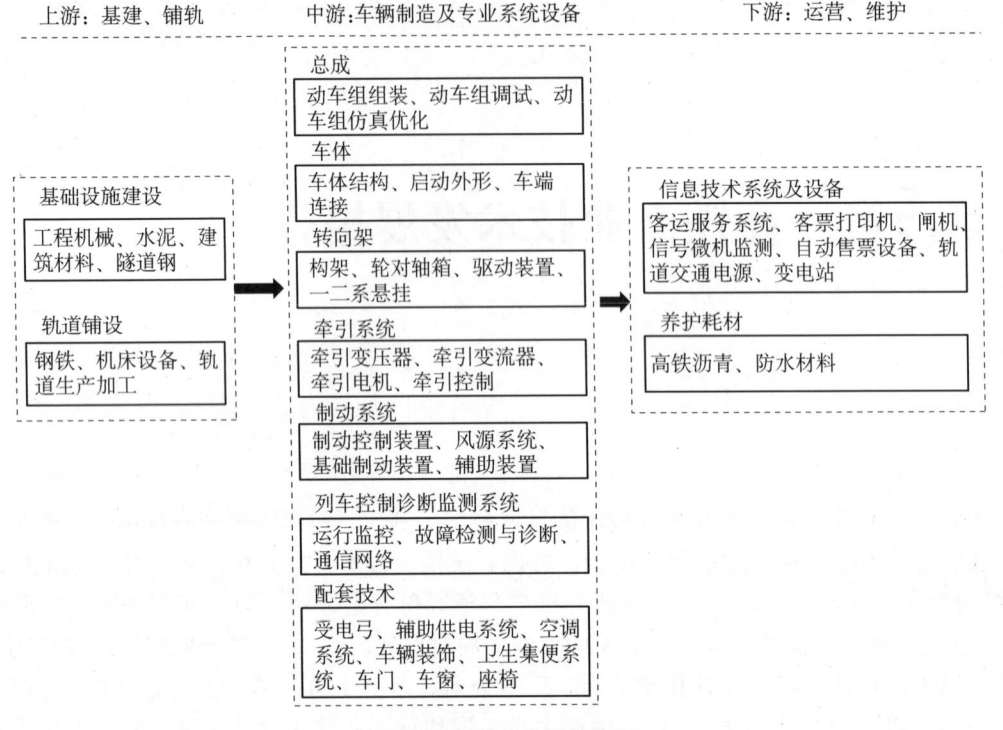

上游：基建、铺轨	中游：车辆制造及专业系统设备	下游：运营、维护
基础设施建设 工程机械、水泥、建筑材料、隧道钢 **轨道铺设** 钢铁、机床设备、轨道生产加工	**总成** 动车组组装、动车组调试、动车组仿真优化 **车体** 车体结构、启动外形、车端连接 **转向架** 构架、轮对轴箱、驱动装置、一二系悬挂 **牵引系统** 牵引变压器、牵引变流器、牵引电机、牵引控制 **制动系统** 制动控制装置、风源系统、基础制动装置、辅助装置 **列车控制诊断监测系统** 运行监控、故障检测与诊断、通信网络 **配套技术** 受电弓、辅助供电系统、空调系统、车辆装饰、卫生集便系统、车门、车窗、座椅	**信息技术系统及设备** 客运服务系统、客票打印机、闸机、信号微机监测、自动售票设备、轨道交通电源、变电站 **养护耗材** 高铁沥青、防水材料

图 5-1　高铁产业链结构图

资料来源：杨铁军：《产业专利分析报告》，2016

5.1.2　高铁产业发展概况

自1964年世界首条高速铁路日本东海道新干线建成投入运营以来，高速铁路的发展已经历了50多年的历史。自20世纪90年代始，通过对既有线路进行改造和新建高速铁路两种方式，世界各国纷纷发展高速铁路。进入21世纪，高速铁路在世界范围内得到快速发展，在高铁技术、运营速度、建设水平方面都有大幅度提升，世界高速铁路运行总里程也在不断地增加，日本、法国、西班牙、意大利、韩国、中国等多个国家/地区已拥有高速铁路。其中，形成了以日本新干线N700系与E5系、法国高速列车（Train à Grande Vitesse，TGV）和德国城际快车（Intercity-Express，ICE）为代表的高速列车技术，上述三国高速列车最高运营速度分别为300千米/时、320千米/时和300千米/时[2]。

我国高铁技术发展迅速，在较短时间内步入世界先进行列，具有了几乎完全的自主知识产权，已经成为世界上高速铁路发展最快、系统技术最全、集成能力最强、运营里程最长、运营速度最高、在建规模最大的国家。目前，中国与泰国、老挝、印度尼西亚、匈牙利和塞尔维亚的高铁合作建设项目已经开工，与俄罗斯的合作建设项目已取得中标，并且已准备在美投资建造车辆组装基地。中国企业在境外承揽的铁路项目涉及50多个国家/地区，合同金额260多亿美元，铁路装备已出口亚洲、非洲、澳洲和美洲的30多个国家。这对于实现中国制造由低端向高端发展、由劳动密集型向技术密集型发展，具有十分重要的意义。

在全球高铁市场中，中国中车股份有限公司（以下简称中国中车）占据最高市场份额

65%以上。随着南北车整合后效应凸显，未来国际市场将是中国中车的重点开拓方向。在国际高铁市场竞争对手中，日本、法国、德国、加拿大、西班牙等国家具备高铁技术实力。其中，以川崎重工业株式会社（以下简称川崎重工集团）和日立公司为代表的日本公司占据世界高铁的9%，法国TGV高铁生产者阿尔斯通公司占比8%，德国西门子公司占比3%，此外，加拿大庞巴迪公司、西班牙铁路建设和协助公司（Construcciones y Auxiliar de Ferrocarriles，CAF）、塔尔高公司等瓜分剩余11%[3]。

从营收来看，全球90%的高铁处于亏损运营状态，中国京沪高铁被誉为"全球最赚钱高铁"。2015年京沪高铁营业总收入234.24亿元，营业成本167.36亿元，利润66.6亿元，净利润65.81亿元[4]。

中国高速铁路进入快速发展时期，建设投资巨大。2016年7月20日，国家发展和改革委员会正式公布了《中长期铁路网规划》，预计到2020年高速铁路将达到3万公里，覆盖80%以上的大城市，远期铁路网建设规模将达到20万公里左右，其中高速铁路建设达4.5万公里左右。而展望到2030年，基本上可以实现内外互联互通、区际多路畅通、省会高铁连通、地市快速通达、县域基本覆盖[5]。根据规划，"十三五"期间，全国新建铁路将不低于2.3万公里，总投资不低于2.8万亿元。而如果将地方编制的一些投资项目纳入其中，"十三五"期间铁路投资将远超2.8万亿元。

5.1.3 高铁产业关键技术演进

一般来说，高速铁路主要由车和线组成，"车"即高速列车，"线"主要包括轨道、桥梁、隧道及其沿线的牵引供电。本部分的研究主要侧重车，针对动车组技术分支（表5-1）。

表 5-1 高铁关键技术

技术领域	关键技术
动车组总成技术（即系统集成）	总体技术条件、系统匹配、设备布置、参数优化、工艺性能、组装调试和实验验证
车体技术	车体轻量化技术、气动外形技术、车体密封技术
转向架技术	转向架轻量技术、转向架悬挂技术、转向架驱动技术、牵引电动机悬挂技术
牵引传动控制技术	牵引变压器、主变流器、牵引电机、牵引传动控制
制动技术	基础制动技术、动力制动技术、复合制动技术、非黏着制动技术、防滑控制技术
列车控制诊断监测系统（TCMS）	运行监控、故障检测与诊断、通信网络
配套技术	空调系统、集便装置、车门、车窗、风挡、受流装置、辅助供电系统、车内装饰材料、座椅

中国高铁创新历程可以分为三个时期，第一阶段是技术累计时期（2004年之前），以自主研发为主，外来引进为辅；第二阶段是技术引进时期（2004～2008年），从技术研发转向引进吸收，通过两次招标，中国从动车组技术最发达的4个国家分别引进了4种产品，包括题本"疾风号"E2-1000缩水版，阿尔斯通"Pendolino"中国版，庞巴迪"Regina C2008"；第三阶段是自主创新时期（2009～2015年），实现了技术来源自主化、技术标准化、产品系列化。中国高铁从2004年引进先进技术开始，短短10年，具有100%中国自主知识产权的标准动车组于2015年6月30日正式下线，并快速投入运营。截至2015年年底，中国高铁的运营里程已经超过1.9万公里，占世界高铁运营里程总数的60%以上[6]。

5.2 高铁产业全球专利态势分析

高铁产业全球专利检索策略采用"关键词"的方式，使用关键词包括"high-speed railway"

"high-speed train" "rapid transit railway" "bullet train" "multiple unit" "express railway" "HSR" "CRH"。共检索到专利数据 14 814 项，其中 2005~2017 年专利申请量为 12 240 项。

5.2.1 高铁产业全球专利年度趋势

全球高铁专利申请量逐年上升，2011 年专利申请量突破 1000 件，2017 年专利申请量达到 1728 项，较 2016 年增长 9.71%。从 2005~2017 年专利申请的来源技术领域看，铁路检测、数据处理系统、高铁材料、信号传输、高铁软件产品等技术领域贡献较大（图 5-2）。

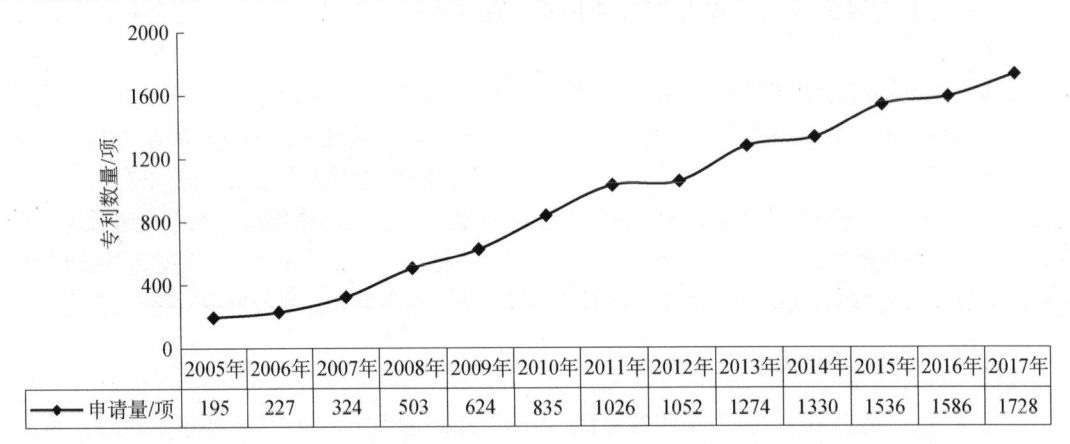

年份	2005年	2006年	2007年	2008年	2009年	2010年	2011年	2012年	2013年	2014年	2015年	2016年	2017年
申请量/项	195	227	324	503	624	835	1026	1052	1274	1330	1536	1586	1728

图 5-2　2005~2017 年高铁产业全球专利申请量年度变化趋势图
资料来源：中国产业智库大数据中心

5.2.2 高铁产业专利申请主要国家/地区/组织分析

5.2.2.1 高铁产业专利主要国家/地区/组织分布

全球有 31 个国家/地区/组织在高铁领域进行了专利申请，亚洲的中国、韩国、日本，北美洲的美国专利申请数量居多。专利申请前十的国家/地区/国际组织依次为：中国、韩国、美国、日本、世界知识产权组织、德国、欧洲专利局、俄罗斯、印度和法国（图 5-3）。中国是高铁技术强国，专利申请数量遥遥领先于排名第二的韩国，2005~2017 年共申请专利 6946 项。

国家/地区/组织	中国	韩国	美国	日本	世界知识产权组织	德国	欧洲专利局	俄罗斯	印度	法国
专利数量/项	6946	1933	956	853	751	213	186	97	72	47

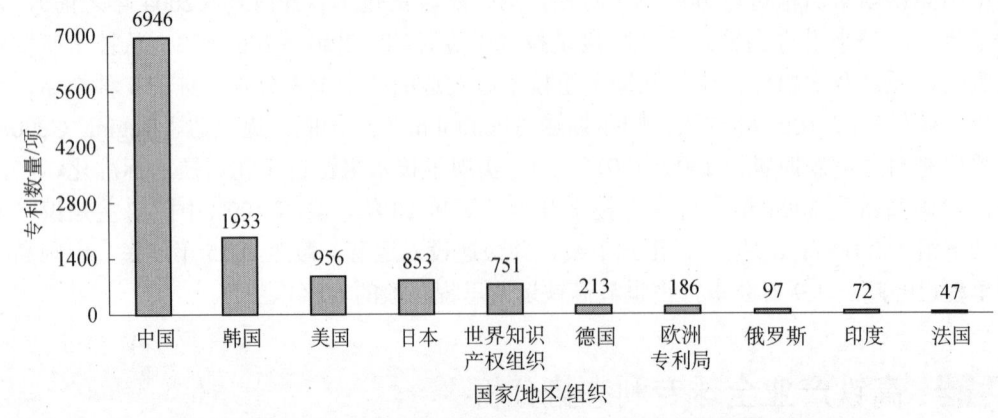

图 5-3　2005~2017 年高铁产业全球专利申请前十的国家/地区/组织
资料来源：中国产业智库大数据中心

从技术的流向来看，中国是高铁领域主要的技术输出国，占全部专利申请量的55.35%，其次是韩国（图5-4）。对高铁专利技术市场布局进行统计分析，中国、韩国、美国和日本是高铁的主要市场（图5-5）。

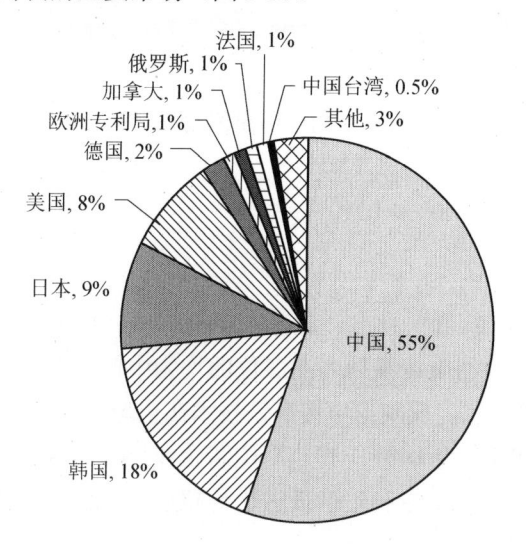

图 5-4　2005~2017年高铁产业全球专利主要来源国家/地区/组织分布图

资料来源：中国智库大数据中心

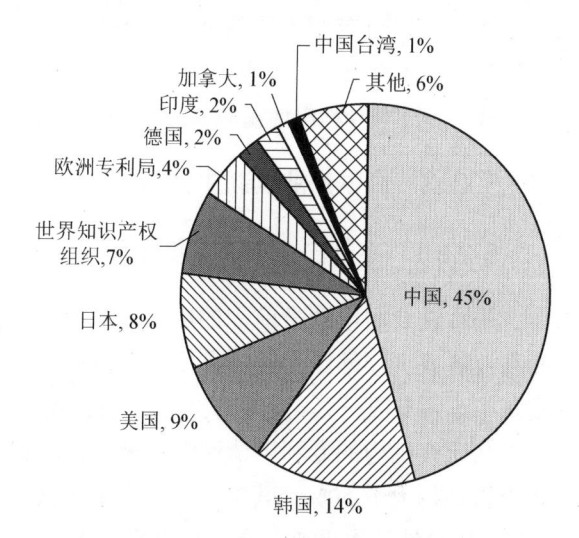

图 5-5　2005~2017年高铁产业全球专利主要技术市场分布图

资料来源：中国产业智库大数据中心

5.2.2.2　高铁产业主要国家/地区/组织专利申请年度变化趋势

对高铁专利申请数量前五的国家/地区/组织的近年专利申请量统计发现，各国的专利申请量变化趋势呈现以下特点（见图5-6）。

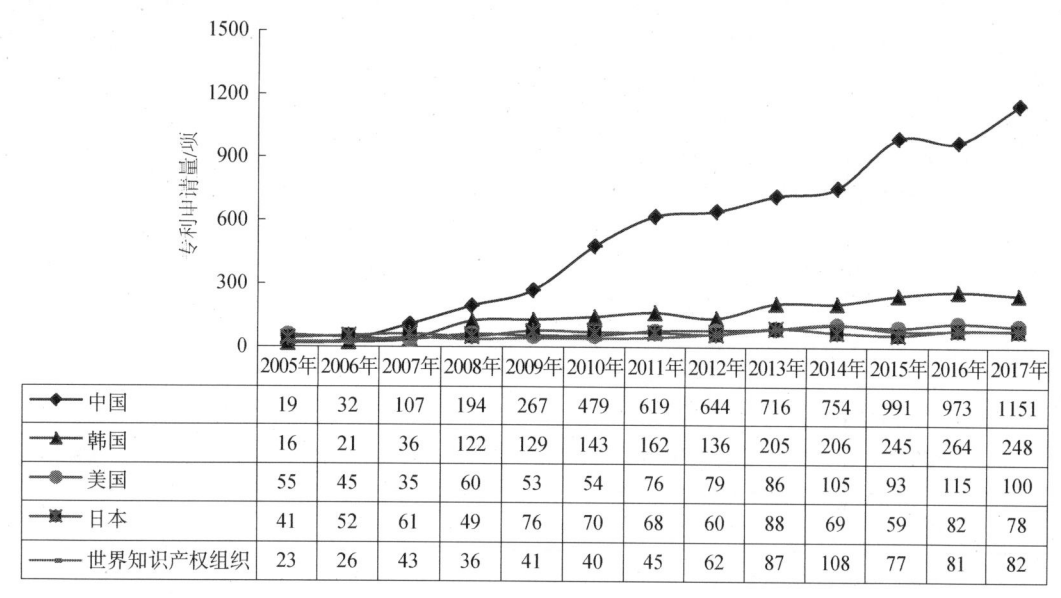

	2005年	2006年	2007年	2008年	2009年	2010年	2011年	2012年	2013年	2014年	2015年	2016年	2017年
中国	19	32	107	194	267	479	619	644	716	754	991	973	1151
韩国	16	21	36	122	129	143	162	136	205	206	245	264	248
美国	55	45	35	60	53	54	76	79	86	105	93	115	100
日本	41	52	61	49	76	70	68	60	88	69	59	82	78
世界知识产权组织	23	26	43	36	41	40	45	62	87	108	77	81	82

图 5-6　2005~2017年高铁产业主要国家/地区/组织专利申请量年度变化趋势图

资料来源：中国产业智库大数据中心

第一，中国专利申请量变化趋势与全球高铁整体专利申请量变化趋势比较一致，且中国于2007年专利申请量超过美国后，一直保持申请量全球第一的位置，反映出中国高铁产业发展迅速，并达到全球领先水平。

第二，韩国专利申请量总体上呈现上升趋势，于2007年、2008年先后超过美国、日本，保持申请量第二的位置。

第三，日本专利申请量较稳定。2005~2017年，日本各年专利申请量维持在40~90件。

5.2.3 高铁产业创新主体分析

5.2.3.1 高铁产业十大创新主体

从高铁专利申请量前十的申请人分布（表5-2）可以看出，在前十申请人中，中国企业和高校各6家，韩国企业3家，德国企业1家。专利申请量排名前三位的均为中国企业，分别是中车四方股份公司、中铁二局股份公司、铁一院，反映出中国高铁技术在全球领先。

从研究机构的专利申请活跃度来看，除现代重工集团外，其他高校和企业近5年专利申请量占比均大于50%。其中，中南大学和铁一院近5年专利申请量占比均超过80%，说明近5年中国高铁技术迅速发展，并超过国外龙头企业。

表5-2 2005~2017年高铁产业全球专利申请量前十专利权人分布

排名	专利申请量/项	专利权人	专利申请走势（2005~2017年）	近5年专利占比/%
1	361	中车四方股份公司		65.65
2	322	中铁二局股份公司		50.93
3	310	铁一院		81.94
4	260	LG化学公司		61.54
5	193	三星电子公司		55.44
6	190	西南交通大学		71.58
7	94	北京交通大学		65.96
8	82	西门子公司		52.44
9	79	中南大学		86.08
10	69	现代重工集团		37.68

资料来源：中国产业智库大数据中心

5.2.3.2 高铁产业创新主体之间的合作

对高铁领域申请量前百位的机构进行合作分析，得到合作网络图5-7。高铁领域专利申请量前百位的机构中，仅有50个机构之间有专利申请合作。与其他机构专利申请合作频次大于20次的机构有中国铁路总公司、东海旅客铁道株式会社（以下简称东海旅客铁道公司）、西南交通大学、中车四方股份公司、西门子公司、俄罗斯铁路股份公司，合作频次分别为66次、31次、27次、25次、22次、22次。

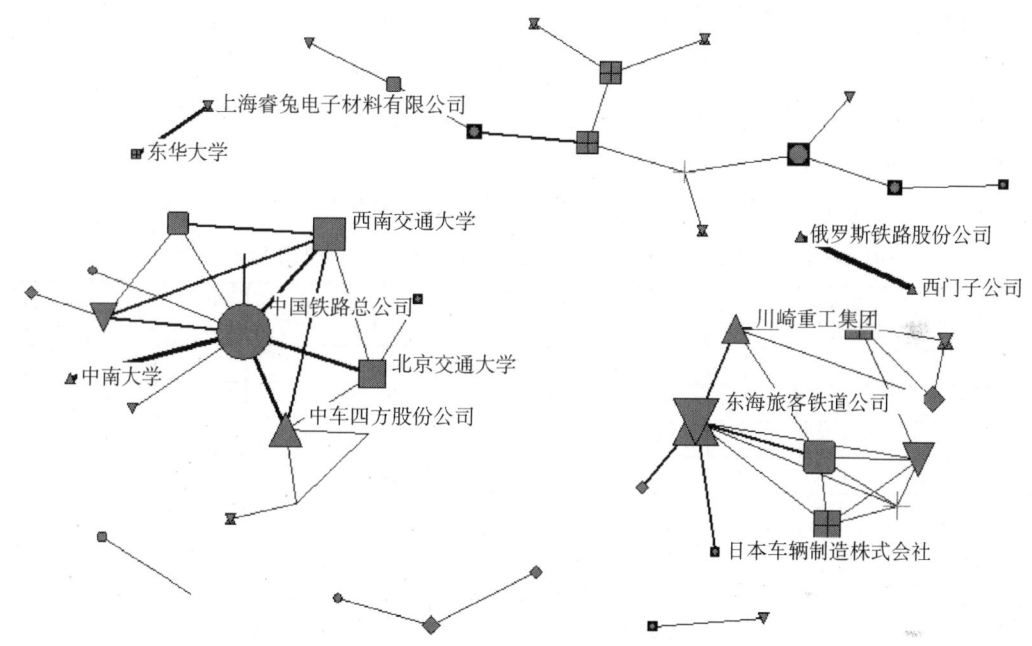

图5-7 2005~2017年高铁产业全球创新主体合作网络图
注：度数中心度>0，图中连线粗细表示合作频次，圆圈大小表示合作申请专利的机构数量
资料来源：中国产业智库大数据中心

1）中车四方股份公司

中车四方股份公司高铁领域专利申请量全球排名第一，与其他机构的合作频次排名第四。主要合作机构有中国铁路总公司和西南交通大学，与中国铁路总公司合作申请专利14次，与西南交通大学合作申请专利6次。

2）中国铁路总公司

中国铁路总公司高铁领域共申请专利186件，与其他机构的合作频次共66次，排名第一，主要合作机构有中南大学、中车四方股份公司、北京交通大学、西南交通大学。与中南大学合作申请专利17次，与北京交通大学合作申请专利9次，与西南交通大学合作申请专利9次。

3）其他研究机构

高铁领域其他研发机构之间也有较频繁的合作。西门子公司与俄罗斯铁路股份公司合作申请专利22次，上海睿兔电子材料有限公司与东华大学合作申请专利11次，川崎重工集团与东海旅客铁道公司、日本车辆制造株式会社合作申请专利各8次。

5.2.3.3 高铁产业创新主体的专利布局

在此进一步分析中车四方股份公司、中铁二局股份公司、铁一院、LG 化学公司、三星电子公司、西南交通大学、北京交通大学、西门子公司、中南大学、现代重工集团 10 家高铁领域研究机构的专利布局情况，以研究创新主体的市场战略。

表 5-3 和表 5-4 分别反映了上述 10 家公司 2005~2010 年与 2011~2017 年的全球专利布局变化情况。首先，2011~2017 年，中车四方股份公司更加重视在海外市场的专利布局，在英国、欧盟、日本、英国、俄罗斯等国家/地区均申请了相关专利，并且申请了 PCT 专利，反映出公司对国际市场的重视度提高；其次，LG 化学公司、三星电子公司和西门子公司在本国外的国家专利申请量均有大幅增加，各公司在美国、中国的专利申请量均成倍数级增长，这也说明各国高铁产业正在迅速发展，市场需求日益增大；最后，2011~2017 年，中铁二局股份公司、铁一院、现代重工集团仅在本国申请了相关专利，此举不利于公司在海外市场的扩张。

表 5-3　高铁产业十大创新主体全球专利布局（2005~2010 年）　　　（单位：项）

国家/地区/组织	中车四方股份公司	中铁二局股份公司	铁一院	LG 化学公司	三星电子公司	西南交通大学	北京交通大学	西门子公司	中南大学	现代重工集团
中国	38	77	18	8	10	22	13	2	6	0
韩国	0	0	0	52	52	0	0	0	0	40
美国	1	0	0	8	14	0	0	5	0	0
世界知识产权组织	1	2	0	5	0	0	0	10	0	0
德国	0	0	0	0	5	0	0	16	0	0
欧洲专利局	1	0	0	2	8	0	0	12	0	0
俄罗斯	0	0	0	0	1	0	0	10	0	0
日本	0	0	0	3	7	0	0	1	0	0
中国台湾	0	0	0	0	2	0	0	0	0	0

表 5-4　高铁产业十大创新主体全球专利布局（2011~2017 年）　　　（单位：项）

国家/地区/组织	中车四方股份公司	中铁二局股份公司	铁一院	LG 化学公司	三星电子公司	西南交通大学	北京交通大学	西门子公司	中南大学	现代重工集团
中国	321	245	292	24	33	168	81	17	73	0
韩国	0	0	0	194	127	0	0	0	0	29
美国	6	0	0	39	73	0	2	16	0	0
世界知识产权组织	15	0	0	38	10	0	2	23	1	0
德国	0	0	0	1	2	0	0	32	0	0
欧洲专利局	4	0	0	22	14	0	0	23	0	0
俄罗斯	1	0	0	0	1	0	0	18	0	0
日本	4	0	0	15	11	0	0	1	0	0
加拿大	0	0	0	0	0	0	0	8	0	0
中国台湾	0	0	0	5	4	0	0	0	0	0
巴西	0	0	0	1	0	0	0	0	0	0
印度	0	0	0	1	2	0	0	4	0	0
澳大利亚	0	0	0	1	1	0	0	0	0	0

资料来源：中国产业智库大数据中心

5.2.4 高铁产业专利技术发明人分析

本部分从专利发明人合作申请专利的角度,分析高铁领域合作率与合作度的变化趋势、重要申请人的合作率与合作度、重要申请人内部发明人的合作特征等。

5.2.4.1 高铁专利技术发明人合作率与合作度年度变化趋势

图 5-8 是 2005~2017 年高铁领域专利的合作率和合作度变化趋势。从合作率指标来看,历年合作率均在 62%~75%之间波动,2012 年合作率最高;从合作度指标来看,2006 年以后,合作度均大于 3,且 2010 年、2012 年、2017 年合作度接近 4,高铁领域科学合作规模较大,且较稳定。

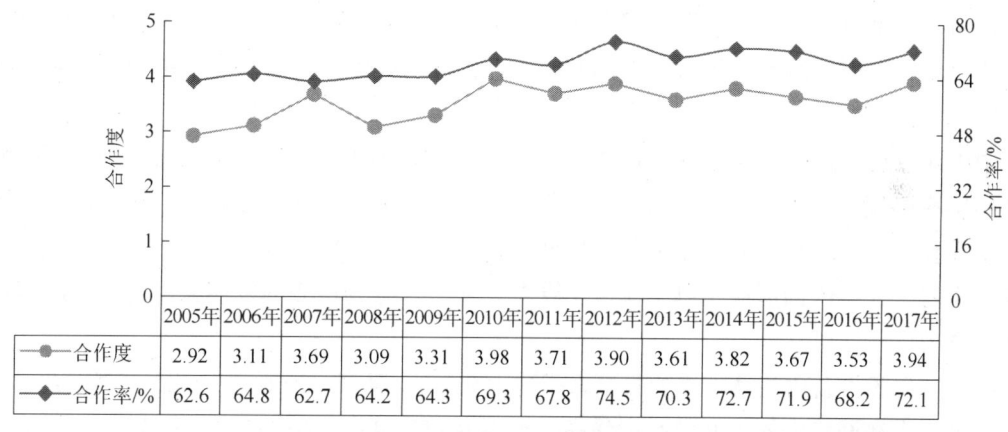

年份	2005年	2006年	2007年	2008年	2009年	2010年	2011年	2012年	2013年	2014年	2015年	2016年	2017年
合作度	2.92	3.11	3.69	3.09	3.31	3.98	3.71	3.90	3.61	3.82	3.67	3.53	3.94
合作率/%	62.6	64.8	62.7	64.2	64.3	69.3	67.8	74.5	70.3	72.7	71.9	68.2	72.1

图 5-8 2005~2017 年高铁产业专利技术发明人合作率和合作度年度变化趋势图

资料来源:中国产业智库大数据中心

5.2.4.2 高铁产业专利技术发明人合作率和合作度比较

表 5-5 计算申请量前十的研究机构的合作率与合作度,分析各个公司在发明人合作方面的特征。从合作率来看,铁一院最高,为 98.06%,说明该公司非常重视内部科研合作;从合作度来看,中铁二局股份公司最高,为 8.43,即平均每项专利由 8 个以上发明者共同完成,合作人数较多;西门子公司合作率为 84.15%,合作度为 3.59,合作率和合作度适中。

表 5-5 2005~2017 年高铁产业主要公司的合作率与合作度比较

序号	机构名称	合作率/%	合作度
1	中车四方股份公司	95.84	5.77
2	中铁二局股份公司	96.89	8.43
3	铁一院	98.06	6.89
4	LG 化学公司	79.23	3.99
5	三星电子公司	87.05	4.70
6	西南交通大学	96.84	6.37

续表

序号	机构名称	合作率/%	合作度
7	北京交通大学	98.94	6.16
8	西门子公司	84.15	3.59
9	中南大学	91.14	5.30
10	现代重工集团	86.96	6.74

资料来源：中国产业智库大数据中心

5.2.4.3 高铁产业专利技术核心发明人

分别计算高铁产业专利主要申请人中车四方股份公司、中铁二局股份公司、铁一院、LG化学公司、三星电子公司、西南交通大学、北京交通大学、西门子公司、中南大学、现代重工集团等专利申请量前十的申请人内部发明人合作网络凝聚力指数和点度中间中心度，可以得出以下结论。

中车四方股份公司整体网络的凝聚力指数为0.587，凝聚力一般；公司总经理王军在网络中的中间中心度最高，为374.440，说明其在网络中控制资源的能力最强，具有较大的影响力；丁叁叁、王军、邓小军与其他人合作的频次最高，分别为189次、186次、172次。从网络结构来看，公司内部形成了以王军、丁叁叁、邓小军等为核心的发明人网络，彼此合作关系非常紧密。

中铁二局股份公司整体网络的凝聚力指数为0.590，凝聚力一般；王银之、李俊龙、刘延良、李海峰等在网络中的中间中心度最高，分别为458.548、286.371、245.451、222.008，他们在网络中处于桥梁位置，控制资源的能力最强，具有较大的影响力；与其他人合作的频次大于200的有3人，分别为李安洪（257次）、姚裕春（238次）、刘延良（210次）。从网络结构来看，公司内部形成了以李安洪团队、李海峰团队、王银之团队、赵勇团队为核心的多个发明人合作网络。

铁一院整体网络的凝聚力指数为0.564，凝聚力一般；李小军在网络中的中间中心度最高，为570.361，说明其在网络中控制资源的能力最强，具有较大的影响力；与其他人合作的频次排名前三的为李小军（152次）、俞萍（134次）、王玉环（128次）。从网络结构来看，公司内部形成了以王玉环团队、俞萍团队、李小军团队、陈绍华团队、吴少海团队为核心的多个发明人合作网络，其他发明人处于分散地位。

LG化学公司整体网络的凝聚力指数为0.379，凝聚力较弱；KIM S、LEE J、KIM J在网络中的中间中心度均大于800，分别为958.943、814.719、699.653，说明其在网络中控制资源的能力最强，具有较大的影响力；KIM D M与其他人合作的频次最高，共65次。从网络结构来看，公司内部形成以KIM S、KIM J、LEE J等发明人为核心的合作网络。

三星电子公司、西南交通大学、北京交通大学、西门子公司、中南大学、现代重工集团整体网络的凝聚力指数分别为0.334、0.482、0.436、0.090、0.322、0.116，凝聚力均较弱。

5.3 高铁产业在华专利态势分析

5.3.1 高铁产业在华专利申请态势

高铁领域检索采用关键词为检索策略，使用的关键词包括"高铁""高速铁路""高速铁道""高速轨道""高速火车""高速列车""高速动车""多动力单元列车"。专利申请时间跨度为2005~2017年，共检索到高铁专利8131件。

5.3.1.1 高铁产业在华专利年度趋势

从中国高铁2005~2017年专利申请时间趋势图中（图5-9）可以发现，我国专利申请经历了高速发展、调整、飞跃三个阶段。

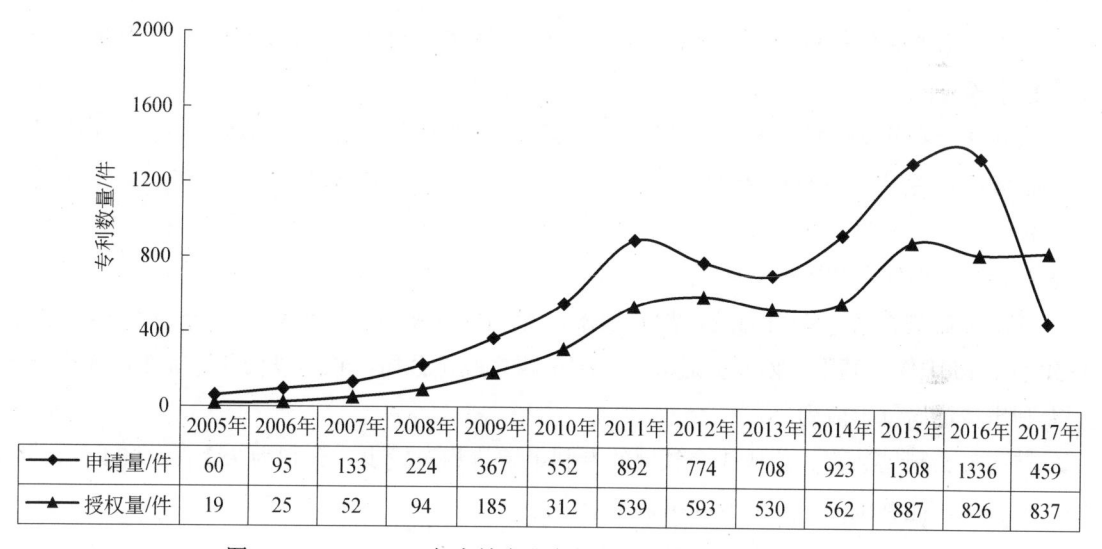

年份	2005年	2006年	2007年	2008年	2009年	2010年	2011年	2012年	2013年	2014年	2015年	2016年	2017年
申请/件	60	95	133	224	367	552	892	774	708	923	1308	1336	459
授权量/件	19	25	52	94	185	312	539	593	530	562	887	826	837

图5-9 2005~2017年高铁产业在华专利申请量年度变化趋势图

资料来源：中国产业智库大数据中心

第一，2005~2011的高速发展时期。2004年国家首次发布了《中长期铁路网规划》，中国高铁发展进入快车道，专利申请量从2005年的60件上升到2008年的224件。2008年10月，国家发展和改革委员会批准了《中长期铁路网规划（2008年调整）》，在这一阶段，我国铁路发展成效显著，基础网络初步形成，服务水平明显提升，创新能力显著增强，铁路改革实现突破，对促进经济社会发展、保障和改善民生、支撑国家重大战略实施、增强我国综合实力和国际影响力发挥了重要作用。

第二，2012~2014的调整时期。2012年之前高铁专利申请呈现长期增长态势，但2012~2013年出现小幅回落，从2011年的峰值892件下降到2013年的低谷708件，在2014年又再次回复并略有上升，该年度专利申请量达923件。

第三，2015年至今的飞跃时期。2015年6月30日，具有完全自主知识产权的时速350公里中国标准动车组正式下线，并在中国铁道科学研究院环形试验基地正式展开试验工作。这标志着中国标准动车组的研制工作取得了重要阶段性成果，为我国动车组实现全面自主化、标准化打下了坚实的基础。2016年8月，我国自主设计研制、拥有全面自主知识产权的中国标准动车组得以首次载客运行。2017年2月，中国标准动车组样车上线运营。2017年6月，中国标准动车组正式投入运营，开启中国高铁领跑的新征程[7]。与此同时，在国家战略层面，2016年公布了新的《中长期铁路网规划》，期限为2016～2025年，远期展望到2030年。2015年至今中国高铁进入飞跃阶段，高铁创新取得举世瞩目的成果，实现了技术来源自主化、技术标准化，专利申请量也不断增加，2015年、2016年的专利申请量分别为1308件、1336件。

5.3.1.2 高铁产业细分领域在华专利分布

高铁产业主要包括总成、车体、转向架、牵引系统、制动装置、监测系统、监测系统、配套技术等。

从高铁产业分支领域专利分布情况看（表5-6），车体分支的专利申请量最多，且明显高于其他领域，专利申请量达2597件。从专利申请人来看，中车四方股份公司、西南交通大学、长春轨道客车股份有限公司（以下简称长客股份公司）、丛林集团有限公司、铁道部运输局等机构位居车体专利申请量前五。

其次为监测系统、牵引系统、配套技术，专利申请量均在千件以上，分别为1655件、1350件、1301件。其中，西南交通大学、中车四方股份公司、长客股份公司等在这3个领域的专利申请量均位于前列。

转向架、制动装置、总成3个领域的专利申请量相对较少，分别为783件、504件、269件。相较于其他领域，总成的专利申请量最少。

表5-6 2005～2017年高铁产业细分领域在华专利申请量及主要申请人

领域	专利总量/件	主要申请人
总成	269	长客股份公司、山东理工大学、西南交通大学、北京交通大学、中车四方股份公司
车体	2597	中车四方股份公司、西南交通大学、长客股份公司、丛林集团有限公司、铁道部运输局
转向架	783	中车四方股份公司、长客股份公司、铁道部运输局、吉林大学、西南交通大学
牵引系统	1350	西南交通大学、中车四方股份公司、长客股份公司、吉林大学、冯静
制动装置	504	中车四方股份公司、铁道部运输局、中国铁道科学研究院机车车辆研究所、中国铁道科学研究院、北京天宜上佳高新材料股份有限公司
监测系统	1655	西南交通大学、北京交通大学、中南大学、中车四方股份公司、中国铁道科学研究院
配套技术	1301	中车四方股份公司、西南交通大学、深圳沃海森科技有限公司、长客股份公司、南京工程学院

资料来源：中国产业智库大数据中心

5.3.2 高铁产业在华专利重要区域布局分析

5.3.2.1 高铁产业在华专利区域布局

从各省专利申请总量来看（图5-10），北京的专利申请量最高，达718件；其次为江苏省，专利申请量达708件；山东省紧随其后，专利申请量达650件。

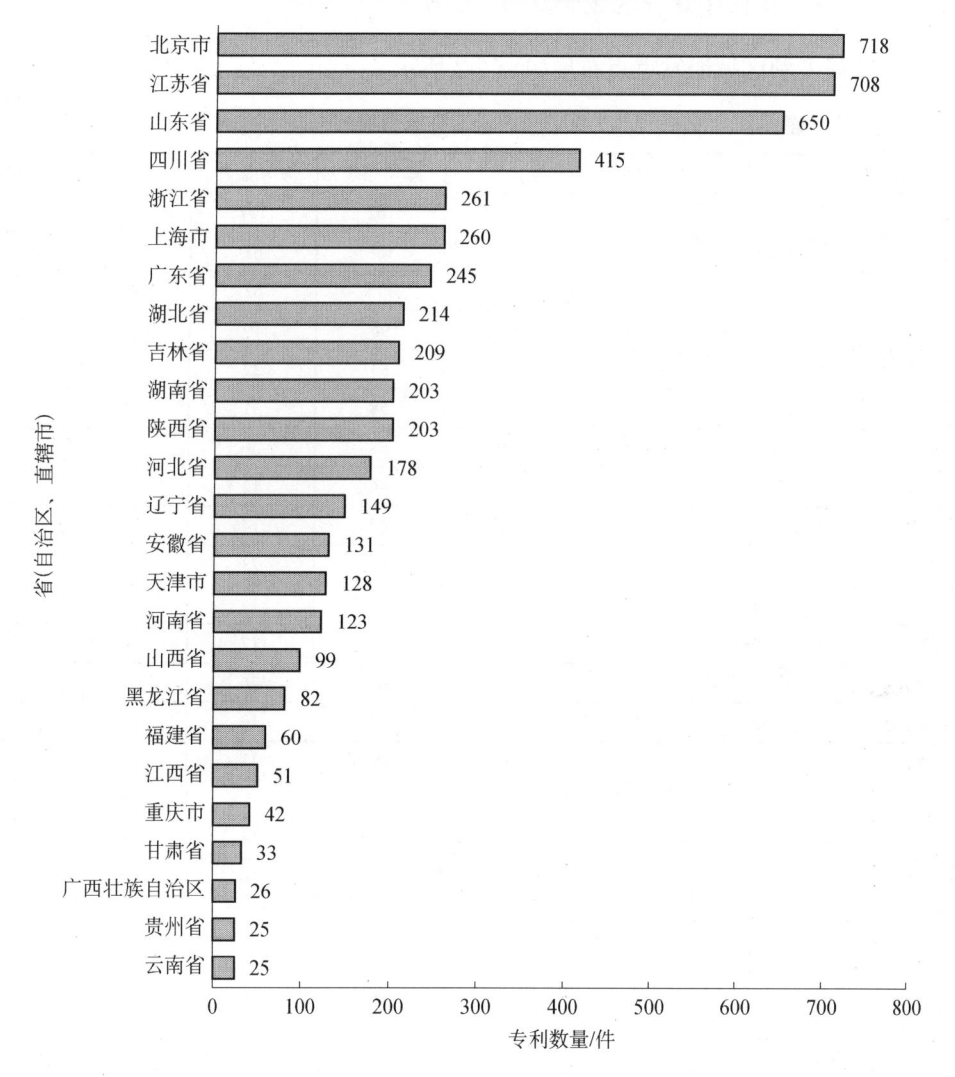

省（自治区、直辖市）	专利数量/件
北京市	718
江苏省	708
山东省	650
四川省	415
浙江省	261
上海市	260
广东省	245
湖北省	214
吉林省	209
湖南省	203
陕西省	203
河北省	178
辽宁省	149
安徽省	131
天津市	128
河南省	123
山西省	99
黑龙江省	82
福建省	60
江西省	51
重庆市	42
甘肃省	33
广西壮族自治区	26
贵州省	25
云南省	25

图5-10 2005～2017年高铁产业在华专利申请量区域排名

资料来源：中国产业智库大数据中心

从地域分布来看，高铁产业专利全国区域分布呈现集聚态势，北京市、江苏省、山东省位于第一梯队，专利申请量均在600件以上。三个地区位置较近且部分相连，专利申请总量1773件，占全国申请量的34%，是高铁产业集聚区。

第二梯队为四川省，专利申请量为415件。四川省聚集了高铁企业和高校，如位于成都的中铁二院、西南交通大学。

第三梯队，专利申请量为200～300件的地区依次为浙江省、上海市、广东省、湖北省、吉林省、陕西省、湖南省等，共申请高铁专利1595件，占全国申请量的30%。

第四梯队为其他15个省（自治区、直辖市），专利申请总量443件，占全国专利申请量的8%。

5.3.2.2 高铁产业在华专利区域研发重点分析

高铁产业在华专利区域研发重点布局如表5-7所示。

表5-7　2005～2017年高铁产业细分领域在华专利布局　（单位：件）

省（自治区、直辖市）	车体	监测系统	配套技术	牵引系统	制动装置	总成	转向架
北京市	244	327	131	162	107	47	92
江苏省	353	165	212	189	61	21	82
山东省	435	108	165	115	62	45	94
四川省	178	168	72	96	19	29	48
浙江省	104	70	66	83	22	8	50
上海市	119	82	87	58	31	10	29
广东省	116	105	90	58	9	5	34
湖北省	133	69	57	46	12	10	32
吉林省	127	50	58	68	14	21	56
湖南省	96	75	49	77	23	12	34
陕西省	86	90	32	38	15	12	26
河北省	106	35	58	44	17	6	34
辽宁省	75	42	24	38	26	7	30
安徽省	65	37	36	36	12	6	26
天津市	51	52	34	26	11	7	12
河南省	49	38	23	39	5	5	15
山西省	54	18	14	38	11	3	6
黑龙江省	52	19	8	13	10	0	18
福建省	19	18	27	38	0	0	15
江西省	21	20	11	17	5	4	13
重庆市	18	15	6	8	2	2	7
甘肃省	16	9	6	14	0	0	2
广西壮族自治区	5	13	5	11	4	2	0
云南省	14	6	5	9	0	0	10
贵州省	10	4	5	4	9	3	0

资料来源：中国产业智库大数据中心

1）车体

该领域高铁专利申请量最多，专利申请区域可以分为3个梯队。第一梯队为山东省、江苏省、北京市，专利申请量在200件以上，专利申请总量1032件，占全国申请量的34%；第二梯队为甘肃省、四川省、新疆维吾尔自治区、湖北省、吉林省、上海市、广东省、浙江省，专利申请为 100~200 件，申请总量为 1226 件，占全国申请量的 40%；其余为第三梯队，申请总量为 778 件，占全国申请量的 26%。

2）监测系统

该领域是高铁申请专利量较多的领域之一，专利申请区域可以分为 3 个梯队。第一梯队为北京市、四川省、江苏省、山东省、广东省，专利申请在 100 件以上，其中北京市监测系统专利申请为 328 件，明显高于其他地区。上述 5 个地区在监测系统领域共申请专利 873 件，占全国申请量的 53%；第二梯队为陕西省、上海市、湖南省、浙江省、湖北省、天津市、吉林省，各地区专利申请量在 50~100 件，共申请专利 488 件，占全国专利申请量的 30%；其余为第三梯队，申请总量为 294 件，占全国申请量的 17%。

3）配套技术

该领域是高铁申请专利量较多的领域之一，专利申请总量为 1324 件，专利申请区域可以分为 3 个梯队。第一梯队为江苏省、山东省、北京市，专利申请量在 100 件以上，专利申请总量为 508 件，占全国申请量的 39%；第二梯队为广东省、上海市、四川省、浙江省、吉林省、河北省、湖北省、湖南省，专利申请量为 50~90 件，申请总量为 537 件，占全国专利申请量的 40%；其余为第三梯队，申请总量为 279 件，占全国专利申请量的 21%。

4）牵引系统

该领域是高铁申请专利量较多的领域之一，专利申请总量为 1580 件，专利申请区域可以分为 3 个梯队。第一梯队为江苏省、北京市、山东省、新疆维吾尔自治区，专利申请量在 100 件以上，专利申请总量为 576 件，占全国专利申请量的 40%；第二梯队为四川省、甘肃省、浙江省、湖南省、吉林省、广东省、上海市，专利申请为 50~100 件，申请总量为 534 件，占全国专利申请量的 34%；其余为第三梯队，申请总量为 470 件，占全国专利申请量的 30%。

5）制动装置

相较于其他领域，制动装置专利申请总量较少，为 692 件，专利申请区域可以分为 2 个梯队。第一梯队为北京市、新疆维吾尔自治区、甘肃省、山东省、江苏省，专利申请量在 100 件以上，专利申请总量 374 件，占全国申请量的 54%；其余为第二梯队，申请总量为 318 件，占全国专利申请量的 46%。

6）总成

动车组总成技术（即系统集成）专利申请量为 999 件，专利申请区域可以分为 3 个梯队。第一梯队为新疆维吾尔自治区、甘肃省，专利申请量在 200 件以上，专利申请总量 543 件，占全国申请量的 54%；第二梯队为宁夏回族自治区、海南省、北京市、山东省，专利申请为 50~100 件，申请总量为 251 件，占全国申请量的 25%；其余为第三梯队，申请总量为 205 件，占全国专利申请量的 21%。

7）转向架

专利申请量为 1252 件，专利申请区域可以分为 3 个梯队。第一梯队为新疆维吾尔自治区、甘肃省，专利申请量在 100 件以上，专利申请总量 353 件，占全国申请量的 28%；第二梯队为山东省、北京市、江苏省、宁夏回族自治区、吉林省、浙江省，专利申请为 50~100

件,申请总量为 436 件,占全国专利申请量的 35%;其余为第三梯队,申请总量为 463 件,占全国专利申请量的 37%。

5.3.3 高铁产业在华专利主要申请人分析

高铁领域专利申请量前二十的申请人(图 5-11)全部为中国申请人,其中高校申请人共 4 个,分别为西南交通大学(专利申请量 246 件,排名第二)、中南大学(专利申请量 106 件,排名第四)、北京交通大学(专利申请量 102 件,排名第六)、吉林大学(专利申请量 67 件,排名第十)。企业申请人共 6 个,分别为中车四方股份公司(专利申请量 249 件,排名第一)、中铁二院(专利申请量 114 件,排名第三)、铁四院(专利申请量 103 件,排名第五)、长客股份公司(专利申请量 99 件,排名第七)、铁一院(专利申请量 87 件,排名第八)、铁道部运输局(专利申请量 77 件,排名第九)。

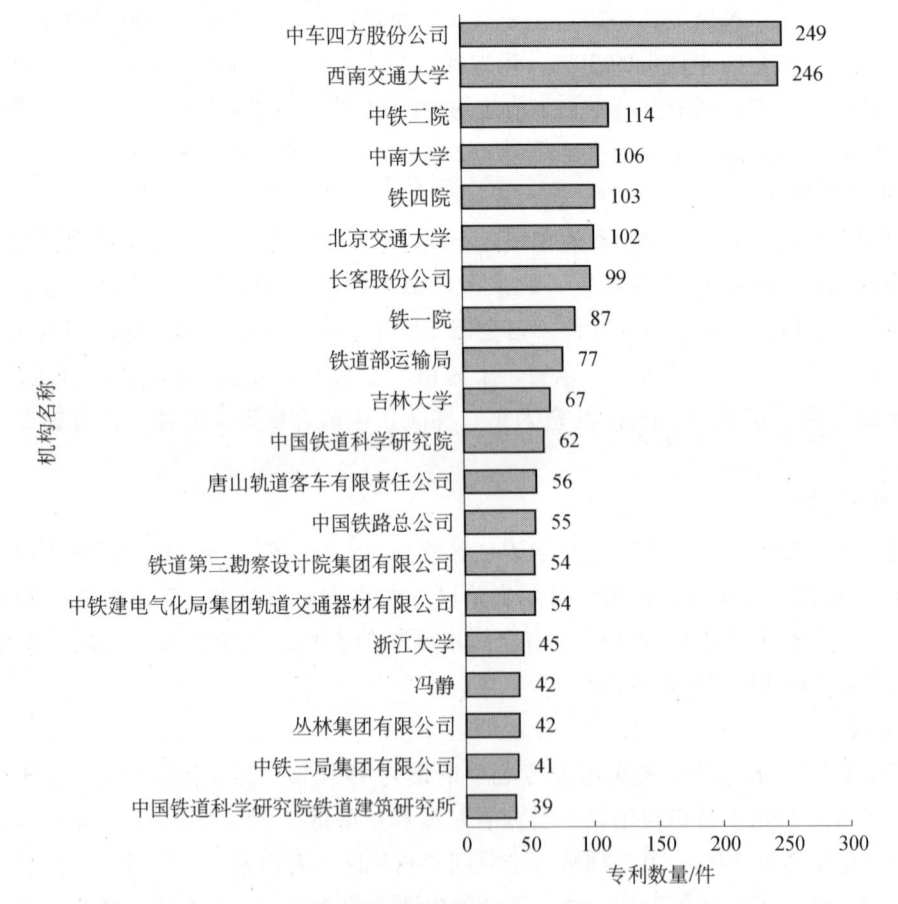

机构名称	专利数量/件
中车四方股份公司	249
西南交通大学	246
中铁二院	114
中南大学	106
铁四院	103
北京交通大学	102
长客股份公司	99
铁一院	87
铁道部运输局	77
吉林大学	67
中国铁道科学研究院	62
唐山轨道客车有限责任公司	56
中国铁路总公司	55
铁道第三勘察设计院集团有限公司	54
中铁建电气化局集团轨道交通器材有限公司	54
浙江大学	45
冯静	42
丛林集团有限公司	42
中铁三局集团有限公司	41
中国铁道科学研究院铁道建筑研究所	39

图 5-11 2005~2017 年高铁产业在华专利申请量前二十的研发机构
资料来源:中国产业智库大数据中心

本部分结合企业技术优势和市场竞争能力两项指标,选择中车四方股份公司、西南交通大学、中南大学、铁四院、中铁二院等企业、高校作为重点研究对象。

5.3.3.1 中车四方股份公司

中车四方股份公司，曾用名"南车青岛四方机车车辆股份有限公司"是中国中车股份有限公司的核心企业，具有轨道交通装备自主开发、规模制造、优质服务的完整体系。中车四方股份公司在高速动车组、城际及市域动车组的研发制造上处于行业内的领先地位，我国首列时速 200 公里高速动车组、首列时速 300 公里高速动车组、首列时速 380 公里高速动车组和首列城际动车组均在该公司诞生[8]。

中车四方股份公司在高铁领域专利申请量排在首位，专利申请量共 249 件，专利申请涉及高铁各个分支领域，其中侧重于车体技术，专利申请量为 168 件，占该公司专利申请总量的 43%；其次为配套技术、转向架技术，专利申请量分别为 66 件、48 件，占该公司专利申请总量的 17%、12%。其余领域共申请专利 108 件，占该公司专利申请总量的 28%（图 5-12）。

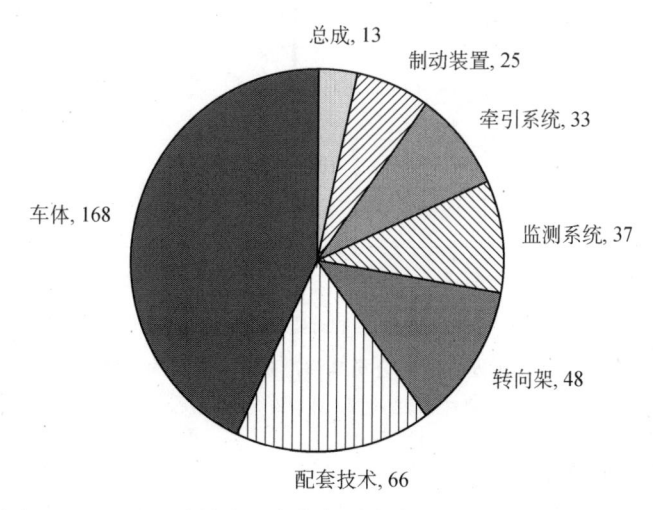

图 5-12　中车四方股份公司高铁产业在华专利申请量按细分领域分布图（单位：件）

资料来源：中国产业智库大数据中心

从技术竞争能力来看（图 5-13），中车四方股份公司 F21Y（涉及光源的构成的与小类"F21L 发光装置或其系统，便携式的或专门适合移动的""F21S 非便携式照明装置或其系统""F21V 照明装置或其系统的功能特征或零部件；不包含在其他类目中的照明装置和其他物品的结构组合物"相结合的引得分类表）技术竞争力最强，专利申请量为 6 件，相对技术整合能力和相对技术优势均高于其他领域。B61H 领域（铁路车辆特有的制动器或其他减速装置；铁路车辆制动器或其他减速装置的安排或配置）的专利申请量为 11 件，相对技术整合能力和相对技术优势仅次于 F21Y 领域。专利申请量较多的领域 B61D（铁路车辆的种类或车体部件），专利申请量 78 件，其相对技术整合能力较弱。

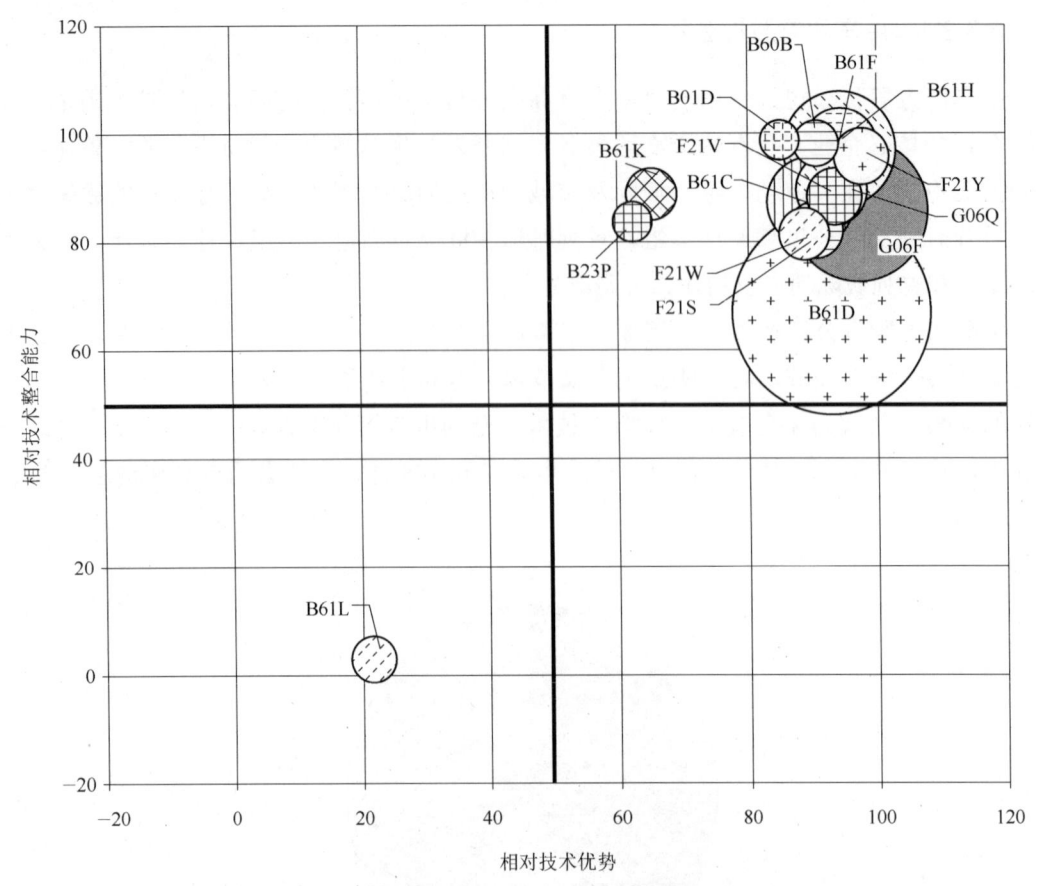

图 5-13 中车四方股份公司高铁产业在华专利相对技术优势

资料来源：中国产业智库大数据中心

5.3.3.2 西南交通大学

西南交通大学是教育部直属全国重点大学。交通运输工程学科位居全国第一并进入国家"双一流"建设序列，材料科学、工程学、计算机科学进入基本科学指标数据库（ESI）世界排名前1%。该校构建起了世界轨道交通领域最完备的学科体系、人才体系和科研体系，围绕高速铁路、磁浮交通、新型城轨、真空管道超高速、超级高铁等领域大力开展基础研究与原始创新，构建了以世界公认的"沈氏理论"和"翟-孙模型"为标志的铁路大系统动力学基础研究体系，科技成果三次入选"中国高校十大科技进展"[9]。

西南交通大学高铁领域专利申请量排在第二位，专利申请共246件，涉及高铁各个分支领域，其中侧重于监测系统，专利申请量为95件，占该公司专利申请总量的31%，其次为车体、牵引系统、配套技术，专利申请量为64件、59件、45件，占该公司专利申请总量的21%、19%、15%（图5-14）。

从技术竞争能力来看，西南交通大学G06T（一般的图像数据处理或产生）技术竞争力最强，专利申请量为14件，相对技术整合能力和相对技术优势均高于其他领域。G06K领域（数据识别；数据表示；记录载体；记录载体的处理）专利申请量为11件，相对技术整合能力和相对技术优势仅次于 G06T 领域。专利申请量较多的领域 G06F（电数字数据处理）和 E01B（铁路轨道；铁路轨道附件；铺设各种铁路的机器），专利申请量分别为 24 件、25 件，其相对技术整合能力和相对技术优势较弱（图 5-15）。

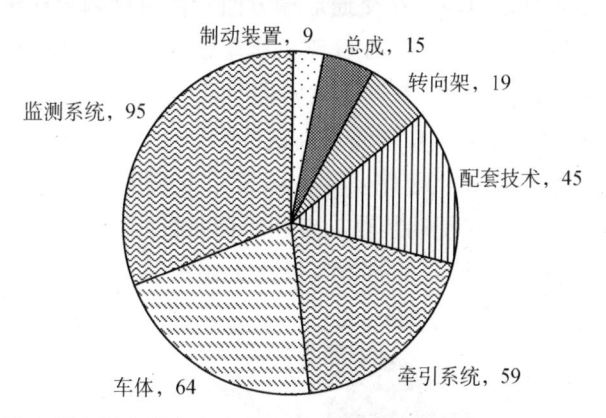

图 5-14　西南交通大学高铁产业在华专利申请量按细分领域分布图（单位：件）

资料来源：中国产业智库大数据中心

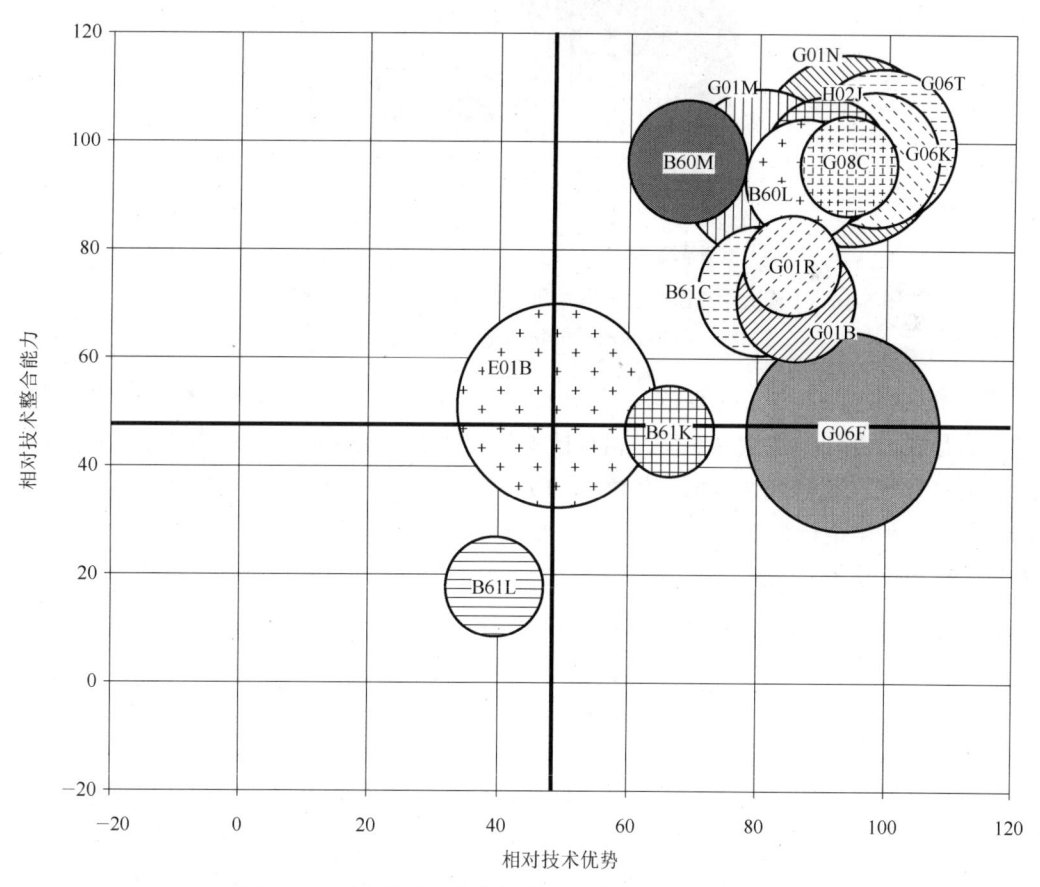

图 5-15　西南交通大学高铁产业在华专利相对技术优势

资料来源：中国产业智库大数据中心

5.3.3.3 中南大学

中南大学为教育部直属全国重点大学，由湖南医科大学、长沙铁道学院与中南工业大学于2000年4月29日合并组建而成。在交通运输方面，拥有国内最先进的实验装置，成为铁道部高速列车空气动力学的研究基地；在铁路机车车辆、自动控制、运输管理等领域取得一批重要成果，解决了铁路运输方面一系列重大问题[10]。

中南大学于2005~2017年专利申请涉及高铁各个分支领域，侧重于车体技术、监测系统技术，专利申请量分别为39件、38件，各占该公司专利申请总量的30%。其次为配套技术、牵引系统、转向架、总成和制动装置，专利申请量分别为17件、16件、8件、6件、5件，5个领域共占该公司专利申请总量的40%（图5-16）。

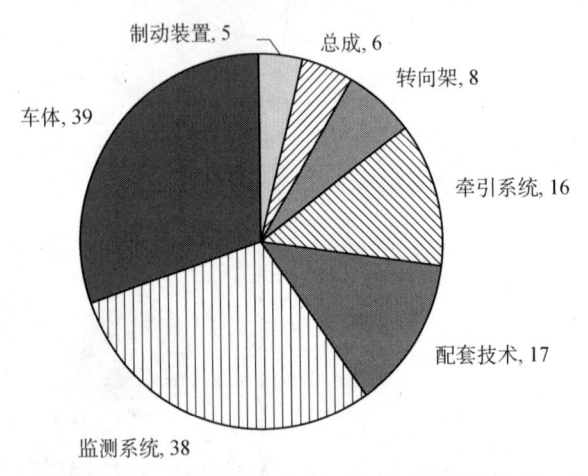

图5-16 中南大学高铁产业在华专利申请量按细分领域分布图（单位：件）

资料来源：中国产业智库大数据中心

从技术竞争能力来看（图5-17），中南大学G06N（基于特定计算模型的计算机系统）技术竞争力最强，专利申请量为5件，相对技术整合能力和相对技术优势均高于其他领域。其次为G01M领域（机器或结构部件的静或动平衡的测试；其他类目中不包括的结构部件或设备的测试）专利申请量为23件，是中南大学专利申请量最多的领域，且相对技术整合能力和相对技术优势仅次于G06N领域。E01B领域（铁路轨道；铁路轨道附件；铺设各种铁路的机器；脱轨或复轨器，轨道制动器或减速器入B61K；从轨道上排除异物、控制植物生长、铺洒液体入E01H）专利申请量为8件，相对技术整合能力和相对技术优势较弱。

5.3.3.4 铁四院

铁四院成立于1953年，近10年来，勘察设计高速铁路17 000余公里，设计建成京沪、武广、郑西、郑徐、沪宁、沪杭、宁杭甬、杭长、沪昆、贵广等30多条高速铁路，已建成运营里程近1万公里，约占全国投入运营高铁的一半，是中国高速铁路四纵四横主骨架的骨干设计力量和标准规范的主要编订者，成为世界上设计高速铁路里程最长、标准最高、经验最丰富的设计企业[11]。

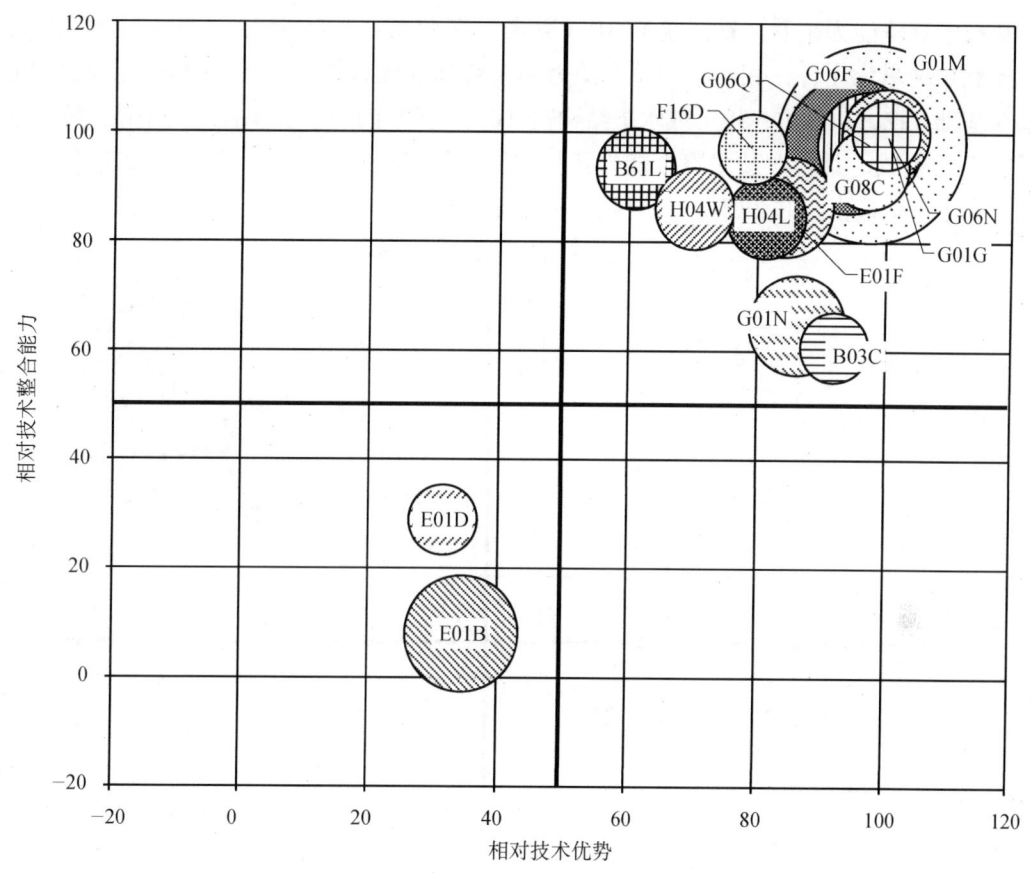

图 5-17 中南大学高铁产业在华专利相对技术优势
资料来源：中国产业智库大数据中心

铁四院于 2005~2017 年在高铁领域申请专利侧重于车体技术，专利申请量 34 件，占该公司专利申请总量的 55%，其次为配套技术、监测技术、牵引系统、总成，专利申请量共计 28 件，3 个领域共占该公司专利申请总量的 45%（图 5-18）。

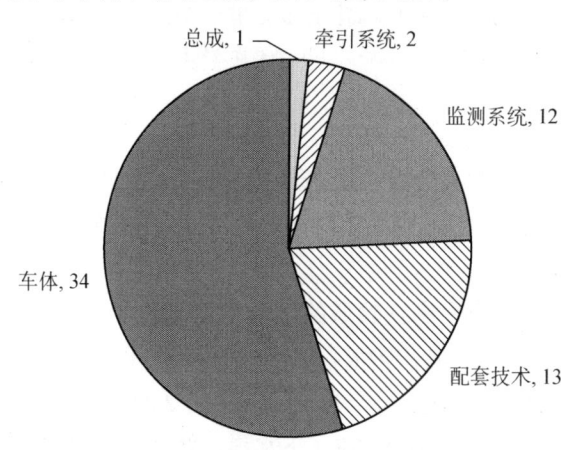

图 5-18 铁四院高铁产业在华专利申请量按细分领域分布图（单位：件）
资料来源：中国产业智库大数据中心

从技术竞争能力来看，铁四院 E03B（取水、集水或配水的装置或方法）技术竞争力最强，专利申请量为 1 件，相对技术整合能力和相对技术优势均高于其他领域。其次为 E02D 领域（基础；挖方；填方；地下或水下结构物〔6〕）专利申请量为 31 件，是中南大学专利申请量较多的领域，且相对技术整合能力和相对技术优势仅次于 E03B 领域。E01D 领域（桥梁）专利申请量最多，共 37 件，相对技术整合能力和相对技术优势处于中等（图 5-19）。

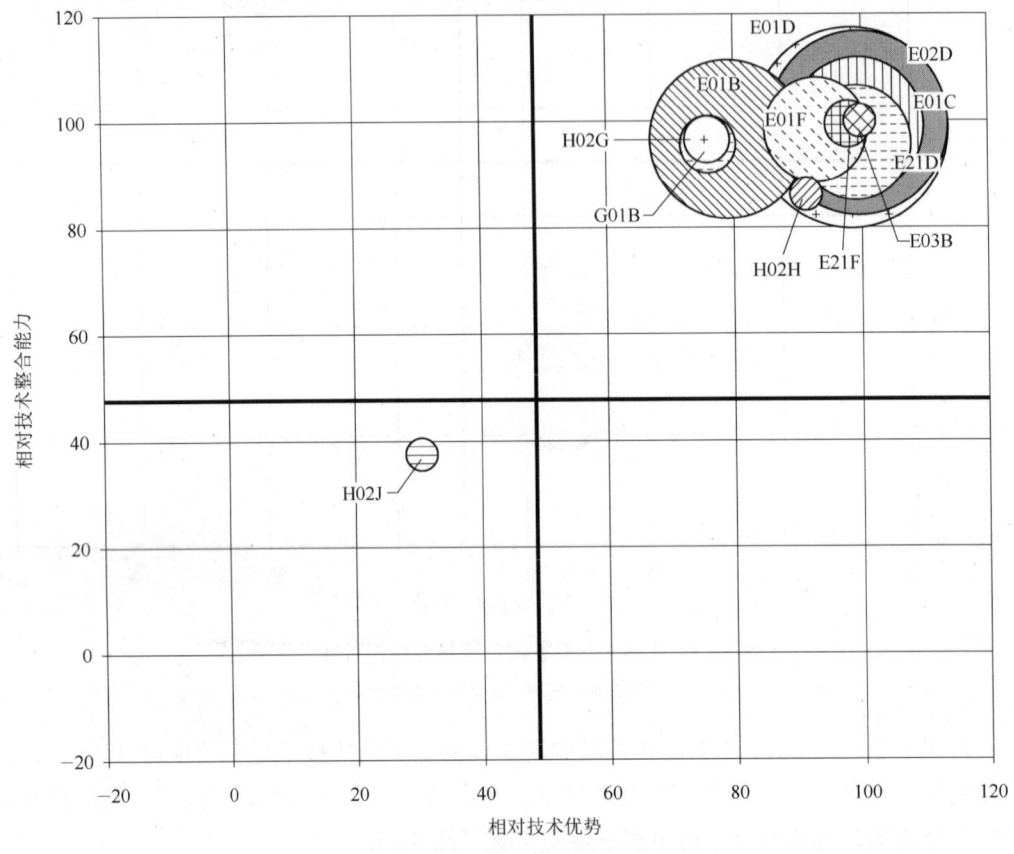

图 5-19 铁四院高铁产业在华专利相对技术优势
资料来源：中国产业智库大数据中心

5.3.3.5 中铁二院

中铁二院原名铁道第二勘察设计院，成立于 1952 年，总部设在成都，隶属于世界双 500 强企业中国中铁股份有限公司。中铁二院是国内最大型工程综合勘察设计企业之一，曾两次获得国家科学技术进步奖最高奖。

中铁二院于 2005~2017 年在高铁领域的专利申请侧重于车体技术，专利申请量 23 件，占该公司专利申请总量的 74%，其次为监测技术、配套技术、牵引系统，专利申请量分别为 4 件、3 件、1 件，3 个领域共占该公司专利申请总量的 26%（图 5-20）。

从技术竞争能力来看，中铁二院 E03F（下水道，污水井）技术竞争力最强，专利申请量为 1 件，相对技术整合能力和相对技术优势均高于其他领域。其次为 E01C 领域（道路、体育场或类似工程的修建或其铺面；修建和修复用的机械和附属工具），专利申请量为 19 件，相对技术整合能力和相对技术优势仅次于 E03F 领域。专利申请量较多的领域 E01B（铁路轨道；铁路轨道附件；铺设各种铁路的机器）和 E01D（桥梁），专利申请量分别为 40 件、21 件，其相对技术整合能力和相对技术优势较弱（图 5-21）。

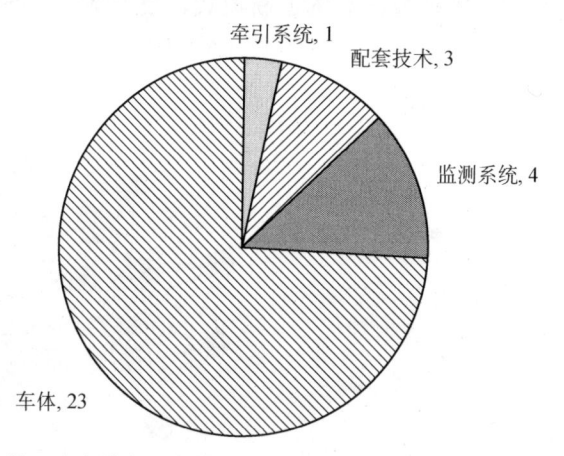

图 5-20 中铁二院高铁产业在华专利申请量按细分领域分布图（单位：件）

资料来源：中国产业智库大数据中心

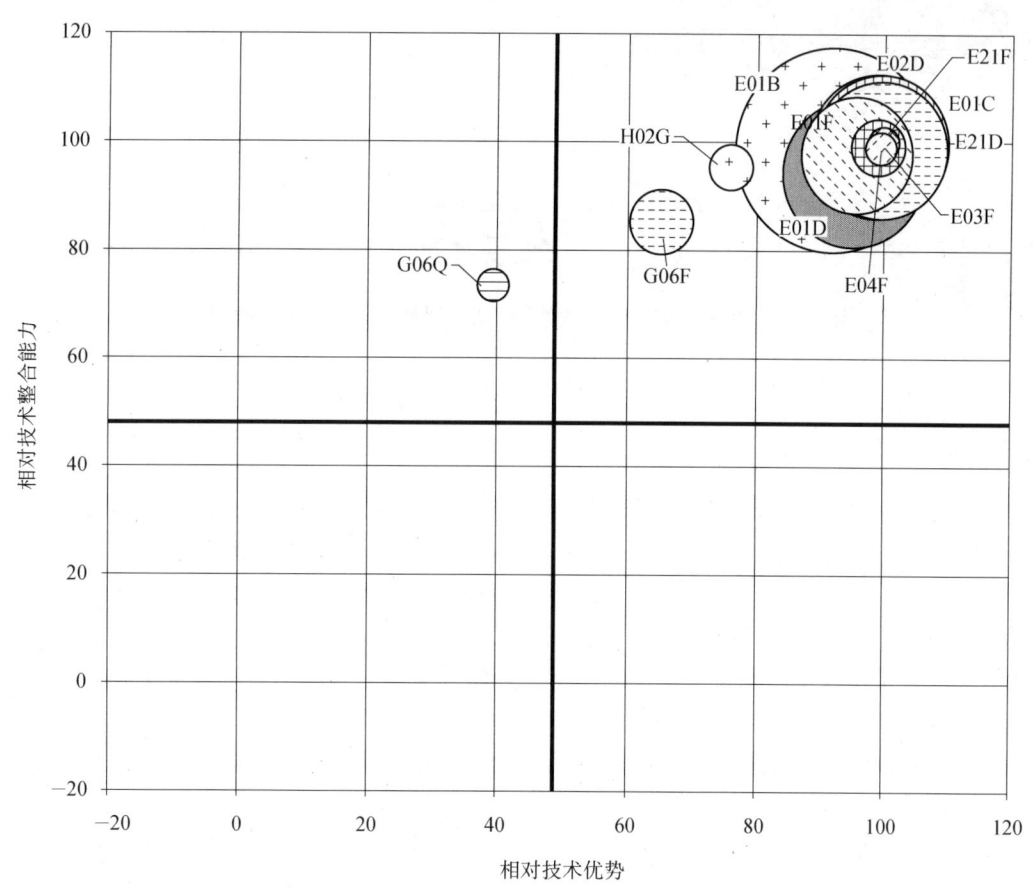

图 5-21 中铁二院高铁产业在华专利相对技术优势

资料来源：中国产业智库大数据中心

5.3.4 高铁产业在华专利活跃发明人分析

通过高铁领域主要发明人合作网络关系,可以发现重要发明人及其所在研发团队的成员;研究重要发明人,可以了解研发团队的创新模式、技术路线、产品特色。对高铁领域重要发明人进行计量分析,绘制出重要发明人合作网络图谱(图 5-22)。

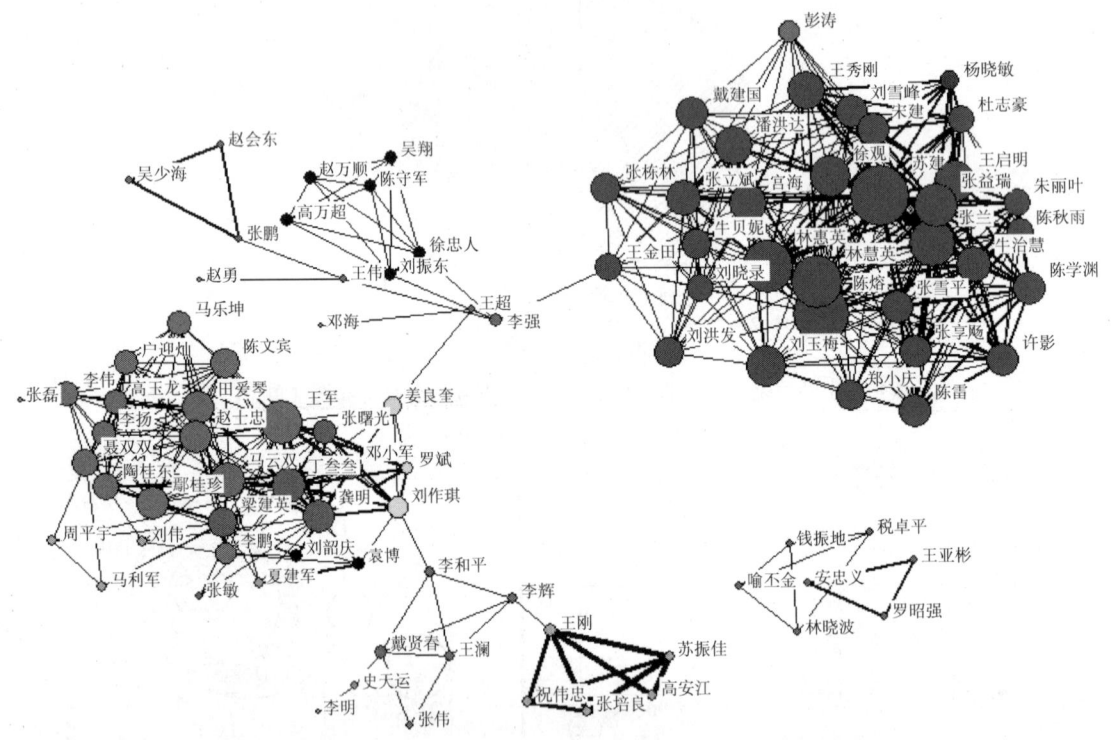

图 5-22 2005~2017 年高铁产业在华专利重要发明人合作网络图

注:度数中心度>0

资料来源:中国产业智库大数据中心

5.3.4.1 苏建

苏建,吉林大学教授、博士生导师,吉林大学汽车运输工程研究所副所长兼交通学院副院长。研究方向为汽车智能化检测与诊断、专用车辆及轨道交通。苏建教授自 1977 年以来带领其科研团队,从事车辆智能化检测与诊断的基础理论及工程应用研究,围绕车辆检测新技术不断创新,开发出多种具有自主知识产权的汽车检测设备,并实现了科研成果的产业化。近几年来,科研团队将研究重点扩展到轨道车辆转向架检测领域,自主开发了具有世界先进水平的转向架多功能试验台。

从发明人合作网络图中,可以看出存在一个以苏建为首的研发团队,团队成员较多,主要包括:陈熔、牛治慧、张益瑞、林惠英等。

该团队共申请专利 59 件(表 5-8),主要侧重研究 G01M13/02(齿轮或传动机构的测试),申报专利 35 件,占团队申请专利总量的 59%。从专利申请时间来看,该团队的研究一直较为活跃,2010~2017 年每年均有专利申请,其中 2013 年、2016 年、2017 年 3 个年度的专利申请量较多。

表 5-8　高铁产业在华专利重要发明人苏建团队专利一览表

公告号	申请日	发明（设计）人	技术手段	技术功效
CN102095578B	2010.12.16	苏建、牛德田、王金田、谭富星、牛贝妮、宫海滨、张栋林、曹小宁、刘晓录、张立斌、陈熔、潘洪达、戴建国、林惠英	该试验台包括动力传动挠性试验装置、三自由度振动模拟试验装置与高速动车组传动系总成可靠性试验装置	高速动车组传动系总成可靠性试验台
CN102095579B	2010.12.16	苏建、牛德田、牛贝妮、王金田、谭富星、宫海彬、张栋林、曹小宁、刘洪发、刘玉梅、张立斌、潘洪达、林惠英、陈熔	试验台包括L型承载平台动力挠性传动扭矩测试装置、矩形承载平台动力挠性传动扭矩检测试验装置、陪试齿轮箱总成试验装置与三自由度振动模拟试验装置	高速动车组传动系齿轮箱可靠性试验台
CN201903445U	2010.12.16	苏建、牛德田、牛贝妮、王金田、谭富星、宫海彬、张栋林、曹小宁、刘洪发、刘玉梅、张立斌、潘洪达、林惠英、陈熔	试验台包括L型承载平台动力挠性传动扭矩测试装置、矩形承载平台动力挠性传动扭矩检测试验装置、陪试齿轮箱总成试验装置与三自由度振动模拟试验装置	高速动车组传动系齿轮箱可靠性试验台
CN202002798U	2010.12.16	苏建、牛德田、王金田、谭富星、牛贝妮、宫海滨、张栋林、曹小宁、刘晓录、张立斌、陈熔、潘洪达、戴建国、林惠英	该试验台包括动力传动挠性试验装置、三自由度振动模拟试验装置与高速动车组传动系总成可靠性试验装置	高速动车组传动系总成可靠性试验台
CN102147332B	2011.01.18	苏建、宫海彬、牛贝妮、张栋林、曹晓宁、刘晓录、刘洪发、谭富星、潘洪达、陈熔、戴建国、徐观、林慧英、张立斌	高速动车组传动系可靠性试验台风道系统	克服热量不能及时排出耗散会大大影响本试验台使用寿命的问题
CN202018379U	2011.01.18	苏建、宫海彬、牛贝妮、张栋林、曹晓宁、刘晓录、刘洪发、谭富星、潘洪达、陈熔、戴建国、徐观、林慧英、张立斌	高速动车组传动系可靠性试验台风道系统	克服热量不能及时排出耗散会大大影响本试验台使用寿命的问题
CN102353507B	2011.07.08	苏建、宫海彬、张栋林、王秀刚、张立斌、潘洪达、陈熔、林慧英、徐观、王莹莹、刘洪发、刘晓录、牛贝妮、王恒刚、赵强、徐珊珊	高速列车转向架构架及牵引传动系统可靠性试验台	高速列车转向架构架及牵引传动系统可靠性试验台
CN202126347U	2011.07.08	苏建、宫海彬、张栋林、王秀刚、张立斌、潘洪达、陈熔、林慧英、徐观、王莹莹、刘洪发、刘晓录、牛贝妮、王恒刚、赵强、徐珊珊	高速列车转向架构架及牵引传动系统可靠性试验台	高速列车转向架构架及牵引传动系统可靠性试验台
CN102661870B	2012.05.15	苏建、宫海彬、苏丽俐、彭涛、潘洪达、徐观、林慧英、宋建、杨小敏、刘雪峰、卢海阁、崔怀于	高速列车架悬式转向架牵引传动系统试验台动力传动装置	高速列车架悬式转向架牵引传动系统试验台动力传动装置
CN102661862B	2012.05.15	苏建、宫海彬、苏丽俐、彭涛、潘洪达、杨小敏、刘雪峰、宋建、成敬敏、张兰、卢海阁、崔怀于	高速列车架悬式转向架牵引传动系统试验台举升装置	高速列车架悬式转向架牵引传动系统试验台举升装置
CN102680229B	2012.05.15	苏建、宫海彬、李蒙蒙、苏丽俐、彭涛、潘洪达、张立斌、陈熔、徐观、林慧英、成敬敏、戴建国、单红梅、宋建、杨小敏、刘雪峰	高速列车架悬式转向架牵引传动系统可靠性试验台	高速列车架悬式转向架牵引传动系统可靠性试验台
CN202599658U	2012.05.15	苏建、宫海彬、苏丽俐、彭涛、潘洪达、徐观、林慧英、宋建、杨小敏、刘雪峰、卢海阁、崔怀于	高速列车架悬式转向架牵引传动系统试验台动力传动装置	结构简单
CN202547922U	2012.05.15	苏建、宫海彬、苏丽俐、彭涛、潘洪达、杨小敏、刘雪峰、宋建、成敬敏、张兰、卢海阁、崔怀于	高速列车架悬式转向架牵引传动系统试验台举升装置	高速列车架悬式转向架牵引传动系统试验台举升装置

续表

公告号	申请日	发明（设计）人	技术手段	技术功效
CN202599659U	2012.05.15	苏建、宫海彬、李蒙蒙、苏丽俐、彭涛、潘洪达、张立斌、陈熔、徐观、林慧英、成敬敏、戴建国、单红梅、宋建、杨小敏、刘雪峰	高速列车架悬式转向架牵引传动系统可靠性试验台	可模拟转向架牵引传动系统实际线路行驶时的真实工况
CN103335847B	2013.07.02	林惠英、张兰、单红梅、苏建、张益瑞、王秀刚、宋建、杨晓敏、刘雪峰、杜志豪	动车组传动系轴箱轴承径向与轴向静态加载试验台	克服高速动车组传动系轴箱台架试验比较复杂的问题
CN103323247B	2013.07.02	苏建、张益瑞、张兰、林惠英、王秀刚、宋建、杨晓敏、杜志豪、王启明	高速动车组轴箱轴承三自由度动态加载可靠性试验台	克服列车实际运行中轴箱轴承可靠性试验不可行的问题
CN203350040U	2013.07.02	林惠英、张兰、单红梅、苏建、张益瑞、王秀刚、宋建、杨晓敏、刘雪峰、杜志豪	动车组传动系轴箱轴承径向与轴向静态加载试验台	克服高速动车组传动系轴箱台架试验比较复杂的问题
CN203350041U	2013.07.02	苏建、张益瑞、张兰、林惠英、王秀刚、宋建、杨晓敏、杜志豪、王启明	高速动车组轴箱轴承三自由度动态加载可靠性试验台	克服列车实际运行中轴箱轴承可靠性试验不可行的问题
CN103592140B	2013.11.15	林惠英、张益瑞、苏建、张兰、王秀刚、宋建、杨晓敏、刘雪峰、杜志豪、王启明	高速动车组转向架参数测试台构架定位装置	克服不能在三个方向上同时准确地对转向架构架进行定位的问题
CN203551296U	2013.11.15	林惠英、张益瑞、苏建、张兰、王秀刚、宋建、杨晓敏、刘雪峰、杜志豪、王启明	高速动车组转向架参数测试台构架定位装置	克服不能在三个方向上同时准确地对转向架构架进行定位的问题
CN103616178B	2013.11.29	苏建、张益瑞、林惠英、张兰、王启明、王秀刚、杨晓敏、宋建、杜志豪	高速动车组摆动式传动系总成可靠性试验台	解决现有技术将传动系放到静态环境中对齿轮箱总成或牵引电机分别研究的问题
CN203758735U	2013.11.29	苏建、张益瑞、林惠英、张兰、王启明、王秀刚、杨晓敏、宋建、杜志豪	高速动车组摆动式传动系总成可靠性试验台	解决现有技术将传动系放到静态环境中对齿轮箱总成或牵引电机分别研究的问题
CN103630360B	2013.12.10	苏建、张益瑞、张兰、杜志豪、林惠英、王秀刚、宋建、杨晓敏、王启明、杨聚芬	高速动车组轴箱轴承龙门式反力框架二维激振加载试验台	解决现有技术无法在列车实际运行工况下进行轴箱轴承可靠性试验的问题
CN203595606U	2013.12.10	苏建、张益瑞、张兰、杜志豪、林惠英、王秀刚、宋建、杨晓敏、王启明、杨聚芬	高速动车组轴箱轴承龙门式反力框架二维激振加载试验台	解决现有技术无法在列车实际运行工况下进行轴箱轴承可靠性试验的问题
CN103630358B	2013.12.17	苏建、张益瑞、林惠英、张兰、王启明、王秀刚、杨晓敏、宋建、杜志豪	高速动车组双体式六维振动传动系总成可靠性试验台	解决现有技术将传动系放到静态环境中对减速器或者是驱动电机进行分别研究的问题
CN203616126U	2013.12.17	苏建、张益瑞、林惠英、张兰、王启明、王秀刚、杨晓敏、宋建、杜志豪	高速动车组双体式六维振动传动系总成可靠性试验台	解决现有技术将传动系放到静态环境中对减速器或者是驱动电机进行分别研究的问题
CN104458252A	2014.12.11	刘玉梅、赵聪聪、熊明烨、陈云、张志远、乔宁国、苏建、徐观、张立斌、徐凤、徐文斌、卢正旭、杨思航、刘祖光	一种高速列车齿轮箱运行状态监测方法	一种高速列车齿轮箱运行状态监测方法
CN105043757B	2015.05.31	苏建、牛治慧、陈熔、张益瑞、张兰、王启明、朱丽叶、陈秋雨、林慧英、杜志豪、荆忠倩、杨甜、孙丽娜、卢雪、王鹏、徐灯福	电力开环吊挂式传动系统可靠性试验台	克服动车组不能在实际运行过程中做动车组传动系统可靠性试验的问题

续表

公告号	申请日	发明（设计）人	技术手段	技术功效
CN104865068A	2015.05.31	苏建、朱丽叶、杜志豪、张益瑞、王启明、陈秋雨、牛治慧、林慧英、陈熔、张兰、杨甜、徐凤、孙丽娜、卢雪、李宁	高速列车电力闭环吊挂式齿轮箱可靠性试验台	克服实际运行中列车齿轮箱不能做可靠性试验的问题
CN204666363U	2015.05.31	苏建、牛治慧、陈熔、张益瑞、张兰、王启明、朱丽叶、陈秋雨、林慧英、杜志豪、荆忠倩、杨甜、孙丽娜、卢雪、王鹏、徐灯福	电力开环吊挂式传动系统可靠性试验台	克服动车组不能在实际运行过程中做动车组传动系统可靠性试验的问题
CN204666364U	2015.05.31	苏建、朱丽叶、杜志豪、张益瑞、王启明、陈秋雨、牛治慧、林慧英、陈熔、张兰、杨甜、徐凤、孙丽娜、卢雪、李宁	高速列车电力闭环吊挂式齿轮箱可靠性试验台	克服实际运行中列车齿轮箱不能做可靠性试验的问题
CN105157980B	2015.10.10	苏建、许影、牛治慧、张亨飑、陈学渊、朱丽叶、陈秋雨、张兰、王启明、张雪平、陈雷、庄娇娇、张益瑞、韩闯	高速列车传动系齿轮箱可靠性试验台	大大提高了试验效率
CN205562164U	2015.10.10	苏建、许影、牛治慧、张亨飑、陈学渊、朱丽叶、陈秋雨、张兰、王启明、张雪平、陈雷、庄娇娇、张益瑞、韩闯	一种轨道车辆传动系参数检测试验装置	高速列车传动系齿轮箱可靠性试验台
CN105424523B	2015.12.15	苏建、朱丽叶、张益瑞、于桂范、于桂波、王启明、张兰、牛治慧、陈秋雨、许影、张亨飑、陈学渊	高速动车组轴端接地装置磨损试验台	提升高速动车组整体技术水平，保证安全运行
CN205246465U	2015.12.15	苏建、朱丽叶、张益瑞、于桂范、于桂波、王启明、张兰、牛治慧、陈秋雨、许影、张亨飑、陈学渊	高速动车组轴端接地装置磨损试验台	提升高速动车组整体技术水平，保证安全运行
CN105486503A	2016.01.06	苏建、张雪平、陈雷、牛治慧、张亨飑、陈学渊、徐影、张益瑞、陈秋雨、张兰、朱丽叶、王启明	一种高速列车齿轮箱跑合试验台轮对轴夹紧支撑装置	满足现有高速列车齿轮箱跑合试验可靠进行的需要
CN105466683B	2016.01.06	苏建、张雪平、牛治慧、陈雷、张益瑞、王启明、张兰、朱丽叶、陈秋雨、徐影、张亨飑、陈学渊	高速列车齿轮箱空载跑合试验台	解决现有齿轮箱空载跑合试验台拆卸安装复杂、损坏车轴轴颈以及无法满足高转速等一系列技术问题
CN205300926U	2016.01.06	苏建、张雪平、陈雷、牛治慧、张亨飑、陈学渊、徐影、张益瑞、陈秋雨、张兰、朱丽叶、王启明	一种高速列车齿轮箱跑合试验台轮对轴夹紧支撑装置	满足现有高速列车齿轮箱跑合试验可靠进行的需要
CN205352690U	2016.01.06	苏建、张雪平、牛治慧、陈雷、张益瑞、王启明、张兰、朱丽叶、陈秋雨、徐影、张亨飑、陈学渊	高速列车齿轮箱空载跑合试验台	解决现有齿轮箱空载跑合试验台拆卸安装复杂、损坏车轴轴颈以及无法满足高转速等一系列技术问题
CN105651532A	2016.03.29	苏建、许影、陈学渊、张亨飑、牛治慧、张益瑞、林慧英、张兰、陈秋雨、朱丽叶、陈雷、张雪平、丁兆祥、庄娇娇	高速列车减震器万能型试验台	解决减震器试验台性能差、精度低、成本高的问题
CN205562181U	2016.03.29	苏建、许影、陈学渊、张亨飑、牛治慧、张益瑞、林慧英、张兰、陈秋雨、朱丽叶、陈雷、张雪平、丁兆祥、庄娇娇	高速列车减震器万能型试验台	解决的是目前的减震器试验台性能差、精度低、成本高的问题
CN105806617A	2016.04.26	苏建、许影、张亨飑、陈学渊、张益瑞、牛治慧、林慧英、张兰、陈秋雨、朱丽叶、陈雷、张雪平、丁兆祥、庄娇娇	高速动车组轮轴疲劳试验台	高速动车组轮轴疲劳试验台

续表

公告号	申请日	发明（设计）人	技术手段	技术功效
CN205642832U	2016.04.26	苏建、许影、张亨飚、陈学渊、张益瑞、牛治慧、林慧英、张兰、陈秋雨、朱丽叶、陈雷、张雪平、丁兆祥、庄娇娇	高速动车组轮轴疲劳试验台	高速动车组轮轴疲劳试验台
CN105784361B	2016.05.30	苏建、张雪平、张兰、牛治慧、张亨飚、许影、陈学渊、陈雷、张益瑞、张萍萍、王启明、林惠英、陈熔、刘玉梅、郑小庆	动力机械闭环可倾斜式多边形激振齿轮箱试验台	对提高列车安全运行、改善高速动车组的乘坐舒适性有很好的促进作用
CN105953992A	2016.05.30	苏建、张雪平、牛治慧、陈雷、张亨飚、许影、陈学渊、张益瑞、张兰、郑小庆、王启明、林惠英、陈熔、刘玉梅、张萍萍	动力机械闭环面对面双齿轮箱侧倾式激振试验台	提高高速列车组的安全运行，改善高速动车组的乘坐舒适性
CN205879527U	2016.05.30	苏建、张雪平、张兰、牛治慧、张亨飚、许影、陈学渊、陈雷、张益瑞、张萍萍、王启明、林惠英、陈熔、刘玉梅、郑小庆	动力机械闭环可倾斜式多边形激振齿轮箱试验台	本实用新型试验台提高列车安全运行，改善高速动车组的乘坐舒适性
CN205879483U	2016.05.30	苏建、张雪平、牛治慧、陈雷、张亨飚、许影、陈学渊、张益瑞、张兰、郑小庆、王启明、林惠英、陈熔、刘玉梅、张萍萍	动力机械闭环面对面双齿轮箱侧倾式激振试验台	提高高速列车组的安全运行，改善高速动车组的乘坐舒适性
CN106840718A	2017.03.27	苏建、郑小庆、石哲宇、吕福权、张雪平、陈雷、张益瑞、牛治慧、王启明、张兰、许影、张亨飚、陈学渊	高速轨道三自由度轮轨关系试验台	可以实现模拟高速列车轨道不平顺现象
CN206583617U	2017.03.27	苏建、郑小庆、石哲宇、吕福权、张雪平、陈雷、张益瑞、牛治慧、王启明、张兰、许影、张亨飚、陈学渊	高速轨道三自由度轮轨关系试验台	可以实现模拟高速列车轨道不平顺现象
CN106872191A	2017.04.12	苏建、吕福权、郑小庆、石哲宇、牛治慧、张雪平、陈雷、张益瑞、陈熔、林慧英	一种轨道车辆空气弹簧六自由度低温试验台	提高高速车组的运行安全新，改善高速动车组的乘坐舒适性
CN107063722A	2017.04.12	苏建、吕福权、郑小庆、石哲宇、牛治慧、张雪平、陈雷、张益瑞、陈熔、林慧英	一种轨道车辆空气弹簧的三岔式六自由度低温试验台	提高高速车组的安全运行，改善高速动车组的乘坐舒适性
CN206618569U	2017.04.12	苏建、吕福权、郑小庆、石哲宇、牛治慧、张雪平、陈雷、张益瑞、陈熔、林慧英	一种轨道车辆空气弹簧的三岔式六自由度低温试验台	提高高速车组的安全运行，改善高速动车组的乘坐舒适性
CN206670931U	2017.04.12	苏建、吕福权、郑小庆、石哲宇、牛治慧、张雪平、陈雷、张益瑞、陈熔、林慧英	一种轨道车辆空气弹簧六自由度低温试验台	提高高速车组的安全运行，改善高速动车组的乘坐舒适性
CN107063721A	2017.06.19	苏建、张雪平、陈熔、林慧英、徐观、牛治慧、桑珩、陈雷、郑小庆、吕福权、石哲宇、张益瑞、潘月、随艳霞	高速动车组车端风挡综合性能试验台	快速地找出风挡损坏的原因
CN107588969A	2017.09.23	苏建、石哲宇、吕福权、郑小庆、牛治慧、陈雷、张雪平、陈熔、林慧英、张益瑞	六锅一鼓式整体六自由度激振轨道客车转向架试验台	提高高速列车组的安全运行，改善高速动车组的乘坐舒适性
CN107607336A	2017.09.23	苏建、郑小庆、陈熔、林慧英、徐观、吕福权、石哲宇、张雪平、陈雷、张益瑞、王启明、牛治慧	曲轴激励颠簸短轴式接地装置试验台	可真实反映轨道列车轴箱轴承的实际运行工况
CN107576467A	2017.09.23	苏建、郑小庆、陈熔、林慧英、徐观、吕福权、石哲宇、张雪平、陈雷、张益瑞、王启明、牛治慧	双曲轴激励连杆导向式接地装置磨损试验台	可以测试不同速度下试验轴轴承的损耗情况

续表

公告号	申请日	发明（设计）人	技术手段	技术功效
CN107576495A	2017.09.23	苏建、郑小庆、石哲宇、吕福权、张雪平、陈雷、张益瑞、牛治慧、王启明、张兰、许影、张亨飏、陈学渊	单齿轮箱可倾斜同侧扭矩机械加载及补偿驱动的低温试验台	保证齿轮箱试验的合理性与精确性
CN107588951A	2017.09.23	苏建、吕福权、郑小庆、石哲宇、牛治慧、张雪平、陈雷、张益瑞、陈秋雨、陈学渊、张亨飏、许影	一种两箱面对面同步皮带功率闭环补偿驱动的低温试验台	提高高速列车组的安全运行，改善高速动车组乘坐舒适性

资料来源：中国产业智库大数据中心

5.3.4.2 王军

王军，教授级高级工程师，曾任中车四方股份公司董事兼总工程师、董事兼总经理和党委副书记、副董事长兼总经理和党委副书记、董事长兼党委书记，南车集团党委常委。入选国家百千万人才工程，是国家有突出贡献中青年专家，詹天佑铁道科学技术奖获得者，享受国务院政府特殊津贴。

从发明人合作网络图中，可以看出存在一个以苏建为首的中车四方股份公司的研发团队，其成员包括张曙光、丁叁叁、龚明、邓小军、梁建英等。研发团队随时间变化有所调整，2013年之后，研发团队的主要成员包括马云双、田爱琴、鄢桂珍、赵士忠、聂双双等。

该团队专利申请共50件，主要侧重12-03（机车和铁路用机动托架及其他所有铁路运输车辆），尤其是高速轨道车辆的车头设计，涉及专利23件，占该团队专利申请总量的46%，专利包括高速动车组车头（200EMU-1）、高速动车组车头（300EMU-4）和高速动车组车头（300EMU-5），以及轨道车辆车头（新一代1）到轨道车辆车头（新一代20）等流线型车头相关专利；其次为G06F17/50（计算机辅助设计）（表5-9）。

从专利申请时间来看，该团队专利申请主要集中在2009年和2015年，其中，2009年集中对轨道车辆车头（新一代1）到轨道车辆车头（新一代20）进行了集中申请。2015年的申请则更加侧重高铁计算机相关技术、数据处理等方面的专利。

表5-9 高铁产业在华专利重要发明人王军团队专利一览表

公告号	申请日	发明（设计）人	技术手段	技术功效
CN201205917Y	2008.08.05	张曙光、王军、张洪、邓小军、鄢桂珍	主要具有至少一个机车及顺序连接的列车，每一列车具有垂向连接的转向架和车体	转向架主要部件结构的简化、减小重量
CN201214427Y	2008.08.05	张曙光、王军、马云双、梁建英、程建峰	一种无摇枕结构的构架组成	在保证机械强度的前提下，实现转向架主要部件结构的简化、减小重量
CN300886761D	2008.08.05	张曙光、王军、丁叁叁、陈文宾、段浩伟、李文化	车头设计	用于高速轨道车辆的车头
CN300893543D	2008.08.05	张曙光、丁叁叁、陈文宾、段浩伟、李文化、王军	车头设计	用于高速轨道车辆的车头
CN300900065D	2008.08.05	张曙光、王军、肖智	车头设计	用于高速轨道车辆的车头

续表

公告号	申请日	发明（设计）人	技术手段	技术功效
CN201272365Y	2008.09.12	王军、林俊、虞大联、张月军	在纵向车体两端相互之间采用车端减振器	减振
CN201313557Y	2008.09.12	王军、李树典、王立锋、任广强、王国强、王宗昌	体内的空间分为室内侧和室外侧两部分，室内侧的壳体内设置有室内换热器和室内风机	制冷和送风非常均匀，客室内温度波动较小
CN201484421U	2009.08.11	张曙光、王军、龚明、丁叁叁、赵士忠、王万静、王学亮、王宝金	采用中空薄壁铝合金型材板，型材断面设计为平滑的连续圆弧	满足明线或隧道交会时对气动性能的要求
CN301318690S	2009.11.04	张曙光、王军、姜良奎、龚明、罗斌、刘作琪、丁叁叁	车头流线造型	用于高速轨道车辆的车头
CN301318691S	2009.11.04	张曙光、王军、符婉晖、龚明、罗斌、刘作琪、丁叁叁	车头流线造型	用于高速轨道车辆的车头
CN301318692S	2009.11.04	张曙光、王军、范彦超、龚明、罗斌、刘作琪、丁叁叁	车头流线造型	用于高速轨道车辆的车头
CN301318693S	2009.11.04	张曙光、王军、肖智、龚明、罗斌、刘作琪、丁叁叁	车头流线造型	用于高速轨道车辆的车头
CN301318694S	2009.11.04	张曙光、王军、陈艳、龚明、罗斌、刘作琪、丁叁叁	车头流线造型	用于高速轨道车辆的车头
CN301336212S	2009.11.04	张曙光、王军、胡亚峰、龚明、罗斌、刘作琪、丁叁叁	车头流线造型	用于高速轨道车辆的车头
CN301364888S	2009.11.04	张曙光、王军、庞世俊、龚明、罗斌、刘作琪、丁叁叁	车头流线造型	用于高速轨道车辆的车头
CN301364889S	2009.11.04	张曙光、王军、张冶、龚明、罗斌、刘作琪、丁叁叁	车头流线造型	用于高速轨道车辆的车头
CN301370719S	2009.11.04	张曙光、王军、赵勇力、龚明、罗斌、刘作琪、丁叁叁	车头流线造型	用于高速轨道车辆的车头
CN301432156S	2009.11.04	张曙光、王军、王硕、龚明、罗斌、刘作琪、丁叁叁	车头流线造型	用于高速轨道车辆的车头
CN301444821S	2009.11.04	张曙光、王军、施铭书、龚明、罗斌、刘作琪、丁叁叁	车头流线造型	用于高速轨道车辆的车头
CN301318701S	2009.12.31	张曙光、王军、徐佰初、姜良奎、龚明、罗斌、丁叁叁	车头流线造型	用于高速轨道车辆的车头
CN301318702S	2009.12.31	张曙光、王军、徐佰初、肖智、龚明、罗斌、丁叁叁	车头流线造型	用于高速轨道车辆的车头
CN301318703S	2009.12.31	张曙光、王军、徐佰初、龚明、罗斌、丁叁叁	车头流线造型	用于高速轨道车辆的车头
CN301327860S	2009.12.31	张曙光、王军、姜良奎、龚明、罗斌、丁叁叁	车头流线造型	用于高速轨道车辆的车头
CN301327861S	2009.12.31	张曙光、王军、肖智、龚明、罗斌、丁叁叁	车头流线造型	用于高速轨道车辆的车头
CN301327862S	2009.12.31	张曙光、王军、肖智、龚明、罗斌、丁叁叁	车头流线造型	用于高速轨道车辆的车头
CN301327863S	2009.12.31	张曙光、王军、徐佰初、姜良奎、龚明、罗斌、丁叁叁	车头流线造型	用于高速轨道车辆的车头
CN301336213S	2009.12.31	张曙光、王军、徐佰初、姜良奎、龚明、罗斌、丁叁叁	车头流线造型	用于高速轨道车辆的车头
CN301336214S	2009.12.31	张曙光、王军、徐佰初、肖智、龚明、罗斌、丁叁叁	车头流线造型	用于高速轨道车辆的车头

续表

公告号	申请日	发明（设计）人	技术手段	技术功效
CN103629714B	2013.09.11	贾玉山、刘贺、龚明、窦同强、刘银生、郭小峰、李福正、王军、刘伟、魏小娟、孔令明、王冰松、刘成永、孙彦	内循环模块，用于净化水汽为主的油烟，并将净化后的空气用于车内循环；外循环模块，用于净化浓度较大的油烟，并将净化后的空气排出车外	实现了在高速列车内进行中式烹饪
CN203489328U	2013.09.11	贾玉山、刘贺、龚明、窦同强、刘银生、郭小峰、李福正、王军、刘伟、魏小娟、孔令明、王冰松、刘成永、孙彦	内循环模块，用于净化水汽为主的油烟，并将净化后的空气用于车内循环；外循环模块，用于净化浓度较大的油烟，并将净化后的空气排出车外	实现了在高速列车内进行中式烹饪
CN103661476B	2013.09.23	喻海洋、田爱琴、丁叁叁、陈书翔、王宝金、龚明、王军	通过紧固件固定在所述安装座上，所述安装座固定在车体底部上，所述清障部件为叠置的双层橡胶板结构	有效清除轨面上小型障碍物
CN203485929U	2013.09.23	喻海洋、田爱琴、丁叁叁、陈书翔、王宝金、龚明、王军	通过紧固件固定在所述安装座上，所述安装座固定在车体底部上，所述清障部件为叠置的双层橡胶板结构	有效清除轨面上小型障碍物
CN103693058B	2013.12.17	单永林、李宏、王军、龚明、马云双、宋红、房楠	一种高速动车组车下设备吊挂安装结构及安装方法	实现对车下设备安装的改造，改造成本低，周期短
CN203612005U	2013.12.17	单永林、李宏、王军、龚明、马云双、宋红、房楠	一种高速动车组车下设备吊挂安装结构及安装方法	实现对车下设备安装的改造，改造成本低，周期短
CN104537155A	2014.12.10	邓小军、李恒奎、李鹏、王宗昌、王军、龚明	建立高速列车的技术指标体系和产品结构树	有效地减少已知高速列车研发产品的重复研发工作
CN104572831A	2014.12.10	徐宏伟、陈争、冯永华、聂双双、宋红、郭小峰、焦京海、王军	当接收到新的高速列车的需求数据时，可以通过所述关联关系及所述需求数据模板，生成所述新的高速列车设计的需求数据中包括的已知高速列车需求实例数据	提高了处理需求数据的效率，减少了人为影响，降低了出错概率
CN104608782A	2015.01.27	李伟、户迎灿、陈文宾、赵士忠、马乐坤、聂双双、李扬、顾春雷、高玉龙、杨为三、田爱琴、鄢桂珍、王军	一种高速动车组、车体及端门安装结构	有利于保护端墙结构，而且可以提高螺纹部件的更换效率
CN204488801U	2015.01.27	李伟、户迎灿、陈文宾、赵士忠、马乐坤、聂双双、李扬、顾春雷、高玉龙、杨为三、田爱琴、鄢桂珍、王军	一种高速动车组、车体及端门安装结构	有利于保护端墙结构，而且可以提高螺纹部件的更换效率
CN104820682A	2015.04.17	王军、刘先恺、邓小军、李树典、刘江涛、孙高峰、刘韶庆、梁建英	高速列车需求数据实例构建和处理方法	提高需求数据的采集效率及高速列车的开发效率，减少人力和资源浪费
CN104820733A	2015.04.17	王万静、李恒奎、杜健、孙高峰、邓小军、刘韶庆、王军	高速列车需求元模型建立和处理方法	提高需求数据的采集效率及高速列车的开发效率，减少人力和资源浪费
CN104898933A	2015.06.04	李树典、徐宏伟、李鹏、高宝杰、王宗昌、丁叁叁、王军	一种高速列车需求数据的处理方法及装置	减少了对高速列车需求数据进行处理时的工作量，同时减少了出错率

续表

公告号	申请日	发明（设计）人	技术手段	技术功效
CN104915106A	2015.06.04	马云双、李树典、李恒奎、徐宏伟、徐刚、郭小峰、丁叁叁、王军	一种高速列车需求数据的处理方法及装置	减少了对高速列车需求数据进行处理时的工作量，同时减少了出错率
CN104978411A	2015.06.23	梁建英、李恒奎、冯永华、陈争、董丽、丁叁叁、曹志伟、王军	一种高速列车的车型开发方法和装置	在参考车型的车型实例上对车型结构进行修改，以构建出新开发车型的车型结构并得到其车型实例
CN105023229A	2015.07.21	邓小军、虞大联、王万静、刘先恺、李树典、李鹏、王军、马云双、仲崇成	一种高速列车技术指标的处理方法和装置	提高了处理技术指标的效率，提高了高速列车的研发速度
CN105196989A	2015.08.25	王洁先、张立国、王晓东、刘海波、王军、龚明	在动车组主控司机室内设置开关装置，并且电子制动控制单元在检测到开关装置闭合的情况下向机车施加制动力	确保动车组在坡道启动时不溜车
CN105302957A	2015.10.28	梁建英、丁叁叁、李树典、王军、邓小军、冯永华、杜健、李恒奎、李鹏	一种高速列车的设计方法和系统	避免研发人员的重复研发工作，节约了人力、物力和时间
CN105389426A	2015.10.28	王军、龚明、丁叁叁、焦京海、陈争、刘江涛、刘先恺、王晓东、张敏	只需要用户按照界面参数指示完成相应的参数赋值	简化了用户参与部分，能够提高设计效率和质量
CN105426571A	2015.10.28	李恒奎、邹益胜、张士存、高宝杰、夏清洁、曹志伟、柳少华、王军、张海柱	一种处理高速列车产品数据的方法	提供了一种处理高速列车产品数据的装置
CN105550411A	2015.12.07	张功彬、柳少华、赵宇波、孙华、张士存、蔡育冰、吴鸿斌、王军	提供的高速列车快速设计的流程事件监听方法及装置	满足快速高效进行车辆研发制造的需求
CN105574252A	2015.12.11	王军、梁建英、刘先恺、邓小军、陈争、刘江涛、仲崇成	能够继承已设计完成的技术数据进行研发设计	可提高设计效率，降低出错概率

资料来源：中国产业智库大数据中心

5.4 高铁产业重点领域全球技术标准分析

本节主要研究并分析了全球主要国家和地区（包括美国、日本、欧盟、英国、德国、法国、中国）在高铁领域的技术标准，重点关注轨道交通电传动控制、整车振动控制等部分细分领域。

5.4.1 美国高铁产业重点领域技术标准

高铁领域美国标准主要由美国国家标准协会、美国电子和电气工程师协会制定，仅有1项（表5-10），为基于通信技术的列车控制系统功能测试推荐性操作规程标准。

表5-10 美国高铁产业关键技术标准列表

序号	标准号	标准名称
1	ANSI/IEEE1474.4-2011	基于通信技术的列车控制（CBTC）系统功能测试推荐性操作规程

资料来源：中国产业智库大数据中心

5.4.2 国际标准化组织高铁产业重点领域技术标准

高铁领域国际标准主要由国际标准化组织、国际电工委员会制定，已颁布 87 项（表 5-11），主要包括产品、方法等两类标准。其中，高铁领域产品标准为全部车辆用电子设备、铁路应用设施、固定装置、电力牵引架空线路、铁路车辆用牵引变压器和电感器等；方法标准包括铁路设施.铁路车辆设备.撞击和振动试验；铁路设施.集流系统.碳滑板用导电弓架试验方法；铁路设施.安装在铁路机车上的电力变流器.第 1 部分：特性和试验方法等标准。

表 5-11 国际标准化组织高铁产业关键技术标准列表

序号	标准号	标准名称
1	IEC/TR62267-2-2011	铁路应用设施.自动化城市引导运输（AUGT）.安全性要求.第 2 部分：顶级系统的风险分析
2	IEC61881-3-2012	铁路应用设施.铁道车辆设备.电力电子设备用电容器.第 3 部分：电气车辆双层电容器
3	IEC61881-2-2012	铁路应用设施.铁路车辆设备.电力电子设备用电容器.第 2 部分：带非固体电解质的铝电解质电容器
4	IEC62498-3-2010	铁路应用设施.设备的环境条件.第 3 部分：信号传输和电信用设备
5	IEC62498-3-2010	铁路应用设施.设备的环境条件.第 3 部分：信号传输和电信用设备
6	IEC62498-2-2010	铁路应用设施.设备的环境条件.第 2 部分：固定电力装置
7	IEC62498-1-2010	铁路应用设施.设备的环境条件.第 1 部分：机车车辆上的设备
8	IEC62498-1-2010	铁路应用设施.设备的环境条件.第 1 部分：机车车辆上的设备
9	IEC60571-2012	铁路应用设施.全部车辆用电子设备
10	IEC/TR62278-3-2010	铁路应用设施.可靠性、可用性、可维修性和安全性（RAMS）的规范和验证.第 3 部分：全部车辆 RAM 用 EN50126-1 标准应用指南
11	IEC62486-2010	铁路应用设施.集电流系统.导电弓架和架空线路间相互作用的技术准则（获得自由存取）
12	IEC62589-2010	铁路应用设施.固定装置.转换器组件和转换器组件试验的额定值的协调
13	IEC61992-7-2-2006	铁路应用设施.固定装置.直流开关装置.第 7-2 部分：直流牵引系统中的特定用途用测定、控制和保护装置.隔离换流器和其他电流测定装置
14	IEC62128-1-2013	铁路应用设施.固定装置.第 1 部分：防电击的保护性措施
15	IEC61992-7-3-2006	铁路应用设施.固定设备.直流开关装置.第 7-3 部分：直流牵引系统特定用途的测量，控制和保护装置.绝缘电压转换器和其他电压测量装置
16	IEC60913-2013	铁路应用设施.固定设备.电力牵引架空线路
17	IEC62621-2011	铁路应用设施.固定设备.电力牵引.用于架空接触线系统的复合绝缘子特定要求
18	IEC62590-2010	铁路应用设施.固定设备.变电站电子电源变流器
19	IEC62267-2009	铁路应用设施.都市自动化有轨运输（AUGT）.安全性要求
20	IEC62267-2009	铁路应用设施.都市自动化有轨运输（AUGT）.安全性要求
21	IEC62520-2011	铁路应用设施.电力牵引.电源转换器馈电的短式基本类型直线感应电动机（LIM）
22	IEC62290-2-2011	铁路应用设施.城市指导运输管理和命令/控制系统.第 2 部分：功能要求规范
23	IEC62290-2-2014	铁路应用设施.城市指导运输管理和命令/控制系统.第 2 部分：功能要求规范
24	IEC60850-2007	铁路应用.牵引系统的供电电压
25	IEC60077-3-2001	铁路应用.机车车辆用电气设备.第 3 部分：电工元件直流断路器用规则
26	IEC60077-2-1999	铁路应用.机车车辆用电气设备.第 2 部分：电工元件一般规则
27	IEC60077-1-1999	铁路应用.机车车辆用电气设备.第 1 部分：一般运行条件和一般规则
28	IEC60077-1-1999	铁路应用.机车车辆用电气设备.第 1 部分：一般运行条件和一般规则
29	IEC60322-2001	铁路应用.机车车辆的电气设备.开敞式结构电力电阻器的规则

续表

序号	标准号	标准名称
30	IEC61991-2000	铁路应用机车车辆防电气危险的保护措施
31	IEC62279-2002	铁路设施.通信,信号和处理系统.铁路控制和保护系统用软件
32	IEC60310-2004	铁路设施.铁路车辆用牵引变压器和电感器
33	IEC61373-2010	铁路设施.铁路车辆设备.撞击和振动试验
34	IEC61377-1-2006	铁路设施.铁路车辆.逆变器供电的交流电动机及其控制系统的联合试验
35	IEC61377-3-2002	铁路设施.铁路车辆.第3部分:交流电动机,间接变流器及其他控制系统的联合检验
36	IEC62427-2007	铁路设施.全部车辆和火车探测系统间的兼容性
37	IEC62499-2008	铁路设施.集流系统.碳滑板用导电弓架试验方法
38	IEC60077-5-2003	铁路设施.机车车辆用电气设备.第5部分:电工元件.HV熔断器规则
39	IEC60077-4-2003	铁路设施.机车车辆用电气设备.第4部分:电工元件.交流断路器规则
40	IEC61377-2-2002	铁路设施.机车车辆.联合试验.第2部分:反向直流牵引电动机及其控制设备
41	IEC61992-7-1-2006	铁路设施.固定装置.直流开关装置.第7-1部分:直流牵引系统中的特定用途用测量,控制和保护装置.应用手册
42	IEC61992-6-2006	铁路设施.固定装置.直流开关装置.第6部分:直流开关组件
43	IEC61992-5-2006	铁路设施.固定装置.直流开关装置.第5部分:直流系统中的特定用途用电涌放电器和低压限制器
44	IEC61992-4-2006	铁路设施.固定装置.直流开关装置.第4部分:露天直流断路器,隔离开关和接地开关
45	IEC61992-3-2006	铁路设施.固定装置.直流开关装置.第3部分:室内直流断路器,隔离开关和接地开关
46	IEC61992-1-2006	铁路设施.固定装置.直流开关设备.第1部分:总则
47	IEC62505-3-3-2009	铁路设施.固定式装置.交流开关装置用详细要求.第3-3部分:专门用于交流牵引系统的测量装置、控制装置和保护装置.单相感应变压器
48	IEC62505-3-2-2009	铁路设施.固定式装置.交流开关装置用详细要求.第3-2部分:专门用于交流牵引系统的测量装置、控制装置和保护装置.单相电流变压器
49	IEC62505-2-2009	铁路设施.固定式装置.交流开关装置用详细要求.第2部分:U大于1kV的单相分离器、接地开关和开关
50	IEC62505-3-1-2009	铁路设施.固定式装置.交流开关装置的详细要求.第3-1部分:专门用于交流牵引系统的测量装置、控制装置及保护装置.应用指南
51	IEC62505-1-2009	铁路设施.固定式装置.交流开关控制装置的详细要求.第1部分:U大于1kV的单相断路器
52	IEC61992-2-2006	铁路设施.固定设备.直流开关设备.第2部分:直流断路器
53	IEC62128-2-2003	铁路设施.固定设备.第2部分:由直流牵引系统产生的杂散电流影响的防护规定
54	IEC62313-2009	铁路设施.电源和全部车辆.电源(变电站)和全部车辆间协调的技术标准
55	IEC62236-5-2008	铁路设施.电磁兼容性.第5部分:固定式电源设备和装置的辐射和抗扰性
56	IEC62236-3-1-2008	铁路设施.电磁兼容性.第3-1部分:铁道车辆,列车和成套车辆
57	IEC62290-1-2006	铁路设施.城市指导运输管理和命令/控制系统.第1部分:系统原则和基本原理
58	IEC62290-1-2014	铁路设施.城市指导运输管理和命令/控制系统.第1部分:系统原则和基本原理
59	IEC61287-1-2005	铁路设施.安装在铁路机车上的电力变流器.第1部分:特性和试验方法
60	IEC60571AMD1-2006	铁路机车用电子设备.修改件1
61	IEC61375-3-3-2012	铁路电子设备.火车通信网(TCN).第3-3部分:控制局域网路高层协议(CANopen)组成网络(CCN)
62	IEC60571-1998	铁路车辆用电子设备
63	ISO1005-9-1986	铁路车辆材料.第9部分:牵引和拖动的轮轴尺寸要求
64	ISO1005-8-1986	铁路车辆材料.第8部分:牵引和拖动的车轮实心轮尺寸和平衡要求

续表

序号	标准号	标准名称
65	ISO1005-7-1982	铁路车辆材料. 第7部分：牵引和拖动的轮副质量要求
66	ISO1005-6-1994	铁路车辆材料. 第6部分：牵引和拖动车轮实心轮交货技术条件
67	ISO1005-4-1986	铁路车辆材料. 第4部分：牵引和拖动的车轮的轧制或锻造的轮体质量要求
68	ISO1005-3-1982	铁路车辆材料. 第3部分：牵引和拖动的轮轴质量要求
69	ISO1005-2-1986	铁路车辆材料. 第2部分：牵引和拖动的车轮、轮体和轮箍尺寸、平衡和组装要求
70	ISO1005-1-1994	铁路车辆材料. 第1部分：牵引和拖动的粗轧车轮交货技术条件
71	IEC62236-3-1-2003	轨道交通. 电磁兼容性. 第3-1部分：铁道车辆. 列车和成套车辆
72	IEC62236-2-2003	轨道交通. 电磁兼容性. 第2部分：整个铁路系统对外界的辐射
73	IEC61375-2-2-2012	电子铁路设备. 列出通信网络（TCN）第2-2部分：列车总线一致性测试
74	IEC61375-3-2-2012	电子铁路设备. 列车通信网络（TCN）. 第3-2部分：MVB（多功能列车总线）
75	IEC61375-3-1-2012	电子铁路设备. 列车通信网络（TCN）. 第3-1部分：多功能列车总线（MVB）
76	IEC61375-2-1-2012	电子铁路设备. 列车通信网络（TCN）. 第2-1部分：列车总线（WTB）
77	IEC61375-1-2012	电子铁路设备. 列车通信网络（TCN）. 第1部分：总体架构
78	IEC61375-1-2007	电气铁路设备. 列车总线. 第1部分：列车通信网络
79	IEC60349-4-2012	电力牵引. 铁路与道路车辆用旋转电机. 第4部分：与电子变流器相连接的永磁同步电机
80	IEC60349-3-2010	电力牵引. 铁路与道路车辆用旋转电机. 第3部分：通过组件损失总和法测定换流器供电交流电动机的总损失
81	IEC60349-2-2010	电力牵引. 铁路与道路车辆用旋转电机. 第2部分：电子变流器补偿的交流电动机
82	IEC60349-1-2010	电力牵引. 铁路与道路车辆用旋转电机. 第1部分：电子交流器供电的交流电动机除外的旋转电机
83	IEC60349-1Edition2.0-2010	电力牵引. 铁路和道路用旋转电机. 第1部分：除电子换流器供电的交流电动机之外的旋转电机
84	IEC/TS60349-3-2010	电力牵引. 铁路和道路车辆用旋转电机. 第3部分：用组件损失的总计测定转换器反馈交流电动机的总损失
85	IEC9/1135/CD-2008	电力牵引. 铁路和道路车辆用旋转电机. 第3部分：用组件损耗总和测定变流器供电交流电动机的总损耗
86	IEC61375-2-2007	道路电气设备. 列车总线. 第2部分：列车通信网的合格测试
87	IEC9/1823/DTS-2013	IEC/TS62773：铁路应用设施. 应用于无线电基列车控制系统的无线电系统性能要求的确定规程

资料来源：中国产业智库大数据中心

5.4.3 日本高铁产业重点领域技术标准

高铁领域日本标准主要由日本工业标准调查会制定，共10项（表5-12），主要包括产品、方法等两类标准。其中，高铁领域产品标准为铁路车辆用交流牵引电动机、铁路车辆用牵引变压器和电感器等；方法标准包括铁路信号设备. 阻抗联结器. 试验方法；铁路信号部件：振动试验方法；连续感应式列车自动控制装置的试验方法等标准。

表5-12 日本高铁产业关键技术标准列表

序号	标准号	标准名称
1	JISE6111-2012	铁路应用设施. 电力牵引. 由功率变流器伺服的短路-初始型线性感应电动机
2	JISE6102-2004	铁路车辆用交流牵引电动机

续表

序号	标准号	标准名称
3	JISE3801-2-2010	无线电通信用火车控制系统. 第2部分: 系统要求
4	JISE3801-1-2009	无线电通信用火车控制系统. 第1部分: 一般要求和功能要求
5	JISE3018-2001	铁路信号设备. 阻抗联结器. 试验方法
6	JISE3021-1999	铁路信号零件的绝缘电阻及耐电压试验方法
7	JISE3014-1999	铁路信号部件. 振动试验方法
8	JISE6005AMD1-2011	铁路机动车辆. 列车自动控制装置和列车自动驻车装置. 试验方法（修改件1）
9	JISE6005-1995	铁路车辆. 列车车载自动控制和停车装置. 试验方法
10	JISE3007-2002	连续感应式列车自动控制装置的试验方法

资料来源：中国产业智库大数据中心

5.4.4 欧盟标准化组织高铁产业重点领域技术标准

高铁领域欧洲标准主要由欧洲标准化委员会、欧洲电工标准化委员会制定，共66项（表5-13），主要包括产品、方法等两类标准。其中，高铁领域产品标准为电气牵引架空接触线、铜和铜合金波纹接触线、电源转换器供电型一次短路线性感应电动等；方法标准包括铁路设施. 机车车辆. 逆向供电交流电动机及其控制的联合检验；铁路设施. 固定装置. 电力牵引. 复合绝缘子的特殊要求等标准。

表5-13 欧盟标准化组织高铁产业关键技术标准列表

序号	标准号	标准名称
1	EN50119-2013	铁路应用设施. 固定装置. 电气牵引架空接触线. 德文版本 EN50119-2009+A1-2013
2	EN50149-2012	铁路应用设施. 固定装置. 电力牵引. 铜和铜合金波纹接触线. 德文版本 EN5014-2012
3	EN62290-2-2011	铁路应用设施. 城市指导运输管理和命令/控制系统. 第2部分: 功能要求规范（IEC62290-2-2011）. 德文版本 EN62290-2-2011
4	EN15877-2-2013	铁路应用设施. 铁路车辆标记. 第2部分: 车厢，动力装置，机车以及轨道交通设备的外部标记. 德文版本 EN15877-2-2013
5	EN50122-2-2010	铁路应用设备. 固定设备. 电气安全，接地和回路. 第2部分: 克服直流牵引系统漏电流影响的规定. 德文版本 EN50122-2-2010
6	EN62520-2011	铁路应用. 电力牵引. 电源转换器供电型一次短路线性感应电动机（LIM）（IEC62520-2011）. 德文版 EN62520-2011
7	EN14198-2004	铁路设施. 制动. 机车牵引列车的制动系统要求
8	EN14817-2006	铁路设施. 悬架元部件. 空气弹簧控制元素
9	EN50128-2001	铁路设施. 通信、信号和处理系统. 铁路控制和防护系统用软件
10	EN50128-2011	铁路设施. 通信、信号和处理系统. 铁路控制和防护系统用软件
11	EN15566-2010	铁路设施. 铁路全部车辆. 牵引装置和螺旋联轴节. 德文版本 EN15566-2009+A1-2010
12	EN60310-2004	铁路设施. 铁路车辆用牵引变压器和电感器
13	EN61377-3-2002	铁路设施. 铁路车辆. 第3部分: 间接变流器供电的交流电动机及其控制系统的组合测试
14	EN50163-2004	铁路设施. 牵引系统的供电电压
15	EN50163/A1-2007	铁路设施. 牵引系统的供电电压
16	EN50264-3-1-2008	铁路设施. 具有专门防火性能的铁路车辆动力和控制电缆. 第3-1部分: 减小尺寸的交联弹性体绝缘电缆. 单芯电缆

续表

序号	标准号	标准名称
17	EN61377-1-2006	铁路设施. 机车车辆. 逆向供电交流电动机及其控制的联合检验
18	EN61377-2-2002	铁路设施. 机车车辆. 联合试验. 第2部分：反向直流牵引电动机及其控制设备
19	EN50239-1999	铁路设施. 货运用牵引车辆的无线电遥控系统
20	EN50152-3-1-2003	铁路设施. 固定装置. 交流开关装置的特殊要求. 第3-1部分：交流牵引系统专用测量、控制和保护设备. 应用指南
21	EN50152-3-3-2001	铁路设施. 固定装置. 交流电开关的特殊要求. 第3-3部分：交流牵引系统专用测量、控制和保护装置. 单相感应电压变压器
22	EN50152-3-2-2001	铁路设施. 固定装置. 交流电开关的特殊要求. 第3-2部分：交流牵引系统专用测量、控制和保护装置. 单相电流变压器
23	EN50119-2009	铁路设施. 固定装置. 电气牵引架空接触线
24	EN50149-2001	铁路设施. 固定装置. 电力牵引. 铜和铜合金波纹接触线
25	EN50345-2009	铁路设施. 固定装置. 电力牵引. 架空接触线路支撑用绝缘合成绳组件
26	EN50151-2003	铁路设施. 固定装置. 电力牵引. 复合绝缘子的特殊要求
27	EN50329-2010	铁路设施. 固定式装置. 牵引变压器. 德文版本 EN50329-2003+A1-2010
28	EN50123-7-3-2003	铁路设施. 固定设备. 直流开关装置. 第7-3部分：直流牵引系统专用测量、控制和保护设备. 独立式电压传感器和其他电压测量设备
29	EN50123-7-2-2003	铁路设施. 固定设备. 直流开关装置. 第7-2部分：直流牵引系统专用测量、控制和保护设备. 独立式电流传感器和其他电流测量设备
30	EN50123-7-1-2003	铁路设施. 固定设备. 直流开关设备. 第7-1部分：直流牵引系统专用测量、控制与保护装置. 应用指南
31	EN62290-1-2006	铁路设施. 城市指导运输管理和命令/控制系统. 第1部分：系统原则和基本原理（IEC62290-1-2006）
32	EN50264-2-2-2008	铁路设施. 具有专门防火性能的铁路车辆动力和控制电缆第2-2部分：交联弹性体绝缘电缆多芯电缆
33	EN50264-2-1-2008	铁路设施. 具有专门防火性能的铁路车辆动力和控制电缆第2-1部分：交联弹性体绝缘电缆单芯电缆
34	EN50264-1-2008	铁路设施. 具备特殊防火性能的铁路车辆电力电缆和控制电缆第1部分：一般要求
35	EN50264-3-2-2008	铁路设施. 具备特殊防火性能的铁路车辆电力电缆和控制电缆标第3-2部分：尺寸减小的交联弹性体绝缘电缆多芯电缆
36	EN50122-3-2010	铁路设备. 固定设备-电气安全，接地和回路. 第3部分：a.c. 和 d.c. 双向互动牵引系统. 德文版本 EN50122-3-2010
37	EN15461-2008	轨道交通. 噪声排放. 火车经过时噪声测量用轨道部件的动态功能特性.
38	EN50355-2013	轨道交通. 有特殊防火性能的铁路机车电缆. 使用指南
39	EN60349-2-2001	轨道交通. 铁路和公路车辆用旋转电机. 第2部分：电子变流器馈电交流电动机
40	EN50163-1995	轨道交通. 铁路电网馈电电压
41	EN50155-2001	轨道交通. 铁路车辆用电子设备. 德文版本 EN50155：2001
42	EN61881-1999	轨道交通. 铁路车辆设备. 电力电子设备用电容器（IEC61881：1999）. 德文版本 EN61881：1999
43	EN60310-1996	轨道交通. 铁路车辆牵引变压器和电抗器
44	EN14535-1-2005	轨道交通. 铁路车辆的制动盘. 第3部分：加压或热套到轴或驱动轴的制动盘的尺寸和质量要求
45	EN12663-2000	轨道交通. 铁路车辆车身的结构要求
46	EN15227-2008	轨道交通. 铁路车辆车身的防撞性要求
47	EN50153-1996	轨道交通. 铁路车辆. 涉及电器危险的保护措施

续表

序号	标准号	标准名称
48	EN15566-2009	轨道交通. 铁路车辆. 牵引装置和螺旋连接器. 英文版本 DINEN15566-2009-07
49	EN15551-2009	轨道交通. 铁路车辆. 缓冲器
50	EN13232-8-2007	轨道交通. 铁轨. 铁路侧线和交叉路口. 第8部分：扩展装置
51	EN50382-2/A1-2013	轨道交通. 具有特殊防火性能的铁路车辆高温电力电缆. 第2部分：120℃或150℃用单芯硅橡胶绝缘电缆. 德文版本 EN50382-2-2008/A1-2013
52	EN50382-1/A1-2013	轨道交通. 具有特殊防火性能的铁路车辆高温电力电缆. 第1部分：一般要求. 德文版本 EN50382-1-2008/A1-2013
53	EN13232-7-2006	轨道交通. 轨道. 铁路侧线和道岔口. 第7部分：可移动部分的道叉口
54	EN13232-6-2005	轨道交通. 轨道. 铁路侧线和道岔口. 第6部分：固定普通和钝角岔道
55	EN13232-5-2005	轨道交通. 轨道. 铁路侧线和道岔口. 第5部分：铁路侧线
56	EN13232-5-2005	轨道交通. 轨道. 铁路侧线和道岔口. 第5部分：铁路侧线
57	EN13232-4-2005	轨道交通. 轨道. 铁路侧线和道岔口. 第4部分：驱动、锁紧和检测
58	EN13232-3-2003	轨道交通. 轨道. 铁路侧线和道岔口. 第3部分：车轮/钢轨相互作用要求
59	EN13232-2-2003	轨道交通. 轨道. 铁路侧线和道岔口. 第2部分：几何设计要求
60	EN13674-2-2006	轨道交通. 轨道. 钢轨. 第2部分：46kg/m 及以上（列车）的丁字形铁轨的转辙器和交叉铁路连接
61	EN50122-2-1998	轨道交通. 固定设备. 第2部分：对于由直流牵引系统的造成的铁路杂散电流影响所采取的保护措施
62	EN61287-1-2014	轨道交通. 安装在铁路车辆上的功率变流器. 第1部分：特征和试验方法（IEC61287-1-2014）. 德文版本 EN61287-1-2014
63	EN45545-6-2013	轨道交通. 铁路车辆防火. 第6部分：消防与管理系统. 德文版本 EN45545-6-2013
64	EN60349-4-2013	电力牵引. 铁路与道路车辆用旋转电机. 第4部分：与电子变流器相连接的永磁同步电机（IEC60349-4-2012）. 德文版本 EN60349-4-2013
65	EN60349-2-2010	电力牵引. 铁路与道路车辆用旋转电机. 第2部分：电子变流器补偿的交流电动机（IEC60349-2-2010）. 德文版本 EN60349-2-2010
66	EN60349-1-2010	电力牵引. 铁路与道路车辆用旋转电机. 第1部分：电子交流器供电的交流电动机除外的旋转电机（IEC60349-1-2010）. 德文版本 EN60349-1-2010

资料来源：中国产业智库大数据中心

5.4.5 英国高铁产业重点领域技术标准

高铁领域英国标准主要由英国标准协会制定，共156项（表5-14），主要包括产品、方法等两类标准。其中，高铁领域产品标准为牵引装置和螺旋联轴节、铁路车辆用电气设备、高压熔断器、开放结构电源电阻器等；方法标准包括铁路应用设施. 火车上的能量测量. 一致性评估；铁路设施. 制动距离、减速距离和定位制动的计算方法. 一般算法等标准。

表5-14　英国高铁产业关键技术标准列表

序号	标准号	标准名称
1	BSEN15566-2009+A1-2010	铁路应用设施. 铁路全部车辆. 牵引装置和螺旋联轴节
2	BSEN60077-5-2003	铁路应用设施. 铁路车辆用电气设备. 电工元件. 高压（HV）熔断器规则
3	BSEN45545-4-2013	铁路应用设施. 铁路车辆消防. 轨道车辆设计的消防安全性要求
4	BSEN45545-3-2013	铁路应用设施. 铁路车辆消防. 防火屏障的耐火性要求
5	BSEN45545-5-2013	铁路应用设施. 铁路车辆消防. 包括无轨电车、有轨电车及磁悬浮车辆的电气设备用消防安全性要求

续表

序号	标准号	标准名称
6	BSEN12663-1-2010	铁路应用设施. 铁路车辆车体的结构要求. 机车和客用车（货运车辆的替换法）
7	BSEN50153-2003	铁路应用设施. 铁路车辆. 有关电气事故的防护措施
8	BSEN60322-2001	铁路应用设施. 铁道车辆电气设备. 开放结构电源电阻器规则
9	BSDDCLC/TS50535-2010	铁路应用设施. 随车携带的辅助功率变流器系统
10	BSDDCLC/TS50534-2010	铁路应用设施. 随车携带的电动辅助电力系统一般系统架构
11	BSEN50215-2009	铁路应用设施. 全部车辆. 竣工后投入使用前机车车辆的检验
12	BSEN50206-2-2010	铁路应用设施. 全部车辆. 集电器. 特性和测试. 地铁和轻轨车辆用集电器
13	BSEN50163-2004+A1-2007	铁路应用设施. 牵引系统的供电电压
14	BSDDCLC/TS50537-1-2010	铁路应用设施. 牵引变压器和冷却系统的装配部件. 牵引变压器用高压套管
15	BSDDCLC/TS50537-2-2010	铁路应用设施. 牵引变压器和冷却系统的装配部件. 牵引变压器和电抗器用绝缘液泵
16	BSDDCLC/TS50537-3-2010	铁路应用设施. 牵引变压器和冷却系统的装配部件. 牵引变流器用水泵
17	BSEN15273-1-2013	铁路应用设施. 量规. 概述. 基础设施和轨道车辆的通用规则
18	BSEN50382-1-2008+A1-2013	铁路应用设施. 具有特殊防火性能的铁路车辆高温电力电缆. 通用要求
19	BSEN50382-2-2008+A1-2013	铁路应用设施. 具有特殊防火性能的铁路车辆高温电力电缆. 120℃或150℃用单芯硅树脂橡胶绝缘电缆
20	BSEN15020-2006+A1-2010	铁路应用设施. 救援车挂钩. 性能要求，特殊接口几何学和试验方法
21	BSEN50367-2006	铁路应用设施. 集流系统. 电杆和架空线之间交互作用的技术标准（实现自由通道）
22	BSEN50367-2012	铁路应用设施. 集流系统. 电杆和架空线之间交互作用的技术标准（实现自由通道）
23	BSEN50367-2012	铁路应用设施. 集流系统. 电杆和架空线之间交互作用的技术标准（实现自由通道）
24	BSEN60077-1-2003	铁路应用设施. 机车车辆用电气设备. 一般服务条件和通用规则
25	BSEN60077-3-2003	铁路应用设施. 机车车辆用电气设备. 电气部件. 直流断路器规则
26	BSEN50463-5-2012	铁路应用设施. 火车上的能量测量. 一致性评估
27	BSEN50463-4-2012	铁路应用设施. 火车上的能量测量. 通信
28	BSEN50463-3-2012	铁路应用设施. 火车上的能量测量. 数据处理
29	BSEN50463-2-2012	铁路应用设施. 火车上的能量测量. 能量测量
30	BSEN50206-1-2010	铁路应用设施. 轨道车辆. 受电弓：试验和特征. 第1部分：干线车辆的受电弓
31	BSEN14033-1-2011	铁路应用设施. 轨道. 轨道结构和维护机械. 运转的技术要求
32	BSEN50123-3-2003+A1-2013	铁路应用设施. 固定装置. 直流开关装置. 室内直流切断开关、负荷开关和接地开关
33	BSEN50329-2003+A1-2010	铁路应用设施. 固定装置. 牵引变压器
34	BSEN50152-2-2012	铁路应用设施. 固定装置. 交流开关装置的详细要求. 接地开关及高于1kV开关的单相断路器
35	BSEN50152-1-2012	铁路应用设施. 固定装置. 交流开关装置的详细要求. 额定电压大于1kV的断路器
36	BSEN50152-1-2012+A1-2013	铁路应用设施. 固定装置. 交流开关装置的详细要求. 额定电压大于1kV的断路器
37	BSEN50345-2009	铁路应用设施. 固定装置. 电力牵引. 架空接触线路支撑用的绝缘合成绳组件
38	BSEN50149-2012	铁路应用设施. 固定装置. 电力牵引. 铜和铜合金波纹连接线
39	BSEN50123-1-2003	铁路应用设施. 固定设备. 直流开关装置. 总则
40	BSEN50123-6-2003	铁路应用设施. 固定设备. 直流开关装置. 直流开关装置组件
41	BSEN50123-2-2003	铁路应用设施. 固定设备. 直流开关装置. 直流断路器
42	BSEN50122-2-2010	铁路应用设施. 固定设备. 电气安全性，接地和回路. 抗直流牵引系统引起的杂散电流效应的规定

续表

序号	标准号	标准名称
43	BSEN15153-1-2013	铁路应用设施.高速火车用外部可视和听得见的警告装置.头部、标记和尾灯
44	BSEN15153-1-2007	铁路应用设施.高速火车用外部可视和听得见的警告装置.头部,标记和尾灯
45	BSEN15153-2-2007	铁路应用设施.高速火车用外部可视和听得见的警告装置.警报器
46	BSEN15153-2-2013	铁路应用设施.高速火车用外部可视和听得见的警告装置.警报器
47	BSPDCLC/TR50452-2007	铁路应用设施.多种牵引货中货运牵引车的无线电遥控系统
48	BSEN50388-2005	铁路应用设施.电源设备和铁路车辆.为达到互操作性的电源设备（变电站）和铁路车辆间配合的技术标准
49	BSDDCEN/TS45545-4-2009	铁路应用.铁路车辆的消防.第4部分：铁路全部车辆设计的防火要求
50	BS1659-1950	铁路信号用牵引电枢直流中性线拨轨继电器和线路继电器规范
51	BS519-1950	铁路信号用牵引电枢直流中性极化线路继电器规范
52	BSEN14531-1-2005	铁路设施.制动距离、减速距离和定位制动的计算方法.一般算法
53	BSEN14198-2005	铁路设施.制动.被机车牵引的列车的制动系统要求
54	BSEN50306-1-2002	铁路设施.有专门防火性能的铁路机车车辆电缆.薄壁.一般要求
55	BSEN50306-2-2002	铁路设施.有专门防火性能的铁路机车车辆电缆.薄壁.单芯电缆
56	BSEN50306-4-2002	铁路设施.有专门防火性能的铁路机车车辆电缆.薄壁.标准壁护套的多芯和多对电缆
57	BSEN50264-2-2-2008	铁路设施.有特殊防火性能的铁路机车车辆动力和控制电缆.交联弹性绝缘电缆.多芯电缆
58	BSEN50264-3-2-2008	铁路设施.有特殊防火性能的铁路车辆动力和控制电缆.减少尺寸的交联弹性绝缘电缆.多芯电缆
59	BSEN50355-2003	铁路设施.有特殊防火效能的铁路机车电缆.薄壁和标准壁.使用指南
60	BSDDCEN/TS45545-3-2009	铁路设施.铁路机车的防火.第3部分：防火隔墙的耐火性要求
61	BSEN61377-3-2003	铁路设施.铁路车辆.由间接变流器馈电的交流电动机及其控制系统的联合检验
62	BSEN50343-2003	铁路设施.铁路车辆.电缆敷设的安装规则
63	BSEN60310-2004	铁路设施.铁道车辆上的牵引变压器和电感器
64	BSEN60310-2004	铁路设施.铁道车辆上的牵引变压器和电感器
65	BSEN50125-3-2003	铁路设施.设备的环境条件.信号设备和电信设备
66	BSEN50125-2-2003	铁路设施.设备的环境条件.固定的电力设备
67	BSEN50264-1-2008	铁路设施.具有专门防火性能的铁路车辆电力和控制电缆.通用要求
68	BSEN50264-2-1-2008	铁路设施.具有专门防火性能的铁路车辆电力和控制电缆.交联弹性体绝缘电缆.单芯电缆
69	BSEN50382-1-2008	铁路设施.具有特殊防火性能的铁路车辆高温电力电缆.一般要求
70	BSEN50382-2-2008	铁路设施.具有特殊防火性能的铁路车辆高温电力电缆.120℃或150℃用单芯硅树脂橡胶绝缘电缆
71	BSEN50405-2006	铁路设施.集流系统.碳滑板用导电弓架试验方法
72	BSEN50318-2002	铁路设施.集流系统.导电弓和架空接触线路之间动态交互作用之间的模拟有效性
73	BSEN60077-2-2003	铁路设施.机车车辆用电气设备.电气元件.一般规则
74	BSEN60077-4-2003	铁路设施.机车车辆用电气设备.电工元件.交流断路器规则
75	BSEN50238-2003	铁路设施.机车车辆和列车检测系统间的兼容性
76	BSEN61377-2-2003	铁路设施.机车车辆.联合试验.断路直流牵引电动机及其控制设备
77	BSEN61377-1-2006	铁路设施.机车车辆.反向供电交流电动机及其控制系统的联合测试
78	BSEN50239-2000	铁路设施.货运牵引车辆无线电遥控系统
79	BSEN50152-2-2007	铁路设施.固定装置.交流开关装置的特殊要求.接地开关及高于1kV开关的单相断路器

续表

序号	标准号	标准名称
80	BSEN50152-3-1-2003	铁路设施.固定装置.交流开关装置的特殊要求.交流牵引系统专用测量、控制和保护设备.应用指南
81	BSEN50152-3-3-2001	铁路设施.固定装置.交流电开关的专门要求.交流牵引系统特殊使用的测量、控制和保护装置.单相感应电压变压器.单相电压变压器
82	BSEN50152-3-2-2001	铁路设施.固定装置.交流电开关的专门要求.交流牵引系统特殊使用的测量、控制和保护装置.单相电流变压器
83	BSEN50119-2009	铁路设施.固定装置.电气牵引架空接触线
84	BSEN50119-2009	铁路设施.固定装置.电气牵引架空接触线
85	BSEN50151-2004	铁路设施.固定装置.电力牵引.复合绝缘子的特殊要求
86	BSEN50149-2001	铁路设施.固定装置.电力牵引.铜和铜合金波纹连接线
87	BSEN50327-2003	铁路设施.固定式装置.变流器组额定值和变流器组试验的一致性
88	BSEN50328-2003	铁路设施.固定式装置.变电站用电子功率变换器
89	BSEN50123-7-3-2003	铁路设施.固定设备.直流开关装置.直流牵引系统专用测量、控制和保护设备.绝缘电压传感器和其他电压测量设备
90	BSEN50123-7-2-2003	铁路设施.固定设备.直流开关装置.直流牵引系统专用测量、控制和保护设备.绝缘电流传感器和其他电流测量设备
91	BSEN50123-4-2003	铁路设施.固定设备.直流开关装置.室外直流切断开关、负荷开关和接地开关
92	BSEN50123-3-2003	铁路设施.固定设备.直流开关装置.室内直流切断开关、负荷开关和接地开关
93	BSEN50123-7-1-2003	铁路设施.固定设备.直流开关设备.直流牵引系统专用测量、控制与保护装置.应用指南
94	BSEN50122-3-2010	铁路设施.固定设备.电气安全性.接地和回路.交流和直流牵引系统的相互作用
95	BSEN62520-2011	铁路设施.电力牵引.电源转换器馈电的短初级式直线感应电动机（LIM）
96	BSEN50121-3-1-2006	铁路设施.电磁兼容性.机车车辆.火车及配套车辆
97	BSEN50121-5-2006	铁路设施.电磁兼容性.固定电源设备的辐射和抗干扰
98	BSEN15327-1-2008	铁路设施.乘客报警器系统.乘客紧急制动系统用一般要求和乘客接口
99	BSEN61287-1-2006	铁路设施.安装在铁路机车上的功率变换器.第1部分：特征和试验方法
100	BSEN50152-1-2007	铁路设备.固定装置.交流开关装置的特殊要求.电压大于1kV的单相电路断路器
101	BS7865-1997	铁路供电用导电钢轨规范
102	BS5892-1-1992+A3-2009	铁路车辆材料.牵引及车辆轴的规范
103	BS5892-3-1992+A2-2009	铁路车辆材料.牵引车和除牵引机车和牵引车辆以外的其他客货车辆现有数用单个车轮规范
104	BS5892-6-1992	铁路车辆材料.第6部分：牵引车辆及被拖客货车辆轮组规范
105	BSEN15566-2009	轨道交通.铁路全部车辆.牵引装置和螺旋联轴节
106	BSEN50500-2008	关于人体辐射的铁路环境中电子和电气装置产生的磁场等级测量程序
107	BSEN60349-1-2010	电力牵引.铁路与公路车辆的旋转电机.除电子变换器馈电交流电动机外的机器
108	BSEN60349-2-2010	电力牵引.铁路与道路车辆用旋转电机.电子变流器补偿的交流电动机
109	BSEN12507-2005	运输服务.道路运输、储藏、配送和铁路货物工业应用ENISO9001-2000标准的指导性说明
110	BS64-1992	铁路鱼尾板用的标准和高强度钢螺栓和螺母规范
111	BSEN13261-2009+A1-2010	铁路应用设施.轴副和导轮转向架、轴.产品要求
112	BSEN13261-2009+A1-2010	铁路应用设施.轴副和导轮转向架、轴.产品要求
113	BSEN15611-2008+A1-2010	铁路应用设施.制动.中继阀
114	BSEN15612-2008+A1-2010	铁路应用设施.制动.制动管加速器阀门

续表

序号	标准号	标准名称
115	BSEN15355-2008+A1-2010	铁路应用设施.制动.配送器阀和配送器分离装置
116	BSEN14817-2006	铁路应用设施.悬架组件.空气弹簧控制元素
117	BSEN14817-2006	铁路应用设施.悬架组件.空气弹簧控制元素
118	BSEN50128-2011	铁路应用设施.通信,信号和处理系统.铁路控制和保护系统软件
119	BSEN13260-2009+A1-2010	铁路应用设施.轮副和转向架.轮副.产品要求
120	BSEN13260-2009+A1-2010	铁路应用设施.轮副和转向架.轮副.产品要求
121	BSEN13749-2011	铁路应用设施.轮辐和转向架.转向架结构要求的规定方法
122	BSEN13230-4-2009	铁路应用设施.轨道.混凝土轨枕和轨座.第4部分：道岔和道口用预应力轨座
123	BSEN13230-5-2009	铁路应用设施.钢轨.混凝土轨枕及轨座.第5部分：专用组件
124	BSEN13230-3-2009	铁路应用设施.钢轨.混凝土轨枕及轨座.第3部分：双体加筋轨枕
125	BSEN13230-2-2009	铁路应用设施.钢轨.混凝土轨枕及轨座.第2部分：预应力整体轨枕
126	BSEN13230-1-2009	铁路应用设施.钢轨.混凝土轨枕及轨座.第1部分：一般要求
127	BS376-1-2012	铁路信号符号.图形符号规范
128	BS469-1995	铁路信号灯规范
129	BSDDCEN/TS45545-6-2009	铁路设施.铁路车辆上的消防设施.第6部分：火灾控制和管理系统
130	BSEN50155-2007	铁路设施.铁道车辆用电子设备
131	BSEN50126-1-1999	铁路设施.可靠性、可用性、可维修性和安全性（RAMS）的规范和验证.基本要求和通用过程
132	BSEN13803-2-2006+A1-2009	铁路设施.轨道.轨道平面图设计参数.轨距规≥1435mm.带弯曲率突然变化的开关和岔道及可比校准设计情况
133	BSEN62267-2009	铁路设施.都市自动化有轨运输（AUGT）.安全要求
134	BSEN62290-2-2011	铁路设施.城市指导运输管理和命令/控制系统.功能要求规范
135	BSEN62290-1-2006	铁路设施.城市有轨运输管理和命令/控制系统.第1部分：系统原则和基本原理
136	BSEN14750-1-2006	铁路设施.城市和郊区全部车辆的空气调节装置.舒适参数
137	BSEN14750-2-2006	铁路设施.城市和郊区全部车辆的空气调节装置.类型试验
138	BSEN14752-2005	铁路设施.车厢侧门系统
139	BS6853-1999	客运列车的设计和建造中的防火措施实施规程
140	BSEN15461-2008	轨道交通.噪声排放.火车经过时噪声测量用轨道部件的动态功能特性
141	BSEN14535-1-2005	轨道交通.铁路车辆的制动盘.加压或热套到轴或驱动轴的制动盘的尺寸和质量要求
142	BSEN14535-1-2005	轨道交通.铁路车辆的制动盘.加压或热套到轴或驱动轴的制动盘的尺寸和质量要求
143	BSEN15227-2008	轨道交通.铁路车辆车身的防撞性要求
144	BSEN15551-2009	轨道交通.铁路车辆.缓冲器
145	BSEN14067-4-2005	轨道交通.空气动力学.铁路通行线上空气动力学的要求和试验规程
146	BSEN13232-2-2003	轨道交通.轨道.铁路侧线和道岔口.几何设计要求
147	BSEN13232-2-2003	轨道交通.轨道.铁路侧线和道岔口.几何设计要求
148	BSEN13232-3-2003	轨道交通.轨道.铁路侧线和道岔口.车轮/钢轨相互作用要求
149	BSEN13674-1-2003	轨道交通.轨道.钢轨.46kg/m及以上（列车）用丁字形铁轨
150	BSEN15746-1-2010	轨道交通.钢轨.公路铁路两用机器和相关设备.运行和作业的技术要求
151	BSEN15746-2-2010	轨道交通.钢轨.公路铁路两用机器及相关设备.一般安全性要求
152	DDENV50121-3-1-1996	轨道交通.电磁兼容性.第3-1部分：铁路车辆.列车和车辆

续表

序号	标准号	标准名称
153	BSDDENV50121-3-1-1996	轨道交通.电磁兼容性.第3-1部分：铁路车辆.列车和车辆
154	DDENV50121-2-1996	轨道交通.电磁兼容性.第2部分：整个铁路系统对外界的辐射力
155	BSDDENV50121-2-1996	轨道交通.电磁兼容性.第2部分：整个铁路系统对外界的辐射力
156	BSEN61287-1-2014	轨道交通.安装在铁路机车上的功率变换器.第1部分：特征和试验方法

资料来源：中国产业智库大数据中心

5.4.6 法国高铁产业重点领域技术标准

高铁领域法国标准主要由法国标准化协会制定，已颁布75项（表5-15），主要包括产品、方法等两类标准。其中，高铁领域产品标准为牵引变压器、电力牵引架空接触线、空气压缩控制部件、铁路车辆用牵引变压器和电感器、具有特殊防火性能的铁路车辆动力和控制电缆等；方法标准包括铁路设施.集流系统.碳滑板牵引试验方法等标准。

表5-15 法国高铁产业关键技术标准列表

序号	标准号	标准名称
1	NFF18-437-2-2012	铁路应用设施.轴箱状态监测.接口和设计要求.第2部分：车载系统用温度控制器的性能和设计要求
2	NFF16-001-6-2013	铁路应用设施.铁路车辆的消防.第6部分：火灾控制和管理系统
3	NFF10-566/IN1-2011	铁路应用设施.铁路车辆.牵引装置和螺旋联轴节
4	NFF10-566-2011	铁路应用设施.铁路车辆.牵引装置和螺旋联轴节.
5	NFF42-329/A1-2011	铁路应用设施.固定装置.牵引变压器.
6	NFF42-119-2010	铁路应用设施.固定装置.电力牵引架空接触线
7	NFF42-119-2010	铁路应用设施.固定装置.电力牵引架空接触线
8	NFF42-149-2013	铁路应用设施.固定装置电力牵引.铜和铜合金波纹接触线
9	NFF74-128-2011	铁路应用产品.通讯，信号传输和处理系统.铁路控制和防护系统用软件.
10	NFF00-701-1993	铁路通用设备.车辆每个车轮静态负荷的测量.称重设备和控制装置
11	NFF01-054-1972	铁路通用器材.BERNE键控制的套筒.尺寸极限
12	NFF11-920-2005	铁路设施.制动.被机车牵引的列车的制动系统要求
13	NFF63-264-2-1-2008	铁路设施.有特殊防火性能的铁路全部车辆电机和控制电缆.第2-1部分：交联弹性绝缘电缆.单芯电缆
14	NFF01-817-2006	铁路设施.悬浮部件.空气压缩控制部件
15	NFF74-128-2001	铁路设施.通信、信号和处理系统.铁路控制和防护系统用软件
16	NFF65-377-1-2006	铁路设施.铁路机车车辆.逆变器供电交流电动机及其控制的联合检验
17	NFF66-310-2004	铁路设施.铁路车辆用牵引变压器和电感器
18	NFF41-850-2005	铁路设施.牵引系统的供电电压
19	NFF41-850/A1-2007	铁路设施.牵引系统的供电电压
20	NFF63-264-3-2-2008	铁路设施.具有特殊防火性能的铁路车辆动力和控制电缆.第3-2部分：减小尺寸的交联弹性绝缘电缆.多芯电缆
21	NFF63-264-3-1-2008	铁路设施.具有特殊防火性能的铁路车辆动力和控制电缆.第3-1部分：减小尺寸的交联弹性体绝缘电缆.单芯电缆
22	NFF63-264-2-2-2008	铁路设施.具有特殊防火性能的铁路车辆动力和控制电缆.第2-2部分：交联弹性体绝缘电缆.多芯电缆

续表

序号	标准号	标准名称
23	NFF63-264-1-2008	铁路设施. 具有特殊防火性能的铁路车辆动力和控制电缆. 第1部分：一般要求
24	NFF07-405-2007	铁路设施. 集流系统. 碳滑板牵引试验方法
25	NFF65-377-2-2003	铁路设施. 机车车辆. 联合试验. 第2部分：斩波器供电直流牵引电动机及其控制设备
26	NFF65-377-3-2003	铁路设施. 机车车辆. 第3部分：间接变流器供电的交流电动机及其他控制系统的组合检验
27	NFF73-239-2000	铁路设施. 货运用牵引车辆的无线电遥控系统
28	NFF73-239-2000	铁路设施. 货运用牵引车辆的无线电遥控系统
29	NFF42-329-2005	铁路设施. 固定装置. 牵引变压器
30	NFF42-152-3-3-2002	铁路设施. 固定装置. 交流开关装置的特殊要求. 第3-3部分：交流电牵引系统专用的测量、控制和保护设备. 单相感应变压器
31	NFF42-152-3-2-2002	铁路设施. 固定装置. 交流开关装置的特殊要求. 第3-2部分：交流电牵引系统专用的测量、控制和保护设备. 单相电流互感器
32	NFF42-345-2004	铁路设施. 固定装置. 电气牵引. 架空接触线支撑用绝缘合成线绳装备
33	NFF42-149-2003	铁路设施. 固定式装置. 电力牵引. 铜和铜合金凹槽滑接线
34	NFF41-020-7-3-2004	铁路设施. 固定设备. 直流开关装置. 第7-3部分：直流牵引系统专用测量、控制和保护设备. 独立式电压传感器和其他电压测量设备
35	NFF41-020-7-2-2004	铁路设施. 固定设备. 直流开关装置. 第7-2部分：直流牵引系统专用测量、控制和保护设备. 独立式电流传感器和其他电流测量设备
36	NFF41-020-7-1-2004	铁路设施. 固定设备. 直流开关设备. 第7-1部分：直流牵引系统专用测量、控制与保护装置. 应用指南
37	NFF42-152-3-1-2004	铁路设施. 固定设备. 交流开关设备的特殊要求. 第3-1部分：交流牵引系统专用测量、控制和保护设备. 应用指南
38	NFF42-151-2004	铁路设施. 固定设备. 电力牵引. 复合绝缘子的特殊要求
39	NFF74-122-2-2002	铁路设施. 固定设备. 第2部分：防止直流牵引系统引起的杂散电流影响的保护性设备
40	NFF68-290-1-2007	铁路设施. 城市指导运输管理和命令/控制系统. 第1部分：系统原则和基本原理
41	NFF42-345-2009	铁路设备. 支持高架连接线的绝缘合成绳，电子牵引固定设施
42	NFF11-025-1984	铁路牵引车和铁路车辆. 装有O形密封插塞的管路的连接件. 接口
43	NFF65-200-1993	铁路机车车辆. 牵引电动机. 设计规范
44	NFF62-001-3-1991	铁路机车车辆. 控制装置和辅助线路用最大电流热磁电机微型电路断电器. 特殊簧片总成
45	NFF62-001-2-1991	铁路机车车辆. 控制装置和辅助线路用最大电流热磁电机微电路断电器. 尺寸
46	NFF62-601-1993	铁路机车车辆. 电池充电器. 控制完成目的能力的规则
47	NFF57-001-1991	铁路固定设备. 调车场. 道岔自动控制. 用"射门"法自动控制刹车. 作用原理. 特性
48	NFF52-161-1995	铁路固定设备. 尖轨与辙叉位置的控制. 逆向尖轨轨距杆
49	NFF41-023-1990	铁路固定设备. 电压为750、1500和300V直流电牵引装置用内部断路分断开关和分断开关. 性能和试验
50	NFF41-023-1990	铁路固定设备. 电压为750、1500和300V直流电牵引装置用内部断路分断开关和分断开关. 性能和试验
51	NFF42-031-1990	铁路固定设备. 电力牵引线用的压接或螺栓压接装置
52	NFF55-625-1993	铁路固定设备. 地铁网固定设备、电牵引或照明电缆用无卤化物低电压电力软线
53	NFF55-633-1995	铁路固定设备. 城市铁路网用远程控制和传输电缆
54	NFF11-027-1990	铁路车辆. 组合气动管路控制板
55	NFF01-053-1986	铁路车辆. 铁路器材. 铁路车辆（牵引和拖挂车）示意图. 图形符号
56	NFF18-831-1992	铁路车辆. 驱动和牵引电机的滚动轴承. 质量要求

续表

序号	标准号	标准名称
57	NFF18-831-1992	铁路车辆. 驱动和牵引电机的滚动轴承. 质量要求
58	NFF10-420-1991	铁路车辆. 牵引车辆和拖车用的联结、牵引及驱动装置
59	NFF11-069-1988	铁路车辆. 气动装置控制设备的连接器
60	NFF62-001-1-1991	铁路车辆. 控制和辅助线路用最大电流热磁电机微型电路断路器. 一般原则和试验
61	NFF62-001-1-1991	铁路车辆. 控制和辅助线路用最大电流热磁电机微型电路断路器. 一般原则和试验
62	NFF66-101-1990	铁路车辆. 浸入式牵引变压器和电抗器. 技术规定
63	NFF01-055-1988	铁路车辆. 紧线器的松紧螺扣和牵引杆
64	NFF01-300-1980	铁路车辆. 车辆术语. 牵引车和拖车
65	NFF67-155-1996	轨道交通. 铁路车辆用电子设备
66	NFF17-001-1-2015	轨道交通. 铁路车辆车体的结构要求. 第1部分：机车和客运全部车辆（货运的替代方法）
67	NFF17-001-1/IN1-2015	轨道交通. 铁路车辆车体的结构要求. 第1部分：机车和客运全部车辆（货运的替代方法）
68	NFF50-201-1-2004	轨道交通. 铁轨. 轨道. 第1部分：46kg/m及以上丁字形铁路钢轨
69	NFF05-003-1982	固定铁路设备. 电力牵引装置的图形符号
70	NFF65-349-4-2013	电力牵引. 铁路与道路车辆用旋转电机. 第4部分：与电子变流器相连接的永磁同步电机
71	NFF65-349-2-2006	电力牵引. 铁路与道路车辆用旋转电机. 第2部分：电子变流器. 供电交变流电动机
72	NFF65-377-1999	电力牵引. 铁路机车车辆. 逆变器供电交流电动机及其控制的联合检验
73	NFF65-349-2-2011	电力牵引. 铁路和道路车辆用旋转电机. 第2部分：换流器供电交流电机.
74	NFF65-349-1-2011	电力牵引. 铁路和道路车辆旋转电机. 第1部分：电子镇流器供电交流电机之外的机器.
75	NFF65-349-1-2011	电力牵引. 铁路和道路车辆旋转电机. 第1部分：电子镇流器供电交流电机之外的机器.

资料来源：中国产业智库大数据中心

5.4.7 德国高铁产业重点领域技术标准

高铁领域德国标准主要由德国标准化协会制定，共132项（表5-16），主要包括产品、方法等两类标准。其中，高铁领域产品标准为逆变器供电的交流电机、电气牵引架空接触线、电气牵引架空接触线、牵引变压器等；方法标准包括轨道交通. 安装在铁路车辆上的功率变流器. 第1部分：特征和试验方法等标准。

表5-16 德国高铁产业关键技术标准列表

序号	标准号	标准名称
1	DINEN61377-1Berichtigung1-2010	铁路应用设施. 铁道车辆. 第1部分：逆变器供电的交流电机及其控制系统的联合检测（IEC61377-1-2006）. 德文版本 EN61377-1-2006，DINEN61377-1（VDE0115-403-1）-2006-12 的勘误表. EN61377-1-2006 的德文版本 CENELEC-Cor. -2006
2	DINEN50119Berichtigung1-2010	铁路应用设施. 固定装置. 架空电气牵引接触网. 德文版本 EN50119-2009，DINEN50119（VDE0115-601）-2010-05 标准的勘误表
3	DINEN50119-2014	铁路应用设施. 固定装置. 电气牵引架空接触线. 德文版本 EN50119-2009+A1-2013
4	DINEN50119Bb.1-2011	铁路应用设施. 固定装置. 电力牵引架空接触网. 增补件1：国家附录
5	DINEN50149-2013	铁路应用设施. 固定装置. 电力牵引. 铜和铜合金波纹接触线. 德文版本 EN5014-2012
6	DINEN50151Berichtigung1-2010	铁路应用设施. 电力牵引. 复合材料绝缘子特殊要求. 德文版本 EN50151-2003，DINEN50151（VDE0115-603）-2004-10 的勘误表. 德文版本 EN50151-2003 的勘误表 CENELEC-Cor. -2010

续表

序号	标准号	标准名称
7	DINEN50151Berichtigung1-2010	铁路应用设施. 电力牵引. 复合材料绝缘子特殊要求. 德文版本 EN50151-2003，DINEN50151（VDE0115-603）-2004-10 的勘误表. 德文版本 EN50151-2003 的勘误表 CENELEC-Cor. -2010
8	DINEN62290-2-2012	铁路应用设施. 城市指导运输管理和命令/控制系统. 第 2 部分：功能要求规范（IEC62290-2-2011）. 德文版本 EN62290-2-2011
9	DINEN50122-2-2011	铁路应用设备. 固定设备. 电气安全，接地和回路. 第 2 部分：克服直流牵引系统漏电流影响的规定. 德文版本 EN50122-2-2010
10	DINCEN/TS45545-6-2009	铁路应用. 铁路车辆的防火. 第 6 部分：火灾控制和管理系统. 德文版本 CEN/TS45545-6：2009
11	DINCLC/TS50562-2012	铁路应用. 固定装置. 电力牵引系统的过程，措施和安全示范. 德文版 CLC/TS50562-2011
12	DINEN62520-2012	铁路应用. 电力牵引. 电源转换器供电型一次短路线性感应电动机（LIM）（IEC62520-2011）. 德文版 EN62520-2011
13	DINEN14198-2005	铁路设施. 制动. 机车牵引列车的制动系统要求
14	DINEN14817-2006	铁路设施. 悬架元部件. 空气弹簧控制元素
15	DINEN50128-2012	铁路设施. 通信、信号和处理系统. 铁路控制和防护系统用软件
16	DINEN15566-2011	铁路设施. 铁路全部车辆. 牵引装置和螺旋联轴节. 德文版本 EN15566-2009+A1-2010
17	DINEN60310-2005	铁路设施. 铁路车辆用牵引变压器和电感器
18	DINEN61377-3-2003	铁路设施. 铁路车辆. 第 3 部分：间接变流器供电的交流电动机及其控制系统的组合测试
19	DINEN50163-2005	铁路设施. 牵引系统的供电电压
20	DINEN50163/A1-2008	铁路设施. 牵引系统的供电电压
21	DINCLC/TS50537-4-2011	铁路设施. 牵引变压器和冷却系统的装配部件. 第 4 部分：用于铁路车辆的，带保油箱的液浸式变压器和电抗器用气动和液动式（巴克霍尔兹 Buchholz）继电器. 德文版本 CLC/TS50537-4：2010
22	DINCLC/TS50537-3-2011	铁路设施. 牵引变压器和冷却系统的装配部件. 第 3 部分：牵引变流器用水泵. 德文版本 CLC/TS50537-3-2010
23	DINCLC/TS50537-2-2011	铁路设施. 牵引变压器和冷却系统的装配部件. 第 2 部分：牵引变压器和电抗器用绝缘油泵. 德文版本 CLC/TS50537-2-2010
24	DINCLC/TS50537-1-2011	铁路设施. 牵引变压器和冷却系统的装配部件. 第 1 部分：牵引变压器用高压套管. 德文版本 CLC/TS50537-1-2010
25	DINEN50264-3-1-2009	铁路设施. 具有专门防火性能的铁路车辆动力和控制电缆. 第 3-1 部分：减小尺寸的交联弹性体绝缘电缆. 单芯电缆
26	DINEN61377-1-2006	铁路设施. 机车车辆. 逆向供电交流电动机及其控制的联合检验
27	DINEN61377-2-2003	铁路设施. 机车车辆. 联合试验. 第 2 部分：反向直流牵引电动机及其控制设备
28	DINEN50239-2000	铁路设施. 货运用牵引车辆的无线电遥控系统
29	DINEN50329Berichtigung1-2011	铁路设施. 固定装置. 牵引变压器. 德文版本 EN50329-2003+A1-2010，DINEN50329（VDE0115-329）-2011-02 的核准本
30	DINEN50152-3-1-2004	铁路设施. 固定装置. 交流开关装置的特殊要求. 第 3-1 部分：交流牵引系统专用测量、控制和保护设备. 应用指南
31	DINEN50152-3-3-2001	铁路设施. 固定装置. 交流电开关的特殊要求. 第 3-3 部分：交流牵引系统专用测量、控制和保护装置. 单相感应电压变压器
32	DINEN50152-3-2-2001	铁路设施. 固定装置. 交流电开关的特殊要求. 第 3-2 部分：交流牵引系统专用测量、控制和保护装置. 单相电流变压器
33	DINEN50152-3-2-2001	铁路设施. 固定装置. 交流电开关的特殊要求. 第 3-2 部分：交流牵引系统专用测量、控制和保护装置. 单相电流变压器

续表

序号	标准号	标准名称
34	DINEN50119-2010	铁路设施.固定装置.电气牵引架空接触线
35	DINEN50149Berichtigung1-2011	铁路设施.固定装置.电力牵引.铜和铜合金波纹接触线.德文版本EN50149-2001，DINEN50149（VDE0115-602）-2001-10的技术勘误.德文版本CENELEC-Cor.-2010至EN50149-2001
36	DINEN50149-2001	铁路设施.固定装置.电力牵引.铜和铜合金波纹接触线
37	DINEN50345-2010	铁路设施.固定装置.电力牵引.架空接触线路支撑用绝缘合成绳组件
38	DINEN50151-2004	铁路设施.固定装置.电力牵引.复合绝缘子的特殊要求
39	DINEN50151-2004	铁路设施.固定装置.电力牵引.复合绝缘子的特殊要求
40	DINEN50329-2011	铁路设施.固定式装置.牵引变压器.德文版本EN50329-2003+A1-2010
41	DINEN50123-7-3-2003	铁路设施.固定设备.直流开关装置.第7-3部分：直流牵引系统专用测量、控制和保护设备.独立式电压传感器和其他电压测量设备
42	DINEN50123-7-2-2003	铁路设施.固定设备.直流开关装置.第7-2部分：直流牵引系统专用测量、控制和保护设备.独立式电流传感器和其他电流测量设备
43	DINEN50123-7-1-2003	铁路设施.固定设备.直流开关设备.第7-1部分：直流牵引系统专用测量、控制与保护装置.应用指南
44	DINEN50239Bb.1-2008	铁路设施.多点牵引操作下货运用牵引车辆的无线电遥控系统
45	DINEN50239Bb.1-2008	铁路设施.多点牵引操作下货运用牵引车辆的无线电遥控系统
46	DINEN62290-1-2007	铁路设施.城市指导运输管理和命令/控制系统.第1部分：系统原则和基本原理（IEC62290-1-2006）
47	DINEN50264-2-2-2009	铁路设施.具有专门防火性能的铁路车辆动力和控制电缆.第2-2部分：交联弹性体绝缘电缆多芯电缆
48	DINEN50264-2-1-2009	铁路设施.具有专门防火性能的铁路车辆动力和控制电缆.第2-1部分：交联弹性体绝缘电缆单芯电缆
49	DINEN50264-1-2009	铁路设施.具备特殊防火性能的铁路车辆电力电缆和控制电缆.第1部分：一般要求
50	DINEN50264-3-2-2009	铁路设施.具备特殊防火性能的铁路车辆电力电缆和控制电缆.第3-2部分：尺寸减小的交联弹性体绝缘电缆多芯电缆
51	DINEN50122-3-2011	铁路设备.固定设备-电气安全，接地和回路.第3部分：a.c.和d.c.双向互动牵引系统.德文版本EN50122-3-2010
52	DINVDE0119-207-7-2011	铁路车辆状态.控制及仪表技术.第207-7部分：车载设备.LZB（火车行驶持续自动控制）
53	DINVDE0119-207-6-2011	铁路车辆状态.控制及仪表技术.第207-6部分：车载设备.PZB（火车行驶间歇性自动控制）
54	DIN27202-2-2004	铁路车辆状态.车辆的上层结构和特殊设备.第2部分：减震和牵引装置
55	DIN27202-2-2014	铁路车辆状态.车辆的上层结构和特殊设备.第2部分：减震和牵引装置
56	DINVDE0119-207-5-2011	铁路车辆状况.控制和测试技术.第207-5部分：驾驶员安全装置（DSD）
57	DINVDE0119-207-4-2005	铁路车辆状况.控制和测量仪表技术.第207-4部分：时分多路复用铁路控制（线绕）
58	DINVDE0119-207-3-2004	铁路车辆状况.控制和测量仪表技术.第207-3部分：自动牵引和制动控制
59	DINVDE0119-207-3-2004	铁路车辆状况.控制和测量仪表技术.第207-3部分：自动牵引和制动控制
60	DINVDE0119-207-2-2006	铁路车辆状况.控制和测量仪表技术.第207-2部分：列车的遥控
61	DINVDE0119-207-1-2004	铁路车辆状况.控制和测量仪表技术.第207-1部分：车上设备.模拟火车无线电
62	DINVDE0119-207-16-2005	铁路车辆状况.控制和测量仪表技术.第207-16部分：车载设备.GSM-R-列车无线电
63	DINVDE0119-207-15-2005	铁路车辆状况.控制和测量仪表技术.第207-15部分：门的控制
64	DINVDE0119-207-14-2005	铁路车辆状况.控制和测量仪表技术.第207-14部分：已验收车辆上的软件更改程序

续表

序号	标准号	标准名称
65	DINVDE0119-207-13-2005	铁路车辆状况. 控制和测量仪表技术. 第207-13 部分：EBuLa用车载装置（电子工作时间表和速度限制）
66	DINVDE0119-207-12-2004	铁路车辆状况. 控制和测量仪表技术. 第207-12 部分：警告信号设备（声音的和可视的）
67	DINVDE0119-207-11-2004	铁路车辆状况. 控制和测量仪表技术. 第207-11 部分：转速记录器和记录设备
68	DINVDE0119-207-10-2011	铁路车辆状况. 控制和测量仪表技术. 第207-10 部分：速度测量和显示装置
69	DINVDE0119-207-9-2005	铁路车辆状况. 控制和测量技术. 第207-9 部分：消防和火灾检测设备
70	DINVDE0119-207-9-2005	铁路车辆状况. 控制和测量技术. 第207-9 部分：消防和火灾检测设备
71	DINVDE0119-207-8-2004	铁路车辆状况. 控制和测量技术. 第207-8 部分：车上设备. GNT（倾斜火车的过速控制）
72	DINVDE0119-206-7-2005	铁路车辆状况. 电力和牵引系统、列车电气设备. 第206-7 部分：与高压间接接触的防护
73	DINVDE0119-206-6-2004	铁路车辆状况. 电力和牵引系统、列车电气设备. 第206-6 部分：应急照明设备
74	DINVDE0119-206-5-2005	铁路车辆状况. 电力和牵引系统、列车电气设备. 第206-5 部分：列车动力供应线路（包括绝缘和接地设备）
75	DINVDE0119-206-4-2004	铁路车辆状况. 电力和牵引系统、列车电气设备. 第206-4 部分：蓄电池组
76	DINVDE0119-206-3-2004	铁路车辆状况. 电力和牵引系统、列车电气设备. 第206-3 部分：主变压器
77	DINVDE0119-206-2-2004	铁路车辆状况. 电力和牵引系统、列车电气设备. 第206-2 部分：主开关
78	DINVDE0119-206-1-2004	铁路车辆状况. 电力和牵引系统、列车电气设备. 第206-1 部分：导电弓
79	DIN27205-9-2005	铁路车辆的状况. 制动器. 第9 部分：驾驶员制动阀、控制装置和驾驶室中的显示装置的功能
80	DIN27205-6-2004	铁路车辆的状况. 制动器. 第6 部分：电磁牵引制动器
81	DIN27205-11-2005	铁路车辆的状况. 制动器. 第11 部分：动力牵引装置上直接制动和所连接车辆上间接制动用制动器的功能和密封性
82	DINEN15461-2008	轨道交通. 噪声排放. 火车经过时噪声测量用轨道部件的动态功能特性。
83	DINEN50355-2015	轨道交通. 有特殊防火性能的铁路机车电缆. 使用指南
84	DINEN50355-2015	轨道交通. 有特殊防火性能的铁路机车电缆. 使用指南
85	DINEN50128-2001	轨道交通. 通信、信号和处理系统. 铁路控制和防护系统用软件
86	DINEN50128Berichtigung1-2010	轨道交通. 通信，信号和处理系统. 铁路控制和保护系统用软件. 德文版本 EN50128-2001, DINEN50128（VDE0831-128）-2001-11 的勘误表. EN50128-2001 标准的德文版本 CENELEC-Cor. -2010
87	DINEN50128Berichtigung1-2010	轨道交通. 通信，信号和处理系统. 铁路控制和保护系统用软件. 德文版本 EN50128-2001, DINEN50128（VDE0831-128）-2001-11 的勘误表. EN50128-2001 标准的德文版本 CENELEC-Cor. -2010
88	DINEN60349-2-2002	轨道交通. 铁路和公路车辆用旋转电机. 第2 部分：电子变流器馈电交流电动机
89	DINEN50163-1996	轨道交通. 铁路电网馈电电压
90	DINEN50155-2002	轨道交通. 铁路车辆用电子设备. 德文版本 EN50155：2001
91	DINEN61881-2000	轨道交通. 铁路车辆设备. 电力电子设备用电容器（IEC61881：1999）. 德文版本 EN61881：1999
92	DINEN60310-1996	轨道交通. 铁路车辆牵引变压器和电抗器
93	DIN25002-5-2006	轨道交通. 铁路车辆命名制度. 第5 部分：功能组件
94	DIN25002-4-2001	轨道交通. 铁路车辆命名制度. 第4 部分：设施位点标识
95	DIN25002-3-2001	轨道交通. 铁路车辆命名制度. 第3 部分：文件分类

续表

序号	标准号	标准名称
96	DIN25002-2-2001	轨道交通.铁路车辆分类制度.第2部分：产品分类
97	DINEN14535-1-2006	轨道交通.铁路车辆的制动盘.第3部分：加压或热套到轴或驱动轴的制动盘的尺寸和质量要求
98	DIN25002-3Berichtigung1-2006	轨道交通.铁路车辆的命名制度.第3部分：文献分类.DIN25002-3-2001-09勘误表
99	DINEN12663-2000	轨道交通.铁路车辆车身的结构要求
100	DINEN15227-2008	轨道交通.铁路车辆车身的防撞性要求
101	DINEN50153-1996	轨道交通.铁路车辆.涉及电器危险的保护措施
102	DINEN15566-2009	轨道交通.铁路车辆.牵引装置和螺旋连接器.英文版本 DINEN15566-2009-07
103	DINEN15551-2009	轨道交通.铁路车辆.缓冲器
104	DINEN13232-8-2007	轨道交通.铁轨.铁路侧线和交叉路口.第8部分：扩展装置
105	DINEN50382-2/A1-2014	轨道交通.具有特殊防火性能的铁路车辆高温电力电缆.第2部分：120℃或150℃用单芯硅橡胶绝缘电缆.德文版本 EN50382-2-2008/A1-2013
106	DINEN50382-2/A1-2014	轨道交通.具有特殊防火性能的铁路车辆高温电力电缆.第2部分：120℃或150℃用单芯硅橡胶绝缘电缆.德文版本 EN50382-2-2008/A1-2013
107	DINEN50382-1/A1-2014	轨道交通.具有特殊防火性能的铁路车辆高温电力电缆.第1部分：一般要求.德文版本 EN50382-1-2008/A1-2013
108	DINEN13232-7-2006	轨道交通.轨道.铁路侧线和道岔口.第7部分：可移动部分的道叉口
109	DINEN13232-6-2006	轨道交通.轨道.铁路侧线和道岔口.第6部分：固定普通和钝角岔道
110	DINEN13232-5-2006	轨道交通.轨道.铁路侧线和道岔口.第5部分：铁路侧线
111	DINEN13232-4-2006	轨道交通.轨道.铁路侧线和道岔口.第4部分：驱动、锁紧和检测
112	DINEN13232-3-2004	轨道交通.轨道.铁路侧线和道岔口.第3部分：车轮/钢轨相互作用要求
113	DINEN13232-2-2004	轨道交通.轨道.铁路侧线和道岔口.第2部分：几何设计要求
114	DINEN13674-2-2006	轨道交通.轨道.钢轨.第2部分：46kg/m 及以上（列车）的丁字形铁轨的转辙器和交叉铁路连接
115	DINEN50122-2-1999	轨道交通.固定设备.第2部分：对于由直流牵引系统的造成的铁路杂散电流影响所采取的保护措施
116	DINEN50122-2-1999	轨道交通.固定设备.第2部分：对于由直流牵引系统的造成的铁路杂散电流影响所采取的保护措施
117	DINVENV50121-5-1997	轨道交通.电磁兼容性.第5部分：固定的铁路供电设备
118	DINVENV50121-5-1997	轨道交通.电磁兼容性.第5部分：固定的铁路供电设备
119	DINVENV50121-3-1-1997	轨道交通.电磁兼容性.第3-1部分：轨道车辆.火车以及所有车辆
120	DINVENV50121-2-1997	轨道交通.电磁兼容性.第2部分：在外部世界中整个铁路系统的干扰发射
121	DINEN61287-1-2014	轨道交通.安装在铁路车辆上的功率变流器.第1部分：特征和试验方法（IEC61287-1-2014）.德文版本 EN61287-1-2014
122	DINVDE0873-2-1983	防止由电业厂和电气牵引系统引起无线电干扰的措施.由电压小于10kV的系统和电气列车引起的无线电干扰.[VDE规范]
123	DINVDE0873-2-1983	防止由电业厂和电气牵引系统引起无线电干扰的措施.由电压小于10kV的系统和电气列车引起的无线电干扰.[VDE规范]
124	DIN43101-10-1991	电力牵引用机车车辆.第10部分：铁路车辆用电气照明及采暖装置术语
125	DIN43101-9-1975	电力牵引的铁路车辆.第9部分：监控仪器和安全装置的术语
126	DIN43101-9-1975	电力牵引的铁路车辆.第9部分：监控仪器和安全装置的术语
127	DIN43101-4-1977	电力牵引的铁路车辆.第4部分：高压设备的术语
128	DINEN60349-4-2013	电力牵引.铁路与道路车辆用旋转电机.第4部分：与电子变流器相连接的永磁同步电机（IEC60349-4-2012）.德文版本 EN60349-4-2013

续表

序号	标准号	标准名称
129	DINEN60349-2-2011	电力牵引.铁路与道路车辆用旋转电机.第2部分：电子变流器补偿的交流电动机（IEC60349-2-2010）.德文版本 EN60349-2-2010
130	DINEN60349-1-2011	电力牵引.铁路与道路车辆用旋转电机.第1部分：电子交流器供电的交流电动机除外的旋转电机（IEC60349-1-2010）.德文版本 EN60349-1-2010
131	DINEN60349-1-2011	电力牵引.铁路与道路车辆用旋转电机.第1部分：电子交流器供电的交流电动机除外的旋转电机（IEC60349-1-2010）.德文版本 EN60349-1-2010
132	DINIEC/TS60349-3-2011	电力牵引.铁路和公路车辆用旋转电机.第3部分：用组件损失汇总法测定转换器反馈交流电动机的总损失（IEC/TS60349-3-2010）

资料来源：中国产业智库大数据中心

5.4.8 中国高铁产业重点领域技术标准

高铁领域中国标准主要由中国国家标准化管理委员会制定，共37项（表5-17），主要包括产品、方法等两类标准。其中，高铁领域产品标准为逆变器供电的交流电动机、铁路牵引用柴油机、牵引电气设备、电气化铁路牵引变压器等；方法标准包括列车牵引计算规程；城市轨道交通列车噪声限值和测量方法；城市轨道交通基于通信的列车自动控制系统技术要求等标准。

表5-17 中国高铁产业关键技术标准列表

序号	标准号	标准名称
1	TB/T3117-2005	铁路应用.机车车辆.逆变器供电的交流电动机及其控制系统的综合实验
2	TB10306-2009	铁路通信、信号、电力、电力牵引供电工程施工安全技术规程
3	TB10076-2000	铁路枢纽电力牵引供电设计规范
4	TB/T2783-2006	铁路牵引用柴油机排放试验
5	TB10108-2011	铁路路基填筑工程连续压实控制技术规程
6	TB/T2986-2000	铁路机车牵引电机悬挂抱轴瓦油
7	TB/T2063-1989	铁路机车牵引齿轮检修技术条件
8	TB/T2879.5-1998	铁路机车车辆.涂料及涂装.第5部分：客车和牵引动力车的防护和涂装技术条件
9	TB10111-1994	铁路电力牵引供电自耦变压器方式技术规范
10	TB10111-1994	铁路电力牵引供电自耦变压器方式技术规范
11	TB10075-2000	铁路电力牵引供电隧道内接触网设计规范
12	TB10075-2000	铁路电力牵引供电隧道内接触网设计规范
13	TB10208-1998	铁路电力牵引供电施工规范
14	TB10208-1998（条文说明）	铁路电力牵引供电施工规范
15	TB10009-2005	铁路电力牵引供电设计规范
16	TB10009-2005（条文说明）	铁路电力牵引供电设计规范
17	TB10421-2003	铁路电力牵引供电工程施工质量验收标准
18	LD/T45.10-2003	铁路电力牵引供电工程劳动定员定额
19	TB10080-2002	铁路电力牵引变电所所用电系统设计规范
20	TB/T3126-2005	铁路车站计算机联锁单元控制台
21	SN/T1434-2004	入出境列车医学媒介生物控制标准

续表

序号	标准号	标准名称
22	GB/T28029.2-2011	牵引电气设备.列车总线.第2部分：列车通信网络一致性测试
23	GB/T28029.1-2011	牵引电气设备.列车总线.第1部分：列车通信网络
24	TB/T1407-1998	列车牵引计算规程
25	TZ208-2007	客运专线铁路电力牵引供电工程施工技术指南
26	TZ10208-2008	客货共线铁路电力牵引供电工程施工技术指南
27	YB9068-1995	黑色冶金露天矿电力机车牵引准轨铁路设计规范
28	GB/T24338.3-2009	轨道交通.电磁兼容.第3-1部分：机车车辆.列车和整车
29	GB/T28807-2012	轨道交通.机车车辆和列车检测系统的兼容性
30	TB10758-2010	高速铁路电力牵引供电工程施工质量验收标准
31	TB/T3159-2007	电气化铁路牵引变压器技术条件
32	TB/T3226-2010	电气化铁路牵引变电所综合自动化系统装置
33	TB/T3226-2010	电气化铁路牵引变电所综合自动化系统装置
34	NB/T42014-2013	电气化铁路牵引变电所综合自动化系统
35	GB/T28428-2012	电气化铁路 27.5kV 和 2×27.5kV 交流金属封闭开关设备和控制设备
36	GB14892-2006	城市轨道交通列车噪声限值和测量方法
37	CJ/T407-2012	城市轨道交通基于通信的列车自动控制系统技术要求

资料来源：中国产业智库大数据中心

5.4.9 高铁产业主要技术标准的对比

主要国家/地区/组织在高铁领域的轨道交通电传动控制、整车振动控制等细分领域的产业技术标准对比如表 5-18 所示。

表 5-18 主要国家/地区/组织高铁产业主要技术标准的对比表

国家/地区/组织	产品标准	方法标准	特点
美国（1项）	—	基于通信技术的列车控制（CBTC）系统功能测试	仅有一项方法标准
国际标准化组织（87项）	全部车辆用电子设备、铁路应用设施.固定装置、电力牵引架空线路、铁路车辆用牵引变压器和电感器	撞击和振动试验；碳滑板用导电弓架试验方法；安装在铁路机车上的电力变流器试验方法	兼顾产品标准与方法标准
日本（10项）	铁路车辆用交流牵引电动机、铁路车辆用牵引变压器和电感器	阻抗联结器.试验方法；铁路信号部件：振动试验方法；连续感应式列车自动控制装置的试验方法	兼顾产品标准与方法标准
欧盟标准化组织（66项）	电气牵引架空接触线、铜和铜合金波纹接触线、电源转换器供电型一次短路线性感应电动	逆向供电交流电动机及其控制的联合检验；铁路设施.固定装置.电力牵引.复合绝缘子的特殊要求	兼顾产品标准与方法标准
英国（156项）	牵引装置和螺旋联轴节、铁路车辆用电气设备、高压（HV）熔断器、开放结构电源电阻器	火车上的能量测量.一致性评估；铁路设施.制动距离、减速距离和定位制动的计算方法.一般算法	兼顾产品标准与方法标准
法国（75项）	牵引变压器、电力牵引架空接触线、空气压缩控制部件、铁路车辆用牵引变压器和电感器、具有特殊防火性能的铁路车辆动力和控制电缆	铁路设施.集流系统.碳滑板牵引试验方法	以产品标准为主，方法标准为辅
德国（132项）	逆变器供电的交流电机、电气牵引架空接触线、电气牵引架空接触线、牵引变压器	轨道交通.安装在铁路车辆上的功率变流器.第1部分：特征和试验方法	以产品标准为主，方法标准为辅
中国（37项）	逆变器供电的交流电动机、铁路牵引用柴油机、牵引电气设备、电气化铁路牵引变压器	列车牵引计算规程；城市轨道交通列车噪声限值和测量方法	兼顾产品标准与方法标准

参 考 文 献

[1] 高柏，李国武，甄志宏. 中国高铁创研究新体系[M]. 北京：社会科学文献出版社，2016.
[2] 杨铁军. 产业专利分析报告（第48册）——高速动车组和高铁安全监控技术[M]. 北京：知识产权出版社，2016.
[3] 高铁行业深度报告：中国高铁里程世界第一，"八纵八横"驰骋全球[EB/OL][2018/1/27]. https：//baijiahao.baidu.com/s?id=1562828745037868&wfr=spider&for=pc.
[4] 乐晴智库. 全球最赚钱的一条高铁，一年收入234.24亿元！[EB/OL][2018/1/27]. http：//www.sohu.com/a/128985990_496750.
[5] 中华人民共和国国家发展和改革委员会. 关于印发《中长期铁路网规划》的通知（发改基础〔2016〕1536号）[EB/OL][2018/1/26]. http://www.ndrc.gov.cn/zcfb/zcfbtz/201607/t20160720_811696.html.
[6] 高柏，李国武，甄志宏. 中国高铁创研究新体系[M]. 北京：社会科学文献出版社，2016.
[7] 科普中国–科技名家·里程碑. 2015年6月30日时速350公里中国标准动车组正式下线[EB/OL][2018/1/26]. http://www.xinhuanet.com/science/2017-06/30/c_136401001.htm.
[8] 中车青岛四方机车车辆股份有限公司. 公司简介[EB/OL][2018/1/26]. http://www.crrcgc.cc/sfgf/g2144.aspx.
[9] 西南交通大学. 总体介绍[EB/OL][2018/1/26]. http://www.swjtu.edu.cn/xxgk/ztjs.htm.
[10] 中南大学. 原长沙铁道学院[EB/OL][2018/1/26]. http://www.csu.edu.cn/xxgk/lsyg/yzstdxy.htm.
[11] 中铁第四勘察设计院集团有限公司. 中铁第四勘察设计院集团有限公司企业简介[EB/OL][2018/1/26]. http://www.crfsdi.com.cn/col/col4372/index.html.

第6章 医药制造产业技术发展报告

本章首先介绍医药制造产业及关键技术发展概况。其次,对医药制造全球专利申请态势进行分析,包括全球专利申请年度趋势,中国、日本、美国、韩国、加拿大等国家的专利分布与趋势,罗氏集团、加利福尼亚大学、浙江大学、诺华公司、默沙东公司、精工爱普生公司、复旦大学、江南大学、上海交通大学、中国药科大学10家机构的专利申请、专利合作与专利布局,以及主要机构的核心发明人合作网络结构。再次,对医药制造在华专利申请态势进行分析,包括在华专利申请年度趋势,化学药品原药制造、化学药品制剂制造、生物生化制品制造、卫生材料及医药用品制造、中成药制造、中药饮片加工、抗微生物药、抗寄虫药等分支领域专利布局,各省(自治区、直辖市)专利申请数量及研发重点领域,浙江大学、中国医科大学、北京亿信堂医药研究所等机构专利申请量及技术竞争力对比,以及王芳、安同伟、陈庆忠等活跃发明人的专利申请情况。最后,对比分析美国、英国、德国等主要发达国家/地区/组织和我国在医药制造关键技术领域的技术标准。

6.1 医药制造产业概述

6.1.1 医药制造及其产业链

医药制造业隶属国民经济行业分类标准(GB/T 4754-2017)制造业,包含化学药品原料药制造、化学药品制剂制造、中药饮片加工、中成药生产、兽用药品制造、生物药品制造、基因工程药物和疫苗制造、卫生材料及医药用品制造、药用辅料及包装材料等领域。医药制造业产业链分为上游的药物发现和药物开发、中游的药品制造、下游的销售与服务三大环节(图6-1)。

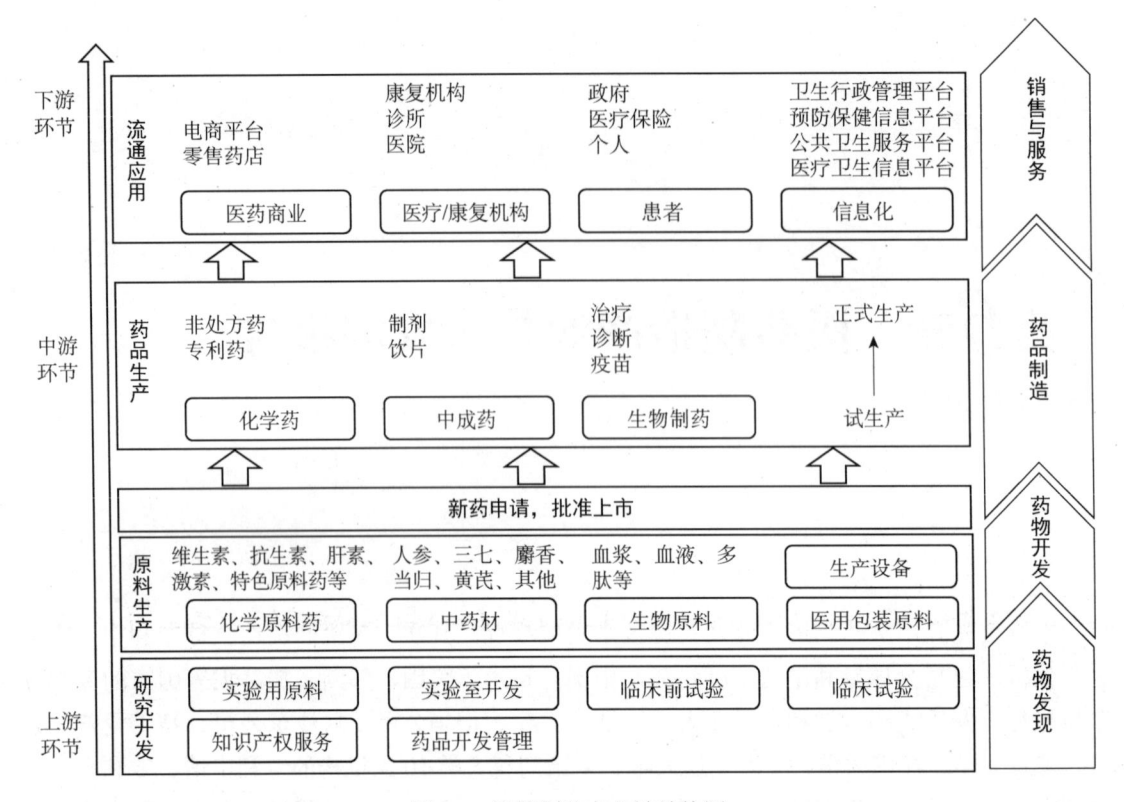

图 6-1 医药制造产业链结构图

资料来源：中国产业智库大数据中心

6.1.2 医药制造产业发展概况

医药制造业是全球经济的重要组成部分。受汇率波动和多个市场成本控制举措的影响，以美元计算的 2015 年全球制药领域销售额有所下滑；2020 年的预测总销售额将达到 1.2 万亿美元，平均年均增长率为 4.4%[1]（图 6-2）。

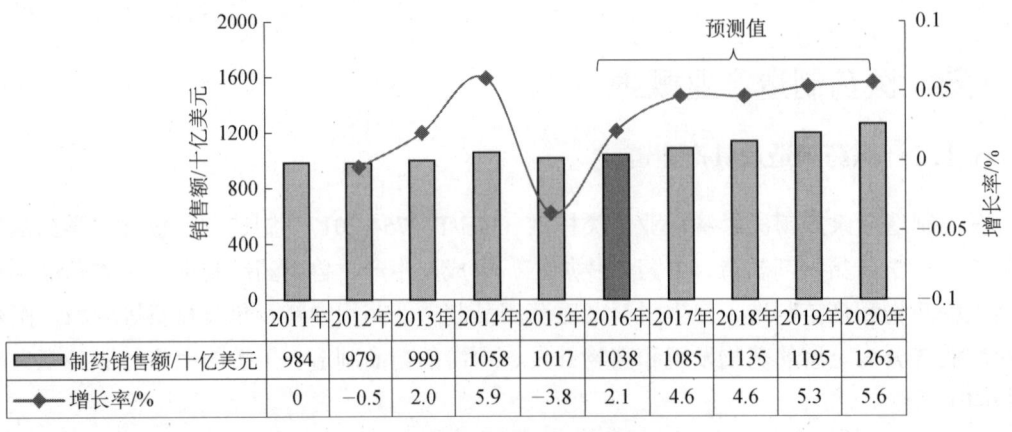

	2011年	2012年	2013年	2014年	2015年	2016年	2017年	2018年	2019年	2020年
制药销售额/十亿美元	984	979	999	1058	1017	1038	1085	1135	1195	1263
增长率/%	0	−0.5	2.0	5.9	−3.8	2.1	4.6	4.6	5.3	5.6

图 6-2 2011~2020 年全球制药领域销售额

资料来源：2017 德勤生命科学研究报告

从全球医药市场结构来看,美国一直为全球最大的药品销售市场,2015年占据全球药品销售市场约40%的份额;同时,以中国、俄罗斯和巴西等为代表的新兴医药市场快速发展,2015年新兴医药市场份额已提升至23%,成为全球第二大药品销售市场;其次为欧盟五国及日本市场,2015年的市场份额分别为13%和8%。新兴经济体医药销售额在过去几年持续增长主要受益于其不断增长的国内生产总值、持续扩大的医疗覆盖范围、逐渐完善的知识产权体系和监管环境,预计2020年新兴医药市场药品销售额将占全球市场总额的26%左右,成为拉动全球医药市场增长的主要推力[2]。

从药品消费结构来看,全球非专利药品市场份额已从2005年的20%上升到2015年的39%,2015年非专利药品销售额达到4000亿~4300亿美元,其中70%来自于发展中国家;预计到2020年,非专利药销售额在全球药品市场份额约占48%,其中仿制药市场份额约21%,非品牌药和非处方药品的市场份额分别约为14%和13%。

在中国,人口老龄化、人均收入持续增长及城镇化等因素保证了医药行业刚性需求的稳步增长,加之医疗改革和国家政策的不断深化推进,医药行业发展前景仍保持良好。根据国务院办公厅2013年9月下发的《国务院关于加快发展养老服务业的若干意见》(国发〔2013〕35号),2020年,我国60周岁以上老年人口预计将达到2.43亿,2025年或将突破3亿(表6-1)。随着人口结构的老龄化,我国医药行业不断发展。

表6-1 2011~2016年影响医药行业重要影响因素的变化情况

指标	2011年	2012年	2013年	2014年	2015年	2016年
人口数/亿人	13.47	13.54	13.61	13.68	13.75	13.83
60岁以上人口占比/%	13.74	14.33	14.89	15.55	16.10	16.70
城镇基本医疗保险参保人数/亿人	4.73	5.36	5.71	5.97	6.66	7.48
城镇基本医疗保险支出/亿元	4 431.37	5 543.62	6 801.03	8 133.59	9 312.11	—
城镇居民人均可支配收入/万元	2.18	2.46	2.70	2.88	3.12	3.36
医疗机构诊疗人次及入院人数/亿人次	62.71	68.88	73.14	76.02	77.00	64.20
卫生费用/亿元	24 346	28 119	31 669	35 312	40 975	42 145

资料来源:万得资讯(Wind)

2005~2016年,我国医药制造收入及利润总体呈持续增长趋势,其利润率维持在10%以上。2011~2016年,我国医药制造业的销售收入从14 522亿元增至28 063亿元,年复合增长率达到14.08%(图6-3)。

化学原料药行业在医药制造业子行业中技术壁垒相对较低,其行业集中度较低。随着环保压力加大,高昂的环保成本使得中小产能企业逐步停产,后续复产可能性亦较低。化学原料药市场较易因过度扩张而出现产能过剩现象,也致使原料药行业的毛利率处于较低水平。2016年,我国化学原料药行业实现销售收入5034.90亿元,同比增长8.40%。

中医药作为我国特色文化的代表,历来受到国家高度重视。近年,我国出台了多项中医药政策扶持中医药行业的发展,2016年12月国务院办公厅发布的《中国的中医药》白皮书,将中医药发展上升为国家战略高度;2016年,我国中成药实现销售收入6697.05亿元,同比增长7.88%;中药饮片实现销售收入1956.36亿元,同比增长12.66%。

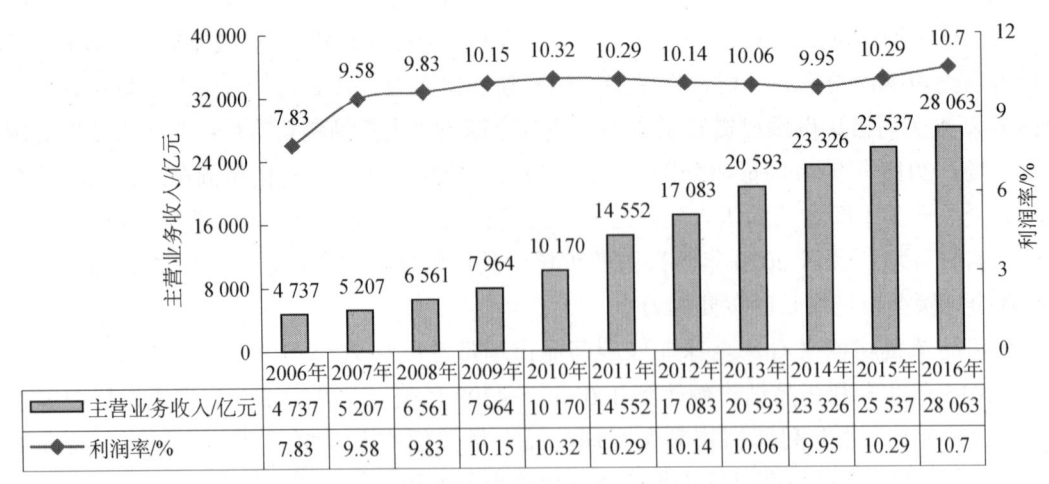

图 6-3 2006~2016 年我国医药制造产业主营业务收入及其利润率

资料来源：中国产业智库大数据中心

年份	2006年	2007年	2008年	2009年	2010年	2011年	2012年	2013年	2014年	2015年	2016年
主营业务收入/亿元	4 737	5 207	6 561	7 964	10 170	14 552	17 083	20 593	23 326	25 537	28 063
利润率/%	7.83	9.58	9.83	10.15	10.32	10.29	10.14	10.06	9.95	10.29	10.7

生物制药是目前市场极受欢迎的药品。国家产业政策不断向生物制药等战略新兴产业倾斜。2016 年 11 月，国务院印发的《"十三五"国家战略性新兴产业发展规划》中对生物医药技术、研发及国际化战略进行了详细的部署和规划。"十三五"期间将鼓励生物医药产业重点发展重大疾病化学药物、生物技术药物、新疫苗、新型细胞治疗制剂等多个创新药物品类。2016 年，我国生物医药行业实现销售收入 3350.17 亿元，同比增长 9.47%。

6.1.3 医药制造产业关键技术演进

医药技术具体包括以设备、药品、疫苗、程序和系统的形式来解决健康问题并改善生活质量的知识和技术。医药技术与医药干预这个概念相伴。这些干预可以是预防性的（例如疫苗），诊断性的（例如体外诊断试剂、听诊器或者温度计），治疗性的（例如药品、外科器械、外科手术和外科移植），康复性的（例如理疗设备、拐杖等辅助装置）。医疗设备是医疗技术的分支，包含仅凭借药理学、免疫学或新陈代谢的方法无法对人体实现其初始预计作用的各种工具、设备、器具、机械、植入物、体外诊断试剂、校准器、软件、材料、其他相似或者相关的物品，例如注射器、除颤器、体外试验或髋关节假体（表 6-2）。

表 6-2 医药技术：含义、目的和材料性能

医药技术/目的或者应用	
预防	疫苗、避孕用具、免疫、医院传染控制项目、氟化水供应、加碘盐
筛查	巴氏涂片、结核菌素试验、乳腺摄影、血清胆固醇检测
诊断	听诊器、体外诊断、心电图、伤寒的血清检测、X 射线
治疗	抗病毒治疗、血液透析、冠状动脉搭桥手术、心理治疗、止痛药、抗生素
康复	脑卒中患者的锻炼项目、治疗重度语言障碍的辅助设备、尿失禁辅助器、助听器
医药技术/材料性能	
药品	用于医疗诊断、治疗或疾病预防的化学合成物质，例如乙酰水杨酸、β 阻滞剂、抗生素和抗抑郁剂
生物制剂	从人体或动物身上提取的治疗物质，以及生物技术产品，例如疫苗、血液制品、细胞和基因疗法

续表

	医药技术/材料性能
医疗设备	医疗设备是仅凭借药理学、免疫学或新陈代谢的方法，无法对人体实现其初始预期作用的各种工具、设备、器具、机械、植入物、体外诊断试剂、校准器、软件、材料、其他相似或相关的物品。例如注射器、除颤器、艾滋病病毒体外试验、外科器械、髋关节假体和线性加速器
医疗和外科手术	心理疗法、营养咨询、冠状动脉血管造影术、胆囊切除术
辅助系统	电子病历系统、远程医疗系统、药品处方集、血库、临床实验室
组织管理系统	利用诊断相关服务费用的预付、替代医疗保健服务的配置、临床治疗程序、全面质量管理方案

资料来源：世界卫生组织，世界知识产权组织，世界贸易组织：《促进医药技术和创新的应用：公共卫生、知识产权和贸易之间的融合》，2013

传统医学建立在不同文化的理论、信仰和本土经验基础上，是知识、技能和实践的总和，无论是否可以解释，能够用在维护健康、预防、诊断、改善或治疗身体与精神疾病。传统医学被作为一个综合术语，既指传统医学体系，如中国传统医学（TCM）、阿育吠陀医学和尤那尼医学，以及各种形式的依据传统操作的土著医学。

现代医药行业的研发起源于大型私营公司，研发和市场营销都由企业内部负责。最初，原始研发公司广泛地许可生产。20 世纪 40 年代中期，以美国为基地的制药工业的崛起，推动了现代的、纵向合并的、同时从事内部研发和营销的制药公司的发展。1980 年左右，正在进行的最新的医药技术创新浪潮是基于生物技术发现和应用的发展，为研究器官和细胞的计算机模型而在虚拟研发中日益增加使用的生物信息学，为定制的药品发现和开发提供巨大的潜力。20 世纪 90 年代末，人类基因组的解码，在个体化用药中引发了新一轮的创新希望。随着疾病问题的变化和发展，人们不断需要新的、改进的、更有效的药品，因此，必要的医药技术的应用，不是一个静止的过程——恰当的应用战略不可或缺的一个特点，就是要明确认识到有针对性的和适当的创新的价值，既包括新的重大突破，也包括对现有技术的适应和改良。未来 3~5 年，基因学、分子生物学、生物医学工程等创新研究，将极大推动医药技术的变革，医药技术变革驱动制药业需要重新构思其未来（表 6-3）。

表 6-3 医药技术未来发展趋势展望

领域	主要方向
基因学/表观基因学/基因组学	至 2020 年，基因测试有望成为主流医学实践的一部分，为分层或个性化医疗铺路
分子生物学	未来制药技术将能够更好地分析疾病的分子基础，从而开发出具有针对性的医药
生物力学/生物医学工程	新的临床工程方法将推动再生医学方面的创新（如植皮等细胞组织修复产品、使用 3D 生物打印机利用从人体细胞提取的墨水打印的活体组织等）
生物科技/生物医学逻辑技术	此项技术的发展将有助于低成本生物仿制药的持续开发，包括单克隆抗体药物和基因重组产品等
突破性药物及设备	骨骼重建药、3D 打印的癫痫药左乙拉西坦（Spritam）、生物电植入物及外科手术机器人，有望提高疗效并推动未来生命科学行业的增长
转化医学	生命科学研发的转化技术将传统意义上十分离散的发现、开发和交付 3 个步骤连接在一起，从而形成一个持续的流程改善循环并缩短上市时间。重点关注基因测序、释放纳米粒子的潜能并评估生物标记
医疗数字化	收集重要生物和临床数据（如疾病数据、患者群体数据、患者电子档案等），并在制药公司、供应商、医疗计划及患者之间进行电子交换，能够改善药物和设备的研发、制造、配送、普及和使用

续表

领域	主要方向
人工智能	机器人技术和医疗科技公司合作推动的技术进步，正使患者护理半自动化和机器辅助外科手术成为现实
大数据和数据分析	先进的数据共享、处理和挖掘技术能够促进个性化医疗的发展，加快新药物和设备的上市进程，并创造竞争优势

资料来源：《2017年全球生命科学行业展望——在未知市场中寻求发展》

6.2 医药制造产业全球专利态势分析

医药制造全球专利检索策略采用德温特手工代码 B（药物），共检索到专利数据 1 878 693 项，其中 2005～2017 年医药制造领域专利申请量为 1 191 166 项。

6.2.1 医药制造产业全球专利年度趋势

全球医药制造专利申请量总体呈增长趋势，2012～2015 年增长最为明显，年均增长率达到 15% 以上，到 2016 年，全球医药制造领域专利申请量达到 143 212 项（图 6-4）。

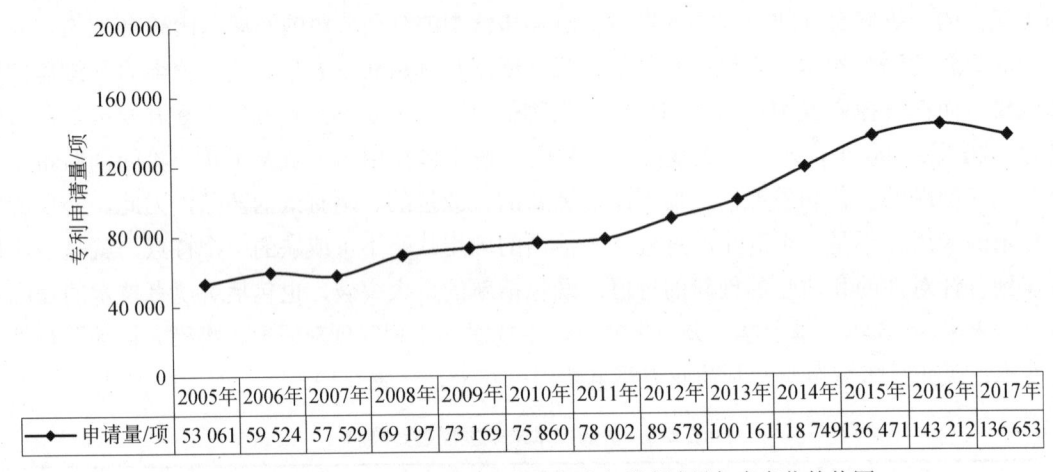

年份	2005年	2006年	2007年	2008年	2009年	2010年	2011年	2012年	2013年	2014年	2015年	2016年	2017年
申请量/项	53 061	59 524	57 529	69 197	73 169	75 860	78 002	89 578	100 161	118 749	136 471	143 212	136 653

图 6-4 2005～2017 年医药制造产业全球专利申请量年度变化趋势图
资料来源：中国产业智库大数据中心

6.2.2 医药制造产业专利申请主要国家/地区/组织分析

6.2.2.1 医药制造产业专利主要国家/地区/组织分布

全球有近 50 个国家/地区/组织在医药制造领域进行了专利申请。从全球医药专利申请量区域布局来看，亚洲地区主要分布在东亚、东南亚地区，其中中国医药制造领域专利申请量达到 593 244 项，占全球总量的 49.80%，日本、韩国、印度专利申请量分别达到 68 394 项、51 566 项和 12 942 项，排名进入全球前十位，中亚、西亚地区的国家在医药制造领域无专利布局；美洲地区主要分布在北美的美国、加拿大、墨西哥和南美的巴西、阿根廷，其中美国专利申请量达到 138 725 项，排在全球第三位。欧洲地区在医药制造领域布局专利的国家较多，专利申请量超过 1 万项的国家有俄罗斯和德国，法国、英国、波兰、西班牙、意大利、罗马尼亚、捷克共和国等国家的专利申请量超过了 500 项；大洋洲地区医药制造领域申请专利的国家则主要有澳大利亚和新西兰；非洲地区除南非外，其他国家在该领域均无专利布局（图 6-5）。

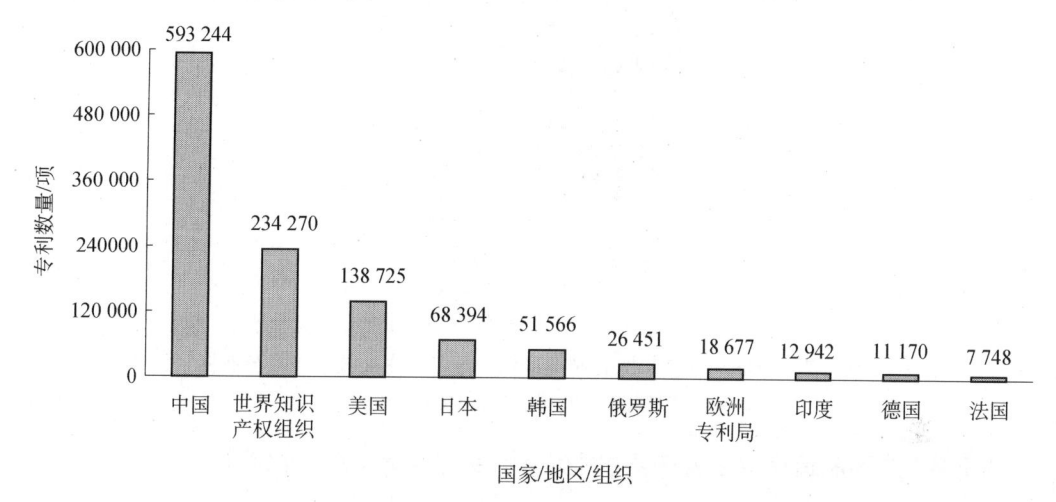

图 6-5 2005～2017 年医药制造产业全球专利申请前十的国家/地区/组织
资料来源：中国产业智库大数据中心

从技术的流向来看，中国、美国、日本、韩国、俄罗斯、德国等国家是医药制造领域主要的技术输出国（图 6-6）。对医药制造领域专利技术市场布局进行统计分析，中国、美国、日本、韩国、加拿大、澳大利亚等国家是医药制造领域的主要市场（图 6-7）。

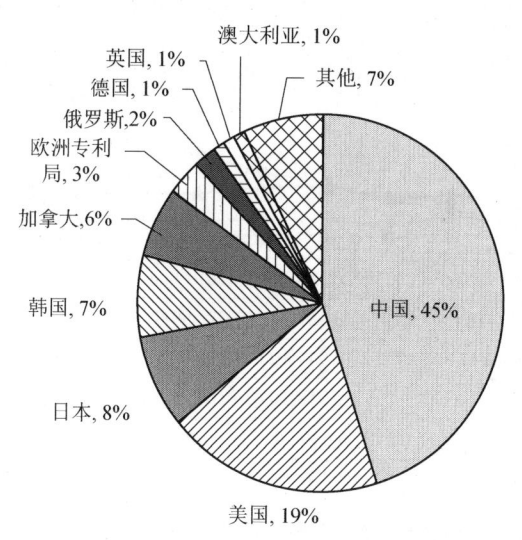

图 6-6 2005～2017 年医药制造产业全球专利主要来源国家/地区/组织分布图
资料来源：中国产业智库大数据中心

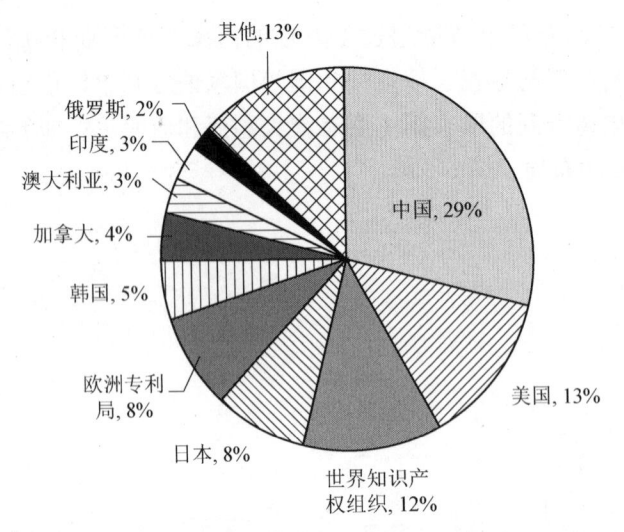

图 6-7 2005~2017 年医药制造产业全球专利主要技术市场分布图

资料来源：中国产业智库大数据中心

6.2.2.2 医药制造产业主要国家/地区/组织专利申请年度变化趋势

对医药制造领域专利申请数量前五的国家/地区/组织的近年专利申请量统计发现，各国的专利申请量变化趋势特点有所不同（图 6-8）。

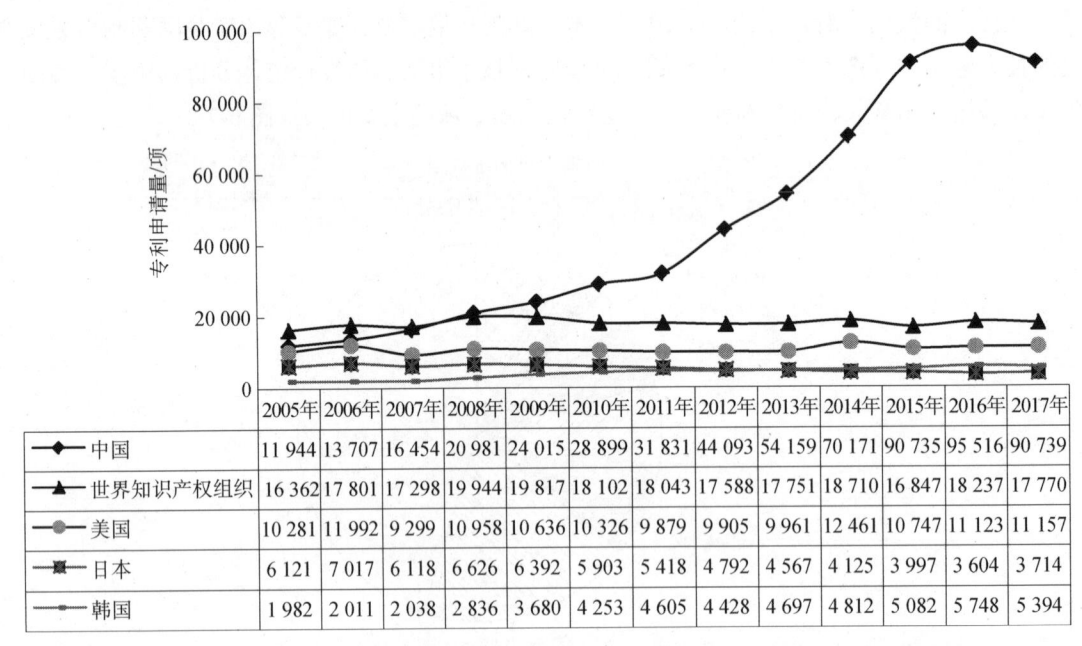

	2005年	2006年	2007年	2008年	2009年	2010年	2011年	2012年	2013年	2014年	2015年	2016年	2017年
中国	11 944	13 707	16 454	20 981	24 015	28 899	31 831	44 093	54 159	70 171	90 735	95 516	90 739
世界知识产权组织	16 362	17 801	17 298	19 944	19 817	18 102	18 043	17 588	17 751	18 710	16 847	18 237	17 770
美国	10 281	11 992	9 299	10 958	10 636	10 326	9 879	9 905	9 961	12 461	10 747	11 123	11 157
日本	6 121	7 017	6 118	6 626	6 392	5 903	5 418	4 792	4 567	4 125	3 997	3 604	3 714
韩国	1 982	2 011	2 038	2 836	3 680	4 253	4 605	4 428	4 697	4 812	5 082	5 748	5 394

图 6-8 2005~2017 年医药制造产业主要国家/地区/组织专利申请量年度变化趋势图

资料来源：中国产业智库大数据中心

第一，中国专利申请量变化趋势呈现急剧上升的态势，2006~2016 年年均增幅达到 21.16%，尤其是在"十二五"期间，年均增幅达到 26.07%。"十二五"时期，我国紧紧围绕国家战略和人民健康需求，在医药卫生领域组织实施了一批重点项目，国家财政投入总计近

300亿元，产出了一大批具有国际水平的成果。

第二，美国、日本在医药制造领域稳步发展，2005～2017年，美国每年的专利申请量维持在1万项附近，日本每年的专利申请量维持在5000项附近。

第三，韩国在医药制造领域的专利申请呈现稳步上升态势，2006～2016年年均增幅达到10.81%。

6.2.3 医药制造产业创新主体分析

6.2.3.1 医药制造产业十大创新主体

从医药制造领域专利申请量前十申请人分布表可以看出，在前十申请人中，高校居多。中国医药制造领域申请人进入前十的全部为高校（5家），包括浙江大学、复旦大学、江南大学、上海交通大学和中国药科大学，说明中国在医药制造领域的研发实力主要集中在高校，药企研发能力有待于进一步加强；美国医药制造领域申请人进入前十的包括加利福尼亚大学和默沙东公司；进入前十的公司还有瑞士的罗氏集团、诺华公司和日本的精工爱普生公司（表6-4）。

表6-4 2005～2017年医药制造产业全球专利申请量前十专利权人分布

排名	专利申请量/项	专利权人	专利申请走势（2005～2017年）	近5年专利占比/%
1	5338	罗氏集团		37.35
2	3953	加利福尼亚大学		43.51
3	3771	浙江大学		45.29
4	3373	诺华公司		30.57
5	3059	默沙东公司		32.66
6	2646	精工爱普生公司		40.63
7	2621	复旦大学		50.29
8	2571	江南大学		64.96
9	2558	上海交通大学		48.63
10	1876	中国药科大学		59.91

资料来源：中国产业智库大数据中心

从2005～2017年前十申请人的专利申请走势来看，中国五大高校呈现出稳步上升态势，近5年专利占比均超过45%，江南大学近年来在医药制造领域研发成果丰硕，近5年专利占比达到64.96%；诺华公司、默沙东公司、精工爱普生公司近年来专利申请量呈现出明显的下降态势，说明这些全球制药龙头企业在医药制造领域的专利布局逐渐成熟。

6.2.3.2 医药制造产业创新主体之间的合作

近年来,全球新药研发呈现投入不断增加、产出难度攀升、研发模式剧变的态势。大型跨国药企为保持创新活力,开启公开、合作、协同的研发模式,与科研院所合作日渐频繁。对医药制造领域申请量前百位的申请人进行合作分析,得到合作关系图(图6-9)。

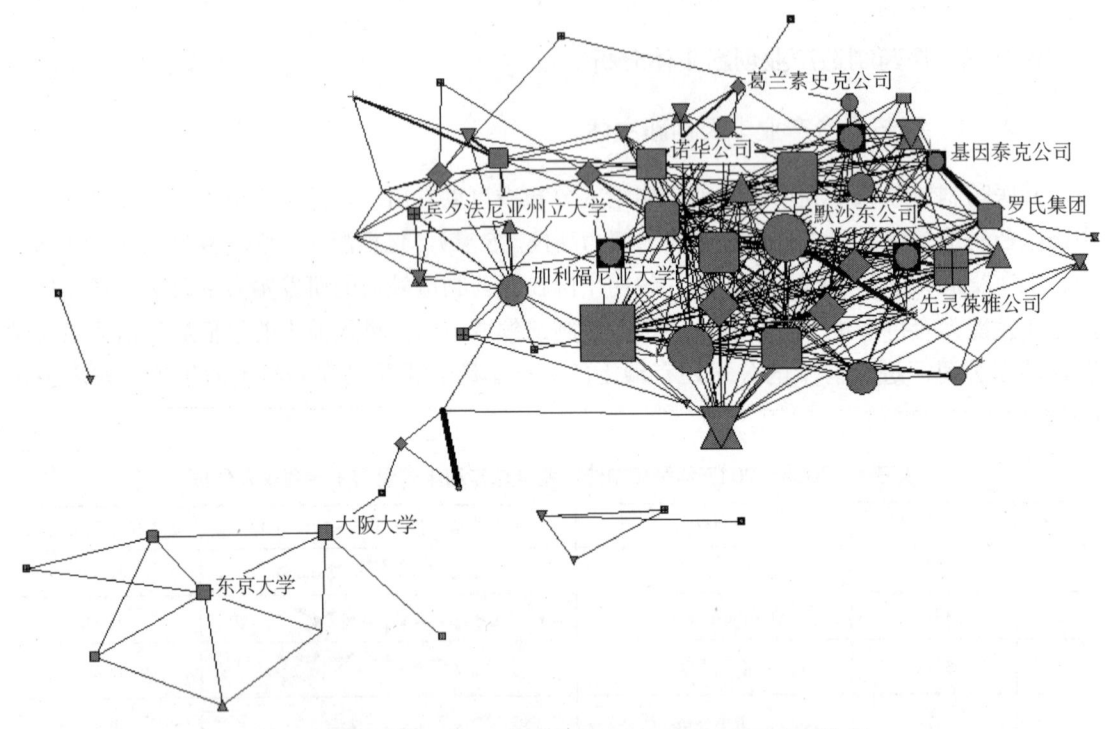

图6-9 2005~2017年医药制造产业全球创新主体合作网络图
注:度数中心度≥5
资料来源:中国产业智库大数据中心

1)默沙东公司

默沙东公司是业内专利申请量第五的机构,而在技术研发过程中非常重视与其他机构的合作,共与44个机构或个人展开合作,合作频次达到941次;2009年,欧盟反垄断监管机构批准默沙东公司以411亿美元收购先灵葆雅公司,实现创新和市场的强强联合。与默沙东公司联合申请专利的公司还包括葛兰素史克集团有限公司(以下简称葛兰素史克公司)等。

2)罗氏集团

罗氏集团是业内专利申请量第一的机构,共与其他38个机构或个人展开合作,合作频次达到713次。基因泰克公司是规模和实力仅次于安进的世界第二大生物技术公司,重点研究领域包括肿瘤学、免疫学、组织生长与修复、神经科学与感染性疾病等,2009年3月罗氏集团以468亿美元全额收购了该公司。

3)诺华公司

诺华公司是业内专利申请量第四的公司,共与其他47家机构或个人展开合作,共合作申请专利355次,合作较为紧密的机构分别为宾夕法尼亚州立大学和葛兰素史克公司,合作申请专利分别为 41 项和 130 项。

6.2.3.3 医药制造产业创新主体的专利布局

进一步分析罗氏集团、加利福尼亚大学、浙江大学、诺华公司、默沙东公司、精工爱普生公司、复旦大学、江南大学、上海交通大学、中国药科大学 10 家研究机构的专利布局情况，以研究创新主体的市场战略。

表 6-5 和表 6-6 分别反映了上述 10 家公司 2005~2010 年与 2011~2017 年的全球专利布局变化情况。

表 6-5 医药制造产业十大创新主体全球专利布局（2005~2010 年） （单位：项）

国家/地区/组织	罗氏集团	加利福尼亚大学	浙江大学	诺华公司	默沙东公司	精工爱普生公司	复旦大学	江南大学	上海交通大学	中国药科大学
中国	1436	211	1423	1253	715	95	853	460	900	435
美国	2067	1536	4	1576	1454	267	19	6	10	8
世界知识产权组织	1796	1234	15	1732	1510	8	25	7	20	11
欧洲专利局	1991	510	1	1539	1345	26	9	2	8	5
日本	1601	312	1	1404	1141	793	12	2	5	4
加拿大	1278	291	0	1021	828	0	3	0	1	2
澳大利亚	908	282	1	1265	1047	0	3	0	2	2
韩国	878	104	0	1032	241	14	3	0	3	2
中国香港	358	72	0	275	98	0	0	0	0	0
墨西哥	866	67	0	1122	345	0	1	0	0	1
巴西	707	58	1	1063	213	1	1	0	0	0
印度	969	131	1	1026	603	0	5	0	1	3
新加坡	729	54	0	420	263	0	1	0	0	0
俄罗斯	353	33	0	609	120	0	0	0	1	0
以色列	603	58	0	292	142	0	0	0	0	0
中国台湾	560	20	0	468	256	8	0	0	1	0
德国	480	15	1	199	121	6	0	1	0	0
南非	323	34	0	390	233	0	0	0	0	1
新西兰	141	36	0	317	128	0	0	0	0	0
菲律宾	201	10	1	245	110	0	0	0	0	0
挪威	208	11	0	203	139	0	1	0	0	0
越南	74	7	1	89	39	0	0	0	0	0
印度尼西亚	47	10	0	136	45	0	0	0	0	0
马来西亚	47	3	1	125	32	0	0	0	0	0
英国	2	10	1	19	6	2	0	0	0	0

表 6-6　医药制造产业十大创新主体全球专利布局（2011～2017 年）　　　（单位：项）

国家/地区/组织	罗氏集团	加利福尼亚大学	浙江大学	诺华公司	默沙东公司	精工爱普生公司	复旦大学	江南大学	上海交通大学	中国药科大学
中国	1585	303	2334	744	228	419	1756	2097	1632	1434
美国	2320	1677	23	1099	1035	800	18	31	31	15
世界知识产权组织	2309	1650	47	1207	1325	36	52	35	75	31
欧洲专利局	1979	596	10	931	886	111	11	3	17	10
日本	1523	303	7	755	290	1704	10	1	13	8
加拿大	1464	342	3	673	297	0	4	1	4	3
澳大利亚	604	260	4	689	294	0	5	5	4	5
韩国	1157	143	3	545	195	13	6	1	5	4
中国香港	1146	87	2	265	46	3	6	0	3	0
墨西哥	983	54	1	516	153	0	2	0	4	1
巴西	812	59	1	470	137	6	1	0	3	1
印度	435	110	0	510	172	10	3	0	4	4
新加坡	518	44	1	317	54	5	2	0	4	0
俄罗斯	679	30	1	217	113	9	1	0	5	2
以色列	293	37	0	195	39	1	1	0	3	0
中国台湾	451	23	0	331	119	22	2	0	2	3
德国	5	7	0	10	0	1	0	0	0	0
南非	178	7	1	179	30	0	1	0	3	0
新西兰	150	10	0	141	31	0	1	0	0	0
阿根廷	255	4	0	132	32	0	0	0	0	0
菲律宾	203	9	0	205	30	0	1	0	0	1
越南	208	10	0	149	33	0	1	0	3	0
印度尼西亚	122	8	1	135	17	2	1	0	0	0
马来西亚	24	1	0	16	5	0	0	0	0	0

资料来源：中国产业智库大数据中心

第一，专利申请量前十的机构全球专利布局没有较大幅度的调整，罗氏集团、默沙东公司、诺华公司、精工爱普生公司等公司专利主要分布在美国、日本、中国、印度、加拿大、澳大利亚等国家，说明这些国家在医药制造领域具有明显的竞争关系。

第二，中国五所高校的医药制造领域专利主要分布在本国，说明中国医药制造领域创新研发的竞争力与国外机构相比还有明显的差距。

6.2.4　医药制造产业专利技术发明人分析

对领域内的发明人进行分析，能找出所在领域中的主要专利发明人团队及这些团队中的核心发明人，为人才的引进提供参考，还能通过跟踪这些团队及核心发明人的专利申请把握行业内的科研动态。

6.2.4.1 医药制造产业专利技术发明人合作率与合作度年度变化趋势

2005~2017年,医药制造领域专利的合作率和合作度呈现出下降态势。从合作率指标来看,历年合作率均在60%以上,"十一五"期间,合作率均在73%以上,合作度在3.7以上;到"十二五"期间,合作率下降到60.42%,合作度下降到3.11(图6-10)。导致活跃度降低的原因,一是医药制造领域的并购现象;二是中国在医药制造领域申请专利数量激增而缺乏广泛合作。

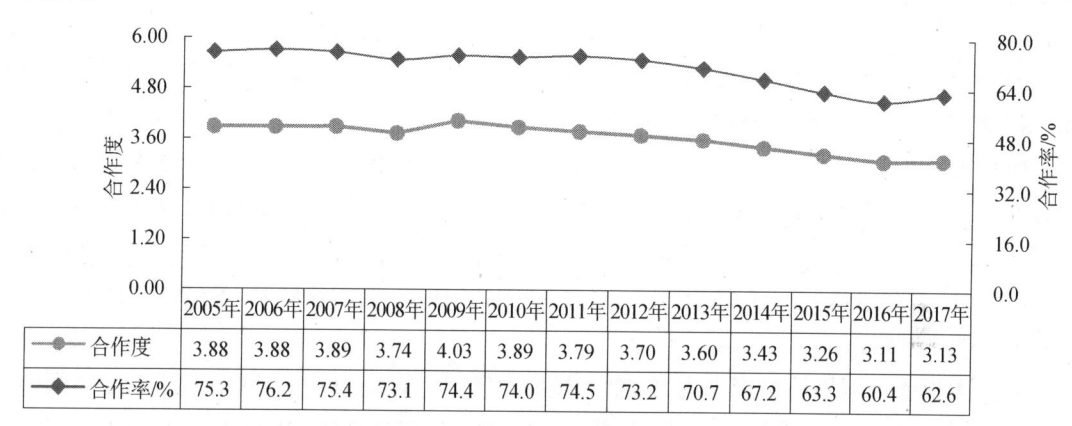

年份	2005年	2006年	2007年	2008年	2009年	2010年	2011年	2012年	2013年	2014年	2015年	2016年	2017年
合作度	3.88	3.88	3.89	3.74	4.03	3.89	3.79	3.70	3.60	3.43	3.26	3.11	3.13
合作率/%	75.3	76.2	75.4	73.1	74.4	74.0	74.5	73.2	70.7	67.2	63.3	60.4	62.6

图6-10 2005~2017年医药制造产业专利技术发明人合作率和合作度年度变化趋势图

资料来源:中国产业智库大数据中心

6.2.4.2 医药制造产业专利技术发明人合作率和合作度比较

从申请量前十的研究机构的合作率与合作度(表6-7),分析各个公司在发明人合作方面的特征。

表6-7 2005~2017年医药制造产业主要公司的合作率与合作度比较

序号	机构名称	合作率/%	合作度
1	罗氏集团	92.52	6.40
2	默沙东公司	97.64	10.06
3	诺华公司	92.32	7.11
4	加利福尼亚大学	92.41	4.16
5	精工爱普生公司	53.21	2.15
6	上海交通大学	96.71	4.29
7	中国药科大学	98.66	4.94
8	复旦大学	97.29	4.38
9	江南大学	97.94	5.02
10	浙江大学	96.55	4.20

资料来源:中国产业智库大数据中心

第一,申请量前十的专利申请人中,精工爱普生公司的合作度和合作率最低,仅为2.15和53.21%;默沙东公司的合作度最高,为10.06。

第二,中国五大高校的平均合作度为4.57,平均合作率为97.43%,说明中国内部研发合作程度较强。

6.2.4.3 医药制造产业专利技术核心发明人

分别计算医药制造领域罗氏集团、加利福尼亚大学、浙江大学、诺华公司、默沙东公司、精工爱普生公司、复旦大学、江南大学、上海交通大学、中国药科大学等申请人内部发明人合作网络凝聚力指数和点度中间中心度，可以得出以下结论。

罗氏集团整个网络的凝聚力为 0.356，凝聚力较弱；CHEN L 在网络中的点度中间中心度最高，为 2001.114，说明其在公司内有极大的影响力；ROGERS-EVANS M、KUHN B 与他人合作的频次最高，分别为 351 次和 324 次。从网络结构来看，公司内部形成了以 ROGERS-EVANS M、NETTEKOVEN M、KUHN B，UMANA P、KLEIN C，HAGMANN M、KARL J 等团队为核心的发明人网络。

加利福尼亚大学整个网络的凝聚力为 0.130，凝聚力极弱；WANG J 在网络中的点度中间中心度最高，为 472.965，说明其在公司内有极大的影响力；PIU F、LICHTER J 与他人合作的频次最高，分别为 199 次和 199 次。从网络结构来看，公司内部形成了以 PIU F、LICHTER J、HARRIS J P、CARSON D A、COTTAM H B、JUNG M E、SAWYERS C L 等为核心的发明人网络。

浙江大学整个网络的凝聚力为 0.672，凝聚力较强；WANG Y 在网络中的点度中间中心度最高，为 159.508，说明其在公司内有极大的影响力；CHEN Y、WANG Y 与他人合作的频次最高，分别为 333 次和 304 次。从网络结构来看，公司内部形成了以 CHEN Y、WANG Y、LI Y、LIU X、CHEN Z 等为核心的发明人网络。

诺华公司整个网络的凝聚力为 0.358，凝聚力较弱；WANG Y 在网络中的点度中间中心度最高，为 970.150，说明其在公司内有极大的影响力；FURET P、MAH R 与他人合作的频次最高，分别为 212 次和 211 次。从网络结构来看，公司内部形成了以 FURET P、MAH R、STUTZ S、HEROLD P、TSCHINKE V、STOJANOVIC A 等为核心的发明人网络。

默沙东公司整个网络的凝聚力为 0.557，凝聚力一般；WU H 在网络中的点度中间中心度最高，为 203.609，说明其在公司内有极大的影响力；WU H、KOZLOWSKI J A 与他人合作的频次最高，分别为 332 次和 297 次。从网络结构来看，公司内部形成了以 WU H、KOZLOWSKI J A、YU Y、STAMFORD A 等为核心的发明人网络。

精工爱普生公司整个网络的凝聚力为 0.292，凝聚力较弱；SHIMIZU T 在网络中的点度中间中心度最高，为 654.905，说明其在公司内有极大的影响力；TAKAGI F、YOSHIDA M 与他人合作的频次最高，分别为 77 次和 74 次。从网络结构来看，公司内部形成了以 TAKAGI F、TAKAGI F、YOSHIDA M、MIYAMOTO T、NAKAMURA H 等为核心的发明人网络。

复旦大学整个网络的凝聚力为 0.648，凝聚力较强；LI Y 在网络中的点度中间中心度最高，为 232.402，说明其在公司内有极大的影响力；YU L、LI Y 与他人合作的频次最高，分别为 414 次和 414 次。从网络结构来看，公司内部形成了以 YU L、LI Y、WANG Z、TANG L、ZHU H 等为核心的发明人网络。

江南大学整个网络的凝聚力为 0.656，凝聚力较强；LI Y 在网络中的点度中间中心度最高，为 235.151，说明其在公司内有极大的影响力；XU C、LIU L 与他人合作的频次最高，分别为 1426 次和 1426 次。从网络结构来看，公司内部形成了以 XU C、LIU L、XU L、KUANG H、CHEN J、MA W 等为核心的发明人网络。

上海交通大学整个网络的凝聚力为 0.622，凝聚力较强；WANG Y 在网络中的点度中间中心度最高，为 234.197，说明其在公司内有极大的影响力；LI X、WANG Y 与他人合作的频次最高，分别为 211 次和 206 次。从网络结构来看，公司内部形成了以 LI X、WANG Y、ZHANG Y、ZHANG Z、ZHANG W 等为核心的发明人网络。

中国药科大学整个网络的凝聚力为 0.658，凝聚力较强；ZHANG L 在网络中的点度中间中心度最高，为 209.138，说明其在公司内有极大的影响力；ZHANG L、ZHOU J 与他人合作的频次最高，分别为 438 次和 324 次。从网络结构来看，公司内部形成了以 ZHANG L、ZHOU J、LIU J、ZHANG Y 等为核心的发明人网络。

6.3 医药制造产业在华专利态势分析

医药制造业在华专利检索采用 A61K 作为检索策略，专利申请时间限定为 2005～2017 年，共检索出医药制造专利 299 209 件。

6.3.1 医药制造产业在华专利申请态势

6.3.1.1 医药制造产业在华专利年度趋势

从 2005～2017 年医药制造领域专利申请时间趋势图中可以发现，2006～2012 年，我国有效专利数量以 30% 以上的增长速度激增，而专利申请数量维持在 14 000 件附近。2011 年年底，工业和信息化部制定了《医药工业"十二五"发展规划》，以加快医药工业结构调整和转型升级，培育发展生物医药产业，促进医药工业由大变强。医药制造业专利申请量快速增长，从 2011 年的 15 169 件增长到 2015 年的 48 269 件，年复合增长率达到 28.47%（图 6-11）。

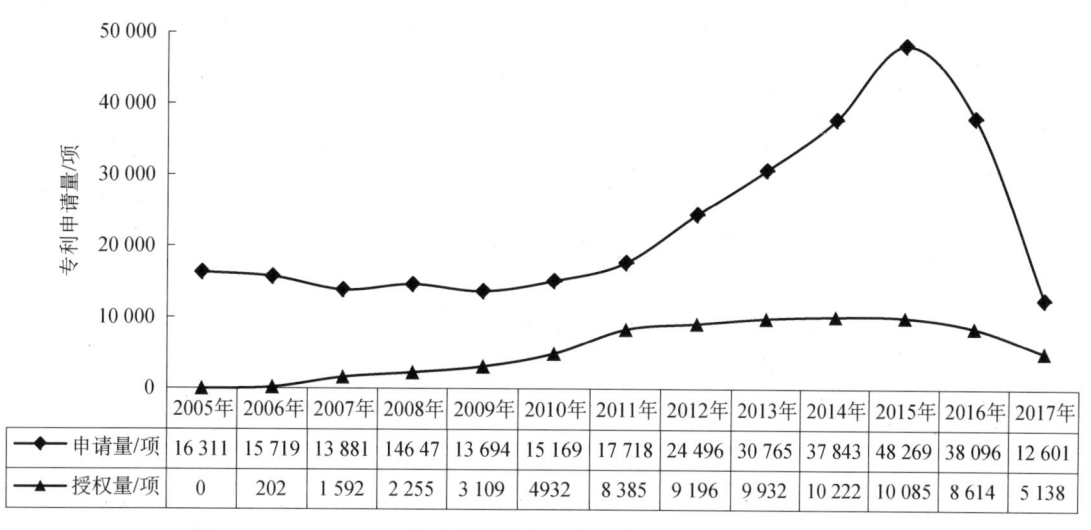

	2005年	2006年	2007年	2008年	2009年	2010年	2011年	2012年	2013年	2014年	2015年	2016年	2017年
申请量/项	16 311	15 719	13 881	146 47	13 694	15 169	17 718	24 496	30 765	37 843	48 269	38 096	12 601
授权量/项	0	202	1 592	2 255	3 109	4932	8 385	9 196	9 932	10 222	10 085	8 614	5 138

图 6-11　2005～2017 年医药制造产业在华专利申请量年度变化趋势图

资料来源：中国产业智库大数据中心

6.3.1.2 医药制造产业细分领域在华专利分布

医药制造业主要包括化学药品原药制造、化学药品制剂制造、生物生化制品制造、卫生材料及医药用品制造、中成药制造、中药饮片加工、抗微生物药、抗寄生虫药等若干领域。

从医药制造分支领域专利分布情况看，中成药制造领域专利申请数量较多，达到183 284件，排名靠前的专利申请人包括北京艺信堂医药研究所、北京绿源求证科技发展有限责任公司、北京冠五洲生物科学研究院、河南中医学院、济南星懿医药技术有限公司等；生物生化制品制造申请量129 822件，排在第二位；其次为化学药原药制造（表6-8）。

表6-8 2005～2017年医药制造产业细分领域在华专利申请量及主要申请人

领域	专利总量/件	主要申请人
中成药制造	183 284	北京艺信堂医药研究所、北京绿源求证科技发展有限责任公司、北京冠五洲生物科学研究院、河南中医学院、济南星懿医药技术有限公司
生物生化制品制造	129 822	中国药科大学、浙江大学、长沙协浩吉生物工程有限公司、复旦大学、中国人民解放军第二军医大学
化学药品原药制造	123 347	中国药科大学、宝洁公司、复旦大学、浙江大学、莱雅公司
消化系统药	48 557	张秋云、北京绿源求证科技发展有限责任公司、李承平、北京正大绿洲医药科技有限公司、中国药科大学
中枢神经系统药物	45 173	北京冠五洲生物科学研究院、北京绿源求证科技发展有限责任公司、重庆润泽医药有限公司、佛山市顺德区宝铜金属科技有限公司、蓝子花
抗微生物药	44 314	天津生机集团股份有限公司、广西大学、郑州后羿制药有限公司、复旦大学、青岛绿曼生物工程有限公司
呼吸系统药物	28 809	北京正大绿洲医药科技有限公司、天津金耀集团有限公司、李承平、杨洪舒、苏州知微堂生物科技有限公司
化学药品制剂制造	24 804	中国药科大学、沈阳药科大学、海南卫康制药（潜山）有限公司、济南帅华医药科技有限公司、北京正大绿洲医药科技有限公司
兽用药品制造	21 083	天津生机集团股份有限公司、天津市润拓生物技术有限公司、广西大学、青岛绿曼生物工程有限公司、中国人民解放军第二军医大学
解毒药	17 845	佛山市顺德区宝铜金属科技有限公司、北京绿源求证科技发展有限责任公司、北京艺信堂医药研究所、北京正大绿洲医药科技有限公司、王芳
血液及造血系统用药	16 348	北京奇源益德药物研究所、李承平、中国药科大学、北京艺信堂医药研究所、哈尔滨灵草科技有限公司
抗癌药	15 159	银川上河图新技术研发有限公司、济南帅华医药科技有限公司、孔庆忠、山东蓝金生物工程有限公司、济南康泉医药科技有限公司
激素类及内分泌系统药	14 818	北京绿源求证科技发展有限责任公司、北京艺信堂医药研究所、北京利千秋科技有限公司、济南邦文医药科技有限公司、中国药科大学
影响免疫功能的药物	10 844	天津金耀集团有限公司、浙江大学、复旦大学、长沙瑞多康生物科技有限公司、雀巢产品技术援助有限公司
维生素	9 359	北京冠五洲生物科学研究院、长沙协浩吉生物工程有限公司、北京利千秋科技有限公司、余内逊、颜怀伟
循环系统药	7 012	北京奇源益德药物研究所、天津天士力制药股份有限公司、鲁南制药集团股份有限公司、济南邦文医药科技有限公司、西北农林科技大学
抗寄生虫药	3 880	天津生机集团股份有限公司、青岛康地恩药业股份有限公司、中国农业科学院兰州畜牧与兽研究所、青岛绿曼生物工程有限公司、西北农林科技大学
卫生材料及医药用品制造	3 723	王建友、3M创新有限公司、北京康仁堂药业有限公司、浙江大学、东华大学
利尿药及脱水药	2 488	北京绿源求证科技发展有限责任公司、佛山市顺德区宝铜金属科技有限公司、天津市润拓生物技术有限公司、哈尔滨圣吉药业股份有限公司、哈尔滨济博生物技术开发有限公司
中药饮片加工	1 442	徐自升、徐漫、芜湖天成普阳中药科技有限公司、北京康仁堂药业有限公司、亳州市永刚饮片厂有限公司

资料来源：中国产业智库大数据中心

6.3.2 医药制造产业在华专利重要区域布局分析

6.3.2.1 医药制造产业在华专利区域布局

从医药制造业专利全国区域分布情况来看（图6-12），山东省专利申请数量最多，达到56 452件，占比21.40%；其次为江苏省，专利申请量为27 220件，占比10.32%。从地域分布情况看，科技创新较发达的地区，医药制造业专利申请数量较为密集，如江苏、广东、上海、山东、北京等省市，其次为医药资源尤其是中医药资源分布较广泛的地区，如安徽、广西、四川、湖北等省（自治区、直辖市）。

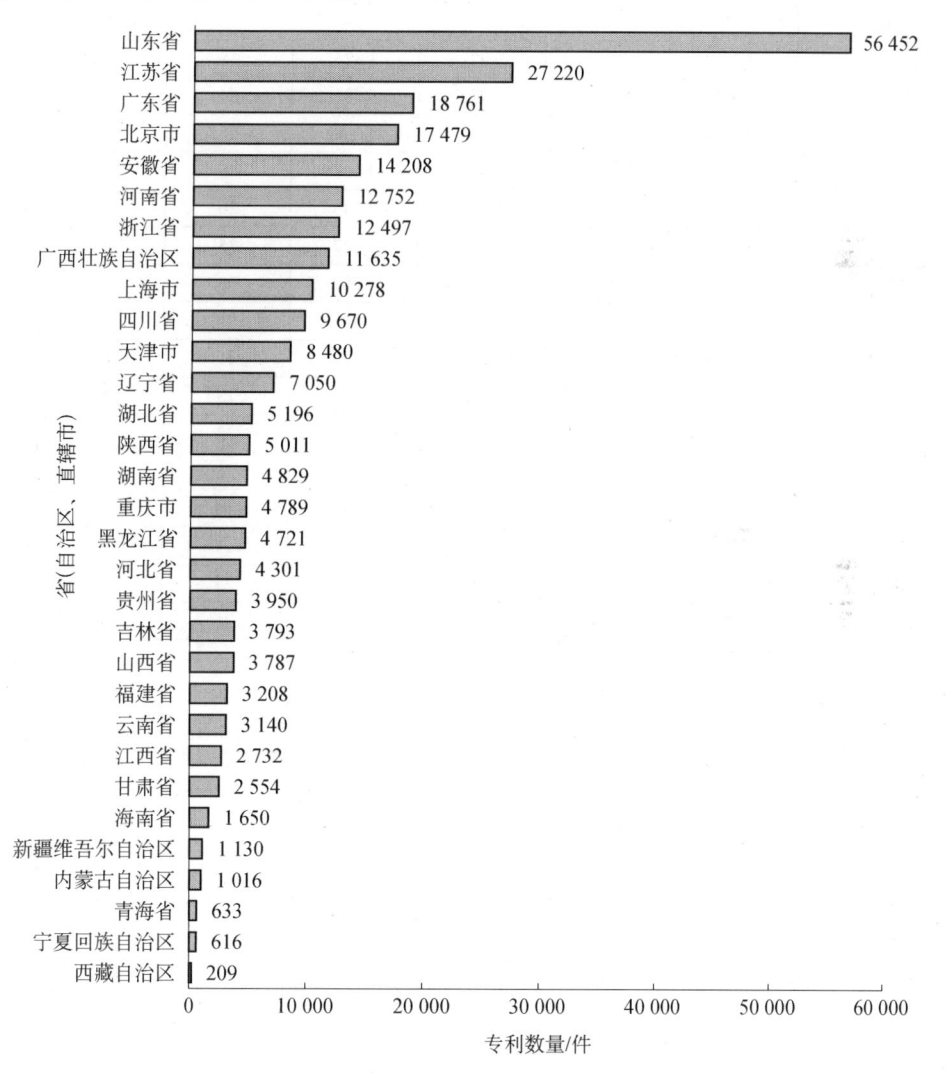

省（自治区、直辖市）	专利数量/件
山东省	56 452
江苏省	27 220
广东省	18 761
北京市	17 479
安徽省	14 208
河南省	12 752
浙江省	12 497
广西壮族自治区	11 635
上海市	10 278
四川省	9 670
天津市	8 480
辽宁省	7 050
湖北省	5 196
陕西省	5 011
湖南省	4 829
重庆市	4 789
黑龙江省	4 721
河北省	4 301
贵州省	3 950
吉林省	3 793
山西省	3 787
福建省	3 208
云南省	3 140
江西省	2 732
甘肃省	2 554
海南省	1 650
新疆维吾尔自治区	1 130
内蒙古自治区	1 016
青海省	633
宁夏回族自治区	616
西藏自治区	209

图6-12 2005~2017年医药制造产业在华专利申请量区域排名

资料来源：中国产业智库大数据中心

6.3.2.2 医药制造产业在华专利区域研发重点分析

医药制造产业在华专利区域研发重点分布领域如表6-9所示。

表 6-9　2005～2017 年医药制造产业细分领域在华专利布局　　　　（单位：件）

省（自治区、直辖市）	原药制造	制剂	生物制品	中成药	中药饮片	医药用品	兽用药品
山东省	10 672	2 530	16 838	46 829	52	284	4 984
江苏省	12 792	2 310	11 824	15 475	111	256	1 440
广东省	10 255	1 516	9 941	9 227	87	246	1 065
北京市	7 974	2 061	8 058	10 111	63	278	931
安徽省	2 784	740	4 627	11 796	338	79	1 293
河南省	2 956	557	5 007	10 145	180	104	1 166
浙江省	4 513	1 011	5 150	8 324	93	220	912
广西壮族自治区	2 357	158	3 960	9 748	30	64	1 045
上海市	7 324	1 459	5 972	3 325	18	161	740
四川省	3 315	965	3 970	6 588	64	138	669
天津市	3 628	1 029	4 172	5 068	50	117	1 468
辽宁省	2 853	559	3 069	4 467	26	71	418
湖北省	2 280	505	2 538	3 043	20	90	349
陕西省	1 489	350	2 119	3 629	35	82	319
湖南省	1 791	331	2 232	3 202	36	73	359
重庆市	1 741	541	2 316	3 151	26	49	303
黑龙江省	1 505	442	2 230	3 393	11	58	289
河北省	1 326	469	1 727	3 075	23	44	305
贵州省	659	111	1 440	3 376	22	27	297
吉林省	1 338	187	1 909	2 585	15	45	235
山西省	626	116	1 297	3 255	10	17	221
福建省	1 339	253	1 598	1 931	14	81	215
云南省	1 276	127	1 521	1 954	23	35	150
江西省	938	278	1 301	1 910	26	64	189
甘肃省	560	69	885	2 079	34	18	231
海南省	1 157	558	1 016	535	2	32	31
新疆维吾尔自治区	315	41	551	844	9	9	61
内蒙古自治区	249	41	393	791	17	9	76
青海省	126	23	299	518	1	8	14
宁夏回族自治区	186	51	236	443	1	4	20
西藏自治区	63	15	101	149	1	5	15

资料来源：中国产业智库大数据中心

在化学药品原药制造领域，第一方阵为专利数量超过 7000 件的省市，主要包括江苏、山东、广东、北京、上海等，五省（市）申请量为 49 017 件，占全国的 54.23%；第二方阵为专利申请量大于 1500 件的省（自治区、市），主要包括浙江、天津、四川、河南、辽宁、安徽、广西、湖北、湖南、重庆、黑龙江等，第二方阵专利申请总量达到 29 723 件，占全国的 32.88%；其余为第三方阵，专利申请总量为 11 647 件，占全国专利申请总量的 12.88%。

在生物生化制品制造领域，第一方阵为专利数量超过 7000 件的省市，主要包括山东、江苏、广东、北京等，四省（市）申请量 46 661 件，占全国的 43.09%；第二方阵为专利申请量大于 1500 件的省（自治区、市），主要包括上海、浙江、河南、安徽、天津、四川、广西、辽宁、湖北、重庆、湖南、黑龙江、陕西、吉林、河北、福建、云南等，第二方阵专利申请总量达到 54 117 件，占全国的 49.97%；其余为第三方阵，专利申请总量为 7519 件，占全国专利申请总量的 6.94%。

在中成药制造领域，第一方阵为专利数量超过 7000 件的省（自治区、直辖市），主要包括山东、江苏、安徽、河南、北京、广西、广东、浙江等，8 省（自治区、直辖市）申请量 121 655 件，占全国的 67.23%，其中山东省专利申请量 46 829 件，排名全国第一，占全国的 25.88%；第二方阵为专利申请量大于 1500 件的省（市），主要包括四川、天津、辽宁、陕西、黑龙江、贵州、上海、山西、湖南、重庆、河北、湖北、吉林、甘肃、云南、福建、江西等，第二方阵专利申请总量达到 56 031 件，占全国专利申请总量的 30.96%；其余为第三方阵，专利申请总量为 3280 件，占全国专利申请总量的 1.81%。

6.3.3 医药制造产业在华专利主要申请人分析

医药制造专利申请量前二十的申请人如图 6-13 所示。其中企业 9 家，高等院校 11 家，以中国机构为主，达 17 家。

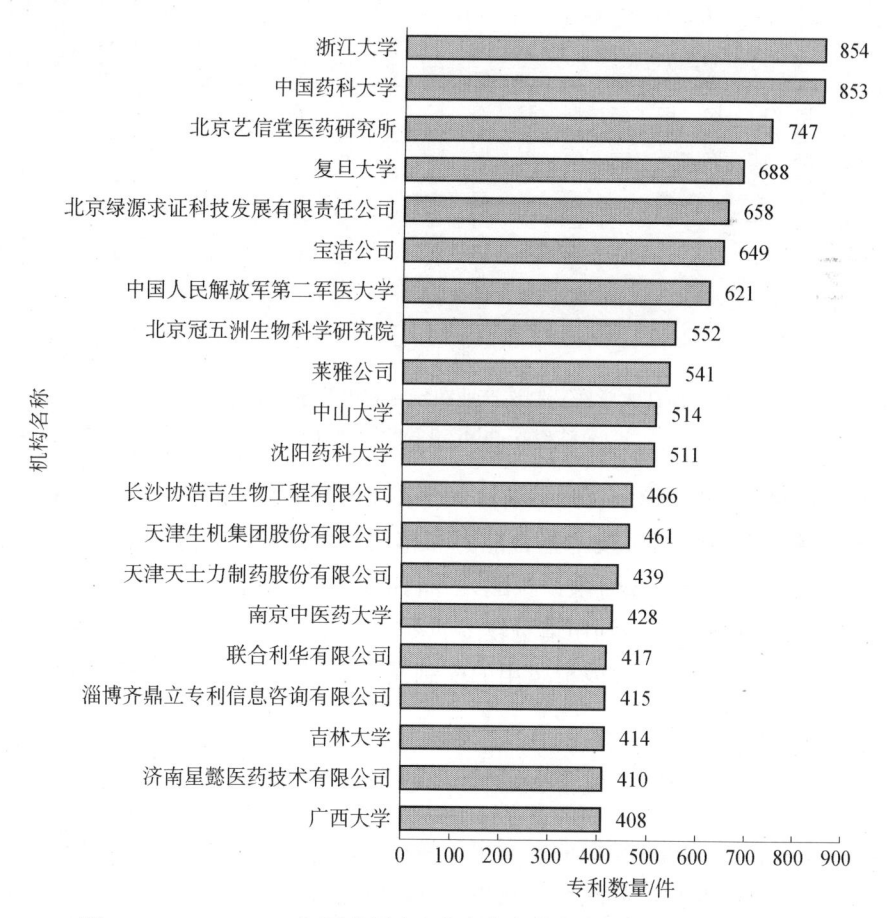

机构名称	专利数量/件
浙江大学	854
中国药科大学	853
北京艺信堂医药研究所	747
复旦大学	688
北京绿源求证科技发展有限责任公司	658
宝洁公司	649
中国人民解放军第二军医大学	621
北京冠五洲生物科学研究院	552
莱雅公司	541
中山大学	514
沈阳药科大学	511
长沙协浩吉生物工程有限公司	466
天津生机集团股份有限公司	461
天津天士力制药股份有限公司	439
南京中医药大学	428
联合利华有限公司	417
淄博齐鼎立专利信息咨询有限公司	415
吉林大学	414
济南星懿医药技术有限公司	410
广西大学	408

图 6-13　2005～2017 年医药制造产业在华专利申请量前二十的研发机构

资料来源：中国产业智库大数据中心

本部分结合研究机构创新优势和技术竞争力两项指标,选择浙江大学、中国医科大学、北京亿信堂医药研究所作为重点研究对象。

6.3.3.1 浙江大学

浙江大学在医药制造领域的专利申请量排在首位,2005~2017年共申请专利854件,专利侧重于化学药品原药制造和生物生化制品制造领域,占学校专利申请总量的比重分别为71.66%和57.85%。其次为中成药制造和化学药品制剂制造领域,申请量分别达到278件和115件。浙江大学在抗癌药、抗微生物药、消化系统药等领域的申请量也比较高,分别达到107件、92件、80件(图6-14)。

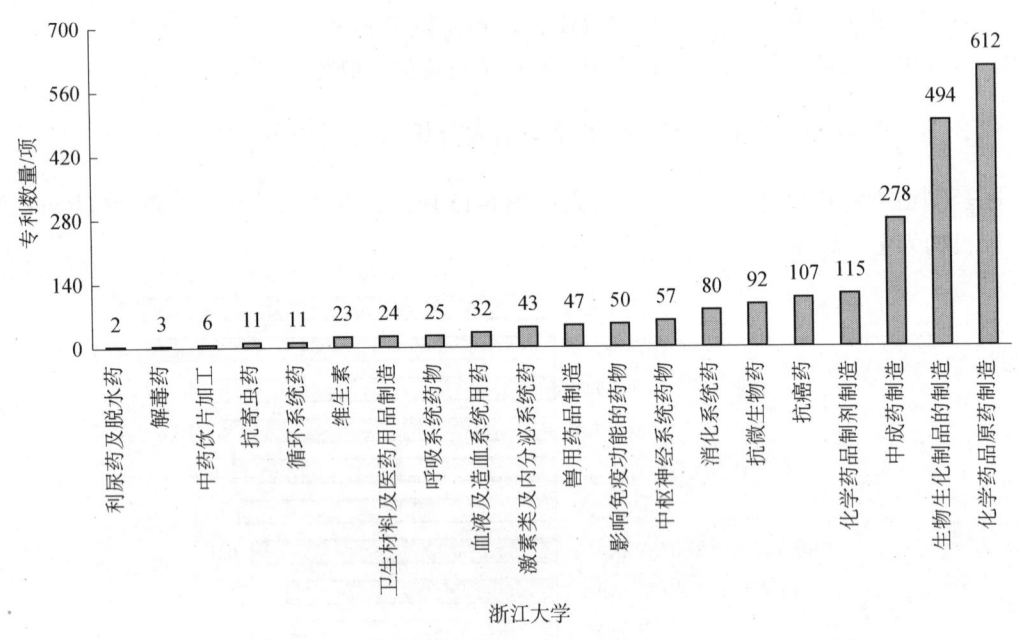

图6-14 浙江大学医药制造产业在华专利申请量按细分领域分布图
资料来源:中国产业智库大数据中心

从技术竞争能力来看(图6-15),浙江大学在C07J领域(甾族化合物)技术竞争力最强,专利申请量为9件,相对技术整合能力和相对技术优势均高于其他领域。C07H领域(糖类;及其衍生物;核苷;核苷酸;核酸)专利申请量为16件,相对技术整合能力和相对技术优势仅次于C07J领域。专利申请量较多的领域是A61P(化合物或药物制剂的特定治疗活性)和A61K(医用、牙科用或梳妆用的配制品),其相对技术整合能力和相对技术优势较弱。

6.3.3.2 中国医科大学

中国医科大学在医药制造领域的专利申请量排在第二位,2005~2017年共申请专利853件,专利侧重于化学药品原药制造和生物生化制品制造领域,占学校专利申请总量的比重分别为88.28%和62.49%。其次为中成药制造和化学药品制剂制造领域,申请量分别达到233

件和 137 件。浙江大学在消化系统药、抗微生物药和激素类及内分泌系统药等领域的申请量也比较高，分别达到 125 件、102 件、96 件（图 6-16）。

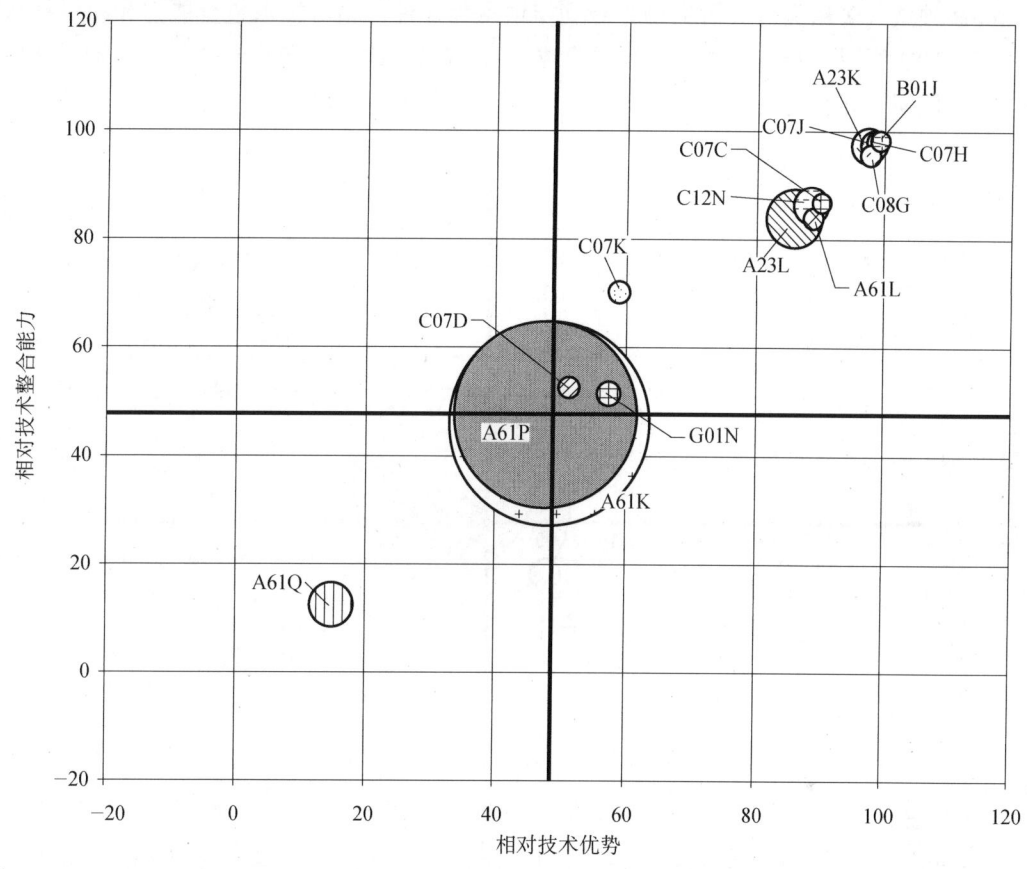

图 6-15 浙江大学医药制造产业在华专利相对技术优势

资料来源：中国产业智库大数据中心

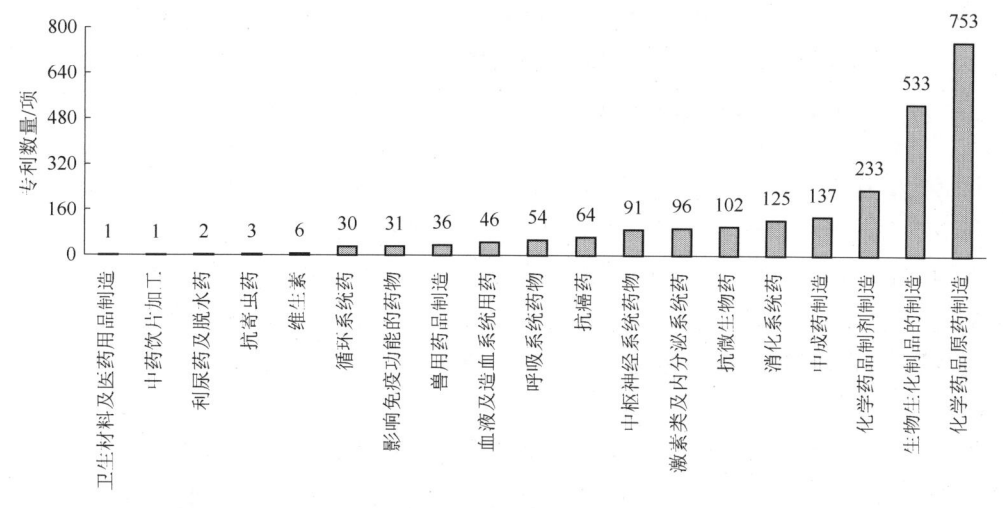

图 6-16 中国医科大学医药制造产业在华专利申请量按细分领域分布图

资料来源：中国产业智库大数据中心

从技术竞争能力来看（图6-17），中国药科大学C08J领域（加工；配料的一般工艺过程）技术竞争力最强，专利申请量为12件，相对技术整合能力和相对技术优势均高于其他领域。C08B领域（多糖类；其衍生物）专利申请量为6件，相对技术整合能力和相对技术优势仅次于C08J领域。专利申请量较多的领域是A61P（化合物或药物制剂的特定治疗活性）和A61K（医用、牙科用或梳妆用的配制品），其相对技术整合能力和相对技术优势较弱。

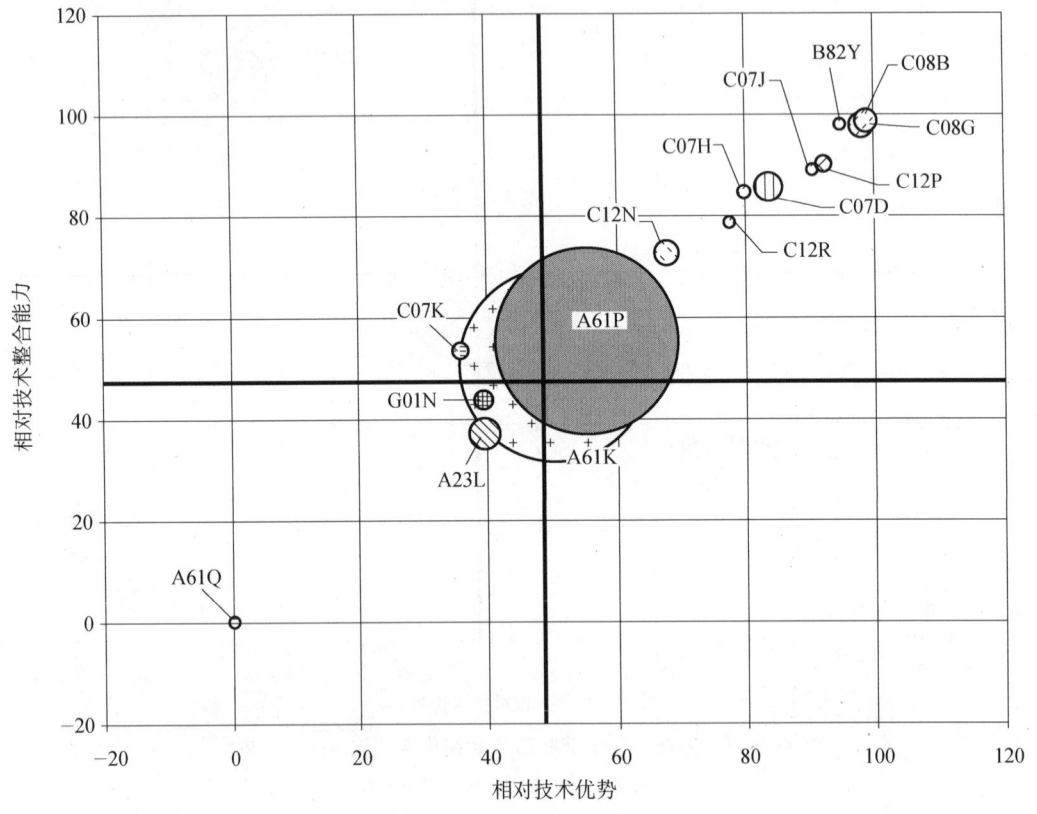

图6-17 中国医科大学医药制造产业在华专利相对技术优势
资料来源：中国产业智库大数据中心

6.3.3.3 北京亿信堂医药研究所

北京亿信堂医药研究所在医药制造领域的专利申请量排在第三位，2005～2017年共申请专利747件，专利侧重于中成药和生物生化制品制造领域，占研究所专利申请总量的比重分别为100%（全部属于中成药领域）和21.41%。其次为激素类及内分泌系统药和中枢神经系统药物领域，申请量分别达到140件和89件。北京亿信堂医药研究所在解毒药、消化系统药和血液及造血系统用药等领域的申请量也比较高，分别达到85件、68件、44件（图6-18）。

从技术竞争能力来看（图6-19），北京亿信堂医药研究所在A61P领域（化合物或药物制剂的特定治疗活性）技术竞争力最强，专利申请量为747件。在A61K领域（医用、牙科用或梳妆用的配制品）专利申请量为747件，相对技术整合能力和相对技术优势次于A61P领域。

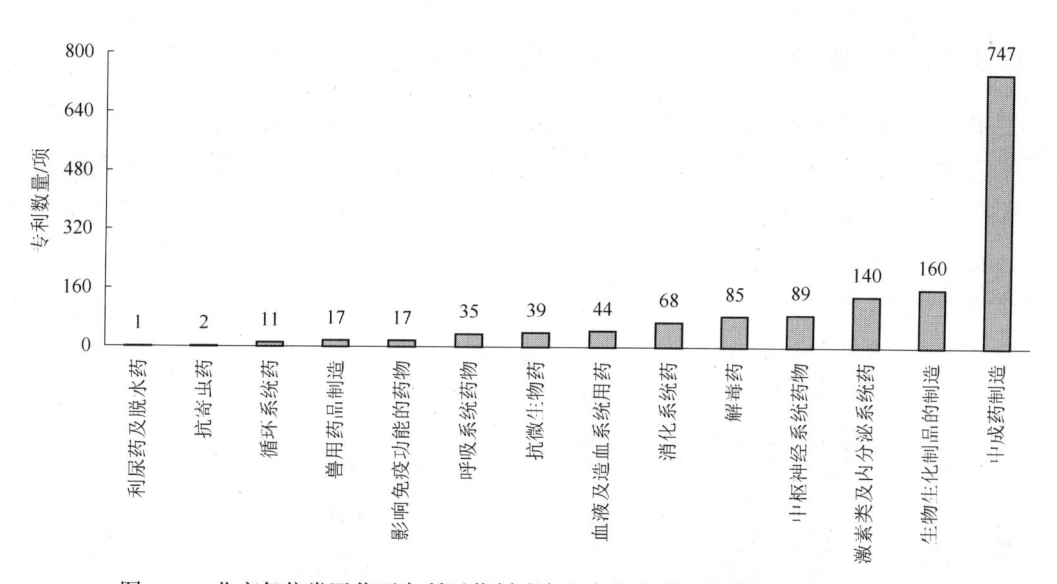

图 6-18 北京亿信堂医药研究所医药制造产业在华专利申请量按细分领域分布图

资料来源：中国产业智库大数据中心

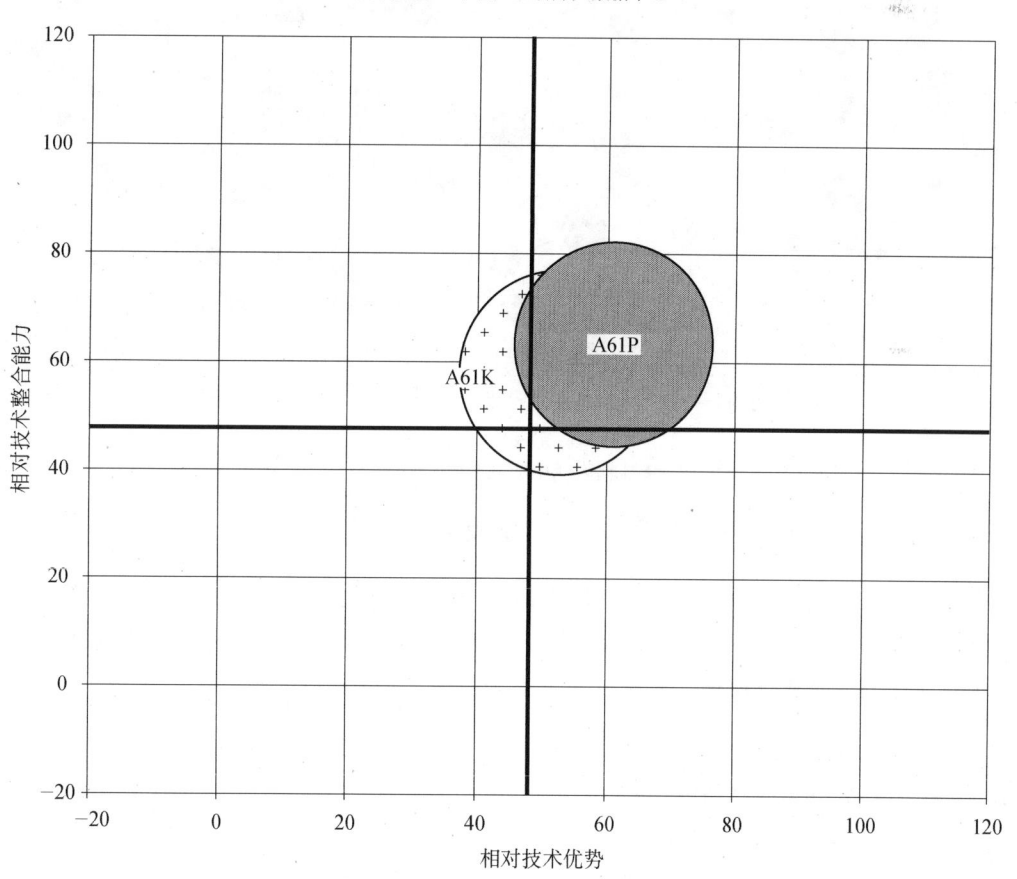

图 6-19 北京亿信堂医药研究所医药制造产业在华专利相对技术优势

资料来源：中国产业智库大数据中心

6.3.4 医药制造产业在华专利活跃发明人分析

发明人合作网络关系从技术合作研发角度将发明人关联起来。从医药制造业发明人（100人）构成的合作关系网络中（图6-20）可以看出，医药制造业研发团队由3~5人构成，彼此之间联系较为密切，形成有力的团队组合，包括：王芳、陈冠卿、陈洪波、陈洪涛等四人组合，安同伟、陈庆忠等二人组合，王明刚、陈阳生、任莉等三人组合。另外，王磊在发明人合作网络中处于关键节点的位置。

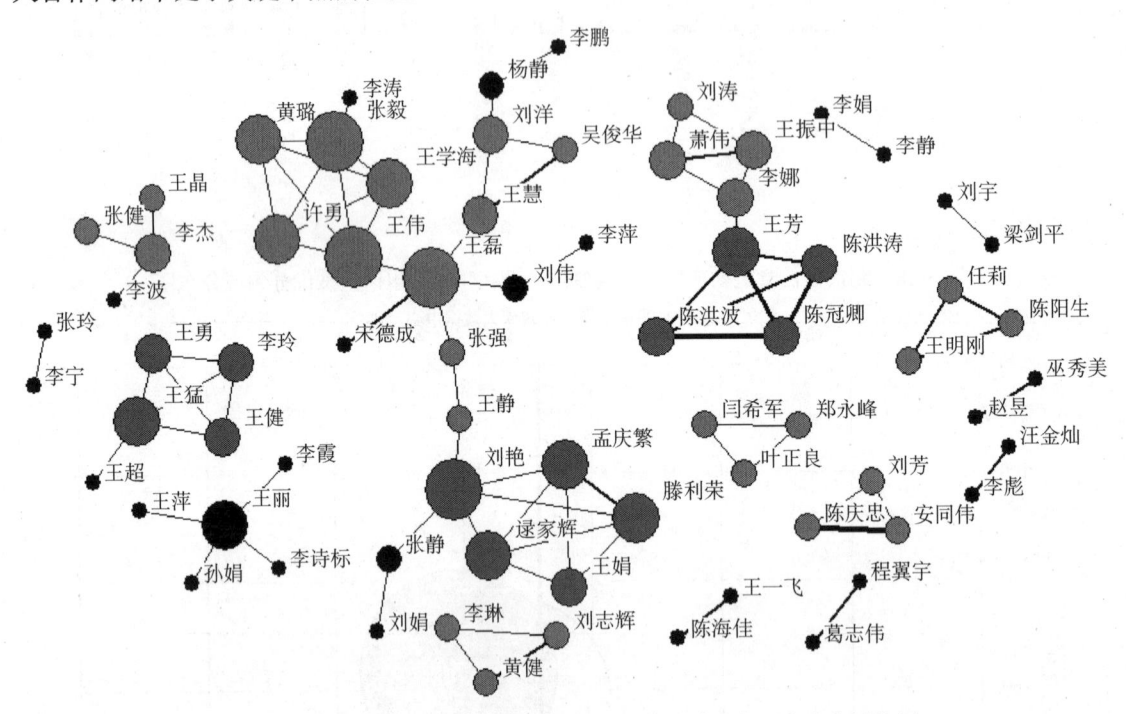

图 6-20　2005~2017年医药制造产业在华专利重要发明人合作网络图

注：度数中心度>0

资料来源：中国产业智库大数据中心

6.3.4.1 王芳、陈冠卿、陈洪波、陈洪涛等四人组合

王芳、陈冠卿、陈洪波、陈洪涛等四人组合在2013年申请发明专利9件，全部属于中药制剂技术领域，主要采用黄连、黄檗、黄芩等原料药构成，用于治疗臀痈、脱囊、急性子痈、颜面部疗疮、脐痈等疾病，专利权人全部为王芳（表6-10）。

表 6-10　医药制造产业在华专利重要发明人王芳团队发明专利一览表

序号	公开号	申请日	发明（设计）人	技术手段	技术功效
1	CN104606330A	2013.11.04	王芳、陈冠卿、陈洪涛、陈洪波	一种治疗臀痈的中药制剂，主要由黄连、黄檗、黄芩、栀子、白芷、当归、皂角刺、乳香、甘草等12种原料药构成，用制药设备制成胶囊、片剂、口服液等不同剂型备用	本发明具有清热解毒、化湿和营、消肿排脓的功效，治疗臀痈效果好，安全无毒副作用

续表

序号	公开号	申请日	发明（设计）人	技术手段	技术功效
2	CN104606342A	2013.11.04	王芳、陈冠卿、陈洪涛、陈洪波	一种治疗脱囊的药物，主要由黄芩、黄檗、柴胡、龙胆草、黄芪、金银花、白芷等12种原料药构成，用制药设备制成胶囊、片剂、颗粒、口服液等不同剂型备用	本发明具有清热利湿、益气养营、解毒排脓的功效，治疗脱囊效果好，安全无毒副作用
3	CN104606362A	2013.11.04	王芳、陈冠卿、陈洪涛、陈洪波	一种治疗急性子痈的中药制剂，主要由茴香、枸杞子、橘核、青木香、延胡索、海藻等10种原料构成，用制药设备制成胶囊、片剂、口服液等不同剂型备用	本发明具有清热利湿、疏肝理气、消肿止痛的功效，对急性子痈效果良好，疗效确切，安全无毒副作用
4	CN104606387A	2013.11.04	王芳、陈冠卿、陈洪涛、陈洪波	一种拔毒膏，主要由蒲公英、野菊花、黄连、紫花地丁、草乌、鱼腥草等8种原料药构成，用制药设备制成药膏外用	本发明具有清热解毒、止痛消肿的功效，可直接外敷于病变处，治疗沿爪疔效果好，安全无毒副作用
5	CN104606388A	2013.11.04	王芳、陈冠卿、陈洪涛、陈洪波	一种委中毒贴，主要由当归、赤芍药、大黄、苏木、金银花、白芷、紫花地丁等9种原料药构成，用制药设备器械制成药膏外用	本发明具有清热利湿祛瘀、解毒排脓的功效，可直接外敷作用于病变处，治疗委中毒效果好，安全无毒副作用
6	CN104606389A	2013.11.04	王芳、陈冠卿、陈洪涛、陈洪波	一种治疗颜面部疔疮的药物，主要由金银花、野菊花、紫花地丁、天葵子、黄连、黄芩、白芷、皂角刺等12种原料药构成，用制药设备制成胶囊、片剂、口服液等不同剂型备用	本发明具有清热解毒、活血止痛、消肿排脓的功效，治疗颜面部疔疮效果好，安全无毒副作用
7	CN104606401A	2013.11.04	王芳、陈冠卿、陈洪涛、陈洪波	一种治疗脐痈的药物，主要由黄连、黄芩、黄檗、栀子、白芷、泽泻、苦参等10种原料药构成，用制药设备制成胶囊、片剂、口服液等不同剂型备用	本发明具有清热解毒、排脓消肿的功效，治疗脐痈效果良好，安全无毒副作用
8	CN104606457A	2013.11.04	王芳、陈冠卿、陈洪涛、陈洪波	一种治疗囊痈的中药制剂，主要由黄芩、黄檗、知母、柴胡、龙胆草、生地黄、栀子、金钱草等12种原料药构成，用制药设备制成胶囊、片剂、口服液等不同剂型备用	本发明具有清肝利湿、解毒消肿的功效，治疗囊痈效果好，安全无毒副作用
9	CN104606458A	2013.11.04	王芳、陈冠卿、陈洪涛、陈洪波	一种治疗慢性子痈的药膏，主要由黄檗、知母、玄参、乳香、桔梗、白芷等9种原料药构成，用制药设备制成药膏外用	本发明具有滋阴解毒、消肿排脓的功效，可直接外敷于病变处，治疗慢性子痈效果好，安全无毒副作用

资料来源：中国产业智库大数据中心

6.3.4.2 安同伟、陈庆忠等二人组合

安同伟，天津安达生产力促进有限公司法人代表、执行董事和总经理，同时担任天津赫莱恩特生物科技有限公司监事、天津嘉创生物科技有限公司监事、德州中敖生物科技有限公司监事。陈庆忠，天津赫莱恩特生物科技有限公司法人代表、执行董事和总经理，该公司经营范围为生物医药的技术开发、咨询、转让，球虫活疫苗生产线、卵黄抗体生产线，饲料、饲料添加剂、生产、销售，化学药品（危险化学品除外）、中兽药（生物制品除外）经营，货物及技术进出口。两人联合申报发明专利455件，授权发明专利25件。申请人构成分布如图6-21所示。

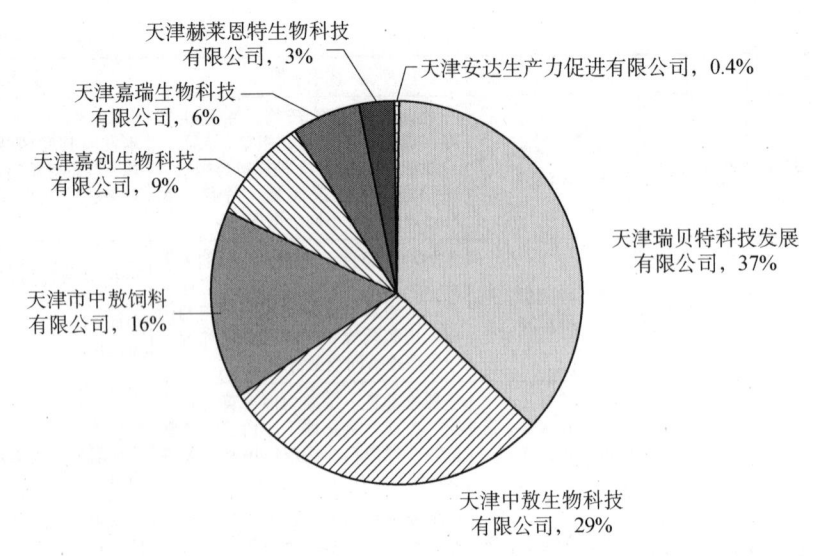

图 6-21 安同伟、陈庆忠等二人组合在华申请专利的申请人构成

资料来源：中国产业智库大数据中心

表 6-11 是安同伟、陈庆忠等合作申请的授权发明专利。可以看出，安同伟、陈庆忠等研究的重点是治疗奶牛蹄叶炎、奶牛乳房炎等兽医用中药组合物及其制备方法。

表 6-11 医药制造产业在华专利重要发明人安同伟、陈庆忠团队发明专利一览表

序号	公告号	公告日	发明（设计）人	技术手段	技术功效
1	CN103110794B	2014.12.31	陈庆忠、安同伟、卢宪杰	本发明涉及一种治疗奶牛蹄叶炎的中药组合物及其制备方法，其中药组合物的组分及其重量份数比分别为：黄连20~25份、黄药子15~20份、穿心莲15~25份、连翘10~18份、红花10~15份、桔梗10~15份、大蒜15~20份、山楂15~25份	本发明主要针对奶牛蹄叶炎进行治疗，无药物残留，使用方便
2	CN102119977B	2011.12.28	陈庆忠、安同伟、郭嘉	本发明涉及一种治疗奶牛乳房炎的中药灌注液，其中药灌注液的组分及其重量份数比为：乌梅提取物1~10份、酸枣仁提取1~10份、鱼腥草提取物1~10份、无水乙醇5~30份、纯化水10~50份	本发明起效速度快、无毒副作用、无药物残留，使用方便，节约养殖成本，简化操作，生物利用度高，是一种符合安全兽药、保障动物源食品安全要求的治疗奶牛乳房炎的中药灌注液
3	CN103110794A	2013.05.22	陈庆忠、安同伟、卢宪杰	本发明涉及一种治疗奶牛蹄叶炎的中药组合物及其制备方法，其中药组合物的组分及其重量份数比分别为：黄连20~25份、黄药子15~20份、穿心莲15~25份、连翘10~18份、红花10~15份、桔梗10~15份、大蒜15~20份、山楂15~25份	本发明主要针对奶牛蹄叶炎进行治疗，无药物残留，使用方便
4	CN101496746A	2009.08.05	陈庆忠、张福合、高飞、赵金萍、安同伟、李玲	本发明属于涉及一种家禽用疫苗饮水免疫保护指示剂及其制备方法，其中该制剂的组分及重量份数比为：氯离子中和剂5~10份、重金属螯合剂10~15份、弱酸10~30份、碳酸氢盐11~30份、辅料20~53份、颜色指示剂1~10份	本发明配料科学合理，制备方法简单，崩解速度快，能够有效降低家禽饮用水中氯离子与重金属离子浓度，防止漏免现象出现，是一种创新性较强的增强疫苗免疫效果的家禽用疫苗饮水免疫保护指示剂及其制备方法

续表

序号	公告号	公告日	发明（设计）人	技术手段	技术功效
5	CN102119977A	2011.07.13	陈庆忠、安同伟、郭嘉	本发明涉及一种治疗奶牛乳房炎的中药灌注液，其中药灌注液的组分及其重量份数比为：乌梅提取物1～10份、酸枣仁提取1～10份、鱼腥草提取物1～10份、无水乙醇5～30份、纯化水10～50份	本发明起效速度快、无毒副作用、无药物残留，使用方便，节约养殖成本，简化操作，生物利用度高，是一种符合安全兽药、保障动物源食品安全要求的治疗奶牛乳房炎的中药灌注液
6	CN104800107A	2015.07.29	陈庆忠、安同伟、曹桂敏	本发明涉及一种新生仔猪用爽身粉组合物及其制备方法，其组合物的组分及其重量份数比分别为：高岭土30～60份、活性炭1～3份、滑石粉10～40份、薄荷1～10份、松针粉1～10份	本发明配方组成科学合理，工艺简单，使用方便，成本较低，无药物残留以及毒副作用，能够通过吸附、分解和转化仔猪皮肤表面的黏液，使仔猪皮肤不被细菌侵蚀，并迅速让皮肤干燥，皮肤褶皱处因为不透气而引发红甚至破损。减少因黏液潮湿带走身体热量，使机体抵抗力下降
7	CN104800152A	2015.07.29	陈庆忠、安同伟、曹桂敏	本发明涉及一种长效土霉素注射液及其制备方法，该注射液包括的组分及其重量份数比分别为：土霉素10～40份、二甲基甲酰胺10～40份、乙醇胺5～10份、丙二醇10～30份、甲醛合次硫酸钠1～2份、无水乙醇20～30份、吐温-80 10～20份、缓释剂1～8份、注射用水1～5份	本发明配伍科学，工艺先进，药效持久，组方合理，作用广泛，使用安全，是刺激性小的长效制剂，主要用于预防和治疗革兰阴性菌、革兰阳性菌感染、螺旋体、放线菌、支原体、立克次氏体等某些原虫引起的感染
8	CN104800162A	2015.07.29	陈庆忠、安同伟、曹桂敏	本发明涉及一种治疗鱼鳃霉病的泼洒用药物组合物及其制备方法，其组合物的组分及其重量份数比为：恩诺沙星5～40份、加益粉5～20份、银辅白1～20份、葡萄糖1～20份	本发明起效速度快、无毒副作用、使用方便，可以节约养殖成本，实现简化操作，是目前较新型的抗菌药物剂型，适用于由细菌侵害引起的腐皮、穿孔、烂鳃等引起的疾病，通过直接阻止细胞DNA合成来杀灭细菌，更加直接有效
9	CN104800318A	2015.07.29	陈庆忠、安同伟、曹桂敏	本发明涉及一种治疗畜禽上呼吸道感染的中药组合物及其制备方法，其中药组合物的组分及其重量份数比分别为：荆芥5～10份、防风5～15份、大青叶10～15份、菊花5～10份、金银花10～15份、桔梗10～20份、连翘10～20份、川牛子5～10份、薄荷5～10份、甘草5～10份、苦杏仁5～10份	本发明的中药组合物配伍科学，工艺简单，使用方便，成本较低，无药物残留及毒副作用，能够有效提高免疫力，对细菌、病毒病、支原体病杀灭率较高且无耐药性
10	CN104800376A	2015.07.29	陈庆忠、安同伟、李迎梅	本发明涉及一种治疗水貂自咬病的中药口服液及其制备方法，该中药口服液的组分及其重量份数比分别为：酸枣仁2～30份、黄芪1～25份、五味子2～25份、柏子仁1～30份、朱砂5～30份、牡蛎5～40份、无水乙醇5～35份、纯化水10～55份	本发明采用先进的超微粉碎技术，其生物利用度高，是一种治疗水貂自咬病的安全兽药
11	CN104800614A	2015.07.29	陈庆忠、安同伟、曹桂敏	本发明涉及一种治疗鱼车轮虫病的组合物及其制备方法，其组合物的组分及其重量份数比分别为：贯众10～30份、苦参10～20份、代森锰锌10～20份、稻糠5～30份、苦楝皮10～20份	本发明的组合物配伍科学，工艺简单，使用方便，成本较低，无药物残留及毒副作用，能够有效治疗鱼体的车轮虫病

续表

序号	公告号	公告日	发明（设计）人	技术手段	技术功效
12	CN104800676A	2015.07.29	陈庆忠、安同伟、于月忠	本发明涉及一种治疗鸡大肠杆菌病的中药组合物及其制备方法，该中药组合物的组分及其重量份数比分别为：山楂10～20份、防风10～25份、麦芽15～30份、丹参5～20份、芦根10～20份、乳香5～20份、栀子5～20份	本发明的中药组合物配伍科学，工艺简单，使用方便，成本较低，无药物残留及毒副作用，能够有效对大肠杆菌引起的腹膜炎、输卵管炎、气囊炎等症状有很好的治疗作用
13	CN104800746A	2015.07.29	陈庆忠、安同伟、于月忠	本发明涉及一种防治蛋鸡脂肪肝综合征的组合物及其制备方法，该组合物的组分及其重量份数比分别为：泽泻1～20份、丹参5～40份、柴胡5～25份、姜黄5～10份、维生素E 1～2份、甜菜碱1～2份	本发明对促进脂肪代谢、抑制脂肪在肝中蓄积、增加胆汁排泄等功效显著，能够有效缓解和降低脂肪肝综合征的发病率，提高蛋鸡的生产效率
14	CN106937970A	2017.07.11	陈庆忠、安同伟、孙建、李迎梅	本发明涉及一种治疗初生仔猪腹泻的中药口服液及其制备方法，该中药口服液包括的组分及其重量份数比分别为：虎杖1～10份、白头翁5～40份、黄芩5～30份、苦参5～30份、板蓝根10～35份、阿莫西林粉0.1～0.5份	本发明具有清热解毒、燥湿止泻等功效，毒副作用小，不易产生耐药性，生物利用度高，无药物残留，符合安全兽药、保障动物源食品安全的要求，是一种较为理想的治疗初生仔猪腹泻的中药口服液
15	CN106937971A	2017.07.11	安同伟、李迎梅、陈庆忠	本发明涉及一种治疗仔猪白痢的中药散剂及其制备方法，该中药散剂包括的组分及其重量份数比分别为：雄黄1～25份、白头翁10～40份、藿香5～30份、滑石1～20份、阿莫西林粉0.5～2份	本发明具有清热解毒、化湿止痢等功效，毒副作用小，不易产生耐药性，生物利用度高，无药物残留，符合安全兽药、保障动物源食品安全的要求，是一种较为理想的治疗仔猪白痢的中药散剂
16	CN106937972A	2017.07.11	陈庆忠、安同伟、李迎梅	本发明涉及一种治疗仔猪黄白痢的中药组合物，其中药组合物的组分及其重量份数比为：黄连5～30份、瞿麦5～25份、苍术5～30份、甘草10～35份、六月雪5～25份、蒲公英10～40份、狼毒5～15份	本发明配方组成科学合理，能够清热利湿，抗菌消毒，涩肠止痢，提升免疫力，无毒副作用，并且不会发生药物残留，使用方便，成本较低，对细菌、病毒病原微生物的杀灭率高且无耐药性
17	CN106937976A	2017.07.11	陈庆忠、孙建、安同伟、李迎梅	本发明涉及一种治疗鸡沙门氏菌病口服液及其制备方法，该中药口服液的组分及其重量份数比分别为：白头翁、黄连、黄芩、黄檗、苍术均5～40份，河子肉、秦皮、神曲、山楂均5～35份，盐酸环丙沙星0.5～3份	本发明具有治疗鸡沙门氏菌病的功效，且使用方便，价格低，起效快，毒副作用小，是一种较为理想的治疗鸡沙门氏菌病的口服液
18	CN106937982A	2017.07.11	陈庆忠、安同伟、李迎梅	本发明涉及一种防治鸡暑湿泄泻的中药组合物，其中药组合物的组分及其重量份数比分别为：厚朴5～25份、藿香10～30份、白头翁10～35份、滑石1～25份、白茯苓5～40份、马齿苋10～40份、五味子5～35份、陈皮5～30份	本发明的成本较低，使用方便，无毒副作用和药物残留，是一种安全可靠的防治鸡暑湿泄泻的中药组合物
19	CN106937992A	2017.07.11	陈庆忠、安同伟、李迎梅	本发明涉及一种治疗种猪便秘的中药组合物，其中药组合物的组分及其重量份数比为：当归10～40份、山药10～40份、肉苁蓉5～30份、瞿麦5～40份、六神曲5～30份、厚朴5～30份、枳壳10～30份、莲子肉5～30份、通草10～30份	本发明配方组成科学合理，具有润燥滑肠、理气通便、安神镇痛功效，尤其在治疗脾胃不和、食欲不振方面疗效显著，不会产生药物残留
20	CN106937993A	2017.07.11	陈庆忠、李迎梅、安同伟	本发明涉及一种治疗家畜脾胃消化不良的中药组合物，其中药组合物的组分及其重量份数比分别为：党参5～35份、黄芪5～35份、炒山药5～40份、山楂10～40份、陈皮5～30份、甘草10～30份、龙胆草5～25份、茯苓10～20份	本发明升阳益气，温胃养脾，消食导滞，能够有效提高家畜免疫力，并且不会发生药物残留，使用非常方便，是一种成本较低的治疗家畜脾胃消化不良的中药组合物

续表

序号	公告号	公告日	发明（设计）人	技术手段	技术功效
21	CN106937996A	2017.07.11	陈庆忠、安同伟、李迎梅	本发明涉及一种治疗仔猪副伤寒病的中药组合物，其中药组合物的组分及其重量份数比为：败酱草5～30份、金银花10～40份、土茯苓5～30份、丹参10～40份、六月雪5～25份、蒲公英10～40份、狼毒5～15份	本发明配方组成科学合理，能够清热燥湿，抗菌消毒，消痈排脓，提升免疫力，无毒副作用，并且对细菌、病毒病原微生物的杀灭率高且无耐药性
22	CN106938002A	2017.07.11	陈庆忠、李迎梅、安同伟	本发明涉及一种治疗鸡脾胃消化不良的中药组合物，其中药组合物的组分及其重量份数比分别为：苍术5～40份、黄芪10～40份、炒山药5～40份、山楂10～50份、厚朴10～40份、枳实5～30份、玉竹10～30份、龙胆草10～30份、茯苓10～20份	本发明具有消食导滞、化食开胃、清热燥湿等功效，能够有效提高畜禽免疫力，并且不会发生药物残留，使用非常方便，是一种成本较低的治疗鸡脾胃消化不良的中药组合物
23	CN106938021A	2017.07.11	陈庆忠、安同伟、孙建	本发明涉及一种治疗牛前胃迟缓和瘤胃膨胀的中药组合物，其中药组合物的组分及其重量份数比分别为：黄芩5～35份、山楂10～50份、麦芽10～50份、葛根5～30份、茯苓10～40份、木香5～15份、炒玉片1～25份	本发明具有促进反刍、消食导滞、健胃消食功能，无毒副作用，对提高动物机体免疫力，提高采食量，治疗胃脘胀痛有明显作用，无耐药性
24	CN106938023A	2017.07.11	陈庆忠、李迎梅、安同伟	本发明涉及一种防治鸡传染性支气管炎的中药组合物，其中药组合物的组分及其重量百分比分别为：百部5～25份、黄芪10～45份、川贝10～35份、穿心莲5～20份、板蓝根10～40份、桔梗5～30份、金银花10～45份、连翘5～30份	本发明具有抗菌消炎、平喘止咳、提升免疫力、舒缓支气管平滑肌及抗病毒等作用，并且不会发生药物残留，使用方便，成本较低
25	CN106943519A	2017.07.14	安同伟、李迎梅、陈庆忠	本发明涉及一种治疗鸡咳喘的中西药复方合剂及其制备方法，该中西药复方合剂包括的组分及其重量份数比分别为：寸冬5～45份、山豆根5～30份、苦杏仁1～20份、石膏1～20份、甘草10～45份、陈皮5～35份、射干1～15份、金银花5～35份、阿莫西林粉0.1～3份	本发明具有清热解毒、消肿利咽、养阴生津、润肺止咳等功效，毒副作用小，不易产生耐药性，生物利用度高，无药物残留，符合安全兽药、保障动物源食品安全的要求，是一种较为理想的治疗鸡咳喘的中西药复方合剂

资料来源：中国产业智库大数据中心

6.4 药品制造产业重点领域全球技术标准分析

本节主要针对生物制药、合成药技术、新药研发、药品制剂生产/科研生产用仪器设备等技术领域开展全球技术标准的对比分析，从技术标准的角度掌握主要发达国家在这些领域的技术优势、重点发展技术与各国技术标准的差异。

6.4.1 美国药品制造产业重点领域技术标准

美国在生物制药、合成药技术、新药研发、药品制剂生产/科研生产用仪器设备等技术领域只有1项相关标准（表6-12）。该标准由美国材料与试验协会于2008年制定。

表6-12 美国药品制造产业关键技术标准列表

序号	标准号	标准名称
1	ASTM E2537-2008	药品和生物药品生产中持续质量验证的标准指南

资料来源：中国产业智库大数据中心

6.4.2 英国药品制造产业重点领域技术标准

英国在生物制药、合成药技术、新药研发、药品制剂生产/科研生产用仪器设备等技术领域只有2项相关标准（表6-13）。其中1项为药品生产设备产品标准，另1项为医药设备测试标准。

表 6-13 英国药品制造产业关键技术标准列表

序号	标准号	标准名称
1	BS ISO 18084-2011	药品的冲压工具.冲压机和模具
2	BIP 0113-2012	BS EN ISO 14155 标准和欧洲医药设备试验指南

资料来源：中国产业智库大数据中心

6.4.3 德国药品制造产业重点领域技术标准

德国在生物制药、合成药技术、新药研发、药品制剂生产/科研生产用仪器设备等技术领域只有5项相关标准（表6-14）。该5项标准均为药品蒸汽消毒器相关标准。

表 6-14 德国药品制造产业关键技术标准列表

序号	标准号	标准名称
1	DIN 58950-1-2011	消毒.药品蒸汽消毒器.第1部分：术语.德文和英文文本
2	DIN 58950-2-2011	消毒.药品蒸汽消毒器.第2部分：技术要求
3	DIN 58950-3-2011	消毒.药品蒸汽消毒器.第3部分：试验.德文和英文文本
4	DIN 58950-6-2011	消毒.药品蒸汽消毒器.第6部分：操作.德文和英文
5	DIN 58950-7-2011	消毒.药品蒸汽消毒器.第7部分：使用和当地环境要求.文本为德文和英文

资料来源：中国产业智库大数据中心

6.4.4 中国药品制造产业重点领域技术标准

中国在生物制药、合成药技术、新药研发、药品制剂生产/科研生产用仪器设备等技术领域共有7项相关标准（表6-15）。该7项标准中4项为药品设备类产品标准，包括药品泡罩包装机、药品电子计数装瓶机、药品透明膜包装机和药品冷藏箱，2项标准涉及制药设备实施药品生产的质量管理，1项标准涉及医药设备的机械密封技术。

表 6-15 中国药品制造产业关键技术标准列表

序号	标准号	标准名称
1	GB 28670-2012	制药机械（设备）实施药品生产质量管理规范的通则
2	HG/T 4571-2013	医药搅拌设备用机械密封技术条件
3	JB 20067-2005	制药机械符合药品生产质量管理规范的通则
4	JB/T 10169-2000	药品泡罩包装机
5	JB/T 20019-2014	药品电子计数装瓶机
6	JB/T 20055-2005	药品透明膜包装机
7	YY/T 0086-2007	药品冷藏箱

资料来源：中国产业智库大数据中心

6.4.5 药品制造产业主要技术标准的对比

主要国家/地区/组织在药品制造领域的标准的对比分析结果如表 6-16 所示。

表 6-16 主要国家/地区/组织药品制造产业主要技术标准的对比表

国家/地区/组织	产品标准	方法标准	特点
国际标准化组织（0项）	无	无	—
美国（1项）	无	药品和生物药品生产中持续质量验证	—
日本（0项）	无	无	—
欧盟（0项）	无	无	—
英国（2项）	药品冲压设备	医药设备试验	—
法国（0项）	无	无	—
德国（4项）	无	药品生产设备的试验和操作	—
中国（7项）	药品相关设备	制药设备实施药品生产的质量管理和医药设备的机械密封	—

资料来源：中国产业智库大数据中心

参 考 文 献

[1] Gregory Reh，Enrico de Vettori，等. 2017 年全球生命科学行业展望——在未知市场中寻求发展[R]. 2017.
[2] 蒋滕，万艳. 全球医药市场发展现状研究[R]. 2017.

第7章 汽车制造产业技术发展报告

本章首先介绍汽车制造产业及关键技术的发展概况。其次，对汽车制造全球专利申请态势进行分析，包括全球专利申请年度趋势，中国、日本、德国、美国、韩国等国家的专利分布与趋势，丰田自动车株式会社（以下简称丰田公司）、本田马达有限公司（以下简称本田公司）、现代汽车公司、日产汽车公司、福特全球科技公司（以下简称福特公司）、通用汽车公司、博世公司、戴姆勒汽车公司、日本电装株式会社（以下简称日本电装公司）、普利司通公司 10 家机构的专利申请、专利合作与专利布局，以及主要机构的核心发明人合作网络结构。再次，对汽车制造在华专利申请态势进行分析，包括在华专利申请年度趋势，力系统、行驶系统、底盘、电池、整车制造、充电设施、安全系统、无人驾驶、外饰、内饰、车身、车载装置、零部件等分支领域专利布局，各省（自治区、直辖市）专利申请数量及研发重点领域，丰田公司、浙江吉利控股集团有限公司（以下简称吉利公司）、北汽福田汽车股份有限公司（以下简称北汽福田公司）等机构专利申请量及技术竞争力对比，以及赵福全、王勇等活跃发明人的专利申请情况。最后，对比分析美国、日本、欧盟、英国、德国、法国等主要发达国家/地区/组织和我国在汽车制造关键技术领域的技术标准。

7.1 汽车制造产业概述

7.1.1 汽车制造及其产业链

汽车制造业曾经是工业经济时代的"宠儿"，也被誉为"改变世界的机器"。制造技术和生产运作方式的发展随着汽车发展而发展，同时带动汽车制造业的革命，推动汽车制造业的发展。汽车制造业属于交通运输设备制造业的种类行业。它是一个庞大的社会经济系统工程，不同于普通产品，汽车产品是一个高度综合的最终产品，需要组织专业化协作的设计化生产，需要相关工业产品与之配套。本书将汽车制造业可以分为动力系统、行驶系统、底盘、电池、整车制造、充电设施、安全系统、无人驾驶、外饰、内饰、车身、车载装置、零部件 13 个子领域（表 7-1）[1]。

表 7-1 汽车制造产业链

一级子类	二级子类
动力系统	发动机、冷却系统、润滑系统、燃油系统、燃料、启动系统、电动机、电控系统、传动装置
电池	动力电池、燃料电池
底盘	制动系统、排气系统
行驶系统	车轮、车桥、转向系统、悬架系统
车身	车门、车窗、车架、顶盖、行李箱盖、挡风玻璃、发动机罩、翼子板、车身附件
内饰	仪表板、安全气囊、方向盘、脚垫、空调、门饰板、座椅、地毯、内饰板、后视镜
外饰	保险杠、格栅、车灯、天窗、车标、雨刷
安全系统	车辆稳定控制技术、加速防滑调节装置、防抱死制动系统、报警系统、防盗系统
车载装置	导航系统、行车记录仪、雷达、车载摄像头、电子狗/、车载电视、车载冰箱
无人驾驶	高级驾驶辅助系统、防撞系统、自动泊车、夜视
零部件	电子零件、电子控制元件、橡塑胶零件、密封件、紧固件、轴承
整车制造	冲压、焊接、涂装、整装
充电设施	充电站、充电桩、电池更换站

7.1.2 汽车制造产业发展概况

全球汽车制造业经历了单件生产、大量生产、精益求精和模块化生产的发展过程。1992年，全球汽车制造业进入了模块化生产时代，随着汽车制造业模块化时代的到来，缩短新产品开发周期成为增强产品竞争力的关键因素。通过零部件标准化和共享相关零部件，整车厂可以在全球范围内选择供应商来降低成本，汽车产业的高度全球化表现为汽车生产经营、产品、市场、资本和技术合作全球化。

随着我国经济的跨越式增长，汽车制造业经历了从无到有的发展。20 世纪 50 年代，我国才开始了汽车制造，但由于技术、知识等条件的限制，我国汽车行业发展缓慢。直到 20 世纪 80 年代，大众汽车进入中国市场，我国汽车产业走上了快速发展的道路。伴随着汽车制造业模块化、全球化的战略趋势，我国制造业经历了有封闭式创新和开放式创新的实践探索。21 世纪以来，随着国民经济的高速增长和国民生活水平的不断提高，汽车市场的需求量急剧上升，呈现出供不应求的局面。另外，由于加入世界贸易组织，汽车产品的进出口关税逐年降低，世界主要汽车跨国公司均瞄准中国市场，并且开始实施新一轮的增资扩产计划，期望在中国汽车市场抢占先机。到 2012 年，汽车制造业主营业收入达 50 531.55 亿元，同比增长 8.5%；2016 年，汽车制造业主营业务收入 80 165.8 亿元，同比增长 14.1%（图 7-1）。

21 世纪初，受金融危机的影响，欧美等国家汽车制造企业产销量都出现不同程度的下滑，而我国则继续保持了高增长，并在 2009 年超越美国，产量达 1379 万辆，销售值实现累计 49 219.96 亿元，同比增长 16.7%。2013 年，我国汽车产销量双双突破 200 万辆，全面超越美国成为全球第一大市场。2016 年中国汽车产销呈现较快增长，产销总量再创历史新高。2016 年中国汽车产销分别完成 2811.9 万辆和 2802.8 万辆，比上年同期分别增长 14.5% 和 13.7%，高于上年同期 11.2 和 9.0 个百分点，连续 8 年蝉联全球第一（图 7-2）。从汽车的研发制造水平看，我国距离国际先进水平还有很大的差距，随着人民生活水平的日益提高，汽车已经不再是高消费奢侈品，而是成为寻常百姓的生活必需品，汽车制造和销售仍然有广阔的前景。

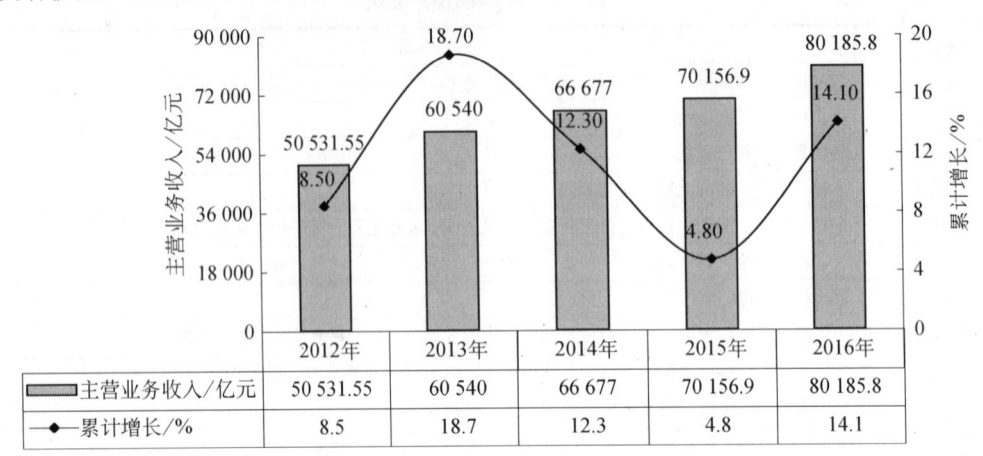

年份	2012年	2013年	2014年	2015年	2016年
主营业务收入/亿元	50 531.55	60 540	66 677	70 156.9	80 185.8
累计增长/%	8.5	18.7	12.3	4.8	14.1

图 7-1　2012～2016 年我国汽车制造产业主营业务收入及累计增长

资料来源：国家统计局和中商情报数据库

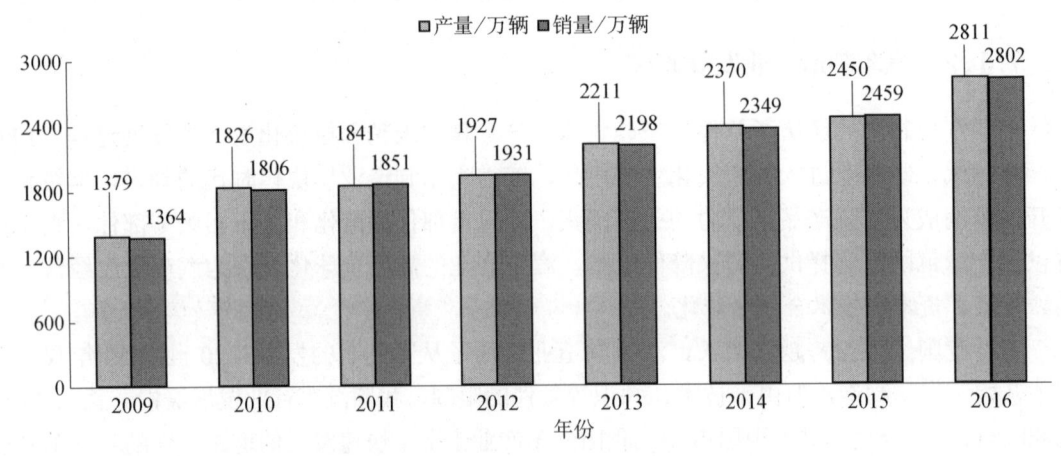

图 7-2　2009～2016 年我国汽车产量及销量

资料来源：中国汽车工业协会

7.1.3　汽车制造产业关键技术演进

《中国制造 2015》总体上指明了汽车产业技术的未来趋势，即低碳化、信息化、智能化，三者之间存在彼此关联的内在逻辑关系：信息化与智能化技术相互关联、相互影响，同时信息与智能技术的发展会推动汽车低碳化进程[2]（图 7-3）。

在汽车产业发展进程中，新能源技术、轻量化技术、智能网联技术将是影响汽车制造业的关键技术。动力技术发展集中体现于新能源汽车的发展。各国因资源禀赋不同制定了不同的发展路线。日本在研究新能源汽车产业方面，比较偏重混合动力汽车技术研发和产业化推广。2010 年，日本经济产业省提出了《新一代汽车战略 2010 年》，规划了 2010～2020 年日本新能源汽车产业的发展，提出到 2020 年，在新车总销量中，混合动力电动汽车与纯电动汽车将分别占据 20%～50%，届时日本全国普通充电站将达到 200 万辆，快速充电站将达到 5000

动力技术：发动机增压、缸内直喷技术、先进燃烧技术等

传动技术：高效率变速器、变速器控制、变速器结构

新能源技术：混合动力技术、电动车技术、燃料电池技术等

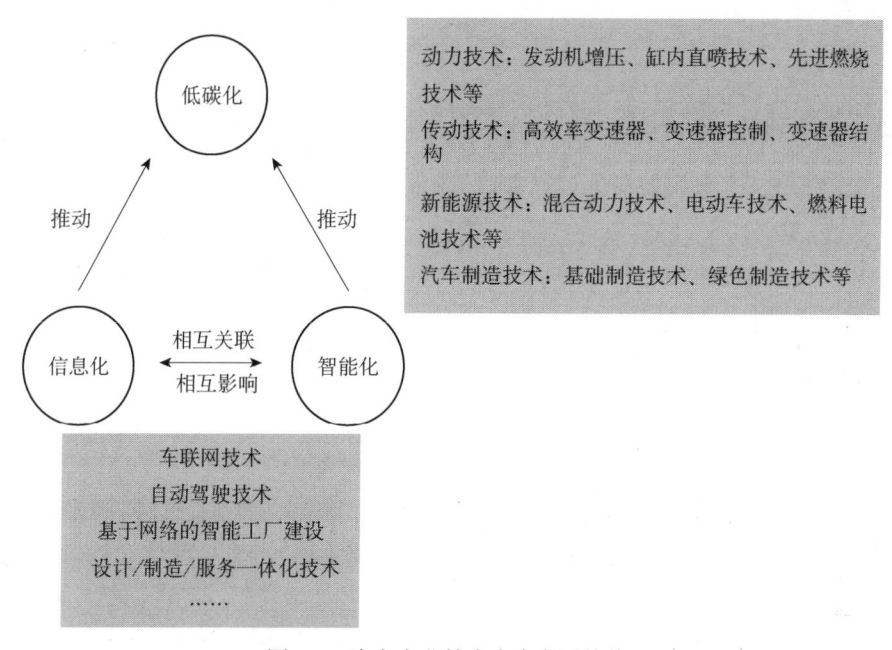

汽车制造技术：基础制造技术、绿色制造技术等

车联网技术
自动驾驶技术
基于网络的智能工厂建设
设计/制造/服务一体化技术
……

图 7-3　汽车产业技术未来发展趋势

资料来源：中国汽车工程学会，丰田汽车公司：《中国汽车技术发展报告 2016》，2016

个[3]。美国则重点研发氢燃料电池汽车和可充电式混合动力汽车，并且研发出能够大规模应用的油-电混合动力技术，率先实现产业化。欧洲在混合动力技术、纯电动汽车技术和氢燃料电池汽车技术等几方面都有涉入，但以氢燃料汽车研发为主，同时在生物柴油汽车产业化应用领域居世界领先地位[4]。国内新能源汽车受益于中央和地方各项扶持政策的协同效应，2015 年新能源汽车销量成为全球新能源汽车第一大市场，其中，纯电动汽车和插电式混合动力汽车的销量分别为 24.75 万辆和 8.36 万辆[2]。

汽车轻量化是实现节能减排的重要措施之一。轻量化技术不是简单的材料替代，包括轻量化设计技术、轻量化材料技术、轻量化制造技术（图 7-4），汽车行业较为发达的美国、欧洲、日本、韩国等国家和地区对汽车轻量化的发展都已经确定了明确的指标和路线。以美国为例，其汽车轻量化目标为：以 2013 年整车质量为基准，到 2020 年减重达到 20%，2025 年减重达到 30%。我国汽车轻量化技术发展起步虽然较晚，但是随着政府各项节能减排政策、法规的出台，汽车轻量化这一设计理念逐步被中国各大主流汽车厂商作为设计重点加入产品中[5]。

智能网联汽车代表着未来汽车产品形态和技术制高点。从图 7-5 中的智能网联汽车技术体系来看，智能网联汽车集中运用了计算机、现代传感、通信、人工智能机自动控制等技术。中国的智能网联汽车发展已上升至国家战略层面，发展定位从原来以车联网的概念体现并作为物联网的重要组成部分，向智能制造、智能网联等智能化集成转移。2015 年工业和信息化部关于《中国制造 2025》的解读中首次提出了智能网联汽车概念，明确了智能网联汽车的发展目标：2020 年掌握智能辅助驾驶总体技术及各项关键技术，初步建立智能网联汽车自主研发体系及生产配套体系；2025 年掌握自动驾驶总体技术及各项关键技术，建立较完善的智能网联汽车自主研发体系、生产配套体系及产业群，基本完成汽车产业转型升级[6]。

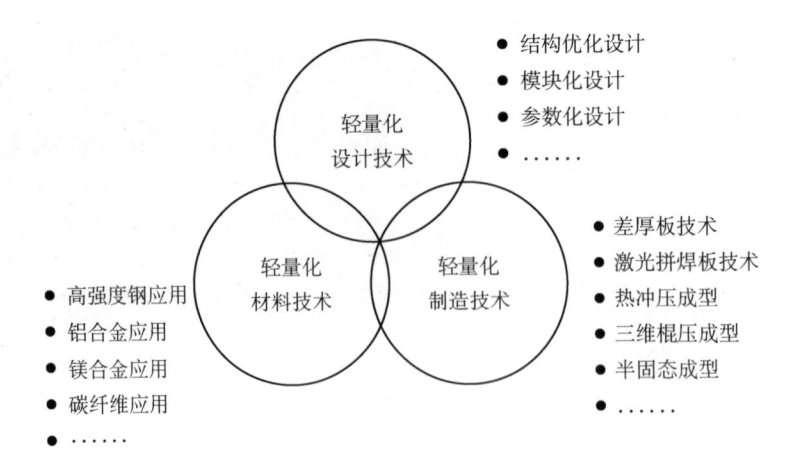

图 7-4　汽车轻量化技术构成

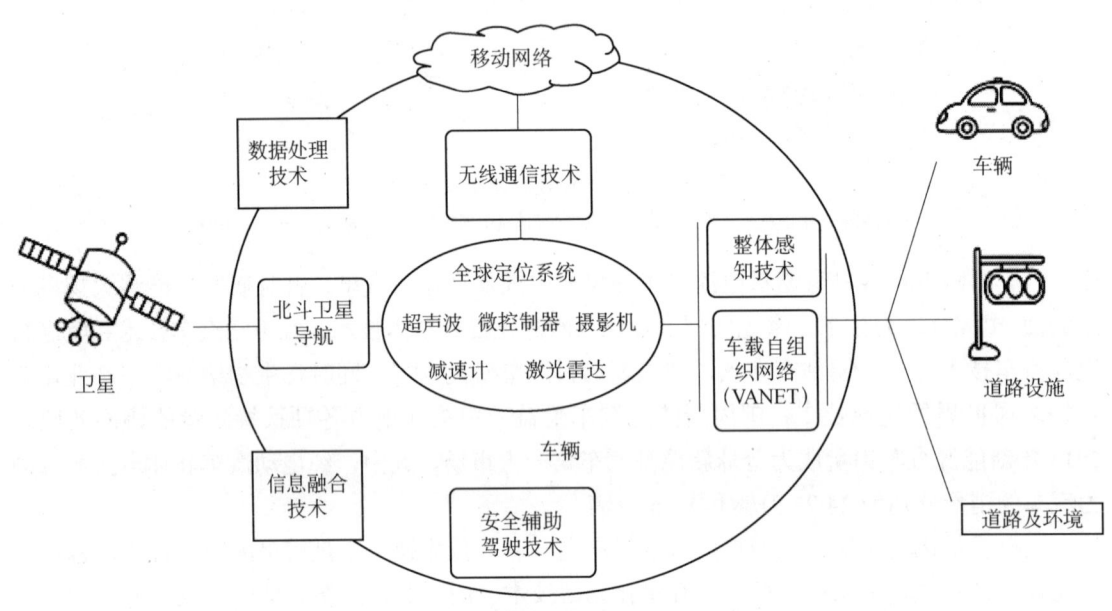

图 7-5　智能网联汽车技术体系架构

资料来源：张亚萍，刘华，李碧钰，等：《智能网联汽车技术与标准发展研究》，2015

7.2 汽车制造产业全球专利态势分析

汽车全球专利数据来自德温特创新索引，专利检索策略采用德温特手工代码 Q1（一般车辆）和 X21（电动汽车），共检索到专利数据 648 774 项，其中 2005～2017 年汽车专利申请量为 600 181 项。

7.2.1 汽车制造产业全球专利年度趋势

全球汽车专利申请量总体呈增长趋势，2009 年及以前平稳增长，专利增长率均低于 10%。2012 年之后增长率明显提高，2015 年专利增长率达到 59.67%，这与近年来新能源汽车、无人驾驶汽车快速发展密切相关（图 7-6）。

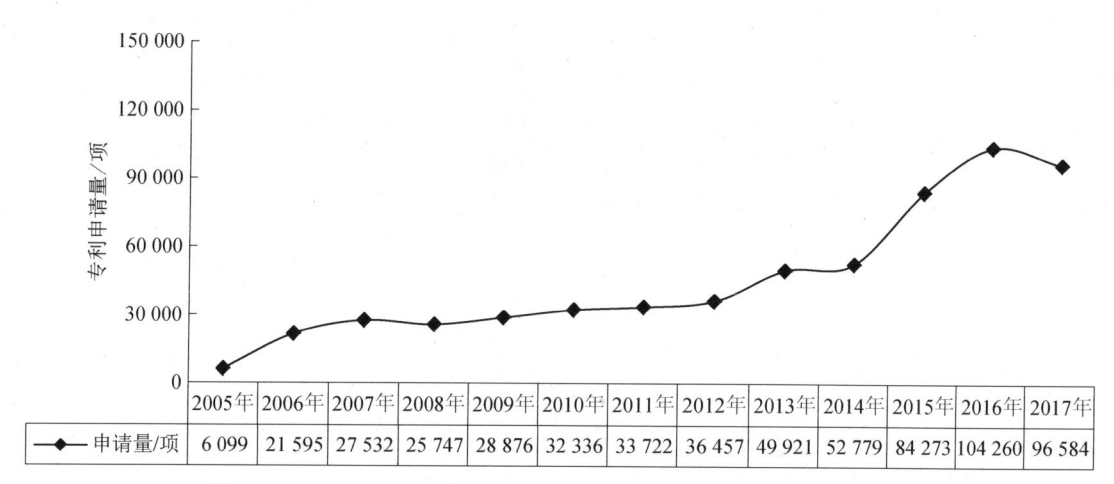

图 7-6 2005～2017 年汽车制造产业全球专利申请量年度变化趋势图

年份	2005年	2006年	2007年	2008年	2009年	2010年	2011年	2012年	2013年	2014年	2015年	2016年	2017年
申请量/项	6 099	21 595	27 532	25 747	28 876	32 336	33 722	36 457	49 921	52 779	84 273	104 260	96 584

资料来源：中国产业智库大数据中心

7.2.2 汽车制造产业专利申请主要国家/地区/组织分析

7.2.2.1 汽车制造产业主要国家/地区/组织专利分布

全球有数十个国家在汽车制造领域进行了专利申请，亚洲的中国、日本，欧洲的德国，北美洲的美国专利申请数量居多。专利申请前十的国家/地区/组织依次为：中国、日本、德国、美国、世界知识产权组织、韩国、欧盟、法国、中国台湾、俄罗斯（图7-7）。其中，美国、日本、德国在汽车领域技术基础较为雄厚，申请专利总量达 229 605 件，占该领域专利总量的 38.26%。单从专利数量上看，中国也具有很强的研究实力，但是专利申请多为本国申请，PCT 申请较少，研发与应用能力尚有差距。

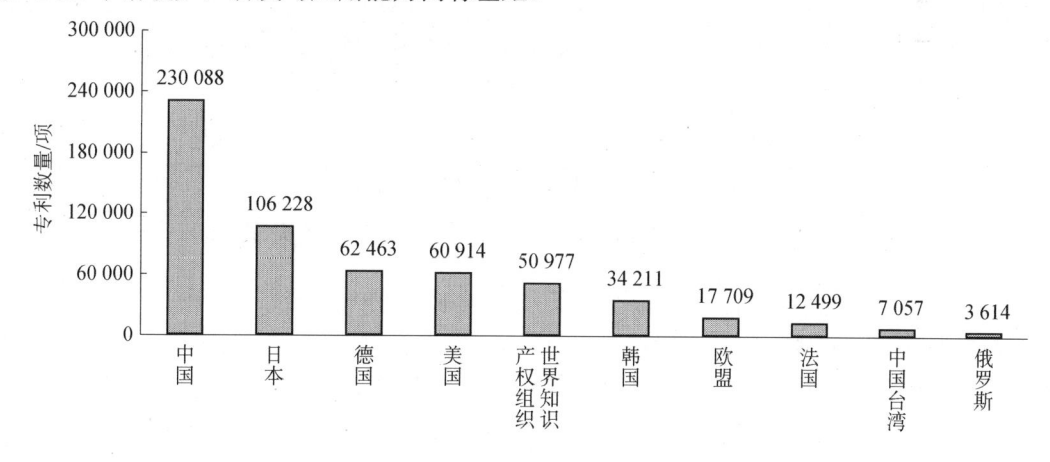

图 7-7 2005～2017 年汽车制造产业全球专利申请前十的国家/地区/组织

中国 230 088；日本 106 228；德国 62 463；美国 60 914；世界知识产权组织 50 977；韩国 34 211；欧盟 17 709；法国 12 499；中国台湾 7 057；俄罗斯 3 614

资料来源：中国产业智库大数据中心

从技术的流向来看，中国、日本、美国、德国和韩国是汽车领域主要的技术输出国（图7-8）。对汽车专利技术市场布局进行统计分析，中国、日本、美国、德国和欧洲是汽车的主要市场（图7-9）。

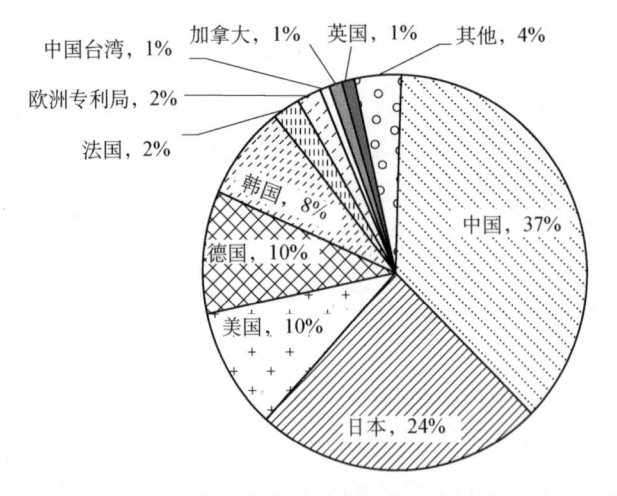

图 7-8 2005~2017 年汽车制造产业全球专利主要来源国家/地区/组织分布图

资料来源：中国产业智库大数据中心

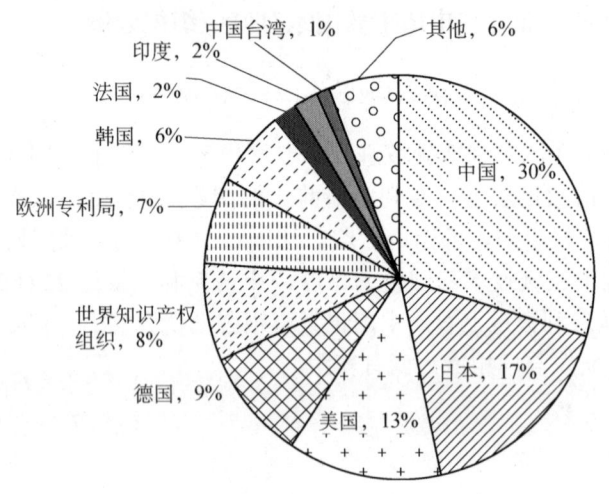

图 7-9 2005~2017 年汽车制造产业全球专利主要技术市场分布图

资料来源：中国产业智库大数据中心

7.2.2.2 汽车制造产业主要国家/地区/组织专利申请年度变化趋势

对汽车专利申请数量前五的国家/地区/组织的近年专利申请量统计发现（图 7-10），各国的专利申请量变化趋势特点有所不同。

第一，中国专利申请量变化趋势与全球汽车整体专利申请量变化趋势比较一致，均从 2012 年开始快速增长，这反映出中国对全球汽车专利申请量有较大的影响。

第二，日本专利申请量变化趋势波动变化。2005~2010 年，专利申请量全球排名稳居第一位；2011 后，日本国内汽车产业发展成熟，专利申请量逐年下降，并落后于中国和美国，这主要是因为世界各主要汽车生产国纷纷投入巨资发展新能源汽车，汽车产业竞争越来越激烈。

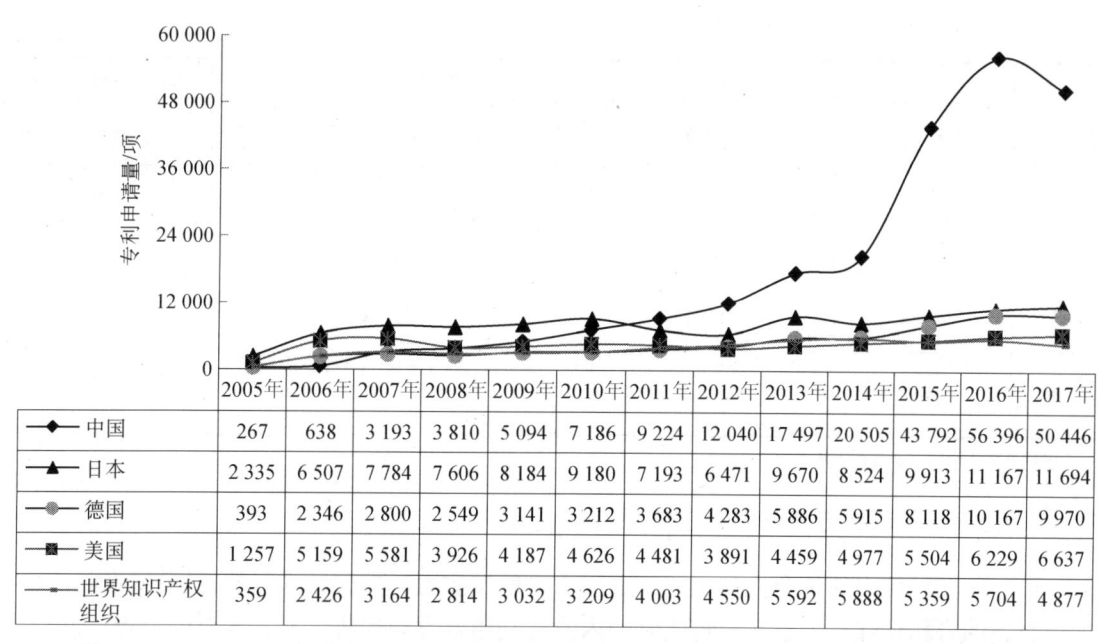

第7章 汽车制造产业技术发展报告

	2005年	2006年	2007年	2008年	2009年	2010年	2011年	2012年	2013年	2014年	2015年	2016年	2017年
中国	267	638	3 193	3 810	5 094	7 186	9 224	12 040	17 497	20 505	43 792	56 396	50 446
日本	2 335	6 507	7 784	7 606	8 184	9 180	7 193	6 471	9 670	8 524	9 913	11 167	11 694
德国	393	2 346	2 800	2 549	3 141	3 212	3 683	4 283	5 886	5 915	8 118	10 167	9 970
美国	1 257	5 159	5 581	3 926	4 187	4 626	4 481	3 891	4 459	4 977	5 504	6 229	6 637
世界知识产权组织	359	2 426	3 164	2 814	3 032	3 209	4 003	4 550	5 592	5 888	5 359	5 704	4 877

图 7-10 2005~2017 年汽车制造产业全球主要申请国家/地区/组织专利申请量年度变化趋势图

资料来源：中国产业智库大数据中心

7.2.3 汽车制造产业创新主体分析

7.2.3.1 汽车制造产业十大创新主体

从汽车专利申请量前十位申请人分布可以看出，在前十申请人中，日本有 5 家，日本企业同时占据了申请量前二的位置，美国和德国各 2 家，韩国 1 家。排名第一的企业丰田公司，专利申请量达 189 098 项，遥遥领先排名第二的企业专利申请量。中国的专利申请人未能进入前十行列（表 7-2）。从总体上来看，中国汽车研发单位多而分散，但申请量无一能与国外的大公司相抗衡。

从研究机构的专利申请活跃度来看，福特公司和博世公司近 5 年的专利申请量占比均超过 65%，福特公司的核心技术领域为发动机领域，博世公司近年的发展重点为智能驾驶。

表 7-2 2005~2017 年汽车制造产业全球专利申请量前十专利权人分布

排名	专利申请量/项	专利权人	专利申请走势（2005~2017 年）	近 5 年专利占比/%
1	30 260	丰田公司		42.60
2	12 986	本田公司		45.46
3	11 609	现代汽车公司		56.25
4	7 800	日产汽车公司		36.00
5	7 273	福特公司		73.34

续表

排名	专利申请量/项	专利权人	专利申请走势（2005~2017年）	近5年专利占比/%
6	7 269	通用汽车公司		48.66
7	6 701	博世公司		65.30
8	6 487	戴姆勒汽车公司		57.81
9	5 889	日本电装公司		56.53
10	4 657	普利司通公司		40.97

资料来源：中国产业智库大数据中心

7.2.3.2 汽车制造产业创新主体之间的合作

汽车研究领域内的各个机构在加快发展自身研发实力、扩大技术保护范围的同时，也在寻求合适的合作伙伴，力求在较短的时间内发挥利用双方的优势，补充各自的短板，联合起来进行技术研发。该领域内多个研究机构间进行了专利申请合作，产生了大量的技术成果。对汽车领域申请量前百位的机构进行合作分析，得到合作关系图7-11。

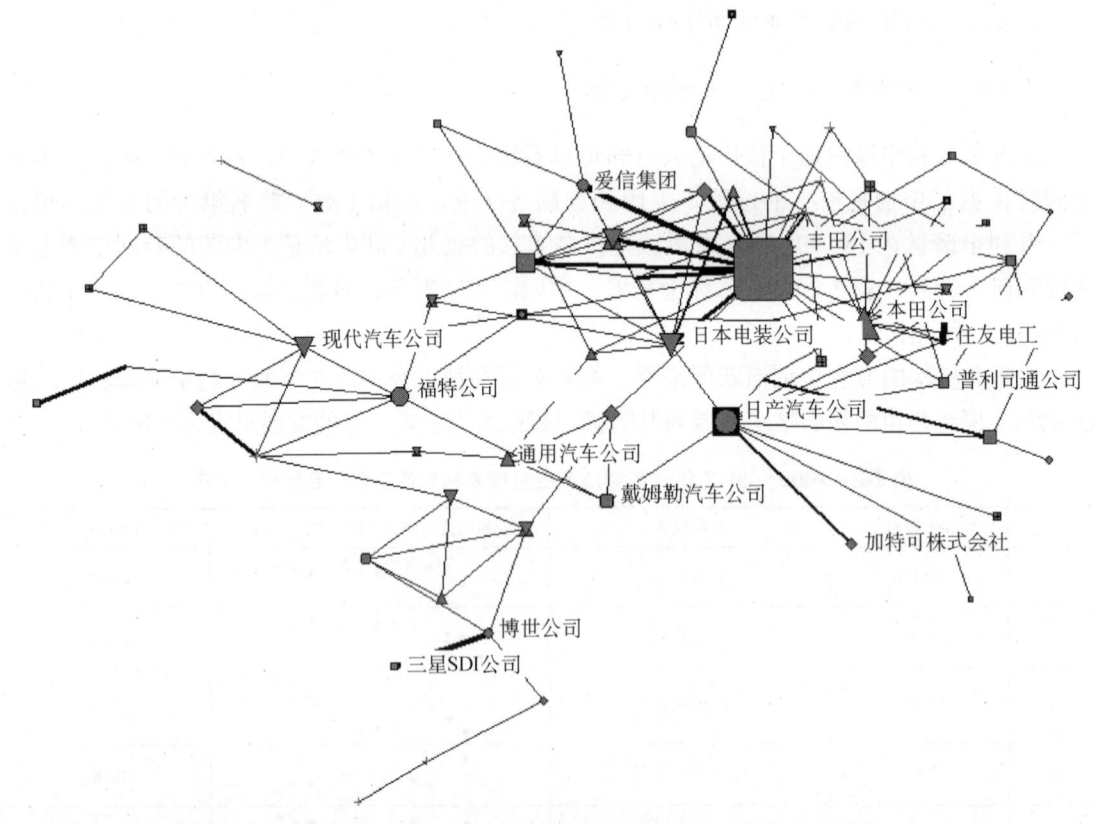

图7-11 2005~2017年汽车制造产业全球创新主体合作网络图

注：度数中心度≥3

资料来源：中国产业智库大数据中心

1）丰田公司

丰田公司是行业内专利申请最多的机构，在技术研发过程中非常重视与其他机构间的合作，共与其他 50 个机构合作，合作频次达 5310 次。爱信集团在变速箱领域具有成熟的技术，是丰田公司最大的合作伙伴；日本电装公司从丰田公司分离，主要从事电装研发；住友电工在钠离子电池领域进行了较为深入的研究；丰田公司与这些公司合作，可以实现技术上的优势互补，快速拓展技术布局的范围。丰田公司与这些机构联合申请的专利主题如下：与爱信集团合作合作申请了 1173 项专利，与日本电装公司合作申请 643 项专利，与住友电工合作申请专利 107 项。

2）博世公司

博世公司共与其他 41 家展开了专利合作，合作频次达到 1429 次。与三星 SDI 公司围绕新能源汽车展开了紧密的合作，合作申请专利 806 项。其中，在电动汽车领域申请专利 552 项，在混合动力汽车领域合作申请专利 496 项，在动力电池领域合作申请 475 项。

3）其他研究机构

日本电装公司与其他 42 家展开了专利合作，合作频次达到 1284 次。其中，与丰田公司的合作最频繁；同时，日本电装公司与个人也有较多的专利合作，与 YAMAMOTO T 合作申请专利 56 件。

7.2.3.3 汽车制造产业创新主体的专利布局

进一步分析丰田公司、本田公司、现代汽车公司、日产汽车公司、福特公司、通用汽车公司、博世公司、戴姆勒汽车公司、日本电装公司、普利司通公司等 10 家研究机构的专利布局情况，以研究创新主体的市场战略。

表 7-3 和表 7-4 分别反映了上述 10 家公司的 2005~2010 年与 2011~2017 年全球专利布局变化情况。其中，丰田公司、本田公司、现代汽车公司、日产汽车公司、福特公司、通用汽车公司 6 家公司的市场战略发生了较大改变。第一，丰田公司、本田公司、日产汽车公司的主要目标市场仍然是日本、美国、中国和欧洲，PCT 专利申请量大幅增长增加，说明这三家公司对国际市场重视，也反映出 PCT 专利申请途径在节约时间和成本、前期技术保护等方面具有不可比拟的优势，是国际市场竞争必备之利器；第二，近 5 年来，丰田公司、本田公司、日产汽车公司 3 家公司对于印度、巴西、越南、墨西哥等新兴市场均给予了高度重视，专利申请量增长明显；第三，现代汽车公司主要的目标市场以韩国、美国、中国、德国、日本为主，同时逐渐放弃澳大利亚市场，转向巴西市场；第四，福特公司开始了多个新兴市场的专利布局，如俄罗斯、墨西哥、土耳其和巴西，说明了福特公司近年市场布局快速扩张；第五，通用汽车公司在中国的专利申请量增长迅速，并且申请总量超过本国申请，说明了通用汽车公司对中国市场的重视，同时也成为中国本土汽车企业发展的强大竞争对手。

表 7-3 汽车制造产业十大创新主体全球专利布局（2005～2010 年） （单位：项）

国家/地区/组织	丰田公司	本田公司	现代汽车公司	日产汽车公司	福特公司	通用汽车公司	博世公司	戴姆勒汽车公司	日本电装公司	普利司通公司
日本	12 554	4 751	266	4 087	127	138	427	186	1 756	1 969
韩国	614	153	4 066	172	18	136	220	16	38	87
美国	3 076	1 996	670	775	1 056	2 112	579	420	541	535
中国	2 403	1 162	404	476	471	1 385	436	166	188	398
德国	1 281	574	325	145	492	1 881	1 160	1 613	325	66
世界知识产权组织	2 292	466	0	252	104	278	773	453	50	526
欧洲专利局	1 397	833	15	563	204	293	752	261	79	492
俄罗斯	139	29	0	34	6	93	42	5	5	67
印度	108	354	23	29	11	550	137	92	7	31
墨西哥	7	52	0	15	6	0	7	3	2	19
巴西	115	244	0	18	6	38	95	7	7	73
英国	8	43	0	29	241	115	9	1	2	0
法国	19	25	1	4	1	4	132	2	30	2
越南	2	149	0	0	0	0	5	0	1	0
加拿大	196	231	1	51	19	0	4	12	3	18
印度尼西亚	5	89	0	0	0	0	0	0	0	14
中国台湾	22	236	1	2	0	0	3	0	1	0
泰国	8	173	0	5	0	0	1	0	1	7
意大利	1	155	0	0	0	1	19	0	4	10
澳大利亚	98	92	2	6	2	11	10	0	4	17
菲律宾	5	53	0	0	0	0	0	0	0	0
马来西亚	4	46	0	3	0	0	1	0	0	5
荷兰	0	1	1	0	0	0	17	0	0	0
西班牙	0	23	0	0	0	0	5	0	0	0
南非	4	5	0	0	0	4	0	0	0	14
比利时	0	0	0	0	0	0	7	0	0	0
新加坡	3	0	0	1	0	0	0	0	0	1
瑞典	1	0	0	0	1	7	2	0	0	0
中国香港	0	0	0	0	0	0	0	0	0	4
挪威	1	2	0	0	0	0	0	0	0	4
新西兰	1	4	0	1	0	0	0	0	0	0

表 7-4 汽车制造产业十大创新主体全球专利布局（2011～2017 年） （单位：项）

国家/地区/组织	丰田公司	本田公司	现代汽车公司	日产汽车公司	福特公司	通用汽车公司	博世公司	戴姆勒汽车公司	日本电装公司	普利司通公司
日本	16 705	7 167	708	2 940	26	31	665	435	3 896	2 354
韩国	823	102	7 193	333	303	96	588	6	41	50
美国	5 483	2 969	3 430	1 101	4 420	3 247	1 557	279	1 154	828
中国	4 393	2 300	2 680	938	3 893	3 466	1 916	236	599	846
德国	1 628	495	1 938	14	4 066	3 401	4 273	4 185	660	0

续表

国家/地区/组织	丰田公司	本田公司	现代汽车公司	日产汽车公司	福特公司	通用汽车公司	博世公司	戴姆勒汽车公司	日本电装公司	普利司通公司
世界知识产权组织	3 207	1 378	18	1 356	127	55	2 025	562	897	1 210
欧洲专利局	2 034	974	110	836	144	26	1 323	218	71	819
俄罗斯	127	39	3	195	1 082	122	79	15	0	121
印度	350	933	41	164	138	92	341	81	33	102
墨西哥	21	68	5	194	711	1	13	2	3	19
巴西	231	531	16	132	194	160	120	11	24	123
土耳其	1	0	0	0	484	0	15	9	0	0
英国	6	16	0	46	351	478	20	125	4	0
法国	36	21	0	12	1	17	382	6	26	0
越南	20	320	0	15	0	0	8	0	1	1
加拿大	234	250	9	112	6	17	3	11	6	49
印度尼西亚	37	240	1	79	0	4	0	0	2	12
中国台湾	22	126	1	31	0	0	69	0	3	5
泰国	4	32	0	0	1	0	0	0	0	1
意大利	1	141	0	0	0	0	46	0	4	27
澳大利亚	69	125	7	3	16	2	4	1	3	47
菲律宾	9	40	0	11	0	0	0	1	0	0
马来西亚	1	2	0	43	0	0	0	0	0	0
荷兰	0	0	0	0	0	0	41	4	0	0
西班牙	1	25	2	0	0	0	2	0	0	0
阿根廷	3	24	0	0	0	0	0	0	1	12
南非	5	16	1	1	0	0	1	3	1	3
中国香港	2	1	0	0	1	2	2	0	0	2

资料来源：中国产业智库大数据中心

7.2.4 汽车制造产业专利技术发明人分析

对汽车制造领域内的发明人进行分析，能找出所在领域中的主要专利发明人团队及这些团队中的核心发明人，为人才的引进提供参考，还能通过跟踪这些团队及核心发明人的专利申请把握行业内的科研动态。

7.2.4.1 汽车制造产业专利技术发明人合作率与合作度年度变化趋势

2005~2017年，汽车领域专利的合作率和合作度均保持在较稳定的水平（图7-12）。从合作率指标来看，历年合作率均在50%以上，其间，2010~2014年的合作率水平最高，达到60%以上，说明汽车领域一半以上的专利是由两个或两个以上的个人合作完成的，科学合作较频繁，合作程度较高。从合作度指标来看，合作度均在3左右，说明汽车领域科学合作的规模较小，且较稳定。

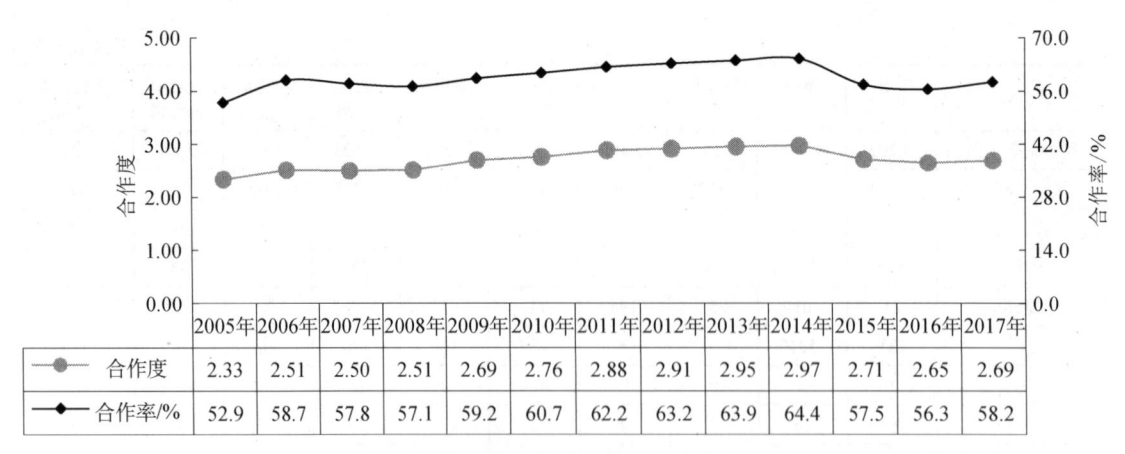

年份	2005年	2006年	2007年	2008年	2009年	2010年	2011年	2012年	2013年	2014年	2015年	2016年	2017年
合作度	2.33	2.51	2.50	2.51	2.69	2.76	2.88	2.91	2.95	2.97	2.71	2.65	2.69
合作率/%	52.9	58.7	57.8	57.1	59.2	60.7	62.2	63.2	63.9	64.4	57.5	56.3	58.2

图 7-12　2005~2017 年汽车制造产业专利技术发明人合作率和合作度年度变化趋势图

资料来源：中国产业智库大数据中心

7.2.4.2　汽车制造产业专利技术发明人合作率和合作度比较

表 7-5 对申请量前十的研究机构，计算其合作率与合作度，分析各个公司在发明人合作方面的特征。就美国公司来说，福特公司的专利合作率为 86.76%，合作度为 4.69；通用汽车公司的专利合作率为 82.53%，合作度为 3.93；两家美国的合作率均大于 80%，合作度均在 4 左右，即平均每项专利约由 4 位发明者共同完成，合作率和合作度均高于其他公司。丰田公司的专利申请量在全球排名第一，专利合作率为 59.04%，合作度为 2.74，合作率与美国公司相差 20% 左右，由此可见美国汽车公司的研发人员合作较日本公司频繁。

表 7-5　2005~2017 年汽车制造产业主要公司的合作率与合作度比较

序号	机构名称	合作率/%	合作度
1	丰田公司	59.04	2.74
2	本田公司	78.07	3.35
3	现代汽车公司	58.30	3.27
4	日产汽车公司	64.42	2.81
5	福特公司	86.76	4.69
6	通用汽车公司	82.53	3.83
7	博世公司	70.75	2.95
8	戴姆勒汽车公司	69.88	2.85
9	日本电装公司	69.09	3.28
10	普利司通公司	46.47	2.12

资料来源：中国产业智库大数据中心

7.2.4.3　汽车制造产业专利技术核心发明人

分别计算汽车领域丰田公司、本田公司、现代汽车公司、日产汽车公司、福特公司、通用汽车公司、博世公司、戴姆勒汽车公司、日本电装公司、普利司通公司等申请人内部发明人合作网络凝聚力指数和点度中间中心度，可以看出，这些申请人发明人网络都存在子网络，有的子网络比较大，有的小一些。丰田公司整体网络的凝聚力指数为 0.562，凝聚力一般；KATO H 在网络中的点度中间中心度最高，为 212.021，说明其在公司内具有较大的影响力；TABATA A、MATSUBARA T 与其他人合作的频次最高，分别为 1402 次、1207 次。从网络结构来看，公司内部形成了一个以 TABATA A 团队为核心的发明人网络。

本田公司整体网络的凝聚力指数为 0.485，凝聚力较弱；KOBAYASHI T 在网络中的点度中间中心度最高，为 389.565，说明其在公司内有极大的影响力；WAKE K 与其他人合作的频次最高，为 255 次，处于网络中的中心位置。从网络结构图来看，公司内部形成以 KOBAYASHI T 团队、YAMAMOTO K 团队、KOYAMA T 团队、KOJIMA H 团队为核心的 4 个独立的发明人合作网络，其他发明人处于分散的位置。

现代汽车公司整体网络的凝聚力指数为 0.701，凝聚力较强；KIM J 在网络中的点度中间中心度最高，为 194.098，说明其在公司内有极大的影响力，处于研发团队的核心地位；CHO W 与其他人合作的频次最高，为 1931 次。从网络结构来看，公司内部形成了一个 CHO W、HWANG S W、JI S、KOOK J C、HUANG S 等为核心的非常紧密的合作网络，并且与其他发明人合作申请专利数均大于 1700 次。

日产汽车公司整体网络的凝聚力指数为 0.446，凝聚力较弱；ITO T 在网络中的点度中间中心度最高，为 546.846，说明其在公司内有极大的影响力，处于研发团队的核心地位；HORIE H 与其他人合作的频次最高，为 339 次。从网络结构来看，公司内部形成了以 HORIE H 团队为核心的主要合作网络，同时形成了以 IWANO H 团队为核心的小合作网络。

福特公司、通用汽车公司、博世公司、戴姆勒汽车公司、日本电装公司、普利司通公司合作网络的凝聚力指数分别为 0.258、0.356、0.191、0.167、0.408、0.260，凝聚力均较弱。

7.3 汽车制造产业在华专利申请态势分析

7.3.1 汽车制造产业在华专利申请态势

汽车制造业在华专利检索策略采用国际专利分类号 B60（一般车辆）和 12-08（汽车、公共汽车和货车）为检索入口，专利申请时间限制为 2005~2017 年，检索时间为 2017 年 12 月 20 日，共检索到汽车专利 323 946 万件。

7.3.1.1 汽车制造产业在华专利年度趋势

自 2005 年以来，汽车市场的需求量急剧上升，呈现出供不应求的局面。汽车跨国公司瞄准中国市场，纷纷实施增资扩产。国家为了促进民族汽车产业的发展，出台了《汽车产业发展政策》，鼓励汽车企业发展。因此，汽车产业蓬勃发展，与此同时，专利申请量也呈现井喷式增长。2006 年专利申请量达到 10 553 件，到"十一五"末期，专利申请量达到 19 160 件，增长了 81.56%。

"十二五"期间,国家对汽车产业提出的发展重点主要集中在做大做强自主品牌,充分落实节能减排、改善汽车服务行业等几大方向。专利申请量从 2011 年的 26 139 件增长到 48 071 件,增长了 83.91%。专利申请集中于车身和内饰领域。

"十三五"时期是《中国制造 2025》十年战略的第一个五年关键期,扩大产能和规模将不再是汽车工业的发展重点,低碳化、信息化、智能化将是汽车发展的主攻方向,如新能源汽车、车联网、无人驾驶汽车、汽车工业 4.0。2016 年,作为"十三五"的开局之年,专利申请继续保持增长趋势,申请量达到 52 393 件,较上年增长 8.99%。动力系统和内饰领域的专利申请量高于其他领域(图 7-13)。

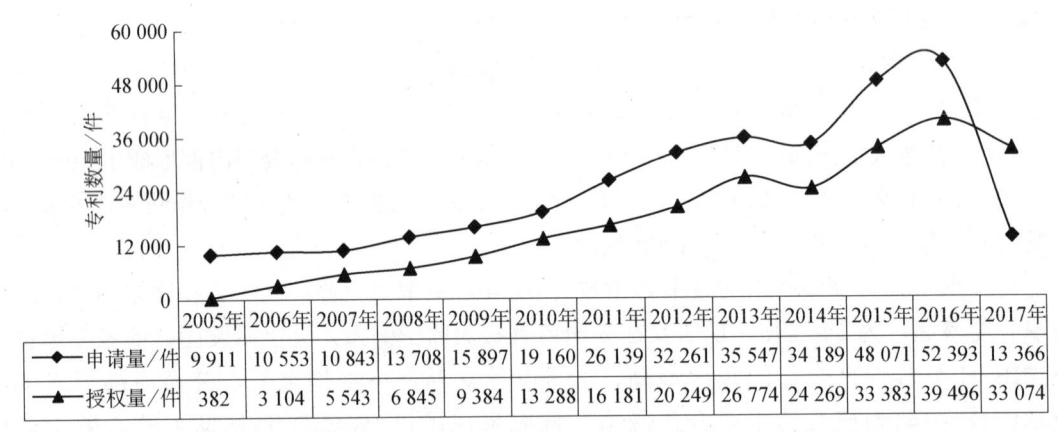

年份	2005年	2006年	2007年	2008年	2009年	2010年	2011年	2012年	2013年	2014年	2015年	2016年	2017年
申请量/件	9 911	10 553	10 843	13 708	15 897	19 160	26 139	32 261	35 547	34 189	48 071	52 393	13 366
授权量/件	382	3 104	5 543	6 845	9 384	13 288	16 181	20 249	26 774	24 269	33 383	39 496	33 074

图 7-13 2005~2017 年汽车制造产业在华专利申请量年度变化趋势图

资料来源:中国产业智库大数据中心

7.3.1.2 汽车制造产业细分领域在华专利分布

汽车制造产业分为动力系统、行驶系统、底盘、电池、整车制造、充电设施、安全系统、无人驾驶、外饰、内饰、车身、车载装置、零部件 13 个子领域。从专利数量分布来看,动力系统是整个行业最为关注的领域,申请量高达 77 246 件。其次是内饰、车身、零部件、行驶系统,专利申请量均大于 60 000 件;充电设施、车载装置、安全系统、无人驾驶专利申请量相对较少,申请量均低于 10 000 件,其中,充电设施和无人驾驶领域属于新兴领域,车载装置和安全系统属于汽车制造业中较小的子领域,所以专利申请量均较少(表 7-6)。

表 7-6 2005~2017 年汽车制造产业细分领域在华专利申请量及主要申请人

领域	专利总量/件	主要申请人
动力系统	95 706	丰田公司、吉利公司、北汽福田公司、浙江吉利汽车研究院有限公司、现代汽车公司
内饰	94 604	吉利公司、浙江吉利汽车研究院有限公司、福特公司、丰田公司、奇瑞汽车股份有限公司
车身	74 754	吉利公司、浙江吉利汽车研究院有限公司、安徽江淮汽车股份有限公司、北京汽车股份有限公司、重庆长安汽车股份有限公司
零部件	66 024	吉利公司、安徽江淮汽车股份有限公司、浙江吉利汽车研究院有限公司、重庆长安汽车股份有限公司、奇瑞汽车股份有限公司

续表

领域	专利总量/件	主要申请人
行驶系统	64 782	住友橡胶工业株式会社、普利司通公司、横滨橡胶株式会社、米其林研究和技术股份有限公司、吉利公司
底盘	31 710	博世公司、丰田公司、吉利公司、北汽福田公司、奇瑞汽车股份有限公司
电池	29 264	丰田公司、福特公司、比亚迪股份有限公司、吉利公司、本田技研工业株式会社
外饰	20 519	吉利公司、浙江吉利汽车研究院有限公司、奇瑞汽车股份有限公司、北京汽车股份有限公司、重庆长安汽车股份有限公司
整车制造	15 631	重庆长安汽车股份有限公司、奇瑞汽车股份有限公司、吉利公司、浙江吉利汽车研究院有限公司、北京汽车股份有限公司
充电设施	5 953	国家电网公司、丰田公司、北京新能源汽车股份有限公司、谢子聪、福特公司
安全系统	4 021	吉利公司、浙江吉利汽车研究院有限公司、奇瑞汽车股份有限公司、长安大学、东海理化电机制作所
车载装置	3 953	长安大学、吉利公司、浙江吉利汽车研究院有限公司、奇瑞汽车股份有限公司、丰田公司
无人驾驶	988	鄂尔多斯市普渡科技有限公司、施春燕、江苏大学、奇瑞汽车股份有限公司、南京航空航天大学

资料来源：中国产业智库大数据中心

动力系统包含发动机、冷却系统、润滑系统、燃油系统、燃料、启动系统、电动机、电控系统、传动装置等关键模块。动力系统领域专利申请量最多的申请人有丰田公司、吉利公司、北汽福田公司、浙江吉利汽车研究院有限公司、现代汽车公司。

内饰领域包含仪表板、安全气囊、方向盘、脚垫、空调、门饰板、座椅、地毯、音响系统、坐垫、内饰板、后视镜、点烟器等子领域。此领域专利申请量最多的申请人为浙江吉利公司、浙江吉利汽车研究院有限公司、福特公司、丰田公司、奇瑞汽车股份有限公司。

车身包括车门、车窗、车架、顶盖、行李箱盖、挡风玻璃、发动机罩、翼子板、车身附件等领域。此领域专利申请量最多的申请人为吉利公司、浙江吉利汽车研究院有限公司、安徽江淮汽车股份有限公司（以下简称江淮汽车公司）、北京汽车股份有限公司（以下简称北汽股份公司）、重庆长安汽车股份有限公司（以下简称长安汽车公司）。

行驶系统包括车轮、车桥、转向系统、悬架系统等子领域。此领域专利申请量最多的申请人为住友橡胶工业株式会社、普利司通公司、横滨橡胶株式会社、米其林研究和技术股份有限公司、浙江吉利公司，前四家公司专利申请技术领域主要集中于车轮橡胶和轮辋领域。

7.3.2 汽车制造产业在华专利重要区域布局分析

7.3.2.1 汽车制造产业在华专利区域布局

2005~2017年，汽车制造业在华专利申请量区域排名如图7-14所示。在全国，汽车产量最大和最集中的地区有6个，分别是长三角地区、珠三角地区、京津冀地区、东北地区、华中地区、西南地区，这6个区域也正是专利申请最为密集的区域，专利申请量占全国专利申请总量的90%以上。这些地区专利申请量的高低与本地汽车产业发展成熟度及企业密集度紧密相关。

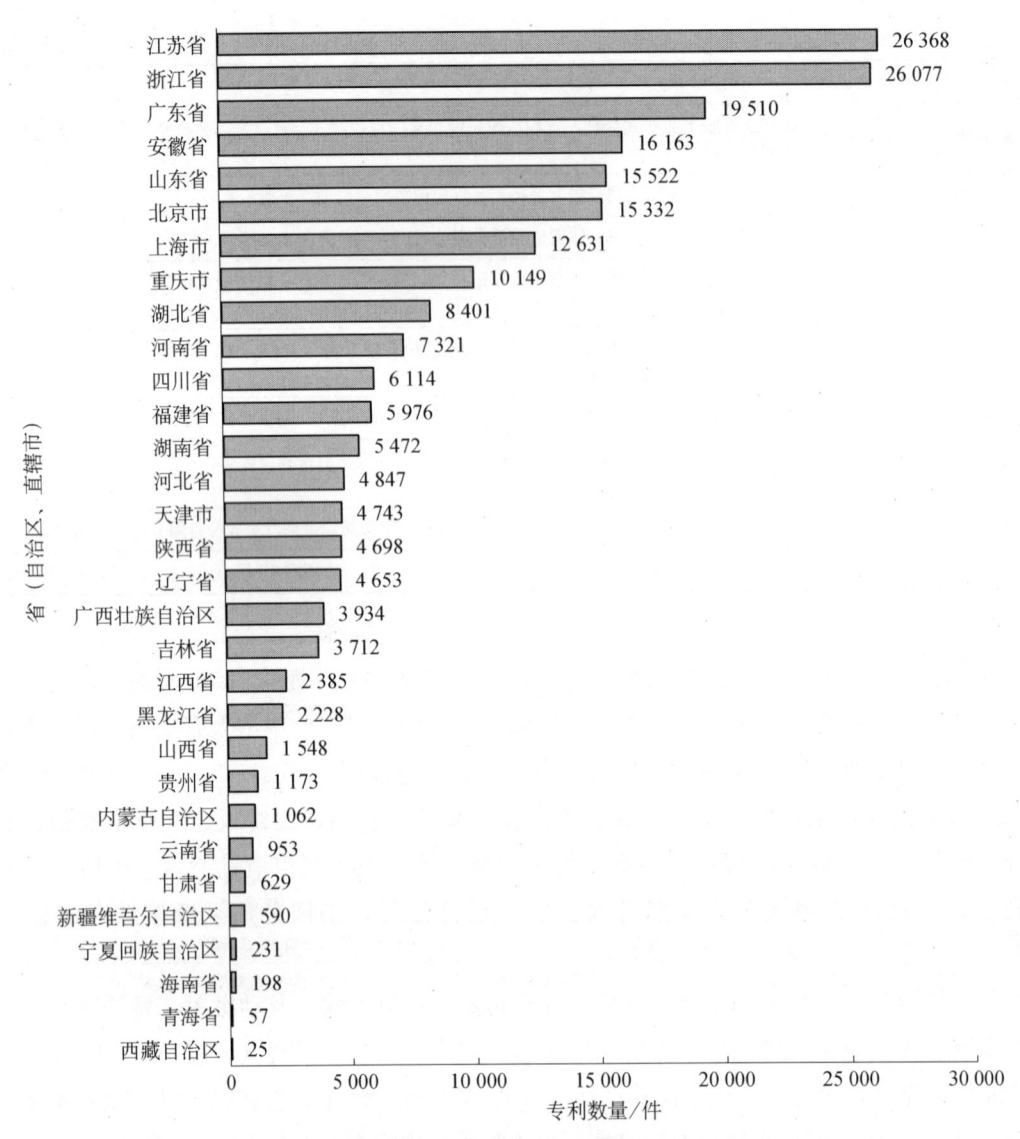

省（自治区、直辖市）	专利数量/件
江苏省	26 368
浙江省	26 077
广东省	19 510
安徽省	16 163
山东省	15 522
北京市	15 332
上海市	12 631
重庆市	10 149
湖北省	8 401
河南省	7 321
四川省	6 114
福建省	5 976
湖南省	5 472
河北省	4 847
天津市	4 743
陕西省	4 698
辽宁省	4 653
广西壮族自治区	3 934
吉林省	3 712
江西省	2 385
黑龙江省	2 228
山西省	1 548
贵州省	1 173
内蒙古自治区	1 062
云南省	953
甘肃省	629
新疆维吾尔自治区	590
宁夏回族自治区	231
海南省	198
青海省	57
西藏自治区	25

图7-14　2005～2017年汽车制造产业在华专利申请量区域排名

资料来源：中国产业智库大数据中心

长三角地区是汽车制造专利申请的密集地，集中了中国诸多知名汽车公司，如上海汽车集团股份有限公司、上海通用汽车有限公司、上海大众汽车有限公司、东风悦达起亚汽车有限公司和吉利公司等，凭借着较好的整车和零部件制造业基础，成为我国汽车产业集群的典型代表，长三角区域内资金密集、技术密集，龙头企业、合资企业、民营企业形成发展合力，使得长三角成为最具活力的产业集聚地。

珠三角地区代表企业有广州汽车集团股份有限公司旗下广汽丰田、广汽本田与东风汽车集团有限公司（以下简称东风汽车公司）旗下的东风日产，形成三足鼎立局面，主要发展中高档轿车。珠三角地区产业配套完善，广汽集团具有完整的产业链及资本运作平台，治理结构相对完善；并且珠三角地区交通便利，本地经济发展水平高，市场消费能力高，为汽车产业发展提供了良好的条件。

京津冀地区的代表企业有北京汽车集团有限公司、北京现代汽车有限公司、北京奔驰汽车有限公司三大汽车公司，以及一汽丰田汽车有限公司、天津一汽汽车公司、长城汽车股份有限公司等品牌，重点发展乘用车和商用车。

东北地区的代表企业是长春一汽集团，旗下包括一汽大众、一汽马自达等合资品牌，核心发展轿车、载货车、客车等车型。东北地区工业基础雄厚，零部件制造企业实力强，产业配套完整；汽车人才济济，吉林大学汽车工程学院为汽车产业输送了大批专业人才。

华中地区包括湖北和安徽，代表企业是东风汽车公司，核心发展载货车、客车等商用车和轿车，东风汽车集团在湖北地区建有武汉-襄阳-十堰绵延千里的汽车产业带。

西南地区典型的代表企业是微型车生产企业——长安汽车公司，长安福特、长安铃木等汽车都是长安汽车公司的畅销产品。

7.3.2.2 汽车制造产业在华专利区域研发重点分析

汽车制造产业在华专利区域研发重点领域布局如表 7-7 所示。

表 7-7 2005～2017 年汽车制造产业细分领域在华专利布局 （单位：件）

省（自治区、直辖市）	动力系统	电池	底盘	行驶系统	车身	内饰	外饰	安全系统	车载装置	零部件	整车制造	充电设施	无人驾驶
江苏省	9 029	2 773	3 277	6 355	7 750	10 115	2 490	388	379	6 845	1 623	632	118
浙江省	8 053	2 301	2 698	6 322	7 989	9 818	2 348	306	306	7 202	1 842	499	61
广东省	6 372	2 741	1 847	3 820	5 237	7 946	1 509	499	721	4 276	801	776	139
安徽省	5 610	1 630	1 913	3 858	6 271	5 471	1 658	264	235	4 875	1 327	375	48
山东省	6 179	1 605	2 440	5 241	4 721	4 236	1 020	214	159	4 624	1 106	344	48
北京市	5 475	2 304	1 904	2 963	5 153	5 547	1 208	230	226	3 374	810	594	110
上海市	4 378	1 378	1 287	2 537	3 942	5 357	1 275	183	167	3 000	805	302	49
重庆市	3 959	832	1 050	2 223	3 996	3 533	836	139	146	2 900	1 306	118	23
湖北省	3 235	848	1 247	2 035	3 048	2 899	788	82	82	2 727	712	212	32
河南省	3 097	946	1 157	1 841	2 250	2 356	460	105	70	2 201	473	214	34
四川省	2 258	798	840	1 427	1 477	2 155	457	194	194	1 792	407	187	26
福建省	2 131	784	953	1 611	1 581	2 043	521	108	106	1 695	323	124	27
湖南省	2 321	577	970	1 327	1 470	1 685	339	79	64	1 503	326	108	12
河北省	1 831	482	738	1 251	1 450	1 553	331	79	53	1 358	326	115	8
天津市	1 731	684	551	1 170	1 340	1 780	391	91	78	1 233	343	148	24
陕西省	1 816	517	872	1 075	1 316	1 907	406	115	78	1 357	283	100	35
辽宁省	1 834	522	666	1 246	1 325	1 587	386	73	74	1 305	276	87	19
广西壮族自治区	1 426	315	523	1 103	1 308	1 206	313	70	66	1 106	335	80	6
吉林省	1 658	374	626	1 003	1 094	1 479	303	61	59	1 123	233	33	15
江西省	916	303	311	521	783	1 043	230	25	55	767	164	43	8
黑龙江省	1 028	284	328	714	469	701	170	38	22	624	127	29	5
山西省	733	167	273	414	460	366	90	31	25	551	147	25	3
贵州省	444	145	226	339	374	358	93	24	21	388	91	44	4

续表

省（自治区、直辖市）	动力系统	电池	底盘	行驶系统	车身	内饰	外饰	安全系统	车载装置	零部件	整车制造	充电设施	无人驾驶
内蒙古自治区	467	152	189	289	315	267	62	11	18	306	78	51	78
云南省	449	136	212	303	315	250	64	27	6	327	101	36	1
甘肃省	270	64	94	198	190	149	35	2	8	175	45	16	6
新疆维吾尔自治区	273	80	110	188	153	136	42	7	5	178	30	16	0
宁夏回族自治区	97	24	27	80	59	71	21	4	1	62	16	1	3
海南省	62	27	14	32	70	82	21	4	1	43	13	10	0
青海省	19	7	7	12	13	17	0	1	2	23	4	0	1
西藏自治区	13	3	3	2	5	14	1	1	3	6	1	0	0

资料来源：中国产业智库大数据中心

在动力系统领域，专利申请区域可以分为3个梯队，第一梯队为江苏、浙江、广东、山东、安徽、北京是动力系统类专利申请量最多的6个地区，专利申请量均大于5000件，专利申请总量占动力系统领域专利的42.55%；第二梯队为上海、重庆、湖北、河南、四川、福建、湖南、河北、天津、陕西、辽宁、广西、吉林和黑龙江，专利申请量为1000～5000件，专利申请总量占动力系统领域专利的34.17%；第三梯队为江西、陕西、贵州、内蒙古、云南、甘肃、新疆、宁夏、海南、青海和西藏，主要集中于在西部地区，专利申请总量占动力系统领域专利的3.91%（各梯队专利总量占比统计对象均为国内大陆地区，不包括港澳台，所以占比之和均小于100）。

在电池领域，专利申请区域可以分为3个梯队。第一梯队是江苏、广东、浙江、北京、安徽、山东、上海，专利申请量均大于1000件，专利申请总量占电池领域专利的42.47%；第二梯队是重庆、湖北、河南、四川、福建、湖南、天津、陕西、辽宁，专利申请量为500～1000件，专利申请总量占电池领域专利的22.24%；第三梯队是河北、广西、吉林、江西、黑龙江、陕西、贵州、内蒙古、云南、甘肃、新疆、宁夏、海南、青海、西藏，专利申请量均小于500件，专利申请总量占电池领域专利的9.07%。

在底盘领域，专利申请区域可以分为3个梯队。第一梯队是江苏、浙江、山东、安徽、北京、广东，专利申请量均大于1800件，专利申请总量占底盘领域专利的44.40%；第二梯队为上海、重庆、湖北、河南、四川、福建、湖南、陕西，专利申请量为800～1800件，专利申请总量占底盘领域专利的26.41%；第三梯队为河北、天津、辽宁、广西、吉林、江西、黑龙江、山西、贵州、内蒙古、云南、甘肃、新疆、宁夏、海南、青海、西藏，专利申请量均少于800件，专利申请总量占底盘领域专利的15.45%。

在行驶系统领域，专利申请区域可以分为4个梯队。第一梯队是江苏、浙江、广东、安徽、山东，专利申请量均大于3000件，专利申请总量占行驶系统领域专利的39.51%；第二梯队是北京、上海、重庆、湖北、河南、福建，集中于中东部地区，专利申请量为1500～3000件，占行驶系统领域专利的20.39%；第三梯队为四川、湖南、河北、天津、陕西、辽宁、广西、吉林、江西、黑龙江，专利申请量为500～1500件，占行驶系统领域专利的

16.73%；第四梯队为陕西、贵州、内蒙古、云南、甘肃、新疆、宁夏、海南、青海、西藏，集中于西部地区，专利申请量均小于500件，仅占行驶系统领域专利的2.87%。

在车身领域，专利申请区域可以分为4个梯队。第一梯队是江苏、浙江、广东、安徽、北京，专利申请量均大于5000件，专利申请总量占车身领域专利的43.34%；第二梯队是山东、上海、重庆、湖北，专利申请量为3000～5000件，占车身领域专利的21.01%；第三梯队是河南、四川、福建、湖南、河北、天津、陕西、辽宁、广西、吉林，专利申请量为1000～3000件，占车身领域专利的19.55%；其余为第四梯队，专利申请量小于1000件。

在内饰领域，专利申请区域可以分为3个梯队。第一梯队是江苏、浙江、广东，专利申请量均大于7000件，专利申请总量占内饰领域专利的29.47%；第二梯队为安徽、北京、上海、山东、重庆、湖北、河南、四川、福建，专利申请量为2000～6000件，占内饰领域专利的35.51%；其余为第三梯队，专利申请量均小于1000件，占内饰领域专利的15.49%。

在外饰领域，专利申请区域可以分为三个梯队。第一梯队是江苏、浙江、广东、安徽、山东、北京、上海，专利申请量大于1000件，专利申请总量占外饰领域专利的56.08%；第二梯队为重庆、湖北、河南、四川、福建、湖南、河北、天津、陕西、辽宁、广西、吉林，专利申请量为300～1000件，占外饰领域专利的26.96%；其余为第三梯队，专利申请量均小于300件，占外饰领域专利的4.04%。

在安全系统领域，专利申请区域可以分为3个梯队。第一梯队是江苏、浙江、广东，专利申请量大于300件，专利申请总量占安全系统领域专利的29.67%；第二梯队为安徽、山东、北京、上海、重庆、河南、四川、福建、陕西，专利申请量为100～300件，占安全系统领域专利的38.60%；其余为第三梯队，占安全系统领域专利的17.66%。

在车载装置领域，专利申请区域可以分为3个梯队。第一梯队是江苏、浙江、广东，专利申请量大于300件，专利申请总量占车载装置领域专利的35.57%；第二梯队为安徽、山东、北京、上海、重庆、四川、福建、陕西，专利申请量为100～300件，占车载装置领域专利的35.49%；其余为第三梯队，占车载装置领域专利的18.04%。

在零部件领域，专利申请区域可以分为3个梯队。第一梯队是江苏、浙江、广东、安徽、山东、北京、上海，专利申请量大于3000件，专利申请总量占零部件领域专利的51.79%；第二梯队为重庆、湖北、河南、四川、福建、湖南、河北、天津、陕西、辽宁、广西、吉林，专利申请量为1000～3000件，占零部件领域专利的30.75%；其余为第三梯队，专利申请量为1000件以下，占零部件领域专利的5.23%。

在整车制造领域，专利申请区域可以分为3个梯队。第一梯队是江苏、浙江、安徽、山东、重庆，专利申请量大于1000件，专利申请总量占整车制造领域专利的46.09%；第二梯队为广东、北京、上海、湖北、河南、四川、福建、湖南、河北、天津、广西，专利申请量为300～1000件，占整车制造领域专利的36.22%；其余为第三梯队，专利专利申请量为300件以下，占整车制造领域专利的10.29%。

在充电设施领域，专利申请区域可以分为3个梯队。第一梯队是江苏、广东和北京，专利申请量在500件以上，专利申请总量占充电设施领域专利的33.63%；第二梯队为重庆、湖北、河南、四川、福建、湖南、河北、天津、陕西，专利申请量为100～500件，占充电设施领域专利的22.27%；其余为第三梯队，专利申请量为100件以下，占充电设施领域专利的9.59%。

在无人驾驶领域，专利申请区域可以分为两个梯队。第一梯队是江苏、广东和北京，专利申请量在100件以上，专利申请总量占无人驾驶领域专利的37.15%；第二梯队是浙江、安徽、山东、上海、湖北、河南、陕西、内蒙古，专利申请量为30～100件，占无人驾驶领域专利的38.97%；其余为第三梯队，专利申请量为30件以下，占无人驾驶领域专利的19.33%。

7.3.3 汽车制造产业在华专利主要申请人分析

图7-15为汽车制造在华专利申请量前二十的申请人情况。本部分结合企业技术优势和市场竞争能力两项指标，选择丰田公司、吉利公司、北汽福田公司、江淮汽车公司、比亚迪股份有限公司（以下简称比亚迪公司）等企业作为重点研究对象。

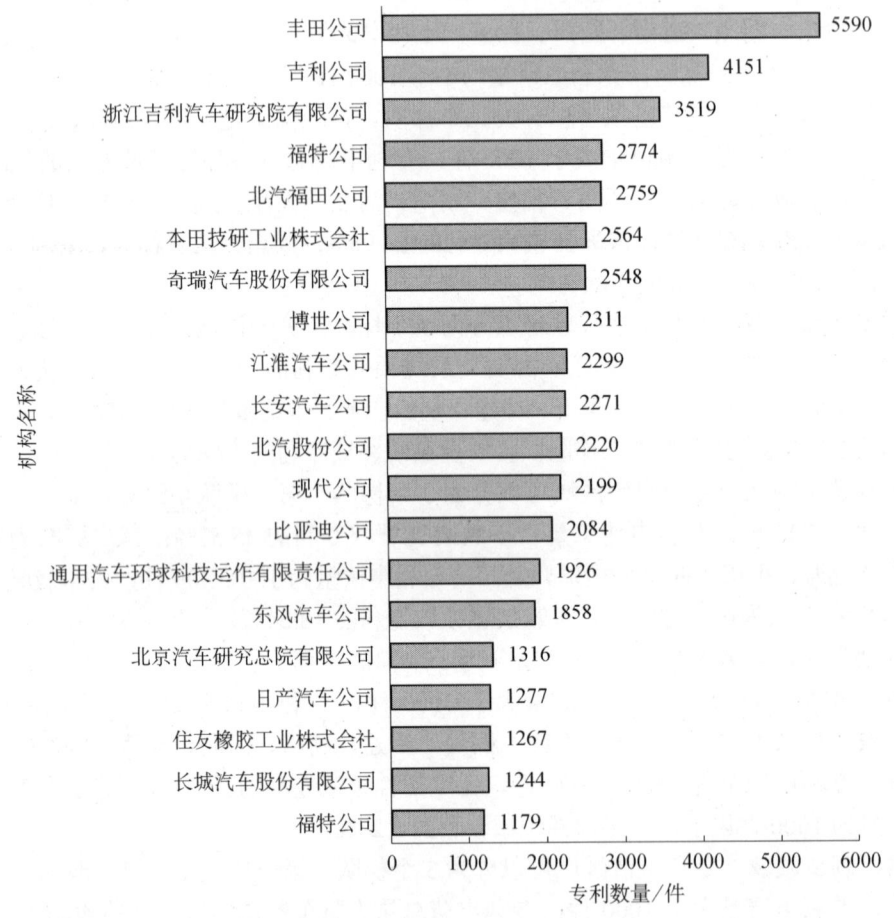

机构名称	专利数量/件
丰田公司	5590
吉利公司	4151
浙江吉利汽车研究院有限公司	3519
福特公司	2774
北汽福田公司	2759
本田技研工业株式会社	2564
奇瑞汽车股份有限公司	2548
博世公司	2311
江淮汽车公司	2299
长安汽车公司	2271
北汽股份公司	2220
现代公司	2199
比亚迪公司	2084
通用汽车环球科技运作有限责任公司	1926
东风汽车公司	1858
北京汽车研究总院有限公司	1316
日产汽车公司	1277
住友橡胶工业株式会社	1267
长城汽车股份有限公司	1244
福特公司	1179

图7-15 2005～2017年汽车制造产业在华专利申请量前二十的研发机构
资料来源：中国产业智库大数据中心

7.3.3.1 丰田公司

丰田公司在汽车制造领域的专利申请量排在首位，2005～2017年共申请专利5590件，专利侧重于动力系统和内饰领域，占公司专利申请总量的比重分别为41.45%和18.09%。其中，动力系统专利主要侧重于电动机的混合动力和驱动轮，发动机领域的变速器和点火系统；内饰领域主要集中于安全气囊、座椅和空调（图7-16）。

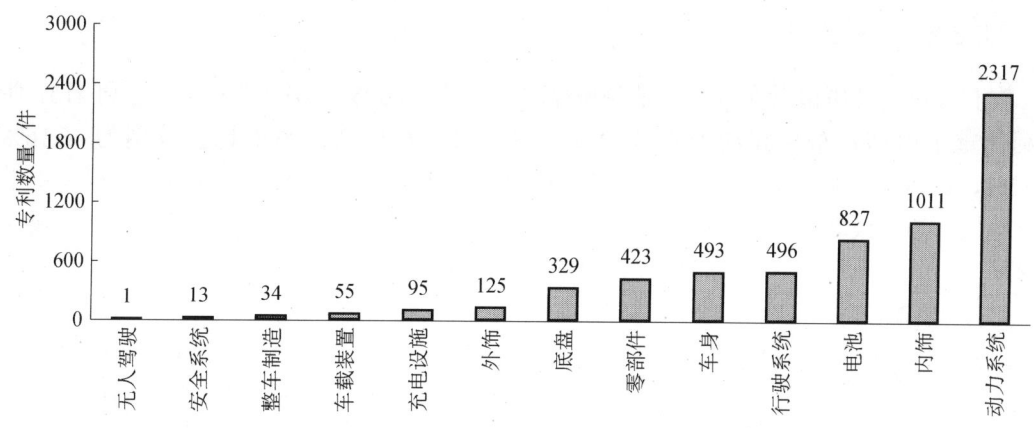

图 7-16 丰田公司汽车制造产业在华专利申请量按细分领域分布图

资料来源：中国产业智库大数据中心

从技术竞争能力来看（图 7-17），丰田公司 B60W 领域（不同类型或不同功能的车辆子系统的联合控制；专门适用于混合动力车辆的控制系统；不与某一特定子系统的控制相关联的道路车辆驾驶控制系统）技术竞争力最强，专利申请量为 1332 件，相对技术整合能力和相对技术优势均高于其他领域。B60L 领域（电动车辆的电力装备或动力装置；用于车辆的磁力悬置或悬浮；一般车用电力制动系统）专利申请量为 1176 件，相对技术整合能力和相对技术优势仅次于 B60W 领域。

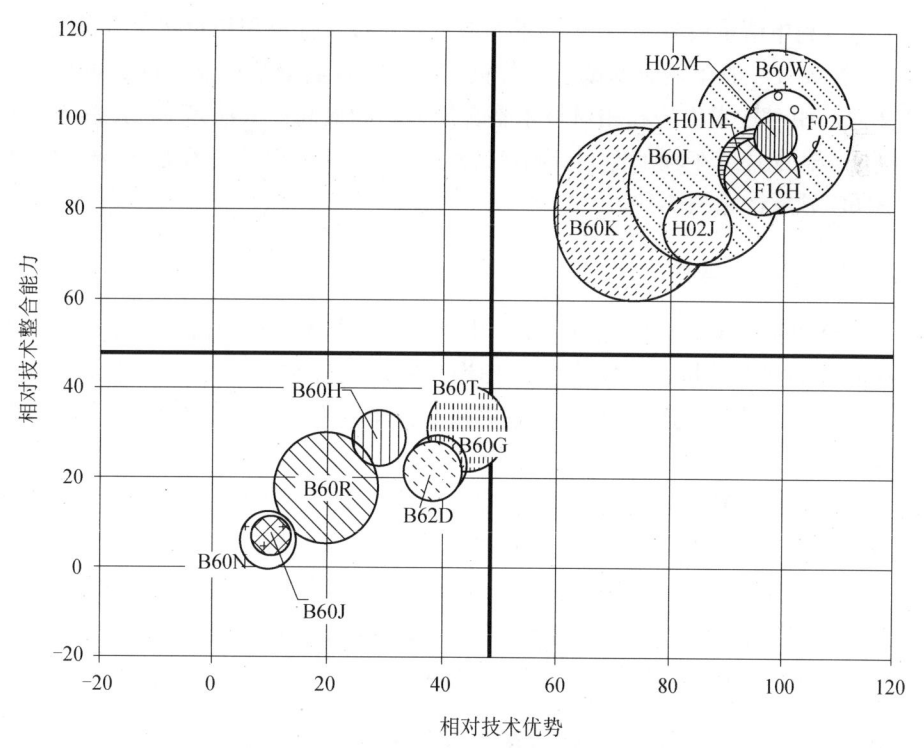

图 7-17 丰田公司汽车制造产业在华专利相对技术优势

资料来源：中国产业智库大数据中心

7.3.3.2 吉利公司

吉利公司专利申请量在汽车制造领域排名第二位，2005～2017年共申请专利4151件，专利侧重于内饰、车身和动力系统领域，占公司专利申请总量的比重分别为46.16%、39.15%、27.20%。其中，内饰领域主要集中于安全气囊和座椅领域；车身领域主要集中于支架、地板、挡风玻璃、车窗、扶手等领域；动力系统主要集中于变速器、混合动力领域（图7-18）。

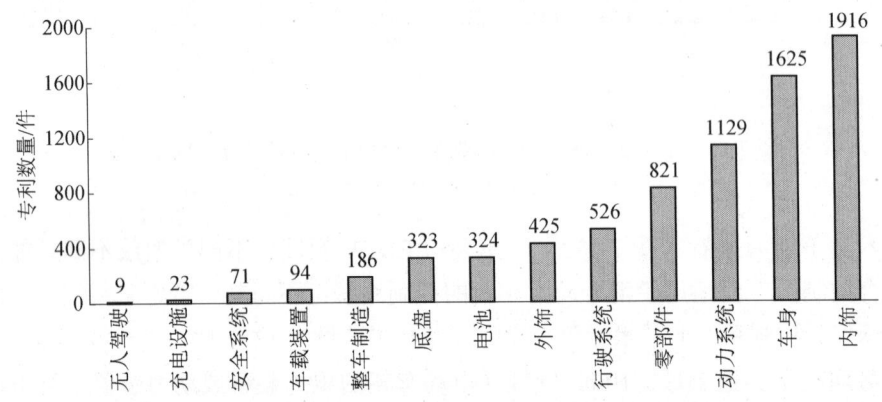

图 7-18 吉利公司汽车制造产业在华专利申请量按细分领域分布图
资料来源：中国产业智库大数据中心

吉利公司专利申请量最多的20个技术领域，相对技术优势和相对技术整合能力均较高。其中，B60Q领域（一般车辆照明或信号装置的布置，及其安装或支承或其电路）专利申请总量为432件，相对技术优势和相对技术整合能力均为最高；其次是B60R领域（其他类不包括的车辆，车辆配件或车辆部件）专利申请量为1483件，相对技术优势和相对技术整合能力仅次于B60Q领域，见图7-19。

7.3.3.3 北汽福田公司

北汽福田公司生产车型涵盖轻型卡车、中型卡车、重型卡车、轻型客车、大中型客车、乘用车及核心零部件发动机。2016年，福田汽车实现销售531 109辆，同比增长8.37%，销售收入465.3亿元，利润总额5.2亿元。福田汽车共申请专利2759件，集中于车身、动力系统、内饰等领域（图7-20）。

北汽福田公司各子领域发展比较平衡（图7-21）。B60K领域（车辆动力装置或传动装置的布置或安装；两个以上不同的原动机的布置或安装；辅助驱动装置；车辆用仪表或仪表板；驱动装置的联合控制；车辆动力装置与冷却，进气，排气或燃料供给结合的布置）、B60G领域（车辆悬架装置的配置）、B60J领域（车辆的窗，挡风玻璃，非固定车顶，门或类似装置；车辆不用时的护套）发展相对优于其他领域。

7.3.4 汽车制造产业在华专利活跃发明人分析

利用发明人合作网络关系，可以发现重要发明人及其所在研发团队的成员；研究重要发明人，可以了解研发团队的创新模式、技术路线、产品特色，甚至预测企业今后的研发重点和产品特色。从汽车制造领域重要发明人合作网络图中，可以发现两个重要的研发团队，分别是赵福全和黄勇为核心的研发团队（图7-22）。

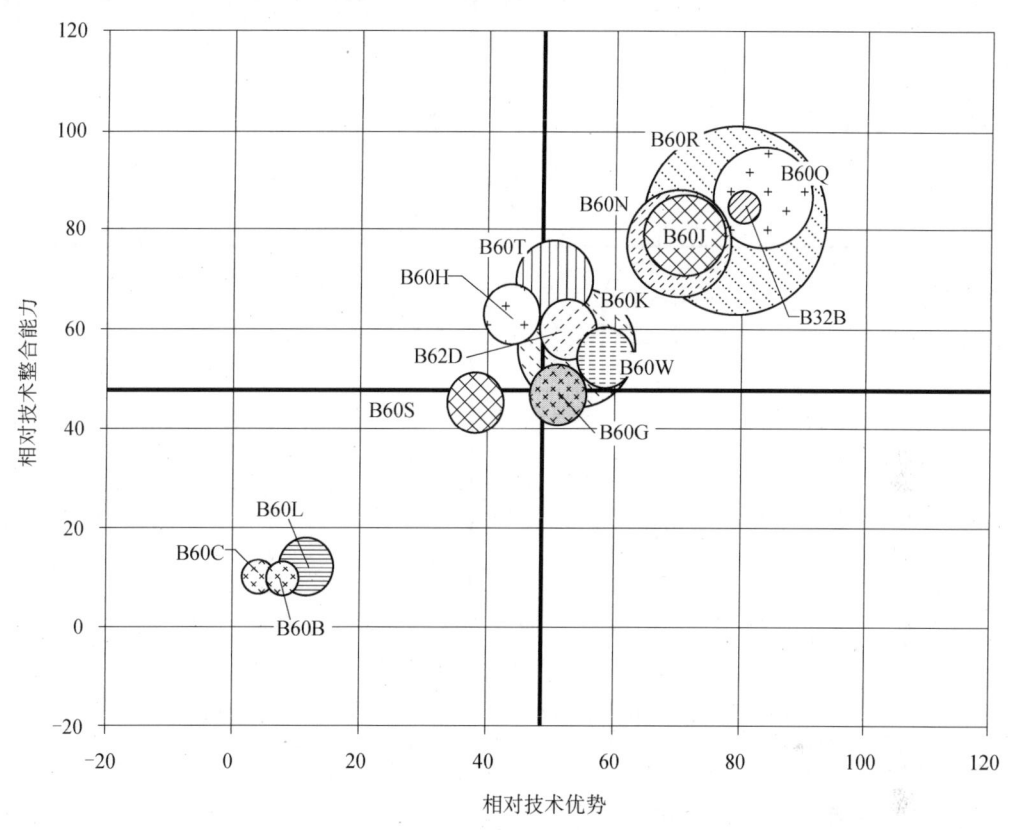

图7-19 吉利公司汽车制造产业在华专利相对技术优势
资料来源：中国产业智库大数据中心

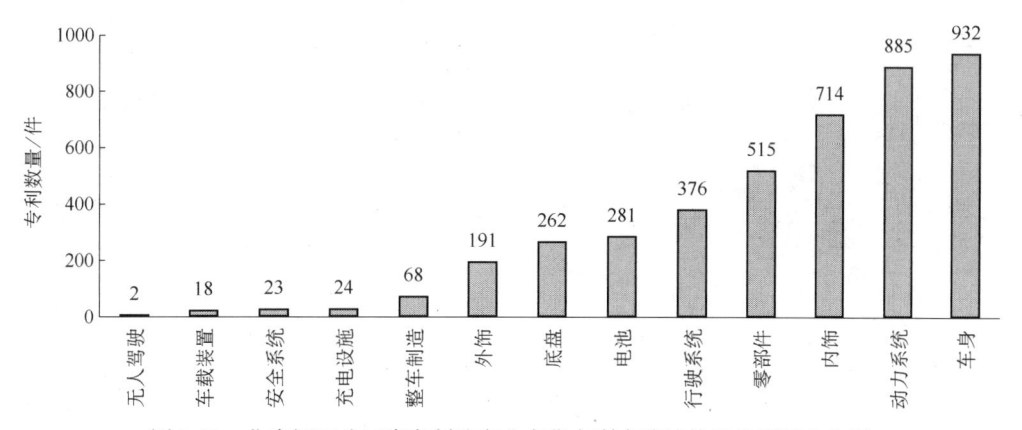

图7-20 北汽福田公司汽车制造产业在华专利申请量按细分领域分布图
资料来源：中国产业智库大数据中心

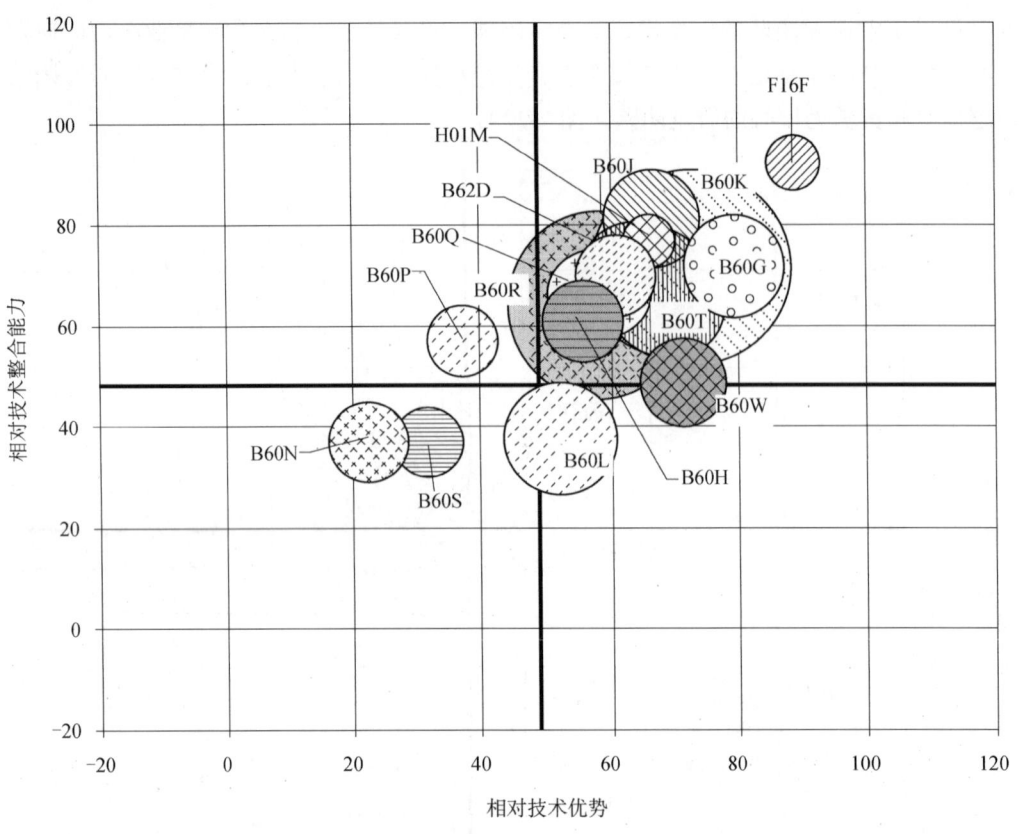

图 7-21　北汽福田公司汽车制造产业在华专利相对技术优势
资料来源：中国产业智库大数据中心

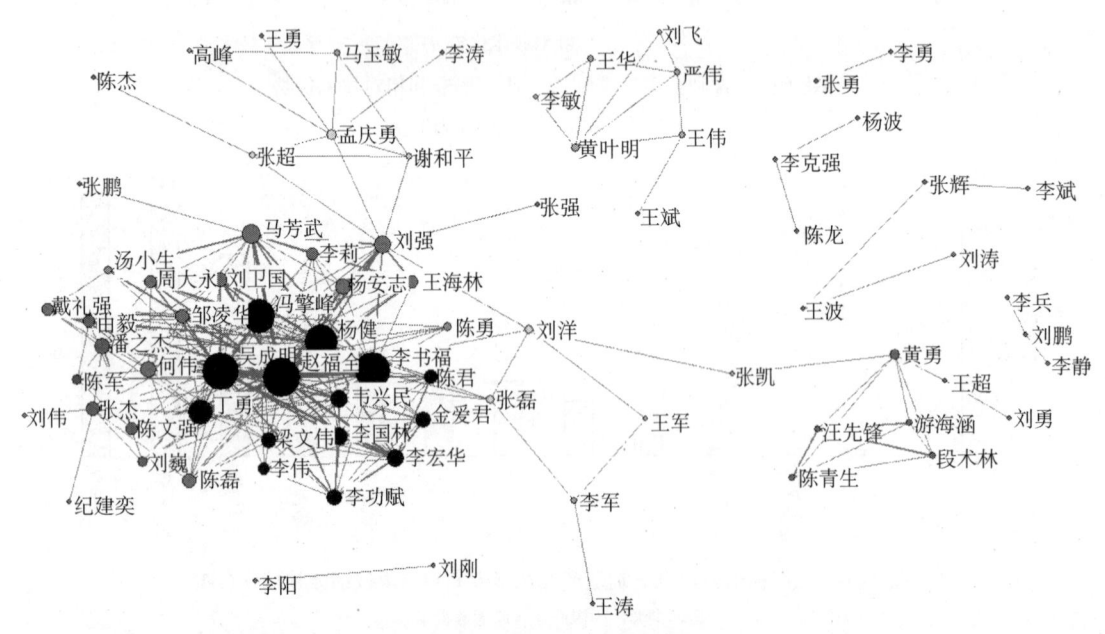

图 7-22　2005～2017 年汽车制造产业在华专利重要发明人合作网络图
注：度数中心度>0
资料来源：中国产业智库大数据中心

7.3.4.1 赵福全

赵福全为吉利公司原副总裁，现任吉利汽车研究院副院长，共申请专利1201件，发明授权专利206件。从发明人合作网络图中，可以看出一个以赵福全为首的研发团队，团队成员包括吴成明、李书福、杨健。

表7-8示出了这个研发团队的合作成果。2009年，赵福全团队共有5件发明专利获得授权，其中4件专利涉及汽车内饰部件的改进。2010年，赵福全团队共有8件发明专利获得授权，有4件专利涉及座椅的优化设计。2011年，赵福全共有3件发明专利获得授权。

表7-8 汽车制造产业在华专利重要发明人赵福全团队发明授权专利一览表

序号	公开号	申请日	发明（设计）人	技术手段	技术功效
1	CN102205832B	2011.01.26	周易、林涛、其力格尔、王纯、刘卫国、吴成明、李书福、杨健、赵福全	带锁止功能的安全带锁舌结构	防止安全带织带滑动，减少碰撞时腰带的伸长量，保护乘员的安全；不需要复杂的触发装置，结构简单，制造成本低，预紧控制可靠性高，性能稳定
2	CN102205808B	2011.01.21	周易、林涛、其力格尔、王纯、刘卫国、吴成明、李书福、杨健、赵福全	座椅靠背骨架由上框架、框架侧板和头枕框架组成，上框架与框架侧板之间设置缓冲机构	通过缓冲机构的吸能作用，减少碰撞时对后排成员的伤害
3	CN102205798B	2011.01.20	朱胜杰、王会斌、陈君、李宏华、吴成明、丁勇、李书福、杨健、赵福全	将汽车行驶过程中震动产生的直线运动通过运动转换机构转换为旋转运动输出，然后带动发电机的转子旋转，使发电机发电，产生的电能通过充电器储存到蓄电池	将汽车行驶中的震动能量有效回收
4	CN101973200B	2010.10.21	贾静洁、金爱君、李国林、李宏华、吴成明、丁勇、李书福、杨健、赵福全	将电池安于汽车底部，安装孔位于左门槛边梁和右门槛边梁	安装牢固，便于安装和维修
5	CN102114794B	2010.09.26	范春娇、周骞、毕连生、陈磊、吴成明、丁勇、李书福、杨健、赵福全	折叠式下沉座椅结构	结构简单，使用方式灵活多变，最大化扩大车体储物空间
6	CN102205785B	2010.09.25	徐洪赞、陈继福、毕连生、陈磊、吴成明、丁勇、李书福、杨健、赵福全	遮阳板包括前遮阳板和后遮阳板，分别嵌装在前后滑架内	结构简单、强度高、操作便捷省力、使用寿命长、乘驾舒适性高
7	CN101931153B	2010.08.19	盛春龙、祝贺、周大永、刘卫国、吴成明、李书福、杨健、赵福全	一种时钟弹簧，包括上壳体和下壳体，上壳体连接转向盘骨架，下壳体固连接转向管柱	整体结构简化，成本降低
8	CN101823449B	2010.04.15	范春娇、周骞、毕连生、陈磊、吴成明、丁勇、李书福、杨健、赵福全	坐垫能叠合于靠背上，且坐垫与靠背之间设置了限位装置，使坐垫翻折至垂直于靠背时不能继续下翻	结构简单、使用方便、坐垫表面具有的蒙皮不易损坏和使用寿命长
9	CN101797897B	2010.04.15	范春娇、周骞、毕连生、陈磊、吴成明、丁勇、李书福、杨健、赵福全	椅体绕其座椅支架铰接处翻转至水平位置时，坐垫部和倚靠部互换，实现座椅双向转换	能随意改变乘员乘坐方向，操作方便，应用性强
10	CN101905664B	2010.03.23	郝一凤、其力格尔、刘卫国、钱国强、林抒、吴成明、李书福、杨健、赵福全	头枕、椅背和椅座安装缓冲器，吸收撞击能量	吸收乘员头部运动的能量，减少乘员颈部的鞭打运动伤害

续表

序号	公开号	申请日	发明（设计）人	技术手段	技术功效
11	CN101758810B	2010.02.26	祝贺、吴成明、刘卫国、周大永、詹广委、李书福、杨健、赵福全	乘员与隔舱之间增加具有能量缓冲作用的气帘	当汽车发生碰撞时，能够防止后排乘员直接碰撞到隔舱上的汽车隔舱气帘
12	CN101716922B	2009.12.29	李书福、杨健、赵福全、颜海棋、陈鹏飞、吴成明、刘卫国、钱国强、林高泽	安全气囊展开后覆盖在发动机罩外侧对应于水箱上横梁上方的区域，且安全气囊的形状与发动机罩前部相适应	有效对行人实施保护，安全气囊不会影响驾驶员视野，且不存在感应盲区
13	CN101716901B	2009.12.15	李书福、杨健、赵福全、刘晓辉、王琪、梁文伟、李宏华、吴成明、马芳武、丁勇	通过转臂使桌板叠合于固定支架侧，也使桌板水平支撑于固定支架的侧上方	空间利用率高、使用方便、实用性好、承载能力好、桌板的使用面积大
14	CN101875332B	2009.11.17	李书福、杨健、赵福全、李伟、靳作琳、梁文伟、李宏华、吴成明	当侧气帘起爆时，仍能使后柱装饰板固定于内板上	避免因后柱装饰板的脱落而伤害乘员
15	CN101648549B	2009.09.26	李书福、杨健、赵福全、何方伟、毕连生、李宏华、吴成明、周一平、丁勇	提供了连接装饰条的卡扣以机械固定方式固定于车身上的固定装置	安装方便、快速，连接可靠，成本降低，经济实用
16	CN101714734B	2009.07.20	刘洋、丁勇、吴成明、刘卫国、李书福、杨健、赵福全	内支持架固定于转向盘并随转向盘转动，外支持架同轴固定于转向盘支撑立柱上，在内支持架上设喇叭开关接线端子，外支持架上设喇叭接线端子	结构简单、连接稳定可靠、导线连接不受转向盘反复扭转影响

资料来源：中国产业智库大数据中心

从以上分析可以看出，赵福全团队在汽车领域的专利申请很活跃，注重汽车舒适性的提高。但是专利申请保护的技术领域非汽车核心领域，特别是汽车动力系统基本处于空白。从2010年开始，赵福全团队已申请电动汽车电池专利，预示吉利新能源汽车的发展战略。

7.3.4.2 黄勇

黄勇为长城汽车股份有限公司副总裁、技术中心常务副主任。黄勇共申请专利158件，其中已有29件发明专利获得授权。从汽车制造领域发明人合作网络图可以看出，黄勇与申力伟、王超、段术林、游海涵、汪先锋、陈青生等均有合作，与申力伟、王超合作关系最密切。

表7-9是黄勇团队合作申请的部分专利。专利申请主要集中于车身部件的改进，目的是提高汽车的使用安全性。

表7-9 汽车制造产业在华专利重要发明人黄勇与王超合作发明授权专利一览表

序号	公开号	申请日	发明（设计）人	技术手段	技术功效
1	CN103465856B	2013.09.26	黄勇、张清芳、王超、宋红双、徐波、袁敬铭	发动机挡泥板的形状与发动机的底部形状匹配，挡泥板上设有通孔，通孔与发动机的油底壳对应	散热性能好，有效阻挡泥水飞溅，延长底盘件的使用寿命且结构简单
2	CN103318265B	2013.06.27	黄勇、申力伟、高庆林、贺志杰、阎延鹏、许明、王超、卢曦	车后部传力结构包括地板纵梁、传力梁和C柱，地板纵梁与减震器连接，C柱与车身、传力梁、地板纵梁连接，传力梁与后轮罩连接，传力梁的两个传力杆呈"八"字形设置	传力能力较强，降低后轮罩受到的冲击力，使汽车具有较强的吸收后碰力和侧碰力的能力，保护后轮罩和车身

续表

序号	公开号	申请日	发明（设计）人	技术手段	技术功效
3	CN103303241B	2013.06.27	黄勇、申力伟、高庆林、贺志杰、阎延鹏、许明、王超、卢曦	车门开启装置为可伸缩顶杆，处于伸出状态时可将汽车车门顶开	汽车在落水后方便乘员快速逃生
4	CN103192807B	2013.04.28	黄勇、申力伟、高庆林、贺志杰、阎延鹏、许明、王超、卢曦、孟永亮	可变换高度的车身支撑装置	结构简单，控制方便，且外观美观，在使用时可以移动到指定位置，并且能够有效避免千斤顶或举升机高度有限而不能对车辆充分升举的缺陷
5	CN103144520B	2013.03.28	黄勇、申力伟、高庆林、孙坤峰、贺志杰、李松、许明、邹云生、卢曦、沈利民、张涛、王超等	天窗组件由天窗驱动器、加速度传感器、支撑块驱动器和控制单元组成。加速度传感器检测天窗加速度，控制单元根据天窗的加速度大小控制天窗停止关闭并向打开方向运动	防止天窗夹伤手部

资料来源：中国产业智库大数据中心

7.4 汽车制造产业重点领域全球技术标准分析

本节主要针对汽车制造领域的新能源汽车、缓解机器人、机械加工等重要技术领域开展全球技术标准的对比分析，从技术标准的角度掌握国际标准化组织、国际电工委员会、美国、日本、欧盟、英国、德国、法国等主要发达国家/地区/组织和我国在这些关键技术标准领域的技术优势、特点、缺失及各国技术标准的差异。

7.4.1 美国汽车制造产业重点领域技术标准

美国制定汽车制造技术标准的机构包括美国标准协会、美国保险商实验所、美国材料与试验协会、美国机械工程师协会等机构，截至2016年8月20日（下同）共制定17项标准（表7-10），主要包含汽车制造常用产品标准和测试方法标准两类。其中，产品标准包括灰铁铸件、汽车制冷再循环设备、汽车电缆、燃料酒精、皮带传动、安全玻璃、润滑脂、管件接头、压力释放装置；测试方法标准包括有机挥发物（Volatile Organic Compounds，VOC）测试、稳定性测试、寿命测试、安全性测试等。

表7-10 美国汽车制造产业关键技术标准列表

序号	标准号	标准名称
1	ASTMA159-1983（2006）	汽车用灰铁铸件
2	ULSUBJECT2964-1999	用于除R12或R134A制冷剂的汽车制冷恢复/再循环设备的调查大纲. 发布编号：2
3	ASTMD6266-2000a（2005）	由VOC控制装置内除去的涂层和水载汽车涂层中释放的挥发性有机物（VOC）的总量测定的试验方法
4	UL1839-2005	汽车蓄电池辅助电缆
5	ASTMD5983-2006（2011）	汽车火花点火式发动机用燃油下游混合用甲基叔丁基乙醚（MTBE）的标准规范
6	ANSI/CAPA201-001-2011	汽车更换保险杠盖子的全部件尺寸规格稳定性试验用标准试验方法
7	ASTMD4806-2011a	用于汽车电火花点火发动机燃料的与汽油混合的变性燃料酒精的标准规范

续表

序号	标准号	标准名称
8	ANSI/CSAHPRD1-2013	压缩氢汽车燃料容器用热激发压力释放装置标准
9	ANSI/SAEJ1313-1993	汽车同步皮带传动
10	ANSI/SAEJ2073-1993	汽车起动器再加工程序
11	ANSI/SAEJ431-1993	汽车用的灰口铸铁件
12	ANSI/SAEJ673-1993	汽车的安全玻璃
13	ANSI/SAEJ310-1993	汽车用润滑脂
14	ANSI/SAEJ240-1993	汽车蓄电池的寿命试验
15	ANSI/SAEJ639-1994	汽车客车车厢制冷的机械蒸汽压缩制冷设备或系统的安全实施规程
16	ANSI/SAEJ530-1994	汽车管件接头
17	ANSI/SAEJ512-1994	汽车管接头

资料来源：中国产业智库大数据中心

7.4.2 国际标准化组织汽车制造产业重点领域技术标准

国际标准化组织制定汽车制造技术标准的机构主要是国际标准化组织、国际电工委员会，共制定相关标准16项（表7-11），主要包含汽车制造常用产品标准和测试方法标准两类。其中，产品标准包括电动汽车控制器、电动汽车仪器仪表、电动汽车旋转电机、高压熔断丝连接线、汽车法兰、轮胎、轮辋、报警系统、牵引装置、耦合系统、电动汽车用锂离子电池、全自动耦合系统；测试方法标准包括阻力测量。

表7-11 国际标准化组织汽车制造产业关键技术标准列表

序号	标准号	标准名称
1	IEC/TR60786-1984	电动汽车用控制器
2	IEC/TR60784-1984	电动汽车用仪器仪表
3	IEC/TR60785-1984	电动汽车用旋转电机
4	IEC60644-2009	汽车电路应用的高压熔断丝连接线规范
5	ISO8667-1992	商用车辆和公共汽车.十字齿形齿轮箱法兰，T型
6	ISO12667-1993	商用车辆和公共汽车.十字齿转动轴法兰，T型
7	ISO4209-1-2001	货车和公共汽车轮胎和轮辋（米制系列）.第1部分：轮胎
8	ISO4209-2-2001	货车和公共汽车轮胎和轮辋（米制系列）.第2部分：轮辋
9	ISO15763-2002	道路车辆.容许的最大总质量大于3.5吨公共汽车和营运车辆的报警系统
10	ISO18164-2005	乘用车、卡车、公共汽车和摩托车轮胎.滚动阻力测量方法
11	ISO8035-1991	超过3.5t的商用车辆和公共汽车前牵引装置
12	ISO15222-2011	卡车和公共汽车轮胎.测量相对湿度下夹具性能的办法.负载下的新轮胎
13	ISO13044-1-2012	道路车辆.重型商用汽车组合用24V全自动耦合系统（FACS）.第1部分：一般要求和定义
14	ISO/IECPAS16898-2012	电动道路汽车.次级锂离子电池的命名和尺寸规格
15	ISO23273-2013	燃料电池道路车辆.安全性规范.带压缩氢燃料汽车用氢危险防护措施
16	ISO13044-2-2013	道路车辆.重型商用汽车组合用24V全自动耦合系统（FACS）.第2部分：50mm备用轮耦合.电气和气胎接口

资料来源：中国产业智库大数据中心

7.4.3 日本汽车制造产业重点领域技术标准

日本工业标准调查会负责制定汽车制造技术标准，相关标准113项（表7-12），主要包含汽车制造常用产品标准和测试方法标准两类。其中，产品标准包括电流表、油量表、警报器、喇叭继电器、温度表、反射镜、喇叭、警告灯、汽化器、发动机轴承、真空压力开关、插头、速度计、低压电缆、高压电缆、制动器和离合器衬片、膨胀塞、电动/机械燃油泵、车轮螺母、继电器、开关、汽车镜、螺母、轮胎、离合器片、轮胎气门和气门芯、润滑系统、滤清器、内胎、发动机活塞、化油器、抛光蜡、刮水器、板材、片材和带材等；测试方法标准包括相关的测量方法。

表 7-12 日本汽车制造产业关键技术标准列表

序号	标准号	标准名称
1	JISD5604-1973	汽车电流表
2	JISD5606-1973	汽车油量表
3	JISD5712-1973	汽车警报蜂鸣器
4	JISD5706-1974	汽车喇叭继电器
5	JISD5605-1979	汽车温度表
6	JISD5713-1979	汽车警报用反射式反射镜
7	JISD5714-1981	汽车紧急警报灯
8	JISD5701-1982	汽车电力喇叭
9	JISD0030-1982	汽车用三维基准系统
10	JISD5503-1982	汽车的特殊警告灯
11	JISD8004-1986	汽车柴油机反射型烟度计
12	JISD8108-1987	汽车用地面起重机
13	JISD3701-1987	汽车用汽化器凸缘尺寸
14	JISD5803-1987	汽车润滑油压力警报灯开关
15	JISD3102-1987	汽车发动机用套管型半轴承
16	JISD5814-1988	汽车用真空压力开关
17	JISD0202-1988	汽车零件覆膜的通用轨则
18	JISD5403-1989	汽车用电缆终端接头
19	JISD4312-1990	汽车制动器衬片和离合器衬片用铆钉
20	JISD2301-1990	汽车用叉型配件
21	JISD5103-1992	汽车用辉光插头
22	JISD5601-1992	汽车用速度计
23	JISC3406-1993	汽车用低压电缆
24	JISC3409-1993	汽车用耐高压电缆
25	JISD2102-1993	汽车用膨胀塞
26	JISD3606-1993	汽车.电动燃油泵
27	JISD5607-1993	汽车自记式转速计
28	JISD3601-1993	汽车.机械式燃油泵
29	JISD5705-1993	汽车镜

续表

序号	标准号	标准名称
30	JISD4411-1993	汽车制动衬块
31	JISD2701-1993	汽车用车轮螺母
32	JISD5010-1993	汽车.继电器通用规则
33	JISD0208-1993	汽车.开关试验方法的通用规则
34	JISD4705-1993	公共汽车.目的地指示标志
35	JISK2395-1994	汽车燃料系统的水溶剂
36	JISD5603-1994	汽车油压表
37	JISD8107-1994	汽车用起重机
38	JISD5805-1994	汽车推拉式开关
39	JISD5806-1994	汽车起动器开关
40	JISD5810-1994	汽车倒车灯开关
41	JISD5813-1994	汽车车门开关
42	JISD5603-1994	汽车油压表
43	JISD8102-1994	汽车用液压千斤顶
44	JISD8105-1994	汽车用车轮螺母扳手
45	JISD8201-1994	汽车用轮胎气压表
46	JISD5608-1994	汽车速度指示装置
47	JISD5808-1994	汽车机械式停车灯开关
48	JISD5812-1994	汽车点火开关用方向操纵锁
49	JISD8003-1994	汽车集中润滑系统的试验规程
50	JISD4207-1994	汽车轮胎气门
51	JISD4211-1994	汽车轮胎气门芯
52	JISD4202-1994	汽车轮胎.标识和尺寸
53	JISD4311-1995	汽车用离合器片
54	JISD4604-1995	汽车零件.座椅带
55	JISD1607-1995	汽车起动机的试验方法
56	JISD5703-1995	汽车挡风玻璃刮水器电动机
57	JISD5500-1995	汽车零件.照明和发光信号装置
58	JISD4503-1995	货车和公共汽车挡风玻璃的除霜系统
59	JISD0201-1995	汽车零部件.电镀的通用规则
60	JISD4504-1995	货车和公共汽车挡风玻璃除雾系统
61	JISD2501-1995	汽车部件.油箱盖和注油口.尺寸
62	JISD4231-1995	汽车轮胎用内胎
63	JISD3104-1996	汽车发动机.活塞
64	JISD4421-1996	汽车制动片、制动衬块和离合器摩擦衬面硬度试验的方法
65	JISD4418-1996	汽车制动衬块的孔隙率试验程序
66	JISD1613-1996	汽车发动机.化油器.试验方法
67	JISD5304-1996	汽车附件.家用蓄电池充电器
68	JISD3904-1997	汽车零件.汽油发动机用离心式机油滤清器

续表

序号	标准号	标准名称
69	JISD0103-1997	汽车零件.电气设备器件和零件.术语
70	JISK2236-1997	汽车抛光蜡
71	JISD4230-1998	汽车轮胎
72	JISD5707-1998	汽车零件.闪光器
73	JISD4415-1998	汽车零件.制动衬套和圆盘制动衬垫.剪切强度的试验程序
74	JISD5202-1998	汽车零件.配电器和点火线圈.高强度连接件和低强度连接件
75	JISD4414-1-1998	汽车零件.制动衬套和圆盘制动衬垫.第1部分：因腐蚀而导致亚铁配合面被卡的试验程序（潮湿吸收法）
76	JISD4414-2-1998	汽车零件.制动衬套和圆盘制动衬垫.第2部分：因腐蚀而导致亚铁配合面被卡的试验程序（水吸收法）
77	JISD0022-1998	汽车.脚踏控制器的侧向空间
78	JISD5121-1998	汽车零件.点火线圈.试验方法
79	JISD5710-1998	汽车零部件.刮水器杆和刮水器片
80	JISS3107-1998	汽车窗用黏合膜
81	JISD4218-1999	汽车部件.轮.轮辋（截面）轮廓
82	JISK6403-1999	汽车用硫化橡胶的分类体系
83	JISB8823-2-2001	起重机.控制装置.设计方案和特征.第2部分：汽车起重机
84	JISD2101-2001	汽车零部件.螺旋塞
85	JISD6301-2001	汽车起重机、轮式起重机和履带式起重机的结构和性能标准
86	JISB3700-214-2003	工业自动化系统和集成.产品数据的表示和交换.第214部分：应用协议：汽车机械设计工艺用核心数据
87	JISK6347-1-2003	液化石油气用橡胶软管（LPG软管）.第1部分：汽车、一般设备和家用.规范
88	JISD1611-1-2003	汽车零件.内燃机的润滑油过滤器.第1部分：一般试验方法
89	JISD1611-2-2003	汽车零件.内燃机的全流式润滑油过滤器.第2部分：使用粒子计数法测试过滤效率的试验方法和全流式润滑油过滤器的滤污能力
90	JISD2605-2005	汽车部件.使用非石油基液压制动液的液压制动缸用橡胶皮碗
91	JISD4413-2005	汽车部件.制动衬片和衬块.压缩应变试验方法
92	JISD2610-2005	汽车部件.使用非石油基液压制动液体的液压制动主油缸储油箱用膜片衬垫
93	JISD2601-2006	汽车零件.使用非石油基制动流体的液压制动系统的制动软管组件
94	JISK2396-2006	汽车表面抛光
95	JISG3134-2006	汽车结构用改善加工性的热轧高强度钢板材、片材和带材
96	JISG3135-2006	汽车结构用改善加工性的冷轧高强度钢片材和带材
97	JISG3113-2006	汽车结构用热轧钢板、薄板及钢带
98	JISD0202AMD1-2007	汽车零件用覆膜的总规则（修改件1）
99	JISD2607-2008	汽车部件.真空制动橡胶软管配件
100	JISK2236AMD1-2009	汽车抛光蜡（修改件1）
101	JISK2395AMD1-2009	汽车燃料系统中的水增溶剂（修改件1）
102	JISK2397AMD1-2009	汽车用除冰液和除霜液（修改件1）
103	JISC3409AMD1-2009	汽车用高压阻抗电缆（修改件1）
104	JISK2398AMD1-2009	汽车挡风玻璃清洗液（修改件1）
105	JISD2502-1-2009	汽车配件.水箱压力帽和接管嘴.第1部分：尺寸规格

续表

序号	标准号	标准名称
106	JISD2502-2-2009	汽车配件.水箱压力帽和接管嘴.第2部分：性能，测试方法和标记
107	JISD5020-2010	汽车部件.防护等级（IP编码）.电子设备对外来物体、水和通路的防护
108	JISD5011-2011	汽车用继电器.排列端子的配置和功能属性及继电器形状，尺寸规格
109	JISD1011-2011	汽车部件速度计校准法
110	JISD2608-2012	汽车零件.使用非石油基液压制动流体的液压制动轮缸的橡胶套管
111	JISD2604-2012	汽车零部件.使用非石油基制动流体的液压制动系统的液压车轮制动缸
112	JISD1615-2014	汽车零部件.带稳压器的交流发电机试验方法和通用要求
113	JISD5500ERRATUM1-2001	汽车零部件.照明和光信号装置（勘误1）

资料来源：中国产业智库大数据中心

7.4.4 欧盟标准化组织汽车制造产业重点领域技术标准

欧盟标准化组织负责制定欧盟层面的汽车制造技术标准4项（表7-13）。主要包括产品标准：制动设备和辅助装置用压力容器、动力驱动制动设备、高压熔断体、电力传输系统。

表7-13 欧盟标准化组织汽车制造产业关键技术标准列表

序号	标准号	标准名称
1	EN286-2-1992	空气和氮气用简易不受热压力容器.第2部分：汽车和挂车上空气制动设备和辅助装置用压力容器
2	EN14010-2009	机械安全.汽车用动力驱动制动设备.设计，制造，安装和交付使用阶段的安全和电磁兼容性要求.德语版 EN14010:2003+A1:2009
3	EN60644-2009	汽车动力电路用高压熔断体规范（IEC60644-2009）.德文版本 EN60644-2009
4	EN1175-3-2010	工业载货汽车的安全性.电气要求.第3部分-内燃机载货卡车的电力传输系统的特定要求.德文版本 EN1175-3-1998+A1-2010

资料来源：中国产业智库大数据中心

7.4.5 英国汽车制造产业重点领域技术标准

英国汽车制造技术标准由英国标准协会制定，共有24项标准（表7-14）。按照欧盟委员会的惯例，所有欧盟成员国都必须遵守欧盟标准，若成员国标准与欧盟标准有冲突，则以欧盟标准为主。因此，英国标准除了遵守欧盟标准外，还有英国汽车制造技术的国家标准，其产品标准包括弹簧垫圈、增塑和未增塑尼龙管、变速箱法兰、变速箱、压力容器、橡胶和塑料软管及配件、汽车引擎和传动装置、全自动耦合系统、汽车用灯。

测量方法标准：阻力测试。

制造方法标准：油槽汽车的设计和制造。

表7-14 英国汽车制造产业关键技术标准列表

序号	标准号	标准名称
1	BS1802-1951	一般工程与汽车用钢弹簧垫圈规范
2	BS5409-2-1978	尼龙管规范.第2部分：主要用于汽车工业的11型及12型增塑或未增塑尼龙管
3	BSAU88a-1985	汽车用轻型电缆额定容量推荐标准
4	BSAU214a-1-1987	变速箱法兰.第1部分：T形、商用车辆和公共汽车用T型正交齿齿轮变速箱法兰的尺寸规范

续表

序号	标准号	标准名称
5	BSAU214-2-1988	变速箱法兰. 第2部分: 商用车辆和公共汽车A型齿轮箱法兰尺寸规范
6	BSAU214-3-1988	变速箱法兰. 第3部分: 商用车辆和公共汽车S型齿轮箱法兰尺寸规范
7	BSAU144f-1988	翻新汽车和商用车辆轮胎规范
8	BSEN286-2-1992	装空气或氮气用简单不用火加热的压力容器. 汽车和拖车气动刹车和辅助系统用压力容器规范
9	BSAU250-1993	商业车辆和公共汽车1、2和3型交流发电机安装尺寸规范
10	BSAU259-1995	商用车辆和公共汽车用部件规范. T型啮合传动轴法兰
11	BS6779-1-1998	公路桥和其他结构用的防护栏杆. 防汽车污染物用金属结构防护栏规范
12	BSISO13775-1-2000	汽车用热塑管和软管. 非燃料应用
13	BSAU50-1.2.1b-2001	轮胎和轮子. 轮胎. 商用汽车轮胎. 轮胎
14	BSISO8066-2-2001	汽车空调器用橡胶和塑料软管及软管配件. 规格. 制冷剂134a
15	BSEN12979-2002	汽车液化石油气设备. 安装要求
16	BSEN12805-2002	汽车用液化石油气部件. 容器
17	BSEN60810-2003+A1-2008	陆地汽车用灯. 性能要求
18	BSISO2790-2005	带传动. 汽车工业用V带及带轮. 尺寸
19	BSISO18164-2005	乘用车, 卡车, 公共汽车和摩托车轮胎. 滚动阻力测量方法
20	BSAU223a-2006	制作汽车和轻型面包车承重架的设计和结构性能. 规范
21	BSEN12493-2008	液化石油气（LPG）设备和附件. LPG用焊接钢罐. 油槽汽车的设计和制造
22	BSEN12493-2008+A1-2012	液化石油气（LPG）设备和附件. LPG用焊接钢罐. 油槽汽车的设计和制造
23	BSISO13044-1-2012	道路车辆. 重型商用汽车组合用24V全自动耦合系统（FACS）. 第1部分: 通用要求和定义
24	BSPAS777-2013	使用的汽车引擎和任何相关的传动装置的条件和标签规范

资料来源: 中国产业智库大数据中心

7.4.6 法国汽车制造产业重点领域技术标准

法国汽车制造国家标准共有10项（表7-15）。按照欧盟委员会的惯例，所有欧盟成员国都必须遵守欧盟标准，若成员国标准与欧盟标准有冲突，则以欧盟标准为主。因此，法国标准除了遵守欧盟标准外，还有法国自己的国家标准，其产品标准包括汽车膨胀塞、空气滤芯、轮胎和轮辋、汽车构造；测试标准包括电磁兼容性试验。

表7-15 法国汽车制造产业关键技术标准列表

序号	标准号	标准名称
1	NFR93-911-1978	汽车制造膨胀塞
2	NFR16-324-1986	道路车辆. 载重汽车用空气滤芯. C型和D型. 尺寸
3	NFR12-633-1-1988	道路车辆. 汽车和拖车之间的气压制动系统连续联结用带接头的挠性螺旋管组件. 第1部分: 尺寸特性
4	NFR13-007-1-1999	道路车辆. 汽车部件的电磁兼容性试验程序. 第1部分: 定义和总则
5	NFR13-007-2-1999	道路车辆. 汽车部件的电磁兼容性试验程序. 第2部分: 合格鉴定传导干扰
6	NFR13-007-5-1999	道路车辆. 汽车组件的电磁兼容性试验规程. 第5部分: 根据吸收室规程进行抗窄带干涉性的合格鉴定
7	NFR13-007-6-1999	道路车辆. 汽车部件的电磁兼容性试验程序. 第4部分: 根据通用喷射程序窄带抗干扰性的合格鉴定

续表

序号	标准号	标准名称
8	NFR12-792-2-2013	卡车和公共汽车的轮胎和轮辋（米制系列）. 第2部分：轮辋
9	NFR12-792-1-2007	卡车和公共汽车的轮胎和轮辋（米制系列）. 第1部分：轮胎
10	NFR131-06-1953	汽车构造

资料来源：中国产业智库大数据中心

7.4.7 德国汽车制造产业重点领域技术标准

德国汽车制造国家标准共有45项（表7-16）。按照欧盟委员会的惯例，所有欧盟成员国都必须遵守欧盟标准，若成员国标准与欧盟标准有冲突，则以欧盟标准为主。因此，德国标准除了遵守欧盟标准外，还有德国自身的国家标准，主要包括产品标准：刮水器轴承轴套、刮水器铰节、汽车灯泡、安全带闭锁装置、轮胎、换挡装置、密封件、电缆连接片、传动带、法兰、温度计、润滑系统、仪表板、高压熔断体。

表7-16 德国汽车制造产业关键技术标准列表

序号	标准号	标准名称
1	DIN72784-1966	汽车盘式刮水器. 刮水器轴承轴套
2	DIN72785-1966	汽车挡风玻璃刮水器. 球形铰节
3	DIN72601-7-1976	第7部分：信号灯用汽车双灯泡
4	DIN74054-2-1977	汽车和挂车的挂结装置. 不带套筒的挂车联结环40. 尺寸
5	DIN70024-1-1977	汽车及其挂车的元件词汇. 操纵装置. 指示器和警报器
6	DIN75400-1980	汽车安全带闭锁装置
7	DIN7804-1-1981	轻型汽车及其挂车的轮胎（C型轮胎）. 斜线花纹轮胎
8	DIN7804-3-1981	轻型汽车及其挂车的轮胎（C型轮胎）. 径向花纹轮胎
9	DIN7818-1982	汽车、挂车和农用车的轮圈. C、D、E和F型凸缘. 轮圈直径代码为14至20
10	DIN73011-1983	汽车. 轿车变速齿轮箱的换挡设置
11	DIN3761-3-1984	汽车用唇型旋转轴密封件. 第3部分：材料要求和试验方法
12	DIN3761-7-1984	汽车用唇型旋转轴密封件. 第7部分：试验. 锥度测量心棒
13	DIN3761-10-1984	汽车用唇型旋转轴密封件. 第10部分：试验. 试验机器和规范
14	DIN3761-13-1984	汽车用唇型旋转轴密封件. 第13部分：弹性体硫化状态的试验
15	DIN3761-9-1984	汽车用唇型旋转轴密封件. 第9部分：试验. 数字式径向力测量仪
16	DIN3761-8-1984	汽车用唇型旋转轴密封件. 第8部分：试验. 轴截面设计
17	DIN3761-4-1984	汽车用唇型旋转轴密封件. 第4部分：目测的不规则性
18	DIN3761-14-1984	汽车用旋转轴唇型密封件. 检验. 弹性体的红外光谱分析
19	DIN3761-15-1984	汽车用唇型旋转轴密封环. 试验. 弹性体耐寒性能测定. 差热分析
20	DIN3761-5-1984	汽车用唇型旋转轴密封件. 第5部分：试验. 测量要求和仪器
21	DIN3761-6-1984	汽车用唇型旋转轴密封件. 第6部分：试验. 外径测量仪
22	DIN72586-1984	汽车. 24V标称电压设备用电缆连接片
23	DIN7753-3-1986	汽车工业用无端头的V形传动带. 传动带和带轮槽剖面尺寸
24	DIN70020-5-1986	汽车工程. 轮胎和车轮. 概念和测量条件
25	DINISO7647-1987	商用车辆和汽车. 齿轮箱法兰. S型. 与ISO7647，1986版相同

续表

序号	标准号	标准名称
26	DIN75551-1988	汽车的压力计
27	DIN75203-1988	商用汽车的自动集中润滑系统
28	DIN74051-1-1989	汽车和挂车的机械连接. 自动螺栓联轴节 40. 尺寸和计算数据
29	DIN72786-2-1990	汽车挡风玻璃刮水器. 雨刮臂. 螺丝固定 C 型刮水片
30	DIN71450-1-1990	汽车和内燃机用过滤器. 过滤器和部件
31	DIN7817-1-1990	汽车和挂车轮辋. 带无卷边锁紧外形的 J、JK、K 型轮缘的轮辋
32	DIN76722-1990	公路汽车. 低压电缆. 类型缩略语
33	DIN75521-2-1992	汽车上安装的速度表仪表板
34	DIN75575-1992	汽车用温度计
35	DIN71501-1992	汽车用椭圆形法兰
36	DIN72601-3-1992	道路车辆用灯. 汽车前大灯单丝灯泡
37	DINEN286-2-1992	空气和氮气用简易不受热压力容器. 第2部分：汽车和挂车上空气制动设备和辅助装置用压力容器
38	DINISO12667-1995	商用车辆和公共汽车. T型交叉啮合万向传动轴法兰（ISO12667：1993）
39	DIN73378-1996	汽车用聚酰氨管
40	DIN74075-1-1997	载重汽车和鞍式牵引机构液压联轴器. 第1部分：液压联轴器要求
41	DIN74361-2-2008	汽车和挂车的盘形轮. 第2部分：螺栓定心用紧固装置
42	DIN74361-1-2008	汽车和挂车用盘形轮. 第1部分：螺栓定心的连接尺寸
43	DIN6175-1-2009	汽车涂漆颜色允差. 第1部分：单色涂漆
44	DIN55662-2009	涂料和清漆. 汽车工业用镀膜加工. 抗压力水射流试验
45	DINEN60644-2010	汽车动力电路用高压熔断体规范（IEC60644-2009）. 德文版本 EN60644-2009

资料来源：中国产业智库大数据中心

7.4.8 中国汽车制造产业重点领域技术标准

中国汽车制造标准包括国家标准和行业标准，共有415项（表7-17）。中国汽车制造的标准较为全面，包含汽车制造的各类产品标准、方法标准。其中，产品标准包括常用汽车的零配件产品、电动汽车、燃料电池电动汽车等标准。

表7-17 中国汽车制造产业关键技术标准列表

序号	标准号	标准名称
1	QC/T29009-1991	汽车用电线接头技术条件
2	QC/T29018-1991	汽车碳氮共渗齿轮金相检验
3	QC/T29035-1991	汽车钢板弹簧技术条件
4	JJG（交通）017-1999	滑板式汽车侧滑检验台检定仪（试行）
5	JJG（交通）021-1999	汽车底盘测功机组合检定仪（试行）
6	QC/T262-1999	汽车渗碳齿轮金相检验
7	QC/T272-1999	汽车用铝合金铸件技术条件
8	QC/T273-1999	汽车用锌合金、铝合金、铜合金压铸件技术条件
9	QC/T276-1999	汽车零件热处理硬度规范
10	QC/T280-1999	汽车发动机主轴瓦及连杆轴瓦技术条件

续表

序号	标准号	标准名称
11	QC/T281-1999	汽车发动机轴瓦铜铅合金金相标准
12	QC/T282-1999	汽车发动机曲轴止推片技术条件
13	QC/T283-1999	汽车发动机镶耐磨圈活塞技术条件
14	QC/T291-1999	汽车机械式分动器性能要求
15	QC/T294-1999	汽车半轴技术条件
16	QC/T302-1999	汽车动力转向动力缸台架试验方法
17	QC/T305-1999	汽车动力转向控制阀总成技术条件
18	QC/T414-1999	汽车用低压电线的颜色
19	QC/T415-1999	汽车用点烟器技术条件
20	QC/T424-1999	汽车用交流发电机电气特性试验方法
21	QC/T463-1999	汽车用液力变矩器技术条件
22	QC/T466-1999	翼开启式栏板起重运输汽车技术条件
23	QC/T470-1999	汽车自动变速器操纵装置的要求
24	QC/T472-1999	汽车制动器衬片耐水、盐水、油和制动液性能试验方法
25	QC/T502-1999	汽车感应淬火零件金相检验
26	QC/T505-1999	汽车用车灯开关技术条件
27	QC/T506-1999	汽车用仪表灯开关技术条件
28	QC/T508-1999	汽车柴油机用喷油泵总成技术条件
29	QC/T509-1999	汽车柴油机喷油泵柱塞偶件技术条件
30	QC/T511-1999	汽车柴油机喷油器针阀偶件技术条件
31	QC/T516-1999	汽车发动机轴瓦锡基和铅基合金金相标准
32	QC/T521-1999	汽车发动机气门挺杆技术条件
33	QC/T526-1999	汽车发动机定型试验规程
34	QC/T527-1999	汽车发动机连杆技术条件
35	QC/T540-1999	汽车柴油机"S"尺寸的2型法兰或压板安装喷油器体
36	QC/T541-1999	汽车柴油机"S"尺寸的II型法兰或压板安装喷油器体
37	QC/T542-1999	汽车柴油机"S"尺寸的5型和6型法兰或压板安装喷油器体
38	QC/T543-1999	汽车柴油机"S"尺寸的I型螺纹安装喷油器体
39	QC/T547-1999	汽车发动机螺旋衬簧铸铁油环技术条件
40	QC/T548-1999	汽车用洗涤电动机技术条件
41	QC/T551-1999	汽车发动机飞轮壳安装尺寸
42	QC/T554-1999	汽车、摩托车发动机活塞环技术条件
43	QC/T558-1999	汽车发动机轴瓦双金属结合强度破坏性试验方法
44	QC/T583-1999	汽车制动器衬片显气孔率试验方法
45	QC/T663-2000	汽车空调(HFC-134a)用热力膨胀阀
46	CAS112-2005	二醇基汽车及轻负荷发动机冷却液
47	HG/T3143-1982	液化石油气汽车槽车技术条件
48	SJ2261-1982	电子设备车辆汽车底盘吨位与尺寸系列
49	HBm65.1-1987	微型汽车汽油机技术条件

续表

序号	标准号	标准名称
50	HBm65.2-1987	微型汽车汽油机装配与调整技术要求
51	QC/T327-1999	汽车用球头接头
52	QC/T328-1999	汽车用螺杆式球销
53	QC/T329-1999	汽车用球销球座
54	QC/T330-1999	汽车用簧片螺母
55	HBm65.11-1988	微型汽车.汽油机气缸盖
56	HBm65.13-1988	微型汽车.汽油机同步带
57	HBm65.15-1988	微型汽车.汽油机起动机
58	HBm65.16-1988	微型汽车.汽油机气环
59	HBm65.17-1988	微型汽车.汽油机气门
60	HBm65.18-1988	微型汽车.汽油机曲轴
61	HBm65.19-1988	微型汽车.汽油机气门弹簧
62	HBm65.20-1988	微型汽车.汽油机气门摇臂技术条件
63	HBm65.21-1988	微型汽车.汽油机凸轮轴技术条件
64	HBm65.22-1988	微型汽车.汽油机气缸体
65	HBm65.23-1988	微型汽车.汽油机油环
66	HBm65.24-1988	微型汽车.汽油机空气滤清器
67	HBm65.25-1988	微型汽车.汽油机空气滤清器滤芯
68	HBm65.26-1988	微型汽车.汽油机汽油滤清器
69	HBm65.27-1988	微型汽车.汽油机旋装机油滤清器
70	HBm65.29-1988	微型汽车.汽油机机油泵
71	HBm65.30-1988	微型汽车.汽油机水泵
72	HBm65.8-1988	微型汽车.汽油机铸铝活塞技术条件
73	HBm65.9-1988	微型汽车.汽油机化油器
74	QC/T29031-1991	汽车发动机轴瓦电镀层技术条件
75	QC/T29078-1992	汽车用空气压缩机技术条件
76	QC/T29082-1992	汽车传动轴总成技术条件
77	QC/T1-1992	汽车产品图样的基本要求
78	QC/T20-1992	汽车用气压式制动灯开关技术条件
79	GB/T13492-1992	各色汽车用面漆
80	GB/T13493-1992	汽车用底漆
81	QC/T29090-1992	汽车用刮水电动机技术条件
82	QC/T29097-1992	汽车转向器总成技术条件
83	QC/T29101-1992	汽车用拉索总成
84	QC/T77-1993	汽车液压制动轮缸技术条件
85	HG2599-1994	液氨汽车罐车技术条件
86	QC/T202-1995	矿用自卸汽车试验方法.牵引性能试验
87	QC/T203-1995	矿用自卸汽车驾驶室噪声测量方法及限值
88	HG/T2718-1995	汽车空调用橡胶和塑料软管及软管组合件

续表

序号	标准号	标准名称
89	JT230-1995	汽车导静电橡胶拖地带
90	HCRJ005-1996	汽车电子点火器
91	HCRJ006-1996	汽车磁化节油净化器
92	HCRJ007-1996	汽车尾气催化净化器
93	JT/T225-1996	汽车发动机冷却液安全使用技术条件
94	QC/T218-1996	汽车用转向管柱上组合开关技术条件
95	QC/T219-1996	汽车用脚踏式变光开关
96	HG2865-1997	汽车液压制动橡胶皮碗
97	JB8716-1998	汽车起重机和轮胎起重机安全规程
98	GB17258-1998	汽车用压缩天然气钢瓶
99	GB17354-1998	汽车前、后端保护装置
100	GB/T17351-1998	汽车车轮双轮中心距
101	GB/T17339-1998	汽车安全玻璃耐化学侵蚀性和耐温度变化性试验方法
102	QC/T251-1998	矿用自卸汽车应急转向性能要求
103	QC/T252-1998	专用汽车定型试验规程
104	HG/T3612-1999	汽车液压盘式制动缸用橡胶密封圈
105	QC/T590-1999	汽车柴油机涡轮增压器技术条件
106	HG2950-1999	汽车制动气室橡胶隔膜
107	QC/T354-1999	汽车车轮螺母法兰球面螺母
108	QC/T355-1999	汽车车轮螺母锥面螺母
109	QC/T356-1999	汽车车轮螺母球面螺母
110	QC/T357-1999	汽车车轮螺内螺母
111	QC/T612-1999	汽车车轮螺母带垫平连接螺母
112	QC/T625-1999	汽车用涂镀层和化学处理层
113	QC/T627-1999	汽车电动门锁装置
114	QC/T628-1999	汽车用带点火开关的转向锁
115	QC/T324-2000	汽车燃油空气加热器
116	QC/T632-2000	汽车用翘板式开关技术条件
117	QC/T636-2000	汽车电动玻璃升降器
118	JB/T10170-2000	汽车起重机和轮胎起重机.起升机构试验规范
119	JB/T9737.3-2000	汽车起重机和轮胎起重机液压油选择与更换
120	JB/T9738-2000	汽车起重机和轮胎起重机.技术要求
121	QC/T299-2000	汽车动力转向油泵技术条件
122	QC/T488-2000	汽车燃油箱盖、加油口
123	QC/T530-2000	汽车动力转向器总成技术条件
124	QC/T644-2000	汽车金属燃油箱技术条件
125	QC/T515-2000	汽车发动机用调温器形式与尺寸
126	QC/T670-2000	汽车合成制动液
127	MT/T881-2000	露天矿矿用自卸汽车适应性试验方法

续表

序号	标准号	标准名称
128	GB/T18275.1-2000	汽车制动传动装置修理技术条件. 气压制动
129	GB/T18275.2-2000	汽车制动传动装置修理技术条件. 液压制动
130	GB/T18276-2000	汽车动力性台架试验方法和评价指标
131	GB/T18343-2001	汽车盘式制动器修理技术条件
132	GB/T18344-2001	汽车维护、检测、诊断技术规范
133	JT/T442-2001	职业汽车驾驶员适宜性检测评价方法
134	QC/T531-2001	汽车后视镜
135	QC/T676-2001	汽车车身辊压型材、涂覆辊压型材技术条件
136	GB18408-2001	汽车及挂车后牌照板照明装置配光性能
137	GB18409-2001	汽车驻车灯配光性能
138	QC/T288.1-2001	汽车发动机冷却水泵技术条件
139	QC/T288.2-2001	汽车发动机冷却水泵试验方法
140	QC/T289-2001	汽车发动机机油泵技术条件
141	QC/T469-2002	汽车发动机气门技术条件
142	QC/T245-2002	压缩天然气汽车专用装置技术条件
143	QC/T247-2002	液化石油气汽车专用装置技术条件
144	QC/T695-2002	汽车通用继电器
145	QC/T25-2004	汽车干摩擦式离合器总成技术条件
146	QC/T703-2004	汽车转向盘聚氨酯泡沫包覆层技术条件
147	QC/T704-2004	汽车转向盘聚氨酯泡沫包覆层整体硬度试验方法
148	QC/T420-2004	汽车用熔断器
149	QC/T481-2005	汽车发动机曲轴技术条件
150	QC/T641-2005	汽车用塑料密封条
151	QC/T729-2005	汽车用交流发电机技术条件
152	QC/T730-2005	汽车用薄壁绝缘低压电线
153	QC/T731-2005	汽车用起动机技术条件
154	GB/T3799.1-2005	商用汽车发动机大修竣工出厂技术条件. 第1部分：汽油发动机
155	GB/T3799.2-2005	商用汽车发动机大修竣工出厂技术条件. 第2部分：柴油发动机
156	AQ3002-2005	阻隔防爆橇装式汽车加油（气）装置技术要求
157	GB/T19750-2005	混合动力电动汽车定型试验规程
158	GB/T19752-2005	混合动力电动汽车动力性能试验方法
159	GB/T19836-2005	电动汽车用仪表
160	GB/T4094.2-2005	电动汽车操纵件、指示器及信号装置的标志
161	AQ3003-2005	危险化学品汽车运输安全监控系统通用规范
162	AQ3004-2005	危险化学品汽车运输安全监控载终端
163	GB/T3273-2005	汽车大梁用热轧钢板和钢带
164	YB/T039-2005	汽车车轮挡圈、锁圈用热轧型钢
165	YB/T5227-2005	汽车车轮轮辋用热轧型钢
166	JB/T10512-2005	三轮汽车和低速货车. 传动轴总成技术条件

续表

序号	标准号	标准名称
167	JB/T10516-2005	三轮汽车和低速货车．液压制动主缸技术条件
168	QC/T471-2006	汽车柴油机技术条件
169	QC/T743-2006	电动汽车用锂离子蓄电池
170	QC/T745-2006	液化石油气汽车橡胶管路
171	QC/T746-2006	压缩天然气汽车高压管路
172	QC/T747-2006	汽车发动机硅油风扇离合器技术条件
173	JB/T8167-2006	滚动轴承．汽车发电机轴承．技术条件
174	QC/T754-2006	液化天然气汽车定型试验规程
175	QC/T755-2006	液化天然气（LNG）汽车专用装置技术条件
176	GB/T20461-2006	汽车动力转向系统用橡胶软管和软管组合件．规范
177	GB/T20462.1-2006	汽车用热塑性非增强软管和软管．第1部分：非燃油
178	GB/T20462.2-2006	汽车用热塑性非增强软管和软管．第2部分：石油基燃油用
179	HJ/T293-2006	清洁生产标准．汽车制造业（涂装）
180	GB15740-2006	汽车防盗装置
181	QC/T769-2006	汽车燃气加热器
182	QC/T770-2006	汽车用干式空气滤清器总成技术条件
183	QC/T773-2006	汽车散热器电动风扇技术条件
184	QC/T774-2006	汽车交流发电机用电子电压调节器技术条件
185	JJF1169-2007	汽车制动操纵力计校准规范
186	QC/T777-2007	汽车电磁风扇离合器技术条件
187	GB/T20564.1-2007	汽车用高强度冷连轧钢板及钢带．第1部分：烘烤硬化钢
188	GB/T20887.1-2007	汽车用高强度热连轧钢板及钢带．第1部分：冷成形用高屈服强度钢
189	NY/T1356-2007	三轮汽车和低速货车质量评价技术规范
190	JB/T4783-2007	低温液体汽车罐车
191	HG/T3980-2007	汽车轴承用密封圈
192	QC/T208-2007	汽车用温度报警器
193	QC/T209-2007	汽车摩托车用软轴
194	QC/T217-2007	汽车用压力报警器
195	QC/T323-2007	汽车门锁和车门保持件
196	QC/T634-2007	汽车水暖式暖风装置
197	QC/T674-2007	汽车用压缩天然气电磁阀
198	QC/T727-2007	汽车、摩托车用仪表
199	QC/T782-2007	自卸汽车密闭式顶盖技术条件
200	QC/T783-2007	汽车摩托车用车速传感器
201	QC/T784-2007	汽车摩托车仪表用场致发光屏
202	HJ/T383-2007	环境保护产品技术要求．汽车发动机排气消声器
203	CNCA02C-023-2008	机动车辆类强制性认证实施规则．汽车产品
204	SJ20979-2007	军用汽车自发电系统通用规范
205	QC/T798-2008	汽车用多层塑料燃油管

续表

序号	标准号	标准名称
206	JB/T10859-2008	滚动轴承汽车发动机张紧轮和惰轮轴承及其单元
207	QC/T626-2008	汽车玻璃升降器
208	JT/T324-2008	汽车喷烤漆房
209	JT/T445-2008	汽车底盘测功机
210	GB5763-2008	汽车用制动器衬片
211	GB/T5335-2008	汽车液压制动装置压力测试连接器技术要求
212	GB/T5922-2008	汽车和挂车.气压制动装置压力测试连接器技术要求
213	GB13552-2008	汽车多楔带
214	GB18320-2008	三轮汽车和低速货车.安全技术要求
215	GB5920-2008	汽车及挂车前位灯、后位灯、示廓灯和制动灯配光性能
216	GB/T23301-2009	汽车车轮用铸造铝合金
217	GB/T24347-2009	电动汽车DC/DC变换器
218	QC/T810-2009	汽车起动机用电磁开关技术条件
219	QC/T813-2009	二甲醚汽车专用装置技术要求
220	QC/T814-2009	二甲醚汽车专用装置的安装要求
221	QC/T815-2009	快插式二甲醚汽车加注口
222	QC/T820-2009	汽车、摩托车仪表用步进电机
223	QC/T821-2009	汽车用发动机冷却水及润滑油温度传感器
224	QC/T822-2009	汽车用发动机润滑油压力传感器
225	QC/T823-2009	汽车、摩托车用燃油传感器
226	QC/T824-2009	汽车用转速传感器
227	HJ500-2009	轻型汽车车载诊断（OBD）系统管理技术规范
228	HG/T2491-2009	汽车用输水橡胶软管和纯胶管
229	GB7036.1-2009	充气轮胎内胎.第1部分：汽车轮胎内胎
230	JB/T10188-2010	滚动轴承汽车转向节用推力轴承
231	QC/T468-2010	汽车散热器
232	QC/T666.1-2010	汽车空调（HFC-134a）用密封件.第1部分：O形橡胶密封圈
233	QC/T830-2010	汽车高压气体放电灯用电子镇流器
234	QC/T832-2010	水暖式汽车尾气加热器
235	QC/T834-2010	汽车空调斜板式变排量压缩机总成技术条件
236	QC/T835-2010	汽车空调用双向斜板式定排量压缩机总成技术条件
237	QC/T836-2010	专用汽车类别及代码
238	GB/T20564.4-2010	汽车用高强度冷连轧钢板及钢带.第4部分：低合金高强度钢
239	GB/T20564.5-2010	汽车用高强度冷连轧钢板及钢带.第5部分：各向同性钢
240	GB/T20564.6-2010	汽车用高强度冷连轧钢板及钢带.第6部分：相变诱导塑性钢
241	GB/T20564.7-2010	汽车用高强度冷连轧钢板及钢带.第7部分：马氏体钢
242	GB/T20887.2-2010	汽车用高强度热连轧钢板及钢带.第2部分：高扩孔钢
243	GB/T20887.3-2010	汽车用高强度热连轧钢板及钢带.第3部分：双相钢
244	GB/T20887.4-2010	汽车用高强度热连轧钢板及钢带.第4部分：相变诱导塑性钢

续表

序号	标准号	标准名称
245	GB/T20887.5-2010	汽车用高强度热连轧钢板及钢带.第5部分：马氏体钢
246	CJ/T350-2010	电动公共汽车通用技术条件
247	GB/T25319-2010	汽车用燃料电池发电系统技术条件
248	QC/T837-2010	混合动力电动汽车类型
249	QC/T840-2010	电动汽车用动力蓄电池产品规格尺寸
250	QC/T841-2010	电动汽车传导式充电接口
251	QC/T842-2010	电动汽车电池管理系统与非车载充电机之间的通信协议
252	YS/T725-2010	汽车用铝合金板材
253	GB/T25763-2010	滚动轴承汽车变速箱用滚针轴承
254	GB/T25764-2010	滚动轴承汽车变速箱用滚子轴承
255	GB/T25765-2010	滚动轴承汽车变速箱用球轴承
256	NB/SH/T0839-2010	汽车轮毂轴承润滑脂低温转矩测定法
257	NB/SH/T0849-2010	汽车空调合成冷冻机油
258	GB/T25962-2010	高速条件下汽车轮毂轴承润滑脂漏失量测定法
259	GB/T25979-2010	道路车辆重型商用汽车列车和铰接客车横向稳定性试验方法
260	GB/T25984.1-2010	汽车电动燃油泵.第1部分：有刷电动燃油泵
261	GB/T25985-2010	汽车防盗装置的保护
262	GB/T25986-2010	汽车用液化天然气加注装置
263	GB/T5923-2010	汽车柴油机燃油滤清器试验方法
264	GB/T26149-2010	基于胎压监测模块的汽车轮胎气压监测系统
265	GB11568-2011	汽车罩（盖）锁系统
266	GB7063-2011	汽车护轮板
267	QC/T241-2011	汽车无内胎车轮密封性试验方法
268	QC/T29063.1-2011	汽车机械式变速器总成技术条件.第1部分：微型
269	QC/T319-2011	专用汽车取力器
270	QC/T568.1-2011	汽车机械式变速器总成台架试验方法.第1部分：微型
271	QC/T696-2011	汽车底盘集中润滑供油系统
272	QC/T851-2011	汽车用补强胶片
273	QC/T852-2011	汽车用折边胶
274	GB/T26649-2011	镁合金汽车车轮铸件
275	CJ/T26654-2011	汽车车轮用铸造镁合金
276	GB26753-2011	汽车制动气室橡胶隔膜
277	GB/T26778-2011	汽车列车性能要求及试验方法
278	GB/T26779-2011	燃料电池电动汽车.加氢口
279	GB/T5764-2011	汽车用离合器面片
280	LY/T1296-2012	载重汽车锯材
281	QB/T4347-2012	汽车用聚氯乙烯薄膜和片材
282	GB18075.1-2012	交通运输设备制造业卫生防护距离.第1部分：汽车制造业
283	HJ2520-2012	环境标志产品技术要求.重型汽车

续表

序号	标准号	标准名称
284	GB/T28672-2012	汽车零部件再制造产品技术规范. 交流发电机
285	GB/T28673-2012	汽车零部件再制造产品技术规范. 起动机
286	GB/T28674-2012	汽车零部件再制造产品技术规范. 转向器
287	GB/T28679-2012	汽车零部件再制造. 装配
288	GB/T10716-2012	同步带传动. 汽车同步带. 物理性能试验方法
289	GB/T28954-2012	汽车发动机. 旋装式机油滤清器. 连接尺寸
290	GB/T29040-2012	汽车轮胎滚动阻力试验方法. 单点试验和测量结果的相关性
291	GB/T29042-2012	汽车轮胎滚动阻力限值
292	GB/T29123-2012	示范运行氢燃料电池电动汽车技术规范
293	GB/T19753-2013	轻型混合动力电动汽车能量消耗量试验方法
294	CJ/T389-2012	快速公交（BRT）公共汽车制动系统
295	GB14167-2013	汽车安全带安装固定点、ISOFIX固定点系统及上拉带固定点
296	GB/T17469-2012	汽车制动器衬片摩擦性能评价小样台架试验方法
297	GB/T18333.2-2015	电动汽车用锌空气电池
298	GB/T18488.1-2015	电动汽车用驱动电机系统. 第1部分：技术条件
299	GB/T18488.2-2015	电动汽车用驱动电机系统. 第2部分：试验方法
300	GB/T18861-2012	汽车轮胎和摩托车轮胎滚动阻力试验方法多点试验
301	GB/T20234.1-2011	电动汽车传导充电用连接装置. 第1部分：通用要求
302	GB/T20234.2-2011	电动汽车传导充电用连接装置. 第2部分：交流充电接口
303	GB/T20234.3-2011	电动汽车传导充电用连接装置. 第3部分：直流充电接口
304	GB/T22068-2008	汽车空调用电动压缩机总成
305	GB/T26990-2011	燃料电池电动汽车车载氢系统技术条件
306	GB/T26991-2011	燃料电池电动汽车最高车速试验方法
307	GB/T27930-2011	电动汽车非车载传导式充电机与电池管理系统之间的通信协议
308	GB/T29124-2012	氢燃料电池电动汽车示范运行配套设施规范
309	GB/T30313-2013	汽车制动系统高温输气橡胶软管及软管组合件
310	HBC8-2001	低污染型轻型汽车
311	HG/T4363-2012	汽车车窗玻璃用单组分聚氨酯胶粘剂
312	HG/T4384-2012	汽车用阻尼胶片
313	HG/T4392-2012	汽车滤清器橡胶密封件
314	HG/T4570-2013	汽车用水性涂料
315	HG/T4624-2014	汽车滑销防尘密封保护套
316	HJ2532-2013	环境标志产品技术要求轻型汽车
317	JB/T10238-2011	滚动轴承汽车轮毂轴承单元
318	JB/T11468-2013	低速汽车刮水器
319	JB/T11469-2013	低速汽车后牌照板照明装置配光性能
320	JB/T11470-2013	低速汽车排气消声器技术条件
321	JB/T11472-2013	低速汽车电气设备技术条件
322	JB/T11473-2013	低速汽车用仪表

续表

序号	标准号	标准名称
323	JB/T11476-2013	三轮汽车用传动链轮
324	JB/T11477-2013	三轮汽车用链条
325	JB/T11636-2013	汽车用滚子链及套筒链
326	JB/T12029-2014	汽车发电机用精锻爪极通用技术条件
327	JB/T12093-2014	汽车纵梁成型生产线
328	JB/T12094-2014	数控汽车纵梁折弯线
329	JB/T5312-2011	滚动轴承汽车离合器分离轴承单元
330	JB/T6042-2006	汽车起重机专用底盘
331	JB/T8405-2013	三轮汽车和低速货车型式检验规则
332	JB/T9135-2011	中型载重汽车粉末冶金铁基制动摩擦片技术条件
333	JC/T608-2011	汽车用水泥散装机
334	JGJ100-1998（条文说明）	汽车库建筑设计规范
335	NB/T1001-2011	液化天然气（LNG）汽车加气站技术规范
336	NB/T33001-2010	电动汽车非车载传导式充电机技术条件
337	NB/T33002-2010	电动汽车交流充电桩技术条件
338	NB/T33004-2013	电动汽车充换电设施工程施工和竣工验收规范
339	NB/T33005-2013	电动汽车充电站及电池更换站监控系统技术规范
340	NB/T33006-2013	电动汽车电池箱更换设备通用技术要求
341	NB/T33007-2013	电动汽车充电站/电池更换站监控系统与充换电设备通信协议
342	NB/T33008.1-2013	电动汽车充电设备检验试验规范. 第1部分：非车载充电机
343	NB/T33008.2-2013	电动汽车充电设备检验试验规范. 第2部分：交流充电桩
344	NB/T33009-2013	电动汽车充换电设施建设技术导则
345	Q/HBm107-1994	微型汽车汽油机化油器清洁度测定方法及限值
346	Q/HBm108-1994	汽车零部件振动试验方法
347	Q/HBm109-1994	汽车零部件高温和低温试验方法
348	Q/HBm95-2001	汽车或发动机配套产品质量控制要求
349	QB/T4031-2010	阻燃性汽车空气滤纸
350	QB/T4043-2010	汽车用聚氯乙烯人造革
351	QB/T4194-2011	汽车用聚氨酯合成革
352	QC/T198-2014	汽车用开关通用技术条件
353	QC/T199-2013	汽车车轮平衡块
354	QC/T220-2014	汽车用易熔线技术条件
355	QC/T258-2013	汽车车轮螺母座强度试验
356	QC/T287-2013	汽车燃油滤清器纸质滤芯尺寸
357	QC/T29061-2013	汽车发动机用蜡式调温器技术条件
358	QC/T29097-2014	汽车转向器总成技术要求
359	QC/T29106-2014	汽车电线束技术条件
360	QC/T299.1-2014	汽车液压转向助力泵. 第1部分：技术要求
361	QC/T299.2-2014	汽车液压转向助力泵. 第2部分：试验方法

续表

序号	标准号	标准名称
362	QC/T301-2014	汽车转向助力缸技术要求和试验方法
363	QC/T303-2014	汽车转向油罐技术要求和试验方法
364	QC/T305-2013	汽车液压动力转向控制阀总成性能要求与试验方法
365	QC/T427-2013	汽车用电源总开关技术条件
366	QC/T439-2013	摆臂式自装卸汽车
367	QC/T48-2013	汽车电喷汽油机汽油滤清器总成技术条件
368	QC/T518-2013	汽车用螺纹紧固件紧固扭矩
369	QC/T526-2013	汽车发动机定型试验规程
370	QC/T563-2014	汽车转向盘技术要求及试验方法
371	QC/T593-2014	汽车液压比例阀性能要求及台架试验方法
372	QC/T625-2013	汽车用涂镀层和化学处理层
373	QC/T627-2013	汽车电动门锁装置
374	QC/T636-2014	汽车电动玻璃升降器
375	QC/T644-2014	汽车金属燃油箱技术条件
376	QC/T647-2013	汽车转向万向节总成性能要求及试验方法
377	QC/T649-2013	汽车转向操纵机构性能要求及试验方法
378	QC/T712-2011	汽车安全带用焊接螺母
379	QC/T721-2013	汽车用非电解锌片涂层
380	QC/T764-2006	汽车液压制动系金属管、内外螺纹管接头和软管端部接头
381	QC/T765-2006	载货汽车空气滤清器滤芯尺寸规范
382	QC/T893-2011	电动汽车用驱动电机系统故障分类及判断
383	QC/T894-2011	重型混合动力电动汽车污染物排放车载测量方法
384	QC/T895-2011	电动汽车用传导式车载充电机
385	QC/T896-2011	电动汽车用驱动电机系统接口
386	QC/T897-2011	电动汽车用电池管理系统技术条件
387	QC/T905-2013	汽车防护杠
388	QC/T917-2013	燃气汽车专用手动截止阀
389	QC/T920-2013	汽车用全流式机油滤清器总成技术条件
390	QC/T921-2013	汽车用分流离心式机油滤清器技术条件和试验方法
391	QC/T922-2013	汽车用空气滤清器纸质滤芯技术条件
392	QC/T923-2013	汽车柴油机燃油预滤器总成技术条件
393	QC/T926-2013	轻型混合动力电动汽车（ISG型）用动力单元可靠性试验方法
394	QC/T948-2013	汽车顶部装载装置
395	QC/T951-2013	汽车用电路断电器
396	QC/T955-2013	专用汽车自动调平支承装置
397	QC/T958-2013	汽车真空泵性能要求及台架试验方法
398	QC/T965-2014	汽车电动后视镜驱动器
399	QC/T966-2014	汽车塑料件涂层技术条件
400	QC/T972-2014	汽车电控液压助力转向器总成技术要求及试验方法

续表

序号	标准号	标准名称
401	QC/T979-2014	汽车电气电子设备防护用防水透气组件
402	QC/T981-2014	汽车车轮表面油漆涂层
403	QC/T982-2014	汽车变速器齿轮激光焊接和电子束焊接技术规范
404	QC/T984-2014	汽车玻璃零配安装要求
405	QC/T988-2014	汽车车门外拉手
406	QC/T990-2014	电动汽车用锌空气电池
407	SN/T1688.4-2013	进出口机动车辆检验规程.第4部分：汽车产品
408	SN/T3837.2-2014	进口再制造用途机电产品检验技术要求.第2部分：载重汽车轮胎
409	SN/T4035-2014	进出口轿车、载重汽车和客车轮胎滚动阻力测定方法多点试验法
410	YB/T166-2012	汽车用低碳加磷高强度冷轧钢板及钢带
411	YB/T4203-2009	汽车半挂车轴用无缝钢管
412	YB/T4400-2014	汽车结构用异型无缝钢管
413	YB/T4426-2014	汽车大梁用热轧 H 型钢
414	YB/T5035-2010	汽车半轴套管用无缝钢管
415	YB/T5183-2006	汽车附件.内燃机.软轴用异型钢丝

资料来源：中国产业智库大数据中心

7.4.9 汽车制造业主要技术标准的对比

对主要国家/地区/组织在汽车制造领域的标准的对比分析情况如表 7-18 所示。

表 7-18 主要国家/地区/组织制造产业主要技术标准的对比表

国家或机构	技术优势 产品标准	技术优势 方法标准	特点
国际标准化组织（16 项）	电动汽车控制器、电动汽车仪器仪表、电动汽车旋转电机、高压熔断丝连接线、汽车法兰、轮胎、轮辋、报警系统、牵引装置、耦合系统、电动汽车用锂离子电池、全自动耦合系统	阻力测量	以产品标准为主
美国（17 项）	灰铁铸件、汽车制冷再循环设备、汽车电缆、燃料酒精、皮带传动、安全玻璃、润滑脂、管件接头、压力释放装置	VOC 测试、稳定性测试、寿命测试、安全性测试等	以产品标准为主
日本（113 项）	电流表、油量表、警报器、喇叭继电器、温度表、反射镜、喇叭、警告灯、汽化器、发动机轴承、真空压力开关、插头、速度计、低压电缆、高压电缆、制动器和离合器衬片、膨胀塞、电动/机械燃油泵、车轮螺母、继电器、开关、汽车镜、螺母、轮胎、离合器片、轮胎气门和气门芯、润滑系统、滤清器、内胎、发动机活塞、化油器、抛光蜡、刮水器、板材、片材和带材等	相关的测量方法	各类产品标准和方法标准
欧盟（4 项）	制动设备和辅助装置用压力容器、动力驱动制动设备、高压熔断体、电力传输系统	—	以产品标准为主
英国（24 项）	除遵守欧盟标准外，包括弹簧垫圈、增塑和未增塑尼龙管、变速箱法兰、变速箱、压力容器、橡胶和塑料软管及配件、汽车引擎和传动装置、全自动耦合系统、汽车用灯	阻力测试、油槽汽车的设计和制造	以产品标准为主

续表

国家或机构	技术优势 产品标准	技术优势 方法标准	特点
法国（10项）	除遵守欧盟标准外，包括汽车膨胀塞、空气滤芯、轮胎和轮辋、汽车构造	电磁兼容性试验	以产品标准为主
德国（45项）	除欧盟标准外，还包括刮水器轴承轴套、刮水器铰节、汽车灯泡、安全带闭锁装置、轮胎、换挡装置、密封件、电缆连接片、传动带、法兰、温度计、润滑系统、仪表板、高压熔断体	—	以产品标准为主
中国（415项）	包括常用汽车的各类零配件产品、电动汽车、燃料电池电动汽车等标准	各类测试方法标准	技术标准较为全面，但以产品标准为主

资料来源：中国产业智库大数据中心

参 考 文 献

[1] 国家统计局. 2017年国民经济行业分类. [EB/OL] [2017-09-29]. http://www.stats.gov.cn/tjsj/tjbz/hyflbz/201710/t20171012_1541679.html.

[2] 中国汽车工业学会，丰田汽车公司. 中国汽车技术发展报告2016[M]. 北京：北京理工大学出版社，2016.

[3] 兰凤崇，黄维军. 广东新能源汽车产业及促进政策研究[M]. 广州：华南理工大学出版社，2011.

[4] 孟柘. 新能源汽车产业发展现状及对我国发展的启示[J]. 商情，2017，(31).

[5] 孙冠男. 汽车轻量化技术[J]. 汽车工程师，2017，(7)：14-15.

[6] 远山之石. 智能网联汽车发展综述及浅析[J]. 上海汽车，2016（7）：1-2.

第8章 太阳能产业技术发展报告

本章首先介绍太阳能产业及关键技术的发展概况。其次，对太阳能全球专利申请态势进行分析，包括全球专利申请年度趋势，中国、日本、美国、韩国、德国等国家的专利分布与趋势，国家电网公司、LG电子公司、夏普公司、三星电子公司、京瓷株式会社（以下简称京瓷公司）、三菱电机株式会社（以下简称三菱电机公司）、富士胶片公司、柯尼卡株式会社（以下简称柯尼卡公司）、三洋电机株式会社（以下简称三洋电机公司）、大日本印刷株式会社（以下简称大日本印刷公司）10家机构的专利申请、专利合作与专利布局，以及主要机构的核心发明人合作网络结构。再次，对太阳能在华专利申请态势进行分析，包括在华专利申请年度趋势，光伏电池及组件、光伏发电（电站）、光伏应用、光热发电（电站）、光热应用、光伏材料、光热材料、检测等分支领域专利布局，各省（自治区、直辖市）专利申请数量及研发重点领域，国家电网公司、常州天合光能有限公司（以下简称天合光能公司）、晶科能源有限公司、浙江大学、苏州阿特斯阳光电力科技有限公司（以下简称苏州阿特斯阳光电力公司）等机构专利申请量及技术竞争力对比，以及郭万东、姜言森等活跃发明人的专利申请情况。最后，对比分析美国、日本、欧盟、英国、德国、法国等主要发达国家/地区/组织和我国在太阳能关键技术领域的技术标准。

8.1 太阳能产业概述

8.1.1 太阳能及其产业链

太阳能产业是指太阳能资源的开发、应用等一系列过程活动的集合。我国能源业的发展经历了由薪柴到煤炭，由煤炭到石油、天然气的转变，由于环境问题与资源的不可再生性，开发可再生能源已是大势所趋。太阳能作为可再生能源中的重要一员，是未来低碳社会的理想能源之一，也是全球新能源的发展方向。中国蕴藏着丰富的太阳能资源，大多数地区年平均日辐射量在每平方米4千瓦时以上，西藏日辐射量最高达每平方米7千瓦时，中国的太阳能资源的理论储量达每年17 000亿吨标准煤，太阳能的开发利用前景广阔[1]。

太阳能主要包括太阳能光伏和太阳能光热。太阳能光伏产业链条（图 8-1）以硅材料的应用与开发为主线，主要包括多晶硅原料的提纯、硅棒（锭）硅片的切割、太阳能电池制造、组件封装、光伏发电系统等环节。太阳能光热产业链（图 8-2）以太阳能热量的收集与应用为主线，主要包括基本材料和组件、系统设计集成、光热转换应用等。

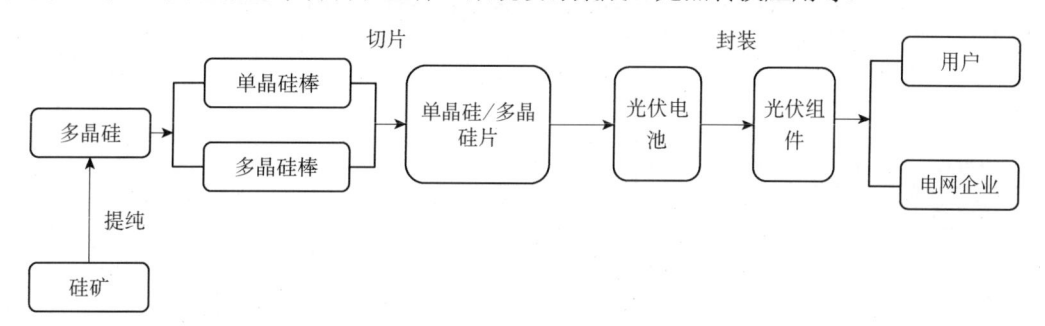

图 8-1　太阳能光伏产业链结构图

资料来源：耿亚新：《太阳能光伏产业链垂直一体化构建研究》，2011

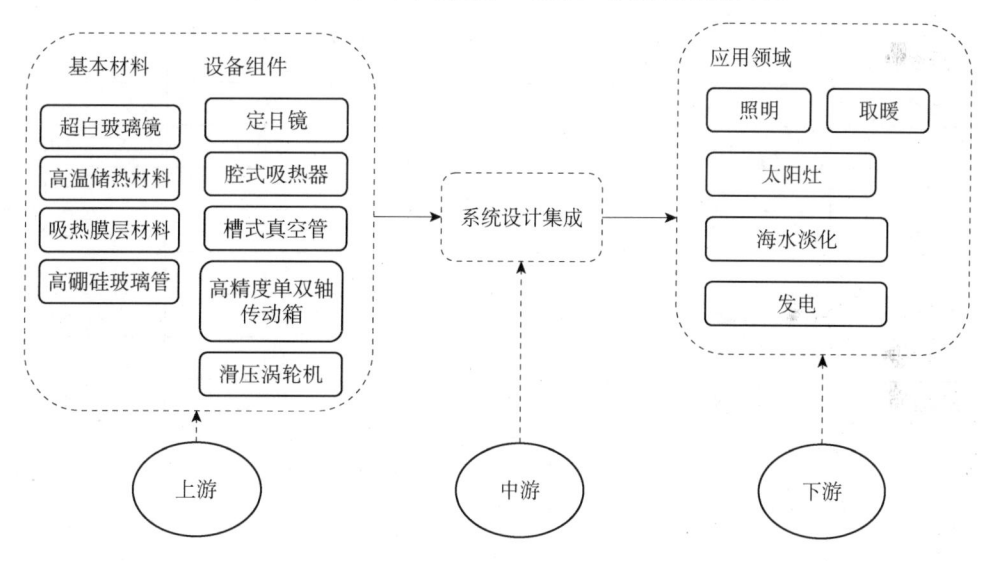

图 8-2　太阳能光热产业链结构图

8.1.2　太阳能产业发展概况

截至 2015 年年底，全国太阳能集热面积保有量达到 4.4 亿平方米，年生产能力和应用规模均占全球 70%以上，持续保持全球太阳能热利用产品制造和应用规模最大国家的地位。2006～2015 年，太阳能热发电 5 年内新增装机 400 万千瓦，进入初步产业化发展阶段[2]。

全球光伏年新增装机容量增长趋势明显，年装机量由 2000 年的 0.3 吉瓦增至 2016 年的 76.6 吉瓦，年复合增长率达 41.4%。2016 年全球光伏发电年新增装机容量较 2015 年增长 51.4%，市场容量持续增长。中国新增装机容量 34.54 吉瓦，位列新增装机容量全球第一；美国新增 14.7 吉瓦，光伏装机容量位列全球第二。欧洲光伏产业协会发布的《全球太阳能发电市场展望》报告预计 2021 年度全球新增光伏装机容量将达到 110 吉瓦，2021 年累计光伏装机容量将达到 800 吉瓦左右。

我国光伏发电应用逐渐从西部集中式大型地面电站为主,发展至东中西部共同发展、分布式光伏与集中式光伏共同发展的格局。2016 年,我国新增光伏发电装机容量及总装机容量按照省份排列如表 8-1 所示。

表 8-1　2016 年中国新增光伏发电装机容量及总装机容量

省(自治区、直辖市)	累计装机容量/万千瓦	累计装机容量增长率/%	新增装机容量/万千瓦	新增装机容量增长率/%
北京市	24	0.31	8	0.23
天津市	60	0.77	47	1.36
河北省	443	5.72	203	5.88
山西省	297	3.84	183	5.30
内蒙古自治区	637	8.23	148	4.28
辽宁省	52	0.67	36	1.04
吉林省	56	0.72	49	1.42
黑龙江省	17	0.22	15	0.43
上海市	45	0.45	14	0.41
江苏省	546	7.05	123	3.56
浙江省	338	4.37	175	5.07
安徽省	345	4.46	225	6.51
福建省	27	0.35	12	0.35
江西省	228	2.94	185	5.36
山东省	455	5.88	322	9.32
河南省	284	3.67	244	7.06
湖北省	287	2.42	138	4.00
湖南省	30	39.00	1	0.03
广东省	156	2.01	92	2.66
广西壮族自治区	18	23.00	6	0.17
海南省	34	44.00	10	29.00
重庆市	0.5	1.00	0	0
四川省	96	1.24	60	1.74
贵州省	46	59.00	43	1.24
云南省	208	2.69	144	4.17
西藏自治区	33	43.00	16	0.46
陕西省	334	4.31	217	6.28
甘肃省	686	8.86	76	2.20
青海省	682	8.81	119	3.45
宁夏回族自治区	526	6.79	217	6.28
新疆维吾尔自治区	862	11.13	329	9.53

资料来源:国家能源局

8.1.3 太阳能产业关键技术演进

太阳能电池是整个太阳能光伏发电系统中最主要的部件,也是最核心的零件。太阳能电池产业化过程中的关键技术包括多晶硅薄膜技术、纳米晶 TiO_2 薄膜技术、染料敏化技术和 $CuGaS_2$ 薄膜技术染料;重要技术包括单晶硅技术和聚合物薄膜技术;一般技术包括多晶硅技术、非晶硅薄膜技术、纳米晶 ZnO 薄膜技术、纳米晶 SnO_2 薄膜技术、$CdTe$ 薄膜技术、CIS薄膜技术和有面 p-n 异质结技术[3]。太阳能电池的技术演进路径包括:一期以基础性技术研发为主,主要解决电池的耐辐射性、电池器件吸收性能、电子迁移率等;二期研发重点是新型电池,在电池制备方法和电池结构上取得一定突破,并进一步解决光电转换率等问题;三期技术重点已经由基础技术、基本器件的研发转向更高效、成本低的大规模材料研发,主要是成本低、工艺简单、性能稳定的纳米晶太阳能电池,出现大规模生产的趋势;四期低成本、高转换率的电池依旧是技术热点,同时更注重电池性能、产量、稳定性、光电器件寿命等耐久性和可靠性问题[4]。目前,我国太阳能电池基础技术已取得较好进展,太阳能电池技术已进入大规模商业化应用阶段,对电池的批量自动化生产、光电转换效率、衰减率、稳定性、可靠性、安全性已经成为技术焦点,但我国企业对于前沿技术的研发还相对较少,主要以模仿创新和填补空白为主,企业更多依赖于通过减少资源使用和降低生产成本来获得盈利,而非通过技术创新占据价值链顶端来实现价值增值。

8.2 太阳能产业全球专利态势分析

太阳能全球专利检索策略采用关键词"solar""photovolt""photothermal"进行检索,共检索到专利数据 415 574 项,其中 2005~2017 年太阳能专利申请量为 353 096 项。

8.2.1 太阳能产业全球专利年度趋势

太阳能全球专利申请量总体呈增长趋势。2005~2013 年,全球太阳能专利保持高速增长,其中,2007 年专利增长率达到 56.13%,2009 年专利增长率达 40.38%,2010 年专利增长率达 47.81%;2014 年专利申请量有所下降,下降幅度为 7.09%;2015 年之后专利申请量保持平稳增长,专利增长率均低于 10%(图 8-3)。

8.2.2 太阳能产业专利申请主要国家/地区/组织分析

8.2.2.1 太阳能产业主要国家/地区/组织专利分布

全球有 40 多个国家/地区/组织在太阳能领域进行了专利申请。全球太阳能专利申请排名前 10 位的国家/地区/组织依次是:中国(203 674,57.68%);日本(36 384,10.30%);美国(29 402,8.33%);世界知识产权组织(28 662,8.12%);韩国(19 759,5.60%);德国(10 848,3.07%);中国台湾(5177,1.47%);欧洲专利局(4944,1.40%);法国(3252,0.92%);俄罗斯(1980,0.56%)(图 8-4)。从专利数量来看,中国具有很强的研究实力,专利申请量最多,占该领域总量的 57.68%。

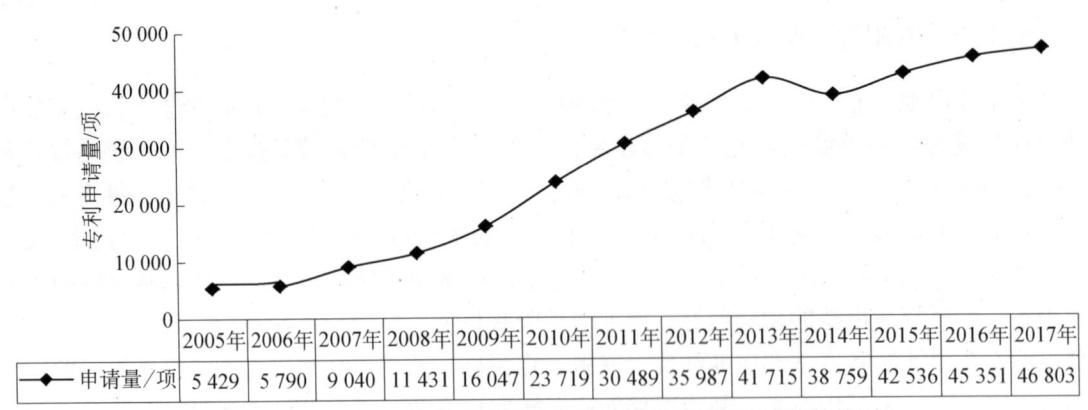

图 8-3　2005~2017 年太阳能产业全球专利申请量年度变化趋势图

资料来源：中国产业智库大数据中心

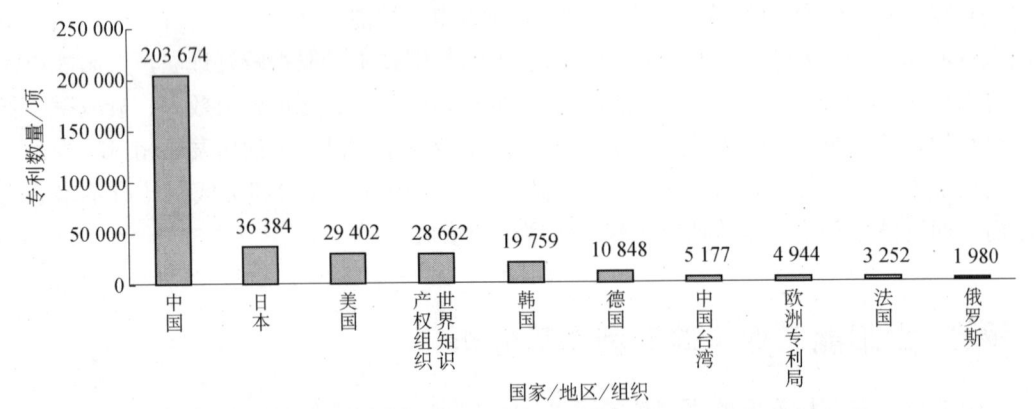

年份	2005年	2006年	2007年	2008年	2009年	2010年	2011年	2012年	2013年	2014年	2015年	2016年	2017年
申请量/项	5 429	5 790	9 040	11 431	16 047	23 719	30 489	35 987	41 715	38 759	42 536	45 351	46 803

图 8-4　2005~2017 年太阳能产业全球专利申请前十的国家/地区/组织

专利数量/项：中国 203 674；日本 36 384；美国 29 402；世界知识产权组织 28 662；韩国 19 759；德国 10 848；中国台湾 5 177；欧洲专利局 4 944；法国 3 252；俄罗斯 1 980

资料来源：中国产业智库大数据中心

对太阳能专利来源国及太阳能专利市场分布进行分析。从技术的流向来看，中国、日本、美国是太阳能领域主要的技术输出国（图 8-5）。从太阳能专利技术市场布局来看，中国、日本、美国、韩国是太阳能的主要市场（图 8-6）。

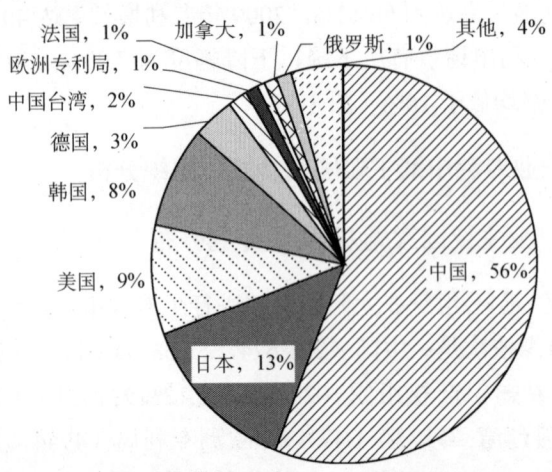

图 8-5　2005~2017 年太阳能产业全球专利主要来源国家/地区/组织分布图

中国, 56%；日本, 13%；美国, 9%；韩国, 8%；德国, 3%；中国台湾, 2%；欧洲专利局, 1%；法国, 1%；加拿大, 1%；俄罗斯, 1%；其他, 4%

资料来源：中国产业智库大数据中心

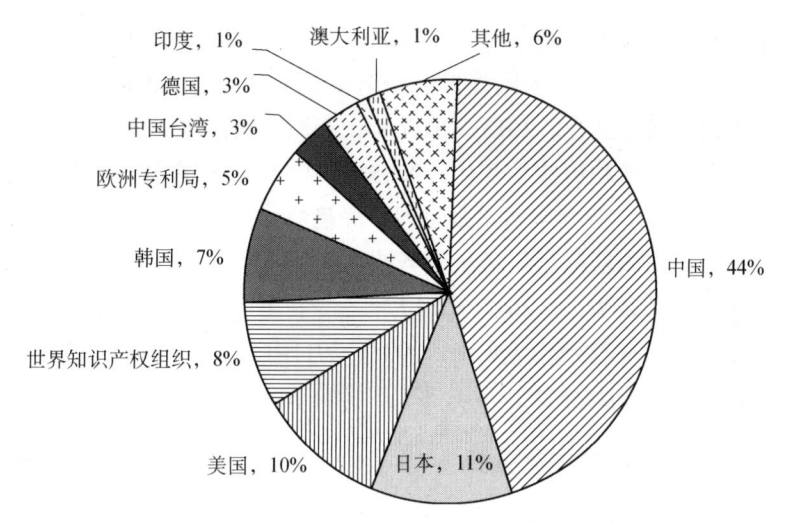

图 8-6　2005~2017 年太阳能产业全球专利主要技术市场分布图

资料来源：中国产业智库大数据中心

8.2.2.2　太阳能产业主要国家/地区/组织专利申请年度变化趋势

对太阳能专利申请量前五的国家/地区/组织近年的专利申请统计发现，各国的专利申请量趋势特点有所不同（图 8-7）。

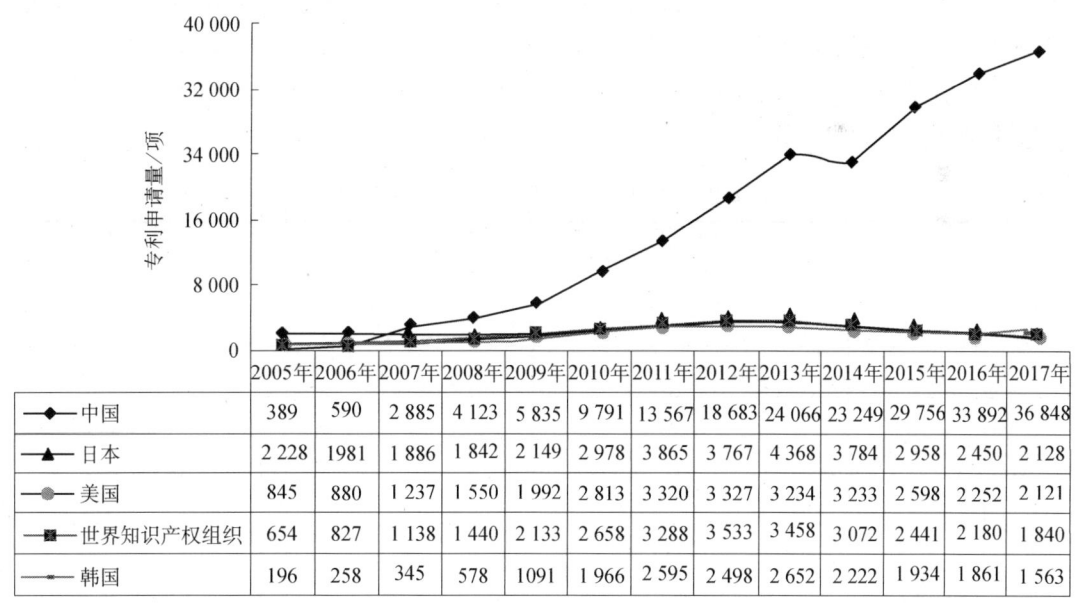

	2005年	2006年	2007年	2008年	2009年	2010年	2011年	2012年	2013年	2014年	2015年	2016年	2017年
中国	389	590	2 885	4 123	5 835	9 791	13 567	18 683	24 066	23 249	29 756	33 892	36 848
日本	2 228	1981	1 886	1 842	2 149	2 978	3 865	3 767	4 368	3 784	2 958	2 450	2 128
美国	845	880	1 237	1 550	1 992	2 813	3 320	3 327	3 234	3 233	2 598	2 252	2 121
世界知识产权组织	654	827	1 138	1 440	2 133	2 658	3 288	3 533	3 458	3 072	2 441	2 180	1 840
韩国	196	258	345	578	1091	1 966	2 595	2 498	2 652	2 222	1 934	1 861	1 563

图 8-7　2005~2017 年太阳能产业主要国家/地区/组织专利申请量年度变化趋势图

资料来源：中国产业智库大数据中心

中国太阳能专利申请量趋势整体上呈直线增长，从 2005 年起，中国太阳能专利申请量一路攀升，逐渐超出其他国家/地区/组织并遥遥领先，2014 年申请量略有下降，但 2015 年之后又继续保持增长趋势，与全球太阳能整体专利申请趋势比较一致，这反映出中国对全球太阳能专利量具有较大的影响。

日本太阳能专利申请量趋势波动变化。2005~2006年，日本太阳能专利申请量全球排名位居第一。2005~2008年，日本太阳能专利申请量呈下降趋势，2009~2011年、2013年，日本太阳能专利申请量略有上升，2013~2017年，专利申请量则呈现下降趋势。

美国太阳能专利申请量趋势波动变化。2005~2012年，美国太阳能专利申请量呈现低速增长趋势，2013~2017年，专利申请量则呈现下降趋势。

世界知识产权组织太阳能专利申请量趋势波动变化。2005~2012年，世界知识产权组织太阳能专利申请量呈现低速增长，2013~2017年，专利申请量则呈现下降趋势。

韩国太阳能专利申请量趋势波动变化。2005~2011年、2013年，韩国太阳能专利申请量呈现低速增长，2012年、2014~2017年，专利申请量则呈现下降趋势。

8.2.3 太阳能产业创新主体分析

8.2.3.1 太阳能产业十大创新主体

太阳能专利申请量前十国际专利权人分布如表8-2所示，可以看出，在前十申请人中，日本有7家，韩国2家，中国1家。排名第一的企业是中国国家电网公司，专利申请量为3745项，其他依次是：LG电子公司、夏普公司、三星电子公司、京瓷公司、三菱电机公司、富士胶片公司、柯尼卡公司、三洋电机公司、大日本印刷公司。结合全球太阳能专利申请的国家/地区/组织分布情况，虽然中国太阳能专利申请量占该领域总量的57.68%，但仅有一家公司进入前十行列；日本、韩国在全球太阳能专利申请领域所占比例分别只有10.30%和5.60%，但日本、韩国分别有7家和2家公司进入前十行列，相比中国多而分散的太阳能研发机构，这些公司都具有十分强大的竞争力。

表8-2 太阳能专利申请量前十专利权人分布

排名	专利申请量/项	专利权人	专利申请走势（2005~2017年）	近5年专利占比/%
1	3745	国家电网公司		92.47
2	2779	LG电子公司		52.90
3	2492	夏普公司		40.49
4	1587	三星电子公司		42.53
5	1453	京瓷公司		35.38
6	1429	三菱电机公司		51.15
7	1348	富士胶片公司		42.36
8	1204	柯尼卡公司		41.78
9	1196	三洋电机公司		34.87
10	753	大日本印刷公司		47.41

资料来源：中国产业智库大数据中心

从研究机构的专利申请活跃度来看，中国国家电网公司近5年专利申请量占比为92.47%，LG电子公司近5年专利申请量占比为50.90%。中国国家电网公司的核心领域为太阳能光伏面板、多源供配电线路布线、太阳能集热板等，LG电子公司的核心领域为太阳能电池、太阳能光伏面板、辐射敏感器件。

8.2.3.2 太阳能产业创新主体之间的合作

太阳能研究领域内的各个机构在加快发展自身研发实力、扩大技术保护范围的同时，也在寻求合适的合作伙伴，力求在较短的时间内发挥利用双方的优势，补充各自的短板，联合起来进行技术研发。对太阳能领域申请量前百位的机构进行合作网络分析，得到合作关系图8-8。

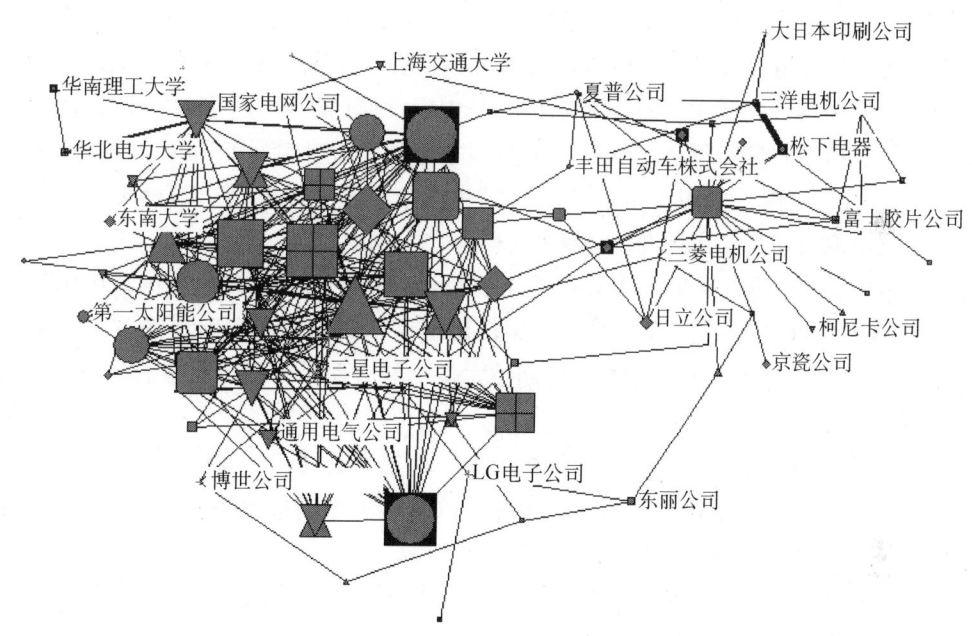

图8-8 2005～2017年太阳能产业全球创新主体合作网络图
注：度数中心度>0
资料来源：中国产业智库大数据中心

1）三洋电机公司

三洋电机公司是太阳能领域专利申请合作最多的申请人，与其他5个机构有过合作，合作频次达306次。其中，松下电器公司是其最大的合作伙伴，合作申请298项专利；其次与丰田自动车株式会社、夏普公司分别合作申请专利3项、2项。

2）国家电网公司

国家电网公司共与17个机构、个人合作，合作申请专利149项。主要合作机构有华北电力大学、东南大学、上海交通大学、天津大学，分别合作申请专利63项、38项、14项、10项。

3）其他研究机构

太阳能领域其他研发机构之间也有较频繁的专利合作。美国太阳能电池板制造商第一太阳能公司与通用电气公司合作申请专利34次,三菱电机公司与日立公司合作申请专利20次,三星电子公司与博世公司合作申请专利14次,LG电子公司与东丽公司合作申请专利10次。

8.2.3.3 太阳能产业创新主体的专利布局

进一步分析国家电网公司、LG电子公司、夏普公司、三星电子公司、京瓷公司、三菱电机公司、富士胶片公司、柯尼卡公司、三洋公司、大日本印刷公司10家机构的专利布局情况,以研究创新主体的市场战略。

表8-3和表8-4分别反映了上述10家公司的2005～2010年与2011～2017年全球专利布局变化情况。其中,国家电网公司、LG电子公司、夏普公司、三星电子公司、京瓷公司、三菱电机公司、三洋电机公司、大日本印刷公司等8家公司的市场战略发生了较大改变。

第一,国家电网公司的主要目标市场仍然是中国,但已逐渐由中国向国际市场扩散。近5年来,PCT专利申请量实现从无到有,说明国家电网公司对国际市场的重视逐渐增加;同时国家电网公司对美国、中国香港、印度市场也给予了重视,专利申请量实现"零"的突破,说明国家电网公司近年市场布局迅速扩张。

第二,LG电子公司、三星电子公司的主要目标市场仍旧是韩国、美国、中国、日本、中国台湾、德国,PCT专利申请量逐渐增加,说明这两家公司对国际市场重视,也反映出PCT专利申请途径在节约时间和成本、前期技术保护等方面具有不可比拟的优势,是国际市场竞争必备之利器。

第三,夏普公司、京瓷公司、三菱电机公司、柯尼卡公司、三洋电机公司、大日本印刷公司的主要目标市场仍旧是日本、美国、中国,PCT专利申请量大幅度增加,说明这6家公司对国际市场的重视。

第四,国家电网公司、LG电子公司、三星电子公司、三菱电机公司、大日本印刷公司这5家公司均开始对印度市场进行专利布局,说明近5年来,印度逐渐成为全球新兴太阳能目标市场,具有较大的市场潜力。

表8-3 太阳能产业十大创新主体全球专利布局(2005～2010年) (单位:项)

国家/地区/组织	国家电网公司	LG电子公司	夏普公司	三星电子公司	京瓷公司	三菱电机公司	富士胶片公司	柯尼卡公司	三洋电机公司	大日本印刷公司
中国	58	122	98	82	20	54	38	8	105	8
韩国	0	472	25	419	4	3	27	1	60	4
日本	0	106	975	123	756	335	372	375	436	205
美国	0	172	229	310	64	68	146	47	170	28
世界知识产权组织	0	145	207	21	55	85	50	81	51	9
欧洲专利局	0	118	149	81	30	48	82	19	115	7
中国台湾	0	44	15	17	0	6	16	0	36	1
德国	0	9	10	19	7	18	7	0	13	2
印度	0	8	22	1	1	0	7	0	6	0

续表

国家/地区/组织	国家电网公司	LG电子公司	夏普公司	三星电子公司	京瓷公司	三菱电机公司	富士胶片公司	柯尼卡公司	三洋电机公司	大日本印刷公司
澳大利亚	0	1	18	1	1	0	2	0	0	0
英国	0	1	5	1	0	0	0	1	0	2
巴西	0	2	1	0	0	0	1	0	2	0
新加坡	0	0	0	4	0	1	0	0	2	0
挪威	0	0	1	0	0	3	0	0	0	0
越南	0	1	3	0	0	0	0	0	2	0
加拿大	0	2	1	1	0	0	0	0	0	0
中国香港	0	0	1	1	0	2	0	0	0	0

表 8-4 太阳能产业十大创新主体全球专利布局（2011~2017年） （单位：项）

国家/地区/组织	国家电网公司	LG电子公司	夏普公司	三星电子公司	京瓷公司	三菱公司	富士胶片公司	柯尼卡公司	三洋电机公司	大日本印刷公司
中国	3684	522	29	278	60	105	233	44	123	29
韩国	0	2207	21	1021	4	17	143	22	13	21
日本	0	359	538	202	670	1033	902	759	639	538
美国	6	734	41	836	110	106	313	106	317	41
世界知识产权组织	26	498	56	78	161	226	458	314	472	56
欧洲专利局	2	479	18	248	61	28	111	56	145	18
中国台湾	0	144	21	60	3	46	157	10	19	21
德国	0	25	0	28	2	42	4	0	43	0
印度	1	7	2	19	0	3	8	0	5	2
澳大利亚	0	2	0	2	0	1	2	2	1	0
英国	0	2	0	2	0	0	2	0	0	0
巴西	0	0	0	2	0	0	1	0	1	0
俄罗斯	0	2	0	1	0	0	0	0	0	0
加拿大	0	1	1	3	2	2	0	0	0	0
马来西亚	0	0	0	3	0	1	0	0	0	0

资料来源：中国产业智库大数据中心

8.2.4 太阳能产业专利技术发明人分析

8.2.4.1 太阳能产业专利技术发明人合作率与合作度年度变化趋势

2005~2017年，太阳能领域专利的合作率和合作度均保持在较稳定的水平（图 8-9）。从合作率指标来看，历年合作率均在 54% 以上。其间，2012~2014 年合作率水平最高，达到 60% 以上，说明太阳能领域一半以上的专利是两个或两个以上的个人合作完成的，科学合作较频繁，合作程度较高。从合作度指标来看，合作度均在 2.52~3.01 之间，说明太阳能领域科学合作的规模较小，且较为稳定。

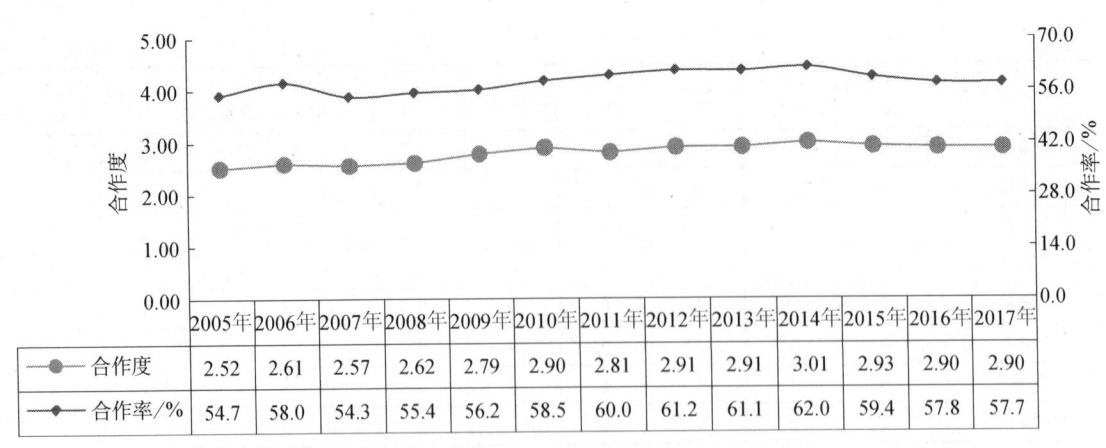

年份	2005年	2006年	2007年	2008年	2009年	2010年	2011年	2012年	2013年	2014年	2015年	2016年	2017年
合作度	2.52	2.61	2.57	2.62	2.79	2.90	2.81	2.91	2.91	3.01	2.93	2.90	2.90
合作率/%	54.7	58.0	54.3	55.4	56.2	58.5	60.0	61.2	61.1	62.0	59.4	57.8	57.7

图 8-9 2005～2017 年太阳能产业专利技术发明人合作率和合作度年度变化趋势图

资料来源：中国产业智库大数据中心

8.2.4.2 太阳能产业专利技术发明人合作率和合作度比较

本部分对申请量前十的研究机构，计算其合作率与合作强度，分析各个公司在发明人合作方面的特征（表 8-5）。

表 8-5 2005～2017 年太阳能产业主要公司的合作率与合作度比较

序号	机构名称	合作率/%	合作度
1	国家电网公司	94.02	7.53
2	LG 电子公司	83.41	4.50
3	夏普公司	61.32	2.70
4	三星电子公司	92.88	7.15
5	京瓷公司	48.93	2.04
6	三菱电机公司	66.20	2.66
7	富士胶片公司	72.70	2.92
8	柯尼卡公司	62.04	2.37
9	三洋电机公司	65.30	2.63
10	大日本印刷公司	70.12	2.59

资料来源：中国产业智库大数据中心

就中国而言，国家电网公司的专利合作率为 94.02%，合作度为 7.53，可见中国太阳能专利申请合作率较高，平均每项专利约由 7 位发明者共同完成，合作率和合作度均高于其他公司。

就韩国而言，LG 电子公司的专利合作率为 83.41%，合作度为 4.50；三星电子公司的专利合作率为 92.88%，合作度为 7.15；可见韩国太阳能专利申请合作也较为频繁。

就日本而言，夏普公司、京瓷公司、三菱电机公司、富士胶片公司、柯尼卡公司、三洋电机公司、大日本印刷公司 7 家公司的专利合作率均低于 75%，合作度均低于 3.00；其中京瓷公司的专利合作率为 48.93%，合作度为 2.04，在前十公司中专利申请合作率与合作度最低。总体来说，日本公司太阳能专利申请合作情况要低于中国、韩国的公司。

8.2.4.3 太阳能产业专利技术核心发明人

分别计算太阳能领域国家电网公司、LG电子公司、夏普公司、三星电子公司、京瓷公司、三菱电机公司、富士胶片公司、柯尼卡公司、三洋电机公司、大日本印刷公司等专利申请量前十的申请人内部发明人合作网络凝聚力指数和点度中间中心度,可以得出以下结论。

国家电网公司整体网络的凝聚力指数为0.907,凝聚力非常强;ZHANG Y、WANG Y在网络中的中间中心度最高,均为17.201,说明其在网络中控制资源的能力最强,具有较大的影响力;WANG Y、WANG X、ZHANG Y、ZHANG J等与其他人合作的频次均大于1000次。从网络结构来看,公司内部形成了以WANG Y、WANG X、ZHANG Y、ZHANG J等为核心的发明人合作网络,公司内部专利申请量前百位的发明人中彼此合作申请专利次数均大于100次。

LG电子公司整体网络的凝聚力指数为0.622,凝聚力较强;LEE S、KIM J、LEE D、KIM H、KIM S等在网络中的中间中心度最高,分别为377.928、323.900、242.272、226.915、224.600,说明其在网络中控制资源的能力最强,具有较大的影响力;KIM J与其他人合作的频次最高,共合作1222次,其次是LEE H、LEE J等。从网络结构来看,公司内部形成了以KIM J、LEE H、LEE J等为核心的发明人合作网络,相互之间联系紧密,均有合作申请专利。

夏普公司整体网络的凝聚力指数为0.348,凝聚力较弱;KOIDE N、NAKAMURA K等在网络中的中间中心度均超过1000,分别为1931.227、1567.716,说明他们在网络中控制资源的能力最强,具有较大的影响力;与其他人合作频次大于100次的发明人有FUKUI A、YAMANAKA R、KOMIYA R、FUKE N等。从网络结构来看,公司内部形成了多个发明人合作网络,KOIDE N、SAINOO Y、SHIBATA S等发明人发挥了重要的桥梁作用。

三星电子公司整体网络的凝聚力指数为0.666,凝聚力较强;LEE J、PARK J、KIM D、KIM S等在网络中的中间中心度均超过200,分别为284.842、261.448、221.919、214.797,说明他们在网络中控制资源的能力最强,具有较大的影响力;LEE J与其他人合作频次最高,为670次。从网络结构来看,公司内部形成了以LEE J、PARK J、LEE J W、CHOI J、KIM D等发明人为核心的合作网络。

京瓷公司、三菱电机公司、富士胶片公司、柯尼卡公司、三洋电机公司、大日本印刷公司整体网络的凝聚力指数分别为0.325、0.379、0.331、0.249、0.377、0.314,凝聚力均较弱。

8.3 太阳能产业在华专利态势分析

太阳能产业在华专利检索策略采用"分类号+关键词"为检索方式,分类号为F24J2(太阳能)和H01L31(光伏),关键词为"太阳能""光伏",专利申请时间限于2005~2017年,共检索到太阳能专利220 034件。

8.3.1 太阳能产业在华专利申请态势

8.3.1.1 太阳能产业在华专利年度趋势

自21世纪以来,中国太阳能产业进入高速增长阶段。2006年颁布的《中华人民共和国可再生能源法》,进一步促进了太阳能热水器产业的发展;2007年颁布的国家《可再生能源中长期发展规划》确定了"到2020年太阳能发电总量为180万千瓦"的目标。同时,在"光明工程""先导工程""送电到乡"等国家项目和世界光伏市场的带动下,光伏发电产业迅速发展。2007年在印度尼西亚举办的联合国气候变化大会上指出:"中国太阳能产业规模位居世界第一位,目前是全球最大的太阳能热水器生产和使用大国,并在太阳能光伏电池生产方面具有重要的地位。"[5]这一阶段,中国太阳能产业在推广应用方面逐步追赶世界水平,涌现出一大批太阳能企业,但技术开发方面依旧比较欠缺。从2005年专利授权量为0,到2009年专利授权量达4139,我国太阳能产业的专利实现从无到有,并保持高速增长。可见,中国太阳能产业已逐步从"引进利用为主"发展成为"重视技术创新"。

2010年之后,光伏发电迅猛发展,中国太阳能产业得到进一步发展,进入了飞速增长阶段,与此同时,太阳能产业专利申请量呈现井喷式增长。2010年,太阳能产业专利申请量首次突破1万件,同年专利授权量达7820件,相比2009年专利授权量将近翻了一番;2016年,太阳能产业专利申请量达39 626件,同年专利授权量达27 632件(图8-10)。

	2005年	2006年	2007年	2008年	2009年	2010年	2011年	2012年	2013年	2014年	2015年	2016年	2017年
申请量/件	2 367	3 480	4 475	6 435	9 714	14 912	20 213	24 492	24 495	23 904	34 011	39 625	11 911
授权量/件	0	847	1 983	2 803	4 139	7 820	11 788	15 405	19 046	16 189	22 723	27 632	23 905

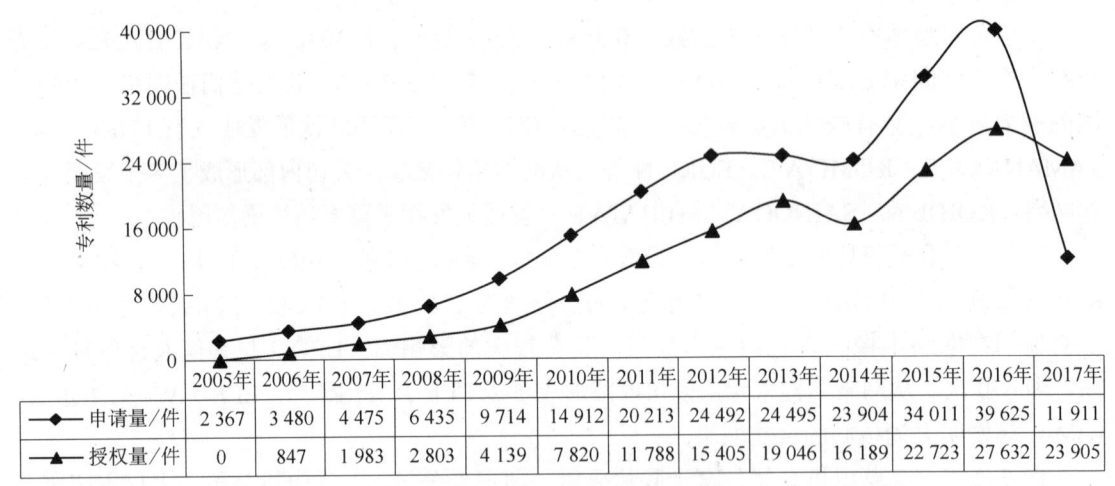

图8-10 2005~2017年太阳能产业在华专利申请量年度变化趋势图
资料来源:中国产业智库大数据中心

8.3.1.2 太阳能产业细分领域在华专利分布

太阳能产业可以分为光伏电池及组件、光伏发电(电站)、光伏应用、光热发电(电站)、光热应用、光伏材料、光热材料、检测8个子领域。从专利数量分布来看,光伏电池及组件是整个行业最为关注的领域,专利总量高达41 664件;其次是光热应用、光伏发电(电站)、光伏应用、光伏材料,专利总量均超过了10 000件,分别为32 486件、27 832件、18 170件、12 949件;光热发电(电站)、光热材料、检测专利总量相对较少,均为3000件左右(表8-6)。

表 8-6　2005～2017 年太阳能产业细分领域在华专利申请量及主要申请人

领域	专利总量/件	主要申请人
光伏电池及组件	41 664	天合光能公司、国家电网公司、无锡同春新能源科技有限公司、苏州阿特斯阳光电力公司、成都聚合科技有限公司
光伏发电（电站）	27 832	国家电网公司、无锡同春新能源科技有限公司、成都聚合科技有限公司、中国电力科学研究院、阳光电源股份有限公司
光伏应用	18 170	无锡同春新能源科技有限公司、国家电网公司、哈尔滨金都太阳能科技有限公司、昆山市圣光新能源科技有限公司、无锡市翱宇特新科技发展有限公司
光热发电（电站）	3 087	中国华能集团清洁能源技术研究院有限公司、徐宝安、西安博昱新能源有限公司、北京环能海臣科技有限公司、华北电力大学
光热应用	32 486	徐宝安、山东力诺瑞特新能源有限公司、北京环能海臣科技有限公司、东南大学、北京印刷学院
光伏材料	12 949	天合光能公司、成都聚合科技有限公司、晶科能源有限公司、吉富新能源科技（上海）有限公司、常熟阿特斯阳光电力科技有限公司
光热材料	3 054	冯智勇、舟山市智海技术开发有限公司、上海交通大学、天津大学、成都奥能普科技有限公司
检测	2 761	国家电网公司、常州亿晶光电科技有限公司、中国电力科学研究院、广东易事特电源股份有限公司、浜松光子学株式会社

资料来源：中国产业智库大数据中心

光伏电池及组件包含晶硅太阳能电池、薄膜太阳能电池、有机聚合物太阳能电池、纳米晶化学太阳能电池等子领域。光伏电池及组件专利申请最多的申请人有天合光能公司、国家电网公司、无锡同春新能源科技有限公司、苏州阿特斯阳光电力公司、成都聚合科技有限公司。

光热应用包含太阳能热水系统、太阳能采暖、太阳能干燥、太阳能海水淡化、太阳能制冷、空调、太阳房、太阳灶、太阳能温室、牲畜暖棚、光热建筑一体化等子领域。光热应用专利申请最多的申请人有徐宝安、山东力诺瑞特新能源有限公司、北京环能海臣科技有限公司、东南大学、北京印刷学院。

光伏发电（电站）包含独立光伏发电、并网光伏发电等子领域。光伏发电（电站）专利申请最多的申请人有国家电网公司、无锡同春新能源科技有限公司、成都聚合科技有限公司、中国电力科学研究院、阳光电源股份有限公司。

光伏应用包含光伏照明、太阳能电源、太阳能充电器、光伏建筑一体化等子领域。光伏应用专利申请最多的申请人有无锡同春新能源科技有限公司、国家电网公司、哈尔滨金都太阳能科技有限公司、昆山市圣光新能源科技有限公司、无锡市翱宇特新科技发展有限公司。

光伏材料包含有机化合物材料、敏化纳米晶材料、硅材料、无机化合物材料等子领域。光伏材料专利申请最多的申请人有天合光能公司、成都聚合科技有限公司、晶科能源有限公司、吉富新能源科技（上海）有限公司、常熟阿特斯阳光电力科技有限公司。

光热发电（电站）包含槽式光热发电、塔式光热发电、盘式（碟式）光热发电等子领域。光热发电（电站）专利申请最多的申请人有中国华能集团清洁能源技术研究院有限公司、徐宝安、西安博昱新能源有限公司、北京环能海臣科技有限公司、华北电力大学。

光热材料包含蓄热材料、导热材料、热电材料、集热材料等子领域。光热材料专利申请最多的申请人有冯智勇、舟山市智海技术开发有限公司、上海交通大学、天津大学、成都奥能普科技有限公司。

检测包括光伏产品检测、光热产品检测等子领域。检测专利申请最多的申请人有国家电网公司、常州亿晶光电科技有限公司、中国电力科学研究院、广东易事特电源股份有限公司、浜松光子学株式会社。

8.3.2 太阳能产业在华专利重要区域布局分析

8.3.2.1 太阳能产业在华专利区域布局

从区域分布来看，我国太阳能专利集中在华东地区、华南地区、华北地区、华中地区、西南地区、西北地区六大区域，以江苏、浙江、广东、山东、北京、上海、安徽、四川、河北、陕西等省份居多（图8-11）。这些省（自治区、直辖市）聚集着太阳能专利申请的高产企业和高等院校，更重要的是，这些省（自治区、直辖市）的太阳能产业已经呈现出集群化发展的特征。集群内的企业彼此接近，更有利于知识和技术转移扩散尤其是隐性知识的交流，降低企业创新的成本[6]。

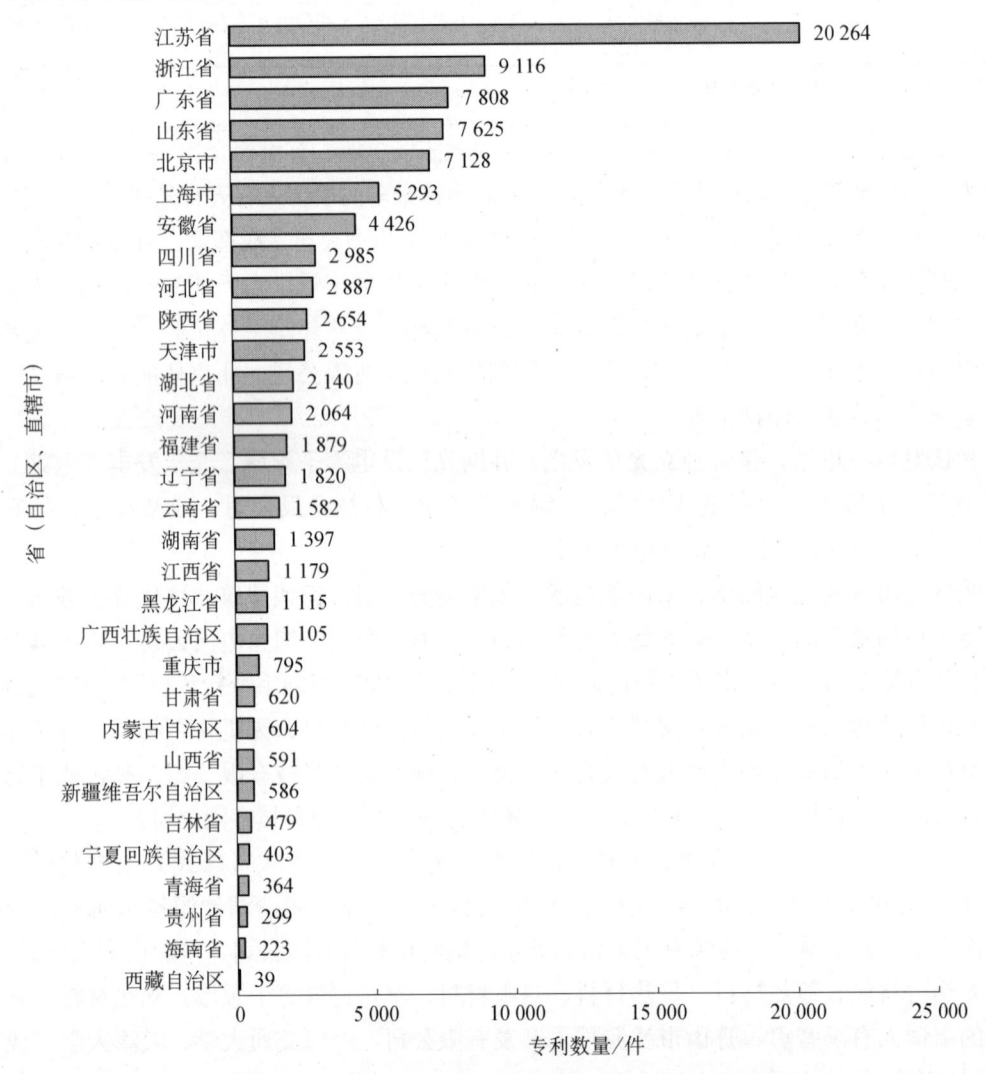

省（自治区、直辖市）	专利数量/件
江苏省	20 264
浙江省	9 116
广东省	7 808
山东省	7 625
北京市	7 128
上海市	5 293
安徽省	4 426
四川省	2 985
河北省	2 887
陕西省	2 654
天津市	2 553
湖北省	2 140
河南省	2 064
福建省	1 879
辽宁省	1 820
云南省	1 582
湖南省	1 397
江西省	1 179
黑龙江省	1 115
广西壮族自治区	1 105
重庆市	795
甘肃省	620
内蒙古自治区	604
山西省	591
新疆维吾尔自治区	586
吉林省	479
宁夏回族自治区	403
青海省	364
贵州省	299
海南省	223
西藏自治区	39

图8-11　2005～2017年太阳能产业在华专利申请量区域排名
资料来源：中国产业智库大数据中心

华东地区是太阳能专利申请的密集地,专利申请量较多的省(市)包括江苏、浙江、山东、上海和安徽。华东地区作为我国太阳能产业集群的典型代表,集中了诸多新能源公司,如天合光能公司、无锡同春新能源科技有限公司、常州亿晶光电科技有限公司、苏州阿特斯阳光电力公司、常熟阿特斯阳光电力科技有限公司等。同时,在江苏省科技厅的积极支持下,2006年2月成立了由25个光伏企业参加的"江苏省光伏产业联盟",政策的支持和企业家的加入有力地推动了江苏省光伏技术的发展。此外,浙江大学、东南大学、上海交通大学等高等院校汇集了一批太阳能领域的科研人才,在太阳能专利申请方面也较为突出。由于华东地区资金密集、技术密集,光伏企业之间建立了产业联盟,企业与高校之间也可以互助合作,更有利于构建产、学、研相结合的创新体系,进一步促进太阳能产业的发展。

华南地区申请太阳能专利较多的省(自治区、直辖市)包括广东、广西,代表企业有海洋王照明科技股份有限公司。华南理工大学在太阳能技术研发方面也做出了较多贡献,曾在2013中国国际太阳能十项全能竞赛中因建造的E-CONCAVE太阳能房屋荣获亚军[7]。华南地区具有国际性、开放性、创新性和实践性的特点,产学研结合密切,在新能源的研发实践方面具有一定的优势。

华北地区申请太阳能专利较多的省(市)包括北京、河北和天津。代表企业有英利能源(中国)有限公司。同时,清华大学、华北电力大学在光电能源科技方面培养了大量优秀人才。同时,北京、张家口等地积极推进光伏发电示范项目,极大地促进了华北地区太阳能产业的发展。

华中地区申请太阳能专利较多的省份包括湖北、河南和湖南。湖北省大力推进光伏发电新能源项目示范基地建设,并创新实施光伏扶贫工程,在具备条件的地区建设分布式光伏发电系统或小型光伏发电站,发电收益归贫困户所得。截至2016年,湖北省有196家太阳能发电企业,全省共备案普通光伏电站156个、容量584万千瓦。

西南地区申请太阳能专利较多的省(市)包括四川、云南和重庆。截至2016年,四川省有有太阳能发电企业135家,尤其乐山光伏产业已经具有较大规模,其发展定位为国家级光伏产业生产和技术研发基地,着力打造"绿色硅谷"。

西北地区申请太阳能专利较多的省(自治区、直辖市)包括陕西、甘肃和新疆。甘肃、新疆处于我国太阳能资源分布最丰富的一类地区,全年太阳能辐射量较大、日照时间较长,具有良好的资源优势、区位优势。《新疆维吾尔自治区"十三五"太阳能发电发展规划》指出,要"加快太阳能资源开发利用,推进太阳能发电规模化发展,有序发展分布式光伏发电,推动光伏发电多元化应用,开展太阳能热发电产业化示范,大力实施光伏扶贫工程,提高太阳能发电经济性,建成国家大型太阳能发电综合应用基地和外送基地"。

8.3.2.2 太阳能产业在华专利区域研发重点分析

太阳能在华专利区域研发重点研究领域如表8-7所示。

表 8-7 2005～2017 年太阳能产业细分领域在华专利布局　　　　（单位：件）

省（自治区、直辖市）	光伏材料	光伏电池及组件	光伏发电（电站）	光伏应用	光热材料	光热发电（电站）	光热应用	检测
江苏省	3202	9446	5634	4016	495	404	5057	617
浙江省	1113	3324	2083	1499	272	183	3501	264
广东省	897	3393	2599	1485	242	230	2217	229
山东省	367	1730	1459	1224	279	192	4615	161
北京市	657	2426	2518	1080	245	536	2602	153
上海市	838	2555	1686	943	187	173	1120	130
安徽省	452	1562	1453	962	101	130	1542	140
四川省	443	1342	1196	582	121	127	776	85
河北省	409	1312	712	415	73	106	922	80
陕西省	288	939	1029	611	62	168	803	81
天津市	328	1147	767	506	141	112	712	87
湖北省	183	829	795	471	80	95	692	48
河南省	185	694	593	491	52	46	837	41
福建省	240	934	564	540	49	34	503	47
辽宁省	139	599	485	340	97	44	800	48
云南省	84	330	301	257	54	67	1015	40
湖南省	172	616	451	298	45	56	395	39
江西省	272	578	285	313	27	36	238	46
黑龙江省	50	431	283	300	59	56	425	45
广西壮族自治区	122	297	252	160	51	19	581	32
重庆市	50	330	313	285	30	25	237	34
甘肃省	35	127	191	120	25	25	320	13
内蒙古自治区	54	159	186	118	14	32	280	9
山西省	56	189	180	104	14	36	269	16
新疆维吾尔自治区	23	184	262	155	15	16	197	13
吉林省	73	192	121	62	37	18	170	14
宁夏回族自治区	42	121	154	112	6	13	160	7
青海省	29	140	142	88	21	15	95	20
贵州省	16	93	104	71	9	12	129	6
海南省	46	104	78	41	12	10	35	2
西藏自治区	3	12	17	4	2	2	19	0

资料来源：中国产业智库大数据中心

光伏材料领域专利申请最多的 5 个地区是江苏、浙江、广东、北京、山东，专利申请量均大于 500 件，共申请专利 6707 件，占整个光伏材料领域专利申请量 12 949 件的 51.80%。2016 年，江苏省在光伏材料申请专利 482 件，比 2015 年的 341 件增长了 41.35%；浙江省申请专利 187 件，比 2015 年的 125 件增长了 49.6%；广东省申请专利 155 件，比 2015 年的 111 件增长了 39.64%；北京市申请专利 71 件，比 2015 年的 74 件下降了 4.05%；山东省申请专利 54 件，比 2015 年的 46 件增长了 17.39%。

光伏电池及组件领域专利申请最多的 5 个地区是江苏、广东、浙江、北京、山东，专利申请量均大于 2000 件，共申请专利 21 144 件，占整个光伏电池及组件领域专利申请量 41 664 件的 51.47%。2016 年，江苏省在光伏电池及组件申请专利 1563 件，比 2015 年的 1243 件增长了 25.74%；广东省申请专利 611 件，比 2015 年的 517 件增长了 18.18%；浙江省申请专利 570 件，比 2015 年的 512 件增长了 11.33%；北京市申请专利 288 件，比 2015 年的 391 件下降了 26.34%；山东省申请专利 362 件，比 2015 年的 235 件增长了 54.04%。总体来看，除北京市光伏电池及组件专利申请量急剧下降外，其他省（自治区、直辖市）的专利申请量均呈增长趋势。

光伏发电（电站）领域专利申请最多的 4 个地区是江苏、广东、山东、浙江，专利申请量均大于 2000 件，共申请专利 12 834 件，占整个光伏发电（电站）领域专利申请量 27 832 件的 46.11%。2016 年，江苏省申请专利 1231 件，比 2015 年的 864 件增长了 42.48%；广东省申请专利 496 件，比 2015 年的 455 件增长了 9.01%；山东省申请专利 372 件，比 2015 年的 282 件增长了 31.91%；浙江省申请专利 423 件，比 2015 年的 454 件下降了 6.83%。

光伏应用领域专利申请最多的 5 个地区是江苏、浙江、广东、安徽、山东，专利申请量均大于 1000 件，共申请专利 9304 件，占整个光伏应用领域专利申请量 18 170 件的 51.21%。2016 年，江苏省申请专利 889 件，比 2015 年的 574 件增长了 54.88%；浙江省申请专利 370 件，比 2015 年的 300 件增长了 23.33%；广东省申请专利 369 件，比 2015 年的 262 件增长了 40.84%；安徽省申请专利 275 件，比 2015 年的 186 件增长了 47.85%；山东省申请专利 332 件，比 2015 年的 214 件增长了 55.14%。

光热材料领域专利申请最多的 5 个地区是江苏、安徽、浙江、山东、广东，专利申请量均大于 200 件，共申请专利 1533 件，占整个光热材料领域专利申请量 3054 件的 50.20%。2016 年，江苏省申请专利 60 件，比 2015 年的 43 件增长了 39.53%；安徽省申请专利 10 件，和 2015 年的 10 件相比持平；浙江省申请专利 49 件，比 2015 年的 68 件下降了 27.94%；山东省申请专利 40 件，比 2015 年的 27 件增长了 48.15%；广东省申请专利 34 件，比 2015 年的 55 件下降了 38.18%。

光热发电（电站）领域专利申请最多的 3 个地区是山东、江苏、广东，专利申请量均大于 200 件，共申请专利 1170 件，占整个光热发电（电站）领域专利申请量 3087 件的 37.90%。2016 年，山东省申请专利 19 件，比 2015 年的 18 件增长了 5.56%；江苏省申请专利 66 件，比 2015 年的 35 件增长了 88.57%；广东省申请专利 26 件，比 2015 年的 39 件下降了 33.33%。

光热应用领域专利申请最多的 5 个地区是江苏、安徽、浙江、山东、广东，专利申请量均大于 2000 件，共申请专利 17 992 件，占整个光热应用领域专利申请量 32 486 件的 55.38%。2016 年，江苏省申请专利 446 件，比 2015 年的 543 件下降了 17.86%；安徽省申请专利 207 件，比 2015 年的 157 件增长了 31.85%；浙江省申请专利 360 件，比 2015 年的 372 件下降了 3.23%；山东省申请专利 403 件，比 2015 年的 404 件下降了 0.25%；广东省申请专利 316 件，比 2015 年的 271 件增长了 16.61%。

检测领域专利申请最多的 3 个地区是江苏、浙江、广东，专利申请量均大于 200 件，共申请专利 1110 件，占整个检测领域专利申请量 2761 件的 40.20%。2016 年，江苏省申请专利160件，比2015年的101件增长了48.51%；浙江省申请专利90件，比2015年的30件增长了200%；广东省申请专利63件，比2015年的31件增长了103.23%。

8.3.3 太阳能产业在华专利主要申请人分析

太阳能专利申请量前二十的申请人如图8-12所示。本部分结合相对技术优势和相对技术整合能力两项指标，选择国家电网公司、天合光能公司、晶科能源有限公司、浙江大学、苏州阿特斯阳光电力公司作为重点研究对象。

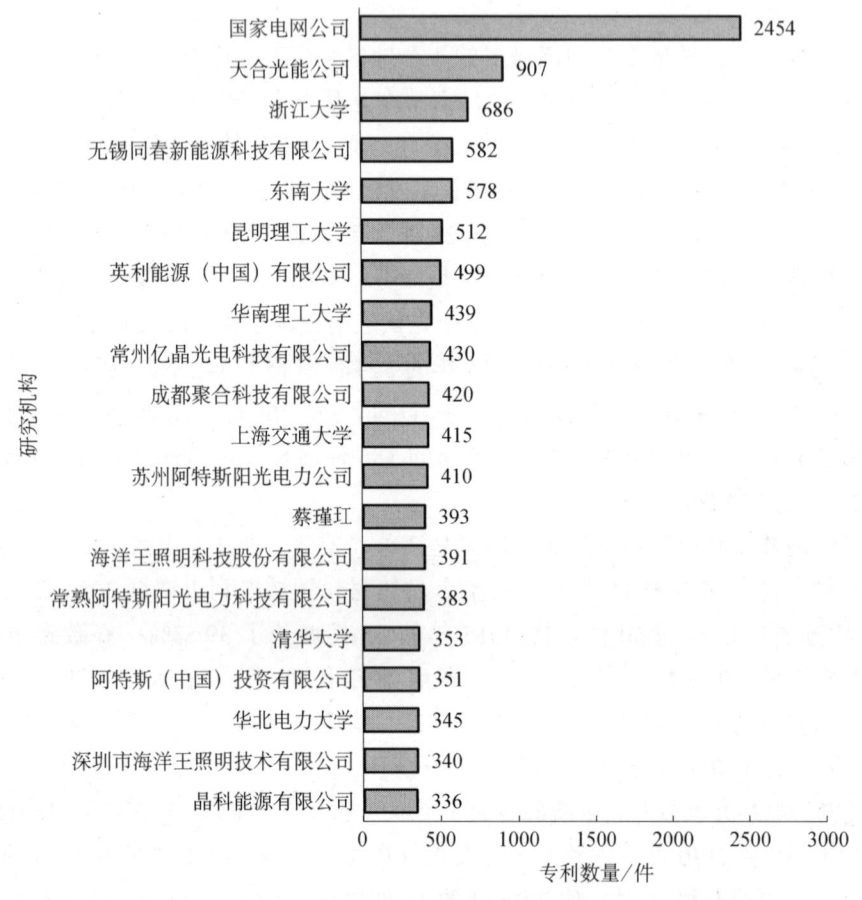

研究机构	专利数量/件
国家电网公司	2454
天合光能公司	907
浙江大学	686
无锡同春新能源科技有限公司	582
东南大学	578
昆明理工大学	512
英利能源（中国）有限公司	499
华南理工大学	439
常州亿晶光电科技有限公司	430
成都聚合科技有限公司	420
上海交通大学	415
苏州阿特斯阳光电力公司	410
蔡瑾玒	393
海洋王照明科技股份有限公司	391
常熟阿特斯阳光电力科技有限公司	383
清华大学	353
阿特斯（中国）投资有限公司	351
华北电力大学	345
深圳市海洋王照明技术有限公司	340
晶科能源有限公司	336

图8-12 2005～2017年太阳能产业在华专利申请量前二十的研发机构
资料来源：中国产业智库大数据中心

8.3.3.1 国家电网公司

国家电网公司作为关系国家能源安全和国民经济命脉的国有重要骨干企业，经营区域覆盖全国26个省（自治区、直辖市），供电人口超过11亿人。近年来，国家电网公司积极响应国家号召，支持光伏等新能源发展，统一工作流程、技术规范和服务标准，加强光伏并网、交易、消纳全过程管理。在公司统一指导下，公司系统各单位结合各地实际，加快配套电网建设，提升新能源并网服务水平，增强技术支撑能力，有力促进了光伏发电的发展。

国家电网公司在太阳能领域专利申请量排在首位，专利申请量高达2454件，其中，光伏发电（电站）专利申请量为 1147 件（图 8-13）。国家电网公司技术竞争力较强的领域有：H02B（电缆、导体、绝缘体；材料的导电、绝缘或介电性能的选择等）；G01R［测量电变量；测量磁变量（通过转换成电变量对任何种类的物理变量进行测量）；电测量仪器；测量装置的零部件等］；H02J（供电或配电的电路装置或系统；电能存储系统等）（图 8-14）。

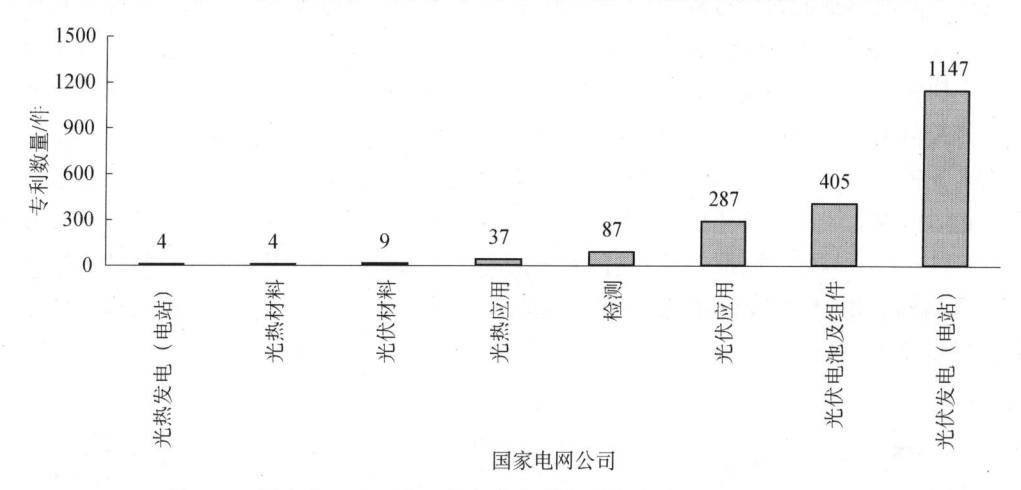

图 8-13　国家电网公司太阳能产业在华专利申请量按细分领域分布图

资料来源：中国产业智库大数据中心

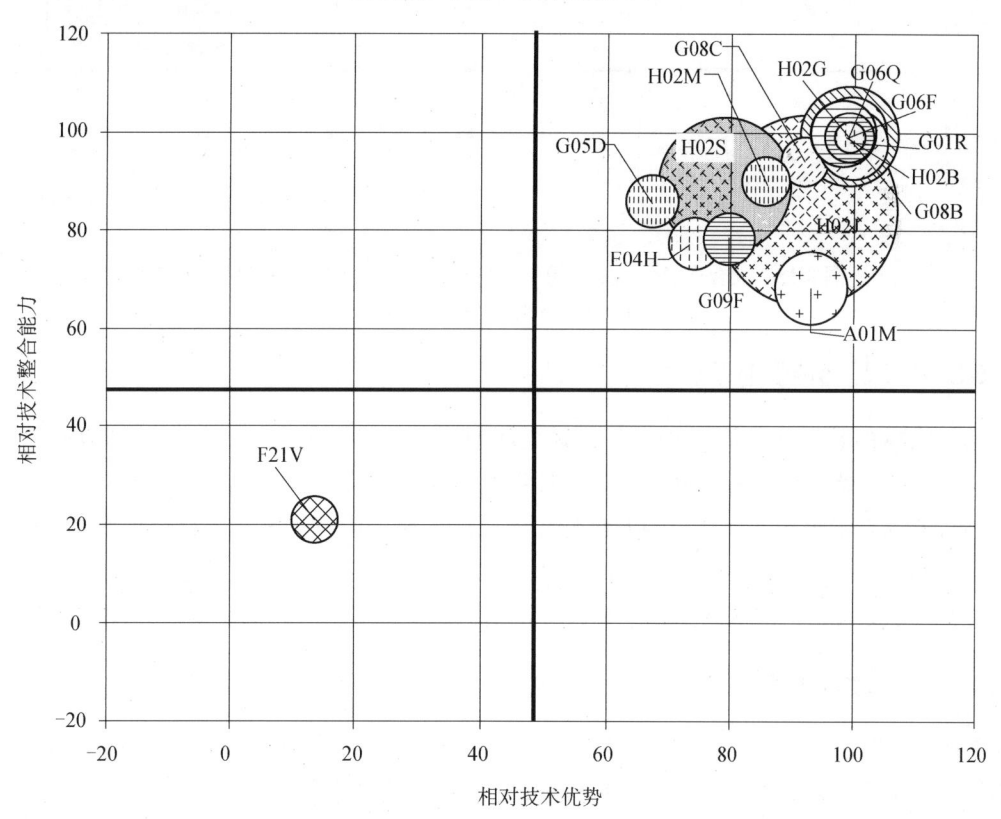

图 8-14　国家电网公司太阳能产业在华专利相对技术优势

资料来源：中国产业智库大数据中心

8.3.3.2 天合光能公司

天合光能公司于1997年创立，2006年在美国纽约证券交易所上市。2008年在常州成立的天合光伏园为世界光伏业树立了产业集群的标杆。2010年，天合光能公司成为达沃斯世界经济论坛太阳能行业的首个行业塑造者。2014年天合光能公司成为全球光伏组件出货量最多的公司。2016年，天合光能公司加大科技创新力度，由天合光能光伏科学与技术国家重点实验室自主研发的IBC高效电池的光电转换效率创造了世界纪录。而这正是当前光伏行业电价下调时代最需要的东西，也是任何一个光伏企业保持强大竞争力的根本。

天合光能公司专利申请量在太阳能领域居第二，共申请907件，其中，光伏电池及组件领域申请513件，光伏材料领域申请193件（图8-15）。天合光能公司技术竞争力较强的领域包括：H01L（半导体器件；其他类目未包括的电固体器件等）；C30B（材料的区熔精炼；具有一定结构的均匀多晶材料的制备等）；G01N（借助于测定材料的化学或物理性质来测试或分析材料等）（图8-16）。

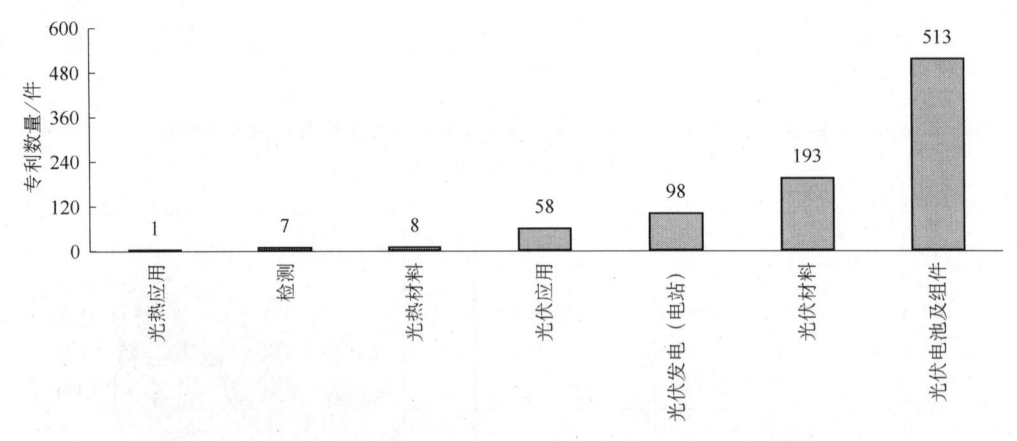

图 8-15 天合光能公司太阳能产业在华专利申请量按细分领域分布图
资料来源：中国产业智库大数据中心

8.3.3.3 晶科能源有限公司

晶科能源有限公司成立于2006年，是全球为数不多的拥有垂直一体化产业链的光伏制造商，业务涵盖了优质的硅锭、硅片、电池片生产以及高效单多晶光伏组件制造。

晶科能源有限公司在光伏电池及组件领域申请专利201件，在光伏材料领域申请专利91件（图8-17）。晶科能源有限公司技术竞争力较强的领域包括：H01L（半导体器件；电固体器件等）；C30B（材料的区熔精炼；具有一定结构的均匀多晶材料的制备等）（图8-18）。

8.3.3.4 浙江大学

浙江大学有着良好的科研基础，在半导体、电子和光伏等领域拥有较强的实力。浙江大学太阳能专利申请量排行第三，共申请专利686件，其中光伏电池及组件专利申请量144件，光伏发电（电站）专利申请量80件，光热应用专利申请量74件（图8-19）。浙江大学技术竞争力较强的领域包括：C02F（水、废水、污水或污泥的处理）；F25B（制冷机，制冷设备或系统；加热和制冷的联合系统；热泵系统等）；F22B（蒸汽的发生方法；蒸汽锅炉等）；C23C（对金属材料的镀覆；用金属材料对材料的镀覆；表面扩散法，化学转化或置换法的金属材料表面处理；真空蒸发法、溅射法、离子注入法或化学气相沉积法的一般镀覆）（图8-20）。

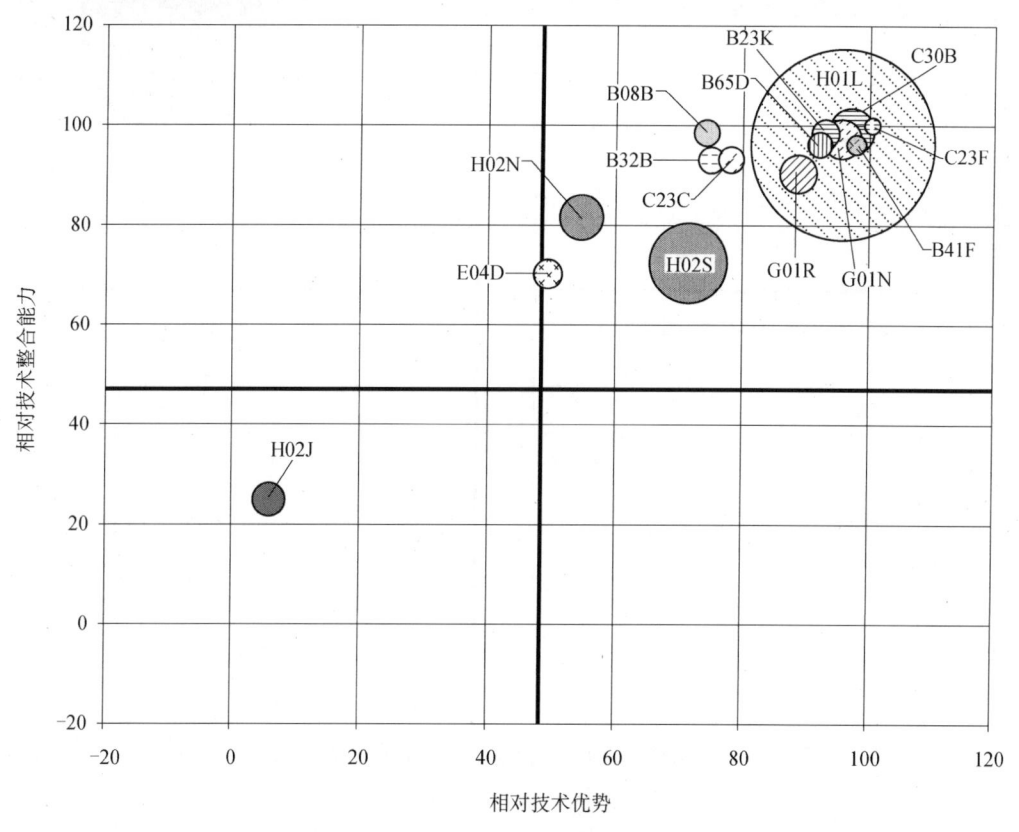

图8-16 天合光能公司太阳能产业在华专利相对技术优势

资料来源：中国产业智库大数据中心

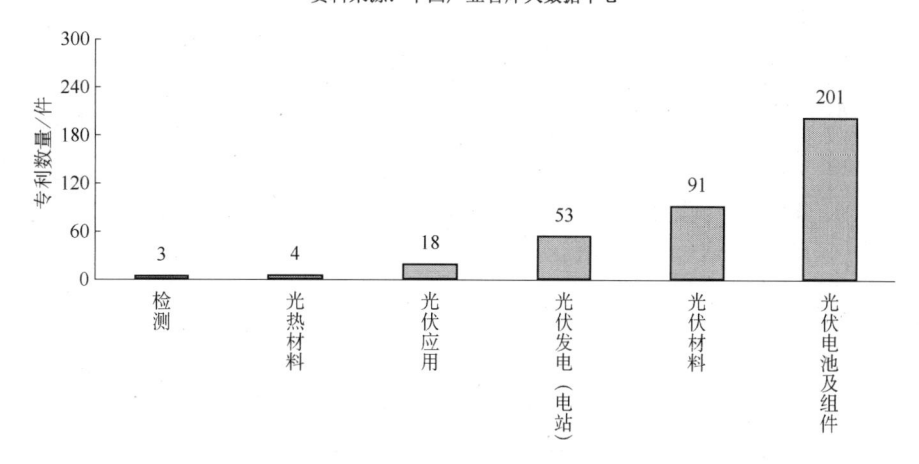

图8-17 晶科能源有限公司太阳能产业在华专利申请量按细分领域分布图

资料来源：中国产业智库大数据中心

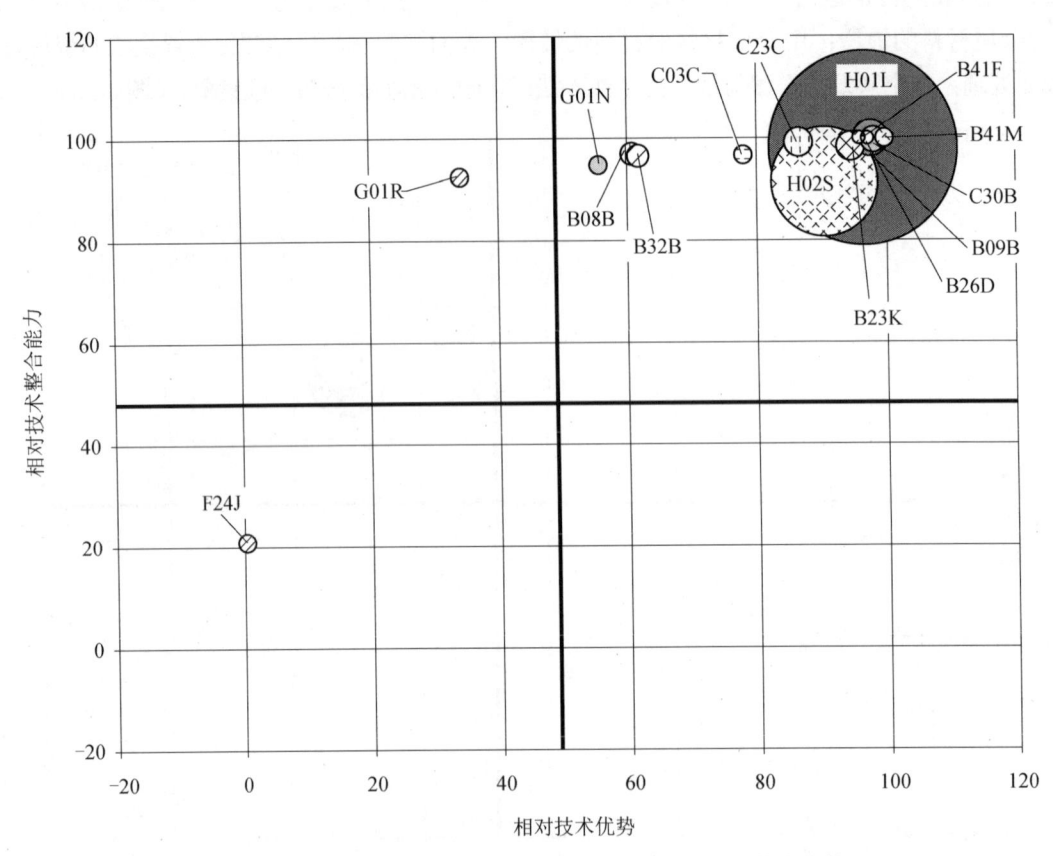

图 8-18　晶科能源有限公司太阳能产业在华专利相对技术优势

资料来源：中国产业智库大数据中心

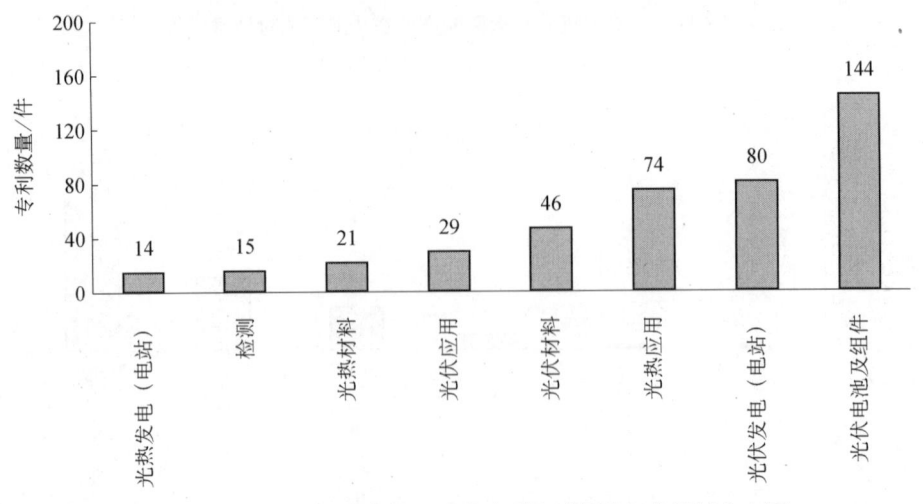

图 8-19　浙江大学太阳能产业在华专利申请量按细分领域分布图

资料来源：中国产业智库大数据中心

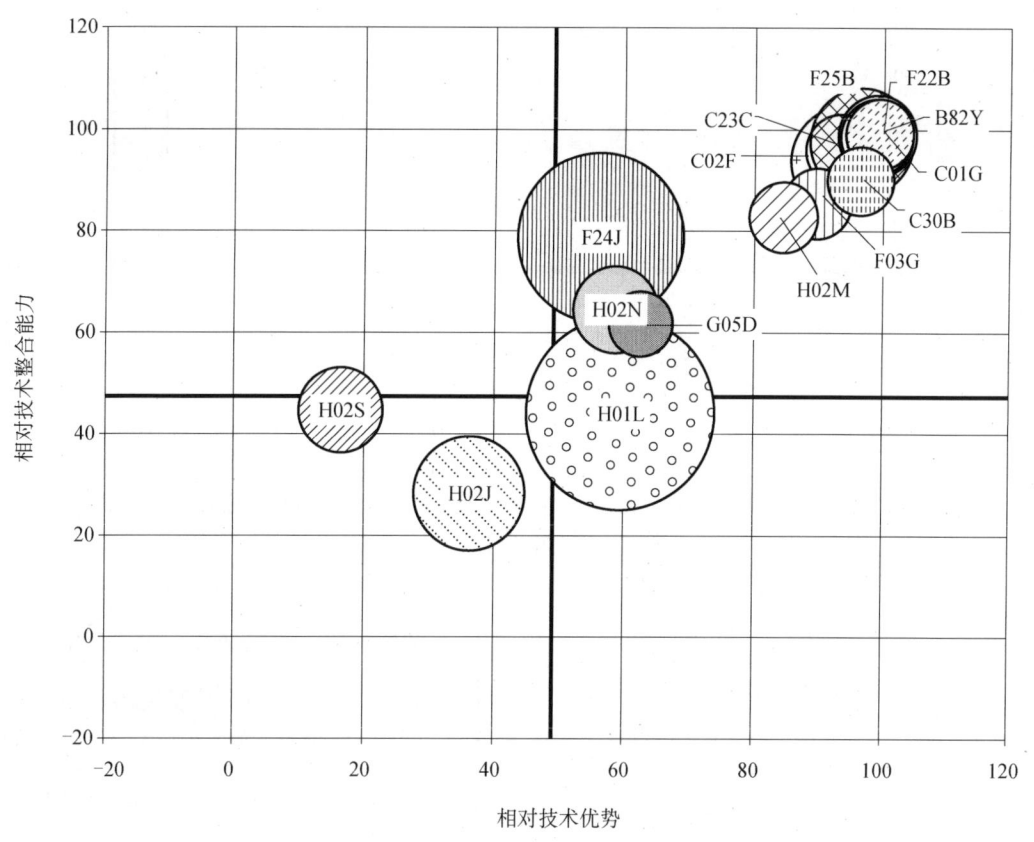

图 8-20 浙江大学太阳能产业在华专利相对技术优势

资料来源：中国产业智库大数据中心

8.3.3.5 苏州阿特斯阳光电力公司

苏州阿特斯阳光电力公司成立于 2006 年，公司经营范围包括研发、生产太阳能绿色电池及相关产品、太阳能电池片等新型光电子器件及元器件专用硅材料等。苏州阿特斯阳光电力公司在光伏电池及组件领域申请专利 262 件（图 8-21），其阳光电力公司技术竞争力较强的领域包括：H01L（半导体器件；其他类目未包括的电固体器件等）；C30B（材料的区熔精炼；具有一定结构的均匀多晶材料的制备等）；C23C（对金属材料的镀覆；用金属材料对材料的镀覆；表面扩散法，化学转化或置换法的金属材料表面处理；真空蒸发法、溅射法、离子注入法或化学气相沉积法的一般镀覆）（图 8-22）。

8.3.4 太阳能产业在华专利活跃发明人分析

利用发明人合作网络关系，可以发现重要发明人及其所在研发团队的成员；研究重要发明人，可以了解研发团队的创新模式、技术路线、产品特色，甚至预测企业今后的研发重点和产品特色。

对太阳能领域重要发明人进行计量分析，绘制重要发明人合作网络图谱如图 8-23 所示。

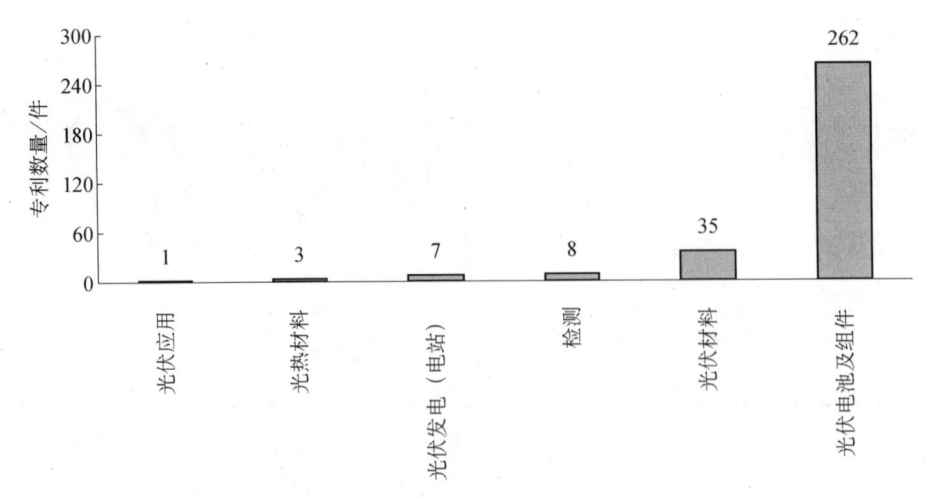

图 8-21 苏州阿特斯阳光电力公司太阳能产业在华专利申请量按细分领域分布图
资料来源：中国产业智库大数据中心

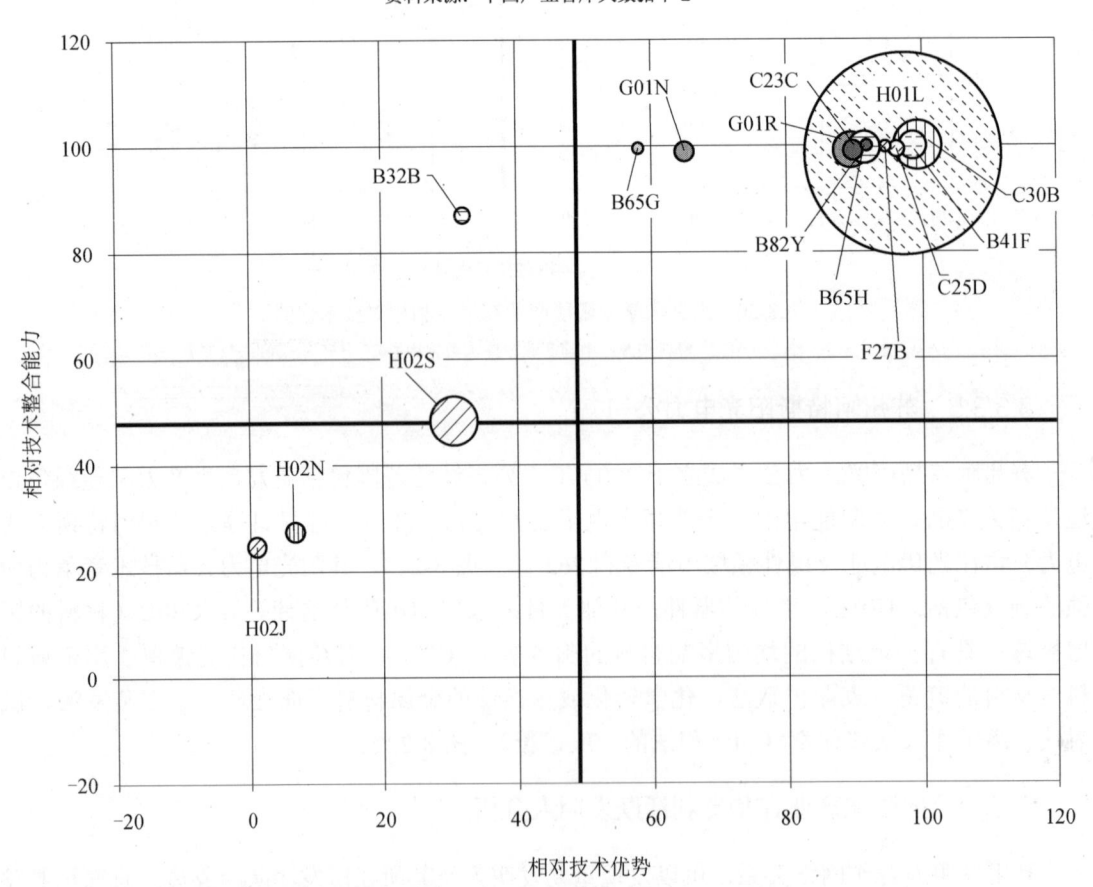

图 8-22 苏州阿特斯阳光电力公司太阳能产业在华专利相对技术优势
资料来源：中国产业智库大数据中心

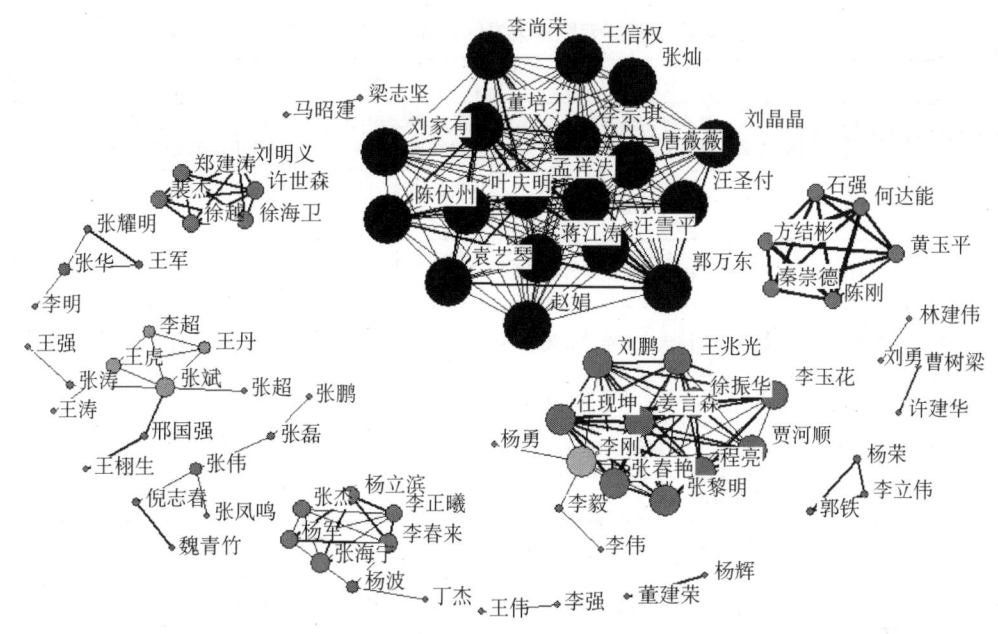

图 8-23 2005~2017 年太阳能产业在华专利重要发明人合作网络图

注：度数中心度>0

资料来源：中国产业智库大数据中心

8.3.4.1 郭万东

郭万东，合肥中南光电有限公司董事长，主要从事晶体硅太阳能电池制作、太阳能光伏组件、太阳能安装、检测装置方面的研究。合肥中南光电有限公司申请的 309 件专利中，郭万东作为发明人参与 289 件；从太阳能领域重要发明人合作网络图中，可以看出存在一个以郭万东为首的研发团队，包括：郭万东，团队领导，研究方向为晶体硅太阳能电池制作、导电银浆制备、太阳能光伏组件、太阳能安装、检测装置；孟祥法、董培才、陈伏洲：研究方向为导电银浆制备、光伏组件安装装置、检测装置；汪圣付、袁艺琴、刘晶晶：研究方向为晶体硅太阳能电池背场银浆制备、导电银浆制备、太阳能铺装、检测装置；王信权、李尚荣、李龙、张灿、李宗琪、汪雪平、赵娟、蒋江涛、唐薇薇、刘家有、叶庆明：研究方向为太阳能铺装、检测装置。

表 8-8 示出了该团队部分专利成果。该团队在 2012~2014 年对太阳能电池银浆制备方法展开了多项研究，主要集中于发明专利，重点关注太阳能电池导电银浆的导电性能、附着力、原料成本、规模生产方面，例如，环保无铅硅太阳能电池电极银浆及其制备方法、混有铝粉晶体硅基太阳能电池正极用银浆及其制备方法、混有铜粉无铅晶体硅太阳能电池正面银浆及其制备方法、单晶硅太阳能电池用正面银浆及其制备方法、晶体硅太阳能电池背场银浆及其制备方法、耐高温低方阻的导电银浆及其制备方法、氧化铝/氧化钡复合的导电银浆等。从 2015 年开始，该团队对单晶硅片制绒液及制备方法展开了重点研究，主要集中于发明专利，重点关注硅片制作的高效快速性、易清洗性、高均匀性等方面。自 2016 年起，对光伏组件、光伏发电系统展开了大量的研究，主要集中于实用新型专利，重点关注太阳能安装、检测中所需的组件。

表 8-8 太阳能产业在华专利重要发明人郭万东部分专利申请一览表

申请号	申请日	发明（设计）人	技术手段	技术功效
CN102831954B	2012.08.24	郭万东、汪圣付、袁艺琴、孟祥法、刘晶晶、董培才	晶体硅太阳能电池背场银浆及其制备方法	无铅、导电能力优、降低太阳能电池制造成本
CN104078101B	2014.06.30	郭万东、孟祥法、董培才、陈伏洲	氧化铝/氧化钡复合的导电银浆及其制作方法	导电性优、附着力好、无铅、无镉
CN104112488B	2014.06.30	郭万东、孟祥法、董培才、陈伏洲	草木灰/银粉复合的导电银浆及其制作方法	提高了导电银浆的抗压性及基板的附着力
CN104167238B	2014.06.30	郭万东、孟祥法、董培才、陈伏洲	耐高温低方阻的导电银浆及其制备方法	优异的耐高温性能，可达到200℃以上，导电性和附着性能提高
CN202178285U	2011.06.30	郭万东、汪圣付、袁艺琴、孟祥法、王信权、李尚荣、李龙、张灿、李宗琪、汪雪平、赵娟、董培才、蒋江涛、唐薇薇、刘家有、叶庆明、陈伏洲、刘晶晶	太阳能电池片铺装检测工作台	铺装与检测工作既快又准，而且结构简单，使用方便

资料来源：中国产业智库大数据中心

从以上分析可以看出，郭万东团队技术研发和专利申请的典型模式为：首先以太阳能电池组件作为突破口，研发出导电性能更优、成本更低的太阳能电池产品，经过初步的研发和专利申请，逐渐积累实现技术上的突破，这一阶段主要是对太阳能电池制备方法进行模仿创新和优化；随着太阳能电池制备的相对成熟，对太阳能电池上游产品单晶硅片的制备展开了进一步的研发和专利申请；继而对太阳能光伏组件、太阳能安装、检测装置、光伏发电系统展开了研发。可以看出，郭万东团队已经初步完成太阳能领域中下游专利布局，在太阳能电池、单晶硅片、光伏组件、光伏发电系统方面展开了深入研究。

8.3.4.2 姜言森

山东力诺太阳能电力股份有限公司申请的160件专利中，姜言森作为发明人参与139件；从太阳能领域重要发明人合作网络图中，可以看出存在一个以姜言森为首的研发团队，包括：姜言森，研究方向为太阳能电池、太阳能电池片、晶体硅太阳能电池工艺；任现坤、张春艳、贾河顺、程亮、张黎明、刘鹏、王兆光、徐振华，研究方向为新型太阳能电池、太阳能电池片、硅片、晶体硅太阳能电池制作工艺。

表8-9示出了该团队部分专利成果。可以看出，姜言森团队重点关注太阳能电池及制作工艺，包括：碱法制备太阳电池无死层发射极的工艺、酸法后制绒无死层发射极的制备工艺、太阳电池无死层发射极的制作方法等、一种N型晶硅太阳电池及其制备方法、一种晶体硅太阳能电池均匀扩散制节方法等。

表 8-9 太阳能产业在华专利重要发明人姜言森部分专利申请一览表

公开号	申请日	发明（设计）人	技术手段	技术功效
CN103094370B	2013.03.05	任现坤、张春艳、贾河顺、马继磊、程亮、徐振华、姜言森、孙继峰	晶硅太阳能电池片	提高太阳能电池的受光面积、光电转换效率，降低生产成本

续表

公开号	申请日	发明（设计）人	技术手段	技术功效
CN102623557A	2012.03.27	程亮、张黎明、刘鹏、姜言森、贾河顺、任现坤、姚增辉、张春艳	碱法制备太阳电池无死层发射极的工艺	有效地去除电池片表面的死层发射极区，提高太阳电池的短波响应，减小暗电流，有效提高电池片的开路电压，并且易于工业化生产
CN202549888U	2012.02.03	贾河顺、罗磊、程亮、徐振华、姜言森、刘鹏、李玉花、任现坤、王兆光、张春艳、张丽丽、张黎明	一种新型太阳能电池，包括电池片和连接导体	省时省力、效率高且便于实现自动化生产
CN102185030B	2011.04.13	杨青天、徐振华、刘鹏、姜言森、李玉花、程亮、王兆光、张春艳、任现坤	在N型硅衬底上制备背接触式HIT太阳能电池的方法	方法简单，能够迅速产业化，减少焊接工序

资料来源：中国产业智库大数据中心

从以上分析可以看出，姜言森团队技术研发和专利申请的典型模式为：首先以太阳能电池作为突破口，重点研发太阳能电池制作方法与工艺，经过初步的研发和专利申请，逐渐积累实现技术上的突破；继而围绕所形成的理论，进行相对集中的太阳能电池专利申请布局。

8.4 太阳能产业重点领域全球技术标准分析

本节主要针对太阳能行业中光伏设备原材料及辅料制备、光伏电池及组件、光伏系统工程（电站、并网、应用、光伏建筑）等技术领域开展全球技术标准的对比分析，从技术标准的角度掌握国际标准化组织、国际电工委员会、美国、日本、欧盟、英国、德国、法国等主要发达国家和我国在这些关键技术标准领域的技术优势、特点、缺失及各国技术标准的差异。

8.4.1 美国太阳能产业重点领域技术标准

美国制定太阳能光伏技术标准的机构包括美国标准协会、美国保险商实验所、美国材料与试验协会、美国机械工程师协会等机构，截至2016年8月20日（下同）共制定约42项标准（表8-10），主要包括常见光伏发电产品、组件、性能测试、设计方法4类技术标准。其中，光伏产品标准包括太阳能模拟器、独立光伏发电系统、光伏混合系统用的铅酸蓄电池、聚光式太阳能发电系统、光伏比对电池、晶体硅光伏电池、聚光光伏模块；组件标准包括低压熔丝、断路器、熔断器支架、多极连接器、开关、接线盒、光伏电线、故障电路保护；性能测试标准包括抗冲击力、风化试验、压力测试、温度测试、机械性测试、绝缘性测试、湿度测试、电性能测试等；设计方法主要包括晶体硅光伏组件的设计。

表 8-10 美国太阳能产业关键技术标准列表

序号	标准号	标准名称
1	ANSI/ASTME927-1991	地面光伏测试用太阳模拟器规范
2	ASTME822-1992（2009）	用发射冰球法测定太阳能收集器覆盖材料对冰雹冲击抗力的标准实施规程
3	ASTME881-1992（2009）	在模拟滞留模式下暴露于自然气候下的太阳能收集器挡盖材料的标准实施规程

续表

序号	标准号	标准名称
4	ANSI/ASTME1021-1995	光伏电池光谱响应的测量方法
5	ANSI/ASTME948-1995	利用比对电池进行非浓缩地面光伏电池的电特性的方法
6	ASTME782-1995（2007）	在模拟操作模式下暴露于自然气候中的太阳能收集器覆盖材料的标准实施规程
7	ANSI/ASTME1036/E1036M-1996	利用比对电池测定非浓缩地面光伏电池模拟器电特性的方法（米制）
8	ANSI/ASTME973M-1996	光伏器件和光伏比对电池光谱失配参数测定方法
9	ANSI/ASTME1799-1996	光伏模拟器外观检查惯例
10	ANSI/ASTME1125-1999	利用平行光谱校准初级非浓缩地面光伏比对电池的试验方法
11	ANSI/ASTME1596-1999	光伏电池模拟器太阳能辐射风化试验方法
12	ANSI/ASTME2047-1999	光伏电池阵列绝缘完整性试验方法
13	ANSI/ASTME1597-1999	海洋环境用光伏电池模拟器盐水浸没压力和温度测试方法
14	ANSI/ASTME1328-1999	光伏太阳能转换术语
15	ANSI/ASTME1039-1999	球面发光条件下校准和表征非浓缩地面光伏比对电池特性试验方法
16	ANSI/ASTME1143-1999	光伏器件试验参数线性度测定方法
17	ANSI/ASTME1362-1999	非浓缩光伏副基准比对电池校准试验方法
18	ANSI/ASTME1830M-2002	光伏模块机械完整性测定方法（米制）
19	ANSI/ASTME1802-2002	光伏模块潮湿绝缘完整性试验方法
20	ANSI/ASTME1171-2002	循环温度和湿度环境下光伏模块的试验方法
21	ANSI/IEEE1526-2003	独立运行光伏发电系统性能测试推荐实施规程
22	ULSUBJECT5703-2007	光伏背板材料的最高工作温度额定值测定的调查大纲. 发布编号：1
23	ASTME1171-2009	模拟温度和湿度的环境中光伏组件的标准试验方法
24	ANSI/IAPMOUSEC1-2009	统一太阳能规程
25	ASTME948-2009	模拟太阳光下使用参比池的光电池电性能的标准试验方法
26	ASTME2848-2011	报告光伏非集中器系统性能的标准试验方法
27	ASMESTP-PT-054-2012	聚光式太阳能发电（CSP）规范和标准差异分析
28	ULSUBJECT4703-2009	光伏电线用测试大纲. 版本号：2
29	IEEE1661-2007	光伏（PV）混合电力系统中使用的铅酸蓄电池的试验和评估用 IEEE 指南
30	ULSUBJECT4703-2010	光伏电线用测试大纲发布号：4
31	ULSUBJECT489B-2010	与光伏（PV）系统搭配使用的塑壳断路器，塑壳开关和断路器外壳调查大纲
32	ULSUBJECT2579-2010	SUBJECT2579 低压熔丝调查大纲-光伏系统用熔丝发布号：6
33	ULSUBJECT4248-18-2010	SUBJECT4248-18 熔断器支架调查大纲. 第18部分：光伏发布号：2
34	ULSUBJECT6703A-2010	SUBJECT6703A 在光伏系统中使用的多极连接器的调查大纲发布号：1
35	ULSUBJECT8703-2011	聚光光伏模块和组件的调查大纲
36	ULSUBJECT3730-2011	光伏接线盒调查大纲
37	ULSUBJECT508I-2011	用于光伏系统的手动断开开关调查大纲
38	ULSUBJECT6703-2011	在光伏系统中使用的连接器调查大纲
39	UL61215-2012	晶体硅地面光伏（PV）组件. 设计资格和型号批准
40	UL62108-2012	聚光光伏（CPV）模块和组件. 设计资格和型号批准

续表

序号	标准号	标准名称
41	ULSUBJECT1699B-2013	光伏（PV）直流电弧-故障电路保护用调研纲要
42	ULSUBJECT98B-2010	SUBJECT98B 在光伏系统使用中的封闭式和正面不带电开关的调查大纲 发布号：1

资料来源：中国产业智库大数据中心

8.4.2 国际标准化组织太阳能产业重点领域技术标准

太阳能光伏国际标准主要由国际电工委员会和国际标准化组织制定。目前，太阳能光伏的国际标准已经达到35项（表8-11），主要包括太阳能光伏产品、组件、测试方法标准、安装、设计与鉴定等5类标准。其中，光伏产品标准包括标准光伏器件、航天单结太阳电池、太阳模拟器；组件标准包括功率调节器、蓄电池组、电网接口、电源转换器、低压熔断器、蓄电池充电控制器、太阳跟踪器、光伏扬水系统；测试方法标准包括紫外线测试、效率测量、电性能测试、盐雾测试、光谱响应测量；安装标准包括建筑物太阳光电能源供应系统安装与定位；设计与鉴定标准包括晶体硅组件的设计与定型鉴定、光伏阵列的设计。

表8-11 国际标准化组织太阳能产业关键技术标准列表

序号	标准号	标准名称
1	IEC61194-1992	独立光伏系统的特性参数
2	IEC61829-1995	晶体硅光伏方阵 I-V 特性现场测量
3	IEC61702-1995	直接耦合光伏水泵系统的额定值
4	IEC61345-1998	光伏组件紫外试验
5	IEC60904-8-1998	光伏器件．第8部分：光伏器件光谱响应的测量
6	IEC61724-1998	光伏系统性能监测测量、数据交换和分析指南
7	IEC61683-1999	光伏系统功率调节器效率测量程序
8	IEC60364-7-712-2002	建筑物的电气装置．第7-712部分：特殊安装和定位的要求．太阳光电能源供应系统
9	IEC61727-2004	光伏（PV）系统．电网接口的特性
10	IEC61215-2005	地面用晶体硅光伏组件．设计鉴定和定型
11	IEC61427-2005	光伏能系统（PVES）用二次电池和蓄电池组．一般要求和试验方法
12	ISO15387-2005	航天系统．单结太阳能电池．测量和校准规程
13	IEC60904-1-2006	光伏器件．第1部分：光伏电流-电压特性的测量
14	ISO23038-2006	航天系统．航天用太阳能电池．电子和质子辐射试验法
15	IEC60904-2-2007	光伏器件．第2部分：标准太阳能装置的要求
16	IEC60904-9-2007	光电器件．第9部分：太阳模拟器的性能要求
17	IEC/TS61836-2007	太阳光伏能源系统．术语、定义和符号
18	IEC62446-2009	网格连接光伏系统．系统文件、试运行测试和检查的最低要求
19	IEC60891-2009	光伏器件．测定 I-V 特性的温度和辐照度校正方法用程序

续表

序号	标准号	标准名称
20	IEC60904-10-2009	光伏器件. 第10部分：线性测量方法
21	IEC62109-1-2010	光伏电力系统用电源转换器的安全性. 第1部分：一般要求
22	IEC60269-6-2010	低压熔断器. 第6部分：太阳能光伏能源系统的保护用熔解体的增补要求
23	IEC60269-6Corrigendum1-2010	低压熔断器. 第6部分：太阳能光伏能源系统的保护用熔解体的增补要求
24	IEC62509-2010	光伏系统用蓄电池充电控制器. 性能和功能
25	IEC60904-5-2011	光伏器件. 第5部分：用开路电压法测定光伏（PV）器件的等效电池温度（ECT）
26	IEC62109-2-2011	光伏电力系统用电源转换器的安全性. 第2部分：换流器详细要求
27	IEC82/651/DTS-2011	IEC/TS62727, Ed.1：光伏系统用太阳跟踪器规范
28	IEC62253-2011	光伏扬水系统. 设计质量和性能测量
29	ISO11221-2011	航天系统. 太空太阳能电池板. 航天器充电感应静电放电试验方法
30	IEC61730-2AMD1-2011	光伏（PV）组件安全性合格鉴定. 第2部分：测试要求
31	IEC61701-2011	光伏组件盐雾腐蚀试验
32	IEC/TS62727-2012	光伏系统. 太阳追踪器规格
33	IEC82/746/DTS-2012	IEC/TS62548：光伏（PV）阵列设计要求
34	IEC/TS62548-2013	光伏（PV）阵列设计要求
35	IEC60904-8-2014	光伏器件. 第8部分：光伏器件光谱响应度的测量

资料来源：中国产业智库大数据中心

8.4.3 日本太阳能产业重点领域技术标准

日本由工业标准调查会负责制定太阳能光伏技术标准共55项（表8-12）。日本太阳能光伏技术标准主要包括光伏产品标准、组件、测试标准3类。其中，产品标准包括非晶体太阳电池和组件用太阳能模拟装置、非晶体太阳电池组件、晶体太阳能电池和组件用的太阳模拟器、标准太阳能电池、晶体太阳能电池组件、多结太阳能电池、薄膜光伏组件；组件标准包括太阳能天线及其设计；测试方法标准包括铅酸蓄电池剩余能量测量、输出功率测量、光谱反应测量、非晶体太阳电池和晶体太阳电池测试。

表8-12 日本太阳能产业关键技术标准列表

序号	标准号	标准名称
1	JISC8971-1993	光伏系统用铅酸蓄电池的剩余能量的测量程序
2	JISC8933-1995	非晶体太阳能电池和组件用太阳能模拟装置
3	JISC8934-1995	非晶体太阳能电池输出功率的测量方法
4	JISC8936-1995	非晶体太阳能电池和组件的光谱反应测量方法
5	JISC8919-1995	晶体太阳能电池及组件输出功率的室外测量方法
6	JISC8937-1995	非晶体太阳能电池和组件的输出电压和输出电流的温度系数的测量方法
7	JISC8935-1995	非晶体太阳能组件输出功率的测量方法
8	JISC8938-1995	非晶体太阳能电池组件环境和耐久性试验方法
9	JISC8940-1995	非晶体太阳能电池和组件的输出功率的室外测量方法
10	JISC8939-1995	非晶体太阳能PV组件
11	JISC8913-1998	晶状太阳能电池输出功率的测量方法

续表

序号	标准号	标准名称
12	JISC8917-1998	晶状太阳能峰值电压（PV）模块的环境和耐久性试验方法
13	JISC8914-1998	晶状太阳能峰值电压（PV）模快的输出功率的测量方法
14	JISC8912-1998	晶状太阳能电池和模块用太阳能模拟器
15	JISC8915-1998	晶状太阳能电池和模块的光谱响应的测量方法
16	JISC8916-1998	晶状太阳能电池和模块的输出电压和输出电流温度系数的测量方法
17	JISC8918-1998	晶体太阳能 PV 模数
18	JISC8910-2001	原基准太阳能电池
19	JISC8910AMD1-2005	原基准太阳能电池（修改件1）
20	JISC8914AMD1-2005	晶体太阳能 PV 模件的输出功率测量方法（修改件1）
21	JISC8917AMD1-2005	晶体太阳能 PV 模件的环境试验方法和耐久性试验方法（修改件1）
22	JISC8935AMD1-2005	非晶体太阳能模件输出功率的测量方法（修改件1）
23	JISC8913AMD1-2005	晶体太阳能电池的输出功率测量方法（修改件1）
24	JISC8933AMD1-2005	非晶体太阳能电池和模件用太阳能模拟装置（修改件1）
25	JISC8912AMD1-2005	晶体太阳能电池和模件用太阳能模拟装置（修改件1）
26	JISC8934AMD1-2005	非晶体太阳能电池输出功率的测量方法（修改件1）
27	JISC8919AMD1-2005	晶体太阳能电池及模件输出功率的室外测量方法（修改件1）
28	JISC8915AMD1-2005	晶体太阳能电池和模件的波谱反应测量方法（修改件1）
29	JISC8936AMD1-2005	非晶体太阳能电池和模件的光谱反应测量方法（修改件1）
30	JISC8940AMD1-2005	非晶体太阳能电池和模件的输出功率的室外测量方法（修改件1）
31	JISC8920-2005	采用空载电压的晶体太阳能电池等效电池温度的测量方法
32	JISC8916AMD1-2005	晶体太阳能电池和模件的输出电压和电流的温度系数测量方法（修改件1）
33	JISC8938AMD1-2005	非晶体太阳能电池模件的环境试验方法和耐久性试验方法（修改件1）
34	JISC8937AMD1-2005	非晶体太阳能电池和模件的输出电压及输出电流的温度系数测量方法（修改件1）
35	JISC8918AMD1-2005	晶体太阳能 PV 模件（修改件1）
36	JISC8939AMD1-2005	非晶体太阳能 PV 模件（修改件1）
37	JISC8953-2006	结晶光伏阵列 I-V 特性的现场测量
38	JISC8961-2008	光伏设备用功率调节器效率的测量程序
39	JISC0364-7-712-2008	建筑物的电气装置. 第7-712部分：特殊装置或场所的要求. 太阳光电（PV）能源供应系统
40	JISC8942-2009	多结太阳能电池和模块用太阳模拟器
41	JISC8944-2009	多结太阳能电池光谱响应的测量方法
42	JISC8946-2009	多结太阳能电池和模块输出功率的室外测量方法
43	JISC8943-2009	多结太阳能电池和模块输出功率的室内测量方法（元件参比电池方法）
44	JISC8945-2009	多结太阳能电子和模块用输出电压和输出电流的温度系数测量方法
45	JISC8904-2-2011	光伏器件. 第2部分：基准太阳能设备要求
46	JISC8904-3-2011	光伏器件. 第3部分：带有分光照度数据的光伏（PV）太阳能器件用测量原则
47	JISC8904-7-2011	光伏器件. 第7部分：光伏器件测量用光谱匹配校正计算
48	JISC8955-2011	光伏天线阵结构的设计指南
49	JISC8956-2011	住宅用光伏天线（屋顶安装型）的结构设计和安装
50	JISC8933AMD2-2011	非晶质太阳能电池和模块用太阳能模拟器（修改件2）

续表

序号	标准号	标准名称
51	JISC8912AMD2-2011	结晶质太阳能电池和模块用太阳能模拟器（修改件2）
52	JISC8960-2012	光伏发电的术语汇编
53	JISC8918-2013	晶体光伏（PV）组件
54	JISC8939-2013	薄膜光伏（PV）组件
55	JISC8910ERRATUM1-2002	原基准太阳能电池（勘误1）

资料来源：中国产业智库大数据中心

8.4.4 欧盟标准化组织太阳能产业重点领域技术标准

欧盟制定的太阳能光伏标准共32项（表8-13），主要包括太阳能光伏电池产品标准、附件标准、测试方法标准3类。其中，产品标准包括独立光伏系统、晶体硅组件、接结晶硅电池、基本点太阳能装置、太阳能硅片、光伏水泵；附件标准包括蓄电池及电池组、电源转换器、低压熔断器、熔断保险丝、光伏换流器；测试方法标准包括光谱响应测量、盐雾腐蚀试验、功率测量、效率测试、温度测量、辐照度测量、氨腐蚀试验等；设计方法标准包括晶体硅光伏组件设计、鉴定和定型。

表8-13 欧盟太阳能产业关键技术标准列表

序号	标准号	标准名称
1	EN61194-1995	独立光伏系统特性参数
2	EN60904-8-1998	光伏器件. 第8部分：光伏器件光谱响应的测量
3	EN61702-1999	直接耦合的光伏（PV）水泵系统的额定值
4	EN61701-1999	光伏（PV）组件盐雾腐蚀试验
5	EN61683-2000	光伏系统. 功率调节器. 效率测量程序
6	EN61215-2005	地面用晶体硅光伏组件. 设计鉴定和定型
7	EN61427-2005	光伏能系统（PVES）用二次电池和蓄电池组. 一般要求和试验方法
8	EN50461-2006	太阳能电池. 结晶硅太阳能电池生产数据和数据库信息
9	EN60904-2-2007	光伏器件. 第2部分：基准太阳能装置的要求（IEC60904-2-2007）
10	EN60904-3-2008	光电器件. 第3部分：带基准光谱辐照数据的地球光电（PV）太阳能器件的测量原理
11	EN50513-2009	太阳能硅片. 太阳能电池制造用水晶硅片的数据表和产品信息
12	EN50524-2009	太阳能转换器用数据表和商标. 德文版本 EN50524-2009
13	EN60904-4-2009	光伏设备. 第4部分：参考太阳能设备. 建立校准跟踪能力的程序（IEC60904-4：2009）. 德文版本 EN60904-4：2009
14	EN62446-2009	网格连接光伏系统. 系统文件、试运行测试和检查的最低要求（IEC62446-2009）. 德文版本 EN62446-2009
15	EN60904-10-2010	光伏器件. 第10部分：线性测量方法（IEC60904-10-2009）. 德文版本 EN60904-10-2010
16	EN60891-2010	光伏器件. 测定I-V特性的温度和辐照度校正方法用规程（IEC60891-2009）. 德文版本 EN60891-2010
17	EN62109-1-2010	光伏电力系统用电源转换器的安全性. 第1部分：一般要求（IEC62109-1-2010）. 德文版本 EN62109-1-2010
18	EN50530-2010	与电网连接的光伏换流器的总效率. 德文版 EN505302010-2009
19	EN60269-6-2011	低压熔断器. 第6部分：光伏型太阳能源系统熔断式保险丝的补充要求（IEC60269-6-2010+技术勘误表 Dec.2010）. 德文版本 EN60269-6-2011

续表

序号	标准号	标准名称
20	EN61853-1-2011	光伏（PV）模块的性能测试和能源评价. 第1部分：辐照度和温度性能测量及额定功率（IEC61853-1-2011）. 德文版 EN61853-1-2011
21	EN62116-2011	通用互联光伏逆变器孤岛预防措施测试规程（IEC62116-2008修订版本）. 德文版 EN62116-2011
22	EN62509-2011	光伏发电系统的电池充电控制器. 性能和功能（IEC62509-2010）. 德文版本 EN62509-2011
23	EN62109-2-2011	光伏电力系统用电力变流器的安全. 第2部分：反用换流器的特殊要求（IEC62109-2-2011）. 德文版本 EN62109-2-2011
24	EN62253-2011	光伏水泵系统. 设计质量和性能测量（IEC62253-2011）. 德文版本 EN62253-2011
25	EN61730-2-2012	光伏（PV）组件安全性合格鉴定. 第2部分：测试要求（IEC61730-2-2004，修改件+A1-2011）. 德文版本 EN61730-2-2007+A1-2012
26	EN61701-2012	光伏（PV）组件的盐雾腐蚀试验（IEC61701-2011）. 德文版本 EN61701-2012
27	EN50521-2012	光伏系统用连接器. 安全性要求和试验. 德文版本 EN50521-2008+A1-2012
28	EN50530-2013	与电网连接的光伏逆变器的总效率. 德文版本 EN50530-2010-A1-2013
29	EN50539-11-2013	低电压浪涌保护装置. 用于包括直流在内的特定应用的浪涌保护装置. 第11部分：光伏应用中浪涌保护装置（SPDs）的要求和试验. 德文版本 EN50539-11-2013
30	EN50548/A1-2013	光伏模块用接线箱. 德文版本 EN50548-2011/A1-2013
31	EN61427-1-2013	可再生能源存储用蓄电池和电池组. 一般要求和试验方法. 第1部分：光伏离网应用（IEC61427-1-2013）. 德文版本 EN61427-1-2013
32	EN62716-2013	光伏（PV）模块. 氨腐蚀试验（IEC62716-2013）. 德文版本 EN62716-2013

资料来源：中国产业智库大数据中心

8.4.5 英国太阳能产业重点领域技术标准

英国太阳能标准由英国标准协会制定，共有29项标准（表8-14）。按照欧盟委员会的惯例，所有欧盟成员国都必须遵守欧盟标准，若成员国标准与欧盟标准有冲突，则以欧盟标准为主。因此，英国标准除了遵守欧盟标准外，还有英国光伏技术的国家标准，其产品标准包括农村用小型独立光伏发电系统产品标准、空间太阳能电池板；组件产品标准包括蓄电池、光伏逆变器、光伏换流器、接线盒、充电控制器、熔断器、电源转换器。

表8-14 英国太阳能产业关键技术标准列表

序号	标准号	标准名称
1	BSEN2591-320-1998	光电连接元件. 试验方法. 地表面模拟太阳辐射
2	BSEN61702-2000	直接耦合光伏（PV）水泵系统的额定值
3	BSEN62093-2005	光伏系统的系统平衡元部件. 设计鉴定自然环境
4	BSEN61215-2005	晶体硅地表光伏电池组件. 设计合格鉴定和型式批准
5	BSEN61427-2005	光伏能系统（PVES）用二次电池和蓄电池组. 一般要求和试验方法
6	BSEN50461-2006	太阳能电池. 晶体硅太阳能电池的数据表信息和产品数据
7	BSISO23038-2006	航空航天系统. 航空太阳能电池电子和质子辐射试验方法
8	BSEN60904-2-2007	光电器件. 基准太阳能装置的要求
9	BSEN60904-9-2007	光伏器件. 第9部分：太阳模拟器性能要求
10	BSEN60904-3-2008	光电器件. 用参考光谱照射数据对陆地光电（PV）太阳能装置的测量原理
11	BSDDIEC/TS62257-9-6-2008	关于农村电气化用小型可再生能源和混合能源系统的建议. 集成系统. 光伏单独发电系统（PV-IES）的选择

续表

序号	标准号	标准名称
12	BSEN50513-2009	太阳能晶片. 太阳能电池制造晶体硅晶片的数据表和产品信息
13	BSEN62446-2009	网格连接光伏系统. 系统文件、试运行测试和检查的最低要求
14	BSEN60904-4-2009	光伏设备. 参考太阳能设备. 建立校准可追溯性程序
15	BSEN50524-2009	光伏逆变器用数据表和名牌
16	BSEN50530-2010	与电网连接的光伏换流器的总效率
17	BSEN50530-2010+A1-2013	与电网连接的光伏换流器的总效率
18	BSEN60891-2010	光伏器件. 测定 I-V 特性的温度和辐照度校正方法用规程
19	BSEN60904-5-2011	光伏器件. 用开路电压法测定光伏（PV）器件的等效电池温度（ECT）
20	BSEN50548-2011	光伏组件接线盒
21	BSEN50548-2011+A1-2013	光伏组件接线盒
22	BSEN62116-2011	并网连接式光伏逆变器孤岛防护措施试验规程
23	BSISO11221-2011	空间系统. 空间太阳能板. 宇宙飞船充电感应静电释放试验方法
24	BSEN60269-6-2011	低压熔断器. 光伏型太阳能源系统保护用熔断连杆的补充要求
25	BSEN62253-2011	光伏水泵系统. 设计验证和性能测定
26	BSEN62509-2011	光伏系统用电池充电控制器. 性能和功能
27	BSEN62109-2-2011	光伏电力系统使用的电源转换器的安全性能. 换流器的特定要求
28	BSEN62716-2013	光伏（PV）组件. 氨腐蚀测试
29	BSEN61427-1-2013	可再生能源存储用蓄电池和蓄电池组. 一般要求和试验方法. 光伏离网应用

资料来源：中国产业智库大数据中心

8.4.6 法国太阳能产业重点领域技术标准

法国太阳能标准由法国标准化协会制定，共有 22 项标准（表 8-15）。按照欧盟委员会的惯例，所有欧盟成员国都必须遵守欧盟标准，若成员国标准与欧盟标准有冲突，则以欧盟标准为主。因此，法国标准除了遵守欧盟标准外，还独立制定法国光伏技术的国家标准，其产品标准包括薄膜光伏电池、晶体硅硅片；组件产品标准包括低压保险丝；设计方法标准包括建筑物中含有玻璃光伏模块的设计。

表 8-15 法国太阳能产业关键技术标准列表

序号	标准号	标准名称
1	NFC57-310-1988	太阳能电能的直接转换. 光电泵送装置. 预测特性
2	NFC57-322-1994	光电元器件. 第 2 部分：基准太阳能电池的要求
3	NFC57-323-1994	光电元器件. 第 3 部分：带基准光谱辐照度数据的陆地光电太阳能设备的测量原则
4	NFC57-326-1996	光电元器件. 第 6 部分：基准太阳能模数的要求
5	NFC58-427-2002	太阳光电能量系统用二次电池和蓄电池. 一般要求和试验
6	NFC57-109-2005	地面用薄膜光伏模件. 设计鉴定和定型
7	NFC58-427-2005	光伏能系统（PVES）用二次电池和蓄电池组. 一般要求和试验方法
8	NFC57-202-2006	太阳能电池. 晶体硅太阳能电池的数据表信息和产品数据
9	NFC57-321-2007	光伏器件. 第 1 部分：光伏电流-电压特性的测量
10	NFC57-322-2007	光电器件. 第 2 部分：标准太阳能设备的要求

续表

序号	标准号	标准名称
11	NFC57-329-2008	光电器件. 第9部分：太阳能模拟器的性能要求
12	NFC57-109-2008	地面用薄膜光伏（PV）模块. 设计鉴定和类型认可
13	NFC57-327-2009	光伏器件. 第7部分：光伏器件测量用光谱失配修正的计算
14	NFC57-203-2009	太阳能硅片. 太阳能电池生产用晶体硅的数据单和产品信息. 晶体硅硅片
15	NFC57-346-2010	网格连接光伏系统. 系统文件, 试运行测试和检查的最低要求
16	NFC57-324-2010	光电器件. 第4部分：参考太阳能装置. 建立校准溯源性的程序
17	NFC57-104-2010	光伏器件. 测量I-V特性的温度和辐照度修正规程
18	NFC57-330-2010	光伏器件. 第10部分：线性测量方法
19	NFC60-200-6-2011	低压保险丝. 第6部分：对太阳能光伏发电系统保护性熔断件的补充要求
20	NFC57-338-2011	电力设施互联光伏逆变器孤岛现象预防措施测试规程
21	NFC57-325-2011	光伏器件. 第5部分：开路电压法测定光伏（PV）器件的等效电池温度（ECT）
22	NFP78-116-2013	建筑玻璃. 建筑物中包含的玻璃光伏模块. 气候负荷下倾斜玻璃的设计

资料来源：中国产业智库大数据中心

8.4.7 德国太阳能产业重点领域技术标准

德国太阳能标准由德国标准化协会制定，共有33项标准（表8-16）。按照欧盟委员会的惯例，所有欧盟成员国都必须遵守欧盟标准，若成员国标准与欧盟标准有冲突，则以欧盟标准为主。因此，德国标准除了遵守欧盟标准外，还有德国光伏技术的国家标准，其产品标准包括农村用小型独立光伏发电系统产品标准、空间太阳能电池板、太阳能光伏电源系统；组件产品标准包括蓄电池、光伏逆变器、光伏换流器、接线盒、充电控制器、熔断器、电源转换器。

表8-16 德国太阳能产业关键技术标准列表

序号	标准号	标准名称
1	DINEN61194-1996	独立光伏系统特性参数
2	DINEN60904-8-1998	光伏器件. 第8部分：光伏器件光谱响应的测量
3	DINEN61683-2000	光伏系统. 功率调节器. 效率测量程序
4	DINEN61701-2000	光伏（PV）组件盐雾腐蚀试验
5	DINEN61702-2000	直接耦合的光伏（PV）水泵系统的额定值
6	DINEN61215-2006	地面用晶体硅光伏组件. 设计鉴定和定型
7	DINEN61427-2006	光伏能系统（PVES）用二次电池和蓄电池组. 一般要求和试验方法
8	DINVDE0100-712-2006	低压设备. 第7-712部分：专用设备和场所要求. 太阳光伏电源系统
9	DINEN50461-2007	太阳能电池. 结晶硅太阳能电池生产数据和数据库信息
10	DINEN60904-2-2008	光伏器件. 第2部分：基准太阳能装置的要求（IEC60904-2-2007）
11	DINEN60904-9-2008	光电器件. 第9部分：太阳模拟器性能要求
12	DINEN60904-3-2009	光电器件. 第3部分：带基准光谱辐照数据的地球光电（PV）太阳能器件的测量原理
13	DINEN15316-4-6-2009	建筑物供暖系统. 系统能源需求和系统效率的计算方法. 第4-6部分：热发电系统, 光伏系统, DINEN15316-4-6：2009-07 英文版本
14	DINEN50513-2009	太阳能硅片. 太阳能电池制造用水晶硅片的数据表和产品信息

续表

序号	标准号	标准名称
15	DINCLC/TS61836-2010	太阳光伏能源系统.术语、定义和符号（IEC/TS61836-2007）.德文版本CLC/TS61836-2009
16	DINEN50524-2010	太阳能转换器用数据表和商标.德文版本EN50524-2009
17	DINEN60904-4-2010	光伏设备.第4部分：参考太阳能设备.建立校准跟踪能力的程序（IEC60904-4：2009）.德文版本EN60904-4：2009
18	DINSPEC1211-2010	太阳能系统及构件.定制系统.第5部分：控制设备的性能测试方法.德文版本CEN/TS12977-5：2010
19	DINEN62446-2010	网格连接光伏系统.系统文件、试运行测试和检查的最低要求（IEC62446-2009）.德文版本EN62446-2009
20	DINEN60904-10-2010	光伏器件.第10部分：线性测量方法（IEC60904-10-2009）.德文版本EN60904-10-2010
21	DINEN60891-2010	光伏器件.测定I-V特性的温度和辐照度校正方法用规程（IEC60891-2009）.德文版本EN60891-2010
22	DINEN62109-1-2011	光伏电力系统用电源转换器的安全性.第1部分：一般要求（IEC62109-1-2010）.德文版本EN62109-1-2010
23	DINEN50530-2011	与电网连接的光伏换流器的总效率.德文版EN505302010-2009
24	DINEN60269-6-2011	低压熔断器.第6部分：光伏型太阳能源系统熔断式保险丝的补充要求（IEC60269-6-2010+技术勘误表Dec.2010）.德文版本EN60269-6-2011
25	DINEN61853-1-2011	光伏（PV）模块的性能测试和能源评价.第1部分：辐照度和温度性能测量及额定功率（IEC61853-1-2011）.德文版EN61853-1-2011
26	DINEN62116-2012	通用互联光伏逆变器孤岛预防措施测试规程（IEC62116-2008修订版本）.德文版EN62116-2011
27	DINEN62253-2012	光伏水泵系统.设计质量和性能测量（IEC62253-2011）.德文版本EN62253-2011
28	DINEN61730-2-2012	光伏（PV）组件安全性合格鉴定.第2部分：测试要求（IEC61730-2-2004，修改件+A1-2011）.德文版本EN61730-2-2007+A1-2012
29	DINEN50521-2013	光伏系统用连接器.安全性要求和试验.德文版本EN50521-2008+A1-2012
30	DINEN50530-2013	与电网连接的光伏逆变器的总效率.德文版本EN50530-2010-A1-2013
31	DINEN50539-11-2013	低电压浪涌保护装置—用于包括直流在内的特定应用的浪涌保护装置第11部分：光伏应用中浪涌保护装置（SPDs）的要求和试验.德文版本EN50539-11-2013
32	DINEN50548/A1-2014	光伏模块用接线箱.德文版本EN50548-2011/A1-2013

资料来源：中国产业智库大数据中心

8.4.8 中国太阳能产业重点领域技术标准

中国太阳能光伏标准分为国家标准和行业标准，共有138项（表8-17），主要包含太阳能光伏产品、组件产品、方法标准等。其中，太阳能光伏产品标准包括太阳电池、太阳电池模拟器、航天用太阳电池、非晶硅太阳电池、太阳敏感器用硅光电池、通信用太阳能供电组合电源、家用光伏电源系统、铁路光伏发电系统、多晶硅、砷化镓单晶材料、单晶硅、单晶锗、便携光伏系统、光伏水泵。组件标准包括太阳电池接口、风光系统用逆变器、太阳跟踪系统、监控系统、绝缘板、减反射膜玻璃、光伏玻璃用封边剂、并网逆变装置、光伏电缆、光伏铜带、光伏浆料等。方法标准包括测试标准、设计标准。测试标准包括温度测试、电性能测试、盐雾腐蚀试验、光谱响应测量、表面粗糙度和切割线测试方法、厚度测试等；设计标准包括薄膜太阳电能设计鉴定和定型、光伏系统安装工程设计规范。

表 8-17　中国太阳能产业关键技术标准列表

序号	标准号	标准名称
1	QJ1019A-1995	太阳电池电性能测试方法
2	QJ3170-2003	太阳电池阵模拟器通用规范
3	GB/T6492-1986	航天用标准太阳电池
4	GB/T6494-1986	航天用太阳电池电性能测试方法
5	GB/T6497-1986	地面用太阳电池标定的一般规定
6	QJ1018-1986	标准太阳电池
7	GB/T11010-1989	光谱标准太阳电池
8	GB/T11011-1989	非晶硅太阳电池电性能测试的一般规定
9	GB/T2297-1989	太阳光伏能源系统术语
10	QJ2070-1991	卫星太阳电池壳体制造通用技术条件
11	QJ2291-1992	太阳敏感器用硅光电池及其组合件测试规范
12	QJ2462-1993	多元线列光伏锑化铟红外探测器技术条件
13	QJ2450-1993	太阳电池阵接口要求
14	SJ/T10460-1993	太阳光伏能源系统图用图形符号
15	QJ2640-1994	展开式太阳电池阵验收规范
16	GB/T6495.1-1996	光伏器件. 第 1 部分：光伏电流－电压特性的测量
17	GB/T6495.2-1996	光伏器件. 第 2 部分：标准太阳电池的要求
18	GB/T6495.3-1996	光伏器件. 第 3 部分：地面用光伏器件的测量原理及标准光谱辐照度数据
19	GB/T6495.4-1996	晶体硅光伏器件的 I-V 实测特性的温度和辐照度修正方法
20	GB/T6495.5-1997	光伏器件. 第 5 部分：用开路电压法确定光伏（PV）器件的等效电池温度（ECT）
21	QJ3019-1998	太阳电池阵-蓄电池组电源系统设计规范
22	QJ1731A-1998	太阳电池板通用规范
23	GB/T9535-1998	地面用晶体硅光伏组件设计鉴定和定型
24	SJ/T11209-1999	光伏器件. 第 6 部分：标准太阳电池组件的要求
25	YD/T1073-2000	通信用太阳能供电组合电源
26	GB/T18210-2000	晶体硅光伏（PV）方阵 I-V 特性的现场测量
27	GB/T18479-2001	地面用光伏（PV）发电系统概述和导则
28	GB/T2296-2001	太阳电池型号命名方法
29	GB/T18911-2002	地面用薄膜光伏组件设计鉴定和定型
30	GB/T18912-2002	光伏组件盐雾腐蚀试验
31	GB/T6495.8-2002	光伏器件. 第 8 部分：光伏器件光谱响应的测量
32	GB/T19064-2003	家用太阳能光伏电源系统技术条件和试验方法
33	GB/T19393-2003	直接耦合光伏（PV）扬水系统的评估
34	QJ1017A-2004	太阳电池标定方法
35	TB/T10112-2005	铁路光伏发电系统技术规范
36	TB/T10112-2005（条文说明）	铁路光伏发电系统技术规范
37	GB/T19939-2005	光伏系统并网技术要求
38	GB/T20046-2006	光伏（PV）系统电网接口特性
39	GB/T20047.1-2006	光伏（PV）组件安全鉴定. 第 1 部分：结构要求

续表

序号	标准号	标准名称
40	YS/T612-2006	太阳能电池用浆料
41	NY/T1146.1-2006	家用太阳能光伏系统. 第1部分：技术条件
42	NY/T1146.2-2006	家用太阳能光伏系统. 第2部分：试验方法
43	GB/T20321.1-2006	离网型风能、太阳能发电系统用逆变器. 第1部分：技术条件
44	GB/T20321.2-2006	离网型风能、太阳能发电系统用逆变器. 第2部分：试验方法
45	GB/T20513-2006	光伏系统性能监测测量、数据交换和分析导则
46	GB/T20514-2006	光伏系统功率调节器效率测量程序
47	GB/T6495.7-2006	光伏器件. 第7部分：光伏器件测量过程中引起的光谱失配误差的计算
48	GB/T6495.9-2006	光伏器件. 第9部分：太阳模拟器性能要求
49	GB/T16895.32-2008	建筑物电气装置. 第7-712部分：特殊装置或场所的要求. 太阳能光伏（PV）电源供电系统
50	GB24460-2009	太阳能光伏照明装置总技术规范
51	GB/T24716-2009	公路沿线设施太阳能供电系统通用技术规范
52	JGJ203-2010	民用建筑太阳能光伏系统应用技术规范
53	NY/T1914-2010	农村太阳能光伏室外照明装置安装规范
54	GB/T25074-2010	太阳能级多晶硅
55	GB/T25075-2010	太阳能电池用砷化镓单晶
56	GB/T25076-2010	太阳电池用硅单晶
57	GB/T26071-2010	太阳能电池用硅单晶切割片
58	GB/T26072-2010	太阳能电池用锗单晶
59	GB/T26264-2010	通信用太阳能电源系统
60	GD001-2011	光伏发电工程规划报告编制办法
61	GD002-2011	光伏发电工程预可行性研究报告编制办法
62	QJ20004-2011	航天器太阳电池阵展开试验方法
63	GB50704-2011	硅太阳能电池工厂设计规范
64	GB/T26849-2011	太阳能光伏照明用电子控制装置. 性能要求
65	GB/T28866-2012	独立光伏（PV）系统的特性参数
66	GB/T29320-2012	光伏电站太阳跟踪系统技术要求
67	GB/T6495.10-2012	光伏器件. 第10部分：线性特性测量方法
68	GB/T50866-2013	光伏发电站接入电力系统设计规范
69	GB29551-2013	建筑用太阳能光伏夹层玻璃
70	GB/T29595-2013	地面用光伏组件密封材料硅橡胶密封剂
71	GB/T29759-2013	建筑用太阳能光伏中空玻璃
72	GB/T29848-2013	光伏组件封装用乙烯-醋酸乙烯酯共聚物（EVA）胶膜
73	GB/T29849-2013	光伏电池用硅材料表面金属杂质含量的电感耦合等离子体质谱测量方法
74	GB/T29850-2013	光伏电池用硅材料补偿度测量方法
75	GB/T29851-2013	光伏电池用硅材料中B、Al受主杂质含量的二次离子质谱测量方法
76	GB/T29852-2013	光伏电池用硅材料中P、As、Sb施主杂质含量的二次离子质谱测量方法
77	GB/T30153-2013	光伏发电站太阳能资源实时监测技术要求
78	GB30252-2013	光伏压延玻璃单位产品能源消耗限额

续表

序号	标准号	标准名称
79	CECS84-1996	太阳光伏电源系统安装工程设计规范
80	CECS85-1996	太阳光伏电源系统安装工程施工及验收规范
81	DL/T1336-2014	电力通信站光伏电源系统技术要求
82	DL/T1364-2014	光伏发电站防雷技术规程
83	GB/T13539.6-2013	低压熔断器.第6部分：太阳能光伏系统保护用熔断体的补充要求
84	GB/T29054-2012	太阳能级铸造多晶硅块
85	GB/T29055-2012	太阳电池用多晶硅片
86	GB/T29195-2012	地面用晶体硅太阳电池总规范
87	GB/T29196-2012	独立光伏系统技术规范
88	GB/T29319-2012	光伏发电系统接入配电网技术规定
89	GB/T29321-2012	光伏发电站无功补偿技术规范
90	GB/T30152-2013	光伏发电系统接入配电网检测规程
91	GB/T30427-2013	并网光伏发电专用逆变器技术要求和试验方法
92	GB/T30859-2014	太阳能电池用硅片翘曲度和波纹度测试方法
93	GB/T30860-2014	太阳能电池用硅片表面粗糙度及切割线痕测试方法
94	GB/T30861-2014	太阳能电池用锗衬底片
95	GB/T30869-2014	太阳能电池用硅片厚度及总厚度变化测试方法
96	GB/T30983-2014	光伏用玻璃光学性能测试方法
97	GB/T30984.2-2014	太阳能用玻璃.第2部分：透明导电氧化物膜玻璃
98	GB/T31034-2014	晶体硅太阳电池组件用绝缘背板
99	GB/T31154-2014	太阳 Hα 耀斑分级
100	GB/T31365-2015	光伏发电站接入电网检测规程
101	GB/T31366-2015	光伏发电站监控系统技术要求
102	GB/T31369-2015	太阳电池用电子级氢氟酸
103	GB/T50865-2013	光伏发电接入配电网设计规范
104	JC/T2065-2011	太阳能电池硅片用石英舟
105	JC/T2066-2011	太阳能电池硅片用石英玻璃扩散管
106	JC/T2067-2011	太阳能多晶硅用熔融石英陶瓷坩埚
107	JC/T2170-2013	太阳能光伏组件用减反射膜玻璃
108	JG/T449-2014	建筑光伏组件用聚乙烯醇缩丁醛（PVB）胶膜
109	JG/T450-2014	建筑光伏组件用乙烯-醋酸乙烯共聚物（EVA）胶膜
110	JG/T465-2014	建筑光伏夹层玻璃用封边保护剂
111	JG/T466-2015	建筑光伏系统无逆流并网逆变装置
112	JGJ/T264-2012	光伏建筑一体化系统运行与维护规范
113	NB/T32001-2012	光伏发电站环境影响评价技术规范
114	NB/T32004-2013	光伏发电并网逆变器技术规范
115	NB/T32005-2013	光伏发电站低电压穿越检测技术规程
116	NB/T32006-2013	光伏发电站电能质量检测技术规程
117	NB/T32007-2013	光伏发电站功率控制能力检测技术规程

续表

序号	标准号	标准名称
118	NB/T32008-2013	光伏发电站逆变器电能质量检测技术规程
119	NB/T32009-2013	光伏发电站逆变器电压与频率响应检测技术规程
120	NB/T32010-2013	光伏发电站逆变器防孤岛效应检测技术规程
121	NB/T32011-2013	光伏发电站功率预测系统技术要求
122	NB/T32012-2013	光伏发电站太阳能资源实时监测技术规范
123	NB/T32013-2013	光伏发电站电压与频率响应检测规程
124	NB/T32014-2013	光伏发电站防孤岛效应检测技术规程
125	NB/T32016-2013	并网光伏发电监控系统技术规范
126	NB/T32017-2013	太阳能光伏水泵系统
127	NB/T32020-2014	便携式太阳能光伏电源
128	NB/T32021-2014	太阳能光伏滴灌系统
129	NY/T1913-2010	农村太阳能光伏室外照明装置.第1部分：技术要求
130	SJ2572-1985	太阳能电池用硅单晶棒、片
131	SJ/T11061-1996	太阳电池电性能测试设备检验方法
132	YB/T4384-2013	太阳能发电用碳素基板
133	YD/T1970.9-2014	通信局（站）电源系统维护技术要求.第9部分：光伏及风力发电系统
134	YD/T2321-2011	通信用变换稳压型太阳能电源控制器技术要求和试验方法
135	YD/T2337-2011	通信电源用光伏电缆
136	YS/T612-2014	太阳能电池用浆料
137	YS/T773-2011	太阳能电池框架用铝合金型材
138	YS/T808-2012	太阳能装置用铜带

资料来源：中国产业智库大数据中心

8.4.9 太阳能产业主要技术标准的对比

对主要国家/地区/组织在太阳能光伏领域的标准的对比分析情况如表8-18所示。

表8-18 主要国家/地区/组织太阳能产业主要技术标准的对比表

国家或机构	技术优势				特点
	产品标准		方法		
	主件	部件	测试	设计与安装	
国际标准化组织（35项）	标准光伏器件、航天单结太阳电池、太阳模拟器	功率调节器、蓄电池组、电网接口、电源转换器、低压熔断器、蓄电池充电控制器、太阳跟踪器、光伏扬水系统	紫外线测试、效率测量、电性能测试、盐雾测试、光谱响应测量	建筑物太阳光电能源供应系统安装与定位	以太阳电池技术为主
美国（42项）	太阳能模拟器、独立光伏发电系统、光伏混合系统用的铅酸蓄电池、聚光式太阳能发电系统、光伏比对电池、晶体硅光伏电池、聚光光伏模块	低压溶丝、断路器、熔断器支架、多极连接器、开关、接线盒、光伏电线、故障电路保护	抗冲击力、风化试验、压力测试、温度测试、机械性测试、绝缘性测试、湿度测试、电性能测试等	设计方法主要包括晶体硅光伏组件的设计	不仅具有太阳电池及组件的技术标准，还具有光伏发电系统的技术标准

续表

国家或机构	技术优势				特点
	产品标准		方法		
	主件	部件	测试	设计与安装	
日本 (55项)	非晶体太阳电池和组件用太阳能模拟装置、非晶体太阳电池组件、晶体太阳能电池和组件用的太阳模拟器、标准太阳能电池、晶体太阳能电池组件、多结太阳能电池、薄膜光伏组件	太阳能天线及其设计	铅酸蓄电池剩余能量测量、输出功率测量、光谱反应测量、非晶体太阳电池和晶体太阳电池测试	太阳能天线及其设计	以晶体和非晶体太阳能电池为主
欧盟 (32项)	独立光伏系统、晶体硅组件、接结晶硅电池、基准太阳能装置、太阳能硅片、光伏水泵	蓄电池及电池组、电源转换器、低压熔断器、熔断保险丝、光伏换流器	光谱响应测量、盐雾腐蚀试验、功率测量、效率测试、温度测量、辐照度测量、氨腐蚀试验等	晶体硅光伏组件设计、鉴定和定型	以太阳能电池技术标准为主
英国 (29项)	除欧洲标准外,还包括农村用小型独立光伏发电系统产品标准、空间太阳能电池板	除欧盟标准外,还包括蓄电池、光伏逆变器、光伏换流器、接线盒、充电控制器、熔断器、电源转换器	遵守欧盟标准	遵守欧盟标准	不仅具有太阳电池及组件的技术标准,还具有光伏发电系统的技术标准
法国 (22项)	除遵守欧盟标准外,还包括薄膜光伏电池、晶体硅硅片	除欧盟标准外,组件产品标准还包括低压保险丝	遵守欧盟标准	除欧盟标准外,设计方法标准包括建筑物中含有玻璃光伏模块的设计	具有太阳能电池的标准
德国 (33项)	除遵守欧盟标准外,还包括农村用小型独立光伏发电系统产品标准、空间太阳能电池板、太阳能光伏电源系统	除欧盟标准外,组件产品标准包括蓄电池、光伏逆变器、光伏换流器、接线盒、充电控制器、熔断器、电源转换器	遵守欧盟标准	遵守欧盟标准	不仅具有太阳电池及组件的技术标准,还具有光伏发电系统的技术标准
中国 (138项)	太阳电池、太阳电池模拟器、航天用太阳电池、非晶硅太阳电池、太阳敏感器用薄膜光电池、通信用太阳能供电组合电源、家用光伏电源系统、铁路光伏发电系统、多晶硅、砷化镓单晶材料、单晶硅、单晶锗、便携光伏系统、光伏水泵	组件标准包括太阳电池接口、风光系统用逆变器、太阳跟踪系统、监控系统、绝缘板、减反射膜玻璃、光伏玻璃用封边剂、并网逆变装置、光伏电缆、光伏铜带、光伏浆料等	温度测试、电性能测试、盐雾腐蚀试验、光谱响应测量、表面粗糙度和切割线测试方法、厚度测试等	薄膜太阳电能设计鉴定和定型、光伏系统安装工程设计规范	技术标准优势明显,覆盖领域比较全面,还包括风光互补系统

资料来源:中国产业智库大数据中心

参 考 文 献

[1] 孙晨. 中国太阳能产业的现状及发展潜力[J]. 华商, 2008, (16): 102-103.
[2] 中华人民共和国国家发展和改革委员会. 太阳能发展"十三五"规划[EB/OL][2018-06-06].http://www.ndrc.gov.cn/fzggz/fzgh/ghwb/gjjgh/201708/t20170809_857322.html.
[3] 李剑, 黄鲁成, 常金平. 基于技术路线图的太阳能电池产业化过程中关键技术的研究[J]. 中国科技论坛, 2010, (2): 67-71.
[4] 范维熙, 费钟琳. 基于德温特专利引文网络的技术演进路径研究——以太阳能电池技术为例[J]. 情报杂志, 2014, (11): 62-66.
[5] 孙妍. 中国太阳能产业发展政策现状、问题与对策[D]. 北京: 华北电力大学(北京), 2011.
[6] 滕飞, 刘志高, 刘毅, 等. 中国太阳能产业技术创新能力与竞争态势——基于专利信息分析的视角[J]. 经济问题探索, 2013, (11): 84-90.
[7] 李忠东. 华南理工成功建造太阳能光伏光热一体化房屋[J]. 上海节能, 2013 (11): 17.

第9章 电池产业技术发展报告

本章首先介绍电池产业及关键技术的发展概况。其次,对电池全球专利申请态势进行分析,包括全球专利申请年度趋势,中国、日本、美国、韩国、德国等国家的专利分布与趋势,丰田自动车株式会社、三星SDI公司、LG化学公司、松下电器公司、日产汽车公司、本田马达有限公司(以下简称本田公司)、三洋电机公司、博世公司、东芝公司、现代汽车公司10家机构的专利申请、专利合作与专利布局,以及主要机构的核心发明人合作网络结构。再次,对在华电池专利申请态势进行分析,包括在华专利申请年度趋势,一次电池、二次电池、燃料电池、太阳能电池、电池维护及回收等分支领域专利布局,各省(自治区、直辖市)专利申请数量及研发重点领域,三星SDI公司、比亚迪股份有限公司(以下简称比亚迪公司)、丰田公司、天合光能公司、国家电网公司等机构专利申请量及技术竞争力对比,以及陈清元、方结斌等活跃发明人的专利申请情况。最后,对比分析美国、日本、欧盟、英国、法国、德国等主要发达国家/地区/组织和我国在电池关键技术领域的技术标准。

9.1 电池产业概述

9.1.1 电池及其产业链

按原理划分,电池分为化学电池、物理电池(太阳能电池等)。化学电池是直接把化学能转变成电能的电池。化学电池可以分为一次电池和二次电池、燃料电池等。一次电池和二次电池的区别在于,一次电池只用于放电,不能充电;二次电池是可充电电池,可以重复使用,包括锂电池、铅酸电池、碱性蓄电池、固体电解质电池。电池产业链结构如图9-1所示。

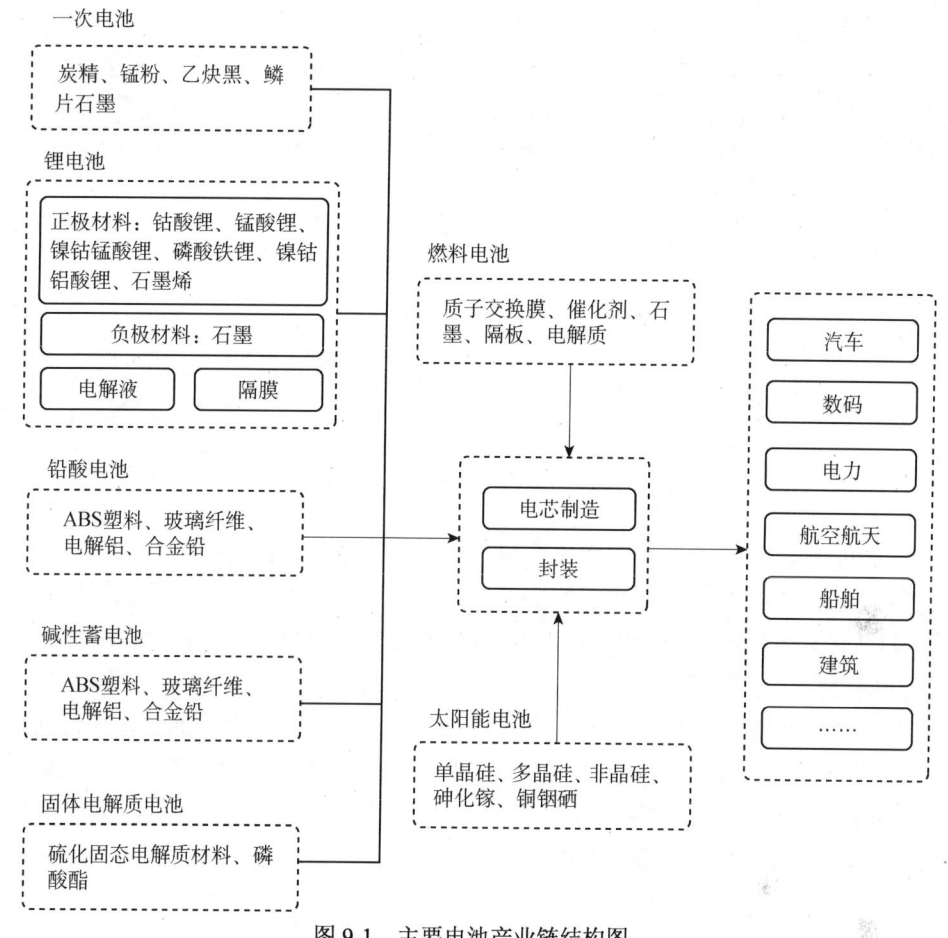

图 9-1 主要电池产业链结构图
资料来源：中国产业智库大数据中心

9.1.2 电池产业发展概况

近年来，我国出台多项政策，大力支持并积极布局新能源汽车产业。随着国家不断加大对节能和环保的重视，实现产业升级与产业转型，积极推动新型产业的发展，带动了锂电池、燃料电池、电池维护及回收等新兴技术的研究和发展。

2016年1~12月，全国规模以上电池制造企业累计主营业务收入5501.2亿元，同比增长18.8%，实现利润总额373.4亿元，同比增长37.4%。其中，锂离子产品主营业务收入2824亿元，同比增长33.3%，实现利润总额235.6亿元，同比增长73.5%[1]。到2016年年底，我国动力电池单体能量密度已达到220Wh/kg，价格到1.5元/Wh，较2002年能量密度提高1.7倍，价格下降60%，成为全球最大的动力电池生产国[2]（图9-2）。

从产能来看，截至2015年年底，我国一次电池产量为9.91万亿只。一次电池以其携带方便、无须充电即可使用、标准统一、型号规格齐全、与现有电子产品配套完备、互换性强、自放电低等一系列优点，在电池消费领域占据着重要而应有的地位，特别是在自然灾害、停电或无电或野外的时候，更加显示出其独特的作用。在今后的现代社会生活中，一次电池和二次电池会分别在不同的领域中发挥出各自的作用。

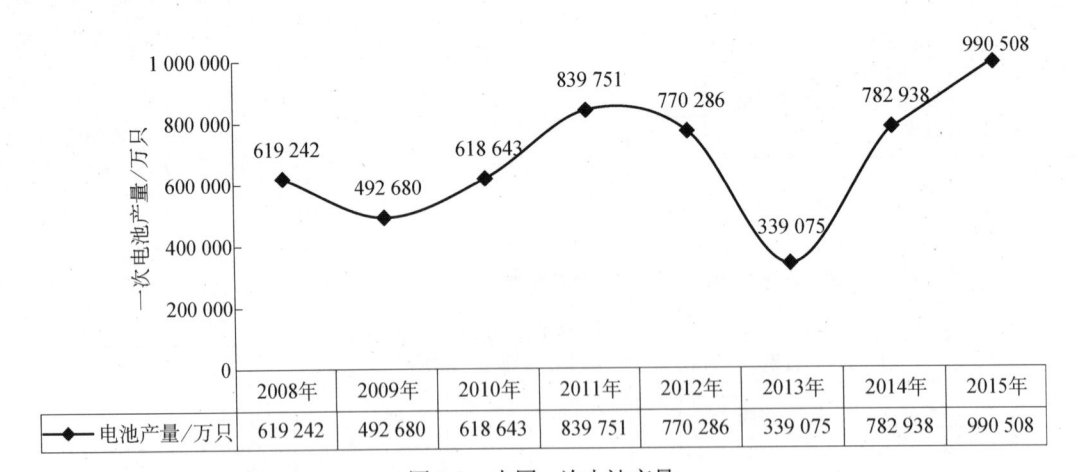

```
                                                                            990 508
                                               839 751
                                                          782 938
                                                       770 286
           619 242        618 643
                                                              
                  492 680
                                                      339 075

          2008年  2009年  2010年  2011年  2012年  2013年  2014年  2015年
电池产量/万只 619 242 492 680 618 643 839 751 770 286 339 075 782 938 990 508
```

图 9-2　中国一次电池产量

资料来源：工业和信息化部运行监测协调局：《中国电子信息产业统计年鉴》

2010~2012 年，我国锂离子电池年产量由 25.1 亿只猛增至 41.8 亿只，2012 年增速高达 36.2%。然而从 2013 年开始，我国锂离子电池产量增速陡然下降。2013 年我国锂离子电池产量攀升至 47.7 亿只，但同比增长仅为 14.1%，增速较 2012 年下降了 22 个百分点。尽管 2014 年的增速开始趋稳，产量也首次突破 50 亿只，但进入 2015 年后增速明显下降，甚至一度出现了负增长，全年产量增速仅为 3.1%，这是自我国锂离子电池实现产业化以来最低增速。进入 2016 年后，在手机、电动汽车等主要应用产品产量快速增长的带动下，我国锂离子电池产量呈现高速增长态势。2016 年我国锂离子电池累计产量达到了 78.4 亿只，同比增长 40%，增速创下 2010 年以来的新高（图 9-3）。

```
              2011年  2012年  2013年  2014年  2015年  2016年
产业规模/亿元   557    596    650    715    985   1280
```

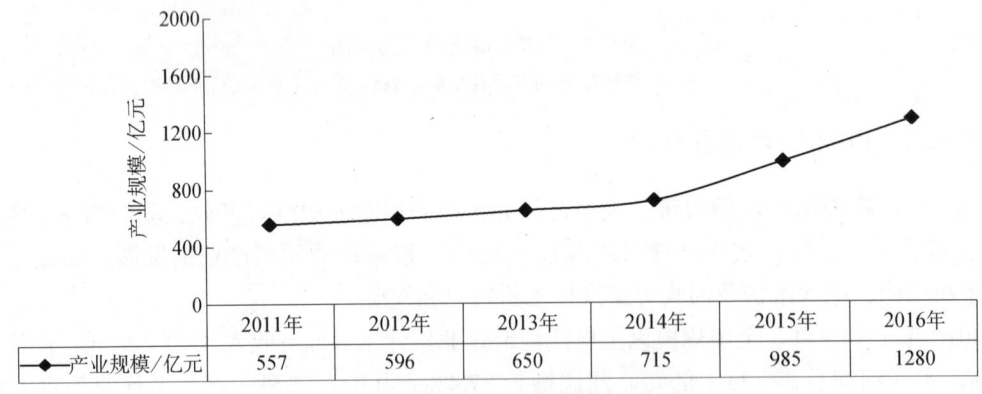

图 9-3　中国锂离子电池产业规模

资料来源：国家统计局

我国太阳能电池产量逐年上升，2016 年太阳能电池产量为 76.81 吉瓦，与 2015 年相比增长率约为 31.01%。2017 年 1~11 月，太阳能电池产量达到 85.23 吉瓦（图 9-4）。

9.1.3　电池产业关键技术演进

电池领域技术复杂多样，涉及领域广泛，本部分对一次电池、二次电池、燃料电池、太阳能电池、电池维护及回收技术演变进行了简单探讨。

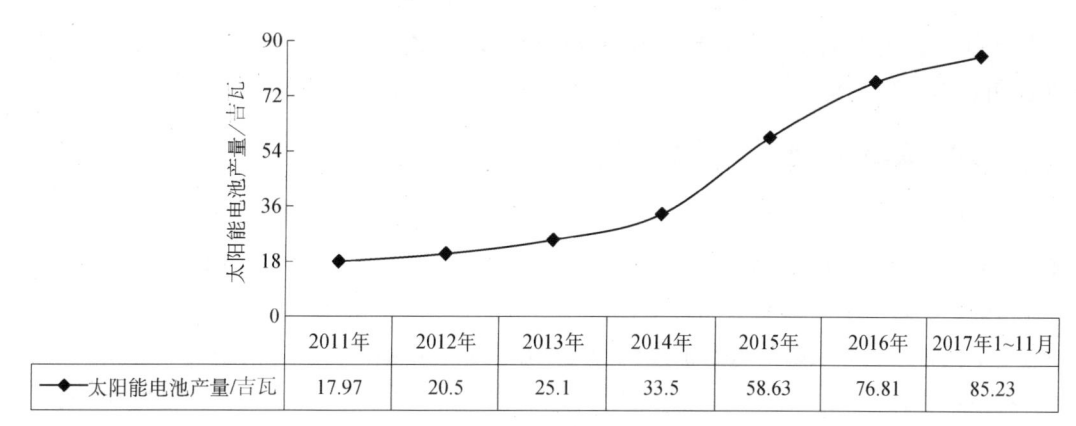

年份	2011年	2012年	2013年	2014年	2015年	2016年	2017年1~11月
太阳能电池产量/吉瓦	17.97	20.5	25.1	33.5	58.63	76.81	85.23

图 9-4　中国太阳能电池产业规模

资料来源：国家统计局

9.1.3.1　一次电池

随着对"生物电"和"伏打电堆"技术的深入探索，1860年，法国的雷克兰士发明了碳锌电池，这种电池更容易制造，且最初潮湿水性的电解液，逐渐被黏浊状类似糨糊的方式取代，于是装在容器内时，"干"性的电池出现了，这是最早的一次电池[3]。如今，一次电池形成一个庞大完整的体系，包括锌/二氧化锰干电池、镉/氧化汞电池、锌/氧化银电池、镁电池、铝电池、一次金属/空气电池、锌/空气电池等。但由于一次电池的不可重复利用性，以金属为原料容易造成原材料浪费，废弃电池还会造成环境污染。于是，能够经过多次充电放电循环、反复使用的蓄电池成为新的方向。

9.1.3.2　二次电池

1859年，英国科学家普兰第发明了铅酸电池，并于1870年采用西门子发电机将铅酸电池改为二次电池，这便是世界上最早的二次电池。随着人们环保意识的日益增强，铅、镉、汞等有毒金属的使用日益受到限制，在20世纪70年代发明了传统铅酸电池的替代者——锂离子电池。1991年锂离子电池实现了商品化。相对于碱性锌锰电池而言，锂离子电池是一种可再生的二次能源，相对于铅酸电池等二次电池而言，锂离子电池更清洁，再加之具有工作电压高、能量密度大、质量轻等优点，在手机、笔记本电脑、电动工具、数码相机等领域都得到了广泛的应用。锂电池成为电池产业的中流砥柱。

9.1.3.3　燃料电池

1839年，英国的物理学家兼法官威廉姆·罗伯特·格罗夫发明了"气体电池"，被认为是世界上第一个燃料电池；1900年，沃尔特·能斯特用"能斯特物质"氧化钇稳定氧化锆作为电解质制作了一个燃料电池，标志着固体氧化物燃料电池的诞生，随后燃料电池的种类日益增多。直到1959年第一个5kW燃料电池堆意味着真正能够工作的燃料电池出现，惠普公司据此技术开发出的"碱性燃料电池"成为阿波罗登月飞船的主力系统[5]。

从20世纪60年代首次应用于航空事业到现在，燃料电池技术飞速发展，受到发达国家和发展中国家的重点关注，企业界也纷纷斥以巨资，开展燃料电池技术的研究与开发，并应用在民用、国防等领域[6]。

9.1.3.4 太阳能电池

1883年第一块太阳电池由查尔斯·弗瑞兹制备成功。查尔斯用硒半导体上覆上一层极薄的金层形成半导体金属结，器件只有1%的效率。1946年拉塞尔申请了现代太阳电池的制造专利。1954年第一个太阳能电池诞生在贝尔实验室。太阳电池技术的时代终于到来。自20世纪50年代起，美国发射的人造卫星就已经利用太阳能电池作为能量的来源[7, 8]。20世纪70年代能源危机时，让世界各国察觉到能源开发的重要性。在美国、日本和以色列等国家，已经大量使用太阳能装置。中国对太阳能电池的研究开发工作高度重视，早在"七五"期间，非晶硅半导体的研究工作已经列入国家重大课题；"八五"和"九五"期间，中国把研究开发的重点放在大面积太阳能电池等方面。

近年来，随着以太阳能电池为核心的太阳能产业的发展，行业跨界整合、产品跨界生产将成为新趋势。太阳能发电技术和民用产品结合越来越焕发出勃勃生机；面对日益严重的能源危机和大气污染，太阳能光伏正在成为未来新能源的主流形式。随着产业链更趋完善，太阳能产品消费已不仅限于大规模用电，而变得更加多样化。

9.1.3.5 电池维护及回收

废旧电池造成的环境污染及对人体健康的危害，使得废旧电池的回收处理成为迫在眉睫的问题，当前人工分选、湿法、干法和干湿法等常用工艺局限性较大，超声波辅助和生物淋滤是基于湿法改良的工艺，具有能耗少、二次污染小、经济效益好等优点[9]。同时，无汞电池的出现，也为我国电池维护及回收提供了极大的便利。电池的维护及回收并不是产业链的最后一环，而应贯穿整个电池产业，从研发、生产、投入市场、用户利用都应从节能、环保的角度出发，从而实现真正的绿色发展。

9.2 电池产业全球专利态势分析

电池全球专利检索式采用"德温特手工代码+关键词"的方式，德温特手工代码涵盖X16（电化学存储），A12-E06（电池，蓄电池，燃料电池），A12-E14（电池电极），J06-B06A（气体溶剂或气体吸附剂），L03-E（电池，蓄电池，热电元件），N07-L03（催化剂的其他用途），S01-G06（电池性能测试）；关键词主要包括"cell""battery"，共检索到专利数据572 781项，其中2005~2017年电池专利申请量为438 386项。

9.2.1 电池产业全球专利年度趋势

电池全球专利申请量总体呈增长趋势，2017年专利申请量为56 649项，较2016年增长9.71%。从2013~2017年专利申请的来源技术领域看，锂离子电池、电动汽车、动力电池等技术领域贡献较大（图9-5）。

第9章 电池产业技术发展报告

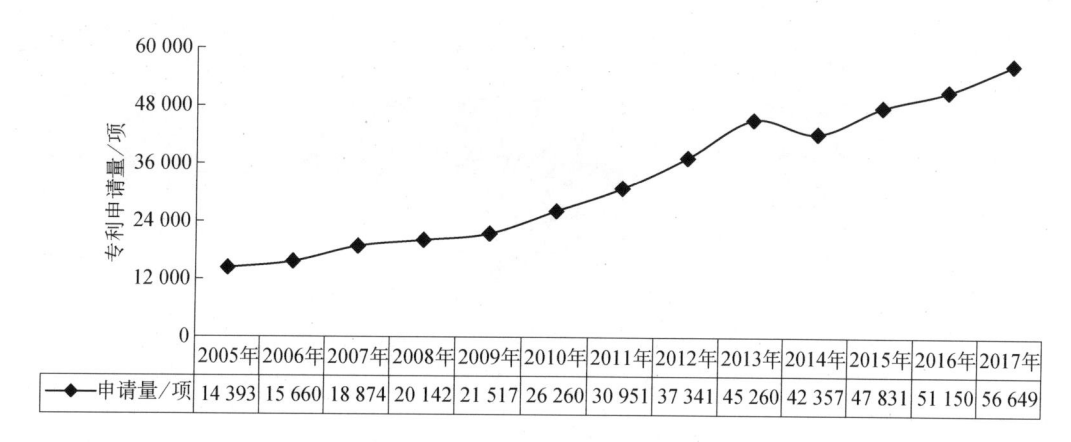

年份	2005年	2006年	2007年	2008年	2009年	2010年	2011年	2012年	2013年	2014年	2015年	2016年	2017年
申请量/项	14 393	15 660	18 874	20 142	21 517	26 260	30 951	37 341	45 260	42 357	47 831	51 150	56 649

图 9-5　2005~2017 年电池产业全球专利申请量年度变化趋势图

资料来源：中国产业智库大数据中心

9.2.2 电池产业专利申请主要国家/地区/组织分析

9.2.2.1 电池产业主要国家/地区/组织专利分布

全球有 49 个国家/地区/组织在电池领域进行了专利申请，亚洲的中国、日本，北美洲的美国专利申请数量居多。专利申请前十的国家/地区/组织依次为：中国、日本、世界知识产权局、美国、韩国、德国、欧洲专利局、中国台湾、法国、俄罗斯（图 9-6）。单从专利数量上看，中国具有很强的研究实力，2005~2017 年共申请专利 182 638 项，其专利申请数量遥遥领先日本。

国家/地区/组织	中国	日本	世界知识产权组织	美国	韩国	德国	欧洲专利局	中国台湾	法国	俄罗斯
专利数量/项	182 638	94 560	44 000	43 423	30 633	14 737	6 187	4 142	2 664	1 455

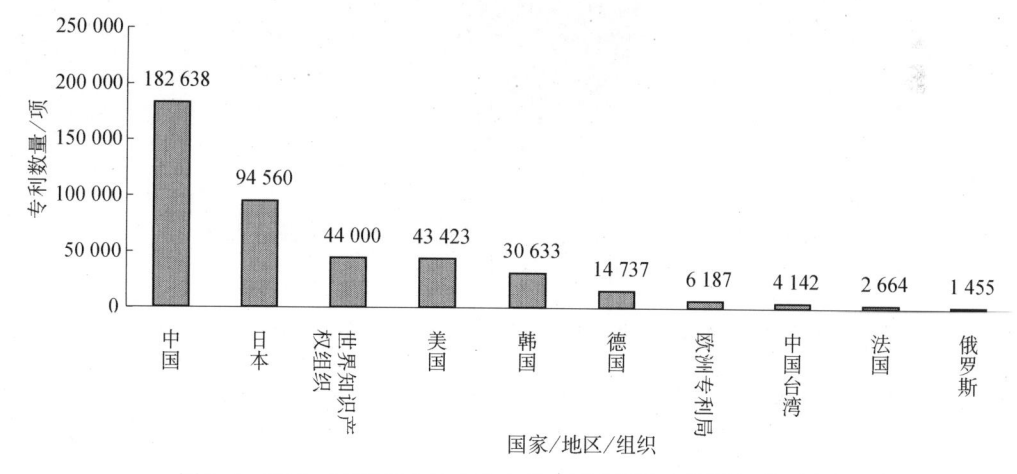

图 9-6　2005~2017 年电池产业全球专利申请前十的国家/地区/组织

资料来源：中国产业智库大数据中心

从技术的流向来看，中国、日本、韩国和美国是电池领域主要的技术输出国（图 9-7）。对电池专利技术市场布局进行统计分析，中国、日本、美国和韩国是电池的主要市场（图 9-8）。

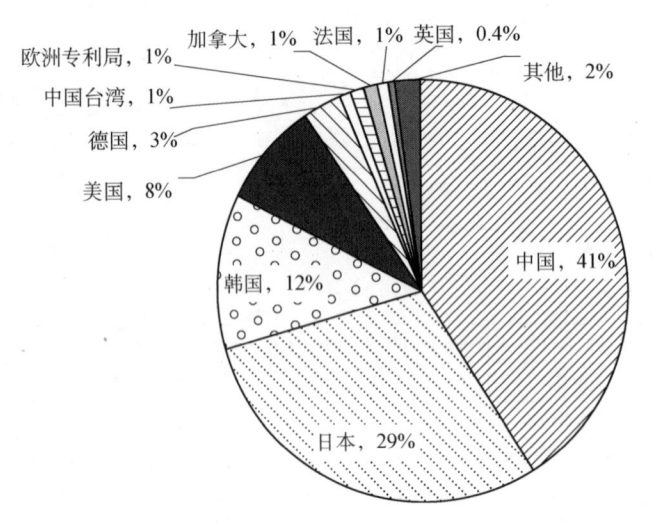

图 9-7　2005~2017 年电池产业全球专利主要来源国家/地区/组织分布图

资料来源：中国产业智库大数据中心

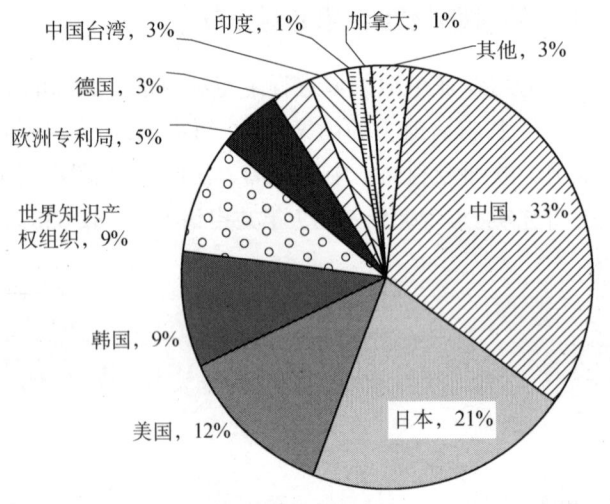

图 9-8　2005~2017 年电池产业全球专利主要技术市场分布图

资料来源：中国产业智库大数据中心

9.2.2.2　电池产业主要国家/地区/组织专利申请年度变化趋势

图 9-9 对电池专利申请数量前五的国家/地区/组织的近年专利申请量统计发现，各国的专利申请量趋势特点有所不同。

第一，中国、韩国专利申请量趋势与全球电池整体专利申请量趋势比较一致，整体上均呈现上升趋势，2005~2016 年两国专利申请量年均增长率分别为 43.61%、17.08%，这反映出中国和韩国电池技术发展迅速。

第二，日本专利申请总体趋势呈现下降。2005~2016 年，日本专利申请量年均增长率为 −2.38%，但是 2016 年专利申请量为 5939 件，位居世界第二位，这说明日本电池产业技术实力雄厚，产业发展成熟。

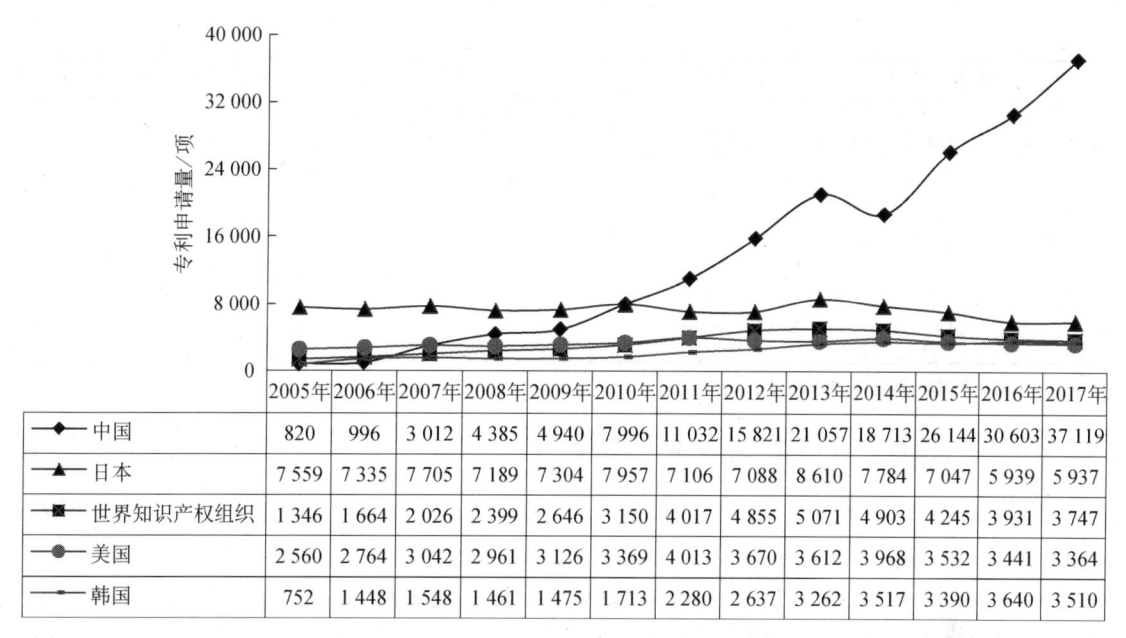

	2005年	2006年	2007年	2008年	2009年	2010年	2011年	2012年	2013年	2014年	2015年	2016年	2017年
中国	820	996	3 012	4 385	4 940	7 996	11 032	15 821	21 057	18 713	26 144	30 603	37 119
日本	7 559	7 335	7 705	7 189	7 304	7 957	7 106	7 088	8 610	7 784	7 047	5 939	5 937
世界知识产权组织	1 346	1 664	2 026	2 399	2 646	3 150	4 017	4 855	5 071	4 903	4 245	3 931	3 747
美国	2 560	2 764	3 042	2 961	3 126	3 369	4 013	3 670	3 612	3 968	3 532	3 441	3 364
韩国	752	1 448	1 548	1 461	1 475	1 713	2 280	2 637	3 262	3 517	3 390	3 640	3 510

图 9-9　2005～2017 年电池产业主要国家/地区/组织专利申请量年度变化趋势图

资料来源：中国产业智库大数据中心

9.2.3　电池产业创新主体分析

9.2.3.1　电池产业十大创新主体

电池专利申请量前十申请人分布可以看出，在前十申请人中，日本企业有 6 家，韩国企业 3 家，德国企业 1 家。排名第一的企业丰田公司，专利申请量达 15 801 项，遥遥领先排名第二的企业专利申请量，占电池领专利申请总量的 36.04%（表 9-1）。

从研究机构的专利申请活跃度来看，韩国和德国企业近 5 年专利申请量占比均大于 40%，高于日本企业。其中，博世公司近 5 年专利申请量占比最高，为 67.97%，该公司是世界最大的汽车零部件供应商，于 2014 年收购新型固态电池公司西奥公司（Seeo Inc)，利用其技术优势进军新能源汽车领域。

表 9-1　2005～2017 年电池产业全球专利申请量前十专利权人分布

排名	专利申请量/项	专利权人	专利申请走势（2005～2017 年）	近 5 年专利占比/%
1	15 801	丰田公司		36.21
2	9 937	三星 SDI 公司		41.54
3	9 563	LG 化学公司		64.88
4	8 184	松下电器公司		31.20
5	5 585	日产汽车公司		29.58
6	4 438	本田公司		32.54

续表

排名	专利申请量/项	专利权人	专利申请走势（2005～2017年）	近5年专利占比/%
7	4 339	三洋电机公司		27.86
8	3 534	博世公司		67.97
9	3 149	东芝公司		36.65
10	2 854	现代汽车公司		56.31

资料来源：中国产业智库大数据中心

9.2.3.2 电池产业创新主体之间的合作

对电池领域申请量排名前百位的机构进行合作分析，得到合作网络图9-10。电池领域各机构与汽车公司合作申请专利较多，合作申请专利频次大于1000次的机构有三星SDI公司、博世公司、丰田公司、SB锂摩托有限公司（SB LiMotive Company LTD.），合作频次分别为2020次、1702次、1696次、1032次。

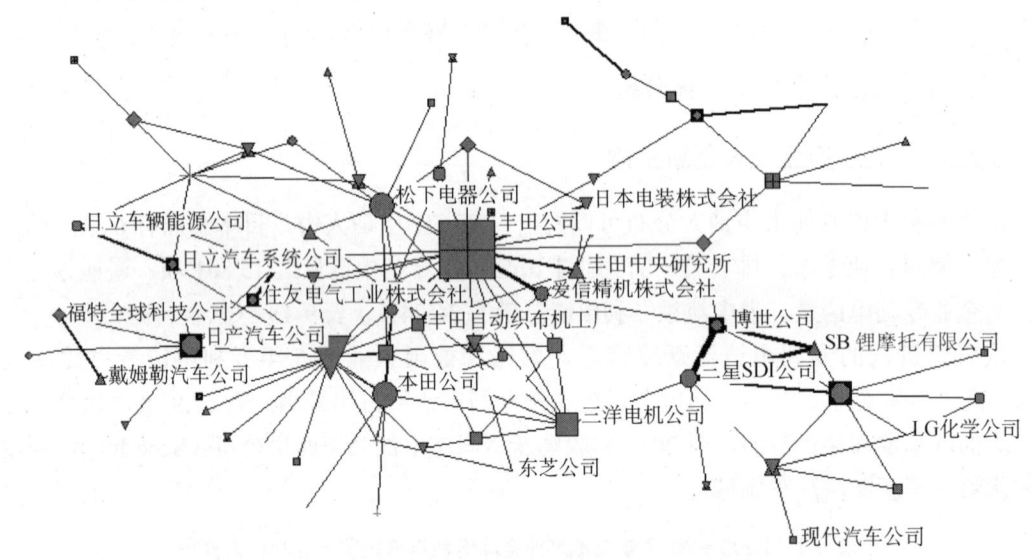

图9-10 2005～2017年电池产业全球创新主体合作网络图
注：度数中心度≥3
图中连线粗细表示合作频次，圆圈大小表示合作申请专利的机构数量
资料来源：中国产业智库大数据中心

1）丰田公司

丰田公司电池领域专利申请量全球排名第一，与其他机构的合作频次排名第三，共与其他36家机构合作，与爱信精机株式会社、丰田中央研究所、丰田自动织布机工厂、日本电装公司合作申请专利最频繁，分别合作申请专利534次、270次、210次、194次。

2）三星SDI公司

三星SDI公司电池领域专利申请量全球排名第二，与其他机构的合作频次排名第一，共与其他 11 个机构合作,与博世公司、SB 锂摩托有限公司合作申请专利最频繁,分别与博世公司合作申请专利 1152 项,与 SB 锂摩托有限公司合作申请专利 505 项。

3)其他研究机构

电池领域其他研发机构之间也有较频繁的合作。住友电气工业株式会社与 HARNESS SOGO GIJUTSU KENKYUSHO KK 公司合作申请专利 607 次,福特全球科技公司与戴姆勒汽车公司合作申请专利 258 次,日立车辆能源公司与日立汽车系统公司合作申请专利 228 次。

9.2.3.3 电池产业创新主体的专利布局

进一步分析丰田公司、三星 SDI 公司、LG 化学公司、松下电器公司、日产汽车公司、本田公司、三洋电机公司、博世公司、东芝公司、现代汽车公司 10 家电池领域研究机构的专利布局情况,以研究创新主体的市场战略。

表 9-2 和表 9-3 分别反映了上述 10 家公司的 2005～2010 年与 2011～2017 年全球专利布局变化情况。第一,2011～2017 年,三星 SDI 公司、LG 化学公司、松下电器公司、日产汽车公司、三洋电机公司、博世公司、东芝公司的 PCT 专利申请量较 2005～2010 年大幅增加,其中 LG 化学公司、日产汽车公司、三洋电机公司、博世公司的增长率均超过 100%,反映出各公司对国际市场的重视,同时电池技术的全球化竞争愈演愈烈。第二,2011～2017 年,丰田公司在本国的专利申请量较 2005～2010 年有所下降,而在美国、中国、韩国等国家的专利申请量有大幅增长,增长率均大于 50%,其中德国的专利申请增长率达到 106.08%,反映了丰田公司电池技术的提高,并且韩国电池需求量大;第三,现代汽车集团在其他国家的专利布局较少,2011～2017 年在巩固原有市场的基础增加了欧洲专利申请,说明该公司的电池技术市场发展计划较稳健,且重视欧洲市场。

表 9-2　电池产业十大创新主体全球专利布局(2005～2010 年)　　　　(单位:项)

国家/地区/组织	丰田公司	三星 SDI 公司	LG 化学公司	松下电器公司	日产汽车公司	本田公司	三洋电机公司	博世公司	东芝公司	现代汽车公司
日本	7818	1163	557	4124	3434	2246	2292	86	1561	103
韩国	411	3863	2139	467	100	42	258	49	128	802
美国	1483	2039	731	1311	372	701	641	214	479	173
德国	706	194	35	71	45	116	43	395	16	50
中国	1275	1118	736	995	163	144	411	129	223	87
世界知识产权组织	1437	20	629	859	255	188	88	187	188	1
欧洲专利局	527	553	526	533	281	190	107	167	102	4
中国台湾	1	4	310	33	2	28	64	2	113	0
加拿大	314	5	73	26	97	61	12	2	5	1
印度	32	4	132	51	21	33	2	7	5	4
俄罗斯	41	2	104	19	22	3	0	5	0	0
巴西	35	1	95	14	13	6	0	7	0	0
墨西哥	1	0	4	2	8	3	1	0	1	0
印度尼西亚	1	0	0	2	0	2	0	0	1	0

续表

国家/地区/组织	丰田公司	三星SDI公司	LG化学公司	松下电器公司	日产汽车公司	本田公司	三洋电机公司	博世公司	东芝公司	现代汽车公司
英国	13	4	0	2	1	1	11	32	0	0
澳大利亚	31	1	17	6	1	11	0	1	4	0
新加坡	2	0	8	4	1	0	0	0	1	0
法国	2	1	1	1	2	9	1	8	0	0
马来西亚	1	0	1	0	2	2	0	0	4	0
意大利	0	0	0	0	0	17	0	9	0	0
越南	1	0	0	0	0	3	0	0	0	0
中国香港	3	0	0	2	1	1	0	0	4	0
泰国	0	0	0	3	2	5	0	0	0	0
瑞士	0	0	0	0	0	0	0	4	0	0
以色列	2	1	0	0	4	0	0	0	1	0
南非	2	0	0	0	1	2	0	0	1	0
新西兰	1	1	0	0	1	0	0	0	1	0

表9-3 电池产业十大创新主体全球专利布局（2011～2017年） （单位：项）

国家/地区/组织	丰田公司	三星SDI公司	LG化学公司	松下电器公司	日产汽车公司	本田公司	三洋电机公司	博世公司	东芝公司	现代汽车公司
日本	7644	1152	1156	3582	1890	2048	1750	388	1378	205
韩国	847	4778	7115	151	338	17	91	560	115	1950
美国	2241	4598	1807	1129	635	730	729	1255	606	996
德国	751	730	23	51	7	148	7	2448	12	522
中国	2007	1850	1527	857	591	360	573	1078	363	602
世界知识产权组织	1478	520	2000	1366	853	246	830	1147	329	1
欧洲专利局	681	1591	1416	544	556	158	176	766	237	38
中国台湾	11	48	390	42	71	16	16	9	31	0
加拿大	247	8	35	9	192	20	1	0	0	0
印度	66	67	104	85	92	36	11	39	68	0
俄罗斯	24	6	15	20	96	1	0	9	0	0
巴西	40	15	40	4	68	7	1	3	1	0
墨西哥	0	0	0	0	90	0	0	0	0	0
印度尼西亚	4	0	0	15	56	5	1	0	1	0
英国	4	3	4	2	3	5	0	23	0	0
澳大利亚	28	9	32	11	0	5	0	7	13	0
新加坡	0	0	30	7	0	0	0	2	5	0
法国	1	2	2	0	0	1	0	27	1	0
马来西亚	0	0	0	2	19	0	0	0	0	0
意大利	0	0	0	0	0	6	0	5	0	0
越南	1	5	1	6	9	15	1	0	0	0
中国香港	3	0	2	0	0	0	0	0	7	0
菲律宾	1	0	0	0	6	1	0	0	0	0
荷兰	0	0	0	0	0	0	0	3	0	0

资料来源：中国产业智库大数据中心

9.2.4 电池产业专利技术发明人分析

本部分从专利发明人合作申请专利的角度,分析电池领域合作率与合作度变化趋势、重要申请人的合作率与合作度、重要申请人内部发明人的合作特征等。

9.2.4.1 电池产业专利技术发明人合作率与合作度年度变化趋势

图 9-11 是 2005～2017 年电池领域专利的合作率和合作度变化趋势。从合作率指标来看,历年合作率均在 64%～73%之间波动,2014 年合作率最高;从合作度指标来看,2006 年以后,合作度均大于 3,电池领域科学合作的规模适中,且较稳定。

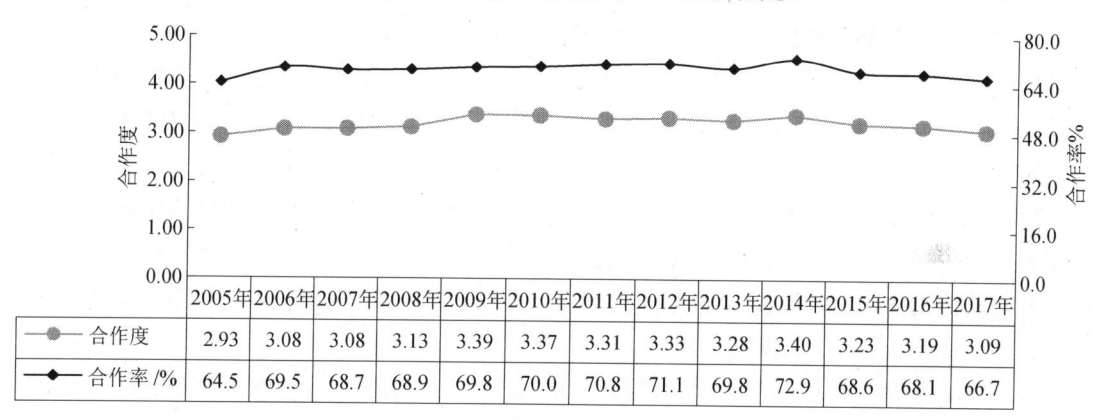

	2005年	2006年	2007年	2008年	2009年	2010年	2011年	2012年	2013年	2014年	2015年	2016年	2017年
合作度	2.93	3.08	3.08	3.13	3.39	3.37	3.31	3.33	3.28	3.40	3.23	3.19	3.09
合作率/%	64.5	69.5	68.7	68.9	69.8	70.0	70.8	71.1	69.8	72.9	68.6	68.1	66.7

图 9-11 2005～2017 年电池产业专利技术发明人合作率和合作度年度变化趋势图
资料来源:中国产业智库大数据中心

9.2.4.2 电池产业专利技术发明人合作率和合作度比较

表 9-4 对申请量前十的研究机构,计算其合作率与合作强度,分析各个公司的在发明人合作方面的特征。从合作率来看,三星 SDI 公司最高,为 87.98%;从合作度来看,LG 化学公司最高,为 5.79,即平均每项专利由近 6 个发明者共同完成;日本的 6 家公司合作度均在 3 左右,且专利申请量最多的丰田公司合作率为 55.70%,合作度为 2.54;由此可见在电池领域,韩国公司较日本公司更加重视科研合作。

表 9-4 2005～2017 年电池产业主要公司的合作率与合作度比较

序号	机构名称	合作率/%	合作度
1	丰田公司	55.70	2.54
2	三星 SDI 公司	87.98	5.79
3	LG 化学公司	89.34	5.19
4	松下电器公司	80.79	3.34
5	日产公司	62.75	2.79
6	本田公司	84.13	3.46
7	三洋电机公司	75.96	3.26
8	博世公司	84.22	4.28
9	东芝公司	79.75	3.81
10	现代汽车公司	72.94	3.99

资料来源:中国产业智库大数据中心

9.2.4.3 电池产业专利技术核心发明人

分别计算电池领域丰田公司、三星 SDI 公司、LG 化学公司、松下电器公司、日产汽车公司、本田公司、三洋电机公司、博世公司、东芝公司、现代汽车公司等申请人内部发明人合作网络凝聚力指数和点度中间中心度，可以看出，丰田公司整体网络的凝聚力指数为 0.516，凝聚力一般；SATO H 在网络中的中间中心度最高，为 281.817，说明其在网络中控制资源的能力最强，具有较大的影响力；HASHIMOTO T、KAJIWARA T、SANO S、SATO H 与其他人合作的频次最高，分别为 356 次、337 次、302 次和 301 次。从网络结构来看，公司内部形成了以 HASHIMOTO T 团队为核心的发明人网络，彼此合作关系非常紧密。

三星 SDI 公司整体网络的凝聚力指数为 0.708，凝聚力较强；KIM J 在网络中的中间中心度最高，为 133.385，说明其在公司内具有较大的影响力；KIM J 与其他人的合作频次也是最多的，共与其他人合作 2861 次。从网络结构来看，公司内部形成了一个以 KIM J 团队为核心的发明人网络，彼此合作关系密切。

LG 化学公司整体网络的凝聚力指数为 0.741，凝聚力较强；KIM J 在网络中的中间中心度最高，为 136.343，说明其在公司内的影响力最大；KIM J 与其他人的合作频次也是最多的，共与其他人合作 2089 次。从网络结构来看，公司内部形成了以 KIM J、LEE H、LEE J、KIM S、LEE S 等为核心的发明人网络。

松下电器公司整体网络的凝聚力指数为 0.472，凝聚力较弱；UEDA T 在网络中的中间中心度最高，为 380.488，说明其在公司内具有较大的影响力；URATA T、TAGUCHI K 与其他人的合作频次是最多的，与其他发明人的合作频次分别为 367 次、366 次。从网络结构来看，公司内部形成了以 URATA T 团队、TAGUCHI K 团队、SUGAWARA Y 团队为核心的多个小网络。

日产汽车公司、本田公司整体网络的凝聚指数分别为 0.517、0.551，凝聚力一般；三洋电机公司、博世公司、东芝公司整体网络的凝聚指数分别为 0.406、0.376、0.495，凝聚力较弱；现代汽车公司整体网络的凝聚指数为 0.619，凝聚力较强。

9.3 电池产业在华专利态势分析

电池领域专利申请涉及一次电池、二次电池、燃料电池、太阳能电池、电池维护及回收、先进可充电电池、核电池、温差电池、贮备电池等多个子领域，技术复杂多样。本书在研究过程中采用"分类号+关键词"为检索入口，分类号包括 H01M（用于直接转化学能为电能的方法或装置，例如电池组）；H01L31/042（光电池板或阵列，如太阳电池板或阵列）；H01L31/045（可收缩的或可折叠的光电池板或阵列）；H01L31/048（封装的或有外壳的光电池板或阵列）；H01L31/05（以特殊互连装置为特征的光电池板或阵列）；G21（适用于制造或处理半导体或固体器件或其部件的方法或设备），关键词包括"电池""电源能""电能转换"，专利申请时间限定为 2005~2017 年，共检索到 217 793 件专利。

9.3.1 电池产业在华专利申请态势

9.3.1.1 电池产业在华专利年度趋势

中国于 2001 年加入世界贸易组织后,电池产业的发展经历了一定的波折,面临着来自松下电器公司、三洋电机公司、索尼公司、LG 化学公司等日韩电池巨头的竞争冲击。但我国电池产业也在竞争中不断提高自身水平,吸收先进技术,完善产业标准,电池专利申请量稳步增长。"十一五"期间,国家提出"节能和新能源汽车战略",在密集的扶持政策背景下,我国新能源汽车进入飞速发展期,专利申请量增速提高。2010 年,电池专利申请 14 069 件,较 2009 年增长了 45.72%。

2011 年以来,由于笔记本电脑、平板电脑、智能手机等产品的更新迭代,对电池领域的专利申请造成了些许影响,专利申请量略有下降。但伴随着电子 3C 产品的升级完成,以及国家对新能源产业的重视,二次电池、燃料电池、太阳能电池及电池维护、回收技术研发都进入了高速发展期。2016 年,电池专利申请量达到 39 317 件(图 9-12)。

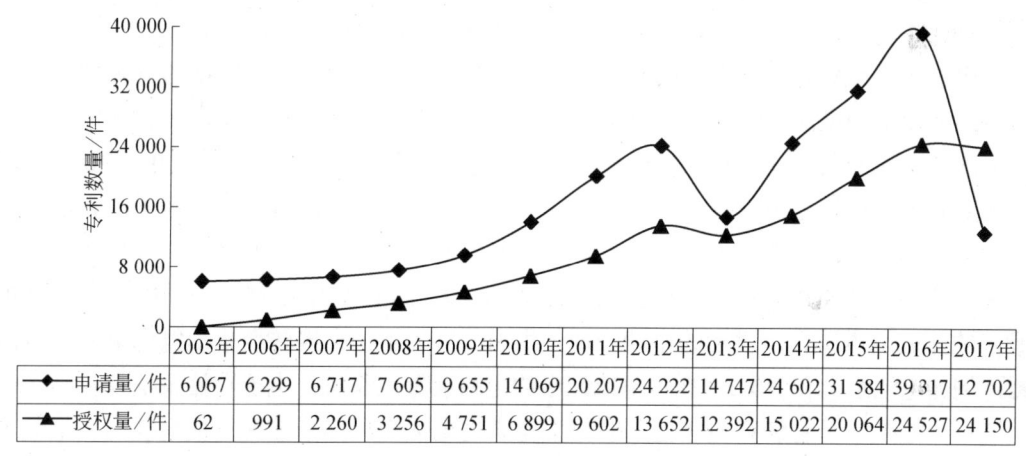

年份	2005年	2006年	2007年	2008年	2009年	2010年	2011年	2012年	2013年	2014年	2015年	2016年	2017年
申请量/件	6 067	6 299	6 717	7 605	9 655	14 069	20 207	24 222	14 747	24 602	31 584	39 317	12 702
授权量/件	62	991	2 260	3 256	4 751	6 899	9 602	13 652	12 392	15 022	20 064	24 527	24 150

图 9-12　2005～2017 年电池产业在华专利申请量年度变化趋势图
资料来源:中国产业智库大数据中心

9.3.1.2 电池产业细分领域在华专利分布

电池产业分为一次电池、二次电池、燃料电池、太阳能电池、电池维护及回收、先进可充电电池、核电池、温差电池、贮备电池 8 个子领域,本书选择一次电池、二次电池、燃料电池、太阳能电池、电池维护及回收 5 个领域重点进行专利分析(表 9-5)。

表 9-5　2005～2017 年电池产业细分领域在华专利申请量及主要申请人

领域	专利总量/件	主要申请人
一次电池	6 272	松下电器公司、三星 SDI 公司、丰田公司、比亚迪公司、中国科学院大连化学物理研究所
二次电池	75 445	三星 SDI 公司、丰田公司、比亚迪公司、LG 化学公司、松下电器公司
燃料电池	15 862	丰田公司、三星 SDI 公司、中国科学院大连化学物理研究所、通用汽车环球科技运作公司、新源动力股份有限公司

续表

领域	专利总量/件	主要申请人
太阳能电池	35 578	天合光能公司、苏州阿特斯阳光电力公司、广东爱康太阳能科技有限公司、英利能源（中国）有限公司、常州亿晶光电科技有限公司
电池维护及回收	10 231	国家电网公司、合肥国轩高科动力能源有限公司、深圳市沃特玛电池有限公司、天能电池（芜湖）有限公司、华南理工大学

资料来源：中国产业智库大数据中心

一次电池，又称为原电池，是指一旦放电至反应物被耗尽，其使用寿命随机终止的电池。一次电池主要有锌/二氧化锰干电池、镉/氧化汞电池、锌/氧化银电池、镁电池、铝电池、一次金属/空气电池、锌/空气电池等。2005~2017年，一次电池专利申请总量为6272件。2015年一次电池专利申请量为798件，2016年为1062件，同比增长了33.1%。对一次电池领域的申请人的申请总量进行统计分析，结果表明：排名靠前的申请人以日本、中国为主，前五位申请人中两国各占2名。申请量最多的前五位申请人分别是：松下电器公司、三星SDI公司、丰田公司、比亚迪公司、中国科学院大连化学物理研究所。主要的申请领域都集中在H01M（用于直接转变化学能为电能的方法或装置，例如电池组）。

二次电池，又称为充电电池或蓄电池，是指在电池放电后可通过充电的方式使活性物质激活而继续使用的电池。二次电池包括铅酸电池、锂离子电池、碱性蓄电池、固体电解质电池。二次电池的专利申请量和专利授权量在整个电池产业中均位于首位。2005~2017年，二次电池专利申请总量为75 445件，遥遥领先于一次电池、燃料电池、太阳能电池和电池维护及回收4个领域。二次电池在2015年的专利申请量为11 101件，2016年为14788，同比增长了33.2%。三星SDI公司、丰田公司、比亚迪公司、LG化学公司、松下电器公司是申请量最多的前五位申请人。主要的申请领域集中H01M（用于直接转变化学能为电能的方法或装置，例如电池组）和H02J（在供电或配电的电路装置或系统；电能存储系统）。

燃料电池是一种将燃料与氧化剂的化学能通过电化学反应直接转换成电能的发电装置。主要由正极、负极、电解质和辅助设备组成，具有发电效率高、自身安全性高、清洁、无污染等优点。燃料电池根据电解质的不同，可以分为以下几类：质子交换膜燃料电池、固体氧化物电池、碱性燃料电池、熔融碳酸盐燃料电池、磷酸盐燃料电池、直接甲醇燃料电池、再生式燃料电池。2005~2017年，燃料电池专利申请总量为15 862件。2015年燃料电池的专利申请总量为1604件，2016年专利申请总量为1444件，同比下降了9.9%。申请量最多的前五位申请人分别是丰田公司、三星SDI公司、中国科学院大连化学物理研究所、通用汽车环球科技运作公司、新源动力股份有限公司。主要的申请领域集中在H01M（用于直接转变化学能为电能的方法或装置，例如电池组）。

太阳能电池指通过光电效应或光化学效应直接把光能转化成电能的装置，一般包括硅太阳能电池、化合物半导体型太阳能电池、聚合物多层修饰电极型太阳能电池、层叠型太阳能电池、光敏化学和光敏化燃料太阳能电池、纳米晶太阳能电池。2005~2017年，太阳能电池专利申请总量为35 578件，是电池领域专利申请量第二大技术分支。天合光能公司、苏州阿特斯阳光电力公司、广东爱康太阳能科技有限公司、英利能源（中国）有限公司、常州亿晶光电科技有限公司是专利申请量排名前五的主要申请人。主要申请领域集中在H01L（半导体器件；其他类目中不包括的电固体器件）。

2005~2017年，电池维护及回收技术专利申请总量为10 231件，且多年来一直保持持续增长状态；专利申请量排名前五的主要申请人分别是：国家电网公司、合肥国轩高科动力能源有限公司、深圳市沃特玛电池有限公司、天能电池（芜湖）有限公司、华南理工大学。国家电网公司主要的申请领域集中在G01R（测量电变量；测量磁变量）；合肥国轩高科动力能源有限公司、深圳市沃特玛电池有限公司、天能电池（芜湖）有限公司、华南理工大学主要的申请领域集中在H01M（用于直接转变化学能为电能的方法或装置，例如电池组）和H02J（在供电或配电的电路装置或系统；电能存储系统）。

9.3.2 电池产业在华专利重要区域布局分析

9.3.2.1 电池产业在华专利区域布局

根据分析，电池产业主要集中在长三角地区、珠三角地区、京津冀地区、华中地区、西南地区这五个区域，而这几个地区的专利申请也较为密集（图9-13）。

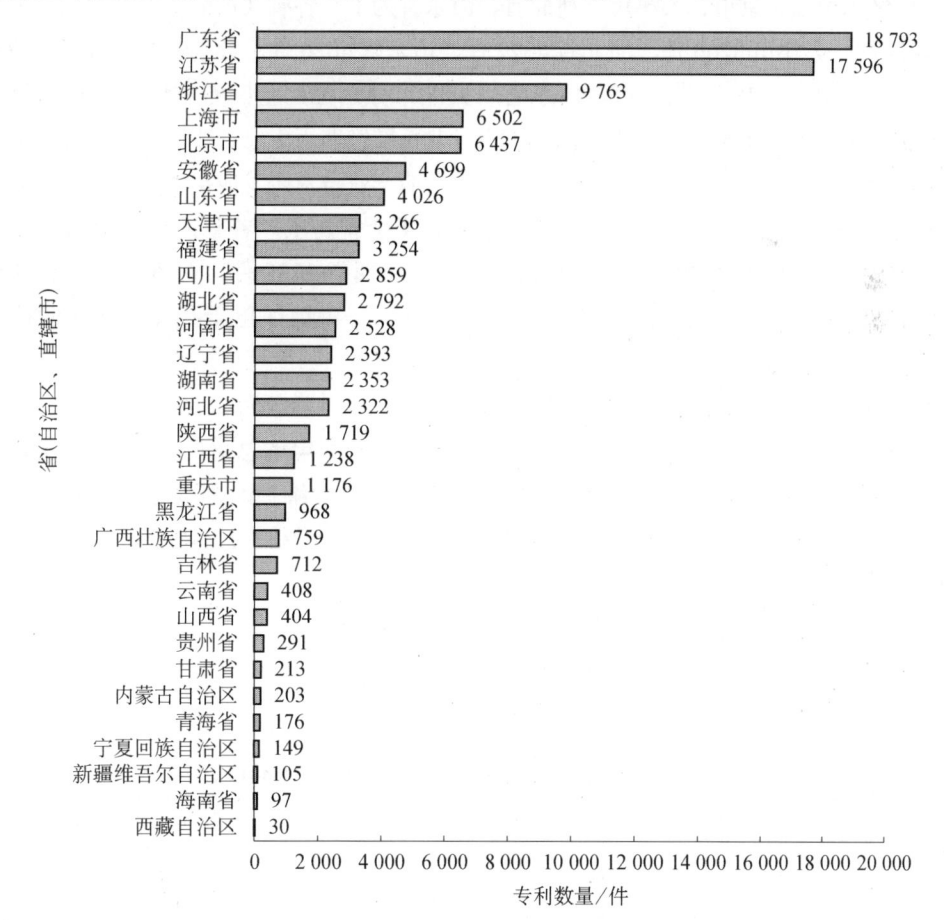

省（自治区、直辖市）	专利数量/件
广东省	18 793
江苏省	17 596
浙江省	9 763
上海市	6 502
北京市	6 437
安徽省	4 699
山东省	4 026
天津市	3 266
福建省	3 254
四川省	2 859
湖北省	2 792
河南省	2 528
辽宁省	2 393
湖南省	2 353
河北省	2 322
陕西省	1 719
江西省	1 238
重庆市	1 176
黑龙江省	968
广西壮族自治区	759
吉林省	712
云南省	408
山西省	404
贵州省	291
甘肃省	213
内蒙古自治区	203
青海省	176
宁夏回族自治区	149
新疆维吾尔自治区	105
海南省	97
西藏自治区	30

图9-13 2005~2017年电池产业在华专利申请量区域排名

资料来源：中国产业智库大数据中心

长三角地区以江苏省、浙江省、上海市、安徽省为代表，各省的专利申请量分别为：江苏省 17 596 件、浙江省 9763 件、上海市 6502 件、安徽省 4699 件，分别占全国专利申请总量的 17.9%、6.6%、9.9%、4.8%，其中仅江苏省专利申请量接近全国专利申请总量的 20%，是名副其实的电池产业技术大省。从专利申请分类角度进行分析，江苏省以太阳能电池和二次电池为主，分别是 8606 件、7650 件；其太阳能电池申请总量位居全国第一。同时具有天合光能公司、常熟阿特斯阳光电力公司、无锡尚德太阳能电力有限公司、苏州阿特斯协鑫阳光电力科技有限公司等众多太阳能电池领域的先进企业。

珠三角地区以广东省专利申请为主。广东是全球最大的锂电池生产制造基地之一，仅动力电池生产量就占据中国行业的 60%，2005～2017 年专利申请总量为 18 793 件，占全国专利申请总量的 19.1%，因此也是我国电池产业的研发大省。广东省在电池产业技术的诸多领域都处于领先地位，其中一次电池、二次电池、电池维护及回收三个领域的专利申请量均位于全国第一，分别为 1536 件、14 393 件、1522 件，燃料电池和太阳能电池的专利申请量也位居前茅，分别为 744 件、2797 件。我国知名汽车品牌比亚迪公司正是诞生于广东省深圳市，同时华南理工大学、华南师范大学等知名高校也为广东省电池产业技术研发起到了极大的支持作用。

华北地区东部以北京市、天津市、河北省、山东省为主。各省（市）的专利申请量分别为：北京市 6437 件、天津市 3266 件、河北省 2322 件、山东省 4026 件，分别占全国专利申请总量的 6.6%、3.3%、2.4%、4.1%。北京市、山东省、天津市分别位列全国专利申请总量的第五、第七、第八位。华北地区东部由于集中了清华大学、北京航空航天大学、中国科学院化学研究所、中国科学院物理研究所等知名高校院所，是该地区电池产业技术研发成果领先的重要原因。

华中地区以湖北省、湖南省、河南省、江西省 4 个省为主。各省的专利申请量分别为：湖北省 2792 件、河南省 2528 件、湖南省 2353 件、江西省 1238 件，分别占全国专利申请总量的 2.8%、2.6%、2.4%、1.3%。相较于前三个地区，华中地区位于我国电池产业技术研发的中间阶段，电池产业各个技术分支发展相对均衡。

西南地区主要以四川省、重庆市为主。四川省的专利申请量为 2859 件，占全国专利申请总量的 2.9%，重庆市的专利申请量为 1176 件，占全国专利申请总量的 1.2%。四川省专利申请量在全国排名第十位，其中二次电池、太阳能电池、电池维护及回收这三个领域排名比较靠前。主要的申请机构有保定天威集团有限公司、天威新能源控股有限公司、成都聚合科技有限公司、电子科技大学。

9.3.2.2 电池产业在华专利区域研发重点分析

电池在华专利区域研发重点分布如表 9-6 所示。

表 9-6 2005～2017 年电池产业细分领域在华专利布局　　　　　　（单位：件）

省（自治区、直辖市）	电池维护及回收	二次电池	燃料电池	太阳能电池	一次电池
广东省	1 522	14 393	744	2 797	1 536
江苏省	1 308	7 650	1 073	8 606	611
浙江省	866	6 039	350	2 951	550

续表

省（自治区、直辖市）	电池维护及回收	二次电池	燃料电池	太阳能电池	一次电池
上海市	574	2 736	1 316	2 289	271
北京市	793	3 487	1 019	1 664	241
安徽省	666	3 175	202	1 096	122
山东省	422	2 556	277	1 051	137
天津市	333	2 069	195	797	206
福建省	214	2 399	123	655	88
四川省	330	1 521	308	922	100
湖北省	361	1 586	489	580	156
河南省	355	1 852	84	468	100
辽宁省	234	785	1 117	405	118
湖南省	313	1 654	114	471	118
河北省	227	892	54	1 348	43
陕西省	135	810	126	747	61
江西省	142	666	61	471	37
重庆市	256	812	102	170	50
黑龙江省	109	501	252	178	43
广西壮族自治区	78	493	23	199	52
吉林省	86	332	145	210	39
云南省	44	224	26	135	35
山西省	44	189	71	132	11
贵州省	35	206	8	35	53
甘肃省	60	130	21	46	2
内蒙古自治区	11	108	11	84	11
青海省	11	75	3	94	8
宁夏回族自治区	17	36	2	111	2
新疆维吾尔自治区	10	46	4	56	0
海南省	4	23	0	73	3
西藏自治区	0	17	0	25	0

资料来源：中国产业智库大数据中心

一次电池领域专利申请量较多的省有广东省、江苏省、浙江省，专利申请量均在500件以上。广东省一次电池领域专利申请量最高，为1536件。2005~2010年，广东省一直保持着较为稳定的专利申请趋势，平均专利申请量约在95件/年，2011~2013年，略有下降，平均专利申请量约为50件/年，2014年起专利申请量增长迅猛，2014~2015年实现了专利申请量70%以上的增长，从107件增长到179件；2015~2016年更是增长了120%，2016年专利申请量为394件；其中主要申请机构有比亚迪公司、惠州金源精密自动化设备有限公司、深圳市比克电池有限公司。江苏省一次电池领域专利申请量位居第二，为611件。2005~2016年，一直保持着稳定的增长趋势。2015年专利申请量为90件，2016年专利申请量为115件，同比增长了25%；江苏省一次电池领域主要申请机构有南京中储新能源有限公司、无锡奥特维智能装备有限公司、苏州宝时得电动工具有限公司。浙江省一次电池领域专利申请量位居全国第三，为550件，近三年专利申请量分别为：2014年38件、2015年78件、2016年165件，连续两年实现了专利申请量翻倍增长；主要的申请机构有中银（宁波）电池有限公司、浙江昀邦电池有限公司、浙江野马电池有限公司。

二次电池专利申请量较多的是广东省、江苏省、浙江省这三个电池产业大省，专利申请量均在6000件以上。广东省申请量为14 393件，占广东省电池领域专利申请总量的75%以上，可以看出，二次电池是广东省电池产业的重点技术研发领域。根据广东"十三五"战略性新兴产业发展重大工程的要求，新能源汽车领域要加快建设纯电动、插电式混合动力、增程式等新能源汽车整车项目与新型动力锂离子电池及管理系统项目，培育和发展特种用途电动汽车、短途纯电动汽车、燃料电池汽车及下一代高比能动力电池。预计广东省二次电池领域技术未来发展仍会保持迅猛势头。江苏省二次电池领域专利申请量为7650件，占江苏省电池领域专利申请总量的50%以上，该省主要的申请机构有江苏双登集团股份有限公司、江苏理士电池有限公司、苏州宝时得电动工具有限公司。浙江省二次电池专利申请量位于全国第三，共6039件，占该省电池领域专利申请总量的70%以上，主要的申请机构有超威电池有限公司、天能电池集团有限公司、万向集团公司、浙江大学。根据二次电池专利申请量及申请趋势分析可知，当前二次电池领域是众多机构技术布局的重点。由于国家对新能源产业的大力支持，作为新能源产业核心技术的二次电池技术受到了广泛关注，未来二次电池技术的发展仍将是整个电池产业的重心。

燃料电池专利申请量较多的省（市）有上海市、辽宁省、北京市，专利申请量均在1000件以上。上海市燃料电池专利申请量位于全国第一，共1316件；主要申请机构有上海神力科技有限公司、上海交通大学、同济大学。2017年9月20日，上海市发布的《上海市燃料电池汽车发展规划》中着重指出，要突破燃料电池电堆关键技术，优化燃料电池发动机集成与控制技术，到2030年，实现燃料电池汽车技术和制造总体达到国外同等水平，上海燃料电池汽车全产业链年产值突破3000亿元。辽宁省专利申请量位居全国第二，共1117件；主要申请机构有新源动力股份有限公司、中国科学院大连化学物理研究所、大连融科储能技术发展有限公司、大连理工大学。北京市燃料电池专利申请量为1019件，在全国排名前端；主要申请机构有清华大学、汉能科技有限公司、北京化工大学、北京科技大学。

太阳能电池专利申请量较多的省是江苏省、浙江省、广东省，专利申请量均在2000件以上。江苏省太阳能电池专利申请量位居全国第一，共8606件。主要申请机构有天合光能公司、苏州阿特斯阳光电力科技有限公司、常州亿晶光电科技有限公司、无锡尚德太阳能电力有限公司。作为我国光伏产业的聚集地，截至2016年年底，江苏光伏发电累计装机容量达546万千瓦；截至2017年4月底，装机总量位居全国第五，其中分布式光伏装机规模位居全国第二；在工业和信息化部已发布的5批符合规范条件的光伏企业中，江苏入围企业数量位列全国第一。太阳能电池作为光伏产业的技术核心，伴随着产业的快速发展，也不断进行技术革新和突破。浙江省太阳能电池专利申请量位居全国第二，共2951件，主要的申请机构有浙江晶科能源有限公司、嘉兴优太太阳能有限公司、浙江大学。广东省作为电池大省，太阳能电池专利申请量位居全国第三，共 2797 件，主要申请机构有广东爱康太阳能科技有限公司、比亚迪公司、海洋王照明科技股份有限公司、深圳市创益科技发展有限公司。

电池维护及回收领域专利申请量较多的省是广东省、江苏省、浙江省，专利申请量均在 700 件以上。广东省电池维护及回收专利申请量位居全国第一，共 1522 件。主要申请机构有深圳市沃特玛电池有限公司、惠州市亿能电子有限公司、佛山市邦普循环科技有限公司、华南理工大学等。其中，邦普集团已形成"电池循环、载体循环和循环服务"三大产业板块，专业从事数码电池（手机和笔记本电脑等数码电子产品用充电电池）和动力电池（电动汽车用动力电池）回收处理、梯度储能利用；年处理废旧电池总量超过 6000 吨、年生产镍钴锰氢氧化物 4500 吨，总收率超过 98.58%，回收处理规模和资源循环产能已跃居亚洲首位，是全球专业的废旧电池及报废汽车资源化回收处理和高端电池材料生产的国家级高新技术企业。产业聚集推动了当地专利技术的不断提升。江苏省电池维护及回收专利申请量位居全国第二，共 1308 件；主要申请机构有苏州大学、东南大学、江苏理士电池有限公司、苏州赛伍应用技术有限公司。浙江省电池维护及回收专利申请量位居全国第三，共 866 件；主要申请机构有超威电源有限公司、浙江汇通电源有限公司、浙江大学、万向集团公司。

9.3.3　电池产业在华专利主要申请人分析

通过对整个电池产业专利申请量的排名，本文整理出专利申请总量排名在前二十的申请人，它们分别是：丰田公司 2692 件、三星 SDI 公司 2515 件、比亚迪公司 2063 件、松下电器公司 1522 件、国家电网公司 1449 件、天津力神电池股份有限公司 1245 件、LG 化学公司 1245 件、三洋电机公司 1103 件、博世公司 940 件、清华大学 929 件、深圳市沃特玛电池有限公司 859 件、超威电源有限公司 852 件、宁德新能源科技有限公司 756 件、合肥国轩高科动力能源有限公司 744 件、东莞新能源科技有限公司 707 件、中国科学院大连化学物理研究所 695 件、深圳市比克电池有限公司 686 件、宁德时代新能源科技股份有限公司 658 件、现代汽车公司 656 件、中南大学 654 件（图 9-14）。

通过对这 20 位申请人在电池技术 5 个子领域的专利申请进行分析，并结合申请人在电池产业的市场份额、市场影响力，本文针对二次电池领域、燃料电池领域、太阳能电池领域、电池维护及回收领域一共选择了五位申请人进行深入分析。它们分别是：二次电池领域：三星 SDI 公司、比亚迪公司；燃料电池领域：丰田公司；太阳能电池领域：天合光能公司；电池维护及回收领域：国家电网公司。由于一次电池技术发展趋于成熟，近年来技术关注度、专利申请集中度下降，因此本文并未在此领域选择代表申请人。

9.3.3.1　丰田公司

丰田公司是一家总部设在日本爱知县丰田市和东京都文京区的日本汽车制造公司，是目前全世界排名第一的汽车生产公司，在电池领域专利申请总量中排名第一。由于丰田公司专注于氢燃料电池的技术研发，因此在燃料电池领域保持着绝对的技术优势。

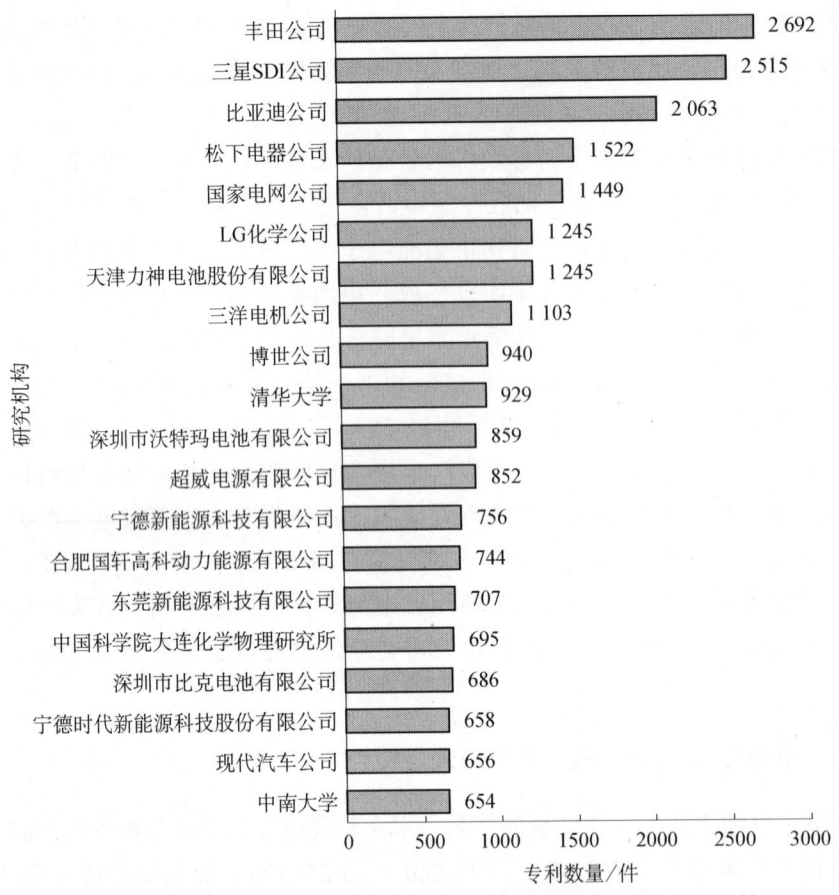

图9-14 2005~2017年电池产业在华专利申请量前二十的研发机构

资料来源：中国产业智库大数据中心

在燃料电池领域，丰田公司专利申请量排名第一，共1183件（图9-15）。技术竞争力较强的领域有：H01M（用于直接转变化学能为电能的方法或装置，例如电池组）；H02J（供电或配电的电路装置或系统；电能存储系统）；B60L（电动车辆动力装置）（图9-16）。

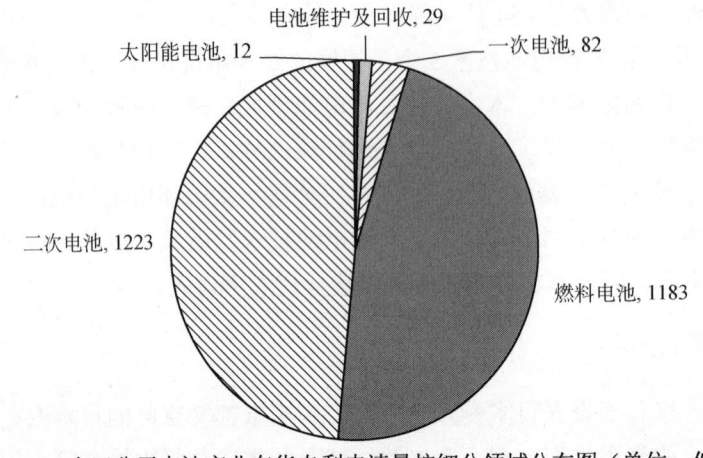

图9-15 丰田公司电池产业在华专利申请量按细分领域分布图（单位：件）

资料来源：中国产业智库大数据中心

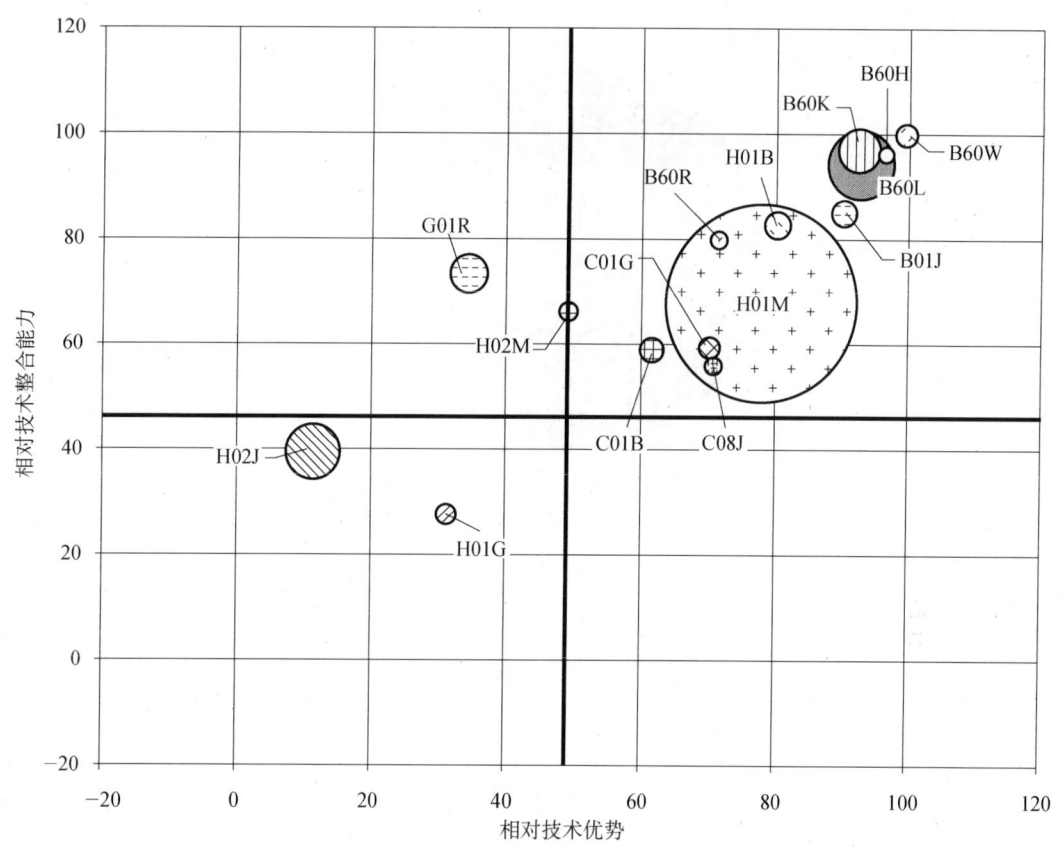

图 9-16 丰田公司电池产业在华专利相对技术优势
资料来源：中国产业智库大数据中心

9.3.3.2 三星 SDI 公司

三星 SDI 公司是生产用于 IT、汽车、ESS（energy storage system）的二次电池和半导体、显示器、太阳能等的材料的尖端材料的企业。其在电池领域的专利申请总量位居第二，多年来一直持续进行专利申请。

三星 SDI 公司在二次电池领域专利申请量高居榜首，共 1652 件（图 9-17）。技术竞争力较强的领域有：H01M（用于直接转变化学能为电能的方法或装置，例如电池组）；H02J（供电或配电的电路装置或系统；电能存储系统）；B01J（化学或物理方法，例如，催化作用、胶体化学；其有关设备）（图 9-18）。

9.3.3.3 比亚迪公司

比亚迪公司创立于 1995 年，2002 年 7 月 31 日在香港主板发行上市，公司总部位于中国广东深圳，是一家拥有 IT、汽车及新能源三大产业群的高新技术民营企业。在电池领域专利申请总量中，比亚迪公司排名第三，依托于比亚迪集团新能源汽车业务的带动，其在二次电池的市场和技术研发上也处于领先优势。

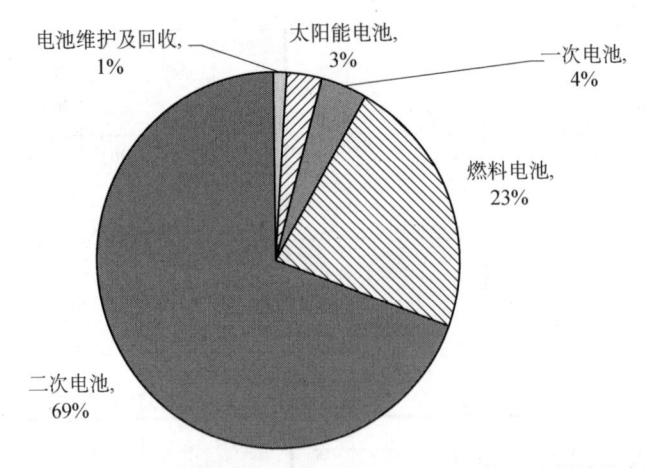

图 9-17　三星 SDI 公司电池产业在华专利申请量按细分领域分布图

资料来源：中国产业智库大数据中心

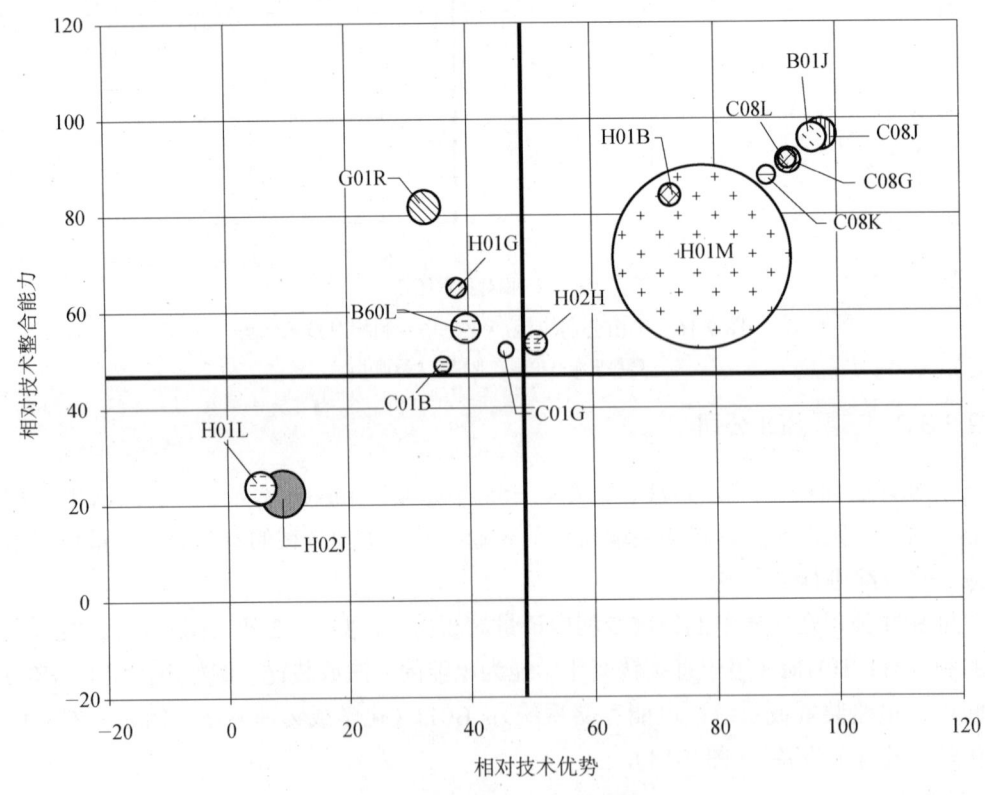

图 9-18　三星 SDI 公司电池产业在华专利相对技术优势

资料来源：中国产业智库大数据中心

在二次电池领域，比亚迪公司专利申请量排名第三，共 1050 件，近年来专利申请数量稍有下降，但每年仍保持一定的专利申请量及授权量（图 9-19）。技术竞争力较强的领域有：H01M（用于直接转变化学能为电能的方法或装置，例如电池组）；H02J（供电或配电的电路装置或系统；电能存储系统）；H01L（半导体器件；其他类目中不包括的电固体器件）；G01R（测量电变量；测量磁变量）（图 9-20）。

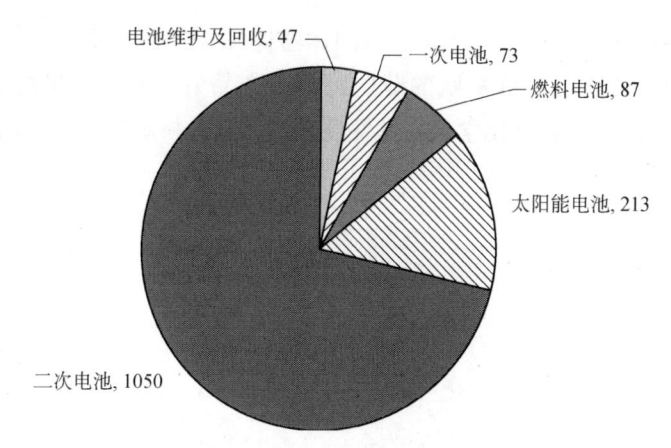

图 9-19　比亚迪公司电池产业在华专利申请量按细分领域分布图（单位：件）

资料来源：中国产业智库大数据中心

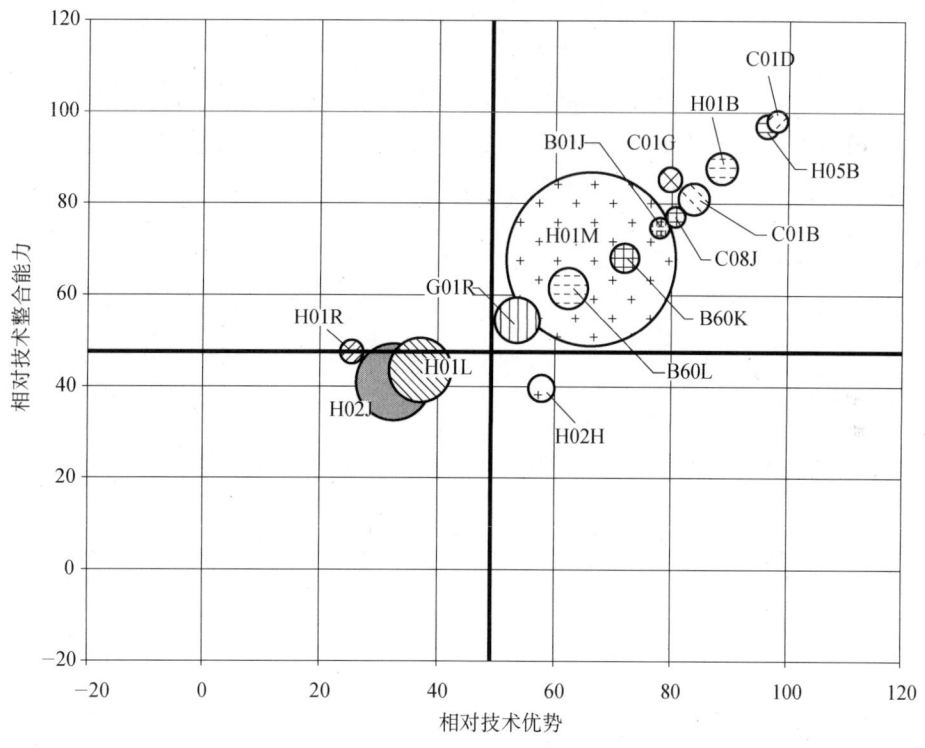

图 9-20　比亚迪公司电池产业在华专利相对技术优势

资料来源：中国产业智库大数据中心

9.3.3.4　天合光能公司

天合光能公司是一家专业从事晶体硅太阳能组件生产的制造商，提供从光伏产品到光伏应用的整体解决方案。自 1997 年成立以来，一直是中国光伏行业的领军企业。由于其在光伏产业的龙头地位，天合光能公司也一直在太阳能电池技术上保持领先。

天合光能公司在太阳能电池领域专利申请量排名第一，共 569 件，遥遥领先于其他申请机构，多年来一直持续进行专利申请并得到授权（图 9-21）。技术竞争力较强的领域有：

H01L（半导体器件；其他类目中不包括的电固体器件）；B32B（层状产品，即由扁平的或非扁平的薄层，例如泡沫状的、蜂窝状的薄层构成的产品）；G01R（测量电变量；测量磁变量）；G01N（借助于测定材料的化学或物理性质来测试或分析材料）（图 9-22）。

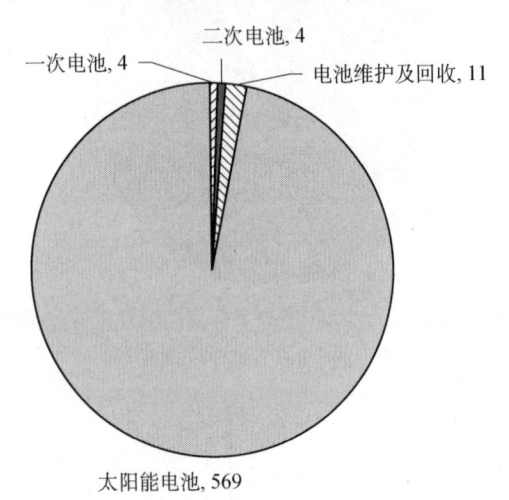

图 9-21 天合光能公司电池产业在华专利申请量按细分领域分布图（单位：件）
资料来源：中国产业智库大数据中心

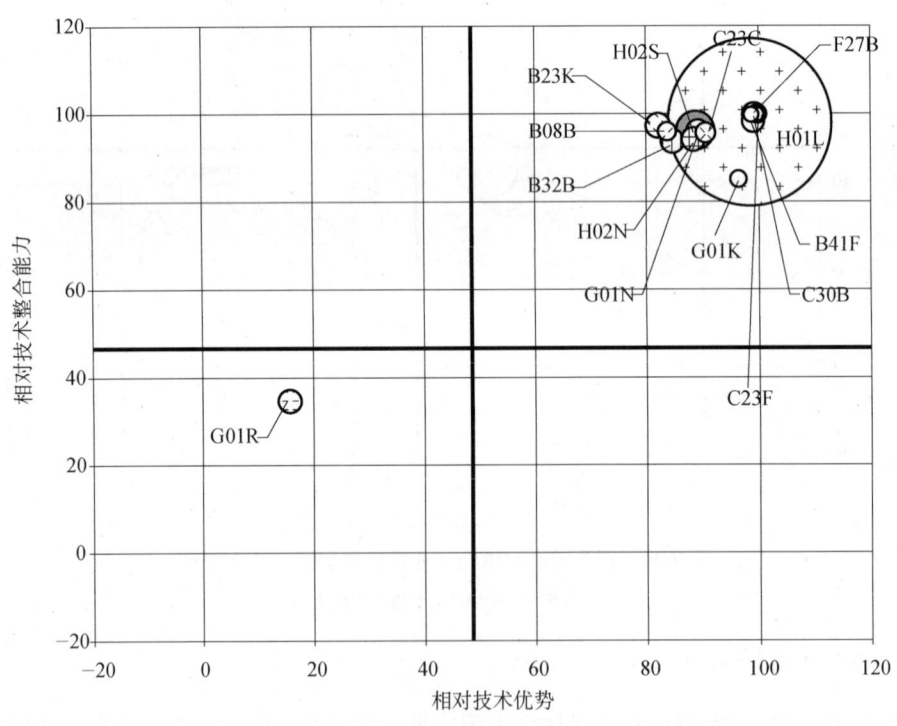

图 9-22 天合光能公司电池产业在华专利相对技术优势
资料来源：中国产业智库大数据中心

9.3.3.5 国家电网公司

国家电网公司成立于 2002 年 12 月 29 日，以建设运营电网为核心业务，是关系国民经济命脉和国家能源安全的特大型国有重点骨干企业,承担着保障更安全、更经济、更清洁、可持续的电力供应的基本使命。

国家电网公司在电池维护及回收领域专利申请量排名第一,共 137 件(图 9-23)。技术竞争力较强的领域有:H01M(用于直接转变化学能为电能的方法或装置,例如电池组);H02J(供电或配电的电路装置或系统);G01R(测量电变量;测量磁变量)(图 9-24)。

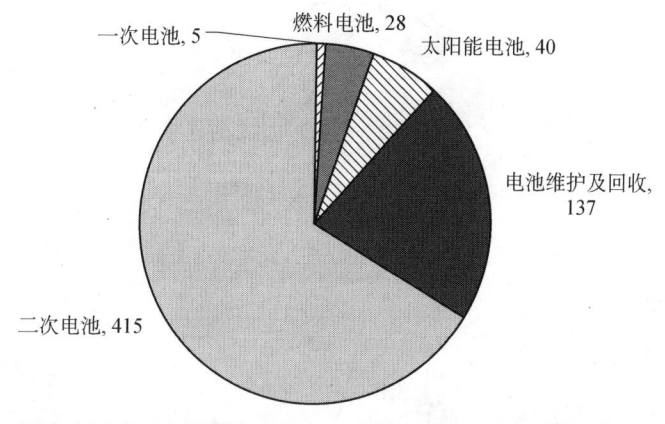

图 9-23 国家电网公司电池产业在华专利申请量按细分领域分布图(单位:件)

资料来源:中国产业智库大数据中心

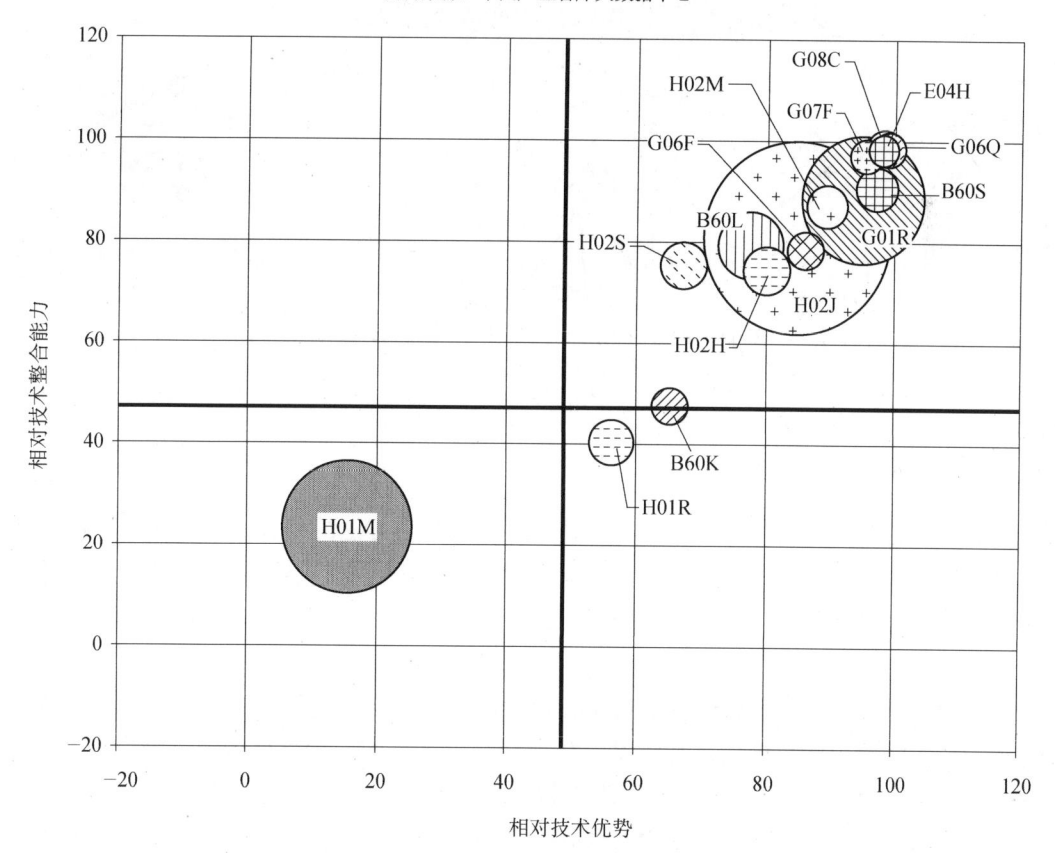

图 9-24 国家电网公司电池产业在华专利相对技术优势

资料来源:中国产业智库大数据中心

9.3.4 电池产业在华专利活跃发明人分析

利用发明人合作网络关系,可以发现重要发明人及其所在研发团队的成员。研究重要发明人,可以了解研发团队的创新模式、技术路线、产品特色,甚至预测企业今后的研发重点和产品特色(图9-25)。

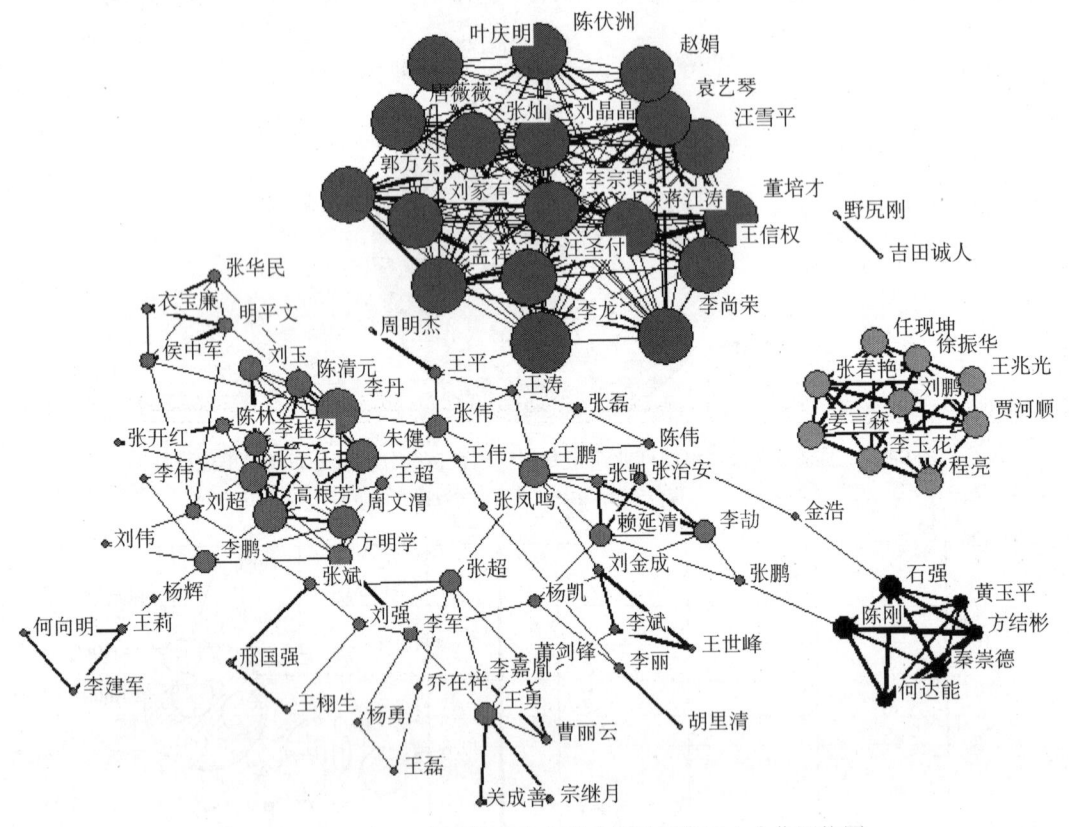

图9-25 2005~2017年电池产业在华专利重要发明人合作网络图

注:度数中心度>0

资料来源:中国产业智库大数据中心

9.3.4.1 陈清元

就职于天能电池集团有限公司,主要从事蓄电池制备方法的研究。该公司在二次电池领域共申请专利144件,他作为发明人参与申请了了82件,授权发明专利11件,在该领域的发明人排行中排名靠前。从发明人合作网络图中,可以看出存在一个以陈清元为首的研发团队,包括陈清元、高根芳、李丹、刘玉、周文渭等。

表9-7展示出了这个团队的专利合作成果。2010年,该团队申请了专利CN201010246842.7,一种动力用铅酸蓄电池极板的固化工艺,依次包括以下步骤:①将极板置于湿度≥98%,氧气含量≥19%,温度为70~80℃的条件下固化3~10小时;②将极板置于湿度≥98%,氧气含量≥17%,温度为35~40℃的条件下固化20~35小时,接着升温至50~55℃固化1~8小时;③将极板置于湿度≤10%,温度为80~90℃的条件下固化20~30小时。该发明工艺

通过四段法进行固化，调节各阶段的参数，增加了活性物质的胶链强度，细化了活性物质微粒之间的孔穴率，而且固化干燥条件良好，生成的碱式硫酸铅达到了最佳比例和结合强度，在初容量不变或略有增加的情况下，蓄电池电池循环寿命提高了15%~20%。同年，进一步申请了专利CN201010246783.3，一种动力用铅酸蓄电池胶体电解液，原料重量百分比组成为：H_2SO_4：40%~46%，SiO_2：0.2%~0.5%，$SnSO_4$：0.1%~0.5%，Na_2SO_4：0.8%~1.2%，PEG：0.01%~0.15%，PAM：0.01%~0.5%，去离子水：47%~57%。该发明还公开了一种制备铅酸蓄电池胶体电解液的方法。该发明二氧化硅含量较现有的电解液较低，而其凝胶性和触变性没有较大改变，使得由该发明制成的蓄电池欧姆阻抗比现有电解液制成的蓄电池低50%左右，而放电性能提高了15%左右。

表9-7 电池产业在华专利重要发明人陈清元专利申请一览表

申请号	申请日	发明（设计）人	技术手段	技术功效
CN201010246842.7	2010.08.06	陈清元、高根芳	加热固化工艺	提高蓄电池寿命
CN201010246783.3	2010.08.06	陈清元、高根芳	溶液配置	降低阻抗，提高放电性能
CN201010291734.1	2010.09.26	陈清元、刘清平	电池板栅工艺	提高蓄电池寿命
CN201210418480.4	2012.10.29	陈清元、刘清平	电池板栅工艺	提高蓄电池寿命
CN201310601950.5	2013.11.22	陈清元、李桂发	蓄电池分选配组	提高蓄电池寿命
CN201410298447.1	2014.06.26	陈清元、李丹	蓄电池组培	提高蓄电池寿命

资料来源：中国产业智库大数据中心

2010年9月，该团队又申请了专利CN201010291734.1，此发明提供的蓄电池板栅的竖筋条、横筋条和边框筋条的截面形为正n边形，在横截面面积相同的情况下，外轮廓的表面积介于圆形截面和三角形截面的表面积之间，活性物质利用率和耐腐蚀能力适中，能够提高蓄电池的使用寿命，满足蓄电池的使用需求。

2012年，该团队申请了专利CN201210418480.4，一种铅酸蓄电池复合板栅，由相互叠置的铅板栅和导电聚合物板栅构成。该发明还公开一种铅酸蓄电池极板，包括板栅和涂覆在该板栅上的活性物质材料层，其特征在于，所述的板栅为上述的铅酸蓄电池板栅。本发明还公开一种铅酸蓄电池，包括极板，所述的极板包括上述的铅酸蓄电池板栅和涂覆在该板栅上的活性物质材料层。该发明通过铅板栅与导电聚合物板栅的复合，实现铅板栅和导电聚合物板栅的有效结合，与现有技术相比，既保证了电池在充放电过程中电流的分布和流向，又可节省铅耗，重量轻，降低了材料成本，提高了市场竞争力。

2013年，该团队申请了专利CN201310601950.5，一种动力铅酸蓄电池组的分选配组方法，首先根据极板重量进行极板分选，分选出质量差值小于设定值的极板组装成单体电池，确保每个单体电池中极群的重量的一致性，然后再根据需要组装成单只电池，并对组装得到的单只电池进行反复充放电，通过充放电过程中的电压特性，选择若干单只电池配组形成动力铅酸蓄电池组。该发明的动力铅酸蓄电池组的分选配组方法，通过极板分选和单只电池配组结合，使动力铅酸蓄电池组的配组率在原来的基础上提高了5%，在一定程度上解决了电池单只落后的情况，减小单只落后现象出现的概率，使动力铅酸蓄电池组的使用寿命提高了15%~20%。

2014年，该团队申请了专利CN201410298447.1，一种铅酸蓄电池的配组方法，包括以下步骤。步骤一：放电检测单个电池的容量，排除电池容量低于标准值的电池；步骤二：将放电时间差小于2分钟的电池分为一路，同组电池串联后进行充电或单只电池进行独立充电；步骤三：完成充电后，测量每个电池的开路电压，并将放电时间差小于1分钟且开路电压差小于预定电压的电池分为一组以完成配组。该发明的铅酸蓄电池的配组方法，将一次配组后电压差过大的电池进行一次放电和充电后即完成配组，避免了电池反复充放电配组后由于放电深度参差不齐而报废，降低电池的报废率，可以有效节约生产成本，同时有效防止由于反复充放电使电池开路电压升，从而提高电池寿命，提高产品质量。

从以上分析可以看到，陈清元团队技术研发和专利申请的模式为：围绕蓄电池的材料和制备方法进行技术研发，首先以蓄电池固化工艺技术点作为突破口，进行初步的研发和专利申请，进一步开展对电解液、电池板栅的技术突破，实现技术聚集，最终进行技术整合式的专利申请，完成对某一类型蓄电池技术的整体研发。

9.3.4.2 方结彬

就职于广东爱康太阳能科技有限公司，主要从事太阳能电池技术的研究。该公司在太阳能电池领域共申请专利249件，他作为发明人参与了19项，在该领域的发明人排行中排名靠前。从发明人合作网络图中，可以看出存在一个以方结彬为首的研发团队，包括：方结彬、黄玉平、陈刚、何达能等。

表9-8展示出了这个团队的专利合作成果。2010年，该团队申请专利CN201010594189.3，一种丝网印刷技术印刷晶硅太阳电池细栅线方法。其特征在于，它是使用传统的细栅网版和浆料工艺，印刷栅线后把印刷烧结好正电极的电池片浸泡在稀硝酸溶液里，然后通过电镀银增加栅线的电导率。该发明设备投资少，方法简单，生产率高，适用于工业化大规模的生产。

表9-8 电池产业在华专利重要发明人方结彬专利申请一览表

申请号	申请日	同族申请公开号	发明（设计）人	技术手段	技术功效
CN201010594189.3	2010.12.28	CN102082209B	方结彬	电池板栅工艺	增加栅线导电率
CN201410673917.8	2014.11.21	CN104538487B	方结彬、黄玉平	提纯工艺	提高电池寿命
CN201410671481.9	2014.11.21	CN104576800B	方结彬、何达能	电池加工工艺	提高电池加工效率
CN201510746317.4	2015.11.04	CN105428455B	方结彬、黄玉平	热光伏电池工艺	提高光电转换率
CN201510746596.4	2015.11.04	CN105244417B	方结彬、黄玉平	制绒和扩散工艺	提高光电转换率
CN201610549720.2	2016.07.12	CN105977313B	方结彬、何达能	制绒和扩散工艺	提高电池转换效率

资料来源：中国产业智库大数据中心

2014年，该团队申请了专利CN201410673917.8，一种低杂质含量的太阳能电池制备方法，采用在硅片的正背面形成氧化硅层进行快速退火工艺，并且结合热扩散工艺，使硅片中的杂质被激活并迁移至氧化硅层，再清除富集杂质的氧化硅层，从而大幅减少太阳能电池杂质含量，有效提高硅片的平均少子寿命和电池光电转换效率。

同年，申请专利CN201410671481.9，一种可组装的HIT太阳能电池，包括正面复合电极、复合P型掺杂层、第一复合本征半导体层、N型硅、第二复合本征半导体层、复合N型掺杂层和背面复合电极；其中，正面复合电极包括第一复合TCO透明导电薄膜和正面电极，背面复合电极包括第二复合TCO透明导电薄膜和背面电极。该发明还提供一种制备上述可组装的HIT太阳能电池的方法，电池的各层结构可任意拆开和再组合，当某层结构异常可将其替换，大大提高了电池的加工速度和工艺的简易程度。

2015年，该团队申请专利CN201510746317.4，一种高效热光伏电池制备方法，包括以下步骤：N型锑化镓片的清洗；N型锑化镓片的表面碱制绒；采用锌扩散法制备P+层；折射率层的建立；电极层的建立，该发明制备的高效热光伏电池，采用不同于现有的光伏电池制备方法，相较于传统太阳能电池，具有制作简单、光电转换率高等特点。专利CN201510746596.4，是一种晶硅太阳能电池的制备方法，包括以下步骤：步骤一：对硅片进行双面抛光；步骤二：在氮气气氛中对硅片激光制绒，同时将氮元素掺杂到硅片里形成一层N型硅；步骤三：采用氢氟酸和盐酸的混合酸清洗硅片；步骤四：在所述硅片正面进行PECVD镀膜，形成氮化硅减反膜；步骤五：在硅片背面印刷背电极和铝背场；步骤六：在硅片正面印刷正电极浆料形成正电极；步骤七：对硅片进行烧结形成太阳能电池。与现有技术相比，该发明将制绒和扩散工艺合并到一个步骤，避免了常规高温扩散对硅片少子寿命的影响，也解决了常规刻蚀工艺带来的硅片正面边缘的部分PN结被刻蚀掉的问题，具有提高电池的光电转换效率、降低电池制造成本的优点。

2016年，该团队申请专利CN201610549720.2，一种复合减反膜晶体硅太阳能电池的制备方法，属于太阳能电池技术领域，具体包括以下步骤：S1：制绒；S2：热扩散制备p-n结；S3：去PSG；S4：氢化非晶硅层制备；S5：在非晶硅层上放置掩膜，掩膜图形将部分氢化非晶硅层遮盖，然后沉积氮化硅，形成多孔氮化硅层，所述氢化非晶硅层、多孔氮化硅层配合形成复合减反膜；S6：Ag背电极、Al背电场和Ag正电极的印刷和烧结。该发明利用非晶硅层优异的钝化效果和多孔氮化硅层的低反射率，及非晶硅层/多孔氮化硅层优异的光学匹配，使得太阳能电池的太阳光子利用率大大提高，载流子复合速率大大下降，从而大大提升电池的转换效率。

从以上分析可以看到，方结彬团队技术研发和专利申请的模式为：围绕太阳能电池技术整体进行技术研发，首先以较低端太阳能电池技术点作为突破口，进行初步的研发和专利申请，进一步开展对低杂质太阳能电池、复合减反膜晶体硅太阳能电池的技术突破，最终实现了太阳能电池技术的全面提升。

9.4 电池产业重点领域全球技术标准分析

本节主要针对电池制造技术领域开展全球技术标准的对比分析，从技术标准的角度掌握主要发达国家在这些领域的技术优势、重点发展技术与各国技术标准的差异。

9.4.1 国际标准化组织电池产业重点领域技术标准

国际标准化组织在电池制造领域共制定相关标准约23项（表9-9），主要包括产品标准和测试标准。产品标准主要有铅酸蓄电池和电池组组、电池材料、锂离子电池组；测试标准主要有铅酸蓄电池和蓄电池组测试、蓄电池组的充电、铅酸电池射频识别测试、铅酸电池减爆装置性能测试、铅酸电池电压选择、锂离子电池组和系统测试。

表 9-9 国际标准化组织电池产业关键技术标准列表

序号	标准号	标准名称
1	IEC60095-1-2006	启动用铅酸蓄电池. 第1部分：一般要求和试验方法
2	IEC60095-2-2009	铅酸起动蓄电池组. 第2部分：蓄电池组尺寸和端子尺寸及标记
3	IEC60095-4-2008	铅酸起动器蓄电池组. 第4部分：重型车用蓄电池组的尺寸
4	IEC60254-1-2005	牵引用铅酸蓄电池组. 第1部分：一般要求和试验方法
5	IEC60254-2-2008	铅酸牵引蓄电池组. 第2部分：蓄电池和端子尺寸及电池的极性标记
6	IEC60896-11-2002	固定式铅酸蓄电池组. 第11部分：开孔透气型. 一般要求和试验方法
7	IEC60896-21-2004	固定式铅酸蓄电池组. 第21部分：阀调整型. 试验方法
8	IEC60896-22-2004	固定式铅酸蓄电池组. 第22部分：阀调整型. 要求
9	IEC61056-1-2012	通用铅酸蓄电池组（阀门调节型）. 第1部分：一般要求，功能要求，功能特性. 试验方法
10	IEC61056-2Corrigendum1-2012	通用铅酸蓄电池组（阀门调节型）. 第2部分：尺寸、端子和标记
11	IEC61056-2-2012	通用铅酸蓄电池组（阀门调节型）. 第2部分：尺寸、端子和标记
12	IEC/TR61044-2002	牵引用铅酸蓄电池组的利用机会充电
13	IEC/TR62540-2009	固定铅酸电池及单块的射频识别技术（RFID）. 试验性要求
14	IEC/TR261430-1997	蓄电池和蓄电池组检查为减轻爆炸危险而设计的装置性能的试验方法铅酸起动器蓄电池组
15	IEC/TR361431-1995	铅酸牵引蓄电池组的监控系统使用导则
16	IEC/TS62257-8-1-2007	农村电气化用小型可再生能源和混合系统的建议. 第8-1部分：独立电气化系统用电池和电池管理系统的选择. 发展中国家可采用的自动充满铅酸蓄电池的特殊案例
17	IEC/TS62607-4-1-2014	纳米加工. 关键控制特性. 第4-1部分：锂离子电池的阴极纳米材料. 电化学特性描述，2-电极电池方法
18	ISO1044-1993	工业车辆电动车辆牵引用铅酸蓄电池优先选用的电压
19	ISO12405-1-2011	电动道路车辆. 锂离子牵引电池组和系统的试验规范. 第1部分：大功率应用
20	ISO12405-2-2012	电动道路车辆. 锂离子牵引电池组和系统的试验规范. 第2部分：高能应用

资料来源：中国产业智库大数据中心

9.4.2 美国电池产业重点领域技术标准

美国在电池制造领域的标准由美国国家标准协会、美国电气和电子工程师协会、美国保险商实验所等机构制定。美国在橡胶制品和合成橡胶领域共制定技术标准约19项（表9-10），主要包括产品标准和方法标准，产品标准主要有铅酸电池、锂离子电池；方法标准主要有铅酸蓄电池的安装设计、铅酸蓄电池的维修和试验、铅酸蓄电池的选择和充电、铅酸蓄电池组的维护和更换等。

表 9-10 美国电池产业关键技术标准列表

序号	标准号	标准名称
1	ANSIATIS0600330-2008	通信环境用阀门调节式铅酸电池
2	ANSIATIS0600330-2013	电信环境中使用的阀调节铅酸电池
3	ANSI/IEEE1187-2002	固定用途的阀调节铅酸蓄电池的安装设计和安装的推荐实施规程
4	ANSI/IEEE1188-2005	固定设备用的阀调节铅酸蓄电池的维修、试验和更换的推荐实施规程
5	ANSI/IEEE1361-2003	独立的光电系统中使用的铅酸蓄电池的选择、充电、试验和评定指南
6	ANSI/IEEE450-2010	固定设施用铅酸蓄电池组的维护，试验及更换
7	ANSI/IEEE484-2002	固定设备用大型铅酸蓄电池组安装设计和安装的实施规程
8	ANSI/IEEE937-2007	光电（PV）系统用铅酸蓄电池组安装和维护实施规程
9	ANSI/UL2575-2012	电力工具和电动机操作，加热和照明电器中使用的锂离子电池系统
10	IEEE1187-2002	固定设备用的阀调节铅酸蓄电池的安装设计和安装的推荐性实施规程
11	IEEE1188-2005	发电站用阀调节铅酸（VRLA）蓄电池组的保养、试验和更新的推荐规程
12	IEEE1189-2007	固定设备用调节阀铅酸（VRLA）蓄电池的选择指南
13	IEEE1361-2003	独立光伏系统中使用的铅酸电池的选择、充电、试验和评价指南
14	IEEE1661-2007	光伏（PV）混合电力系统中使用的铅酸蓄电池的试验和评估用 IEEE 指南
15	IEEE484-2002	发电站用透气式铅酸蓄电池组设计、安装推荐规程
16	IEEE535-2013	核电站用1E级铅酸蓄电池组的合格鉴定
17	IEEE937-2007	光电（PV）系统的铅酸电池安装和维护用推荐实施规程
18	UL2575-2011	电力工具和电动机操作，加热和照明电器中使用的锂离子电池系统
19	ULSUBJECT2436-2006	第 2436 号主题. 固定式铅酸电池系统用溅溢围栏调查大纲. 发布编号：1

资料来源：中国产业智库大数据中心

9.4.3 日本电池产业重点领域技术标准

日本电池制造领域技术标准主要由日本工业标准调查会制定，仅有10项（表9-11），主要为产品标准和方法标准。产品标准主要有铅酸蓄电池；方法标准主要有铅酸蓄电池组的功能测试、铅酸蓄电池剩余能量的测量等。

表 9-11 日本电池产业关键技术标准列表

序号	标准号	标准名称
1	JISC8701-1975	一般用途的铅酸蓄电池
2	JISC8702-1-2009	小型阀调节的铅酸蓄电池组. 第1部分：一般要求、功能特性. 试验方法
3	JISC8702-2-2009	小型阀调节的铅酸蓄电池. 第2部分：尺寸规格、端子和标记
4	JISC8704-1-2006	固定铅酸蓄电池. 一般要求和试验方法. 第1部分：透气式
5	JISC8971-1993	光伏系统用铅酸蓄电池的剩余能量的测量程序
6	JISC8972-1997	光生伏打系统用长放电比率的铅酸电池的测试程序
7	JISD5302-2004	摩托车用铅酸蓄电池
8	JISD5303-1-2004	铅酸牵引蓄电池. 第1部分：一般要求和试验方法
9	JISD5303-2-2004	铅酸牵引蓄电池. 第2部分：电池尺寸和电池电极的终端和标志
10	JISF8101-2003	船舶用铅酸蓄电池

资料来源：中国产业智库大数据中心

9.4.4 欧盟电池产业重点领域技术标准

欧盟在电池制造领域制定相关标准约 16 项（表 9-12），主要包括产品标准和方法标准。产品标准主要为铅酸蓄电池；方法标准主要有铅酸蓄电池和蓄电池组的性能测试、铅酸蓄电池的充电、锂离子蓄电池的性能测试等。

表 9-12 欧盟标准化组织电池产业关键技术标准列表

序号	标准号	标准名称
1	EN50342-1-2006	起动器用铅酸蓄电池. 第 1 节：一般要求和试验方法
2	EN50342-1-2011	起动器用铅酸蓄电池. 第 1 部分：通用要求和试验方法. 德文版本 EN50342-1-2006+A1-2011
3	EN50342-2-2007	铅酸起动器电池. 第 2 部分：电池尺寸和终端标记
4	EN50342-4-2009	铅酸启动蓄电池. 第 4 部分：重型车辆用电池的尺寸规格. 德文版本 EN50342-4-2009
5	EN50342-5-2010	铅酸启动器电池. 第 5 部分：电池外壳和手柄的性能. 德文版本 EN50342-5-2010
6	EN60254-1-2005	车用铅酸蓄电池. 第 1 部分：一般要求和试验方法
7	EN60254-2-2008	铅酸牵引蓄电池第 2 部分：蓄电池和端子尺寸及电池的极性标记
8	EN60896-11-2003	固定式铅酸蓄电池组. 第 11 部分：开孔型. 一般要求和试验方法
9	EN60896-21-2004	固定式铅酸蓄电池. 第 21 部分：阀门调节型. 试验方法
10	EN60896-22-2004	固定式铅酸蓄电池. 第 22 部分：阀门调节型. 要求
11	EN61044-1992	牵引用铅酸蓄电池的中间充电
12	EN61056-1-2003	通用铅酸蓄电池组（阀门调节型）. 第 1 部分：一般要求、功能特性. 试验方法
13	EN61056-1-2012	通用铅酸蓄电池组（阀门调节型）. 第 1 部分：一般要求、功能特性. 试验方法（IEC61056-1-2012）. 德文版本 EN61056-1-2012
14	EN61056-2-2003	通用铅酸蓄电池组（阀门调节型）. 第 2 部分：尺寸、端子和标记
15	EN61056-2-2012	通用铅酸蓄电池组（阀门调节型）. 第 2 部分：尺寸、端子和标记（IEC61056-2-2012+2012-10 的修改件）. 德文版本 EN61056-2-2012
16	EN62660-1-2011	电动道路车辆推进用二次锂离子蓄电池？第 1 部分：性能试验（IEC62660-1-2010）. 德文版本 EN62660-1-2011

资料来源：中国产业智库大数据中心

9.4.5 英国电池产业重点领域技术标准

英国在电池制造领域的技术标准约 21 项，其中大部分采用欧盟和国际标准化组织的相关标准，少量标准由英国标准协会制定（表 9-13）。英国标准和欧盟标准高度相似，也主要包括产品标准和方法标准。产品标准主要为铅酸蓄电池和蓄电池组；方法标准主要有铅酸蓄电池和蓄电池组的性能测试、铅酸蓄电池组的临时充电、锂离子蓄电池的性能测试、铅酸电池用水和用硫酸要求等。

表 9-13 英国电池产业关键技术标准列表

序号	标准号	标准名称
1	BS3031-1996	铅酸蓄电池用硫酸规范
2	BS4974-1975	铅酸电池用水规范
3	BSDDIEC/TS62257-8-1-2007	农村电气化用小型可再生能源和混合系统的建议. 独立电气化系统用电池和电池管理系统的选择. 适合发展中国家用的自动充满铅酸蓄电池的特殊案例

续表

序号	标准号	标准名称
4	BSEN50342-1-2006	铅酸起动蓄电池组.一般要求和试验方法
5	BSEN50342-1-2006+A1-2011	铅酸起动蓄电池组.一般要求和试验方法
6	BSEN50342-2-2007	铅酸起动器蓄电池.第2部分：蓄电池尺寸和端子标记
7	BSEN50342-4-2009	牵引用铅酸蓄电池组.第4部分：重型车辆用蓄电池组的尺寸规格
8	BSEN60095-4-1993	铅酸启动蓄电池组.第4部分：重型商用车辆用蓄电池组的尺寸
9	BSEN60254-1-2005	铅酸牵引用蓄电池.试验方法和一般要求
10	BSEN60254-2-2008	铅酸牵引蓄电池组.蓄电池和端子尺寸及电池的极性标记
11	BSEN60896-11-2003	固定式铅酸蓄电池组.试验方法和一般要求.透气型
12	BSEN60896-21-2004	固定式铅酸蓄电池组.阀门调节型.试验方法
13	BSEN60896-22-2004	固定式铅酸蓄电池组.阀门调节型.要求
14	BSEN61044-1993	铅酸牵引蓄电池组的临时性充电
15	BSEN61056-1-2003	便携式铅酸电池和蓄电池（阀调节型）.一般要求、功能特性.试验方法
16	BSEN61056-1-2012	通用铅酸蓄电池组（阀门调节型）.通用要求、功能要求、功能特性.试验方法
17	BSEN61056-2-2003	便携式铅酸电池和蓄电池（阀调节型）.尺寸、接线端和标记
18	BSEN62660-1-2011	电动道路车辆推进用二次锂离子蓄电池.性能试验
19	BSEN62660-2-2011	电动道路车辆推进用二次锂离子蓄电池.可靠性和滥用试验
20	BSISO12405-1-2011	电动道路车辆.锂离子蓄电池包和系统用试验规范.大功率应用
21	BSISO12405-2-2012	电动道路车辆.锂离子牵引用蓄电池包和系统用试验规范.高能效应用

资料来源：中国产业智库大数据中心

9.4.6 法国电池产业重点领域技术标准

法国电池制造领域技术标准主要由法国标准化协会制定，约21项（表9-14），其中主要包括相关产品标准和方法标准。产品标准主要为铅酸蓄电池和蓄电池组；方法标准主要有铅酸蓄电池和蓄电池组的性能测试、铅酸蓄电池的充电时机等。

表9-14 法国电池产业关键技术标准列表

序号	标准号	标准名称
1	NFC52-291-1982	家用和类似用途的无电解液的铅酸蓄电池充电器.性能要求
2	NFC58-312-1994	牵引用铅酸蓄电池的充电时机
3	NFC58-431-11-2003	固定式铅酸蓄电池.第11部分：通气型.一般要求和试验方法
4	NFC58-431-21-2004	固定式铅酸蓄电池组.第21部分：阀调整型.试验方法
5	NFC58-431-22-2004	固定式铅酸蓄电池组.第22部分.阀调整型.要求
6	NFC58-541-1999	牵引用铅酸蓄电池.第1部分：一般要求和试验方法
7	NFC58-541-2005	铅酸牵引蓄电池组.第1部分：一般要求和试验方法
8	NFC58-542/A1-2005	牵引用铅酸蓄电池.第2部分：电池和端子尺寸及电池的极性标记
9	NFC58-542-2008	铅酸牵引蓄电池组.第2部分：蓄电池和端子尺寸及电池的极性标记
10	NFC58-561-2003	一般用途的铅酸蓄电池（阀门调节型）.第1部分：一般要求、功能特性.试验方法
11	NFC58-562-2003	一般用途的铅酸蓄电池（阀门调节型）.第2部分：尺寸、接线端子和标记
12	NFF64-328-1991	铁路机车车辆.铅酸蓄电池

续表

序号	标准号	标准名称
13	NFR13-503/A2-2002	铅酸起动机蓄电池. 一般要求、试验方法和编号
14	NFR13-503/A3-2005	铅酸起动蓄电池组. 一般要求、试验和计数方法
15	NFR13-503-2002	铅酸起动蓄电池组. 一般要求、试验和编号方法
16	NFR13-503-2-2008	铅酸起动蓄电池组. 第2部分：蓄电池组尺寸和端子的标记
17	NFR13-503-3-2009	铅酸起动蓄电池. 第3部分：标称电压为36V 的蓄电池终端系统
18	NFR13-503-4-2009	铅酸起动蓄电池组. 第4部分：重型车辆电池组尺寸
19	NFR13-503-5-2011	起动器用铅酸蓄电池. 第5部分：蓄电池外壳和处理性能
20	NFR13-504-1993	铅酸起动蓄电池. 第2部分：蓄电池尺寸和端子尺寸
21	NFR13-507-1993	铅酸起动蓄电池. 第4部分：重型商用车辆用蓄电池尺寸

资料来源：中国产业智库大数据中心

9.4.7 德国电池产业重点领域技术标准

德国电池制造领域技术标准大多由德国标准化协会制定，少量采用国际标准化组织的相关标准，约45项（表9-15），主要包括相关产品标准和方法标准。产品标准主要为铅酸蓄电池及附件、铅酸蓄电池组、铅酸蓄电池充电设备、铅酸蓄电池电解质、锂离子电池及所用材料等；方法标准主要有铅酸蓄电池和电池组的性能测试、铅酸蓄电池的中间充电、铅酸蓄电池再充水等。

表9-15 德国电池产业关键技术标准列表

序号	标准号	标准名称
1	DIN40540-2007	铅酸蓄电池. 爆炸性环境下（II组、目录2、目录3）运转的符合DINEN60254-2要求的工业卡车装载的24V、36V、48V、80V单电池的牵引用蓄电池. 尺寸、重量和设计
2	DIN40734-1999	铅酸蓄电池. 带正极栅极板的固定式通风电池. 放在塑料容器中的电池. 额定容量、主要尺寸和重量
3	DIN40737-3-1999	铅酸蓄电池. 带圆管形阳极的固定蓄电池. 第3部分：放在塑料整体容器中的通风蓄电池. 额定容量、主要尺寸和重量
4	DIN40738-1991	铅酸蓄电池. 带有大型正极板的窄板距固定式畜电池. 公称容量. 主要尺寸. 重量
5	DIN40739-1999	铅酸蓄电池. 带正栅极板的固定式通风蓄电池. 额定电容、主要尺寸和重量
6	DIN40740-1991	铅酸蓄电池. 固定电池，附件. 陶瓷漏斗形栓塞，陶瓷栓塞，电解液面指示器
7	DIN40741-1-1999	铅酸蓄电池. 工业用带有正栅极板的固定阀稳定蓄电池和固定电解质. 额定电容、主要尺寸和重量
8	DIN40742-1999	铅酸蓄电池. 带管形正极板的固定稳定蓄电池和固定电解质. 额定电容. 主要尺寸和重量
9	DIN40744-1999	铅酸蓄电池. 装在塑料整体容器内的带管形正极板的固定稳定蓄电池和固定电解质. 额定容量. 主要尺寸和重量
10	DIN41773-1-1979	静态功率变流器. 第1部分：铅酸蓄电池滴流充电用具有IU特性的半导体整流器设备指南
11	DIN41774-1987	静态功率变换器. 铅酸蓄电池充电用具有W特性的半导体整流器设备. 要求
12	DIN41777-1986	静态功率变流器. 铅酸蓄电池滴流充电用半导体整流器设备
13	DIN43530-4-1987	蓄电池. 电解质和再充水. 铅酸蓄电池和碱性蓄电池用水和再充水

续表

序号	标准号	标准名称
14	DIN43531-1998	铅酸蓄电池. 工业卡车装有低维护量单电池的48V牵引用蓄电池. 尺寸、重量和电气特性
15	DIN43532-1986	铅酸蓄电池. 催化剂通气塞
16	DIN43535-1998	铅酸蓄电池. 工业卡车装有低维护量单电池的24V牵引用蓄电池. 尺寸、重量和电气特性
17	DIN43536-1998	铅酸蓄电池. 带低维护量单元电池的工业车辆用80V牵引蓄电池. 尺寸、重量和电气特性
18	DIN43537-2007	铅酸蓄电池. 符合DINEN60254-2要求的E系列工业卡车装有的24V、36V、48V、72V、80V单电池的牵引用蓄电池. 尺寸、重量和设计
19	DIN43579-3-1984	铅酸蓄电池. 火车照明电池. 接线端子
20	DIN43579-4-1984	铅酸蓄电池. 火车照明用电池. 运载式电池
21	DIN43579-5-1984	铅酸蓄电池. 火车照明用电池. 运载装置
22	DIN43579-6-1985	铅酸蓄电池. 火车照明用电池. 铭牌、尺寸、符号
23	DIN43590-1-1990	铅酸蓄电池. 内燃机起动用整体蓄电池. 主要尺寸、电压、重量
24	DIN43590-2-1990	铅酸蓄电池. 内燃机起动用整体蓄电池. 整体电池箱
25	DIN43590-3-1990	铅酸蓄电池. 内燃机起动用整体蓄电池. 接线端子和电缆插座
26	DIN43593-1969	铅酸蓄电池和碱性电池. 牵引电池的型号标牌
27	DIN72311-1-1980	铅酸蓄电池. 摩托车起动用额定容量蓄电池. 第1部分：主要尺寸
28	DIN72311-8-1982	铅酸蓄电池. 第8部分：摩托车和轿车用起动蓄电池
29	DINEN50342-1-2006	起动器用铅酸蓄电池. 第1节：一般要求和试验方法
30	DINEN50342-1-2012	起动器用铅酸蓄电池. 第1部分：通用要求和试验方法. 德文版本 EN50342-1-2006+A1-2011
31	DINEN50342-2-2008	铅酸起动器电池. 第2部分：电池尺寸和终端标记
32	DINEN50342-4-2010	铅酸启动蓄电池. 第4部分：重型车辆用电池的尺寸规格. 德文版本 EN50342-4-2009
33	DINEN50342-5-2011	铅酸启动器电池. 第5部分：电池外壳和手柄的性能. 德文版本 EN50342-5-2010
34	DINEN60254-1-2006	车用铅酸蓄电池. 第1部分：一般要求和试验方法
35	DINEN60254-2-2009	铅酸牵引电池第2部分：蓄电池和端子尺寸及电池的极性标记
36	DINEN60896-11Berichtigung1-2006	固定式铅酸蓄电池组. 第11部分：开孔透气型. 一般要求和试验方法（IEC60896-11-2002）. DINEN60896-11-2003的勘误
37	DINEN60896-11-2003	固定式铅酸蓄电池组. 第11部分：开孔型. 一般要求和试验方法
38	DINEN60896-21Berichtigung1-2007	固定式铅酸蓄电池组. 第21部分：调节阀型. 试验方法
39	DINEN60896-21-2004	固定式铅酸蓄电池. 第21部分：阀门调节型. 试验方法
40	DINEN60896-22-2004	固定式铅酸蓄电池. 第22部分：阀门调节型. 要求
41	DINEN61044-1994	牵引用铅酸蓄电池的中间充电
42	DINEN61056-1-2003	通用铅酸蓄电池组（阀门调节型）. 第1部分：一般要求、功能特性. 试验方法
43	DINEN61056-2-2003	通用铅酸蓄电池组（阀门调节型）. 第2部分：尺寸、端子和标记
44	DINIEC/TS62607-4-1-2013	纳米加工. 关键控制特性. 第4-1部分：锂离子电池用阴极纳米材料. 电化学特性，2-电极电池方法（IEC113/144/CD-2012）
45	DINSPEC91252-2011	电动道路车辆. 蓄电池系统. 锂离子电池单元的尺寸规格

资料来源：中国产业智库大数据中心

9.4.8 中国电池产业重点领域技术标准

中国电池制造标准由国家标准和多个行业相关标准组成，约97项（表9-16），主要包括产品标准和方法标准。产品标准主要有铅酸蓄电池、铅酸蓄电池元件、铅酸蓄电池槽、铅酸蓄电池安全阀、铅酸蓄电池隔板、锂离子蓄电池及蓄电池组、铅酸蓄电池用原材料、锂离子电池用材料、锂离子蓄电池总成、锂离子蓄电池模块箱、锂离子蓄电池充电设备、锂离子电池用铝壳等；方法标准主要有铅酸蓄电池电压选择、铅酸电池和锂离子电池的回收处理、铅酸蓄电池测试、铅酸蓄电池使用、铅酸蓄电池中镉元素测定、电池储能功率控制技术、蓄电池安全检验等。

表9-16 中国电池产业关键技术标准列表

序号	标准号	标准名称
1	CB1067-1987	铅酸蓄电池工时定额
2	CB/T3821-2000	船舶通信、照明用铅酸蓄电池
3	CB/T3821-2013	船舶通信、照明用铅酸蓄电池
4	CB/T4319-2013	船舶起动用铅酸蓄电池
5	CB/T728-2000	船舶起动用铅酸蓄电池
6	DL/T637-1997	阀控式密封铅酸蓄电池订货技术条件
7	GB/T13281-2008	铁路客车用铅酸蓄电池
8	GB/T13337.1-2011	固定型排气式铅酸蓄电池. 第1部分：技术条件
9	GB/T13337.2-2011	固定型排气式铅酸蓄电池. 第2部分：规格及尺寸
10	GB/T17938-1999	工业车辆电动车辆牵引用铅酸蓄电池优先选用的电压
11	GB/T18287-2000	蜂窝电话用锂离子电池总规范
12	GB/T18287-2013	移动电话用锂离子蓄电池及蓄电池组总规范
13	GB/T18332.1-2009	电动道路车辆用铅酸蓄电池
14	GB/T19638.1-2014	固定型阀控式铅酸蓄电池. 第1部分：技术条件
15	GB/T19638.2-2005	固定型阀控密封式铅酸蓄电池
16	GB/T19638.2-2014	固定型阀控式铅酸蓄电池. 第2部分：产品品种和规格
17	GB/T19639.1-2005	小型阀控密封式铅酸蓄电池技术条件
18	GB/T19639.1-2014	通用阀控式铅酸蓄电池. 第1部分：技术条件
19	GB/T19639.2-2007	小型阀控密封式铅酸蓄电池产品分类
20	GB/T19639.2-2014	通用阀控式铅酸蓄电池. 第2部分：规格型号
21	GB/T22199-2008	电动助力车用密封铅酸蓄电池
22	GB/T22424-2008	通信用铅酸蓄电池的回收处理要求
23	GB/T22425-2008	通信用锂离子电池的回收处理要求
24	GB/T22473-2008	储能用铅酸蓄电池
25	GB/T23636-2009	铅酸蓄电池用极板
26	GB/T23638-2009	摩托车用铅酸蓄电池
27	GB/T23754-2009	铅酸蓄电池槽
28	GB/T24533-2009	锂离子电池石墨类负极材料
29	GB/T24914-2010	非公路旅游观光车用铅酸蓄电池

续表

序号	标准号	标准名称
30	GB/T28535-2012	铅酸蓄电池隔板
31	GB/T30835-2014	锂离子电池用炭复合磷酸铁锂正极材料
32	GB/T30836-2014	锂离子电池用钛酸锂及其炭复合负极材料
33	GB/T5008.1-2005	起动用铅酸蓄电池技术条件
34	GB/T5008.1-2013	起动用铅酸蓄电池. 第1部分：技术条件和试验方法
35	GB/T5008.2-2005	起动用铅酸蓄电池产品品种和规格
36	GB/T5008.2-2013	起动用铅酸蓄电池. 第2部分：产品品种规格和端子尺寸、标记
37	GB/T5008.3-2005	起动用铅酸蓄电池端子的尺寸和标记
38	GB/T7403.1-2008	牵引用铅酸蓄电池. 第1部分：技术条件
39	GB/T7403.2-2008	牵引用铅酸蓄电池. 第2部分：产品品种和规格
40	GB/T7404.1-2000	内燃机车用排气式铅酸蓄电池
41	GB/T7404.1-2013	轨道交通车辆用铅酸蓄电池. 第1部分：电力机车、地铁车辆用阀控式铅酸蓄电池
42	GB/T7404.2-2000	内燃机车用阀控密封式铅酸蓄电池
43	GB/T7404.2-2013	轨道交通车辆用铅酸蓄电池. 第2部分：内燃机车用阀控式铅酸蓄电池
44	GB/Z18333.1-2001	电动道路车辆用锂离子蓄电池
45	HG/T3589-1999	铅酸蓄电池用腐植酸
46	HJ510-2009	清洁生产标准. 废铅酸蓄电池铅回收业
47	HJ519-2009	废铅酸蓄电池处理污染控制技术规范
48	JB/T10052-2010	铅酸蓄电池用电解液
49	JB/T10053-2010	铅酸蓄电池用水
50	JB/T10054-2010	铅酸蓄电池用排管
51	JB/T11137-2011	锂离子蓄电池总成通用要求
52	JB/T11138-2011	锂离子蓄电池总成接口和通信协议
53	JB/T11141-2011	锂离子蓄电池模块箱通用要求
54	JB/T11142-2011	锂离子蓄电池充电设备通用要求
55	JB/T11143-2011	锂离子蓄电池充电设备接口和通信协议
56	JB/T11236-2011	铅酸蓄电池中镉元素测定方法
57	JB/T11256-2011	铅酸蓄电池槽盖封合技术规范
58	JB/T11338-2012	微型阀控式铅酸蓄电池
59	JB/T11339-2012	电动助力车用阀控密封式铅酸蓄电池使用技术规范
60	JB/T11340.1-2012	阀控式铅酸蓄电池安全阀. 第1部分：安全阀
61	JB/T11340.2-2012	阀控式铅酸蓄电池安全阀. 第2部分：塑料壳体
62	JB/T11340.3-2012	阀控式铅酸蓄电池安全阀. 第3部分：橡胶帽、阀芯
63	JB/T11340.4-2012	阀控式铅酸蓄电池安全阀. 第4部分：橡胶垫、圈
64	JB/T11340.5-2012	阀控式铅酸蓄电池安全阀. 第5部分：微孔滤酸片
65	JB/T2599-1993	铅酸蓄电池产品型号编制办法
66	JB/T7630.1-2008	铅酸蓄电池超细玻璃纤维隔板
67	JB/T7630.2-2008	铅酸蓄电池微孔橡胶隔板
68	JB/T7630.3-2008	铅酸蓄电池烧结聚氯乙烯隔板

续表

序号	标准号	标准名称
69	JB/T7630.4-2008	铅酸蓄电池熔喷聚丙烯隔板
70	JB/T7630.5-2008	铅酸蓄电池微孔聚乙烯隔板
71	JB/T8200-2010	煤矿防爆特殊型电源装置用铅酸蓄电池
72	JB/T9654-2010	铅酸蓄电池用固化管
73	JJG（船舶）01-1990	铅酸蓄电池电气性能测试仪检定规程
74	MT658-2011	煤矿用特殊型铅酸蓄电池
75	MT/T1051-2007	矿灯用锂离子蓄电池
76	MT/T334-2008	煤矿铅酸蓄电池防爆特殊型电源装置
77	NB/T31016-2011	电池储能功率控制系统技术条件
78	QB/T1258-1991	铅酸蓄电池用聚氯乙烯微孔隔板
79	QB/T2502-2000	锂离子蓄电池总规范
80	QB/T2947.1-2008	电动自行车用蓄电池及充电器. 第1部分：密封铅酸蓄电池及充电器
81	QB/T2947.3-2008	电动自行车用蓄电池及充电器. 第3部分：锂离子蓄电池及充电器
82	QB/T4428-2012	电动自行车用锂离子电池产品规格尺寸
83	QB/T4762-2014	铅酸蓄电池护板用纸
84	QC/T742-2006	电动汽车用铅酸蓄电池
85	QC/T743-2006	电动汽车用锂离子蓄电池
86	SJ20941-2005	锂离子蓄电池通用规范
87	SJ/T11483-2014	锂离子电池用电解铜箔
88	SN/T0361-1995	出口铅酸蓄电池检验规程
89	SN/T1414.3-2004	进出口蓄电池安全检验方法. 第3部分：锂离子蓄电池
90	SN/T3734-2013	进出口铅酸蓄电池危险特性检验规程
91	TB/T3061-2008	机车车辆用阀控密封式铅酸蓄电池
92	YD/T1970.10-2009	通信局（站）电源系统维护技术要求. 第10部分：阀控式密封铅酸蓄电池
93	YD/T2064-2009	通信用铅酸蓄电池正向尖脉冲式去硫化设备技术条件
94	YD/T2343-2011	通信用前置端子阀控式密封铅酸蓄电池
95	YD/T2657-2013	通信用高温型阀控式密封铅酸蓄电池
96	YD/T799-2010	通信用阀控式密封铅酸蓄电池
97	YS/T797-2012	便携式锂离子电池用铝壳

资料来源：中国产业智库大数据中心

9.4.9 电池产业主要技术标准的对比

对主要国家/地区/组织在电池制造领域的标准进行对比分析结果如表9-17所示。

表9-17 主要国家/地区/组织电池产业主要技术标准的对比表

国家或机构	产品标准	方法标准	特点
国际标准化组织（23项）	铅酸蓄电池和电池组组、电池材料、锂离子电池组	铅酸蓄电池和蓄电池组测试、蓄电池组的充电、铅酸电池射频识别测试、铅酸电池减爆装置性能测试、铅酸电池电压选择、锂离子电池组和系统测试等	大多为铅酸电池标准，锂离子电池标准较少，兼具产品标准和方法标准。

续表

国家或机构	产品标准	方法标准	特点
美国（19项）	铅酸电池、锂离子电池	铅酸蓄电池的安装设计、铅酸蓄电池的维修和试验、铅酸蓄电池的选择和充电、铅酸蓄电池组的维护和更换等	大多为铅酸电池标准，锂离子电池标准较少，兼具产品标准和方法标准。
日本（10项）	铅酸蓄电池	铅酸蓄电池组的功能测试、铅酸蓄电池剩余能量的测量等	标准数量较少，且均为铅酸电池标准，不涉及锂电池。
欧盟（16项）	铅酸蓄电池	铅酸蓄电池和蓄电池组的性能测试、铅酸蓄电池的充电、锂离子蓄电池的性能测试等	绝大部分为铅酸电池标准，锂离子电池标准极少，兼具产品标准和方法标准。
英国（21项）	铅酸蓄电池和蓄电池组	铅酸蓄电池和蓄电池组的性能测试、铅酸蓄电池组的临时充电、锂离子蓄电池的性能测试、铅酸电池用水和用硫酸要求等	大多为铅酸电池标准，锂离子电池标准较少，兼具产品标准和方法标准。
法国（21项）	铅酸蓄电池和蓄电池组	铅酸蓄电池和蓄电池组的性能测试、铅酸蓄电池的充电时机等	均为铅酸电池标准，不涉及锂离子电池，兼具产品标准和方法标准。
德国（45项）	铅酸蓄电池及附件、铅酸蓄电池组、铅酸蓄电池充电设备、铅酸蓄电池电解质、锂离子电池及所用材料等	铅酸蓄电池和电池组的性能测试、铅酸蓄电池的中间充电、铅酸蓄电池再充水等	绝大部分标准涉及为铅酸电池，锂离子电池标准极少，兼具产品标准和方法标准。
中国（97项）	铅酸蓄电池、铅酸蓄电池元件、铅酸蓄电池槽、铅酸蓄电池安全阀、铅酸蓄电池隔板、锂离子电池及蓄电池组、铅酸蓄电池用原材料、锂离子电池用材料、锂离子蓄电池总成、锂离子蓄电池模块箱、锂离子蓄电池充电设备、锂离子电池用铝壳等	有铅酸蓄电池电压选择、铅酸电池和锂离子电池的回收处理、铅酸蓄电池测试、铅酸蓄电池使用、铅酸蓄电池中镉元素测定、电池储能功率控制技术、蓄电池安全检验等	标准数量较多，既涉及铅酸电池也涉及锂离子电池，兼具产品标准和方法标准。

资料来源：中国产业智库大数据中心

参考文献

[1] 中华人民共和国工业和信息化部消费品工业司. 2016年电池制造业经济运行情况[EB/OL][2017.12.28]. http://www.miit.gov.cn/n1146285/n1146352/n3054355/n3057601/n3057608/c5495492/content.html.
[2] 黎川县人民政府.《汽车产业中长期发展规划》解读[EB/OL][2017.12.28]. http://www.jxlcx.gov.cn/govop/Detailed.aspx?itemid=37710.
[3] 王灿. 化学史中的科学发展观——以"化学电源"教学设计为例[J]. 化学教学, 2014, (08): 31-34.
[4] 但世辉, 陈莉莉. 电池300余年的发展史[J]. 化学教育, 2011, 32 (07): 74-76.
[5] 郭芬. 镍基催化剂对尿素电氧化的催化作用及直接尿素——过氧化氢燃料电池性能的研究[D]. 哈尔滨: 哈尔滨工程大学, 2016.
[6] 杨莉婷, 冯立纲, 张久俊. 浅析燃料电池[J]. 自然杂志, 2017, 39 (4): 251-257.
[7] 邵国键. 提高太阳能电池转换效率的研究[D]. 南京: 东南大学, 2016.
[8] 李建民. CTS和CZTS薄膜太阳能电池的水浴法制备与性能研究[D]. 合肥: 中国科学技术大学, 2016.
[9] 杨城南. 废旧电池回收处理技术研究进展[J]. 广东化工, 2015, 42 (11): 171-172.